Wolfgang Schweiger

Theorien der Mediennutzung

Wolfgang Schweiger

Theorien der Mediennutzung

Eine Einführung

Bibliografische Information Der Deutschen Nationalbibliothek
Die Deutsche Nationalbibliothek verzeichnet diese Publikation in der
Deutschen Nationalbibliografie; detaillierte bibliografische Daten sind im Internet über
<http://dnb.d-nb.de> abrufbar.

1. Auflage Mai 2007

Alle Rechte vorbehalten
© VS Verlag für Sozialwissenschaften | GWV Fachverlage GmbH, Wiesbaden 2007

Lektorat: Barbara Emig-Roller

Der VS Verlag für Sozialwissenschaften ist ein Unternehmen von Springer Science+Business Media.
www.vs-verlag.de

Das Werk einschließlich aller seiner Teile ist urheberrechtlich geschützt. Jede Verwertung außerhalb der engen Grenzen des Urheberrechtsgesetzes ist ohne Zustimmung des Verlags unzulässig und strafbar. Das gilt insbesondere für Vervielfältigungen, Übersetzungen, Mikroverfilmungen und die Einspeicherung und Verarbeitung in elektronischen Systemen.

Die Wiedergabe von Gebrauchsnamen, Handelsnamen, Warenbezeichnungen usw. in diesem Werk berechtigt auch ohne besondere Kennzeichnung nicht zu der Annahme, dass solche Namen im Sinne der Warenzeichen- und Markenschutz-Gesetzgebung als frei zu betrachten wären und daher von jedermann benutzt werden dürften.

Umschlaggestaltung: KünkelLopka Medienentwicklung, Heidelberg
Druck und buchbinderische Verarbeitung: Krips b.v., Meppel
Gedruckt auf säurefreiem und chlorfrei gebleichtem Papier
Printed in the Netherlands

ISBN 978-3-531-14827-4

Inhalt

Danksagung 9

1 Einleitung 11

2 Grundlagen der Mediennutzungsforschung 15
   2.1 Was ist Mediennutzungsforschung? 15
        2.1.1 Theorien, Medien und Perspektiven 15
        2.1.2 Mediennutzungs- und -wirkungsforschung 23
        2.1.3 Zwiebelmodell der Mediennutzung 29
        2.1.4 Akademische und kommerzielle Forschung 36
   2.2 Gesellschaftliche und mediale Rahmenbedingungen 38
        2.2.1 Entwicklung des Mediensystems 38
        2.2.2 Eckwerte zur Mediennutzung 42
        2.2.3 Gesellschaftlicher Hintergrund 44
   2.3 Entwicklung und Relevanz 49
        2.3.1 Von der Zeitungswissenschaft zur empirischen Nutzungsforschung 49
        2.3.2 Ökonomische und gesellschaftliche Relevanz 53
        2.3.3 Aktuelle Trends 56

3 Funktionale Perspektiven zur individuellen Mediennutzung 60
   3.1 Der Uses-and-Gratifications-Ansatz 60
        3.1.1 Grundlagen 60
        3.1.2 Allgemeine Kritik und Unklarheiten 65
        3.1.3 Bedürfnisse, Motive, Nutzen und Gratifikationen 74
        3.1.4 Gratifikationskataloge 80
        3.1.5 Prozessmodelle und andere Weiterentwicklungen 85
   3.2 Kognitive Motive 92
        3.2.1 Demokratietheoretische Relevanz der Nachrichtennutzung 92
        3.2.2 Informationsmotive 94
        3.2.3 Konsistenztheorien 98
   3.3 Affektive Motive – Unterhaltung 104
        3.3.1 Unterhaltung als Funktion 104
        3.3.2 Unterhaltungsdimensionen 108
        3.3.3 Eskapismus 111
        3.3.4 Stimmungsregulierung und Stressbewältigung 114
   3.4 Soziale Motive 120
        3.4.1 Soziale Motive im Überblick 120
        3.4.2 Parasoziale Interaktion und Beziehungen 121
   3.5 Motive zur Identitätsbildung 129
   3.6 Mediennutzung und Zeit 133

4 Prozessuale Perspektiven zur individuellen Mediennutzung ... 137
4.1 Psychologische Grundlagen ... 137
4.1.1 Aufmerksamkeit und Informationsverarbeitung ... 137
4.1.2 Textverarbeitung ... 145
4.1.3 Bildverarbeitung und Multimedia ... 150
4.1.4 Emotionen und Stimmungen ... 152
4.2 Kommunikationswissenschaftliche Grundlagen ... 158
4.2.1 Selektions- und Rezeptionsphasen ... 158
4.2.2 Der aktive Rezipient – was ist Aktivität? ... 162
4.3 Selektionsorientierte Ansätze ... 167
4.3.1 Selektion aus Sicht der Ökonomik ... 168
4.3.2 Selektion als Entscheidung: Grundlagen der Entscheidungstheorie ... 173
4.3.3 Auswahl einer Entscheidungsstrategie ... 178
4.3.4 Entscheidungsbasierte Ansätze der Selektionsforschung ... 182
4.3.5 Selektion als Informationsverarbeitung: Suche und Evaluation ... 186
4.3.6 Mediengewohnheiten als Niedrigkostenstrategien ... 188
4.4 Rezeptionsorientierte Ansätze ... 196
4.4.1 Rezeption als Informationsverarbeitung: Rezeptionsintensität und Involvement ... 197
4.4.2 Dual-Process-Theorien der Informationsverarbeitung ... 200
4.4.3 Ressourcenallokation bei der Medienrezeption ... 205
4.4.4 Medienrezeption als Einstellungssache ... 209
4.4.5 Rezeption als Erleben: Flow, Presence und verwandte Konzepte ... 211
4.4.6 Prozessuale Unterhaltungstheorien ... 216

5 Strukturelle Perspektiven ... 222
5.1 Das Publikum ... 222
5.1.1 Das Publikum – Perspektiven eines hypothetischen Konstrukts ... 222
5.1.2 Das Publikum der Publikumsforschung ... 226
5.1.3 Analyse von Publikumsstrukturen ... 229
5.2 Mediennutzungsmuster ... 234
5.2.1 Nutzungsmuster und Nutzungstypologien ... 234
5.2.2 Extreme Mediennutzung ... 243
5.3 Medienbewertungen und Medienkompetenz ... 247
5.3.1 Medienbewertungen ... 249
5.3.2 Medienimages ... 253
5.3.3 Ausgewählte Bewertungsfelder: Medienglaubwürdigkeit ... 257
5.3.4 Ausgewählte Bewertungsfelder: Medienqualität ... 261
5.3.5 Wissen über Medien: Medienkompetenz ... 265

Inhalt

- 5.4 Individuelle Rezipienteneigenschaften 269
  - 5.4.1 Allgemeine Merkmale: Geschlecht, Alter, Bildung 269
  - 5.4.2 Psychologische Merkmale 279
  - 5.4.3 Soziologische Merkmale: Milieus und Lebensstile 285
- 5.5 Mediennutzung im sozialen Umfeld 290
  - 5.5.1 Soziale Konstellationen der Mediennutzung 291
  - 5.5.2 Mediensozialisation 297
- 5.6 Gesellschaftliche Bedingungen 301
  - 5.6.1 Unterschiede innerhalb der Gesellschaft: Individualisierung, Integration, Fragmentierung 302
  - 5.6.2 Unterschiede zwischen Gesellschaften: internationale Forschung und komparatistische Ansätze 307
- 5.7 Kontextbezogene Ansätze zur Mediennutzung 313
  - 5.7.1 Handlungstheorie und symbolischer Interaktionismus 313
  - 5.7.2 Medienaneignung 319
  - 5.7.3 Cultural Studies 323
- 5.8 Mediengattungen zwischen Wettbewerb und Auflösung 328
  - 5.8.1 Diffusion von Medieninnovationen 329
  - 5.8.2 Substitution und Komplementarität 335
  - 5.8.3 Crossmedia 340
  - 5.8.4 Medienintegration und Medienkonvergenz 343

6 Ausblick **347**

Literatur **352**

Abbildungsverzeichnis **387**

Tabellenverzeichnis **388**

Register **389**

Danksagung

Der vorliegende Band ist ein Teil meiner Habilitationsleistung an der sozialwissenschaftlichen Fakultät der Ludwig-Maximilians-Universität München.[1] Neben den unzähligen Autoren, auf deren wissenschaftliche Arbeit sich dieser Überblick stützt, möchte ich allen danken, die mir in den vergangenen Jahren dabei geholfen haben, meine Gedanken zu entwickeln, zu ordnen und zu Papier zu bringen.

Mein besonderer Dank geht an Hans-Bernd Brosius. Er hat mich – seit nunmehr über zehn Jahren – immer fachlich, mental und praktisch unterstützt. Und von ihm stammt auch die Idee, ein Lehrbuch zur Mediennutzung zu schreiben. Ich schulde ihm deshalb viel. Romy Fröhlich danke ich dafür, mir während der Assistententätigkeit bei ihr alle Freiheiten in Forschung und Lehre gegeben und mein Interesse für ein mir anfangs unvertrautes Arbeitsgebiet, die PR-Forschung, geweckt zu haben. Weiter möchte ich Lutz von Rosenstiel und Helmut Scherer danken, die meine Habilitation neben Hans-Bernd Brosius und Romy Fröhlich als Mitglieder des so genannten Fachmentorats und als Gutachter begleiteten und mir zahlreiche Anregungen zur Verbesserung des Textes gaben. Besonders froh bin ich über die Gespräche mit Michael Meyen. Seine gänzlich andere, aber immer gut nachvollziehbare Herangehensweise an das Thema hat mir neue Perspektiven aufgezeigt. Dank gebührt auch den vielen Kolleginnen und Kollegen am Institut für Kommunikationswissenschaft und Medienforschung in München, die mir bei den verschiedensten Gelegenheiten fachliche und didaktische Hinweise gegeben haben. Besonders hervorheben möchte ich Ines Markmiller, Andreas Fahr, Oliver Quiring und Katja Schwer. Keinesfalls vergessen möchte ich die Studierenden, mit denen ich in der Lehre und bei der Betreuung von Abschlussarbeiten zusammenarbeiten durfte. Ihre Hinweise, Ideen und Fragen haben mich fachlich und didaktisch weitergebracht und waren mir eine wertvolle Quelle der kritischen Selbstkontrolle.

Ich bin der Überzeugung, dass man nur ein guter Wissenschaftler sein kann, wenn man auch jenseits des Berufs ein erfülltes Leben führt. Deshalb danke ich meinen Freunden Mickel Rentsch, Katrin Warneke und Hubert Wittig, die seit vielen Jahren zu mir stehen und mich immer wieder auf den Boden der Tatsachen zurückholen. Marietta und Ludwig Maier danke ich für die Gastfreundschaft auf ihrem Bauernhof bei Marktl. In diesem wunderbaren Refugium habe ich die Arbeit an dem Band in Urlaubsatmosphäre begonnen und zu Ende gebracht. Vor allem danke ich meiner geliebten Frau Christine Diller. Sie gibt mir nicht nur Rückhalt und erträgt sowohl meine Launen und Krisen als auch meine wissenschaftlichen Vorträge beim Abendessen. Sie ist mir in allen Belangen ein Gesprächspartner, auf dessen Urteil ich nicht verzichten möchte und dessen menschlichen und intellektuellen Beitrag zu diesem Band man nicht hoch genug einschätzen kann.

Wolfgang Schweiger, München im März 2007

---

[1] Der andere Teil wurde als Schweiger (2005 und 2006) publiziert.

1 Einleitung

Massenmedien sind aus modernen Gesellschaften nicht wegzudenken. Nicht umsonst hat die herrschende Rechtsprechung in Deutschland dem Fernsehgerät den Status einer nicht pfändbaren Sache des persönlichen Gebrauchs gegeben. Jeder erwachsene Deutsche nutzte 2005 täglich zehn Stunden Medien, davon achteinhalb Stunden Fernsehen, Radio, Zeitung und das Internet (van Eimeren & Ridder 2005). Eine knappe Stunde davon werden zwei oder mehrere Medien gleichzeitig genutzt, so dass die netto mit Medien verbrachte Zeit etwas kürzer ist. Ein Vergleich mit 1980 zeigt schließlich, dass die Bedeutung der Massenmedien in den vergangenen 25 Jahren erheblich gestiegen sein muss: Damals lag das Brutto-Zeitbudget bei weniger als sechs Stunden.

Dabei wurde Mediennutzung schon immer ambivalent gesehen. Bereits im ausgehenden 17. Jahrhundert zog die ‚Zeitungslust' mancher Zeitgenossen Kritik auf sich (Stieler 1695). Heute ist die Rede von übergewichtigen und sozial isolierten Kindern und Jugendlichen, die den ganzen Tag vor dem Fernseher, Computer oder der Spielkonsole sitzen, von einer zunehmenden Aggressivität auf Schulhöfen, von Politikverdrossenheit unter Erwachsenen durch anspruchslose Politikberichterstattung im Fernsehen oder von der generellen Verdummung der Gesellschaft durch verantwortungslose Medienmacher, die lediglich die primitivsten Bedürfnisse ihres Publikums befriedigen. Auf der anderen Seite befeuert besonders das Internet weitreichende Hoffnungen. Man müsse nur dafür sorgen, so die Annahme, dass alle Menschen weltweit Anschluss ans Internet haben und die nötige Medienkompetenz erwerben. Dann würde die allgegenwärtige Verfügbarkeit von Informationen zu einem gesamtgesellschaftlichen Wissens- und Bildungsschub führen, die volkswirtschaftliche Leistungsfähigkeit erhöhen und sogar die Bedingungen der gelebten Demokratie – Stichworte sind E-Government und E-Democracy – verbessern.

Die Beispiele zeigen: Wenn in der öffentlichen Debatte von Mediennutzung die Rede ist, geht es meistens um ihre Wirkungen auf den Einzelnen (z.B. Vereinsamung durch permanente Internetnutzung), auf weite Teile der Bevölkerung (z.B. die Zu- oder Abnahme des allgemeinen Bildungsniveaus) oder auf die gesamte Gesellschaft (z.B. volkswirtschaftliche Konkurrenzfähigkeit). Die Mediennutzung *selbst* wird dabei als nötige Voraussetzung betrachtet, deren Vorhandensein bzw. Ausmaß durch quantitative Nutzungsdaten belegt wird und deren qualitative Beschaffenheit darüber hinaus wenig Interesse weckt. Diese Sicht prägt nicht nur die öffentliche Wahrnehmung. Sie bestimmte auch lange Zeit die kommunikationswissenschaftliche Wirkungsforschung, die sich mit den oben genannten Vermutungen befasst. Dazu ein Beispiel: Um zu überprüfen, ob die Gewichtung der in den Medien berichteten Themen auch die Themenwahrnehmung der Bevölkerung prägt (Agenda-Setting), muss man wissen, welche Medien von den Bürgern tatsächlich genutzt werden. Man muss also messen, welche Zeitungen, Zeitschriften, Fernseh- und Radiosender und Websites eine Person rezipiert, da nur genutzte Medien wirken können (vgl. Erbring et al. 1980).

Doch das ist erst die halbe Wahrheit: Die Tatsache, dass eine Person eine Zeitung gelegentlich oder regelmäßig liest, heißt noch nicht, dass sie die betreffende Ausgabe gekauft oder einen bestimmten Artikel gelesen hat. Und wenn sie ihn gelesen hat, hat sie die Lektüre vielleicht nach der Hälfte abgebrochen oder nur die Überschrift oder eine Abbildung angesehen. Selbst wenn sie den Artikel bis zum Ende gelesen hat, macht es einen Unterschied, mit welchem thematischen Interesse oder Vorwissen das geschehen ist und mit welcher Aufmerksamkeit. Eine umfassende empirische Überprüfung von Medieneffekten kommt also nicht umhin, die Nutzung der potenziell wirkenden Medieninhalte genauer zu analysieren, als das in der bisherigen Wirkungsforschung meist geschieht.

Diese Erkenntnis mag ein Grund dafür sein, warum die kommunikationswissenschaftliche Beschäftigung mit den Bedingungen und Prozessen der Mediennutzung in den vergangenen Jahren einen regelrechten Boom erlebt hat. Ein weiterer Grund liegt in der gestiegenen ökonomischen Bedeutung von Massenmedien – und zwar in mehrfacher Hinsicht: Nicht nur die Anzahl von Mediengattungen hat sich erhöht – man denke nur an die verschiedenen Internetdienste und mobile Mediendienstleistungen. Auch die Menge der Medienangebote, die um die Gunst bzw. die Aufmerksamkeit des Publikums buhlen, ist gewachsen. Entsprechend hoch ist der Konkurrenzdruck im Mediensektor, zumal die Nutzungsdauer der Bevölkerung und damit die Bedeutung des Publikumsmarkts gestiegen sind. Das führt schließlich zu einer größeren Marktorientierung von Medieninstitutionen bzw. -unternehmen. Nur noch wenige Rundfunksender und Verleger können es sich leisten, ein publizistisch hochstehendes Medienprodukt anzubieten, das kaum jemand ansieht oder liest. Folglich ist das Interesse der Medienanbieter an den Rezipienten, ihren Wünschen sowie ihrer Art, mit Medienprodukten (und der darin enthaltenen Werbung) umzugehen, drastisch gestiegen.

Ebenfalls durch die Medienvervielfachung und den inter- und intramedialen Konkurrenzdruck erlangte ein ureigenes Feld der Mediennutzungsforschung seine heutige Bedeutung: die Selektionsforschung. Solange es nur einen einzigen Fernsehsender gab, in den meisten Haushalten ständig derselbe Radiosender lief und dieselbe Abonnementzeitung gelesen wurde, war die Auswahl von Medien kein allzu spannendes Thema. In der heutigen Medienumgebung hingegen, in der jedem Mediennutzer Dutzende oder gar Hunderte von Fernseh- und Radiosendern, Tausende von deutschsprachigen Pressetiteln sowie Millionen von Websites zur Verfügung stehen, sind Selektionsentscheidungen komplexer geworden. Damit hat auch die Medienkompetenz, verstanden als Kenntnis vorhandener Medienangebote und die Fähigkeit, diese optimal zur Erfüllung der eigenen Bedürfnisse und Ziele zu nutzen, an Bedeutung gewonnen.

Das gewachsene Interesse an Selektions- und Rezeptionsphänomenen sowie an den Kompetenzen bzw. Bewertungen der Mediennutzer bezüglich verschiedener Mediengattungen, -genres, -produkten und -inhalten lässt sich somit aus einer Reihe von Entwicklungen innerhalb des Mediensystems erklären. Diese nähren einerseits öffentliche Befürchtungen bzw. Hoffnungen zu etwaigen Medienwirkungen, andererseits führen sie zu einem gestiegenen Interesse der Medienmacher an ihrem Publikum. Deshalb hat die Mediennutzungsforschung seit jeher eine „prekäre Zwischenposition" zwischen gesellschaftsorientierter, akademischer Medienwirkungsforschung und kommerzieller Publikumsforschung inne (Hasebrink 2003: 101). Als eine Folge dieser Zwischenposition beklagt Hasebrink das weitgehende Fehlen jeglicher systematischer Dar-

1 Einleitung

stellungen des Bereichs (ebd.). Das überrascht umso mehr, als mittlerweile eine nicht mehr zu überblickende Fülle von Studien vorliegt, die sich ausschließlich oder überwiegend mit Fragen der Mediennutzung befassen.

Tatsächlich gibt es im deutschsprachigen Raum bislang erst einen einzigen Überblick zum Thema in Buchform (Meyen 2004b). Er bietet eine anschauliche und praxisorientierte Darstellung empirischer Befunde zur Mediennutzung und -bewertung, klammert konzeptionelle und theoretische Fragen jedoch weitgehend aus. Vergleichbares gilt für einige Überblicksaufsätze, die sich entweder auf die Darstellung empirischer Befunde und grundsätzlicher Theorien (z.B. Rubin 2000; Hasebrink 2003) beschränken oder eindeutig für eine bestimmte Forschungsorientierung plädieren (z.B. Charlton 1997). Bei den englischsprachigen Forschungssynopsen sieht die Lage ähnlich aus: Einige konzentrieren sich auf Methoden und Befunde der kommerziellen Publikumsforschung (z.B. Ettema & Whitney 1994; Webster et al. 2000), andere beschränken sich auf eine einzelne Perspektive (z.B. Cultural Studies, vgl. Ang 1991; Bird 2003), wiederum andere liefern einen zwar in sich schlüssigen, dabei allerdings arg selektiven und unvollständigen Literaturüberblick (McQuail 1997).

Die Zeit für einen umfassenden Überblick über Theorien zur Nutzung von Massenmedien ist also reif. Ziel des vorliegenden Bandes ist eine integrierte und kritische Darstellung aller relevanten Theorien, Ansätze, Modelle und Systematiken, die die Mediennutzungsforschung entweder selbst hervorgebracht oder aus anderen Forschungsbereichen und Disziplinen übernommen und adaptiert hat. Es geht *nicht* darum, den empirischen Forschungsstand zur Mediennutzung zusammenzutragen. Empirische Befunde werden nur soweit wiedergegeben, wie sie zum besseren Verständnis bzw. zur Illustration theoretischer Überlegungen beitragen. Der Leser erfährt also nicht, wie Menschen mit Medien umgehen, hierzu sei auf Meyen (2004b) verwiesen. Vielmehr geht es um die theoretischen Konzepte und Ansätze, die die kommunikationswissenschaftliche Nutzungsforschung und ihre Nachbardisziplinen in diesem Zusammenhang entwickelt haben.

Das Hauptanliegen des Bandes besteht darin, möglichst *allgemeingültige* Mediennutzungstheorien zusammenzutragen, die trotz aller Veränderungen unserer Medienumwelt auch weiterhin Gültigkeit beanspruchen können. Allzu medienspezifische bzw. technikbezogene Überlegungen bleiben weitgehend ausgeklammert. Alles andere wäre für einen Theorieband in einer Zeit, in der sich Medientechniken und Medienmärkte rasant verändern, kurzsichtig: Wer sich beispielsweise heute damit befasst, wie Fernsehzuschauer mit ihrer Fernbedienung umgehen, muss sich über die kurze Halbwertszeit seiner Befunde im Klaren sein. So ist es beim digitalen Fernsehen möglich, das gewünschte Programm über ein Bildschirm-Menü (Electronic Program Guide) auszuwählen, was die Handhabung der Fernbedienung verändert. Außerdem wird Fernsehen vermutlich verstärkt über kleine, mobile Mediengeräte empfangen werden, die keine Fernbedienung brauchen, weil man sie bereits in der Hand hält. Welche Auswirkungen dies alles auf Fernsehprogramme und ihre Inhaltsstrukturen hat, die ihrerseits das Umschaltverhalten beeinflussen, ist kaum abzusehen. Die medienübergreifende Perspektive hat zur Folge, dass mediengattungs-, genre- oder inhaltsbezogene Themen bzw. Begriffe wie beispielsweise Affektfernsehen, Reality-TV, Webnavigation oder eben Umschaltforschung im Inhaltsverzeichnis fehlen. Das bedeutet jedoch nicht, dass sie hier keine Rolle spielen: Wo immer sinnvoll und möglich, versuchen wir, abstrakte Ansätze und Theorien anhand konkreter Beispiele zu diskutieren und zu illustrieren, so dass inhalts- bzw. medienspezifische Themen und entsprechende Studien durchaus zur Sprache kommen. Ein Register ermöglicht den thematischen Zugriff.

Der Überblick konzentriert sich ferner auf publizistische Massenmedien und ihre redaktionellen Inhalte. Damit fallen folgende Bereiche grundsätzlich aus der Betrachtung heraus: Individual- und Gruppenkommunikation sowie nicht-öffentliche Kommunikation innerhalb von Organisationen und Unternehmen, jegliche Formen von Werbung (darunter auch Gesundheitskampagnen öffentlicher Einrichtungen u.ä.) und sonstige Marketingkommunikation sowie nicht-publizistische Medien wie Bücher, Kinofilme und Computerspiele.

Eine abschließende terminologische Anmerkung: Der Begriff ‚Mediennutzungsforschung' wird von einigen Autoren mit kommerzieller Publikums- und Reichweitenforschung gleichgesetzt (z.B. Pürer 2003: 311). Die theoriegeleitete Beschäftigung mit den Funktionen, Prozessen und Strukturen der Mediennutzung, mit der sich der vorliegende Band befasst, nennen sie meist ‚Rezeptionsforschung'. Damit soll zum Ausdruck gebracht werden, dass der individuelle Medienumgang mehr umfasst als ihre bloße ‚Nutzung', wie sie in quantitativen Reichweitendaten zum Ausdruck kommt. Der Wunsch nach einer begrifflichen Unterscheidung zwischen sozialwissenschaftlicher Grundlagenforschung mit theoretischem Anspruch einerseits und theorielos-beschreibender Reichweitenforschung sowie betriebswirtschaftlich geprägter Publikumsanalyse und -prognose andererseits ist nachvollziehbar. Allerdings scheint uns der Begriff ‚Rezeption' hierfür ungeeignet, weil Mediennutzung nicht nur die Rezeption – Aufnahme und kognitive Verarbeitung – von Medieninhalten umfasst, sondern auch ihre Selektion. Nicht zuletzt gehören zur Mediennutzung subjektive Erlebensprozesse, die Entstehung und Veränderung individueller Medienkompetenzen und -bewertungen sowie soziale Strukturen und Prozesse im Umfeld der Medienzuwendung. Der neutrale Begriff ‚Nutzung' scheint uns deshalb angemessener als das jeweils unterschiedlich verstandene Konzept der ‚Rezeption', zumal sich die kommerzielle Forschung selbst fast immer als ‚Publikums- bzw. Reichweitenforschung' bezeichnet und so gut wie nie als ‚Nutzungsforschung'.

2 Grundlagen der Mediennutzungsforschung

Das folgende Kapitel erläutert die systematischen und historischen Grundlagen der Mediennutzungsforschung sowie ihre gesellschaftliche und ökonomische Relevanz. Zunächst geht es um Fragestellungen, Perspektiven und Konstrukte, die das Forschungsfeld bestimmen. Dabei plädieren wir für eine Unterscheidung in funktionale, individual-prozessuale und strukturelle Perspektiven. Danach versuchen wir die Frage zu beantworten, was Mediennutzungsforschung eigentlich ist, d.h. wo die Grenzen des Forschungsgebietes liegen – vor allem gegenüber der Medienwirkungsforschung. Wir schlagen ein pragmatisches Zwiebelmodell vor, mit dessen Hilfe man bestimmen kann, welche Forschungsfragen zur Mediennutzungsforschung gehören und welche nicht. Eine grobe Skizze aktueller Trends innerhalb der Teildisziplin beendet das Kapitel.

2.1 Was ist Mediennutzungsforschung?

2.1.1 Theorien, Medien und Perspektiven

Mediennutzungsforschung analysiert die Nutzung von Massenmedien durch deren Publikum. Spontan denkt man an Fragestellungen wie diese:

- Wie viel Stunden am Tag verbringen Deutsche mit Medien?
- Gibt es eine Fernsehsucht?
- Warum haben TV-Talkshows oder ‚Wetten, dass...?' Erfolg?
- Warum ist Fernsehen ein derart massenattraktives Medium?
- Was macht für Jugendliche den Reiz von Gewaltvideos aus?
- Wer abonniert eine Zeitung und wer nicht?
- Warum schalten manche Menschen beim Fernsehen beinahe im Sekundentakt um?
- Wie gehen Menschen mit dem Internet um?
- Wird die Printmediennutzung durch die Verbreitung von Onlinemedien abnehmen?

Deskription – Erklärung – Prognose

Ein Teil dieser Beispielfragen lässt sich durch eine *Beschreibung* (Deskription) anhand empirischer Daten beantworten. Die reine Beobachtung sozialer Realität (= empirische Messung) genügt, wenn es um die tägliche Mediennutzungsdauer der Deutschen oder das Profil von Zeitungsabonnenten geht. Andere Fragen, wie beispielsweise diejenige zum häufigen Umschalten, das die Fernsehnutzung vieler Menschen prägt, oder zum Reiz von Gewaltvideos thematisieren Ursachen und suchen nach *Erklärungen*. Wiederum andere Fragen, z.B. zur Entwicklung der Printmediennutzung, beziehen sich auf zukünftige Sachverhalte und erfordern *Prognosen*. Das geschieht in der Regel durch Analogiebildung auf der Basis bisheriger empirischer Erfahrungen und/oder theoretischer Erklärungen.

Folgendes Beispiel illustriert die Unterschiede zwischen den Forschungsinteressen: Wenn ein Fernsehveranstalter seine Werbezeiten vermarkten möchte, muss er den Werbekunden Auskunft über die Zuschauer der Sendung geben, in deren Umfeld der Werbeblock läuft. Nur so kann der Werbekunde beurteilen, inwiefern seine Produktzielgruppe mit den tatsächlichen Zuschauern der Sendung übereinstimmt. Eine Beschreibung des Publikums genügt in diesem Fall. Entwickelt der Fernsehsender ein neues TV-Format und möchte dieses vor der ersten Ausstrahlung seinen Werbekunden als Werbeumfeld schmackhaft machen, muss er *Prognosen* zum Publikumserfolg und zur Zusammensetzung der Zuschauerschaft liefern. Wenn der TV-Veranstalter mit seinem Sendungsformat ein anderes Publikum erreicht als die prognostizierte Zielgruppe, wird er sich fragen, woran das liegt. Er wird also nach Erklärungen bzw. *Gründen* für empirische Beobachtungen suchen. Derartige Erklärungen werden in den Sozialwissenschaften als *Hypothesen* formuliert, wenn es um einfache Zusammenhänge zwischen Konstrukten geht. Der Fernsehveranstalter wird beispielsweise die Hypothese aufstellen, dass der Sendungsmoderator für die jugendliche Zielgruppe zu bieder ist, und diese deshalb nicht wie erwartet einschaltet. Die zu prüfende Hypothese umfasst also zwei zusammenhängende Konstrukte: die Bewertung des Moderators durch die Zuschauer und die Sehhäufigkeit der Sendung. Hat man es schließlich mit einer „Menge logisch miteinander verbundener widerspruchsfreier Hypothesen" (Friedrichs 1973: 62) zu tun, ist von einer *Theorie* die Rede.

Der vorliegende Band beschränkt sich auf die Darstellung von Theorien zur Mediennutzung und die damit verbundenen Konstrukte und Hypothesen. Reine Beschreibungen des menschlichen oder sozialen Umgangs mit Massenmedien – so interessant und anregend sie bisweilen sein mögen – finden nur ihren Niederschlag, wenn sie zur Illustration oder Beurteilung von Konstrukten, Hypothesen und Theorien nötig sind. Bei der Auswahl der zu berücksichtigenden Publikationen werden bewusst keine strengen Anforderungen an einen etwaigen Theoriestatus gestellt, zumal in der erkenntnistheoretischen Literatur durchaus unterschiedliche Vorstellungen davon existieren, was eine Theorie ist (vgl. z.B. Lamnek 1995a). Vielmehr geht es darum, alle wesentlichen Überlegungen zusammenzutragen, die als Grundlage weiterer theoretischer Bemühungen und empirischer Studien dienen können. Deshalb werden wir auch Systematiken und Taxonomien berücksichtigen, sofern sie theoretischen Erkenntnisgewinn versprechen und über rein empiriegeleitete Aufzählungen hinausgehen.

Materialobjekt Massenmedien

Theorien zur Mediennutzung können sich – gemäß der Frage ‚Was wird genutzt?' – auf unterschiedlichste *Materialobjekte* aus dem Kommunikations- und Medienbereich beziehen. Aufgrund der Komplexität und der Dynamik des Mediensystems und wohl auch aufgrund der unterschiedlichen disziplinären Zugänge innerhalb des Faches gibt es in der Kommunikationswissenschaft bis heute keine einheitliche Mediendefinition. Prinzipiell ist zu unterscheiden zwischen *Individualmedien* und *Massenmedien*. Nach der im deutschen Sprachraum verbreiteten Systematik von Maletzke (1963) definieren sich Massenmedien durch das Vorhandensein von fünf Attributen: (1) *öffentlich* (im Gegensatz zu privater Kommunikation), (2) *technisch ver-*

mittelt, (3) *einseitig* (vom Sender zum Empfänger, in Gegensatz zu zweiseitiger Kommunikation mit wechselnder Kommunikationsrichtung, wie beispielsweise beim Telefon), (4) *indirekt* (Zeit und Ort von Produktion und Rezeption müssen nicht identisch sein) und (5) an ein *disperses Publikum* gerichtet (als ein Aggregat räumlich getrennter Individuen, die sich nicht kennen). Nach diesem Verständnis sind nicht nur Fernsehen, Hörfunk, Zeitung und Zeitschrift Massenmedien, sondern auch Bücher oder Tonträger. Als Individualmedien gelten *technische Mittel*, die *zweiseitige* Kommunikation zwischen *Individuen* und/oder kleineren *Gruppen* ohne räumliche und zeitliche Anwesenheit der Kommunikationspartner (= *indirekt*) ermöglichen, wie z.B. Telefon, E-Mail, SMS, Brief, Chatrooms oder Diskussionsforen (vgl. ausführlich Krotz 1995a; Höflich 1996, 1997).

Geläufig ist ferner die Unterscheidung in *technische* und *institutionelle Medien* (Saxer 1987; Schmid & Kubicek 1994). Technische Medien sind alle Mittel zum raum-zeitlichen Transport und zur Ein- bzw. Ausgabe von Mitteilungen, wie Telefonleitungen, drahtlose Übertragungsnetze (Mobilfunk, WLAN; WiFi), Rundfunksatelliten, Fernsehgeräte, Handys, Computer oder das Internet. Unter institutionellen Medien hingegen versteht man Massenmedien, die von professionellen Kommunikatoren arbeitsteilig und nach bestimmten Routinen produziert werden und deren Inhalte, Gestaltung und Handhabung dem Publikum vertraut sind. Produktion, Inhalt und Rezeption sind sozial institutionalisiert und entsprechen allseits bekannten Standards. Deshalb sind alle soeben aufgezählten Massenmedien institutionelle Medien.

Ob Individualmedien zum Gegenstandsbereich der Kommunikationswissenschaft gehören, ist strittig, da sich das Fach traditionell mit Fragen der Öffentlichkeit und politischer Publizistik befasst. Ebenso dominiert ein institutioneller Medienbegriff, der sich mit technischen Mediengegebenheiten nur insoweit beschäftigt, als diese zum Verständnis institutioneller Medien nötig sind. Allerdings verschwimmen besonders im Internet die Grenzen zwischen Massen- und Individualkommunikation derart, dass eine Einschränkung des Gegenstandsbereichs ohnehin nur noch ansatzweise und intuitiv, nicht jedoch aufgrund eindeutiger Abgrenzungen möglich ist (DGPuK 2001). Unklar ist ebenfalls, unter welchen Voraussetzungen man im Internet von institutionellen Massenmedien sprechen kann (Morris & Ogan 1995). Doch auch hier scheint es einen letztlich nur intuitiv zu begründenden Konsens unter den meisten Fachvertretern zu geben, dass journalistische Webangebote mit einem größeren Publikum, wie z.B. ‚spiegel.de', ‚tagesschau.de' oder ‚netzeitung.de', durchaus institutionelle Massenmedien sind. Ob Suchmaschinen oder Online-Portale als Massenmedien zu gelten haben, ist jedoch offen. Ähnliches gilt für Onlineformate zur produzierenden Mediennutzung, in denen Nutzer eigene Inhalte erstellen und veröffentlichen (z.B. private Websites, Weblogs, User-Generated Content).

Eine letzte Abgrenzung des kommunikationswissenschaftlichen Massenmedienbegriffs bezieht sich auf die inhaltliche Ebene. Bücher, Kinofilme, Computerspiele oder Tonträger (Musik, Filme) sind sicherlich institutionelle Medien mit massenhafter Verbreitung. Ihnen fehlen mindestens eine der Eigenschaften *Publizität* (politisch-gesellschaftliche Relevanz), *Aktualität* (zeitliche Relevanz) und *Periodizität* (regelmäßiges bzw. permanentes Erscheinen), die Bestandteil der Zeitungsdefinition nach Otto Groth sind und den kommunikationswissenschaftlichen Fokus beschreiben. Aus eben diesem Grund rechnen viele Kommunikationswissenschaftler Werbung nicht zum Gegenstandsbereich des Faches, obwohl z.B. innerhalb der Wirkungsforschung häufig Werbewirkungen untersucht werden.

Damit ist das mediale Materialobjekt des vorliegenden Bandes umrissen: Er beschränkt sich auf Nutzungsphänomene bei Massenmedien im kommunikationswissenschaftlich engsten Sinn und damit auf Fernsehen, Radio, Printmedien und journalistische Webangebote. Andere Medien oder Anwendungen (z.B. Multimedia-Anwendungen, Online-Spiele) werden gelegentlich gestreift, soweit es nötig und sinnvoll erscheint. Ein pragmatischer Grund für diese Eingrenzung liegt in der schier unendlichen Menge an Publikationen zur Mediennutzung, die einen Überblick über *sämtliche* Medien und Anwendungen zu einem hoffnungslosen Unterfangen machen würde.

Ebenen des Materialobjekts

Zurück zu den anfänglichen Beispielfragen. Manche von ihnen befassen sich mit dem allgemeinen Medienumgang, andere mit bestimmten Mediengattungen, wiederum andere mit konkreten Produkten. Theorien der Mediennutzung können sich also offensichtlich auf verschiedene Medienebenen beziehen.

- Zunächst geht es um *Massenmedien allgemein.* Der Uses-and-Gratifications-Ansatz (Abschnitt 3.1) etwa unterstellt, dass Menschen Medien zur Befriedigung spezifischer Bedürfnisse nutzen, und auch die Weiterentwicklungen des Ansatzes lassen sich unverändert auf alle Massenmedien anwenden. Die Selective-Exposure- bzw. Dissonanzforschung (Abschnitt 3.2.3) nimmt allgemein an, dass Individuen diejenigen Medieninhalte bevorzugt auswählen, die konform mit ihren persönlichen Einstellungen sind. In den letzten Jahren findet die Entscheidungstheorie verstärkt Eingang in die Mediennutzungsforschung. Sie geht von allgemeinen Regeln der menschlichen Entscheidungsfindung aus, die sich auf Selektionsentscheidungen bei allen Massenmedien anwenden lassen (Abschnitt 4.3.2). Auch schematheoretische Ansätze (Abschnitt 4.1.1) befassen sich mit Eigenschaften der menschlichen Informationsverarbeitung, die auf alle Arten der Mediennutzung zutreffen.
- Andere Theorien konzentrieren sich auf nutzungsrelevante Besonderheiten bestimmter *Mediengattungen* wie Fernsehen, Radio, Zeitung, Zeitschriften oder Webangebote. Weite Teile der Selektionsforschung beispielsweise untersuchen das Nutzungsverhalten von Fernsehzuschauern unter den besonderen technischen und strukturellen Bedingungen des Fernsehens (Fernbedienung, Kanalvervielfachung, Programmstrukturen, Genres usw.; Abschnitt 4.3). Auch die Unterhaltungsforschung (Abschnitt 3.3) bezieht sich über weite Strecken auf das Fernsehen, da viele emotionale Nutzungsphänomene nur unter den Bedingungen eines audiovisuell-dynamischen Mediums möglich sind. Ansätze zur Suche und Navigation im Web (Abschnitt 4.3.4) schließlich berücksichtigen die Spezifika hypermedial organisierter Medienangebote (z.B. Hyperlinks, Gestaltung von Menübereichen, Browsereigenschaften).
- Auf der nächsten Ebene geht es um *Genres* oder *Inhaltstypen* wie z.B. Nachrichten, Reality-TV, Seifenopern, Talkshows, Krimis, Sportübertragungen oder bei Nachrichtenmedien um

2.1 Was ist Mediennutzungsforschung?

Ressorts (Innen- und Außenpolitik, Lokales, Kultur, Sport, Wirtschaft usw.). Auch hier existieren Nutzungstheorien, die nur für spezifische Genres oder Inhaltstypen gelten. Besonders für Nachrichten wurden Ansätze zu Nutzungsmotiven (Abschnitt 3.2) und -prozessen (Abschnitt 4.4.2) vorgelegt; unter dem Etikett ‚Affektfernsehen' fanden verschiedene emotionsbetonte Fernsehgenres medienpsychologische Beachtung (Bente & Fromm 1997).

- Die Beziehung zwischen Rezipienten und *Medienakteuren* wie Journalisten, Nachrichtensprechern, Moderatoren oder fiktionalen Figuren bzw. Schauspielern in fiktiven Medienangeboten wurde ebenfalls zum Gegenstand von Theorien. Hier geht es besonders um parasoziale, also imaginierte Beziehungen, die Personen zu Medienakteuren aufbauen (Abschnitt 3.4.2) oder darum, wie Mediennutzer Journalisten, Nachrichtensprecher und andere Medienakteure bewerten – beispielsweise hinsichtlich ihrer Glaubwürdigkeit (Abschnitt 5.3.3).
- Schließlich sind Theorien zu *konkreten Medienangeboten* wie z.B. ‚Wetten, dass...?', ‚Kicker' oder der ‚Freundin' denkbar. Zwar haben in den letzten Jahren kontrovers diskutierte Medienformate wie ‚Big Brother' eine Reihe empirischer Studien angeregt, von produktspezifischen Theorien konnte dabei jedoch nicht die Rede sein.

Verwertungszusammenhang

Mit welchem Materialobjekt sich Mediennutzungsforschung auch immer befasst, der *Verwertungszusammenhang*, also das, was der Forscher mit seinen Ergebnissen erreichen will (vgl. etwa Schnell et al. 1992: 80), kann sich erheblich unterscheiden. Drei Idealtypen lassen sich beschreiben.[2]

- *Empirisch-analytische Grundlagenforschung* im Sinne des kritischen Rationalismus (Popper 2001) dient der wertneutralen Produktion neuen Wissens; der Forscher hat – außer seiner wissenschaftlichen Profilierung – kein sonstiges Ziel, das er erreichen will. Zur Sicherstellung eines intersubjektiv nachvollziehbaren Forschungsprozesses gelten strenge Transparenzregeln. Es dürfen nur Aussagesätze (Hypothesen) getestet werden, die bei einer Prüfung falsifiziert werden können; eine endgültige Verifikation der Hypothesen ist nicht möglich. Darüber hinaus ist es in explorativen Studien erlaubt und üblich, deskriptive Realitätsbeobachtungen anzustellen, die der nachfolgenden Hypothesengenerierung dienen sollen. Ein Großteil der sozialwissenschaftlich-akademischen Mediennutzungsforschung folgt diesem Ideal.
- *Empirisch-analytische Anwendungsforschung* dient zunächst ebenfalls der möglichst neutralen Produktion von Wissen, das jedoch bestimmten Akteuren – meist dem Auftraggeber einer Studie – Daten und Argumente für die Verfolgung ihrer kommerziellen oder gesellschaftlichen Ziele geben soll. Der Forscher generiert also Wissen im Bewusstsein einer konkreten, späteren Anwendung dieses Wissens durch Dritte (Unternehmen, Verbände, Parteien, Regierung). Anwendungsforschung will üblicherweise keine Hypothesen oder Theorien

---

[2] McQuail (1997: 21) kommt in einer ähnlichen Systematik ebenfalls zu drei ‚Audience Research Traditions': Die ‚Structural Tradition' entspricht der Anwendungsforschung, die ‚Behavioral Tradition' der Grundlagenforschung und die ‚Cultural Tradition' der normativen Forschung.

überprüfen, sondern deskriptive Daten (Faktenwissen) bereitstellen. Das Hauptgebiet empirisch-analytischer Anwendungsforschung liegt in der kommerziellen Mediennutzungsforschung (Abschnitt 2.1.4).

- *Normative Forschung* dient von vornherein einem mehr oder weniger deutlich ausgesprochenen Ziel des Forschers[3]. Dieser versucht, im Marx'schen Sinn die Welt nicht nur zu erkennen, sondern zu verändern bzw. in seinem Sinn besser zu machen. Der Forschungsprozess wird von Anfang an in den Dienst dieses Zieles gesetzt und muss deshalb nicht dem Anspruch der Objektivität genügen. Der Forschungsbericht ist nicht nur eine neutrale Ergebnispräsentation, sondern versucht den Leser dem gesetzten Ziel entsprechend zu überzeugen und ggf. zu motivieren. Ein solches Vorgehen ist völlig legitim, solange die zugrunde liegenden Interessen bzw. Werte offen gelegt und kritisch diskutiert werden. Normative Forschung bedient sich häufig hermeneutisch-interpretativer Methoden, kann aber auch mit qualitativ-empirischen Methoden arbeiten. In den deutschsprachigen Sozialwissenschaften gilt die ‚kritische Theorie' der Frankfurter Schule (Max Horkheimer, Theodor W. Adorno, Herbert Marcuse, Leo Löwenthal; später Jürgen Habermas) als wichtigste Vertreterin dieses Forschungsverständnisses.

Der Schwerpunkt des vorliegenden Bandes liegt auf der empirisch-analytischen Tradition. Da die empirische Anwendungsforschung aufgrund ihrer deskriptiven Orientierung nur wenig zur Entwicklung von Theorien beigetragen hat, kommt der empirischen Grundlagenforschung das Hauptgewicht zu. Wir werden versuchen, auch normativ geprägte Ansätze zu berücksichtigen, sofern sie eindeutig zur Mediennutzungsforschung gehören – häufig verstehen normative Versuche wie die Frankfurter Schule Mediennutzung nur als eine Facette eines umfassenden, gesellschaftsübergreifenden Theorieentwurfes. Beispiele für ein gleichermaßen normatives wie theoretisch fruchtbares Forschungsverständnis sind die Aneignungsforschung (Abschnitt 5.7.2) sowie Teile der Cultural Studies (Abschnitt 5.7.3).

Funktionale, prozessuale und strukturelle Perspektiven

Überblickt man sämtliche Theorien und Ansätze zur Mediennutzung, lassen sich drei Hauptgruppen bilden, die man als funktionale, prozessuale und strukturelle Perspektive bezeichnen kann (Tabelle 1). Jedes der drei nachfolgenden Hauptkapitel nimmt eine dieser Perspektiven ein.

Die *funktionale Perspektive* (Kapitel 3) befasst sich mit den *Ursachen* der individuellen Mediennutzung. Medien gelten als Mittel der Bedürfnisbefriedigung, das Rezipienten einsetzen, um unterschiedliche Bedürfnisse zu befriedigen. Geklärt wird die Frage, warum Individuen üblicherweise eine bestimmte Mediengattung, ein Mediengenre oder ein bestimmtes Medienprodukt nutzen. Es geht weniger um einzelne Mediennutzungsepisoden als um generelle Medienpräferenzen bzw. situationsübergreifende Nutzungsmuster. Im Fokus steht die Identifikation, Beschreibung und Systematisierung von Bedürfnissen bzw. Motiven als funktionale Ursachen individueller Mediennutzung. Die funktionale Perspektive hat das Feld der Mediennutzungsfor-

---

[3] Vgl. ferner McQuails (1985: 155f.) Unterscheidung ‚dominance versus pluralism', der „theories of (mainly) Marxist standpoints and those of liberal-pluralist perspectives" voneinander abgrenzt.

2.1 Was ist Mediennutzungsforschung?

schung über viele Jahre in Form des Uses-and-Gratifications-Ansatzes dominiert und geprägt (Abschnitt 3.1). Entsprechend viele Studien und Ansätze existieren zu den wesentlichen Motivgruppen, die wir danach im Einzelnen darstellen und diskutieren werden: kognitive bzw. wissensbezogene (Abschnitt 3.2), affektive bzw. stimmungsregulierende (Abschnitt 3.3), soziale (Abschnitt 3.4) und identitätsbezogene (Abschnitt 3.5) Motive. Eine Gruppe, die weniger Beachtung gefunden hat, nichtsdestotrotz Erwähnung finden soll, sind zeitbezogene Motive, wie etwa die Gliederung des Tagesablaufs durch rituelle Mediennutzung („Mit der Tagesschau beginnt der Feierabend"; Abschnitt 3.6).

Tabelle 1: Perspektiven der Mediennutzungsforschung

	Funktionale Perspektive	Prozessuale Perspektive	Strukturelle Perspektive
Leitfrage	Warum nutzen Menschen Medien?	Wie gehen Menschen mit Medien um?	Unter welchen Bedingungen nutzen Menschen Medien?
Ursachen	Individuelle Bedürfnisse • kognitiv • affektiv • sozial • Identität • Zeit	Situative Einflüsse • Medium (Inhalt, Darstellung, Handhabung, Glaubwürdigkeit usw.) • Rezipient (Emotionen, Stimmungen, Bedürfnisse, Erwartungen usw.) • Kontext (Zeit, Ort, soziales Umfeld, Wetter usw.)	Unterschiedliche Bedingungen: • Individuum • soziales Umfeld • Gesellschaft • Mediensystem
Wirkungen	Medienpräferenzen und Mediennutzungsmuster	typische Mediennutzungsepisoden mit Selektions- und Rezeptionsprozessen	Mediendiffusion, -aneignung, -nutzung, Publikumsstruktur

Die *prozessuale Perspektive* (Kapitel 4) wendet sich den genaueren Modalitäten des individuellen Medienumgangs zu. Nicht die Gründe der Mediennutzung stehen im Mittelpunkt, sondern ihr Ablauf. Während die funktionale Perspektive die Nutzung/Nichtnutzung – genauer: die generelle Nutzungswahrscheinlichkeit – von Medien als Resultat individueller Bedürfnisse thematisiert, analysieren prozessuale Ansätze konkrete Mediennutzungsprozesse. Solche Prozesse lassen sich sinnvollerweise nur unter Berücksichtigung der (a) Beschaffenheit des genutzten Mediums, (b) situativer Rezipienteneigenschaften (Stimmungen, aktuelle Bedürfnisse, Kenntnisse und Erwartungen usw.) und (c) sonstiger Kontextfaktoren (Zeit, Ort, soziales Umfeld, Wetter usw.) beschreiben. Deshalb setzen prozessuale Ansätze empirisch bei einzelnen Nutzungsepisoden an, die bestimmten Bedingungen unterliegen, wie beispielsweise bei der Informationssuche im Internet mit Hilfe einer Suchmaschine. Natürlich befasst sich die empirische Sozialforschung selten mit Spezialfällen, sondern versucht üblicherweise, durch die Beobachtung konkreten menschlichen Verhaltens soziale *Gesetzmäßigkeiten* (nomothetische Aussagen, vgl. Lamnek 1995: 221) zu entdecken. Entsprechend folgt auch die empirische Beobachtung der Abläufe konkreter Nutzungsepisoden dem Forschungsziel, Gesetzmäßigkeiten für vergleichbare Situationen zu erkennen. Auch die prozessuale Perspektive bezieht sich damit in ihrem Erkenntnisinteresse *letztlich* auf generelle Mediennutzungsmuster, allerdings ist der Anwendungsbereich weitaus kleiner, da sie eben nur auf eine überschaubare Klasse vergleichbarer Situationen übertragen werden können. Charakteristisch für prozessuale Ansätze ist neben ihrer Nähe zur Kognitions- und Emotionspsychologie (dazu ein Einstieg in Abschnitt 4.1) aus kommunikationswissenschaftlicher Sicht die Unterscheidung in Selektions- und Rezeptionsprozesse: Jeder Mediennutzungsprozess umfasst einerseits die Auswahl eines Medienangebots und andererseits seine Rezeption, d.h. die Aufnahme und Verarbeitung der dargebotenen Inhalte sowie damit verbundene Erlebensprozesse (Abschnitt 4.2). Wie sich zeigen wird, sind Selektions- und Rezeptionsprozesse nicht immer eindeutig zu trennen. Dennoch kann man prozessuale Ansätze recht gut dahingehend unterscheiden, ob sie ihren Schwerpunkt auf Auswahlprozesse (Abschnitt 4.3) oder Rezeptions- bzw. Erlebensprozesse (Abschnitt 4.4) legen.

Die *strukturelle Perspektive* (Kapitel 5) schließlich hebt zunächst auf längerfristige Unterschiede in den Bedingungen ab, unter denen Mediennutzung erfolgt. Sie betrachtet sämtliche Aspekte des Medienumgangs – von der gesellschaftlichen Diffusion bzw. Verbreitung neuer Medien (Abschnitt 5.8) bis zur Aneignung und Nutzung durch Individuen, Familien oder sonstige soziale Gruppen unter alltäglichen Bedingungen (Abschnitt 5.7). Als die wichtigsten strukturellen Bedingungen der Mediennutzung können gelten: dauerhafte Rezipienteneigenschaften (Traits; Abschnitt 5.4), das soziale Umfeld, innerhalb dessen Medien genutzt werden (Abschnitt 5.5), sowie unterschiedliche gesellschaftliche Bedingungen inklusive abweichende Mediensysteme (Abschnitt 5.6). Längerfristige Strukturen prägen nicht nur die Bedingungen der Mediennutzung. Umgekehrt bildet auf der Individualebene die regelmäßige Mediennutzung auch neue Strukturen heraus, nämlich längerfristige Mediennutzungsmuster (Abschnitt 5.2) und Medienbewertungen bzw. -kompetenzen (Abschnitt 5.3). Auf der Aggregatebene verdichten sich individuelle Mediennutzungsmuster wiederum zu Publikumsstrukturen. Denn: Wenn viele häufig dasselbe Medienangebot nutzen, bilden sie ein dauerhaftes Publikum (Abschnitt 5.1).

Die vorgeschlagene Dreiteilung der Mediennutzungsforschung passt zum Kategorienschema der Inhaltsanalyse von Donsbach et al. (2005), die alle Publikationen in den Fachzeitschriften ‚Publizistik' und ‚Medien & Kommunikationswissenschaft' zwischen 1998 und 2003 untersucht haben. Das erlaubt eine grobe Abschätzung der jeweiligen Publikationsmenge im deutschsprachigen Raum. Die Themenliste bei Donsbach et al. enthält insgesamt – der Lasswell-Formel folgend (dazu gleich mehr) – fünf Hauptgebiete. Eines davon ist die ‚Rezipientenforschung'; sie umfasst zehn Prozent aller Publikationen. Innerhalb der Rezipientenforschung unterscheiden die Autoren fünf Teilbereiche:

- ‚Funktionen und Motive' entsprechen der funktionalen Perspektive und werden in 21 Prozent aller Artikel zur Mediennutzung behandelt (Mehrfachnennung);
- der ‚Ablauf der Mediennutzung', also die prozessuale Perspektive, ist ebenfalls Gegenstand in 21 Prozent aller Publikationen;

- die verbleibenden Themenbereiche ‚Rezipienten allgemein' (37 Prozent), ‚Nutzer versus Nichtnutzer' (37 Prozent) und ‚Ausmaß der Mediennutzung' (26 Prozent) lassen sich schließlich der strukturellen Perspektive zuordnen.

Die überraschend hohen Prozentwerte der strukturellen Themen erklären sich zunächst durch den Umstand, dass derart allgemein gefasste Kategorien bei beinahe jeder Studie zumindest einmal vergeben werden (Mehrfachcodierung!). Inhaltlich illustrieren sie den hohen Anteil deskriptiver Beiträge in der akademischen Mediennutzungsforschung. Tatsächlich ist aber davon auszugehen, dass die strukturelle Perspektive in der Mediennutzungsforschung derzeit das größte Gewicht hat. Das liegt nicht zuletzt an der Menge und Vielfalt an Fragestellungen und theoretischen Ansätze in diesem Bereich.

Natürlich erweist sich die Unterscheidung in funktionale, prozessuale und strukturelle Ansätze im Einzelfall nicht immer als eindeutig. Nehmen Studien zur Bedeutung von Nutzungsmotiven in unterschiedlichen Ländern (z.B. Levy 1978) eine funktionale oder strukturelle Perspektive ein? Wie sind Ansätze einzuordnen, die funktionale Bedürfnisse als Bestandteil von umfassenden Nutzungsprozessen modellieren (z.B. McLeod & Becker 1981)? Viele Ansätze vereinen (erfreulicherweise) mehrere Perspektiven. Dennoch lässt sich fast immer eine Fokussierung bzw. Schwerpunktsetzung feststellen, die eine recht sichere Zuordnung erlaubt. In manchen Fällen demonstriert die Systematik schließlich, dass ein vermeintlich einheitliches Forschungsfeld aus verschiedenen Teilbereichen besteht. Das gilt beispielsweise für die Unterhaltungsforschung: Manche Ansätze thematisieren das Unterhaltungsbedürfnis als Ursache für Medienauswahl und -nutzung (z.B. der Mood-Management-Ansatz) und nehmen damit eine funktionale Perspektive ein (Abschnitt 3.3.4). Andere Ansätze beziehen sich auf das Erleben von Unterhaltung während der Mediennutzung (z.B. die Affective-Disposition-Theorie); sie fallen eindeutig unter die prozessuale Perspektive (Abschnitt 4.4.6).

2.1.2 Mediennutzungs- und -wirkungsforschung

Nachdem die wesentlichen Perspektiven der Mediennutzungsforschung skizziert wurden und die Binnenstruktur des Feldes feststeht, stellt sich die Frage nach seinen *Grenzen*. Wo fängt die Mediennutzungsforschung an und wo hört sie auf? In der Regel werden die Kerngebiete der Kommunikationswissenschaft in Anlehnung an die Lasswell-Formel entlang eines idealtypischen Kommunikationsflusses definiert: „Who says what in which channel to whom with what effect?". Entsprechend unterscheidet man folgende Gebiete:
- Die *Kommunikatorforschung* (‚who') befasst sich mit der Auswahl und Produktion massenmedialer Inhalte, mit den personellen und organisatorischen Gegebenheiten des Produktionsprozesses und mit dem beruflichen Selbstverständnis von Journalisten, PR-Mitarbeitern und sonstigen Medienschaffenden.
- Die *Medieninhaltsforschung* (‚what') versucht, Inhalte und Gestaltung von Medienangeboten zu beschreiben und strukturelle Gesetzmäßigkeiten aufzudecken. Sie bezieht sich dabei oftmals auf Annahmen und Befunde der Kommunikatorforschung, denn die Kommunikato-

ren sind schließlich die Produzenten der Medienangebote. Beide Forschungsgebiete sind eng miteinander verzahnt: Die Medieninhaltsforschung kann helfen, Hypothesen der Kommunikatorforschung anhand medialer Artefakte (im Sinn einer externen Validierung) zu überprüfen; die Kommunikatorforschung kann die Ursachen für Befunde der Medieninhaltsforschung liefern.

- Die *Medienforschung* (‚in which channel') analysiert die technischen, strukturellen, ökonomischen und rechtlichen Bedingungen der Medienproduktion. Ihr Hauptaugenmerk liegt auf Unterschieden zwischen den einzelnen Mediengattungen und Medienangeboten. Auch hier sind enge Verknüpfungen zur Medieninhalts- und Kommunikatorforschung auszumachen; die Trennlinien zwischen allen drei Gebieten verlaufen zuweilen wenig trennscharf.
- Die *Mediennutzungsforschung* (‚to whom') ist im Lasswell'schen Sinn zunächst Publikumsforschung. Sie versucht die Zielgruppen und Publika von Mediengattungen und -angeboten zu beschreiben. Damit verbunden fragt sie nach den Gründen der Mediennutzung und analysiert den Prozess der Medienzuwendung.
- Die *Wirkungsforschung* (‚what effect') beschäftigt sich mit den individuellen und gesellschaftlichen Effekten von Medien. In der Regel werden Wirkungen untersucht, die sich direkt aus der individuellen Mediennutzung ergeben.

Versucht man die Verbindungslinien bzw. Grenzen zwischen der Mediennutzungsforschung einerseits und den anderen Gebieten andererseits nachzuzeichnen, ergibt sich zunächst ein eindeutiges Bild: Während die Kommunikator-, Medien- und Medieninhaltsforschung den Produktionsprozess und die Beschaffenheit massenmedialer Produkte analysieren und damit die medialen Voraussetzungen für die Mediennutzung klären, geht es der Wirkungsforschung um die Folgen der Mediennutzung. Damit haben Nutzungs- und Wirkungsforschung zwar unterschiedliche Zielrichtungen, sie beziehen sich jedoch beide auf die *Interaktion zwischen Massenmedien und Rezipienten*.

Für die Kommunikator-, Medien- und Medieninhaltsforschung ist die Beziehung zwischen Medium und Nutzer nur insofern von Interesse, als Medienschaffende während ihres Produktionsprozesses ein *Bild vom Rezipienten* (Maletzke 1963) haben, dessen Bedürfnisse und Erwartungen sie zu bedienen versuchen. Es geht hier also nicht um die Rezipienten selber und ihren Medienumgang, sondern um die *Wahrnehmung des Publikums durch die Kommunikatoren*. Deshalb fällt die Abgrenzung zwischen Mediennutzungsforschung und den genannten Bereichen relativ leicht.

Abgrenzung zwischen Mediennutzungs- und -wirkungsforschung

Schwieriger gestaltet sich die Grenzziehung zwischen Mediennutzungs- und -wirkungsforschung. Beide beschäftigen sich wie gesagt mit der Interaktion zwischen Medien und ihren Nutzern. Der wesentliche Unterschied besteht darin, dass sich die Nutzungsforschung auf die Medien*nutzung* selbst konzentriert und die Wirkungsforschung daraus resultierende, zeitlich spätere Sachverhalte, eben *Wirkungen*, analysiert. Klassische Wirkungen in diesem Sinne sind Lerneffekte durch Fernsehnachrichten oder Zeitungslektüre, Veränderungen des Weltbildes durch eine

2.1 Was ist Mediennutzungsforschung?

verzerrte Realitätsdarstellung in den Medien, Einstellungsveränderungen durch persuasive Medienbotschaften und Werbung oder Verhaltensänderungen durch den Konsum gewalthaltiger Medienangebote. Bei genauer Betrachtung ergeben sich jedoch erhebliche Abgrenzungsprobleme zwischen Mediennutzungs- und -wirkungsforschung:

- Die zentrale Annahme des Uses-and-Gratifications-Ansatzes lautet, dass Menschen Medien funktional nutzen, um bestimmte Bedürfnisse zu befriedigen. Wenn nun die erwartete Bedürfnisbefriedigung eintritt, kann man das als intendierte Wirkung der Mediennutzung betrachten. Nutzung und Wirkung fallen somit zusammen.
- Verschiedene Akte der Medienzuwendung beeinflussen sich gegenseitig. Früh (1991: 26ff.) schildert ein Szenario, in dem ein Fernsehzuschauer durch eine Magazinsendung für ein Thema sensibilisiert wird und danach aktiv nach Informationen zu eben diesem Thema sucht. Er schließt daraus, dass Mediennutzung bzw. -wirkung als ein einziger dynamischer, analytisch nicht trennbarer Prozess zu begreifen ist. Ein anderes Beispiel: Rezipienten schauen in eine TV-Zeitschrift, um sich über das Programm zu informieren (vgl. Brosius & Steger 1997). Danach sehen sie eine der gefundenen Sendungen. Die Nutzung der einen Mediengattung verändert unmittelbar die Zuwendung zur anderen. Bei Cross-Promotion bzw. Crossmedia-Kampagnen (vgl. etwa Schweiger 2002a) bedienen sich Medienanbieter ganz bewusst solcher Effekte, etwa wenn Fernsehsender Trailer für ihre Website senden. Es gibt es also eine Fülle unterschiedlicher – intendierter und nicht-intendierter – intermedialer Beeinflussungen.
- Intermediale Beeinflussungen gehen über unmittelbare Effekte hinaus: Jede Medienzuwendung einer Person lässt nur unter Berücksichtigung ihres Wissens, ihrer Einstellungen, Affekte und Bedürfnisse erklären. Da sich diese jedoch teilweise auch durch früheren Medienumgang herausgebildet haben, beeinflusst potenziell jeder Mediennutzungsakt spätere Nutzungsvorgänge zumindest mittelbar.
- Auch die Gestaltung von Medien und ihre Inhalte haben Einfluss auf die Art, wie Menschen mit ihnen umgehen. Eine Qualitätszeitung wird anders rezipiert als eine Boulevardzeitung. So gesehen unterliegt jede Mediennutzung zwangsläufig den Einflüssen des rezipierten Mediums. Man kann zusammenfassend feststellen: Medien können nicht *nicht* wirken.

Eine Folge der Abgrenzungsprobleme zwischen Nutzungs- und Wirkungsforschung ist eine erhebliche Unschärfe in Lehrbüchern, wenn es um die Einordnung der Nutzungsforschung in die Kommunikationswissenschaft als Disziplin geht.

Nutzungs- und Wirkungsforschung in Lehrbüchern

Nimmt man die wichtigsten Einführungen in die Kommunikationswissenschaft zur Hand, findet man dort Theorien und Befunde zur Mediennutzung oft innerhalb eines Hauptkapitels zu Medienwirkungen:

- Burkarts (1998) Einführung in die Kommunikationswissenschaft enthält innerhalb des Kapitels ‚Wirkungen der Massenmedien' einen Abschnitt ‚Nutzung der Massenmedien'; die Nutzungsforschung gilt hier als Subdisziplin innerhalb der Wirkungsforschung.

- Kunczik & Zipfels (2001) ‚Publizistik. Ein Studienhandbuch' bietet in „Teil V – Wirkungsforschung" zunächst einen Abschnitt, der sich eigentlich mit Rezeptionsprozessen befasst, jedoch fraglos auch für die Wirkungsforschung relevant ist: ‚Selektive Wahrnehmung und Informationsverarbeitung'. Der darauf folgende Abschnitt widmet sich dann der „Nutzung der Massenmedien".
- Pürers (2003) Handbuch zur ‚Publizistik- und Kommunikationswissenschaft' weicht hiervon etwas ab: Das umfangreiche Kapitel ‚Zentrale Forschungsfelder der Kommunikationswissenschaft' orientiert sich in der Gliederung grundsätzlich an der Lasswell-Formel, wirft dann aber die beiden Komponenten ‚to whom' und ‚with what effect' in einen Topf. Gemeinsam bilden sie das Kapitel ‚Rezipientenforschung' mit den Abschnitten ‚Mediennutzungsforschung (Reichweitenforschung)', ‚Rezeptionsforschung' und 'Medienwirkungsforschung'. Pürer begreift also die Rezeptionsforschung nicht als Teil der Wirkungsforschung, sondern umgekehrt die Wirkungsforschung als Teil der Rezipientenforschung; eine konzeptionelle Trennung der beiden Bereiche findet man auch hier nicht.
- Die ‚Einführung in die Publizistikwissenschaft' von Jarren & Bonfadelli (2001) fasst Rezeptions- und Wirkungsforschung ebenfalls in einem gemeinsamen Hauptkapitel zusammen (‚Medien: Nutzung und Wirkung') und liefert unter den Überschriften ‚Mediennutzungsforschung' und ‚Medienwirkungsforschung' zwei gleichberechtigte Aufsätze.
- McQuails (2000) Band ‚Mass Communication Theory' schließlich unterscheidet ebenfalls eindeutig ‚Audiences' und ‚Effects'; eine definitorische Abgrenzung beider Bereiche fehlt jedoch.

Die meisten Einführungen in die Medienwirkungsforschung sind nur unwesentlich präziser als die angeführten Fachübersichten:

- Bonfadelli (1999, 2000) bietet in seiner zweibändigen Monografie zur ‚Medienwirkungsforschung' eine detaillierte Diskussion des „Spektrum[s] möglicher Medienwirkungsphänomene" (1999: 18ff.), das er extrem weit fasst. Orientiert an den Phasen des Kommunikationsprozesses nennt er in der präkommunikativen Phase die Wirkungsphänomene ‚Medienzuwendung' und ‚Motive der Medienzuwendung', in der kommunikativen Phase geht es um ‚Aufmerksamkeit und Verstehen' sowie um ‚Affekte' und in der postkommunikativen Phase um ‚Agenda-Setting', ‚Wissensklüfte' und andere Wirkungen im engeren Sinn. Bonfadelli fasst somit jede Form der Medienzuwendung bzw. -nutzung als Wirkung auf; entsprechend heißt es: „Eine wichtige, aber oft übersehene Wirkung der Medien besteht darin, dass sie überhaupt genutzt werden" (ebd.: 18).
- Jäckels (2002) Band ‚Medienwirkungen. Ein Studienbuch zur Einführung' verwendet einen ähnlich weiten Wirkungsbegriff. Kapitel 3 (‚Wirkungsmodelle und Forschungstraditionen') bietet zunächst einen Abschnitt zum Einfluss der Mediennutzung auf entsprechende Wirkungen bzw. Nicht-Wirkungen (‚Das widerspenstige Publikum: Mediating Factors im Überblick'). Der folgende Abschnitt mit dem erklärungsbedürftigen Titel ‚Nutzungswirkungen. Rezipientenzentrierte Wirkungsvorstellungen' interpretiert u.a. das Erlangen von Gra-

tifikationen durch die Mediennutzung als Medienwirkung.[4] Die Schlussfolgerung zur Rolle des Uses-and-Gratifications-Ansatzes lautet entsprechend: „Medienwirkung ist ein durch das Individuum gesteuerter Vorgang" (S. 82).

- Schenks (2002) ‚Medienwirkungsforschung' enthält ein Kapitel zur ‚Publikums- und Gratifikationsforschung', das jedoch ein wenig verloren den vorletzten Abschnitt des Bandes bildet. Die prinzipielle Erkenntnis, dass Prozesse der Mediennutzung etwaigen Wirkungsprozessen vorangehen, diese beeinflussen und deshalb am Anfang des Bandes zu stehen hätten, konnte sich nicht durchsetzen.
- Auch auf internationaler Ebene sucht man vergeblich nach einer eindeutigen Unterscheidung. Der von Bryant & Zillmann (2002) herausgegebene Sammelband ‚Media Effects. Advances in Theory and Research' enthält beispielsweise innerhalb von 22 Beiträgen zwei Aufsätze zur Nutzungsforschung: Rubins ‚The Uses-and-Gratifications Perspective of Media Effects' (2002) verspricht zwar im Titel eine Integration von Rezeptions- und Wirkungsforschung, leistet diese aber kaum. Auch der Beitrag ‚Entertainment as Media Effect' von Zillmann & Bryant (2002) bemüht sich im Titel, einen Bezug zur Wirkungsforschung herzustellen, befasst sich jedoch überwiegend mit dem Mood-Management-Ansatz und damit mit einer Mediennutzungstheorie.

Eine Begründung dieser Einordnungen fehlt meist. Überspitzt formuliert könnte man genauso gut Journalismus- oder Medieninhaltsforschung als Teilgebiet der Wirkungsforschung betrachten, da sich Medienwirkungen vernünftigerweise nur unter Berücksichtigung von Kommunikator-, Produktions- oder Angebotsvariablen untersuchen lassen.

Drei Gründe scheinen für die meisten Lehrbuchautoren bei ihrer Einordnung der Forschungsfelder ausschlaggebend zu sein: Erstens sind die Grenzen zwischen Mediennutzung und -wirkung – wie gezeigt – nicht leicht zu ziehen. Zweitens ist der wissenschaftliche Literaturkorpus zur Nutzungsforschung immer noch kleiner als derjenige zur klassischen Wirkungsforschung. Das Bestreben nach etwa gleich langen Hauptkapiteln lässt eine Unterordnung der Nutzungsforschung unter die zweifellos angrenzende Wirkungsforschung zumindest in Fachüberblicken ratsam erscheinen. Drittens gilt die prominenteste Theorie der Nutzungsforschung, der Uses-and-Gratifications-Ansatz, seit jeher als das Gegenkonzept zur Wirkungsforschung. Letztere stand in der Kritik, Rezipienteneigenschaften im Wirkungsprozess zu vernachlässigen und damit einer als primitiv gegeißelten Stimulus-Response-Logik (S-R) zu folgen. Der ‚Paradigmenwechsel' von der S-R-orientierten Wirkungsforschung hin zur Nutzen- und Belohnungsforschung, der in den 1970er-Jahren stattgefunden haben soll, hat die ursprüngliche Frage „Was machen die Medien mit den Menschen?" durch die Frage „Was machen die Menschen mit den Medien?" ersetzt – so zumindest die gängige Darstellung (z.B. Jäckel 2002: 78). Da sich dieser Paradigmenwechsel *innerhalb* der Wirkungsforschung abgespielt haben soll, erscheint es nur logisch, auch die Nutzungsforschung unter diesem Dach anzusiedeln.

---

[4] Daran hat sich auch in der dritten Auflage (2005) nichts geändert.

Mediennutzung und -wirkung in der Kommunikationswissenschaft

Generell scheint die Kommunikationswissenschaft wenig Interesse an einer sauberen Unterscheidung zwischen Mediennutzung und -wirkung zu haben. Ein Aufsatz von Ulrich Saxer (2000) mit dem Titel ‚Schwerpunkte der Rezeptionsgeschichte seit dem Zweiten Weltkrieg' beginnt beispielsweise mit dem Satz: „Wer versucht, die Befunde der Medienwirkungsforschung (...) zusammenzufassen (...)". In einer ‚Skizze der Rezeptionsforschung in Deutschland' nennt Gehrau (2002) zwar die drei Bereiche „*Wirkungsforschung, Nutzenperspektive* und *Verbindungen* beider" (Herv. im Original), bleibt jedoch eine Abgrenzung schuldig; stattdessen liefert er einige zirkuläre Definitionen (Gehrau 2002: 19): Die Wirkungsforschung befasse sich mit den „Konsequenzen, die sich aus der Rezeption ergeben", während die Rezeptionsforschung der „*Nutzerperspektive* zuzuordnen" sei und aus Studien bestehe, die „zumeist auf den *uses-and-gratifications Ansatz*" zurückgehen (Herv. im Original). Bereits der obige Problemaufriss sollte gezeigt haben, dass die Trennung von Nutzung und Wirkung auf diese Weise nicht zu bewerkstelligen ist. Goertz (1997: 10) definiert Rezeptionsforschung in Anlehnung an Charlton (1997) als Forschungsgebiet, welches das Medienpublikum „als aktiv interpretiert – einerseits im Sinne von Auswahlverhalten (Selektionsprozessen), andererseits im Sinne von (kognitiven) Interpretationsprozessen". Beide Autoren plädieren damit für die Trennung in Selektion und Rezeption; die Grenzziehung zwischen Rezeptions- und Wirkungsforschung bleibt jedoch ebenfalls vage.

Auch innerhalb der Deutschen Gesellschaft für Publizistik- und Kommunikationswissenschaft (DGPuK) gibt es nur eine einzige Fachgruppe, die sich sowohl mit Mediennutzung als auch mit Medienwirkungen befasst. Ihr Name ‚Fachgruppe Rezeptionsforschung' (ursprünglich: ‚Medienpsychologie') dreht die weithin anzutreffende wissenschaftliche Praxis eines weiten Wirkungsbegriffs, der auch die Nutzungsforschung umschließt, um.

Mindestens drei Gründe lassen eine Unterscheidung in Nutzungs- und Wirkungsforschung als notwendig erscheinen: Erstens ist es für Laien und Medienpraktiker kaum einsichtig, warum es der sozialwissenschaftlichen Kommunikationswissenschaft nicht gelingen sollte, zwischen der Nutzung und der Wirkung von Medien zu differenzieren, zumal die Unterscheidung im Detail zwar Probleme bereiten mag, von außen betrachtet jedoch trivial anmutet. Zweitens haben Medienwirkungen in der bisherigen Forschung mehr Beachtung bekommen als Nutzungsaspekte. Möchte man die Beachtung der Nutzungsseite im Fach stärken, muss man das Feld besser konturieren. Drittens: In den letzten Jahren hat das wissenschaftliche Interesse am individuellen und sozialen Umgang mit Medien eindeutig zugenommen, und eine ansehnliche Menge theoretischer und empirischer Beiträge ist entstanden. Es ist deshalb an der Zeit, die Mediennutzungsforschung als eigenständiges Forschungsgebiet wahrzunehmen und darzustellen. Im Folgenden sei ein Lösungsvorschlag für die Abgrenzung zwischen Nutzungs- und Wirkungsforschung vorgestellt.

2.1 Was ist Mediennutzungsforschung?

2.1.3 Zwiebelmodell der Mediennutzung

Die einfachste und vermeintlich sauberste Abgrenzung zwischen Nutzungs- und Wirkungsforschung bestünde darin, sämtliche Medien*wirkungen* als Teil der Wirkungsforschung zu begreifen – unabhängig davon, worauf sie sich beziehen – und zur Nutzungsforschung sämtliche Aspekte zu zählen, bei denen *keine* Wirkungen vorliegen. Da jedoch Hypothesen bzw. Theorien per definitionem Aussagen über Kausalzusammenhänge oder zumindest Korrelationen zwischen zwei und mehr Konstrukten treffen, dürfte es logischerweise keine Theorie zur Mediennutzung geben. Der Nutzungsforschung bliebe lediglich die univariate, deskriptive Beschreibung von Phänomenen des menschlichen Umgangs mit Massenmedien. Der Zweck des vorliegenden Bandes hätte sich erledigt. Das bloße Vorhandensein bzw. Nicht-Vorhandensein von Wirkungen kommt also als Trennkriterium nicht in Frage. Vielmehr muss man klären, welche *Arten von Wirkungen* untersucht werden.

Maletzkes Wirkungsbegriff

Ein Ansatzpunkt hierfür findet sich bei Maletzke (1963), der Wirkungen im weiten und im engen Sinn unterscheidet. Wirkungen im weiten Sinn sind „sämtliche beim Menschen zu beobachtenden Verhaltens- und Erlebensprozesse, die darauf zurückzuführen sind, dass der Mensch Rezipient im Felde der Massenkommunikation ist" (S. 189). Wirkungen im engeren Sinn – verstanden als Gegenstand der Wirkungsforschung – hingegen sind (a) sämtliche *Verhaltens- und Erlebensprozesse*, die *nach* der Medienzuwendung als deren *Folgen* eintreten sowie (b) alle *Verhaltensprozesse während* der Medienzuwendung (S. 190). Das *Erleben während* der Mediennutzung gilt hingegen nicht als Medienwirkung. Auf diese Weise sind Gratifikationen, die eine Person während des Medienkontakts erhält, z.B. Unterhaltung oder Ablenkung, keine Wirkungen im engeren Sinn und somit Teil der Nutzungsforschung. Das ist zweifellos eine richtige Entscheidung, wenn man den Uses-and-Gratifications-Ansatz zur Wirkungsforschung zählen möchte. Maletzkes Festlegung jedoch, Medienwirkungen auf der *Verhaltensebene*, die sich *während* der Mediennutzung abspielen, zur Wirkungsforschung zu zählen, führt zu teilweise wenig plausiblen Zuordnungen: Wenn ein Fernsehzuschauer häufig umschaltet (Verhalten!), weil ihm das Programm nicht gefällt, wäre das ein Fall für die Wirkungsforschung. Wenn er sich hingegen aufgrund des Programms schlecht unterhalten fühlt (Erleben!), wäre die Nutzungsforschung zuständig. Alle inhaltlichen und gestalterischen Medieneigenschaften, die das Rezeptions*verhalten* beeinflussen, wären Wirkungen im Sinn der Wirkungsforschung. Medieneigenschaften hingegen, die das *Erleben* beeinflussen, also alle affektiven und kognitiven Prozesse während der Medienzuwendung, wären Gegenstand der Nutzungsforschung.

Zwiebelmodell der Mediennutzung

Wir wählen einen anderen Zugang, bei dem der *Wirkungszeitpunkt* – vor, während oder nach der Medienzuwendung – keine Rolle spielt. In Anlehnung an Versuche der Journalismusforschung, die Einflussfaktoren journalistischen Handelns als Sphären oder Zwiebelschichten darzustellen[5], schlagen wir ein Zwiebelmodell der Mediennutzung vor, das die zentralen Komponenten der Mediennutzung sowie alle relevanten Einflussfaktoren darstellt (vgl. Abbildung 1). Wir ignorieren bewusst den *Prozess* der Mediennutzung bzw. -wirkung, weshalb im Modell die ‚klassischen' Elemente Rezipient und Medium fehlen. Wie bei den Zwiebelmodellen aus der Journalismusforschung gilt auch hier, dass jede einzelne Schicht Bestandteil der sie umgebenden, größeren Schichten ist, und die Schichten nicht als exklusive, sich ausschließende Bereiche missverstanden werden dürfen.

Abbildung 1: Zwiebelmodell der Mediennutzung

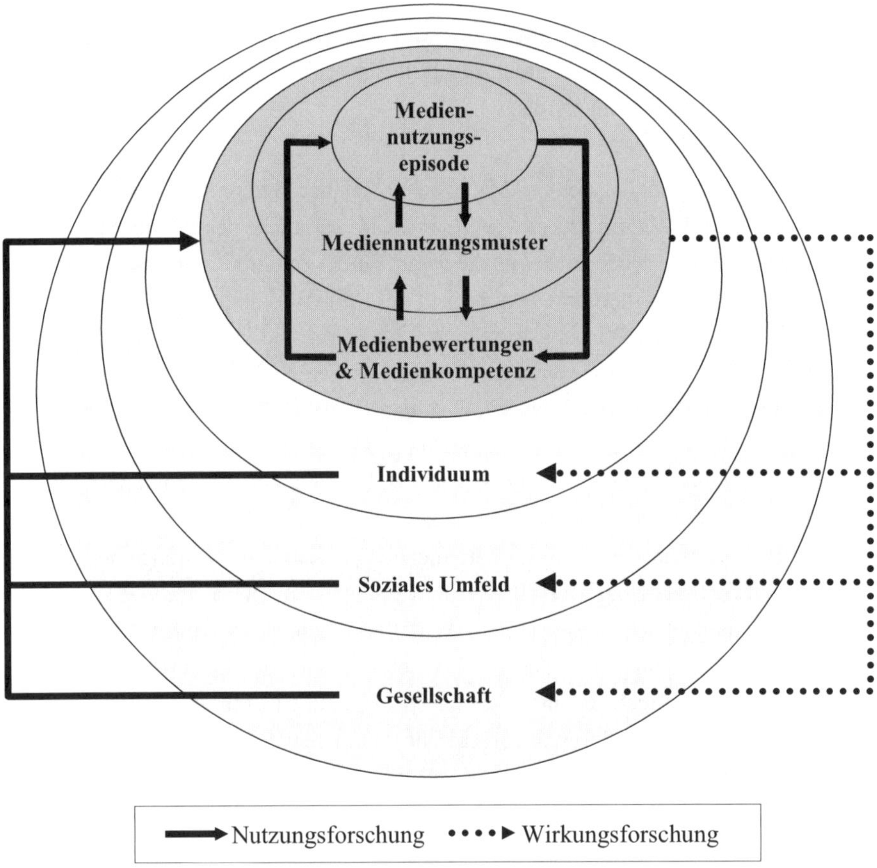

Beginnen wir mit den beiden äußeren Schichten: Jedes Individuum ist umgeben von einem näheren *sozialen Umfeld*, mit dem es in direkten persönlichen Beziehungen steht, also mit der Familie, Freunden, Berufskollegen, Nachbarn oder sonstigen Bekannten (Primärgruppe, vgl. Riley & Riley 1951. Darüber hinaus wird es geprägt von der *Gesellschaft*, in der es lebt („over-all so-

---

[5] Vgl. Donsbach (1987), Shoemaker & Reese (1995), Weischenberg (1998: 71), Esser (1998: 27).

2.1 Was ist Mediennutzungsforschung?

cial system"; ebd.). Diese hat direkt und indirekt Einfluss auf die unterschiedlichsten Lebensbereiche eines Menschen, etwa in Form von Gesetzen, Traditionen, Kultur, wirtschaftlichen Bedingungen, öffentlicher Meinung oder auch als das massenmedial vermittelte Bild der Realität (vgl. Meyen 2004b: 45).

Zum *Individuum* selbst. Jeder Mensch lässt sich anhand einer riesigen Palette individueller Eigenschaften beschreiben: Wissen, Affekte, Einstellungen und Werte, Interessen, Ressourcen, Handlungen und Gewohnheiten – kurzum alles, was ein Mensch ist und tut. Diese Eigenschaften sind teilweise angeboren und bleiben ein gesamtes Leben konstant (z.B. Augenfarbe, Intelligenz), teilweise überdauern sie Jahre (z.B. Wohnort, Beruf, Themeninteressen, politische Einstellungen, Weltanschauungen). Andere Eigenschaften variieren in kürzeren Abständen oder ändern sich situativ (z.B. Stimmungen oder Bedürfnisse).

Ein Teil der Eigenschaften eines Individuums hat mit Massenmedien zu tun. Hier geht es um diejenigen Wissensbestände, Affekte, Einstellungen, Werte, Interessen, Verhaltensweisen, Ressourcen und Gewohnheiten, die sich auf den persönlichen Umgang mit Medien beziehen (innere drei Schichten). Die innerste Schicht bilden einzelne *Mediennutzungsepisoden*, in denen das Individuum direkt bzw. situativ mit Medienangeboten interagiert, also beispielsweise ein bestimmter Fernsehabend oder ein konkreter Website-Besuch.[6] Häufig wiederholte bzw. regelmäßig stattfindende Mediennutzungsepisoden bilden im Lauf der Zeit *Mediennutzungsmuster*. Diese beschreiben die situationsübergreifende, generelle Mediennutzung einer Person, d.h. ihr typisches Medienverhalten und ihre entsprechenden Gewohnheiten. Aus den situativen Mediennutzungsepisoden entwickelt das Individuum im Zusammenspiel mit anderen Erfahrungsquellen (interpersonale Kommunikation, Werbung für und Medienberichterstattung über Medien) längerfristige, subjektive *Medienbewertungen* und -kompetenzen.

Nutzungsepisoden, Nutzungsmuster und Medienbewertungen bzw. -kompetenzen beeinflussen sich wechselseitig: Wenn man eine Fernsehserie gern mag (Bewertung) und viel über die Hintergründe der Geschichte oder die Figuren weiß (Kompetenz), sieht man sich die Sendung sicherlich häufiger an (Nutzungsmuster). Wenn es Zeit und Umstände zulassen, wird man auch bei einer bestimmten Folge dabei sein (Nutzungsepisode). Nicht nur die drei inneren Mediennutzungs-Ringe hängen eng miteinander zusammen. Jede Schicht des Zwiebelmodells wirkt auf jede andere Schicht in irgendeiner Weise. Auch innerhalb einer Schicht beeinflussen sich einzelne Variablen gegenseitig. Wie gesagt: Wir haben es immer mit Wirkungen zu tun. Die zentrale Frage lautet, *welche* Wirkungen man untersucht.

In der empirischen Logik haben Wirkungsbeziehungen immer einen Ausgangspunkt (Ursache; unabhängige Variable) und einen Zielpunkt (Wirkung; abhängige Variable). Ferner geht die Ursache der Wirkung zeitlich voraus. Schließt man sich dieser grundlegenden Kausalitätslogik an[7], erlaubt das Zwiebelmodell folgende Zuordnung: Alle Wirkungen, deren abhängige Variab-

---

[6] Für unsere Überlegungen spielt es keine Rolle, ob eine Nutzungsepisode die Rezeption einer einzelnen Fernsehsendung oder den gesamten Fernsehabend umfasst. Wichtig ist die *Einmaligkeit* des Vorganges.

[7] Der dynamisch-transaktionale Ansatz (Früh 1991) postuliert neben der klassischen Kausalität einen weiteren Beziehungstyp: die Transaktion. Dort liegen Ursache und Wirkung zeitlich so nah beieinander bzw. wechseln ständig die

le(n) in einem der drei Mediennutzungs-Ringe liegen, sind Gegenstand der Mediennutzungsforschung – unabhängig davon, um welche Ursachen es geht. Alle anderen Wirkungen sind Gegenstand der Wirkungsforschung. In Abbildung 1 sind alle Wirkungen, die zur Nutzungsforschung zählen, mit durchgezogenen Linien eingetragen; alle anderen Wirkungen sind als Teil der Wirkungsforschung mit gepunkteten Linien versehen.

Natürlich geht es nicht nur um Kausalzusammenhänge. Wie in Abschnitt 2.1.1 herausgearbeitet, gilt das Forschungsinteresse neben der Erklärung bzw. Prognose von Phänomenen häufig der reinen Deskription einzelner Phänomene der Mediennutzung, -bewertung und -kompetenz. Damit können wir den Gegenstandsbereich der Nutzungsforschung abschließend definieren:

> *Definition:*
> *Die Mediennutzungsforschung umfasst alle Forschungsansätze, die Mediennutzungsepisoden, Mediennutzungsmuster oder Medienbewertungen/-kompetenzen von Individuen, sozialen Gruppen oder Medienpublika beschreiben oder anhand einschlägiger Faktoren erklären.*

Um Missverständnissen vorzubeugen: Diese Definition kann nicht theoretisch hergeleitet oder gar empirisch überprüft werden. Es handelt sich um eine Setzung, die man akzeptieren kann oder nicht. Entscheidend für die Brauchbarkeit der Definition ist ihre Fähigkeit, Forschungsfragen aus dem weiten Feld der Nutzungs- und Wirkungsforschung nachvollziehbar und konsistent einer der beiden Teildisziplinen zuzuordnen und damit die Auswahl der Theorien und Ansätze im vorliegenden Band nachvollziehbar zu machen.

Beispiele für Wirkungsbeziehungen in der Mediennutzungsforschung

Einige Beispiele für Wirkungsbeziehungen, die gemäß der Definition Bestandteil der Mediennutzungsforschung sind, sollen das verdeutlichen:

- *Gesellschaft* ➔ *Nutzungsmuster*: Die Fernseh-Prime Time beginnt in Spanien später als in Deutschland. Der Grund liegt in der dortigen Mittagshitze, der entsprechend langen Siesta und einem dadurch verschobenen Tagesablauf (Kronewald 2002: 28). Oder: Während in den industrialisierten Staaten weite Teile der Bevölkerung über einen Internetzugang verfügen, ist das in Entwicklungsländern nicht der Fall; dort ist die Internetnutzung also weitaus weniger verbreitet (Digital Divide, Abschnitt 5.6.2).
- *Gesellschaft* ➔ *Nutzungsepisoden*: Wenn eine Person in einem Entwicklungsland gelegentlich Zugang zum Internet bekommt, z.B. in einem Internetcafé, hat diese Nutzungsepisode für die Person wahrscheinlich eine gänzlich andere Qualität und Bedeutung als für einen Europäer, der täglich online ist.
- *Soziales Umfeld* ➔ *Nutzungsepisoden*: Eine Person, in deren Bekannten- und Freundeskreis ständig über eine bestimmte Fernsehsendung gesprochen wird, die sie nicht kennt, wird sich diese Sendung mit hoher Wahrscheinlichkeit einmal ansehen.

Richtung (,oszillieren'), dass sich Ursache und Wirkung nicht trennen lassen. Da jedoch selbst die meisten derjenigen Studien, die sich auf den dynamisch-transaktionalen Ansatz berufen, Phänomene *erklären* wollen und damit Kausalitäten untersuchen, scheint uns das Kausalitätsprinzip als Unterscheidungskriterium unproblematisch.

- *Soziales Umfeld* ➔ *Nutzungsmuster*: Menschen nutzen Medien auch, um sich in ihrem sozialen Umfeld zu integrieren (z.B. durch Gespräche über Medien) oder zu profilieren (z.B. durch Nutzung statushoher bzw. Nichtnutzung statusniedriger Medien). Deshalb ist von einem gewissen Einfluss sozialer Gruppen auf die Nutzungsgewohnheiten ihrer Mitglieder auszugehen.
- *Individuum* ➔ *Nutzungsmuster und -episoden*: Hierbei handelt es sich um die grundlegende Annahme des S-O-R-Ansatzes, der zufolge jeder Mensch Medien anders nutzt und interpretiert (dazu gleich mehr).
- *Nutzungsepisoden* ➔ *Medienbewertung* ➔ *Nutzungsmuster*: Eine zentrale Annahme des Erwartungs-Bewertungs-Ansatzes (Abschnitt 3.1.5) besagt, dass die Gratifikationen, die eine Person bei der Nutzung eines konkreten Medienangebots erhält, ihre zukünftigen Erwartungen prägen: Wer eine unterhaltsame TV-Show ansieht (Episoden) und sie entsprechend gern mag (Bewertung), wird diese Sendung immer wieder ansehen (Nutzungsmuster). Auch der Mood-Management-Ansatz (Abschnitt 3.3.4) basiert auf der Annahme, dass Menschen im Lauf der Zeit anhand einzelner Nutzungsepisoden lernen, welche Medienangebote in welchen Situationen ihre Stimmung verbessern, und Medien entsprechend zur Stimmungsregulierung einsetzen.

Kausalitätstypen

Man mag einwenden, dass eine einfache Ursache-Wirkungs-Logik vielen theoretischen Ansätzen und empirischen Forschungsdesigns nicht gerecht wird, und sich deshalb zwangsläufig Schwierigkeiten bei der Zuordnung ergeben. Auch diese Kritik lässt sich entkräften. Abbildung 2 zeigt die drei wesentlichen Typen von Kausalitätsannahmen. Typ 1 entspricht der bisherigen Darstellung von Monokausalität. Typ 2 zeigt eine Kausalitätskette, bei der ein Konstrukt zunächst als Wirkung auftritt und in der Folge die Ursache für eine zweite Wirkung ist. Man fühlt sich hierbei an den klassischen S-O-R-Ansatz erinnert, demzufolge ein Reiz S (Stimulus) auf eine bestimmte Person O (Organismus) trifft und bei dieser eine Wirkung R (Response) verursacht. Tatsächlich liegt den meisten S-O-R-Studien eine dritte Konstellation zu Grunde, nämlich eine multifaktorielle Kausalität: Die Personenvariablen (O) spielen hier ausschließlich eine intervenierende Rolle; sie fungieren *nicht* als Zielvariablen einer ersten Wirkungsbeziehung, wie das bei einer Wirkungskette der Fall wäre. Ein Beispiel: Wenn man den Zusammenhang zwischen Persönlichkeitsvariablen und den Wirkungen von Gewaltdarstellungen im Fernsehen untersucht, vermutet man, dass Stimuluseigenschaften (TV-Inhalte) in Interaktion, d.h. im Zusammenspiel mit bestimmten Personeneigenschaften, Effekte verursachen. Eine Kausalkette wäre gegeben, wenn man im ersten Schritt überprüft, inwiefern bestimmte Personen – z.B. junge Männer – konkrete TV-Inhalte bevorzugen, und die bevorzugten TV-Inhalte im zweiten Schritt als erklärenden Faktor für einen Aggressivitätsanstieg in dieser Gruppe verwendet. Sowohl in der empirischen Forschung als auch in der theoretischen Modellierung kommen solche Kausalketten selten vor.

Das bedeutet: Multifaktorielle Kausalitäten (Typ 3) lassen sich problemlos mit der obigen Definition fassen, da die Definition ja nur Aussagen über die Beschaffenheit der abhängigen Variablen macht, und die Kausalitätstypen 1 und 3 nur eine einzige abhängige Variable aufweisen. Schwieriger ist die Einordnung von Kausalketten. Um beim Gewalt-Beispiel zu bleiben: Die erste Kausalitätsannahme (Personenvariablen beeinflussen die Genrepräferenz) gehört zur Nutzungsforschung, da die abhängige Variable ein Mediennutzungsmuster ist. Der zweite Effekt innerhalb der Kette (Genrepräferenz wirkt auf die Aggressivität) ist Teil der Wirkungsforschung, denn Aggressivität als abhängige Variable weist über die Mediennutzung hinaus und gehört eindeutig in die Individuums-Schicht.

Abbildung 2: Kausalitätstypen

Typ 1: Einfache Kausalität

Typ 2: Kausalitätskette

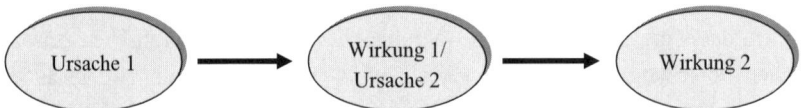

Typ 3: Multifaktorielle Kausalität

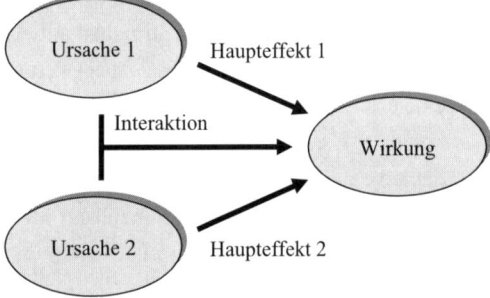

Wenn also Ansätze und Studien Wirkungsketten thematisieren, gehört häufig ein Teil zur Nutzungsforschung und ein anderer Teil weist über sie hinaus. Dazu ein weiteres Beispiel: Eine Studie misst den Einfluss der Gestaltung eines Medienangebots auf die Aktivierung der Rezipienten während der Nutzung. Bis hierher würde die Studie zur Nutzungsforschung gehören, da die Aktivation während der Nutzung eine Eigenschaft innerhalb der (innersten) Zwiebelschicht ist, nämlich der Nutzungsepisode. Nun gibt es die theoretische Annahme, dass mit steigender Aktivation auch dieLerneffizienz zunimmt. Da ein genereller Wissenszuwachs keine Nutzungs-Eigenschaft auf einer der zwei inneren Schichten ist, sondern das Individuum (dritte Schicht) beschreibt, bewegt sich dieser Teil im Bereich der Wirkungsforschung.

Damit ist das wesentliche Auswahlkriterium des vorliegenden Bandes beschrieben: Gegenstand des Überblicks sind nicht nur Theorien und Studien, die gemäß obiger Definition ausschließlich im Bereich der Nutzungsforschung anzusiedeln sind, sondern auch mehrstufige Ansätze, von denen zumindest ein Teil relevante Ideen oder Befunde für die Nutzungsforschung mitbringt. Eben dieser Teil wird dann diskutiert.

Beispiele

Abschließend soll die Tauglichkeit der obigen Definition anhand von zwei Forschungsgebieten überprüft werden, die sich an der direkten Nahtstelle zwischen Nutzungs- und Wirkungsforschung befinden.

Erstes Beispiel: Bei der Forschung zur *Politikverdrossenheit* geht es meist um die Annahme, dass die unterhaltsame Art, wie Massenmedien, allen voran das Fernsehen, Politik darstellen, beim Publikum im Lauf der Zeit zu Desinteresse an politischen Themen führt (Videomalaise-Hypothese, vgl. Robinson 1976; Holtz-Bacha 1990; Wolling 1999). Es handelt sich also um eine Wirkung, deren Ursache meist von den Medien ausgeht. Die abhängige Variable ist jedoch unklar: Definiert man Politikverdrossenheit als generelles Desinteresse an Politik – zu messen etwa über die persönliche Einstellung gegenüber Parteien, Politikern oder dem demokratischen System –, liegt das Konstrukt auf der Individuumsebene. In diesem Fall haben wir es mit Wirkungsforschung zu tun. Definiert man Politikverdrossenheit hingegen als Desinteresse an der medialen Politikberichterstattung – zu operationalisieren etwa als Medienbewertungen oder Nutzungsmuster von Nachrichten –, können wir von Nutzungsforschung sprechen. Dass in Videomalaise-Studien sowohl Forschungsfragen zu Wirkungs- als auch zu Nutzungsaspekten untersucht werden, spricht nicht gegen die Plausibilität dieser Unterscheidung.

Zweites Beispiel: Der *Third-Person-Effect* besagt, dass Personen in der Regel andere Menschen für anfälliger gegenüber werbliche oder politische Beeinflussungsversuche in den Medien halten als sich selbst (Davison 1983; Perloff 1993). Peiser & Peter (2000) übertrugen das Konzept auf die subjektive Wahrnehmung des eigenen Fernsehverhaltens. Erwartungsgemäß gaben die Befragten an, (a) weniger fernzusehen als andere und (b) dies weniger zur Unterhaltung zu tun. Als Ursachen gelten verschiedene Persönlichkeitsvariablen (Individuums-Schicht). Die abhängige Variable ist schwieriger einzuordnen: Es geht um den Kontrast zwischen der Selbstwahrnehmung einer Person und ihrer Meinung über das Mediennutzungsverhalten anderer. Der Medienumgang anderer Menschen ist im Zwiebelmodell auf der Ebene des sozialen Umfeldes (Wie nutzen meine Freunde oder Bekannten Medien?) oder auf der gesellschaftlichen Ebene angesiedelt (Wie nutzen Menschen generell Medien?). Somit handelt es sich beim Third-Person-Effect um ein Medienwirkungsphänomen.

2.1.4 Akademische und kommerzielle Forschung

Wie bereits erwähnt, erfolgt die empirische Beschäftigung mit Mediennutzung in zwei Bereichen, die sich in vielerlei Hinsicht unterscheiden, andererseits aber auch gemeinsame Forschungsinteressen und Methoden teilen: in der akademischen Nutzungsforschung und der kommerziellen Media- bzw. Publikumsforschung. In wohl keinem anderen kommunikationswissenschaftlichen Gebiet haben sich akademische und kommerzielle Forschung so stark wechselseitig befruchtet. Aus diesem Grund wollen wir beide Traditionen kurz voneinander abgrenzen.

Mediennutzungsforschung und Mediaforschung

Akademische Mediennutzungsforschung – häufig ist von Rezeptionsforschung die Rede – wird üblicherweise an Universitäten betrieben und befasst sich mit den Grundlagen der Mediennutzung. Sie ist in der Regel ‚erkenntnisbezogen' (Gleich 1996: 598), theoriegeleitet und frei von kommerziellen Interessen, da Universitätswissenschaftler von den Hochschulen und der öffentlichen Forschungsförderung keine inhaltlichen Vorgaben bekommen. Akademische Forschung kann sich deshalb mit allgemeinen Forschungsfragen, Gegenständen und Theorien befassen, die keine unmittelbare Verwertbarkeit haben. Entsprechend erbringt sie einerseits eine erhebliche gesellschaftliche Leistung, indem sie Fragen bearbeitet, die *potenziell* von gesellschaftlicher oder ökonomischer Relevanz sein können. Damit läuft sie aber immer Gefahr, *tatsächlich* irrelevante Gegenstände zu bearbeiten bzw. im berühmten Elfenbeinturm zu landen.

Kommerzielle Mediaforschung wird von Medienunternehmen und -institutionen finanziert und steht deshalb permanent unter Rechtfertigungsdruck. Ihr Untersuchungsgegenstand ist im Grunde derselbe wie in der universitären Forschung, wie man einer Definition von Gruner + Jahr (1981: 2) entnehmen kann: Mediaforschung befasst sich „speziell mit den kommunikativen Beziehungen, die sich zwischen Medien und ihren Nutzern entfalten". Allerdings erzwingt ihre kommerzielle Ausrichtung eine deutliche Anwendungsorientierung. Plakativ formuliert: Kommerzielle Mediaforschung muss sich refinanzieren; sie muss helfen, Geld zu verdienen.[8] Deshalb stehen die umfangreichen empirischen Befunde und die Daten, die die Mediaforschung produziert – repräsentative Publikumsumfragen, telemetrische Nutzungsmessungen, aufwändige Copytest-Studien usw. – nur selten der Allgemeinheit zur Verfügung. Dahinter steht die Befürchtung, dass Konkurrenzunternehmen von den eigenen Ergebnissen profitieren könnten, wodurch natürlich auch der akademischen Forschung wertvolle empirische Daten verloren gehen (Hasebrink 1999a: 103f.).

Redaktionelle Mediaforschung und Publikumsforschung

Die beiden Zielrichtungen bzw. Verwertungszusammenhänge der Mediaforschung sind der Publikumsmarkt und der Werbemarkt. Entsprechend wird zwischen redaktioneller Mediafor-

---

[8] Eine Sonderrolle nimmt hierbei die Mediaforschung der gebührenfinanzierten öffentlich-rechtlichen Rundfunkanstalten ein, da diese als *zusätzliche* Aufgabe die langfristige Legitimation der Institutionen gewährleisten soll.

schung und Publikums-/Werbeträgerforschung unterschieden (Schulz, R. 2000: 187; Meyen 2004b: 53; Gruner + Jahr & Co 1981: 3f.; Koschnick o.J.).[9]

Die *redaktionelle Mediaforschung* versucht, Medienangebote attraktiver zu gestalten und besser auf die Bedürfnisse, Erwartungen und Nutzungsgewohnheiten der Rezipienten anzupassen. Hier geht es also um die Evaluation und Optimierung konkreter TV-, Radio-, Print- oder Online-Formate oder auch Kinofilme bis hin zu Fragen des Vertriebs. Mittlerweile wird fast jedes Medienprodukt vor seinem Markteintritt mit Hilfe qualitativer Verfahren (besonders Gruppendiskussionen und Einzelinterviews, vgl. Lamnek 1995b; Flick 2000; Mayring 2002) und/oder quantitativer Verfahren (z.B. Testvorführungen mit Nachherbefragung) auf die Rezipientenwünsche ausgerichtet.

Auf der anderen Seite steht die *Publikumsforschung*. Sie misst den Erfolg von Medienprodukten beim Publikum. Mittlerweile sind – mit Ausnahme einiger öffentlich-rechtlicher Rundfunkkanäle in Deutschland – fast alle Medienprodukte Werbeträger. Deshalb ist auch von *Werbeträgerforschung* die Rede. Die Publikumsforschung gilt als wesentlicher Bestandteil der Werbevermarktung und dient der Aufgabe, Werbezeiten und -flächen an Werbekunden oder ihre Dienstleister (Werbeagenturen, Mediaagenturen) zu verkaufen. Um diese von der Leistungsfähigkeit der Werbeflächen zu überzeugen, gilt es, möglichst umfassende, quantitative Daten über die Nutzerschaft des Medienprodukts präsentieren. Nur so kann im Rahmen der Mediaplanung entschieden werden, in welchem Medium oder welcher Medienkombination (Mediamix) ein Produkt beworben wird. Auch die Preisgestaltung von Werbeplatzierungen wird so ermittelt und begründet; das meistverbreitete Maß ist der Tausenderkontaktpreis (TKP), der den Preis von tausend garantierten Nutzerkontakten pro Werbeschaltung angibt (zu ausgewählten Währungen der Publikumsforschung vgl. Abschnitt 5.1.2). Neben der Messung und Prognose reiner Publikumsgrößen erlangte die *Zusammensetzung* von Medienpublika (Publikumssegmentierung) zunehmende Bedeutung. Nur wenn die Struktur der Nutzerschaft eines Werbeträgers bekannt ist, kann ein Werbekunde beurteilen, inwiefern er dort die Zielgruppe seines Produkts erreicht und wie groß der Streuverlust (= Kontakte mit Personen außerhalb der Zielgruppe) ist. Deshalb hat die Werbeträgerforschung in den vergangenen Jahren viel Aufwand und Kreativität an den Tag gelegt, um Werbekunden möglichst vielsagende und einfach zu interpretierende Publikumskennwerte und Typologien zu bieten. Besonders Nutzertypologien (z.B. die MedienNutzerTypologie von ARD und ZDF, Abschnitt 5.2.1) und Milieu- bzw. Lebensstilansätze, die unterschiedlichste psychologische und lebensweltliche Nutzereigenschaften bis hin zum persönlichen Geschmack beinhalten (z.B. SINUS-Milieus, Euro-Socio-Styles, Abschnitt 5.4.3), haben auch in der akademischen Nutzungsforschung Beachtung gefunden.

---

[9] Gelegentlich wird auch die Werbewirkungsforschung als Teil der Mediaforschung bezeichnet (Bentele et al. 2006, Stichwort: ‚Mediaforschung'). Da diese eindeutig nicht mehr zur Mediennutzungsforschung gehört, können wir sie hier übergehen.

2.2 Gesellschaftliche und mediale Rahmenbedingungen

Auch wenn die akademische Mediennutzungsforschung mehr Freiheiten genießt als ihr kommerzielles Pendant, steht sie natürlich auch nicht im luftleeren Raum. Viele Forschungstrends der letzten Jahre und Jahrzehnte lassen sich nur erklären, wenn man die Rahmenbedingungen der Mediennutzung kennt. Das betrifft besonders implizite Prämissen und Denkmuster, die oft genug von der jeweiligen technischen, politischen, rechtlichen und gesellschaftlichen Situation – kurzum: vom jeweiligen Zeitgeist – geprägt und für spätere Generationen kaum mehr nachvollziehbar sind. Saxer (1998: 27) drückt es mit einer Prise Kritik noch drastischer aus: „So zementiert die Rezeptionsforschung regelmässig bestimmte historische Erfahrungen mit Medienkommunikation". Es kommt hinzu, dass Wissenschaftler derartige Prämissen in ihren Publikationen nur selten dokumentieren, da sie als selbstverständlich gelten. Bevor wir daher die Entwicklung der Nutzungsforschung nachzeichnen, skizzieren wir kurz die Rahmenbedingungen der vergangenen Jahrzehnte.

2.2.1 Entwicklung des Mediensystems

Das Medienensemble, das Rezipienten umgibt, ist heute grundlegend anders als noch vor einigen Jahren. Tabelle 2 zeigt die Entwicklung der Geräteausstattung in deutschen Haushalten von 1970 bis 2005.[10]

Tabelle 2: Medienausstattung 1970 bis 2005

	1970	1974	1980	1985	1990	1995	2000	2005
mindestens ein Fernsehgerät	85%	95%	97%	97%	98%	98%	98%	98%
davon: mind. zwei Fernsehgeräte	–	12%	27%[1]	26%	31%	33%	49%	45%
mindestens ein Hörfunkgerät	95%	96%	98%	98%	98%	98%	98%	97%
davon: mind. zwei Hörfunkgeräte	30%	38%	63%	64%	71%	71%	82%	75%
CD-Player	–	–	–	–	–	58%	84%	87%
mp3-Player / iPod	–	–	–	–	–	–	5%	26%
Videorecorder	–	–	1%	21%	41%[2]	58%	77%	75%
DVD-Player	–	–	–	–	–	–	11%	63%
DVD-Recorder	–	–	–	–	–	–	–	15%
PC	–	–	–	–	–	25%	54%	71%

Basis: BRD insgesamt, bis 1990 nur alte Bundesländer; [1]Teleskopie-Strukturerhebung Winter 1978/79, [2]MA91: Basis Haushalte; Quelle: Langzeitstudie Massenkommunikation (van Eimeren & Ridder 2005: 492).

---

[10] Einige Geräte wurden in den jeweiligen Befragungsjahren nicht erhoben, obwohl sie bereits existierten, z.B. Videotext/Teletext. Der Umstand, dass nicht danach gefragt wurde, illustriert jedoch in den meisten Fällen die geringe Bedeutung der Geräte zu den jeweiligen Zeitpunkten; eine Ausnahme bilden Kassettenrekorder, nach denen erst seit 2000 gefragt wurde, die aber bereits in den 1970er-Jahren verbreitet waren.

2.2 Gesellschaftliche und mediale Rahmenbedingungen

Am auffälligsten sind die neu hinzugekommenen Empfangs-, Speicher- und Abspielgeräte, wie z.B. PCs (mit Internetzugang), Videorekorder, CD-Spieler oder mobile DVD- und mp3-Player. Während 1970 nur wenige Haushalte über mehr als jeweils ein Fernseh- und Radiogerät verfügten, lag der Anteil an Haushalten mit Zweitfernseher 2000 bei 49 Prozent. Ein ähnliches Bild bietet sich beim Radio. Die Entwicklung ist noch drastischer, als sie sich auf den ersten Blick darstellt, wenn man bedenkt, dass sich im selben Zeitraum die Haushaltsgrößen verkleinerten und der Anteil an Single-Haushalten gestiegen ist. Zwei Gründe lassen sich für diese Entwicklung nennen: Erstens unterstützte der Preisverfall bei Mediengeräten in den vergangenen Jahren die Kaufbereitschaft. Zweitens nahm allem Anschein nach im Vergleichszeitraum die Bereitschaft ab, sich in der Familie auf ein gemeinsames Fernseh- oder Radioprogramm zu einigen.

Rundfunk

Gehen wir noch weiter zurück. Anfang der 1950er-Jahre konnte man in den meisten deutschen Empfangsgebieten einen einzigen Radio-Mittelwellensender mit akzeptabler Qualität hören (Dussel 1999: 203). In den Jahren darauf führten die öffentlich-rechtlichen Rundfunkanstalten jeweils einen zweiten Sender ein; auch die Verbreitung des UKW-Radios begann in dieser Zeit, so dass 1960 gut 80 Prozent der Hörer UKW-Sender mit weitaus besserer Klangqualität empfangen konnten (ebd.: 208). Im November 1954 ging das ‚Deutsche Fernsehen' bundesweit auf Sendung. Nach langen medienpolitischen und juristischen Konflikten zwischen Bund und Ländern nahm im April 1963 das ‚Zweite Deutsche Fernsehen' (ZDF) seinen Betrieb auf. Gleichzeitig begann im Auftrag von ARD und ZDF die kontinuierliche telemetrische Messung von Sendungsreichweiten – das damalige System hieß ‚TAMETER' – und Sendungsbewertungen (‚Infratest-Index', vgl. Dussel 1999: 252). 1964 bis 1969 starteten die Landesrundfunkanstalten eigene regionale Fernsehprogramme, die ‚Dritten Programme'. Somit konnte man 1970 in Deutschland drei TV-Programme empfangen (zuzüglich ausländische Programme in Grenzregionen). 1967 wurden die ersten TV-Sendungen in Farbe ausgestrahlt, die flächendeckende Verbreitung von Farbfernsehgeräten dauerte bis Mitte der 1970er-Jahre. Welchen Einfluss die neue ‚Farbigkeit' auf die Wahrnehmung und Begeisterung der Zuschauer hatte, lässt sich heute kaum mehr nachvollziehen; dass eine realistischere Darstellung jedoch das Fernseherleben verändert, ist empirisch nachgewiesen (Abschnitt 4.4.5). In den 1970er-Jahren wurden die dritten Radioprogramme – als ‚Servicewellen' für Autofahrer – eingerichtet (ebd.: 214). Die Anzahl der empfangbaren (analogen) Radioprogramme stieg somit auf insgesamt acht, zehn oder mehr Programme Ende der 1980er-Jahre (Klingler 1998: 121).

Im Sommer 1981 begannen ARD und ZDF Videotext – auch als Teletext bezeichnet – auszustrahlen (Wilke 1999: 808). Erstmals konnte man auf dem TV-Bildschirm aktuelle Informationen in Textform lesen. Während es zu diesem Zeitpunkt immer noch höchstens eine Hand voll Fernsehprogramme gab, konnte man bei Teletext aus mehreren Hundert Texttafeln auswählen. Im Herbst 1983 führte die damalige Bundespost mit Bildschirmtext (Btx) den ersten deutschen Onlinedienst ein (vgl. Degenhardt 1986). Die Verbreitung des neuen Dienstes lief zwar überaus schleppend an (Königshausen 1993), doch war der Boden für den späteren Triumphzug des Internet bereitet.

Im gleichen Zeitraum verbreitete sich eine technische Innovation, die die Fernsehnutzung immens verändert hat: die Fernbedienung. Verfügten 1980 40 Prozent der westdeutschen Haushalte über eine Fernbedienung, waren es zehn Jahre später 87 Prozent. Seit 1995 kann man von einer annähernden Vollversorgung sprechen (Berg & Kiefer 1996: 26).

Der Regierungswechsel in Bonn im Herbst 1982 hatte weitreichende Folgen für den Rundfunk. Wollte die ursprüngliche SPD/FDP-Regierung noch den öffentlich-rechtlichen Rundfunk als einzige Rundfunkform beibehalten, so krempelte die neue CDU/CSU/FDP-Regierung unter Helmut Kohl die Rundfunklandschaft innerhalb weniger Jahre um: Eines der zentralen medienpolitischen Ziele war eine möglichst schnelle und umfassende Versorgung deutscher Haushalte mit Breitbandkabel, die weitaus mehr TV-Programme übertragen konnten als der bisher übliche terrestrische Rundfunk. Gleichzeitig verbreiteten sich Satellitenempfänger, die ebenfalls eine große Anzahl deutscher und internationaler TV- und Radioprogramme boten. Die technischen Voraussetzungen für eine Kanalvervielfachung waren somit gegeben. Das zweite medienpolitische Ziel war die endgültige Einführung des privaten Rundfunks.

Die Anzahl deutscher TV-Kanäle explodierte nahezu: Aus den drei Sendern Anfang der 1980er-Jahre wurden bis 1990 sechs Kanäle und 2000 schließlich über 30 Kanäle. Mittlerweile weist die Programmdatenbank der ALM (Arbeitsgemeinschaft der Landesmedienanstalten in der BRD) mehr als 400 private und öffentlich-rechtliche TV-Programme bzw. -Veranstalter aus (www.alm.de; Stand: Oktober 2006). Diese Zahl zeigt nur einen Teil der Veränderungen: 96 Prozent aller deutschen TV-Haushalte empfangen ihr Fernsehprogramm über Kabel oder Satellit (Media Perspektiven Basisdaten 2006). Damit sind die technischen Reichweiten der Fernsehsender erheblich gestiegen, so dass die meisten Haushalte mehr als 30 Kanäle zur Auswahl haben. Die Kanalvervielfachung brachte auch qualitative Programmänderungen mit sich. In den Zeiten des rein öffentlich-rechtlichen Fernsehens hatten ARD und ZDF ihre Programmplanung zeitweilig abgesprochen und zeitgleich komplementäre Sendungen gezeigt, z.B. Information versus Unterhaltung (Dussel 1999: 247). Es gab also nur wenig Genre-Konkurrenz zwischen beiden Sendern. Heute können TV-Zuschauer oft zwischen mehreren gleichzeitig laufenden Sendungen eines Genres wählen.

Auch beim Hörfunk führte das duale System zu einer Sendervermehrung. Diese fiel jedoch aufgrund der Tatsache, dass die meisten Deutschen ihr Radio immer noch terrestrisch und analog empfangen, moderater aus. Im Jahr 2003 gab es in Deutschland mehr als 250 Radiosender (63 ARD- und 199 private Sender, Matzen 2004: 720), von denen die meisten regional verbreitet wurden. Ein Großteil dieser Sender versucht mit geringem Wortanteil und massentauglicher Musikauswahl (z.B. ‚Adult Contemporary' oder ‚Middle of the Road') ein breites Publikum anzusprechen. Da Radio von den meisten Rezipienten als Nebenbei- bzw. Hintergrundmedium genutzt wird, versuchen die Sender den Hörern einen gefälligen und unauffälligen Musik-Teppich im Hintergrund zu bieten und möglichst wenig Anlass zum Wegschalten zu geben. Während also TV-Formate Fernsehzuschauer zum *Hinschalten* bewegen sollen – analog Printmedien und

Web –, geht es beim Radio darum, das *Wegschalten* zu verhindern. Das zeigt, wie unterschiedlich die Nutzungsbedingungen von Mediengattungen teilweise sind.

Mit der flächendeckenden Einführung des digitalen Fernsehens (DVB) – terrestrisch, im Kabel, mobil oder über das Internet (IP-TV) – wandelt sich das Bild weiter (vgl. Franz 2003). Durch Kompressionstechniken können auf einem Kanal mindesten fünf digitale Sender übertragen werden. Vergleichbares gilt für digitales Radio (DAB), wo sich ebenfalls Senderanzahl und Empfangsqualität erheblich verbessern (vgl. Breunig 2001). Nicht nur Programmmenge und -inhalte ändern sich. Je größer die Anzahl an Kanälen, aus denen ein Rezipient auswählen kann, desto schwieriger und unbefriedigender wird es, durch bloße Eingabe der Kanalnummer oder Drücken der Kanal-Auf/Ab-Taste den gewünschten Sender zu erreichen. Vor allem: Wie bekommt man einen Überblick über alle Sendungen? Die Lösung sind *Electronic Program Guides* (EPGs), hypermediale Informationssysteme, in denen man beim Fernsehen durch ein Menüsystem zur gewünschten Sendung navigiert. Dass diese und andere Techniken das Fernsehverhalten nachhaltig verändern werden, liegt auf der Hand.

Printmedien

Die Entwicklung im – seit jeher privatwirtschaftlich verfassten – Printbereich war in den letzten Jahren etwas weniger stürmisch (Media Perspektiven Basisdaten 2006). Auf dem Zeitungsmarkt gibt es eine stetige Konzentration, die sich am Rückgang der publizistischen Einheiten von 225 im Jahr 1954 auf 137 im Jahr 2006 – trotz deutsch-deutscher Vereinigung – ablesen lässt. Die Zeitungsauflagen änderten sich zunächst nur wenig. Seit 1991, dem Jahr mit den höchsten Auflagen, ist allerdings ein kontinuierlicher Rückgang von 27,3 Mio. auf 21,5 Mio. im Jahr 2005 zu konstatieren. Beim Zeitschriftenmarkt fällt eine Titelvermehrung auf, die hauptsächlich auf der Zunahme von Special-Interest- und Fachzeitschriften in den 1990er-Jahren beruht. Die Titelanzahl bei Publikumszeitschriften stieg von 223 (1975) auf 855 im Jahr 2005 bei gleichzeitiger Auflagenverdoppelung. Die Fachzeitschriften legten im selben Zeitraum von 658 auf 1.075 Titel zu, allerdings bei leicht rückläufigen Auflagen.

Internet und Medienkonvergenz

Seit Mitte der 1990er-Jahre hat das bestehende Mediensystem mit dem Internet die gravierendste Veränderung seit der Erfindung des Buchdrucks erfahren (zur Geschichte des Internet vgl. Werle 1999). Nutzte anfangs nur eine männliche, junge, hoch gebildete Minderheit die neuen computervermittelten Medien, so ist mittlerweile mehr als die Hälfte der Bevölkerung online. Die meist genutzten Internetmodi sind seit jeher das Web und E-Mail (van Eimeren & Frees 2006).

Die ursprünglichen Mediengattungsgrenzen, wie man sie von den herkömmlichen Massenmedien her kennt (Zeitung, Zeitschrift, Fernsehen, Radio), lösen sich seitdem auf; Medien konvergieren technisch und inhaltlich. Man kann die Tageszeitung entweder in der gewohnten Papierform lesen oder online beziehen. Die meisten Radiosender kann man weltweit über das Internet hören. Auch der Fernsehempfang ist nicht mehr auf klassische Rundfunkempfangsgeräte beschränkt: Jeder Computer lässt sich preiswert zum TV-Empfänger aufrüsten; im Internet kann man viele TV-Inhalte herunterladen oder als Live-Stream ansehen. Das mobile Fernsehen übers Handy steht in den Startlöchern. Sogar die Fernbedienung für das zurückgelehnt-entspannte Fernsehen – im Gegensatz zur vielbeschworenen Laid-Forward-Nutzung des PCs als Arbeitsgerät (Schönbach 1997) – wird mittlerweile bei den meisten Computern serienmäßig mitgeliefert.

Besonders die Digitalsierung von Medieninhalten und das Web mit seiner Hypermedialität leisten der Konvergenzentwicklung Vorschub: Sobald bisherige Medienangebote digital vorliegen, lassen sie sich online mittels Links verbinden (siehe die oben angesprochenen EPGs). Links sind das Verbindungsglied zwischen Angeboten verschiedenster Darstellungsmodalitäten (auditiv, visuell, evtl. olfaktorisch, gustatorisch oder haptisch) und Codierungen (Film, Animation, Text, Musik, Abbildung usw.). Deshalb kann man getrost das „Hypertextkonzept als Klammer der Medienkonvergenz" bezeichnen (Schweiger 2001: 277).

Das alles führt nicht nur zu einer geringeren Angebotsbindung bei Rezipienten *innerhalb einer Mediengattung*, als man sie von den bisherigen Medien her kennt (Leser-Blatt-Bindung bei der Presse oder Kanalloyalität beim Rundfunk). Auch die Bindung an eine bestimmte Mediengattung oder Angebotsform schwächt sich im Internet zwangsläufig ab. 2005 nannten noch 44 Prozent der Teilnehmer der Langzeitstudie Massenkommunikation auf die Frage, auf welches Medium sie auf einer einsamen Insel am wenigsten verzichten könnten, das Fernsehen (van Eimeren & Ridder 2005: 493). In naher Zukunft wird diese Rolle vermutlich das Internet (oder eine sonstige computerbasierte, mediale Infrastruktur) einnehmen, da es alle bisherigen Medien in sich vereinigen kann (siehe Abschnitt 5.8).

2.2.2 Eckwerte zur Mediennutzung

Daten zur Angebotssituation sagen noch nichts über die tatsächliche Mediennutzung. Tabelle 3 zeigt die Reichweite und Nutzungsdauer publizistischer Medien in den Jahren 1970 bis 2005. Unter Reichweite versteht man hier den Anteil der Bevölkerung ab 14 Jahren, der an einem durchschnittlichen Tag ein bestimmtes Medium nutzt – wenn auch nur ganz kurz. Wie lange *alle* Deutschen (wiederum ab 14 Jahren) ein Medium im Durchschnitt nutzten, ist der täglichen Nutzungsdauer zu entnehmen. 2005 nutzten die weitaus meisten Deutschen an einem durchschnittlichen Tag Fernsehen und Radio (89 und 85 Prozent); etwa jeder Zweite (51 Prozent) las eine Zeitung. Das bedeutet einen Rückgang der Zeitungslektüre von ursprünglich 70 Prozent und einen gleichzeitigen Anstieg der Rundfunkmedien. Ein knappes Drittel (28 Prozent) der Bevölkerung nutzte 2005 das Internet.

Noch drastischer lässt sich die Entwicklung hin zu elektronischen Medien an der Nutzungsdauer ablesen: Sahen die Deutschen 1970 noch knappe zwei Stunden fern, stieg dieser Wert 2005 auf mehr als dreieinhalb Stunden (220 Minuten). Der Hörfunk gewann noch mehr Nutzungsdauer hinzu. Allerdings hat sich das Radio in den vergangenen Jahren zunehmend zum Nebenbeimedium entwickelt (siehe oben). Verläuft die deutsche Entwicklung wie in den USA, ist zu erwarten, dass in Zukunft auch das Fernsehen verstärkt zur Hintergrundberieselung genutzt werden wird. Bei der Tageszeitung, die nur mit voller Aufmerksamkeit gelesen werden

2.2 Gesellschaftliche und mediale Rahmenbedingungen

kann, also nicht nebenbei, blieb die tägliche Nutzungsdauer in etwa konstant bei einer knappen halben Stunde. Bei gleichzeitig abnehmender Reichweite bedeutet das: Diejenigen, die noch Zeitung lesen, tun das mittlerweile länger, was sich wohl durch das zunehmende Durchschnittsalter der Zeitungsleser und ein wachsendes Zeitbudget im Ruhestand erklärt. Die Nutzungsdauer bei Zeitschriften hat sich in den letzten zwanzig Jahren nicht geändert; sie pendelt seit 1980 zwischen zehn und elf Minuten pro Tag. Zum Internet: Nutzten 1997 gerade einmal 6,5 Prozent der Deutschen über 14 Jahren das Internet zumindest gelegentlich, waren es im Jahr 2000 bereits knapp 29 Prozent, und seit 2003 ist mehr als die Hälfte der Deutschen online. 2006 war jeder Onliner an 4,8 Tagen pro Woche online bei einer täglichen Verweildauer von 119 Minuten (van Eimeren & Frees 2006).

Tabelle 3: Nutzung tagesaktueller Medien 1970 bis 2005

Reichweite in %								
	1970	1974	1980	1985	1990	1995	2000	2005
Fernsehen	72%	78%	77%	72%	81%	83%	85%	89%
Hörfunk	67%	70%	69%	76%	79%	75%	85%	84%
Tageszeitung	70%	73%	76%	73%	71%	65%	54%	51%
Internet	–	–	–	–	–	–	10%	28%
Nutzungsdauer in Min./Tag								
	1970	1974	1980	1985	1990	1995	2000	2005
Fernsehen	113	125	125	121	135	158	185	220
Hörfunk	73	113	135	154	170	162	206	221
Tageszeitung	35	38	38	33	28	30	30	28
Internet	–	–	–	–	–	–	13	44

Ø Mo-So (Sonntag erst ab 1990), 5-24 Uhr, BRD gesamt (bis 1990 nur alte Bundesländer), Personen ab 14 Jahren; Quelle: ARD/ZDF-Langzeitstudie Massenkommunikation (van Eimeren & Ridder 2005: 496).

Natürlich spielen auch ökonomische Faktoren bei der Mediennutzung eine Rolle: Fernsehen und Radio erfordern von Rezipienten die prinzipiell einmalige Anschaffung von Empfangsgeräten und die regelmäßige Bezahlung von Rundfunkgebühren. Diese fallen immer an – auch wenn man keine öffentlich-rechtlichen Angebote sieht oder hört. Sobald man sich einmalig für die Nutzung von Radio oder Fernsehen entschieden hat, entstehen keine weiteren Kosten (Ausnahme: Pay-TV oder kostenpflichtige interaktive Angebote wie Telefon-Voting usw.). Das bringt aus finanzieller Sicht einen Anreiz zur intensiven Rundfunknutzung mit sich. Dem vergleichbar ist ein Internetzugang mit Flat-Rate, die ebenfalls unabhängig vom tatsächlichen Datenaufkommen konstant zu bezahlen ist. Anders verhält es sich bei Printmedien. Hier ist jedes Exemplar bzw. jedes Abonnement einzeln zu bezahlen. Das bringt einen erhöhten Wettbewerbsdruck auf dem Publikumsmarkt mit sich, da ein Leser auf eine bestimmte Zeitung oder Zeitschrift verzichten kann, ohne gleich den Zugang zur gesamten Mediengattung aufzugeben, wie das beim Rundfunk der Fall wäre. Pressemedien sind deshalb in ökonomisch schwierigen Zeiten, in denen Privathaushalte sparen müssen, besonders bedroht. Die Anschaffungs- und Nutzungsentscheidung für ein kostenloses Angebot einer Mediengattung mit Fixkosten (Rundfunk) fällt somit unter gänzlich anderen Voraussetzungen als die Entscheidung für ein kostenpflichtiges Medienprodukt ohne Fixkosten (Presse; siehe ausführlicher Abschnitt 4.3.1).

Wir wollen es bei diesem kursorischen Überblick über die Mediennutzung belassen, zumal sich die Zahlen rapide ändern. Es sollte klar geworden sein, welch hohen Stellenwert die Mediennutzung allein vom Zeitbudget her im Leben der Menschen hat. Ebenfalls auffällig ist die Entwicklung zu elektronischen Bildschirmmedien, die durch die rasante Internetverbreitung in den letzten Jahren zusätzlich beschleunigt wurde.

2.2.3 Gesellschaftlicher Hintergrund

Angebots- und Nutzungsdaten sagen nicht viel aus über die gesellschaftliche Bedeutung, die Medien hatten und haben, und den Einfluss gesellschaftlicher Entwicklungen auf die Mediennutzung und -bewertung. Man braucht sich nur die Aufzeichnung einer alten Fernsehsendung anzusehen und versteht sofort, welche andere – staatstragend anmutende – Rolle das Medium offensichtlich noch in den 1970er-Jahren spielte. Auch die sozialwissenschaftliche Theorieentwicklung und Forschung kann nicht losgelöst vom gesellschaftlichen Hintergrund betrachtet werden. Saxer (1995: 40) notierte, „daß die Entwicklung der Publizistikwissenschaft in starker Abhängigkeit von derjenigen des Gegenstandes selbst erfolgt, der wiederum vom Zustand des Wirtschafts-, Politik- und Kultursystems der Gesellschaft determiniert ist, die die Medien institutionalisiert". Deshalb wollen wir in groben Strichen einige gesellschaftliche Entwicklungen nachzeichnen.

Medienperspektiven

Versetzen wir uns in das Europa nach dem Zweiten Weltkrieg: Ausnahmslos alle Mediengattungen waren zuvor von den Nationalsozialisten als Propagandainstrument missbraucht worden. Besonders der Hörfunk hatte bei den Nationalsozialisten als Medium mit großer Massenwirkung gegolten, da man weite Teile der Bevölkerung gleichzeitig erreichen konnte und die akustische Übertragung von Führerreden und dergleichen für besonders wirkungsmächtig hielt. Die Nachkriegszeit war geprägt von der Erinnerung ‚totalitärer Medienpropagandamacht' (Saxer 1998: 27) und damit von der Vorstellung allmächtiger Medien – eine Vorstellung, die seit Anfang des zwanzigsten Jahrhunderts die Medienforschung beherrschte (vgl. Brosius & Esser 1998). Deshalb schien es in Deutschland geboten, Hörfunk und Fernsehen staatsfern zu organisieren. Wegen des hohen technischen und finanziellen Aufwands und der angenommenen Wirkungsmacht sollten sie jedoch auch nicht dem freien Marktwettbewerb überlassen, sondern kontrolliert und reglementiert werden. Die unterstellte Wirkungsmacht des Rundfunks sollte in einem positiven Sinn genutzt werden. Entsprechend definierten einige Rundfunkgesetze die Aufgabe des neu gegründeten öffentlich-rechtlichen Rundfunks mit der Trias „Information, Bildung und Unterhaltung" (Herrmann 1994: 256). Die begriffliche Verdoppelung der Informationsfunktion in einen tagesaktuellen (Information) und einen allgemeinen Bereich (Bildung) kam nicht von ungefähr, signalisierte sie doch die übergeordnete Bedeutung der Informations-

gegenüber der Unterhaltungsfunktion. Medien galten mit ihrer ‚politischen Sozialisationsfunktion' (Burkart 1998: 383) als Mittel zur Demokratisierung der deutschen Bevölkerung (Re-Education) und Sicherung des demokratischen Rechtsstaats.

In den Folgejahren herrschte Aufbruchstimmung. Während der Wirtschaftswunder-Zeit wurde die freiheitlich-demokratische Grundordnung für Bevölkerung und Institutionen zur Selbstverständlichkeit. Die Erinnerung an die frühere Rolle der Medien verblich. Damit wandelte sich auch das Bild der Massenmedien. Nun gewann die Artikulations-, Kritik- und Kontrollfunktion an Beachtung: Medien sollten (1) die Meinungen und Interessen von Verbänden, Institutionen und der Bevölkerung bündeln und öffentlich machen (‚Herstellen von Öffentlichkeit', Ronneberger 1974: 199), Regierung, Gesetzgeber, Rechtsprechung und andere Institutionen (2) kritisieren und (3) kontrollieren. Während Massenmedien nach dem Krieg also in erster Linie positiv auf die Bevölkerung wirken sollten, wurde später ihr Einfluss auf die politische Elite betont. Beiden Sichtweisen war eine Fokussierung auf *politische* Medienfunktionen und den Nachrichtenjournalismus gemein.[11]

In den letzten Jahren ist in der öffentlichen Mediendebatte eine *Entpolitisierung* und *Ökonomisierung* zu verzeichnen (vgl. die Cultural Studies als Gegenbewegung, Abschnitt 5.7.3). Ging es ursprünglich fast immer um die publizistische Bedeutung der Medien im demokratischen Rechtsstaat, so werden mittlerweile wirtschaftliche Aspekte weit mehr betont als früher.[12] Im Dauerkonflikt zwischen Publizistik und Ökonomie scheint sich die Einsicht durchgesetzt zu haben, dass beide Seiten aufeinander angewiesen sind. Medienunternehmen gelten als Unternehmen, die mit Hilfe publizistisch konkurrenzfähiger Produkte auf dem Publikums- und Werbemarkt bestehen müssen. Der Rezipient ist der Souverän, der über Erfolg und Misserfolg von Medienprodukten, aber auch von Medieninhalten bzw. Themen entscheidet. Hat die Kommunikationswissenschaft Medienqualität früher fast ausschließlich aus normativer Warte diskutiert, berücksichtigt sie mittlerweile auch die Qualitätserwartungen der Nutzer (User-Quality, Abschnitt 5.3.4). Damit hat natürlich auch die Mediennutzungsforschung an praktischer und theoretischer Bedeutung gewonnen.

Gesellschaftliche Makro-Trends
Über veränderte Medienvorstellungen hinaus fand in den letzten Jahren ein weit greifender Gesellschaftswandel statt, der sich nach Saxer (1998: 29f.) durch vier Makro-Trends beschreiben lässt: (1) „Wandel von der Klassen- zur Individualgesellschaft", (2) „Wandel von der Leistungs- zur Erlebnisgesellschaft", (3) „Wandel von der industrialisierten zur postindustriellen Gesellschaft" und (4) „Wandel von der Berufs- zur Lerngesellschaft".

Zunächst zum *Wandel von der Klassen- zur Individualgesellschaft*: Aus der Sicht der Soziologie des frühen zwanzigsten Jahrhunderts war das Gesellschaftssystem anhand Bildungs- und Einkommensschichten horizontal separiert. Soziale Aufstiegsmöglichkeiten waren auf ein Mindestmaß beschränkt. Autoren wie Comte, Spencer, Durkheim, Weber und Tönnies prägten die

---

[11] Vgl. Burkart (1998: 368-386) mit einer Darstellung dieser und anderer politischer und sozialer Medienfunktionen.
[12] Vgl. hierzu die Debatte in Medien & Kommunikationswissenschaft 49 (2001), Heft 2.

Vorstellung von der Industriegesellschaft als einer Ansammlung von Individuen, die aus dem bisherigen Familienverbund herausgerissen und in anonymen Großstädten sozial isoliert sind.[13] Die angenommene Folge der sozialen Isolation war die Verunsicherung des Einzelnen, verbunden mit einer hohen Anfälligkeit für externe Beeinflussungsversuche. Zusammen bildeten diese Menschen die ‚Massengesellschaft'. Diese betrachtete man – überspitzt formuliert – als amorphe und suggestible Masse, die von staatlicher Propaganda, Massenmedien und Wirtschaftswerbung sowie der Kulturindustrie (vgl. besonders Horkheimer & Adorno 1988; Habermas 2001) beliebig manipuliert werden konnte. Obwohl diese Vorstellung eindeutig auf untere soziale Schichten gemünzt war, bestand innerhalb der Medienwirkungsforschung die Neigung, das Massenkonzept auf die gesamte Gesellschaft zu übertragen. Die – viel beschriebene – Folge war die Vorstellung direkter und ungefilterter Medieneinflüsse mit identischen Wirkungen auf alle Rezipienten. Die Metaphern der ‚hypodermic needle' oder des ‚transmission belt' veranschaulichen diese Stimulus-Response-Logik (vgl. Schenk 2002: 24-31). Mittlerweile hat die Vorstellung einer manipulierbaren Masse an Bedeutung und Akzeptanz verloren (vgl. z.B. Pürer 2003: 76f.) – sicherlich allein schon deshalb, weil sie dem demokratischen Selbstverständnis diametral entgegensteht.

Nicht nur die wissenschaftliche Vorstellung der Gesellschaft hat sich geändert – die Gesellschaft selbst hat sich gewandelt. Eine zentrale Beobachtung ist die Abschwächung der *horizontalen* Schichtung. Der Einzelne nimmt sich weniger als Teil einer Gesellschaftsschicht wahr, sondern betrachtet sich als Individuum mit vollständiger Selbstverwirklichungs-Freiheit. Ulrich Beck (1986) beschreibt diese Individualisierung als dreifachen Prozess: (a) Der Einzelne wird aus historisch vorgegebenen Sozialformen und -bindungen im Sinne traditioneller Herrschafts- und Versorgungszusammenhänge herausgelöst (Freisetzungsdimension) und feste Arbeitsverhältnisse verlieren an Bedeutung. (b) Traditionelle Sicherheiten im Hinblick auf Handlungswissen, Normen und Glauben werden entzaubert und verlieren an Wirksamkeit (Entzauberungsdimension). (c) Gleichzeitig finden sich die Individuen in neuen Abhängigkeitsverhältnissen wieder; diesmal sind es Märkte (z.B. der Arbeitsmarkt) und staatliche Institutionen (z.B. das Gesundheitssystem) (Kontroll- und Reintegrationsdimension). Diese Individualisierung geht einher mit einer *vertikalen* und *weniger homogenen* Gruppenbildung. Die wohl relevanteste Folge ist in der Publikumsforschung die zunehmende Schwierigkeit, Ziel- oder Nutzergruppen von Medienprodukten anhand soziodemografischer Variablen zu beschreiben (Abschnitt 5.6.1).

Der *Wandel von der Leistungs- zur Erlebnisgesellschaft* beschreibt einen Werte- und Normenwandel, der mit der Individualisierung zusammenhängt. Früher galt die berufliche Leistungsfähigkeit und -bereitschaft eines Menschen als höchster Selbstverwirklichungswert. In den letzten Jahren beobachten verschiedene Autoren eine Entwicklung zur ‚Spaßgesellschaft'. Besonders Schulzes (2000) Analysen zur ‚Erlebnisgesellschaft' fanden weithin Beachtung (Abschnitt 5.4.3). Hierzu passt, dass sich auch die Kommunikationswissenschaft in den letzten Jah-

---

[13] Vgl. Riesman (2001) sowie die empfehlenswerten Überblicke über philosophische und sozialpsychologische Entwicklungslinien bei Hofstätter (1973: 18-26) sowie aus kommunikationswissenschaftlicher Perspektive Noelle-Neumann (1991: 154-163).

ren verstärkt mit der Unterhaltungsfunktion von Medien beschäftigt: „Unterhaltung hat sich in den letzten Jahren beträchtlich emanzipiert", sie wird zum „oft sogar schon beherrschenden Lebensgefühl" (Früh 2003a: 9).

Der in der kommunikationswissenschaftlichen Literatur gegenwärtig wohl meistbeachtete Trend ist der *Wandel von der industrialisierten zur postindustriellen Gesellschaft*: Gemeint ist weniger der Wandel von der Industrie- zur Dienstleistungsgesellschaft, sondern die Herausbildung eines Informationssektors mit steigender volkswirtschaftlicher Bedeutung (Donsbach 1998). Dieser umfasst einerseits Informations- und Kommunikationstechnologien und andererseits Medien als institutionelle Inhaltsproduzenten und -anbieter. Der Output dieses Sektors steigt ständig – man denke nur an die unermessliche Inhaltsmenge im Internet. Werbung und Öffentlichkeitsarbeit ‚pumpen' zusätzlich Inhalte in die Öffentlichkeit. Das alles führt zu einer exorbitanten Informationsvermehrung. Dass Rezipienten unter den Vorzeichen der ‚Informationsgesellschaft' Medien anders nutzen, liegt auf der Hand: Es entsteht eine ständige Informationsüberlastung, die generelle Rezeptionsbereitschaft verknappt sich, worunter nicht nur die Werbung leidet (Stichwort Werbereaktanz). Der Zwang zur (schnellen) Selektion und zu Nutzungsroutinen steigt nicht nur im Onlinebereich (Wirth & Schweiger 1999), sondern bei allen anderen Mediengattungen. Nicht mehr die Suche nach raren Informationen bestimmt den Medienumgang, sondern das Auswählen oder gar Vermeiden von Inhalten (Brosius 1998a). Kiefer (2000: 108) spricht von ‚rationaler Ignoranz' als einer neuen Informationsverarbeitungsstrategie.[14]

Der letzte von Saxer genannte Trend ist der *Wandel von der Berufs- zur Lerngesellschaft*. Seine Wurzel liegt in der sich permanent beschleunigenden technischen und wissenschaftlichen Entwicklung, da Wissen immer schneller veraltet. In vielen Berufen ist permanente Fortbildung unerlässlich. Diese Entwicklung widerspricht nur vordergründig dem Trend zur Erlebnisgesellschaft, da letzterer in unterschiedlichen Milieus unterschiedlich stark ausgeprägt und lebenslanges Lernen eher ein Phänomen höher gebildeter Gesellschaftsgruppen ist.

Weitere Trends
In einer Studie zur Zukunft Deutschlands nennt Opaschowski (2001: 28-37) einige weitere Trends, die Auswirkungen auf die aktuelle und zukünftige Mediennutzung haben:
- Eine „auf Kurzfristigkeit und Elastizität ausgerichtete Ökonomie" (ebd.: 28) fordert vom Einzelnen eine Flexibilisierung bzw. Bereitschaft zur Veränderung in vielen Bereichen sowie räumliche Mobilität (Beck, U. 1999). Es wäre zu überprüfen, inwiefern sich die Flexibilisierung auf die Mediennutzung auswirkt – etwa durch eine Abnahme von Nutzungsroutinen.
- Fast alle westlichen Gesellschaften stehen vor einer Überalterung, die die Nachfrage nach Medienangeboten für ältere Menschen verstärken wird. Senioren gewinnen als Zielgruppe von Medienanbietern und Werbetreibenden an Bedeutung. Traditionelle Mediengattungen

---
[14] Vgl. den Sammelband von Mahle (2000), der sich unter dem Titel „Orientierung in der Informationsgesellschaft" ausschließlich mit der Thematik befasst, sowie Brosius (1998a).

(Presse und analoger Rundfunk), mit denen ältere Menschen besser vertraut sind als mit neuen Medien (Internet, mobile Kommunikation, digitaler Rundfunk), müssten davon zumindest zwischenzeitlich profitieren (Abschnitt 5.8.1 zur Diffusion von Medieninnovationen).
- Die Vereinzelung der Gesellschaft geht mit kleineren Haushaltsgrößen bzw. einem wachsenden Anteil an Single-Haushalten und kinderlosen Paaren einher (vgl. Hradil 1995). Wenn Familien gegründet werden, geschieht das später im Lebensverlauf. Gründe sind wiederum verlängerte Ausbildungszeiten sowie erhöhte Mobilitäts- und Flexibilitätsanforderungen. Daraus lässt sich ein Trend zur individuellen Mediennutzung ableiten – im Gegensatz etwa zum gemeinsamen Fernsehabend im Familienkreis (Abschnitt 5.5.1).
- Opaschowski diagnostiziert schließlich eine zunehmende Mediatisierung (korrekter wäre Medialisierung). Diese umfasst nicht nur die bereits beschriebene, wachsende Bedeutung und Menge massenmedialer Angebote (Mikos 2004b), sondern auch eine sich in alle Alltagsbereiche ausweitende computer- und internetgestützte Verrichtung von Tätigkeiten wie Banküberweisungen (E-Banking), Ticket-, Tonträger- oder Buchkauf (E-Shopping), um nur einige Beispiele aus dem ‚E-Bereich' zu nennen.

Ulrich Beck (1986) zufolge führen die Trends dazu, dass das Leben der Menschen zwar freier und selbstbestimmter wird, aber auch immer komplexer und unsicherer. Auch die wirtschaftliche Globalisierung und die Verbreitung von Risikotechnologien wie Gentechnologie oder Kernkraft erhöhen zwar die verfügbaren Möglichkeiten (z.B. neue Konsumprodukte, Lebensmittel oder Medikamente), führen aber gleichzeitig zu wachsender Unsicherheit in allen Gesellschaftsbereichen, wofür Beck den Begriff der *Risikogesellschaft* geprägt hat. Das Medienensemble, das jedem Bürger zur Verfügung steht, wird ebenfalls umfangreicher, vielfältiger und damit komplexer. Die bereits angesprochene Folge für Mediennutzer ist eine ‚rationale Ignoranz'. Die Auswahl von Medienangeboten erfolgt somit zwangsläufig unter Unsicherheit und wird damit – soziologisch gesprochen – zum Risiko (vgl. Chalaby & Segell 1999).

Zusammenfassung

Die genannten Veränderungen in der Gesellschaft und in den vorherrschenden Vorstellungen über Medien haben auch die wissenschaftliche Beschäftigung mit Massenmedien verändert. Wer sich heute als Studierender oder junger Wissenschaftler mit Medien und ihrer Nutzung befasst, hat manchmal Mühe, frühere Positionen nachvollziehen zu können. Die Vorstellung von der ‚Allmacht der Medien' mutet aus heutiger Sicht genauso seltsam an wie die gegenteilige Position der ‚ohnmächtigen Medien'. Einige der erwähnten Trends werden wir im folgenden Abschnitt wieder aufgreifen, wenn es um die Entwicklung der Mediennutzungsforschung geht. Andere werden als Ursachen oder intervenierende Variablen bei einzelnen Forschungsbereichen und Ansätzen an anderer Stelle wieder auftauchen.

2.3 Entwicklung und Relevanz

2.3.1 Von der Zeitungswissenschaft zur empirischen Nutzungsforschung

Der folgende Abschnitt versucht eine grobe Skizze der historischen Entwicklung der kommunikationswissenschaftlichen Mediennutzungsforschung. Eine solche Darstellung ist allerdings mit Unwägbarkeiten behaftet, die sich aus der Geschichte der Disziplin ergeben:

Erstens ist es der Kommunikationswissenschaft als interdisziplinär orientiertem Fach bis zum heutigen Tag nicht gelungen, eine Identität zu entwickeln, die eine eindeutige Abgrenzung kommunikationswissenschaftlicher Forschung gegenüber anderen Disziplinen erlaubt. Die unter Fachvertretern konsentierten Untersuchungsobjekte ‚Massenmedien' oder ‚öffentliche Kommunikation' sind unzureichend definiert – vermutlich lassen sie sich auch nicht besser definieren. Darüber hinaus ist strittig, ob nicht auch interpersonale, nicht-öffentliche Kommunikation oder Unternehmenskommunikation zum Gegenstandsbereich des Faches gehören. Auch eine Abgrenzung entlang verwendeter Methoden scheidet aus, weil im Fach beinahe alle Methoden der Nachbardisziplinen mehr oder weniger häufig eingesetzt werden. Es kommt hinzu, dass sich eine Reihe anderer Disziplinen ebenso mit massenmedialen Phänomenen befasst, wenn auch nur aus bestimmten Perspektiven; zu nennen sind die Psychologie, Soziologie, Politikwissenschaft, Rechtswissenschaft, Ökonomie, Philosophie, Pädagogik, Literatur-, Informations-, Buch-, Theater- und Kulturwissenschaft.

Zweitens: Viele Forscher stammen ursprünglich aus anderen Disziplinen und wähnen sich diesen zugehörig, bezeichnen sich bei Gelegenheit jedoch gern auch als Kommunikationswissenschaftler. Noch vor gut dreißig Jahren veröffentlichten Silvermann & Krüger (1973) und McQuail (1969) Überblicksbände über die *Soziologie* der Massenkommunikation, und auch Maletzkes (1963) Überblick hieß „*Psychologie* der Massenkommunikation". Entsprechend schwierig zu bestimmen ist bei manchen Ansätzen, die sich mit der Nutzung von Massenmedien befassen, ob sie nun kommunikationswissenschaftlicher Herkunft sind oder nicht.

Es gibt drittens einen großen Korpus von Theorien aus anderen Fächern, die von der Kommunikationswissenschaft übernommen oder adaptiert wurden und mittlerweile aus dem Fach nicht mehr wegzudenken sind, wie z.B. Festingers Theorie der kognitiven Dissonanz (Abschnitt 3.2.3) in der Nutzungs- und Wirkungsforschung oder die Systemtheorie in der Journalismusforschung. Würde man die Geschichte der Nutzungsforschung ausschließlich anhand originär kommunikationswissenschaftlicher Beiträge erzählen wollen, bliebe wohl wenig übrig – das gilt zumindest für die frühen Texte.

Viertens verändert sich die kommunikationswissenschaftliche Rezeption von Ansätzen aus anderen Disziplinen im Zeitverlauf. Während heute beispielsweise viele psychologische Theorien als kommunikationswissenschaftlicher Standard gelten, hat sich das Fach noch vor dreißig Jahren kaum für diese Theorien interessiert, obwohl sie in den Herkunftsdisziplinen etabliert waren. Die kognitionspsychologische Schematheorie wurde beispielswese mehr als zehn Jahre nach ihrer Entstehung (Minsky 1975; Schank & Abelson 1977) von der Kommunikationswissenschaft aufgegriffen (z.B. Graber 1988; Brosius 1991), und auch die Ideen der Cultural Studies waren in Großbritannien bereits seit vielen Jahren etabliert, als sie Krotz (1992) in die deutschsprachige Kommunikationswissenschaft einführte.

Frühe Zeitungswissenschaft

Die deutschsprachige Zeitungs-, Publizistik- und Kommunikationswissenschaft verstand sich seit ihrer institutionellen Gründung in den 1910er- und 1920er-Jahren als normativ und historisch orientierte Disziplin (Saxer 1998: 26). Es dominierte die historische Beschäftigung mit Pressemedien und ihrer Produktion, also mit Pressegeschichte. Die frühe Journalismusforschung befasste sich intensiv mit Verleger- und Journalistenpersönlichkeiten und stellte sie als normative Vorbilder für den journalistischen Nachwuchs dar (vgl. Wyss 2001: 262). Publikum, Mediennutzung oder Wirkungen wurden höchstens am Rande angesprochen. Das änderte sich auch nach dem Zusammenbruch des Dritten Reiches nicht. Gleichzeitig entstanden in anderen Fächern vereinzelte Arbeiten zur Mediennutzung wie Emilie Altenlohs (1914) soziologische Umfrage zur Kinonutzung unter Heidelbergern und Mannheimern, die jedoch im Fach bis heute weitgehend unbeachtet geblieben sind.

Behaviorismus und Stimulus-Response-Logik

Währenddessen erlebten die Psychologie, Soziologie und Kommunikationswissenschaft in den USA einen Siegeszug der empirischen Perspektive, der im Behaviorismus einen ersten Höhepunkt fand. Dieser übertrug die streng empirische Forschungslogik der Naturwissenschaften und der Instinktpsychologie (vgl. Skinners und Pawlows Konditionierungsforschung) auf die Analyse menschlichen Verhaltens. Das führte zu einer Fokussierung auf von außen beobachtbares – und quantitativ messbares – menschliches Verhalten. Kognitive und affektive Prozesse, Motive sowie das subjektive Erleben wurden systematisch ausgeblendet. Der Grund für diese Sichtweise war ein methodischer: Wenn man, so die Argumentation, schon nicht in die ‚Black Box' des Menschen hineinschauen könne, müsse man sich eben auf die Beobachtung von Verhalten beschränken. Diese Beobachtungen seien zwar lückenhaft, ermöglichten aber immerhin valide und reliable Messungen (Zimbardo 1995: 9f.). Diese Logik brachte ein zwar einfaches, aber empirisch überprüfbares und für viele Fragestellungen völlig ausreichendes Denkmuster mit sich: die Stimulus-Response-Logik, der zufolge ein Stimulus, der auf einen Menschen einwirkt, bei diesem zu einer bestimmten Reaktion führt.

In der behavioristischen S-R-Logik hatte Mediennutzungsforschung keinen Platz, da es hier nur um Reaktionen auf bestimmte Stimuli im Sinne der Wirkungsforschung ging. Die Auswahl, Aufnahme und Verarbeitung der Stimuli durch Rezipienten spielten keine Rolle, weil kognitive bzw. affektive Prozesse in der Blackbox stattfinden und nicht beobachtet werden können. Wie Brosius & Esser (1998) zeigten, berücksichtigte die empirische Forschung allerdings entgegen der weit verbreiteten Annahme von Anfang an Eigenschaften des Rezipienten und der Rezeptionssituation als ‚intervenierende Variablen'. Die empirische Forschungslogik basierte somit von Anfang an auf einem S-O-R-Ansatz. Entsprechend wurde die *Rezeption* von Stimuli immer *mit-*

2.3 Entwicklung und Relevanz

gedacht, denn eine Botschaft kann nur auf Menschen wirken, wenn diese sie auch rezipieren[15]. Allerdings wurde der Prozess der Medienrezeption in empirischen Designs zur Wirkungsforschung – üblicherweise Befragungen und Laborexperimente – tatsächlich selten gemessen. Erstens galt die *Selektion* von Medienangeboten durch Rezipienten in einer Zeit, als es nur wenige Radiosender gab, das Fernsehen noch in den Kinderschuhen steckte, und stattdessen das Kino die Unterhaltungsbedürfnisse der Menschen befriedigte, als wenig relevant, zumal Kinozuschauer während einer Vorführung keine echten Selektionsmöglichkeiten haben. Zweitens erschien die *Rezeption* ebenfalls als wenig attraktives Forschungsfeld. Führt man sich das Publikum in einem Kinosaal vor Augen, findet dort tatsächlich ein weitgehend uniformes Verhalten statt: Alle sitzen da und starren auf die Leinwand. So verwundert es nicht, dass die berühmten Payne-Fund-Studien[16] zwar verschiedene Wirkungen von Kinofilmen auf Kinder untersuchten, etwa auf Schlafgewohnheiten, Kenntnisse über fremde Länder oder Einstellungen gegenüber Gewalt (Brosius & Esser 1998: 248), Selektions- und Rezeptionsprozesse jedoch kaum thematisierten.

Deskriptive Mediennutzungsstudien

Dennoch provozierten neue Medien immer auch empirische Studien zum Nutzungsverhalten. In den 1930er-Jahren wurde die Radionutzung zum Gegenstand mehrerer Untersuchungen, wie Cantrils & Allports (1935) ‚Psychology of Radio', Hertha Herzogs Befragungen von Hörern verschiedener Radioformate (Seifenopern, Quizsendungen, Radiosketche, erstmals 1940) und die Sammelbände von Lazarsfeld und Stanton mit Beiträgen zur Nutzung verschiedener Medien bzw. Genres (1940, 1942, 1944, 1949). Die meisten dieser frühen Studien umfassten qualitative Abfragen von Nutzungsmotiven und waren theorielos und naiv-empirizistisch. Ihre mangelhafte Systematik erschwerte eine Integration der frühen Befunde (Katz et al. 1974: 20). In den 1950er- und 1960er-Jahren fand das neue Medium Fernsehen – und dabei besonders seine Faszination auf Kinder – wissenschaftliches Interesse, z.B. von Maccoby (1954), Himmelweit et al. (1958) oder Schramm et al. (1961). Auch diese Studien sind weitgehend in Vergessenheit geraten.[17] So wichtig deskriptive Momentaufnahmen zur Nutzung und Publikumsstruktur der jeweiligen Medien sind und waren, so wenig ist es den damaligen Studien gelungen, allgemeingültige Hypothesen oder Theorien zu entwickeln, die man auch noch in der heutigen Mediensituation anwenden könnte.

Psychologische und soziologische Grundlagenforschung

Währenddessen gab es in der Psychologie theoretische und empirische Grundlagenforschung, die in der Kommunikationswissenschaft teilweise mehrere Jahrzehnte später aufgegriffen wur-

---

[15] Das gilt zumindest für *direkte* Medienwirkungen. Kepplinger (1982: 107) weist auf *indirekte* Effekte hin, die „durch *indirekte Kontakte* hervorgerufen werden". Das sind beispielsweise Medienwirkungen, die sich mittels interpersonaler Kommunikation über Medieninhalte (Anschlusskommunikation und Mediensozialisation; Abschnitt 5.5.1) ergeben.
[16] Charters (1970), Überblick bei Wartella & Reeves (1985).
[17] Eine Ausnahme bildet Hertha Herzog, die allgemein als erste Vertreterin des damals noch nicht ‚erfundenen' Nutzen- und Belohnungsansatzes gilt (vgl. z.B. Schenk 2002: 627; Kunczik & Zipfel 2001: 344).

de. Frühe Beispiele sind die Gestaltpsychologen Max Wertheimer und Wolfgang Köhler, die in den 1910er-Jahren noch vor der Etablierung des Behaviorismus eine ganzheitliche Theorie der menschlichen Informationsverarbeitung entwickelten, auf der später die Schematheorie aufbaute. Bartletts (1932) Buch zur Rolle des Vorwissens beim Textverstehen gilt ebenfalls als Wegbereiter dieses Forschungsfeldes. Schließlich gibt es einen großen Fundus an (sozial-)psychologischer Grundlagenliteratur aus den 1950er- und 1960er-Jahren, der die Nutzungs- und Wirkungsforschung bis zum heuten Tag prägt. Beispiele sind Hortons & Wohls (1956) Konzept der parasozialen Interaktion (Abschnitt 3.4.2), Festingers (1954) Theorie des sozialen Vergleichs (Abschnitt 3.5) oder Fishbeins und Aijzens Expectancy-Value-Theorie (erstmals Fishbein 1963), die dem Erwartungs-Bewertungs-Ansatz zugrunde liegt (Abschnitt 3.1.5).

Auch in der Soziologie entstanden am Anfang des zwanzigsten Jahrhunderts Ansätze, die die Kommunikationswissenschaft teilweise erst in jüngster Zeit aufgegriffen hat. Beispielsweise gelten die Texte von Georg Simmel und Max Weber als Grundlagen der heutigen Lebensstilforschung (vgl. Rosengren 1996: 22; Abschnitt 5.4.3). Auch die heute etablierte Unterscheidung in (bloßes) menschliches Verhalten einerseits und eine Handlung als intendiertes/sinnhaftes/bewusstes Verhalten andererseits, die in der Handlungstheorie ihren Niederschlag gefunden hat, geht mit Alfred Schütz (1974) auf einen frühen Soziologen zurück. Eine wesentliche Rolle spielte auch der symbolische Interaktionismus (Mead 1934; Blumer 1969), den Renckstorf (1973) im ‚Nutzenansatz' aufgriff (Abschnitt 5.7.1).

Klassiker der frühen Wirkungsforschung

In den 1940er-Jahren entstanden die ersten US-amerikanischen empirischen Studien zur Massenkommunikation, die heute als Klassiker des Fachs gelten, wie z.B. Cantrils (1985) Hörerbefragung zu Orson Welles' Hörspiel „War of the Worlds" von 1940 oder Ryan & Gross' (1943) Untersuchung zur Diffusion eines neuen Saatguts unter Landwirten. Carl Hovland begann an der Yale-Universität sein Experimentalprogramm zur Persuasionsforschung (erstmals Hovland et al. 1949), und Robert K. Merton (1946) untersuchte den Erfolg einer Kriegsanleihe, die im Radio von der als besonders aufrichtig geltenden Sängerin Kate Smith beworben wurde und deshalb hohe Glaubwürdigkeit genoss. Die wohl berühmteste Studie des Faches stammt ebenfalls aus dieser Zeit: ‚The People's Choice', eine Panelstudie zur Wirkung von Wahlkampfkommunikation von Lazarsfeld et al. (1944). Alle Untersuchungen analysierten Wirkungen im Sinne der Medienwirkungsforschung. Trotzdem sind sie auch für die Nutzungsforschung von Interesse, da durchaus Rezeptionsphänomene theoretisch berücksichtigt, wenn auch nur selten empirisch gemessen wurden. Aus Cantrils qualitativer und quantitativer Hörerbefragung lässt sich etwa lernen, wie Menschen mit fiktionaler Medienunterhaltung umgehen, die sich betont realistisch gibt; die frühe Diffusionsforschung gab erste Hinweise zur Verbreitung von Medieninnovationen (Abschnitt 5.8.1). In den frühen Persuasionsstudien wurde die Bedeutung von Vertrauen und Glaubwürdigkeit im Kommunikationsprozess betont (Abschnitt 5.3.3). ‚The People's Choice' schließlich gilt gerade deshalb als Klassiker der Wirkungsforschung, weil darin erstmals die Vorstellung eines aktiv-selektiven Publikums auftauchte, das Medieninhalte ignoriert, die den persönlichen Einstellungen widersprechen (Selective-Exposure; Abschnitt 3.2.3). Lazarsfeld et al. (1944) erklärten schwache persuasive Medieneffekte damit durch ein Rezeptionsphänomen, das sie allerdings nicht gemessen hatten. Somit kann man die Entdeckung des aktiven Rezipienten gleichsam als Abfallprodukt der Wirkungsforschung bezeichnen. Die Feststellung individueller Unterschiede in der Medienwirkung – von Klapper (1960) später als ‚mediating factors' bezeichnet – löste letztlich die wissenschaftliche Beachtung individueller Mediennutzung aus.

Empirische Wende in Deutschland

Bis in die 1960er-Jahre dominierten in der deutschsprachigen Zeitungs- und Publizistikwissenschaft medienhistorische und -philosophische Forschung und berufspraktische Lehre; von der empirischen Wende in den angelsächsischen und skandinavischen Ländern nahm man kaum Notiz. 1961 war der Psychologe Gerhard Maletzke an der University of South California zu Gast und lernte dort den damals aktuellen Stand der US-Kommunikationswissenschaft kennen. Diesen stellte er 1963 in dem bereits erwähnten Überblicksband „Psychologie der Massenkommunikation" der deutschsprachigen Forschungsgemeinde vor. Mit Elisabeth Noelle-Neumann gründete eine weitere USA-Heimkehrerin an der Universität Mainz 1966 das erste publizistikwissenschaftliche Institut mit empirischer Ausrichtung (vgl. Pürer 2003: 44f.). Seither entwickelte sich die deutsche Kommunikationswissenschaft in einem langsamen Prozess zu einer empirisch geprägten Sozialwissenschaft, was auch durch die zunehmende Verbreitung des ursprünglich US-amerikanischen Fachnamens ‚Kommunikationswissenschaft' (communication research) dokumentiert wurde (DGPuK 2001). Das Hauptinteresse galt jedoch weiterhin der öffentlichen und politischen Kommunikation (Publizistik), ihren Funktionen und Wirkungen. Wie Menschen Medien selegieren und rezipieren und wer welche Inhalte warum präferiert, interessierte die deutschsprachigen Fachvertreter anfangs kaum. Medienunterhaltung wurde kaum thematisiert und wenn, dann ging es um unterhaltende Medieninhalte oder -formate als negatives Kulturphänomen (Stichwort Unterhaltungsindustrie), nicht jedoch um deren Akzeptanz oder Nutzung durch das Publikum.

2.3.2 Ökonomische und gesellschaftliche Relevanz

Ökonomische Relevanz

In den USA gab es bereits in den 1970er-Jahren ein umfangreiches Angebot an kommerziellen TV-Kanälen und Privatradios. Die Rundfunk-Networks mussten Geld auf dem Werbemarkt verdienen und befanden sich deshalb in direkter Konkurrenz auf dem Publikumsmarkt. Entsprechend bekamen die verschiedensten Aspekte der Mediennutzung erhebliche ökonomische Bedeutung für Medienanbieter. In diese Zeit fällt in den USA die Entstehung des Uses-and-Gratifications-Ansatzes (Merten 1984: 67), der die Bedürfnisse und Präferenzen von Mediennutzern systematisch untersucht (Abschnitt 3.1).

Mitte der 1980er-Jahre war es auch in Deutschland soweit: Zunächst brachten vier Kabelpilotprojekte eine Reihe öffentlich finanzierter Begleitstudien, die die Publikumsakzeptanz des dualen Rundfunksystems (z.B. Landwehrmann et al. 1988), aber auch der neuen Medientechnik BTX (Degenhardt 1986) evaluierten. Da diese Studien deskriptiv angelegt waren, sind sie mittlerweile weitgehend vergessen. Danach begann zwischen öffentlich-rechtlichen und privaten Rundfunkanbietern der Kampf ums Publikum. Marktanteile und Reichweiten wurden zu zentralen Größen im Rundfunkgeschäft. Der Pressemarkt war von Anfang an privatwirtschaftlich organisiert und entsprechend genau schauten auch hier die Verleger auf Auflagenzahlen. Es passt gut ins Bild, dass bereits in den 1960er-Jahren die Zeitungsverleger Publikumsverluste durch den gebührenfinanzierten öffentlich-rechtlichen Rundfunk beklagten, was zur Einsetzung der Michel-Kommission zum intermediären Wettbewerb führte (Pürer 2003: 233f.). Dennoch mussten sich die Verleger trotz kontinuierlicher Pressekonzentration in den Folgejahren kaum Sorgen um ihre Leser machen: Die Zeitungslektüre war für die meisten Bürger tägliche Routine und die Leser-Blatt-Bindung hoch. Erst seit der Zeitungskrise der vergangenen Jahre, für die die gesamtwirtschaftliche Situation in Deutschland und die Verbreitung des Internet verantwortlich gemacht werden, müssen auch Presseverleger mehr um ihre Leser kämpfen.

Besonders das Internet hat die Medienlandschaft verändert. Vor beinahe zehn Jahren begann die wissenschaftliche Debatte darüber, ob der Onlinebereich Rundfunk und Presse substituieren werde und inwiefern eine verstärkte Onlinenutzung zu Lasten der anderen Mediengattungen gehe. Diese Frage wird bis heute mit wechselnder Intensität beforscht und diskutiert (Abschnitt 5.8). Auch wenn bislang eher geringe Substitutionseffekte messbar sind (Schmitt-Walter 2004), so ist doch weiterhin von einem verschärften intermediären Wettbewerb auszugehen.

Es gab also seit den 1970er-Jahren verschiedene Entwicklungen, die zu einem wachsenden ökonomischen Interesse am Medienpublikum und seinem Nutzungsverhalten führten. Tatsächlich hat die Publikums- und Werbeträgerforschung in der Medienwirtschaft mittlerweile einen derart hohen Stellenwert, dass Siegert 1993 von der „Marktmacht Medienforschung" sprach.

Gesellschaftliche Relevanz

Wirtschaftliche Gegebenheiten allein beeinflussen keine Trends in der akademischen Forschung, doch es gibt eine Reihe weiterer Beobachtungen, die für ein gestiegenes gesellschaftliches und daher auch wissenschaftliches Interesse an Mediennutzung sprechen.

Erstens hat die kommerzielle Publikumsforschung, die teilweise auch an Universitäten durchgeführt wird, sehr wohl einen Einfluss auf akademische Aktivitäten: Ein Forscher, der sich im Rahmen von kommerziellen Drittmittelstudien mit Mediennutzung befasst, wird immer versuchen, die dort erarbeiteten Theorien, Methoden und Befunde auch im akademischen Feld zu verwerten.

Zweitens ereignete sich in den 1970er-Jahren in der Psychologie eine ‚kognitive Wende', die den Menschen nicht mehr als instinkt- und triebgesteuertes Wesen, sondern als aktiven Informationsverarbeiter und Problemlöser betrachtet, der seine Interessen und Bedürfnisse durch mehr oder weniger rationales Entscheiden nach einem Kosten/Nutzen-Kalkül durchzusetzen versucht (Abschnitt 4.1.1). Nachdem dieses Menschenbild auch in der Sozialpsychologie und Teilen der Soziologie als ‚Rational Choice' zum dominierenden Denkmuster geworden war (z.B. Coleman

1990), erreichte es Ende der 1980er-Jahre auch die Kommunikationswissenschaft (Graber 1988; Harris 1989; Brosius 1991). Es liegt auf der Hand, dass damit auch Mediennutzer und Nutzungsprozesse an wissenschaftlichem Interesse gewannen.

Drittens: Die ursprünglich ebenfalls kommerzielle Usabilityforschung, die die Nutzerfreundlichkeit von Software evaluiert und optimiert (Wandke 2004), hat in den letzten Jahren zwei bemerkenswerte Entwicklungen genommen: Einerseits ist zwischen Informatik und Psychologie ein prosperierendes Forschungsfeld entstanden, das allgemeine Gestaltungsprinzipien von Software und Onlineangeboten untersucht. Von Anfang an bestand die Usability-Logik darin, Nutzer beim Umgang mit den zu testenden Angeboten zu beobachten bzw. ihnen Nutzungsaufgaben zu stellen (Schweiger 1996); der Nutzungsaspekt war also von Anfang an zentral. Andererseits setzt sich allmählich auch bei den Produzenten anderer Mediengattungen die Einsicht durch, dass man deren Handhabung ebenfalls verbessern kann und entsprechende Nutzertests (etwa in Form von Copytests bei Printmedien) auch dort hilfreich sind (Schweiger 2003a). Ein Grund für diese Einsicht ist wiederum der gestiegene Konkurrenzdruck.

Viertens gelten die Entwicklung des Onlinemarktes und sein Einfluss auf die etablierten Medien als gesellschaftlich hochrelevant. Ein hoher Anteil an Internetnutzern in der Gesamtbevölkerung wird als volkswirtschaftlicher Wachstumsmotor einerseits und als Indikator für die wirtschaftliche Dynamik eines Staates andererseits betrachtet. Die Verbesserung der technischen Infrastruktur (Stichwort Information Highway), die Internetverbreitung in allen Gesellschaftsschichten – auch unter jungen Schülern, Senioren und Einkommensschwachen – und eine intensive Internetnutzung sind erklärte Ziele *aller* politischen Akteure und Institutionen in kapitalistischen Staaten. Die Nutzung von Onlinemedien wurde somit zum politischen Ziel (Gunaratne 2001; Schweiger 2004a).

Fünftens wuchs mit der Internetverbreitung auch das Interesse an der globalen Kommunikationssituation. Ursprünglich hatte man das Thema aus der Kommunikatorperspektive betrachtet und besonders in der Nachrichtenwertforschung weltweit ungleich verteilte Nachrichtenströme intensiv untersucht (Östgaard 1965; Sreberny-Mohammadi 1984; Stevenson 1994; Kim & Barnett 1996). Nun aber entwickelte sich ausgehend von der Vorstellung des Internet als Wachstumsmotor und -indikator die Einsicht, dass es keine wachsende Kluft in der Verfügbarkeit und Nutzung des Internet zwischen Entwicklungsländern und den Industriestaaten geben dürfe. Im Gegensatz zur Wissenskluftforschung (Bonfadelli 1994; Wirth 1997), die Mediennutzung als Auslöser unterschiedlicher Informiertheit begreift und damit zur Wirkungsforschung zählt, sieht die Digital Divide-Forschung die Nutzung des Internet als Resultat struktureller Unterschiede innerhalb einer Gesellschaft oder zwischen Weltregionen (Arnhold 2003). Seither entwickelt sich die Internetnutzung – und damit ein Teil der Mediennutzung – zu einem wichtigen Maßstab für globale Ungleichheit (Abschnitt 5.6.2).

Sechstens hat nicht nur die wahrgenommene gesellschaftliche Bedeutung des Internet, sondern des gesamten Medien- bzw. Informationssektors zugenommen; seit Jahren geistert das Schlagwort von der ‚Informationsgesellschaft' durch Debatten (z.B. Mahle 1998, 2000; Abschnitt 2.2.3). Auch wenn es keine allgemein akzeptierte Definition des Begriffs gibt, signalisiert seine häufige Verwendung doch die gewachsene Bedeutung der Medien.

Die gestiegene Bedeutung des Mediensystems, die drastische Angebotsvermehrung und -ausweitung, aber auch eine Reihe negativer Entwicklungen – die Beispiele Internet-Kriminalität, Jugendschutz im Internet, Gewalt im Fernsehen und in PC-Spielen mögen genügen – warfen und werfen Fragen nach einer öffentlichen Kontrolle und Regulierung, aber auch nach Förderung von Medien auf. Entsprechend hoch ist der Informations- und Beratungsbedarf der politischen Akteure in den Bereichen Medienpolitik, -pädagogik und -gesetzgebung. Dennoch blieb das Forschungsfeld lange Zeit „eingezwängt zwischen den Interessen der Medienunternehmen, für die eine pragmatische und an Werbekunden orientierte Publikumsforschung einen integralen Bestandteil ihres Geschäfts darstellt, und einem von Politik und Öffentlichkeit geschürten Wirkungsdiskurs, der die Mediennutzer fast ausschließlich im Zusammenhang mit (meist negativen) Wirkungen der Medien zur Kenntnis nimmt" (Hasebrink 2003: 101).

2.3.3 Aktuelle Trends

Die starke Orientierung der Mediennutzungsforschung an ökonomischen Interessen führte zu einer Dominanz der quantitativ-empirischen Tradition. Das rief Kritik hervor. Ein beinahe klassischer Vorwurf an die empirische Forschung, die ja üblicherweise nach allgemeingültigen, raum-zeitlich unabhängigen Gesetzesaussagen sucht, lautet, sie sei ahistorisch und ignoriere historische Entwicklungen und Sonderfälle (vgl. etwa Lamnek 1995a: 231). Saxer (1998: 26) unterstellte der empirischen Mediennutzungsforschung gar, nach dem Motto zu operieren: „History is bunk". Tatsächlich ist historische Nutzungsforschung ein Stiefkind des Feldes, auch wenn in den letzten Jahren einige medienbiografische Studien entstanden sind (Prommer 1999; Hackl 2001; Meyen 2003), und sogar der Umgang mit Zeitungen im deutschen Kaiserreich anhand von Polizeiberichten rekonstruiert wurde (Bösch 2004). Bedenkt man, welche Datenschätze aus der quantitativen Publikums- und Werbeträgerforschung seit dem Ende des zweiten Weltkriegs zur Verfügung stehen (Meyen 2000), überrascht das bisherige Desinteresse quantitativer Mediennutzungsforscher an historischen Entwicklungen tatsächlich.

Qualitative Wende?

Während die historische Perspektive weiterhin eher eine Randerscheinung der empirischen Nutzungsforschung ist, hat im letzten Jahrzehnt die qualitative und kulturwissenschaftlich orientierte Nutzungsforschung eine deutliche Verbreitung erfahren. Seit Halls (1980) viel zitiertem Beitrag ‚Encoding/Decoding', der als Beginn der britischen Cultural Studies gilt, ist auch im deutschen Sprachraum eine Reihe von Studien entstanden, die die alltägliche Aneignung von Medien durch Individuen als kulturelles Phänomen begreifen und mit ethnografischen Mitteln möglichst umfassend zu beschreiben und interpretieren versuchen (Abschnitt 5.6). Von einer ‚qualitativen Wende' in der Mediennutzungsforschung kann man derzeit nicht sprechen. Vor einigen Jahren führte Goertz (1997) eine inhaltsanalytische Metastudie deutschsprachiger Publikationen zur Nutzungsforschung durch. Er analysierte 149 empirische Studien, die zwischen 1993 und

2.3 Entwicklung und Relevanz

1996 in den Fachzeitschriften ‚Publizistik', ‚Rundfunk und Fernsehen' (heute: ‚Medien & Kommunikationswissenschaft'), ‚Medienpsychologie' (heute: ‚Zeitschrift für Medienpsychologie') und ‚Media Perspektiven' sowie als Monografien und in Sammelbänden erschienen waren. 66 Prozent der Studien basierten vollständig oder teilweise auf standardisierten Interviews, 23 Prozent auf telemetrischen Daten, drei Prozent stammten aus Laborexperimenten (Mehrfachcodierung). Diesen 92 Prozent quantitativen Studien standen 29 Prozent qualitative Studien gegenüber (davon 20 Prozent Leitfadeninterviews, sieben Prozent Gruppendiskussionen, zwei Prozent teilnehmende Beobachtungen). 13 Prozent wandten ‚andere Methoden' an. Mittlerweile ist der Anteil qualitativer Forschung leicht angestiegen, die Mehrheit empirischer Nutzungsstudien ist zumindest in ‚Publizistik' und ‚Medien & Kommunikationswissenschaft' weiterhin quantitativer Natur (Donsbach et al. 2005).

Auffällig sind zwei Beobachtungen: Erstens sind qualitative Methoden mittlerweile auch in der angewandten Publikumsforschung weit verbreitet (Goertz 1997: 17). Besonders in der Evaluation und Optimierung neuer TV-Formate sind qualitative Gruppendiskussionen ein wichtiges Instrument (vgl. Dammer & Szymkowiak 1998). Auch die Usabilityforschung (siehe oben) arbeitet hauptsächlich qualitativ; hier gilt die Methode des lauten Denkens als Standardinstrument (vgl. Nielsen 1992). Der Hauptgrund für diesen Erfolg dürfte schlichtweg in der einfachen und preiswerten Umsetzung qualitativer Erhebungen mit kleinen Stichproben bei oftmals durchaus ausreichendem, wenn auch nicht repräsentativem Informationsertrag liegen. Zweitens: Eine Reihe von ästhetisch-kulturwissenschaftlich geprägten Kultur- und Geisteswissenschaften konzentriert sich mittlerweile verstärkt auf Massenmedien und ihre kulturellen und sozialen Aspekte. Für diese Fächer sind qualitative Beobachtungs- und Befragungsverfahren naheliegender und anschlussfähiger als etwa quantitative Methoden und bieten deshalb einen willkommenen Einstieg in die empirische Mediennutzungsforschung.

Onlinemedien, Individualkommunikation und Computerspiele

Ein Großteil der heutigen Mediennutzungsforschung bezieht sich auf konkrete Mediengattungen. Medienunabhängige bzw. -vergleichende Studien, wie sie beispielsweise in den 1970er-Jahren in der Uses-and-Gratifications-Forschung üblich waren, sind selten geworden. Lange Jahre dominierte das Fernsehen das Feld: 69 Prozent aller zwischen 1993 und 1996 publizierten Rezeptionsstudien befassten sich ausschließlich oder teilweise mit dem Fernsehen (Goertz 1997: 19). An zweiter Stelle folgten damals die Mediengattungen Hörfunk (26 Prozent), Tageszeitung (17 Prozent), Buch (14 Prozent) und Zeitschrift (elf Prozent). „Multimedia-Anwendungen (inkl. Computergames)", wie Goertz es damals nannte, kamen in elf Prozent aller Studien vor. Mittlerweile dominieren Onlinemedien. In den Jahren 1998 bis 2003 thematisierten 12 Prozent aller Aufsätze in der ‚Publizistik' und ‚Medien & Kommunikationswissenschaft' Printmedien, 14 Prozent das Fernsehen; der Onlinebereich lag mit 20 Prozent an der Spitze (Donsbach et al. 2005: 56).

Während die in der deutschsprachigen Kommunikationswissenschaft übliche Konzentration auf Massenkommunikation – im Sinne öffentlich relevanter Publizistik – bei den ‚klassischen'

Mediengattungen Fernsehen, Radio und Presse leicht einzuhalten war, verschwimmen beim Internet die Grenzen zwischen Individual- und Massenkommunikation sowohl auf der Kommunikator- als auch auf der Rezipientenseite: Eine Website kann ein Massenmedium sein (z.B. ‚spiegel.de'), sie kann einen Feedback-Kanal enthalten (Kontaktformular an die Redaktion) oder einen Bereich zur Gruppenkommunikation (Diskussionsforum oder Weblog). Private Websites sind auch unter Privatpersonen ein beliebtes Mittel zur vermeintlich öffentlichen Selbstdarstellung, auch wenn sie hauptsächlich von Freunden und Bekannten besucht werden. Mehr öffentliches Interesse finden private und geschäftliche Kontaktbörsen (z.B. ‚neu.de' und ‚xing.com'), Kleinanzeigen-Portale (z.B. ‚eBay' oder ‚mobile.de'), Sammlungen persönlicher Fotos- und Filmaufnahmen (z.B. ‚youtube.com'). Schließlich ist das Internet eine technische Plattform für Individualkommunikation (E-Mail, Chat) und gruppenbezogene Onlinespiele.

Dies schlägt sich in den vergangenen Jahren auch in den Publikationen zur Mediennutzung nieder, in denen vermehrt Phänomene der Individualkommunikation behandelt wurden. Besonders die Nutzung und Erlebnisqualität von Computerspielen – ein Thema, das zweifellos außerhalb des publizistikwissenschaftlichen Feldes steht – findet reges Interesse. Hier kommen vermutlich wissenschaftliche Faszination für die technischen Möglichkeiten und ein erhebliches ökonomisches Interesse zusammen, denn die Computerspiel-Branche ist mittlerweile weltweit eine milliardenschwere Industrie. Das unterstreicht die obige Feststellung, dass die akademische Grundlagenforschung nur ansatzweise unabhängig von kommerziellen Interessen ist und vom Forschungsbedarf in Medienunternehmen und -institutionen zumindest inspiriert wird.

Prozessuale Studien

Ein letzter Trend ist das gestiegene Interesse an (medien)psychologischen Phänomenen der Mediennutzung (vgl. Lang et al. 2003). Während lange Jahre funktionale und strukturelle Fragestellungen vorherrschten, führte vor allem die Kanalvervielfachung des Fernsehens zur Etablierung einer prozessbezogenen Selektionsforschung, als deren Initialzündung die Sammelbände ‚Cableviewing' (Heeter & Greenberg 1988) und ‚Die Zuschauer als Fernsehregisseure?' (Hasebrink & Krotz 1996a) gelten können. Seither sind verschiedene theoretische Ansätze entstanden, die hauptsächlich intramediale Selektionsprozesse, d.h. Auswahlentscheidungen während der Mediennutzung, und die Rezeption von Medieninhalten als Erleben und Informationsverarbeitung thematisieren (Kapitel 4). Typische Forschungsfragen in diesem Zusammenhang lauten: Woran erkennen Fernsehzuschauer beim Umschalten auf einen anderen Kanal das dortige Genre (Gehrau 2001)? Wie laufen Umschaltprozesse beim Fernsehen ab (Bilandzic 2004)? Wie erleben und verarbeiten Rezipienten Filme (Suckfüll 2004)? Wie reagieren Website-Besucher auf unterschiedliche Link-Typen (Schweiger 2001)? Wie gehen Nutzer mit Internet-Suchmaschinen um (Wirth 2003)? Oder: Welche Selektionsentscheidungen treffen Rezipienten bei einem interaktiven Film und wie beeinflusst das ihr Unterhaltungserleben (Knobloch 2000)?

Auch wenn sich Studien auf der Mikroebene empirisch meist auf konkrete Mediengenres bzw. Angebotsformen konzentrieren, sind die darin enthaltenen theoretischen Überlegungen gelegentlich von grundsätzlicher Gültigkeit und lassen sich auch auf andere Medienformate über-

2.3 Entwicklung und Relevanz

tragen. Dennoch leidet das Forschungsfeld unter einer gewissen Kleinteiligkeit: Viele Beiträge sind derart speziell, d.h. auf bestimmte mediale, rezipientenbezogene oder situative Bedingungen beschränkt, dass sie sich in eine überblicksartige Darstellung der Mediennutzungsforschung, wie sie der vorliegende Band in Kapitel 4 anstrebt, kaum integrieren lassen.

3 Funktionale Perspektiven zur individuellen Mediennutzung

Die funktionale Perspektive befasst sich mit den Bedürfnissen bzw. Motiven, die der individuellen Mediennutzung zugrunde liegen. Der zweifellos wichtigste theoretische Ansatz ist in diesem Zusammenhang der Uses-and-Gratifications-Ansatz, dessen Konzepte, Varianten und Kritikpunkte in Abschnitt 3.1 diskutiert werden. Danach erläutern wir die fünf wichtigsten Motivgruppen und die damit verbundenen Theorien im Einzelnen: *kognitive Nutzungsmotive* (Abschnitt 3.2), *affektive Motive* bzw. *Unterhaltung* (Abschnitt 3.3), *soziale Motive* (Abschnitt 3.4), *Motive zur Identitätsbildung* (Abschnitt 3.5) sowie abschließend *zeitbezogene Motive* (Abschnitt 3.6).

3.1 Der Uses-and-Gratifications-Ansatz

3.1.1 Grundlagen

Die Frage, warum Menschen Medien bzw. bestimmte Medienangebote oder -genres nutzen, ist wohl so alt wie die Medien selbst. Bereits 1695 befasste sich Kaspar Stieler mit der Frage nach „Zeitungs Lust und Nutz". Jedes Mal, wenn sich eine neue Mediengattung massenhaft verbreitete, wurde in den ersten Jahren nicht nur in der Fachöffentlichkeit leidenschaftlich diskutiert, (a) wer dieses Medium warum nutzt und (b) welche negativen Folgen diese Nutzung wohl nach sich ziehen mag. Auf die frühen, meist deskriptiven und theorielosen Studien zur Hörfunk- und Fernsehnutzung sind wir bereits eingegangen (Abschnitt 2.3.1). Sie gelten als Vorläufer des Uses-and-Gratifications-Ansatzes (U&G-Ansatz). Dieser erlebte seine Blüte in den 1970er- und 1980er-Jahren und damit in einer Phase der TV-Programmvervielfachung in den USA (Stichwort Kabelfernsehen). Die Autoren damals sahen sich weniger als Gründer, vielmehr als Weiterentwickler einer Jahrzehnte alten Forschungstradition. Blumler & Katz etwa (1974: 13) datieren in ihrem Vorwort zum ersten U&G-Sammelband dessen Entstehung und Kindheitsphase in den 1940er-/1950er-Jahren und die Jugendzeit Ende der 1960er-Jahre. Mit dem Erscheinen ihres Bandes 1974 sei die ‚Volljährigkeit' gekommen („a sort of coming of age"). Rosengren (1974: 269) sprach im selben Band von einer Revitalisierung der Forschungstradition.

Von einem Paradigmenwechsel von der S-R-orientierten Wirkungsforschung hin zu einer publikumszentrierten Sichtweise, wie er später behauptet wurde (z.B. Palmgreen et al. 1985), war damals nicht die Rede; wohl aber davon, dass die Analyse der Mediennutzung eine Voraussetzung für das Verstehen von Medienwirkungen sei (Blumler & Katz 1974: 14). Blumler (1979: 15ff.) weist beispielsweise darauf hin, dass Wissensklüfte (als Medienwirkung) dadurch entstehen, dass Hochgebildete Nachrichten eher zur Befriedigung kognitiver Motive nutzen als weniger Gebildete (Abschnitt 5.4.1). Aus heutiger Sicht ist es kaum auszumachen, ob frühere Forschergenerationen ernsthaft glaubten, dass Medienwirkungen direkt und ohne aktive Einwirkungen durch die betroffenen Rezipienten vonstatten gehen (zum Mythos der Stimulus-Response-Annahme vgl. Brosius & Esser 1998). Tatsächlich aber begann sich spätestens seit der Erie-County-Studie von Lazarsfeld et al. (1944) die Einsicht durchzusetzen, dass nur ein Teil von Medienwirkungen als einfache S-R-Kausalität abgebildet werden kann. Seitdem herrschte zumindest aus theoretischer Sicht Einigkeit, dass man viele Medieneffekte nur unter Berücksichtigung verschiedener Rezipienten- und Rezeptionsvariablen messen kann.

Nach der Darstellung von Katz et al. (1974: 28) verfolgte die damalige U&G-Tradition zwei Hauptziele: die Verringerung des damaligen Forschungsdefizits zur Mediennutzung und die Integration von Rezipientenbedürfnissen als intervenierende Variablen in die Analyse von Wirkungsprozessen[18]. So betrachtet lassen sich die an Medienwirkungen interessierten U&G-Beiträge durchaus der S-O-R-Logik zuordnen (so bereits Schönbach 1984: 63), was die Vorstellung eines *echten* Paradigmenwechsels zusätzlich erschwert. Dennoch kann man mit Schulz (1982: 55) festhalten: „Das selektive Verhalten des Rezipienten, das die ältere Kommunikationsforschung als eine Art Störgröße aufgefasst und für die scheinbare Wirkungslosigkeit von Massenkommunikation verantwortlich gemacht hat, kehrt der Nutzen-Ansatz ins Positive, indem er es als Voraussetzung von Wirkung begreift."

Grundannahmen

Die zentrale U&G-Annahme besagt, dass Menschen Medien nutzen, um bestimmte Bedürfnisse zu befriedigen (vgl. hierzu und zum Folgenden u.a. Katz et al. 1974: 21f.; Rubin 2002: 527f.). Die *aktive* Medienselektion und -rezeption erfolgt immer funktional und dient der Erreichung gewünschter Wirkungen. Die beiden wichtigsten Bedürfnisse sind das Informations- und das Unterhaltungsbedürfnis. Wenn Menschen Medien nutzen, dann muss mindestens ein persönlicher Grund für dieses Verhalten existieren. Kausallogisch formuliert: Menschliche Bedürfnisse führen zu einer bestimmten Mediennutzung.

Diese Kausalität darf man jedoch nicht als Automatismus oder gar Konditionierung verstehen. Auch wenn das in vielen U&G-Beiträgen nicht explizit wird, so steht doch immer die Vorstellung des Menschen als aktivem Informationsverarbeiter bzw. Problemlöser im Mittelpunkt (Abschnitt 4.1.1). Nach der Vorstellung der meisten U&G-Vertreter erfolgen Mediennutzungsentscheidungen nicht etwa triebgesteuert oder unbewusst, sondern nach einem funktionalen Kalkül. Deshalb gründet sich der Ansatz ursprünglich auf dem soziologischen Funktionalismus (Merton 1949); er lässt sich jedoch genauso gut mit anderen Theorien verknüpfen (Blumler & Katz 1974: 15; vgl. auch McQuail & Gurevitch 1974). Abbildung 3 versucht der funktionalen Vorstellung Rechnung zu tragen, indem sie zwischen die beiden grundlegenden Elemente ‚Bedürfnis' und ‚Mediennutzung' ein vermittelndes Element ‚Informationsverarbeitung/Problemlösung' setzt.

Grundannahme 2: Die Initiative zur Medienzuwendung liegt nicht auf der Medien-, sondern auf der Rezipientenseite. Während die klassische Wirkungsforschung den Einfluss von Medieninhalten auf Rezipienten untersucht (Was machen die Medien mit den Menschen?), dreht der

---

[18] Vgl. Windahl (1981); Palmgreen listet (1984(: 52) zwanzig Studien zum Zusammenhang zwischen Nutzen und Wirkungen auf; der heutige Stand dürfte bei vielen Hunderten liegen.

U&G-Ansatz die Richtung um und fragt, wie individuell-menschliche Bedürfnisse den Medienumgang prägen (Was machen die Menschen mit den Medien? vgl. Katz & Foulkes 1962). Das hat wohlgemerkt nichts mit einem Paradigmenwechsel zu tun. Vielmehr nimmt sich die U&G-Forschung einer neuen Fragestellung an, eben der nach der individuellen Medienzuwendung, die zwangsläufig mit einer veränderten Perspektive einhergeht, ohne dass damit die Wirkungsforschung in irgendeiner Weise abgelöst wurde. Der wesentliche Unterschied zur Wirkungsforschung liegt lediglich darin, dass diese den Kontakt zwischen dem zu beeinflussenden Rezipienten und dem wirkenden Medium als gegeben voraussetzt und nicht weiter beachtet. Genau diese Frage jedoch, warum sich Menschen also *aktiv* und *freiwillig* einem Medium aussetzen, ist Gegenstand des U&G-Ansatzes. Ob ein freiwilliger Medienkontakt Wirkungen nach sich zieht, wurde in manchen U&G-Studien zusätzlich untersucht; die meisten Studien jedoch beließen es bei einer reinen Nutzungs- bzw. Motivanalyse.

Abbildung 3: Grundgedanke des U&G-Ansatzes

Die dritte Grundannahme besagt, dass Medien in direkter Konkurrenz zu anderen Mitteln zur Bedürfnisbefriedigung stehen (,funktionale Alternativen', Rubin 2000: 139). Wem langweilig ist, der kann entweder fernsehen oder aber einen Spaziergang machen; wer einsam ist, kann entweder das Radio einschalten oder sich mit Freunden treffen usw. Das Vorhandensein freier Wahlentscheidungen unterstreicht die soeben geschilderte Grundannahme einer aktiv-bewussten Medienentscheidung.

Würde man in einem ersten Schritt sämtliche menschlichen Bedürfnisse analysieren und im zweiten Schritt das Verhalten zur Befriedigung dieser Bedürfnisse, so würde ein Großteil des Verhaltens nichts mit Medien zu tun haben: Wer Hunger hat, dem helfen Medien nicht weiter; wer müde ist, der geht am besten ins Bett usw. Deshalb beschränken sich U&G-Studien entweder auf Bedürfnisse, die eine potenzielle Befriedigung durch Mediennutzung zulassen, wie z.B. Informationshunger, Einsamkeit, Langeweile oder soziales Orientierungsbedürfnis. Oder sie drehen die Analyserichtung um und beobachten zunächst die Nutzung eines Mediums oder unterschiedlicher Medien, um im zweiten Schritt nach den dahinter liegenden Motiven zu fragen. Tatsächlich folgt ein Großteil der empirischen U&G-Forschung dieser Logik. Befragungsteilnehmer sollen angeben, *warum* sie ein Medium oder mehrere Medien nutzen, wobei sich die Abfrage auf die tatsächlich zumindest gelegentlich genutzten Medien beschränkt. Deshalb wird in etwa folgendermaßen gefragt: Frage 1: „Nutzen Sie Medium X?"; Frage 2: „Warum nutzen Sie Medium X?". Würde man der ursprünglichen U&G-Idee folgen, müsste man das Fragebogendesign folgendermaßen umdrehen. Frage 1: „Wie häufig haben Sie Bedürfnis X?"; Frage 2: „Was machen Sie, wenn bei Ihnen Bedürfnis X aufkommt?".

Der U&G-Ansatz steht eindeutig in einer empirischen Tradition. Da sich menschliche Bedürfnisse der Beobachtung von außen verschließen, können sie nur durch Selbstauskunft ermittelt werden. Die befragten Rezipienten müssen sich deshalb ihrer Nutzungsmotive bewusst sein und sie benennen können. Gerade diese vierte Grundannahme erfuhr viel Kritik (Abschnitt 3.1.2).

Während die frühen Studien Mediennutzungsmotive meist qualitativ abfragten (siehe oben), setzten spätere Untersuchungen häufig eine Kombination aus qualitativer Sammlung von Bedürfnissen und einer quantitativen Befragung zur Ermittlung ihrer Bedeutung für die Nutzung bestimmter Medien ein (z.B. Gruppendiskussionen bei Blumler & McQuail 1969).

Operationalisierungsbeispiele

Das typische Vorgehen sei exemplarisch an einer Studie von Greenberg (1974) dargestellt: 180 britische Schüler zwischen neun und 15 Jahren schrieben unter der Aufsicht der Forscher in 40 bis 50 Minuten ein Essay über das Thema „Warum ich gern fernsehe". Die Aussagen wurden inhaltsanalytisch codiert und mittels einer Clusteranalyse in acht Motivgruppen eingeteilt:

- To pass time
- To forget, as a means of diversion
- To learn about things
- To learn about myself
- For arousal
- For relaxation
- For companionship
- As a habit

Im nächsten Schritt wurden für jede Gruppe drei bis vier Statements entwickelt. Die daraus resultierende 31-teilige Gratifikationsbatterie wurde danach Kindern in der Region London in einem Fragebogen mit den Antwortvorgaben ‚a lot', ‚a little', ‚not much' und ‚not at all' vorgelegt. Eine Faktorenanalyse aller Statements ergab dann Faktoren, die weitgehend mit der ursprünglichen Einteilung übereinstimmten. Während also die qualitative Analyse zunächst die explorative Identifikation aller Gratifikationen ermöglichte, lieferte die quantitative Befragung Informationen zu ihrer Bedeutung bzw. Verbreitung unter Fernsehzuschauern. An diesem Vorgehen hat sich bis heute nicht viel geändert. Folgt man Rubin (2000: 140f.), können methodische Aspekte der Messung von Nutzungsmotiven sogar als eine von sechs Forschungsrichtungen innerhalb der U&G-Perspektive gelten. Allerdings verzichten aktuelle quantitative Untersuchungen häufig auf eine qualitative Vorstudie, weil diese (a) aufwändig ist und (b) nach Jahrzehnten umfassender U&G-Forschung, die einen relativ fest gefügten Kanon an einschlägigen Nutzungsmotiven erbracht hat, wohl der Eindruck entstanden ist, dass es kaum mehr neue Motive zu entdecken gibt. Andererseits ist in den letzten fünfundzwanzig Jahren seit Lull (1980) eine Fülle von qualitativen Rezeptionsstudien entstanden, die durchaus der grundsätzlichen U&G-Logik folgen, den Fokus jedoch um soziale und kulturelle Nutzungsmotive erweitern (Abschnitt 5.6). Sie wiederum verzichten meist auf die Erhebung quantitativer Daten.

Untersuchungsobjekte

Jedes Medium, viele Medienanwendungen und Genres wurden auf die geschilderte Weise auf ihre Fähigkeit zur Befriedigung von Publikumsbedürfnissen ‚vermessen'. Dies gilt besonders für die neuen Medienentwicklungen, weshalb der U&G-Ansatz auch in den vergangenen Jahren kaum an Bedeutung verloren hat (Bryant & Miron 2004: 686).

Tabelle 4: Beispiele für U&G-Studien mit unterschiedlichen Untersuchungsobjekten

Kategorie	Beispiele für Untersuchungsobjekte und Studien
Einzelne Mediengattungen	• Zeitung (Berelson 1949; Elliott & Rosenberg 1987) • Fernsehen (Schramm et al. 1961; Greenberg 1974; Lin 1998b) • Radio (Mendelson 1964; Ecke 1991) • Print-Magazine (Payne et al. 1988) • Internet (Kaye 1998; Papacharissi & Rubin 2000; Lin 2002 ; Johnson & Kaye 2003) • Kino (Palmgreen et al. 1988 ; Rössler 1997)
Intermedia-Vergleiche	• Mehrere Mediengattungen (Katz et al. 1973; Infratest 1975; Lometti et al. 1977; Lichtenstein & Rosenfeld 1983; Finn 1997; Berg & Ridder 2002; Schmitt-Walter 2004; Cohen & Levy 1988 unter besonderer Berücksichtigung von Videorekordern) • Paarvergleiche: TV & Web (Ferguson & Perse 2000; Scherer & Schlütz 2004), Internet & Face-to-Face (Flaherty et al. 1998), Kino & Videorekorder (Palmgreen et al. 1988), Internet & Nachrichtenmedien (Dimmick et al. 2004)
Medientechniken & Internetmodi	• Videorekorder (Cohen & Levy 1988; Rubin & Rubin 1989) • Bildschirmtext (Degenhardt 1986) • Mobilfunk/SMS (Höflich & Rössler 2001) • Personal Digital Assistants (Trepte et al. 2003) • Computer- und Videospiele (Schlütz 2002) • Mailboxen/Electronic Bulletin Boards (Rafaeli 1986; Garramone et al. 1986; Weinreich 1998) • Chatrooms (Scherer & Wirth 2002)
Spezifische Inhalte/ Genres	• Fernsehen: Seifenopern (Greenberg et al. 1982; Domzal & Kernan 1983; Rössler 1988; Perse & Rubin 1988; Babrow 1989), Nachrichten (Palmgreen et al. 1981; McCombs & Poindexter 1983; Wenner 1983; Rubin et al. 1985; Wenner 1985; Rubin & Perse 1987b; Swanson & Babrow 1989; Vincent & Basil 1997; Mangold 2000), Frühstücksfernsehen/Nachrichten (Palmgreen et al. 1984); religiöse Sendungen (Abelman 1987), Unterhaltung (Zillmann 1985), Reality-TV (Reiss & Wiltz 2004), Sendungswiederholungen (Furno-Lamude & Anderson 1992), TV-Debatten der US-Präsidentschaftskandidaten (McLeod & Becker 1981), Geschichtssendungen (Meyen & Pfaff 2006) • Radio: Quizzes (Herzog 1940), Sketches (Herzog 1941), Seifenopern (Herzog 1944) • Web: Nachrichtenangebote (Höflich 1998b), Suchmaschinen (Schweiger 2003b) • People-Magazine, z.B. Bunte oder Gala (Rössler & Veigel 2005) • Gewaltdarstellungen in unterschiedlichen Mediengattungen (Slater 2003; Krcmar & Greene 1999; Greene & Krcmar 2005)
Spezifische Medienangebote	• ‚Big Brother' als Crossmedia-Angebot (Trepte et al. 2000) • 5 konkrete Websites im Vergleich (Eighmey & McCord 1998) • Fußball-Weltmeisterschaft 2002 (Schramm & Klimmt 2003)

3.1 Der Uses-and-Gratifications-Ansatz

Tabelle 4 greift die in Abschnitt 2.1.1 vorgestellte Inventarisierung von Medien auf und zeigt Beispiele für unterschiedliche Untersuchungsobjekte und Studien. Die heute als Klassiker geltenden U&G-Studien gehören zu den ersten beiden Kategorien. Sie befassten sich generell damit, welche Bedürfnisse Mediengattungen wie Fernsehen, Radio, Zeitungen, Bücher usw. *allgemein* befriedigen. Dabei werden Mediengattungen entweder einzeln untersucht oder im direkten Vergleich zueinander. Bei den vergleichenden Intermedia-Studien sollen Befragungsteilnehmer ihre Nutzungsmotive für unterschiedliche Medien anhand einheitlicher Gratifikationslisten angeben, so dass direkt vergleichbare ‚Medienfunktionsprofile' entstehen (vgl. Schenk 2002: 650ff.). Auch neue Medientechniken im Rahmen bestehender Mediengattungen (z.B. Videorekorder oder Spielkonsolen für den TV-Einsatz), interpersonale Kommunikationsmittel (z.B. Mobilfunk/SMS) und Internetmodi (Web, E-Mail, Chat) waren Gegenstand von U&G-Studien. Bereits die frühen Untersuchungen Herta Herzogs und anderer befassten sich mit bestimmten Mediengenres wie Seifenopern oder Talkshows – damals noch im Radio. Auch heute muss man meist nicht lange warten, bis neue und populäre Genres auf ihre Eignung zur Bedürfnisbefriedigung hin überprüft werden. Nicht nur Fernsehformate (z.B. Reality-TV, Talkshows) und Web-Genres (z.B. Nachrichtenangebote, Suchmaschinen) stoßen auf reges Interesse bei der akademischen Forschung.[19] Schließlich gibt es nicht nur in der angewandten Publikums- und Evaluationsforschung, sondern auch in der akademischen Forschung U&G-Studien zu bestimmten Medienangeboten bzw. -produkten wie ‚Big Brother' oder der Fußball-Weltmeisterschaft 2002.

3.1.2 Allgemeine Kritik und Unklarheiten

So vital die langjährige Debatte zum theoretischen Gehalt des U&G-Ansatzes war, so viele Unklarheiten, unterschiedliche Meinungen und Kritikpunkte gab und gibt es.

Ist der U&G-Ansatz eine Theorie?

Heftig wurde die Frage diskutiert, ob der U&G-Ansatz bereits als Theorie gelten könne, ‚nur' das Potenzial dazu habe, zu einer solchen weiter entwickelt zu werden, oder bestenfalls die „Erweiterung der Sozialstatistik bzw. Medienstatistik um motivationale Größen" sei (Merten 1984: 67). In der bis hierher dargestellten, grundsätzlichen Form ist der U&G-Ansatz natürlich keine Theorie; nicht umsonst ist in der Literatur von Anfang an von einem ‚Ansatz' (approach) die Rede. Prinzipiell basiert der Ansatz auf einer einzigen Annahme, die besagt, dass Menschen die Medien nutzen, mit denen sie ihre Bedürfnisse am besten befriedigen können. Wie Merten (1984: 67) sarkastisch feststellt, kann diese Annahme nicht einmal den Status einer Hypothese für sich beanspruchen, da sie nicht falsifizierbar ist. Die für den Theoriestatus geforderte „Menge logisch miteinander verbundener widerspruchsfreier Hypothesen" ist somit nicht gegeben (Friedrichs 1973: 62). Wohl aber wurden vor allem seit den 1980er-Jahren verschiedene Pro-

---

[19] Besonders unter universitären Abschlussarbeiten sind solche Studien verbreitet. Bei einer kursorischen Suche in ‚Transfer', einer Abstractsammlung kommunikationswissenschaftlicher Abschlussarbeiten (www.dgpuk.de/transfer), stößt man auf Arbeiten zur Nutzung von Fernsehkrimis, Daily Soaps, des Kinderkanals von ARD und ZDF, Sneak Previews im Kino, Radio-Hörspielen, Kinderhörspielkassetten, Internet-Radio-Angeboten und viele andere.

zessmodelle entwickelt, die zu erklären versuchen, *wie* Menschen Selektionsentscheidungen treffen, um ihre Bedürfnisse zu befriedigen (Abschnitt 3.1.5). Diese kann man sehr wohl als Theorien betrachten. Die Frage ist also falsch gestellt: Der U&G-Ansatz *per se* ist keine Theorie und will auch keine sein. Vielmehr handelt es sich um ein Forschungsfeld oder – wenn man so will – einen Denkansatz, auf dessen Grundlage kommunikationswissenschaftliche Hypothesen und Theorien entwickelt werden können („a research strategy that can provide a home for a variety of hypotheses about specific communication phenomena and a testing ground for propositions about audience orientations", Blumler & Katz 1974: 15).

Dauerhafte oder situative Nutzungsmotive?

Die Grundannahme des U&G-Ansatzes zur bedürfnisgesteuerten Mediennutzung spricht eigentlich *situatives* Verhalten an, da sich menschliche Bedürfnisse von Augenblick zu Augenblick verändern können. Bereits Blumler & Katz (1974: 16) betonten den „strongly dynamic character of the relationship between audience needs and mass media provision". Dennoch verstehen die wohl meisten Vertreter den Ansatz als situationsübergreifend nach dem Motto „überdauernde Motive erklären überdauernde Nutzungsmuster" (Gehrau 2002: 35). Dem entsprechend interessiert sich die U&G-Forschung in erster Linie für „zeitlich relativ stabile (...) Motive" (Hasebrink 2003: 115; vgl. auch McDonald & Glynn 1984). Das erklärt sich dadurch, dass weniger die Rezipienten mit ihren Bedürfnisstrukturen im Mittelpunkt stehen als vielmehr die Medien. Dies zeigt sich bereits an der Untersuchungsanlage der meisten U&G-Befragungen (siehe oben). Die Kernidee des U&G-Ansatzes liegt eben darin, generelle Bedürfnisbefriedigungspotenziale von Medien(angeboten) zu ermitteln. Bedürfnisbefriedigung wird damit als Medienfunktion bzw. als intendierte Wirkung konzipiert, was wiederum die obige Feststellung unterstreicht, dass der Ansatz durchaus der S-O-R-Logik verhaftet ist.

Es geht also in der Regel nicht um spezifische Nutzungsepisoden, sondern um allgemeine und situationsunabhängige Medieneigenschaften aus der Sicht der Nutzer. Entsprechend dominieren standardisierte Befragungen, in denen die Teilnehmer nicht etwa konkrete Mediennutzungssituationen wiedergeben sollen, sondern ihre Wahrnehmung des eigenen, allgemeinen Nutzungsverhaltens.[20] Diese Orientierung steht in einem merkwürdigen Kontrast zu der Annahme, dass Medienverhalten *bewusst* erfolgt, denn eigentlich ist ja gerade Alltagsverhalten stark ritualisiert und geschieht damit wenig bewusst (dazu gleich mehr). „Damit wird aber vom Befragten eine große Gedächtnis- und Generalisierungsleistung verlangt. Da die Entscheidung für die Mediennutzung häufig eine Low-Involvement-Entscheidung ist, an die man sich nicht so explizit erinnern kann (Jäckel 1992), bleibt die tatsächliche Bedeutung der so erfragten Gratifikationen unklar" (Scherer & Schlütz 2002: 134).

Um es auf den Punkt zu bringen: U&G-Forschung bezieht sich *theoretisch* auf konkretes und damit situationsgebundenes Verhalten, interessiert sich *forschungspragmatisch* für allgemeines Verhalten bzw. Verhaltensmuster und wählt deshalb als *methodischen Zugang* die situa-

---

[20] Damit verstoßen U&G-Befragungen sogar tendenziell gegen die klassische Befragungsregel, dass man immer möglichst konkrete Verhaltensfragen stellen und hypothetische Fragen vermeiden soll (Schnell et al. 1992: 343f.).

tionsunabhängige Selbstauskunft, obwohl situative Erhebungsmethoden dem Phänomen angemessener wären. Entsprechend selten werden Erhebungsmethoden eingesetzt, die sich tatsächlich auf konkrete Mediennutzungsepisoden beziehen, wie Stichtagsbefragungen, Laborexperimente oder Beobachtungsstudien.[21] Dazu passt eine weitere Beobachtung: Es gibt nur wenige U&G-Studien zur Mediennutzung in ungewöhnlichen Situationen; fast immer geht es um die durchschnittliche bzw. alltägliche Mediennutzung, obwohl vermutlich gerade außergewöhnliche Situationen bewusster erlebt und deshalb in einer Befragung besser wiedergegeben werden müssten (vgl. Studien zur Nachrichtennutzung in Krisensituationen; Abschnitt 3.2.2).

Missverständnisse einer medienzentrierten Sichtweise

Die medienzentrierte Sichtweise hat zu dem Missverständnis beigetragen, Medienangebote seien *per se* für ein bestimmtes Bedürfnis geschaffen, und man könne Informations- und Unterhaltungsangebote allein an ihren Inhalten erkennen. Auch wenn die U&G-Forschung von einem dauerhaften Zusammenhang zwischen Medienangeboten bzw. -inhalten und entsprechenden Nutzungsmotiven ausgeht, ist das Vorhandensein von ‚Unterhaltung' und ‚Information' ausschließlich nur aus Nutzersicht zu beurteilen (vgl. hierzu ausführlich Vorderer 2004).[22] Fernsehnachrichten gelten beispielsweise als klassisches Genre zur Befriedigung kognitiver Bedürfnisse. Ob Rezipienten jedoch *ausschließlich* deshalb Nachrichten sehen oder etwa um sich mit einer angenehmen Stimme zu entspannen, weil ihnen die Nachrichtensprecherin gefällt, oder weil sie das immer so machen (Habitualisierung), ist individuell unterschiedlich. Wenner (1983, 1985) wies darauf hin, dass Nachrichten auch aus den verschiedensten affektiven und sozialen Motiven genutzt werden; Mangold (2000) fand in einer Befragung heraus, dass besonders jüngere Zuschauer Fernsehnachrichten auch aus Unterhaltungsmotiven ansehen. Vincent & Basil (1997) befassten sich mit den Nachrichtennutzungsmotiven von College-Studenten und identifizierten neben der Umweltkontrolle die Motivfaktoren Eskapismus, Langeweile und Unterhaltung, die (a) mit der Bevorzugung bestimmter Medien und (b) soziodemografischen Variablen korrelierten. Unz & Schwab (2003) zeigten, dass die Unterhaltungsseher die zweitgrößte Nutzergruppe von TV-Nachrichten unter Schülern sind. Rubin et al. (1985) untersuchten den Zusammenhang zwischen kognitiv-instrumenteller Nachrichtennutzung und der Bekämpfung von Einsamkeit durch parasoziale Interaktion. McCombs & Pointdexter (1983) thematisierten schließlich ein gänzlich anderes Nutzungsmotiv für Nachrichten: die Bürgerpflicht (‚civic obligation'). Umgekehrt kann ein Science-Fiction-Fan Science-Fiction-Filme aus tiefstem Informa-

---

[21] Eine der wenigen Untersuchungen, in der Gratifikationen zeitnah gemessen wurden, stammt von Scherer & Schlütz (2002) und bediente sich der ‚Experience-Sampling-Methode' (vgl. Kubey & Csikszentmihalyi 1990). 125 Teilnehmer wurden mit einem Pager ausgestattet und erhielten eine Woche lang täglich drei oder vier Signale, nach denen sie umgehend einen Kurzfragebogen u.a. zu ihren aktuellen Bedürfnissen und ihrer aktuellen Mediennutzung ausfüllen sollten. Eine weitere U&G-Studie mit einer dreitägigen Tagebucherhebung stammt von Ferguson & Perse (2000).

[22] Entsprechend problematisch sind Medieninhaltsanalysen, die z.B. in der Konvergenzforschung Informations- und Unterhaltungsanteile von TV-Programmen ausschließlich anhand von Sendungsgenres erheben, ohne auf die tatsächlichen Nutzungsmotive des Publikums zu achten. Ein symptomatisches Ergebnis ist z.B. die wenig überzeugende Einordnung von unterhaltenden Boulevardmagazinen zum Informationsbereich (z.B. Krüger 2005). Klaus (1996) hat mit aller Deutlichkeit darauf hingewiesen, dass die Vorstellung eines Antagonismus zwischen Information und Unterhaltung naiv ist.

tionsinteresse ansehen, obwohl sie allgemein als Unterhaltungsgenre gelten. Besonders schwierig wird es bei der Sportberichterstattung. Sport kann zur Information, zur Unterhaltung oder einer Mischung der verschiedensten Motive genutzt werden (vgl. Schramm & Klimmt 2003). Wohl aber konzipieren Medienmacher ihre Produkte meist so, dass sie bestimmte Publikumsbedürfnisse ansprechen und bedienen: Ein Spielfilm will unterhalten und ein Dokumentarfilm in erster Linie informieren. Die Gratifikationsversprechen der Medien und die Motive der Rezipienten korrelieren somit in der Nutzungspraxis deutlich, eine perfekte Passung existiert jedoch selten.

Die medienzentrierte Sichtweise versperrt ferner den Blick dafür, dass sich Menschen beim Vorhandensein eines bestimmten Bedürfnisses oft nicht zwischen Mediengattungen, -genres oder -angeboten auf derselben Abstraktionsebene entscheiden, sondern – zumindest aus analytischer Sicht – disparate Alternativen abwägen. Wer beispielsweise allein zuhause ist und sich langweilt, trifft nicht unbedingt eine Auswahl zwischen Fernsehen, Radio, Zeitung oder einer anderen Mediengattung. Eher steht er vor der Entscheidung, *irgendetwas* im Fernsehen anzuschauen bzw. umher zu zappen (Mediengattungsebene), ein bestimmtes Buch weiterzulesen (Medienangebotsebene), ein Radiohörspiel zu hören (Genreebene), im Internet zu chatten (Ebene des Internetmodus) oder Online-Nachrichten zu lesen (Modus- und Genreebene). Der U&G-Ansatz versucht diesem Problem immerhin durch die konzeptionelle Berücksichtigung nichtmedialer Funktionsalternativen gerecht zu werden: In unserem Beispiel könnte man auch Freunde treffen oder in eine Kneipe gehen. Doch auch dieses ‚Credo' wurde empirisch kaum umgesetzt. Stattdessen sollen Befragungsteilnehmer vorgegebene Mediengattungen, -genres oder -angebote auf demselben Abstraktionsniveau hinsichtlich ihrer allgemeinen Bedürfnisbefriedigungsleistung bewerten, obwohl diese Entscheidungsalternativen in der Realität kaum so vorkommen. Ein Ausweg wären experimentelle Studiendesigns, in denen den Versuchspersonen bestimmte Bedürfnisse induziert werden und sich diese dann frei für ein bestimmtes Verhalten – inklusive der Nutzung verschiedener Medien – entscheiden können (Selective-Exposure-Experiment), oder Befragungen, die konkrete Bedürfnisszenarien vorstellen und die Reaktionen – wieder inklusive Mediennutzung – in offen abgefragter Selbsteinschätzung erheben („Stellen Sie sich vor, Sie sind allein zu Haus und langweilen sich. Was machen Sie in dieser Situation für gewöhnlich?"). Auch qualitative Beobachtungsstudien (Abschnitt 5.7) bekommen das Problem in den Griff. Gemeinsam ist allen Verfahren jedoch der immense Aufwand und die eingeschränkte Vergleichbarkeit auf *Medien*ebene – und eben darum geht es in den meisten kommunikationswissenschaftlichen Studien letztlich.

Individualismus- und Funktionalismus-Vorwurf

Nach diesen Überlegungen überrascht es beinahe, dass dem U&G-Ansatz wiederholt vorgeworfen wurde, rein *individualistisch* zu argumentieren (vgl. Blumler 1985 mit weiteren Literaturangaben). Dennoch ist der Vorwurf nicht ganz von der Hand zu weisen, denn es geht fast immer um die persönlichen Bedürfnisse von Individuen. Soziale Interaktionen zwischen Menschen vor und während der Entstehung von Bedürfnissen und der Mediennutzung bleiben meist ausgeklammert. Plakativ formuliert: In U&G-Studien nutzen Rezipienten Medien allein und autonom. Zwar beinhalten fast alle Gratifikationslisten auch soziale Bedürfnisse, wie das nach Anschlusskommunikation (über bereits rezipierte Medieninhalte reden können) oder parasozialer Interaktion (Abschnitt 3.4.2). Doch dabei geht es um soziale Funktionen, die Medien erfüllen können, nicht jedoch um den sozialen Kontext der Mediennutzung. Es ist hinlänglich bekannt, dass Personen in Gesellschaft anders fernsehen. Jäckel (1993: 41) konnte beispielsweise in einer Analyse der telemetrischen Daten des GfK-Fernsehpanels zeigen: Wenn mehr als zwei Personen fernsehen, nimmt die Umschalthäufigkeit ab. Und zumindest in US-Familien haben fast immer die Männer die Fernbedienung in der Hand und entscheiden, was gemeinsam gesehen wird (Walker & Bellamy 2001). Da der U&G-Ansatz fast ausschließlich auf einer individuellen Ebene operiert, monieren manche Autoren schließlich die fehlende Anschlussfähigkeit zur gesellschaftlichen und kulturellen Makro-Ebene (z.B. Jensen & Rosengren 1990: 216). Hier wären Fragen zu stellen wie: Welche Folgen hat eine Unterhaltungsorientierung des Publikums für die demokratische Meinungsbildung? Oder: Wie verändern sich individuelle Bedürfnisstrukturen durch gesellschaftliche Notwendigkeiten und Normen?

Ein weit verbreiteter Vorwurf lautet, dass der U&G-Ansatz Medienselektion *funktionalistisch* erklären wolle und deshalb ausschließlich als Ergebnis rationaler Entscheidungen begreife (vgl. etwa Merten 1984: 67; Windahl 1981: 175). Ronge (1984: 80) beklagt gar das „kognitivistische Vorurteil über den Menschen". Dem wurde beispielsweise das Bild des passiven ‚Couch-Potatos' entgegengestellt, der habituell alles ansieht, was im Fernsehen läuft, und nur im Ausnahmefall die rationalen Auswahlentscheidungen trifft (vgl. Rubin 1984). Man kann trefflich darüber streiten, was die Grundidee des Funktionalismus ist und auf welche Funktionalismus-Variante sich Kritiker und Kritisierte beziehen (vgl. Merton 1949; oder Wright 1974). Deshalb führt die Funktionalismus-Debatte in einen wenig zweckdienlichen, theoretischen Glaubenskrieg. Generell ist die bloße Suche nach Gründen für ein bestimmtes Verhalten bzw. die Annahme, dass menschliche Bedürfnisse menschliches Verhalten beeinflussen, derart fundamental, dass daraus keine theoretischen Vorwürfe abgeleitet werden können.

Methodenkritik: bewusste Auswahl und post hoc-Rationalisierung
Relevanter erscheint die Kritik, dass es Rezipienten gar nicht möglich sei, großteils habitualisiertes und unbewusstes Medienverhalten und die damit verbundenen Bedürfnisse, Erwartungen und Bewertungen in einer Befragungssituation zu benennen (Elliott 1974; Swanson 1977; vgl. auch Rubin 2002). Mediennutzung ist aus dieser Sicht häufig eben *keine* sinn- und absichtsvolle Handlung (Abschnitt 5.7.1), sondern unbewusstes und stimulusgesteuertes Verhalten. Die Kritik trifft nicht nur auf die soeben angesprochenen Befragungen zur allgemeinen Mediennutzung zu, sondern auch auf ‚situative Designs'. Wenn es stimmt, dass Medienselektion oft unbewusst und schlicht zufällig geschieht, dann ist auch der Erkenntnisgewinn von U&G-Studien fragwürdig, bei denen Versuchspersonen während der Mediennutzung ihre aktuellen Gedanken aussprechen sollen (Methode des Lauten Denkens, z.B. Bilandzic 1999; Wirth 2003). Denn auch hierbei

müssten Befragte ihre eigentlich unbewussten und zufälligen Medienhandlungen zwangsläufig rationalisieren, d.h. ex post mit rationalen Gründen zu erklären versuchen.

Dieser Kritik lässt sich Verschiedenes entgegnen. Erstens ist die Gleichsetzung von Rationalität und Bewusstheit problematisch.[23] Ein Großteil menschlichen Verhaltens erfolgt intuitiv und damit eher unbewusst und ist dennoch rational. Das Umschalten bei laufendem Fernsehgerät ist beispielsweise eine recht unwichtige Entscheidung. Es wäre für einen Rezipienten unangemessen, diese Entscheidung gründlich und zeitaufwändig zu überlegen. Wer also spontan und unbewusst auswählt, handelt oft absolut rational, also der Entscheidungssituation angemessen. In einem Band über intuitive Intelligenz erläutern Dreyfus & Dreyfus (1987), dass echtes Expertentum gerade darin besteht, Entscheidungen intuitiv zu treffen, da dies geringere kognitive und zeitliche Ressourcen bindet. Novizen hingegen zeichnen sich durch eine kontrollierte Bewusstheit und Regelbefolgung aus. Wenn man also argumentiert, dass eine gründliche Entscheidungsfindung in manchen Fällen unnötig aufwändig ist und deshalb wiederum selbst irrational, kommt man zu einem flexibleren Rationalitätsbegriff (Abschnitt 4.3.2). Zweitens: Auch wenn habituelle bzw. gewohnheitsmäßige Mediennutzung *situativ* unbewusst erfolgt, so kann es doch ursprünglich gute und bewusste Gründe für dieses Verhalten gegeben haben. Wer beispielsweise täglich die Tagesschau ansieht, hat vielleicht irgendwann einmal erkannt, dass es für ihn funktional ist, täglich Nachrichten zu verfolgen. Wenn sich diese ursprüngliche Einschätzung über längere Zeit hinweg bestätigt, gibt es keinen Grund, von der Gewohnheit abzuweichen. Darüber hinaus besteht auch keine Notwendigkeit, täglich aufs Neue darüber zu entscheiden, zumal jede Entscheidung Zeit und kognitive Energie erfordert. Es kann also durchaus rational sein, bewährte Gewohnheiten aufrechtzuerhalten.

Eine weitere Kritik am U&G-Ansatz besagt, die Mediennutzung eines Einzelnen werde von so vielen externen Faktoren beeinflusst (Kultur, Medienverfügbarkeit usw.), dass persönliche Bedürfnisse als Erklärungsfaktor für die Medienauswahl kaum eine Rolle spielen (Bogart 1965). Das ist zweifellos richtig. Solange sich U&G-Forscher jedoch der Tatsache bewusst sind, ist nichts dagegen einzuwenden, sich einem bestimmten Erklärungsfaktor zuzuwenden. Erfreulicherweise gibt es mittlerweile einige – meist qualitative – kontextbezogene Ansätze, die individuelle, soziale, gesellschaftliche und kulturelle Einflussfaktoren auf die Mediennutzung in ihrer Gesamtheit berücksichtigen (Meyen 2004b: 31ff.; unter Rückgriff auf Rosengren 1996). Beispielsweise hat Meyen (2003) qualitative Leitfadeninterviews mit ehemaligen DDR-Bürgern durchgeführt, in denen alle genannten Faktoren zur Erklärung ihrer damaligen Mediennutzung herangezogen werden.

Wie McGuire (1974) in einer Analyse zu Nutzungsmotiven herausarbeitet, sind die Gratifikationen, die Medien üblicherweise ihren Nutzern ermöglichen, im Vergleich zu den tatsächlichen Bedürfnissen und Problemen, die Menschen haben, lächerlich gering („pitifully inadequate"). Aufgrund der „Triviality of media gratifications" (ebd.) sollte es sich aus seiner Sicht des-

---

[23] Biocca (1988: 62) sieht die Gründe für diese „tendency to identify cognition with that section of information processing that is conscious and open to introspection" im Rationalismus Descartes' und in der Phänomenologie Husserls.

halb verbieten, Mediennutzung ‚ernsthaft' mit den Kategorien menschlicher Bedürfnisse erklären zu wollen. Führt man sich jedoch allein die bloße Mediennutzungsmenge eines jeden Einzelnen in unserer Gesellschaft vor Augen, zeigt sich schnell, dass Medien zumindest eine quantitativ wesentliche Bedeutung im Leben der meisten Menschen haben und deshalb relevante Mittel zur Bedürfnisbefriedigung sein *müssen*.

Mediennutzung und Handlungstheorie

In die umgekehrte Richtung weist die Kritik verstehender Handlungstheoretiker, die fordern, Mediennutzung nicht einfach als mehr oder weniger bewusstes Verhalten zu konzipieren, sondern als absichts- und sinnvolle Handlung, die sich nur aus einer Vielzahl individueller, sozialer und kultureller Verschränkungen heraus interpretieren lässt (z.B. Renckstorf 1989: 316f.; Weiß 2000; Mehling 2001). Daraus wird zweierlei gefolgert: Erstens stelle die Reduktion des Mediennutzungs-Konstrukts im U&G-Ansatz auf die messbare Zuwendungshäufigkeit/-dauer und einfache Präferenzen eine unzulässige Vereinfachung der Komplexität des menschlichen Umgangs mit Medien dar. Tatsächlich trifft der Begriff ‚Gratifikationsforschung' das Forschungsfeld sicherlich besser, da die Mediennutzung als durchaus komplexes und vieldimensionales Phänomen in der U&G-Forschung am Rand steht. Zweitens bringe die Fokussierung auf individuelle Bedürfnisse als Erklärfaktoren für Medienumgang eine problematische Verengung der Perspektive mit sich. Diese Kritik ist aus theoretischer Sicht zweifellos gut nachvollziehbar und hat ihre Berechtigung. Dennoch scheint es bis dato nicht gelungen zu sein, den hohen handlungstheoretischen Anspruch empirisch wirklich fruchtbar zu machen (dazu in Abschnitt 5.7.1).

Vermeidungsstrategien

In einer aktuellen Studie argumentieren Fahr & Böcking (2005), dass Selektionsentscheidungen oft keine proaktive Zuwendung zu einem gewünschten Medieninhalt bedeuten, sondern im Gegenteil oft die Vermeidung ungewünschter Inhalte. Wer beispielsweise beim Ansehen einer Talkshow wegschaltet, weil er die gezeigte Situation unerträglich peinlich findet, begeht ‚Programmflucht'. Wie die Autoren zeigen, sind viele Vermeidungsmotive beim Fernsehen emotional gefärbt. Solche Verhaltensmuster wurden in der einschlägigen U&G-Forschung bislang kaum berücksichtigt; entsprechend wenige Studien zu Vermeidungsfaktoren gibt es (McLeod & Becker 1974; Palmgreen & Rayburn II 1985; Palmgreen et al. 1988; Perse 1998; Van den Bulck 2001). Man mag einwenden, dass Vermeidungsphänomene nur bei den passiv nutzbaren Rundfunkmedien vorkommen und bei statischen Textmedien keine Rolle spielen, da sich ein Rezipient hier bewusst für die Lektüre eines Artikels entschieden hat. Doch auch eine bewusst getroffene Entscheidung für ein Medienangebot schließt nicht aus, dass man an einer bestimmten Stelle die Rezeption unter- bzw. abbricht. Über die Gründe solcher Abbrüche weiß die U&G-Forschung tatsächlich sehr wenig.

‚Ideale' Medienangebote

Die Logik des U&G-Ansatzes unterstellt, dass Menschen aus einem unbegrenzten Medienangebot sich jeweils die Inhalte ‚herauspicken' können, die ihren Bedürfnissen entsprechen. Tatsächlich erweist sich die Suche nach optimalen Medieninhalten oft als Enttäuschung, so dass Rezipienten bestenfalls Medieninhalte auswählen können, die ihren Bedürfnissen zumindest teilweise entsprechen. Wer beispielsweise zu einem bestimmten Zeitpunkt im Fernsehen einen Tierfilm (z.B. über Pudel, vgl. Ransom 1989) sehen möchte, der wird oft enttäuscht (vgl. Schönbach 1984; Scherer & Schlütz 2002: 134). Dieser Umstand fällt bei den meisten U&G-Studien praktisch nicht ins Gewicht, da eben keine situativen Bedürfnisse und Selektionsentscheidungen gemessen werden.

Bemerkenswert ist in diesem Zusammenhang jedoch, dass sich durch die Medienvermehrung der letzten Jahre auch die Menge der Auswahloptionen immens vergrößert hat (Welker 2001: 148). Im Internet kann man wohl zu jedem Interesse und Bedürfnis – und sei es noch so exotisch oder abseitig – eine passende Website finden. Auch durch die TV-Kanalvervielfachung und die Entstehung von Spartenkanälen ist für Rezipienten die Chance gestiegen, zu einem bestimmten Zeitpunkt zumindest das gewünschte Genre sehen zu können (Schatz et al. 1989; Rossmann et al. 2003). So gesehen sollte allein die extreme Vielfalt des Internet aus U&G-Sicht für Rezipienten attraktiv sein.

Selbst wenn es Medienangebote gibt, die den aktuellen Bedürfnissen eines Nutzers perfekt entsprechen, bleibt immer noch das Problem, wie dieser sie finden kann. Dieser Punkt wurde vom U&G-Ansatz theoretisch und empirisch vernachlässigt. Dort wird prinzipiell unterstellt, dass Rezipienten möglichst vollständige Informationen über alle Alternativen zum Zeitpunkt der Selektionsentscheidung zur Verfügung haben. Tatsächlich werden Mediennutzungs-Entscheidungen immer unter einer gewissen Unsicherheit getroffen. Darüber hinaus gilt die Alltagsweisheit: Je größer das Angebot, desto schwieriger ist die Entscheidung. Die Existenz von Internet-Suchmaschinen und ihre erhebliche Bedeutung für Onlinenutzer unterstreichen das eindrucksvoll: Im Internet ist die Angebotsfülle so exorbitant groß, dass man nur noch mit ausgefeilten Suchtechniken die gewünschten Inhalte finden kann. Doch auch bereits beim Digital-Fernsehen mit seinen hundert und mehr Kanälen braucht man ‚Electronic Program Guides'. McGuire (1974: 169) kommt deshalb zu dem Schluss, dass U&G wegen des „Poor indexing of media gratifications" zwar gut erklären kann, warum Rezipienten ein einmal ausgewähltes Medienangebot *weiter* nutzen. Die *ursprüngliche* Auswahl jedoch lasse sich nur unbefriedigend mit Hilfe der bisher beschriebenen Ansätzen erklären. Die U&G-Logik lässt sich gut auf alle seriellen bzw. regelmäßigen oder auch konstanten Medienangebote anwenden, die dem Publikum bekannt sind (z.B. TV-Serien, -Magazine, -Nachrichten, Zeitschriften, journalistische Websites), nicht jedoch auf einmalige, neue oder unbekannte Angebote.

U&G und Medienkonvergenz

Wie bereits erwähnt, hat jedes neue Medium und fast jede neue Medientechnik U&G-Studien provoziert, die deren Leistungen bzw. Funktionen aus Rezipientensicht zu ermitteln versuchten. Im Kern ging und geht es dabei immer um Vergleiche zwischen Mediengattungen, Genres und Angeboten. Diese Logik erfordert jedoch klar unterscheidbare Untersuchungsobjekte. Bisher war das zumindest auf Mediengattungsebene gegeben; man kann sich darüber einigen, was ein TV-Gerät ist, was ein Radio und woran man eine Tageszeitung, ein Buch oder ein Handy er-

3.1 Der Uses-and-Gratifications-Ansatz

kennt. Auch die Inhalte der Mediengattungen lassen sich klar unterscheiden: Fernsehnachrichten sind etwas anderes als die Nachrichten in einer Tageszeitung oder Radionachrichten. Im Zuge der Medienkonvergenz jedoch beginnen die Grenzen zu verschwimmen (Abschnitt 5.8.4). Ein und derselbe Inhalt kann nun über unterschiedliche Empfangsgeräte genutzt werden. Wer fernsehen will, kann das entweder wie bisher am Fernsehgerät tun oder am PC. Wer Zeitung lesen will, kann entweder zur Printversion greifen oder eine Onlineversion nutzen.

Damit stellt sich die Frage, ob die Bedürfnisse, die die Forschung bisher für die Nutzung bestimmter Mediengattungen verantwortlich gemacht hat, eigentlich jeweils mit der Medientechnik oder den dort kommunizierten Inhalten bzw. Darstellungsformen verknüpft sind. Anders gefragt: Befriedigen Rezipienten beispielsweise ihr Informationsbedürfnis mit Hilfe von TV-Nachrichten, weil sie deren audiovisuelle Aufbereitung schätzen oder weil sie gern vor einem Fernsehgerät sitzen? Wenn ersteres zutrifft, dann sollte das Ansehen eines Nachrichtenfilms auf einer Website – natürlich eine optimale technische Qualität vorausgesetzt – äquifunktional sein.

Dieses Problem hat sich in der neuen Medienwelt zweifellos verschärft, aber es besteht von Anfang an. Wenn beispielsweise in U&G-Studien danach gefragt wird, warum Menschen Zeitung lesen, dann bestimmen wohl eher die Inhalte die genannten Bedürfnisse als das technische Medium. Wer eine Boulevardzeitung liest, will sich zu einem gewissen Teil unterhalten und Neues über Stars erfahren. Anders sieht das bei Lesern von Qualitätszeitungen aus. Beim Fernsehen und Hörfunk bestehen vergleichbare Unterschiede zwischen einzelnen Sendern. Die Frage, welche Mediengattung welche Bedürfnisse befriedigt, ist in dieser Allgemeinheit also kaum sinnvoll zu beantworten, da die Beantwortung schlichtweg von den persönlichen Medienpräferenzen der Befragten abhängt. Wer täglich eine Boulevardzeitung liest, wird etwas anderes antworten als der Leser einer Qualitätszeitung. Richtiggehend unsinnig sind U&G-Studien zum Internet *als solchem* (z.B. Papacharissi & Rubin 2000), da dieses bekanntlich nur die technische Infrastruktur für völlig heterogene Modi, Angebotstypen und Inhalte bietet.

Wenn man diesen Gedanken weiterspinnt, sollten Nutzungsmotive tatsächlich nur noch für Inhalte – unabhängig vom Trägermedium – abgefragt werden. Doch so einfach darf man es sich nicht machen, da offensichtlich bei vielen Rezipienten (a) eine erhebliche emotionale oder kulturelle Bindung zu technischen Medien existiert, die sich kaum allein über den Inhalt erklären lässt. Auch die (b) Handhabung, Nutzerfreundlichkeit sowie die räumliche und zeitliche Verfügbarkeit von Trägermedien spielen eine Rolle: Die Zeitung kann man am Frühstückstisch lesen, man kann sie aber auch in die U-Bahn mitnehmen. Um hingegen die ePaper-Version einer Zeitung mit völlig identischem Inhalt zu lesen, muss man sich ein Notebook auf den Frühstückstisch stellen oder in die U-Bahn mitnehmen, dessen Display darüber hinaus weniger angenehm lesbar ist. Solche emotionalen, kulturellen und technischen Gründe für die Mediennutzung ignoriert der U&G-Ansatz tatsächlich weitgehend.

Derartige Nutzungsgründe werden in der *Selektionsforschung* sehr wohl beachtet (Abschnitt 4.3). Diese analysiert einzelne Nutzungsprozesse jedoch weitaus detaillierter auf der Mikroebene, während der ‚klassische' U&G-Ansatz der Fragestellung verhaftet bleibt, warum Menschen Medien nutzen, nicht jedoch, *wie* sie es tun.

3.1.3 Bedürfnisse, Motive, Nutzen und Gratifikationen

Abbildung 3 (oben) stellte den Grundgedanken des U&G-Ansatzes als eine dreistufige Abfolge der Elemente (1) Bedürfnis (2) Informationsverarbeitung und (3) Mediennutzung dar. Bedürfnisse motivieren also Mediennutzung. Damit taucht ein weiteres Problem auf. Wenn man beispielsweise das Bedürfnis nach Unterhaltung betrachtet, steht man vor der Frage, woher dieses eigentlich stammt. Warum wollen sich Menschen unterhalten? Weil sie sich langweilen oder den tristen Alltag vergessen wollen. Und warum langweilen sie sich? Weil sie lange nichts Neues, Spannendes erlebt haben. Und warum erleben sie nichts Spannendes? Vielleicht weil sie im ‚echten Leben' aufregende Situationen meiden. Das Beispiel zeigt zunächst, dass es offensichtlich mehrstufige Bedürfnisketten gibt. Ferner zeigt es, dass manche Bedürfnisse derart grundlegend für die menschliche Persönlichkeit sind, dass sie als langfristige Persönlichkeitseigenschaften (Traits) gelten müssen, die entweder angeboren sind oder im Lauf der Sozialisation erlernt werden (Oliver 2002). Ein solches Bedürfnis ist beispielsweise das *Kognitionsbedürfnis (Need for Cognition)*, das den generellen Drang einer Person nach Neuem und kognitiver Anregung umfasst (Abschnitt 5.4.2). Das Beispiel zeigt schließlich, dass es häufig nicht auszumachen ist, welche Bedürfnisstufe tatsächlich zur Mediennutzung führt (vgl. Meyen 2004b: 19). Schaut eine Person fern, weil sie generell wenig Spannendes im Leben erlebt oder weil sie sich unterhalten will? Vermutlich ist diese Frage gar nicht zu beantworten. Bestenfalls kann man differenzieren zwischen (a) langfristigen Bedürfnissen bzw. Persönlichkeitseigenschaften wie dem Kognitionsbedürfnis, (b) mittelfristigen Bedürfnissen, die in bestimmten Lebensphasen auftauchen (z.B. ein zeitlich beschränktes Hobby oder Themeninteresse), sowie (c) situativen Bedürfnissen, die sich jederzeit – auch während der Mediennutzung – ändern können. Doch selbst eine solche Unterscheidung entlang eines Zeithorizonts lässt sich nur analytisch treffen, da die Bedürfnisdauer einer kontinuierlichen Variablen entspricht und sich nur schwerlich in distinkte Kategorien fassen lässt.

Begriffsverwirrung

Dennoch unterscheiden viele U&G-Forscher zwischen Bedürfnissen und ihren Ursachen. Einer Systematisierung von Katz et al. (1974: 20) zufolge befasst sich der U&G-Ansatz mit

- den sozialen und psychologischen Ursprüngen von
- Bedürfnissen (‚needs'), die
- Erwartungen (‚expectations') gegenüber
- Massenmedien und anderen Quellen (der Bedürfnisbefriedigung) hervorrufen,
- die in unterschiedlichen Mustern der Mediennutzung oder anderen Aktivitäten resultieren. Diese wiederum führen entweder zur
- Bedürfnisbefriedigung (‚need gratifications') oder zu
- anderen, meist unbeabsichtigten Konsequenzen.

Die Autoren führen damit eine Unterscheidung in Bedürfnisse und ihre psychischen bzw. sozialen Ursprünge ein, ohne diese allerdings weiter zu beschreiben. Eine elfteilige Systematisierung des U&G-Ansatzes von Rosengren aus demselben Jahr (1974: 270) führt gleich drei vergleichbare Elemente ein: „Certain basic human needs of lower and higher order", „Differential combinations of individual problems, being more or less strongly felt" und „Differential motives for attempts at gratification-seeking or problem-solving behavior". Auch hier fehlt eine konzeptionell und empirisch nachvollziehbare Grenzziehung zwischen den Konstrukten, sieht man von Rosengrens (1974: 272) Hinweis ab, dass grundlegende Bedürfnisse nicht Gegenstand der Kommunikationswissenschaft, sondern der Psychologie und sogar der Biologie sind (vgl. hierzu Miraldi 2004). Eine solche Grenzziehung hilft allerdings im Fall der dezidiert interdisziplinären Kommunikationswissenschaft sicherlich nicht weiter.

Nur unwesentlich zur Klärung tragen McLeod & Becker (1981: 73) bei. Sie unterscheiden in ihrem transaktionalen Modell zwischen grundlegenden Bedürfnissen (‚basic needs') und Motiven (‚motives'). Aus ihrer Sicht liegen grundlegende Bedürfnisse im Bereich der Psychologie und Physiologie und können schlecht durch Selbstauskunft gemessen werden, während Motive etwas bewusster und daher leichter zu messen sowie stärker auf ein mögliches Lösungsverhalten ausgerichtet sind. Eine solche methodisch orientierte Unterscheidung ist jedoch nur anwendbar, wenn man unterstellt, dass Bedürfnisse genau das sind, was Menschen im Interview angeben. Damit setzt man das Konstrukt mit seinem Indikator gleich und ignoriert die bereits angesprochenen Operationalisierungsprobleme wie soziale Erwünschtheit, mangelnde Selbstreflexion oder ex-post-Rationalisierung.

Es entsteht der Eindruck, dass die in der U&G-Literatur häufig vertretene Trennung in grundlegende bzw. psychische/soziale Bedürfnisse einerseits und Mediennutzungsmotive andererseits auf den ersten Blick zwar recht plausibel erscheint, definitorisch jedoch kaum leistbar und deshalb wenig brauchbar ist. Generell hat sich bis heute keine einheitliche Terminologie herausgebildet. Wo in der einen U&G-Studie von Nutzungsmotiven oder Motivkatalogen die Rede ist, geht es bei der anderen um Bedürfnisse und Bedürfnisbatterien; gemeint ist in beiden Fällen dasselbe. Auch die Begriffe ‚Gratifikation' und ‚Nutzen', die ja dem U&G-Ansatz zu seinem Namen verholfen haben, werden meist synonym verwendet (vgl. dazu Swanson 1979). Während Gratifikationen auf allgemeine, wenig zielgerichtete Bedürfnisse wie z.B. Unterhaltung verweisen, bezieht sich Nutzen als Motivtyp nach Atkin (1973, 1985) auf instrumentelle, meist informationsbezogene Bedürfnisse wie beispielsweise das Finden einer Telefonnummer (Abschnitt 3.2.2). Dennoch lässt sich festhalten, dass sämtliche Begriffe (Motiv, Motivation, Bedürfnis, Gratifikation, Nutzen) üblicherweise synonym benutzt werden.

Maslows Bedürfnishierarchie

Doch diese Konzept- und Begriffsverwirrung existiert nicht nur in der Kommunikationswissenschaft. Auch in der (Motivations-)Psychologie gibt es eine unüberschaubare Fülle von Systematisierungsversuchen menschlicher Bedürfnisse, Motive oder Motivationen, die auch dort uneinheitlich verwendet werden (Zimbardo 1995: 407f.). Jeder Ansatz hat seine Vor- und Nachteile und eignet sich für bestimmte Fragestellungen gut, für andere weniger (vgl. McGuire 1974: 170f.). Ein umfassender Ansatz, der bereits von den frühen U&G-Theoretikern angesprochen wurde (z.B. Katz et al. 1974; Rosengren 1974), ist Maslows klassische Bedürfnishierarchie. Sie existiert in einer fünfstufigen frühen Fassung von 1943 und wurde später vom Autor auf acht Stufen erweitert (1970). Das Modell integriert das gesamte Spektrum menschlicher Motivationen, das vom angeborenen Instinkt bzw. Primärtrieb über Sekundärtriebe, die durch Konditionierung erlernt werden, über Wünsche, Intentionen und Zwecke reicht und bei politischen oder kulturellen Werten endet (vgl. z.B. Rokeach 1973). Gemeinsam ist Motiven auf allen Ebenen, dass sie menschliches Verhalten in Gang setzen, aufrechterhalten und beenden – kurzum: steuern (siehe Abbildung 4).

- Die Hierarchie beginnt mit *biologischen Bedürfnissen* wie Hunger, Durst, Sexualität oder auch Entspannung. Mediennutzung aufgrund sexueller Bedürfnisse wird wissenschaftlich kaum thematisiert – primär wohl aus ethischen Gründen. Dennoch ist unübersehbar, dass der Softsex- und Pornografiemarkt (Magazine, Internet, Fernsehen, Videokassetten, DVDs) sicherlich deshalb floriert, weil Rezipienten damit sexuelle Bedürfnisse befriedigen[24]. Entspannung oder auch Spannung als Nutzungsmotive hingegen sind im Bereich der Unterhaltungsforschung viel beachtete Konstrukte (Abschnitt 3.3.2).
- Wenn die biologischen Bedürfnisse erfüllt sind, kann sich ein Mensch seinen *Sicherheitsbedürfnissen* zuwenden. Diese lassen sich wohl am wenigsten mit Hilfe von Medien befriedigen. Dennoch kann man sich beispielsweise durchaus vorstellen, dass für viele Menschen die Lektüre eines Romans der Behaglichkeit und Ruhe dient.
- Zu den *sozialen Bindungsbedürfnissen* zählt z.B. der Wunsch, geliebt zu werden, Freunde zu haben oder nicht allein zu sein. Wer beispielsweise eine Fernsehserie ansieht, weil dies im Freundeskreis so üblich ist und man regelmäßig darüber spricht (Anschlusskommunikation), befriedigt ein solches soziales Bindungsbedürfnis. Besonders bei einsamen Menschen oder in einsamen Augenblicken tritt das Bedürfnis nach parasozialer Interaktion auf (Abschnitt 3.4).
- Das *Selbstwertbedürfnis* bezieht sich dann darauf, als Individuum etwas ‚wert zu sein', eine eigenständige Identität zu entwickeln und von anderen respektiert zu werden. Hier lässt sich etwa das Streben nach sozialem Vergleich einordnen: Dieses Motiv taucht u.a. im Zusammenhang mit fiktiven TV-Inhalten, besonders mit Seifenopern, auf und bezieht sich auf das menschliche Bedürfnis, die eigene Person und Situation mit anderen zu vergleichen, um so abschätzen zu können, ob man einem Vergleich mit diesen Stand hält bzw. noch ‚besser' ist als sie. Auch das Lesen einer prestigeträchtigen Zeitung oder anspruchsvoller Literatur kann der Erhaltung oder der Erhöhung des Selbstwertbedürfnisses dienen (Abschnitt 3.5).
- Auf der nächsten Stufe geht es um *kognitive Bedürfnisse* wie das Streben nach Wissen oder die Suche nach neuen Reizen. Dass ein Großteil der Nutzung von Nachrichten und anderer medialer Informationsangebote kognitiven Bedürfnissen dient, liegt auf der Hand. Die menschliche Neugier, eine wesentliche Triebfeder der Informationssuche (Abschnitt 3.2) gehört ebenfalls hierher.

---

[24] Der geschätzte Umsatz des Pornografie-Marktes in den USA ist größer als derjenige der dortigen Musik- und Filmindustrie zusammen (Zillmann 2004b: 571).

- Auch *ästhetische Bedürfnisse*, also das Streben nach dem Wahren und Schönen, können u.a. durch Mediennutzung befriedigt werden. Als Beispiele seien Konzert-, Theater oder Tanzübertragungen im Fernsehen, Kunstfilme, ansprechend gestaltete Bildbände oder die Belletristik, also die ‚schöne Literatur', genannt. Auch eine Fußballübertragung kann zur Befriedigung ästhetischer Bedürfnisse angesehen werden (Abschnitt 3.3.2).
- *Selbstverwirklichung* und *Transzendenz* bilden die beiden höchsten Bedürfnisstufen. Wegen ihrer beinahe esoterischen Orientierung entziehen sie sich weitgehend einer empirischen Überprüfbarkeit. Deshalb werden sie innerhalb der empirisch-experimentellen Psychologie meist abgelehnt, kommen jedoch in der therapeutischen Psychologie und der Pädagogik zum Einsatz (Zimbardo 1995: 416).

Zweifellos sind die einzelnen Stufen der Bedürfnishierarchie wenig trennscharf und deshalb für empirische Forschung nur bedingt brauchbar (Kroeber-Riel & Weinberg 2003: 147). Wenn sich beispielsweise ein Hausbesitzer unsicher fühlt und sich in einer Fachzeitschrift über Alarmanlagen informiert, folgt er dann seinem Bedürfnis nach Sicherheit oder einem kognitiven Bedürfnis? Das Elegante an Maslows Bedürfnishierarchie liegt jedoch in ihrer theoretischen Integrations- bzw. Anschlussfähigkeit, denn sie umfasst menschliche Bedürfnisse aus den unterschiedlichsten Bereichen, die ansonsten meist getrennt behandelt werden. Das fällt besonders bei den oberen Bedürfnisstufen auf: Konstrukte wie Transzendenz, Spiritualität oder ein ästhetisches Bedürfnis nach Schönheit werden üblicherweise nur in den Kulturwissenschaften debattiert. Die sozialwissenschaftliche Kommunikationswissenschaft hingegen ignoriert sie weitgehend – vor allem wohl wegen ihrer empirischen Unzugänglichkeit. Dennoch wäre es sicherlich möglich, entsprechende Bedürfniskategorien in einem strukturierten U&G-Fragebogen zu berücksichtigen. Es fällt ferner auf, dass die Hierarchie kein eigenständiges Bedürfnis nach Unterhaltung kennt; stattdessen lassen sich einzelne Subdimensionen von Unterhaltung mindestens drei Bedürfnisstufen zuordnen: biologische Bedürfnisse, Sicherheit und Ästhetik. Wie Abschnitt 3.3 zeigen wird, entspricht das dem ‚vielschichtigen Phänomen' (Vorderer 2004: 545) Unterhaltung weitaus mehr als die nachgerade naive Vorstellung eines umfassenden Unterhaltungsmotivs, wie sie in zahlreichen Gratifikationskatalogen existiert (dazu gleich mehr). Auch die Unterscheidung in Mangel-/Defizit- und Wachstumsmotive erscheint hilfreich: Auf den ersten vier Stufen (biologische bis Selbstwertbedürfnisse) finden sich demnach *Defizitbedürfnisse*, die durch Mangel an bedürfnisbefriedigenden Reizen entstehen. Diese Bedürfnisse müssen zumindest grundlegend befriedigt sein, damit sich eine Person den höheren *Wachstumsmotiven* zuwenden kann (kognitive bis transzendente Bedürfnisse); sie veranlassen einen Menschen, das zu überschreiten, was er/sie bisher gewesen ist und gemacht hat. Auf dieser theoretischen Grundlage könnte sogar eine bessere Abgrenzung der oben angesprochenen, bislang kaum überzeugend operationalisierten Unterscheidung in grundlegende Bedürfnisse einerseits und Motive andererseits möglich sein. Es ist also durchaus überraschend, dass die Maslow'sche Bedürfnishierarchie trotz ihres hohen Bekanntheitsgrads und heuristischen Gehalts in der kommunikationswissenschaftlichen Mediennutzungsforschung – im Gegensatz zur Markt- und Werbepsychologie – wenig Beachtung gefunden hat (z.B. McGuire 1974).

Abbildung 4: Bedürfnishierarchie nach Maslow

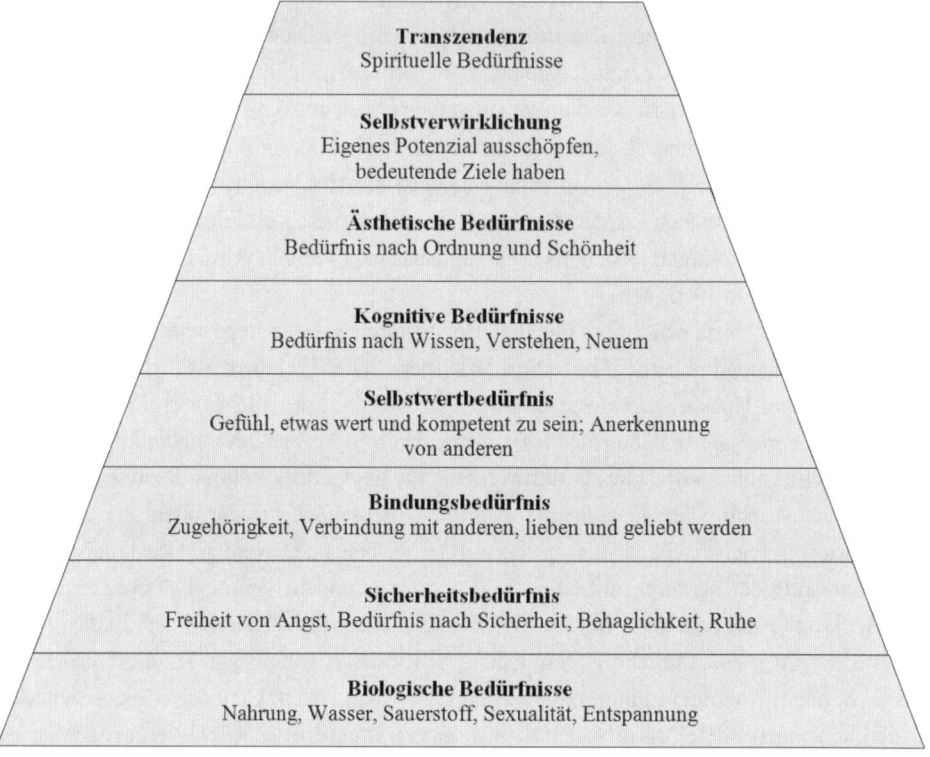

McGuires Systematisierung psychologischer Motive

Von McGuire (1974) stammt der wohl gründlichste Versuch einer Systematisierung psychologischer Mediennutzungsmotive. Anders als Maslow, der menschliche Bedürfnisse in einer unidimensionalen Pyramide verortet, definiert McGuire vier Dimensionen zur Unterscheidung von insgesamt 16 „basic, pervasive human need(s)" (ebd: 171):

- Dimension 1 (Modus/‚mode') trennt kognitive und affektive Bedürfnisse. Kognitive Motive beziehen sich auf menschliche Informationsverarbeitung und auf das Erreichen von bestimmten ideellen bzw. Bewusstseins-Zuständen („attainment of ideational states", ebd.: 173); affektive Motive betonen Gefühle und das Streben nach bestimmten emotionalen Zuständen.
- Dimension 2 (Stabilität/‚stability') greift Maslows Wachstumsbedürfnis (‚growth') auf und setzt ihm anstelle des ursprünglichen Defizitbedürfnisses ein Erhaltungsbedürfnis (‚preservation') entgegen. Dem zufolge versuchen Menschen zunächst permanent, einen als angenehm empfundenen Gleichgewichtszustand (Equilibrium) zu erhalten. Gelingt dies, konzentrieren sie sich auf Motive, die einer Verbesserung der Lebenssituation über den bisherigen Gleichgewichtszustand hinaus entsprechen (Wachstum).

- Dimension 3 bezieht sich auf den Ursprung oder Anstoß eines Motivs („initiation'). Bedürfnisse können entweder vom Individuum aktiv gesucht werden („active') oder aber von der Umwelt an das Individuum herangetragen und von diesem passiv reagierend übernommen werden („passive'). Leider bleibt McGuires Darstellung an dieser Stelle überaus vage („the classic polarity of active versus passive initiation of human striving", ebd.: 171).
- Dimension 4 (Orientierung/„orientation') schließlich steht für das Bezugsobjekt, auf das sich Bedürfnisse beziehen können. Menschen wollen entweder „in sich und für sich' zufrieden, glücklich, entspannt, wissend, verstehend usw. sein („internal') oder aber in Beziehung zu ihrer sozialen Umwelt („external').

Tabelle 5 zeigt alle Dimensionen und die 16 Grundbedürfnisse, die sich daraus ableiten lassen. Es würde zu weit führen, an dieser Stelle alle im Detail zu erläutern; der Leser sei auf den anregenden Originalbeitrag von McGuire verwiesen. McGuires Systematisierungsversuch weist durchaus Schwächen auf: Die vier Dimensionen werden wenig eindeutig beschrieben, und die Zuordnung der 16 Bedürfnistypen zu diesen Dimensionen erscheint häufig konstruiert und willkürlich. Generell sind die Bedürfnistypen weniger als trennscharfe Kategorien zu verstehen; vielmehr handelt es sich bei der Einteilung um eine Art Kunstgriff, der es McGuire ermöglicht, die verschiedensten psychologischen Ansätze und Schulen – wegen der gebotenen Kürze konnten wir dieses Thema nicht weiter ausführen – in ein einheitliches System menschlicher Bedürfnisse zu integrieren. Auffällig ist ferner, dass einige der affektiven Motivtypen *soziale* Bedürfnisse sind, die man wohl besser als eine eigene Gruppe führen sollte, denn soziales Verhalten ist gleichermaßen affektiv wie kognitiv geprägt. Dennoch erscheint der heuristische Gehalt der Systematisierung immens, denn sie liefert ein brauchbares ‚Framework' für eine stärker theoriegeleitete Systematisierung von Mediennutzungsmotiven auf allen Ebenen. So gesehen ist es durchaus beklagenswert, dass McGuires Aufsatz in der bisherigen U&G-Forschung zwar häufig zitiert, jedoch kaum ernsthaft adaptiert wurde.

Tabelle 5: Paradigmen menschlicher Motivation

Modus		Initiative	aktiv		passiv	
	Orientierung Stabilität		intern	extern	intern	extern
Kognition	Erhaltung		1. Konsistenz (Consistency)	2. Attribution (Attribution)	3. Kategorisierung (Categorization)	4. Objektivierung (Objectification)
Kognition	Wachstum		5. Autonomie (Autonomy)	6. Stimulation (Stimulation)	7. Zielorientierung (Teleological)	8. Nutzen (Utilitarian)
Affekt	Erhaltung		9. Spannungsreduktion (Tension-Reduction)	10. Ausdruck (Expressive)	11. Selbsterhaltung (Ego-Defensive)	12. Verstärkung (Reinforcement)
Affekt	Wachstum		13. Bestätigung (Assertion)	14. Zugehörigkeit (Affiliation)	15. Identifikation (Identification)	16. Rollenvorbild (Modeling)

Quelle: McGuire (1974: 172).

3.1.4 Gratifikationskataloge

Die U&G-Forschung hat eine Fülle von Gratifikationskatalogen vorgelegt. Anders als die soeben vorgestellten Systematisierungen menschlicher Bedürfnisse werden U&G-Motivkataloge üblicherweise von den Medien und ihren Leistungen her ‚gedacht' und entwickelt (McGuire 1974: 167). Sie inventarisieren nur diejenigen Gratifikationen, die Rezipienten tatsächlich von Medien erhalten können. Aus Anwendungssicht sind diese Gratifikationskataloge zweifellos wichtige Forschungsresultate. Denn Medienanbieter und Webetreibende sind darauf angewiesen, ihr Publikum bzw. ihre Zielgruppen zu kennen und genau zu beschreiben (Abschnitt 2.1.4), und dabei sind die Gründe, warum Rezipienten bestimmte Medien bzw. Angebote nutzen, natürlich eine nahe liegende Beschreibungsdimension. Aus theoretischer Sicht sind die meisten Gratifikationskataloge allerdings wenig ergiebig. Besonders die frühen, ‚klassischen' Motivlisten für einzelne Mediengattungen bzw. für intermediale Vergleiche wirken häufig trivial.

Beispiele für allgemeine Gratifikationskataloge

Der Bedürfniskatalog von McQuail et al. (1972) umfasst vier Fernsehnutzungsmotive:
- Unterhaltung/Eskapismus: Ablenkung von Problemen und einem tristen Alltag (‚diversion'),
- persönliche Beziehungen zu anderen Menschen durch Anschlusskommunikation oder parasoziale Beziehungen mit Medienfiguren (‚personal relationships'),
- Entwicklung und Selbstversicherung einer persönlichen Identität (‚personal identity') und
- Umweltbeobachtung, die Suche nach inhaltlicher Orientierung durch Informationen und Nachrichten (‚surveillance').

In einer Vergleichsstudie zur Fernseh- und Zeitungsnutzung ermittelte Blumler (1979) ebenfalls die Motive Umweltbeobachtung, Ablenkung und persönliche Identität. Als vierte und letzte Dimension gab er Neugier (‚curiosity') an, während soziale Motive nicht vorkamen. Greenberg (1974) entwickelte in der bereits beschriebenen TV-Studie eine Liste mit acht Motiven: (1) Entspannung (‚relaxation'), (2) Geselligkeit (‚companionship'), (3) Gewohnheit (‚as a habit'), (4) Zeitfüller (‚pass time'), (5) Selbstfindung (‚learn about myself'), (6) Spannung (‚arousal'), (7) Eskapismus (‚forget, as a means of diversion') und (8) Information (‚learn about things'). Man könnte die Darstellung unterschiedlicher Gratifikationskataloge beliebig fortführen.[25]

In den meisten Bedürfnislisten tauchen einige zentrale Motive immer wieder auf. In Anlehnung an Kunczik & Zipfel (2001: 345) kann man folgende vier ‚klassischen' Bedürfnisse bzw. Bedürfnisgruppen festhalten:
- *kognitive Bedürfnisse*: Suche nach Informationen und Wissen, Orientierung, Umweltbeobachtung;
- *affektive Bedürfnisse*: Entspannung, Erholung, Ablenkung, Verdrängen von Problemen, Bekämpfung von Langeweile, Suche nach affektiver Erregung;
- *soziale Bedürfnisse*: parasoziale Beziehungen, Anschlusskommunikation;

---

[25] Übersichten von Bedürfniskatalogen finden sich u.a. bei Schenk (2002: 642ff.), Doll & Hasebrink (1989) und Donsbach (1989).

- *Identitätsbedürfnisse*: Selbstfindung, Suche nach Rollenvorbildern, Identifikation, Bestärkung von Werthaltungen, sozialer Vergleich der eigenen Situation mit der Situation von Medienakteuren.

Tabelle 6: Gratifikationserwartungen an ein ‚gutes Fernsehprogramm'

Bedürfnisgruppe	Gratifikationserwartung	Zustimmung
kognitive Bedürfnisse	ich bekomme neue Informationen	74%
	ich erfahre etwas über die Welt	71%
	ich kann etwas lernen	57%
	so kann ich die Zeit sinnvoll nutzen	14%
Identität	ich kann sehen, wie es anderen Leuten geht	34%
kognitive Bedürfnisse/Identität	gibt mir Anregungen und Stoff zum Nachdenken	49%
	ist mir eine wertvolle Hilfe, wenn ich mir eine Meinung bilden will	37%
	hilft mir, mich im Alltag zurechtzufinden	9%
affektive Bedürfnisse	ich kann mich dabei entspannen	70%
	macht mir Spaß	68%
	ist eine schöne Abwechslung nach der Tageshetze	65%
	ich kann dabei lachen	65%
	ich bin gespannt dabei	49%
	lenkt mich von Alltagssorgen ab	41%
	so kann ich Langeweile vertreiben	38%
	ist Gewohnheit für mich	36%
	ich kann dem Alltag entfliehen	32%
	so kann ich die Zeit verbringen	28%
	beruhigt mich, wenn ich Ärger habe	28%
soziale Bedürfnisse	liefert Gesprächsstoff	52%
	bringt viele Dinge, über die ich mich mit anderen unterhalten kann	43%
	ich verstehe die Sorgen und Probleme anderer Menschen besser	27%
	ich kann am Leben anderer teilnehmen	20%
	ich fühle mich nicht so allein	16%
	manche Personen in den Sendungen sind wie gute Freunde für mich	12%
	ich habe das Gefühl dazuzugehören	8%

Quelle: Dehm & Storll (2003: 427); n=731.

Tabelle 6 zeigt die Items einer Studie von Dehm & Storll (2003) zu den allgemeinen Gratifikationserwartungen von deutschen Fernsehzuschauern bzw. die Bedeutung der jeweiligen Motive gruppiert nach den vier soeben genannten Bedürfnisgruppen.[26] Die konzeptionellen und empirischen Trennlinien zwischen den Bedürfnisgruppen sind jedoch häufig alles andere als eindeutig. Besonders die Unterscheidung zwischen kognitiven Bedürfnissen und der Identitätsbildung

---

[26] In der Originalstudie werden andere Bedürfnisgruppen verwendet. Bemerkenswert an dieser und anderen Studien der Autoren (Dehm et al. 2005b) ist ferner, dass sich hinter dem vermeintlich neuen Konstrukt ‚Erlebnisfaktoren' im Prinzip altbekannte Gratifikationen verbergen – ein klassischer Fall von Forschungsmarketing.

bzw. -entwicklung erweist sich als schwierig, da in beiden Fällen Informationen gesucht werden. Lediglich die ‚Verwendung' dieser Informationen ändert sich graduell. Das Beispiel illustriert ferner, wie vielfältig besonders affektive Bedürfnisse sind.

Theoretischer Gehalt

Viele Gratifikationskataloge sind nur bedingt vergleichbar, da analoge Motive teilweise unterschiedlich benannt sind und damit unterschiedliche semantisch-konzeptionelle Schwerpunkte haben. Allerdings stellt sich die Frage, ob eine Vergleichbarkeit auf einem solch allgemeinen Niveau wirklich erstrebenswert ist: Was hätte man beispielsweise davon zu wissen, dass Studie A dem Fernsehen attestiert, von Rezipienten extrem stark zur Umweltbeobachtung genutzt zu werden, und Studie B einen etwas höheren oder niedrigeren Vergleichswert ermittelt?

Ein Grund, warum allgemeine Gratifikationskataloge theoretisch wenig ergiebig sind, liegt im methodischen Vorgehen der meisten Studien. Zunächst wird eine Fülle unterschiedlicher Gratifikationsitems (offen oder geschlossen) abgefragt; im zweiten Schritt erfolgt eine faktorenanalytische Verdichtung der Items auf wenige Hauptmotive (vgl. Dobos & Dimmick 1988). Gratifikationskataloge kommen also fast immer empiriegeleitet zustande. Hierin liegt auch der Grund für den Umstand, dass die genannten Motive in vielen Gratifikationskatalogen auf unterschiedlichen Ebenen liegen. Während etwa das Motiv ‚Unterhaltung' ein echtes menschliches Bedürfnis darstellt, ist ‚Gewohnheit' (‚ich mache es immer so') gar kein Handlungsmotiv, sondern bestenfalls eine Heuristik der Medienauswahl (Brosius 2002: 402). Natürlich greifen neue Untersuchungen bei der Sammlung möglicher Gratifikationsitems auf bereits bestehende Systematiken zurück und gehen somit auf den ersten Blick theoriegeleitet vor. Allerdings stellt das Zusammentragen empirisch ermittelter Gratifikationskataloge aus der bisherigen Forschungsliteratur kein theoretisches Vorgehen dar, sondern eine – wiederum empirische – Literaturrecherche. Wegen der Vielfalt kognitiver, affektiver, sozialer und kultureller Bedürfnisse, die Menschen an Medien(-angebote) herantragen, kann es ohnehin keine umfassende Theorie von Mediennutzungsmotiven geben, die über eine Systematisierung von Bedürfnissen hinaus gehen würde.

In Teilbereichen, also auf der Ebene konkreter Motivgruppen sind theoriegeleitete Gratifikationsbatterien jedoch möglich und üblich. Beispielsweise gibt es Unterhaltungstheorien, die verschiedene Unterhaltungsmotive im Hinblick auf die Fernsehnutzung zusammentragen und entsprechende Prozesse zwischen diesen Elementen beschreiben. Auch für Informationsbedürfnisse und sozial induziertes Medienverhalten existieren solche Ansätze (siehe die folgenden Abschnitte).

Beispiel: Israel-Studie

Eine theoretisch interessante Motivtypologie, deren Komplexität die ansonsten weit verbreiteten mehr oder weniger systematischen Motivsammlungen übersteigt, stammt aus der Israel-Studie von Katz et al. (1973). Die Autoren erstellten für den israelischen Medienmarkt Anfang der 1970er-Jahre Nutzungsmotiv-Profile von Buch, Fernsehen, Radio, Zeitung und Kino (als Buchpublikation: Katz & Gurevitch 1976). In einem ersten Schritt extrahieren die Autoren aus der so-

3.1 Der Uses-and-Gratifications-Ansatz

zialpsychologischen Literatur 35 unterschiedliche soziale und psychologische Bedürfnisse (needs). Diese klassifizieren sie nachträglich mit Hilfe eines dreidimensionalen Systems:
- Die erste Dimension ‚Ressource' (*resource*) bezieht sich auf Bedürfnisse im engeren Sinn und umfasst kognitive, affektive, integrative und soziale Bedürfnisse.
- Die zweite Dimension erfasst das Bezugsobjekt des jeweiligen Bedürfnisses (*referent*) und reicht von der eigenen Person (self) über Familie und Freundeskreis bis zur gesamten Welt[27].
- Die dritte Dimension ist der Beziehungstyp (*mode*); hier wird prinzipiell unterschieden zwischen Erwerben (aquire) bzw. Erhöhen (strengthen) und Vermindern (weaken).

Da Ressourcen und Beziehungstypen aus der damaligen Sicht der Autoren direkt zusammenhängen, reduzieren sie beide Dimensionen zu einer einzigen Dimension mit fünf Ausprägungen, so dass es letztlich 5x7=35 mögliche Kombinationen gibt. Das Motiv, mehr über die eigene Persönlichkeit zu erfahren, lässt sich beispielsweise durch die Kombination aus ‚Wissenszuwachs' und ‚eigene Person' repräsentieren. Stolz auf das israelische Vaterland entspricht der Kombination aus ‚erhöhter Integration' und ‚Staat/Gesellschaft' usw. Da nur 35 Statements erhoben wurden, von denen teilweise mehrere zu einer Zelle gehörten, konnten nicht alle 35 Kombinationen belegt werden (Tabelle 7). Dennoch präsentieren die Verfasser medienvergleichende Befunde, die darüber hinausgehen, was eindimensionale Gratifikationslisten zeigen können. Beispielsweise gelingt ihnen der Nachweis, dass die Bedeutung von Massenmedien mit der Entfernung der Bezugsobjekte steigt.

Tabelle 7: Klassifikation von Nutzungsmotiven

Ressource & Beziehungstyp	eigene Person	Familie	Freunde	Staat, Gesellschaft	Tradition, Kultur	Welt	Andere
Kognition (Information, Wissen, Verständnis erhöhen)	3	–	2	5	–	1	2
Affekt (emotionale Erfahrungen, Unterhaltung erhöhen)	4	–	–	–	2	–	1
Integration (Glaubwürdigkeit, Vertrauen, Stabilität, Status erhöhen)	5	–	–	3	–	–	–
Interaktion (Kontakte verbessern)	–	1	1	1	–	–	–
Eskapismus (Kontakte verringern)	4	–	–	–	–	–	–

Quelle: Katz & Gurevitch (1976: 220); Zelleninhalt: Anzahl der abgefragten Bedürfnisse.

---

[27] Die letzte, durchaus erklärungsbedürftige Ausprägung ‚Others, negative reference groups' (Katz & Gurevitch 1976: 219) wird bedauerlicherweise nicht erläutert.

Die Autoren geben keine Auskunft darüber, wie sie zu ihren Dimensionen gekommen sind. Auch erscheint die Zusammenfassung der Dimensionen ‚Ressource' und ‚Beziehungstyp' in der heutigen Mediensituation nicht mehr angemessen: In Anbetracht der Fülle verfügbarer Informationen und auf den Einzelnen einstürmender Medieninhalte (Stichworte sind Kanalvervielfachung, TV-Werbung, Spam-Mail) gewinnt der Beziehungstyp ‚Verminderung' bzw. ‚Vermeidung' zweifellos in unterschiedlichen Bereichen an Bedeutung (z.B. Brosius 1998a; Donsbach 1998). Auch die Vermeidung übertriebener oder als unangenehm empfundener Emotionen ist ein Motiv. Wer beispielsweise nachmittags im Fernsehen durch stark emotionalisierende Talkshows zappt, schaltet oft genug weg (Fahr & Böcking 2005).

Mehrdimensionale Ansätze

Dennoch oder gerade deshalb erscheint der Ansatz als Beispiel einer mehrdimensionalen Kategorisierung von Mediennutzungsmotiven Erfolg versprechend. Denn nur solche Ansätze sind in der Lage, (1) Zuwendungs- und Vermeidungsmotive innerhalb eines einheitlichen Systems zu integrieren, (2) *motivübergreifende* Zuwendungs- bzw. Selektionsregeln und (3) eventuell vorhandene Interaktionen zwischen Motivdimensionen zu entdecken. So ist es beispielsweise plausibel, dass Bedürfnisse, die sich auf die eigene Person oder das direkte soziale Umfeld beziehen, generell mit einem stärkeren Involvement und damit einer höheren persönlichen Bedeutung des Motivs einhergehen. Das wiederum ist nichts anderes als eine neue (kontinuierliche) Variante der Dimension ‚Beziehungstyp' mit ihren ursprünglichen Ausprägungen ‚Erhöhen', ‚Erwerben' und ‚Vermindern', so dass wir es letztlich mit einer Interaktion der Dimensionen ‚Bezugsobjekt' und ‚Beziehungstyp' zu tun haben.

Mediennutzung als Selbstzweck

Die Logik des U&G-Ansatzes bringt bei aller Plausibilität einen systematischen Fehler mit sich. Wenn man wie das U&G-Paradigma davon ausgeht, dass Bedürfnisse zur Mediennutzung führen, dann kann man die Mediennutzung selbst nicht als Bedürfnis konzipieren, da sich daraus ein logischer Zirkel ergäbe (vgl. ausführlich Vorderer 1992: 28ff.). Anders formuliert: „Als Sinn einer Handlung werden nur Ziele akzeptiert, die außerhalb der Handlung liegen" (Meyen 2004b: 17). Doch häufig ist es genau umgekehrt: Menschen nutzen ein Medium, weil ihnen der konsumptorische Umgang mit diesem Medium Spaß macht und nicht um – in der Bedürfniskette weiter zurückliegende – Bedürfnisse zu befriedigen.[28] Da das nicht ins Konzept passt, blenden U&G-Studien die Aussagen von Befragten, sie sähen fern, weil sie einfach gern fernsehen, häufig aus und betrachten solche Antworten als einen Hinweis auf methodische Mängel der Selbstauskunft. Mediennutzung als Selbstzweck gilt entsprechend als methodisches Artefakt.

Andererseits fanden verschiedene Studien zu den Motiven der Internetnutzung, vermutlich weil sie sich eben *nicht* der U&G-Logik verpflichtet fühlten, dass Menschen online gehen, weil sie eben diese Handlung gern ausüben. In einer frühen Studie (Grüne & Urlings 1996, 1997) wurde diese Beobachtung durch den Begriff des ‚Nutz-Spaß' markiert, und auch bei Hartmann

---

[28] Auch Katz et al. (1974: 24); Cutler & Danowski (1980) und Wenner (1985: 173f.) unterschieden ‚content gratifications' and ‚process gratifications'. Dennoch fanden diese Überlegungen in der U&G-Forschung nur wenig Resonanz.

(2004) ist die Rede vom „experience of ‚being online'". Bereits in Berelsons (1949) früher Studie „What Missing the Newspaper Means" tauchte Mediennutzung als Selbstzweck auf: „There is some evidence in our interviews that *reading itself* regardless of content is a strongly and pleasurably motivated act in urban society." (S. 122). Besonders der Hinweis, dass bei der Freude am Lesen der Inhalt kaum eine Rolle spielt, unterstreicht, dass wir es hier nicht einfach mit einem methodischen Mangel zu tun haben. Denn fast alle klassischen Nutzungsmotive sind tendenziell an bestimmte Medienleistungen und Inhaltstypen gebunden: Wer sich unterhalten will, bevorzugt keine Börsendaten, und wer online Freunde gewinnen will, tut dies nicht mit Hilfe von Online-Nachrichten. Wer jedoch ins Internet geht, eben weil er die Handlung des ‚Online-Seins' schätzt, kann dieses Bedürfnis prinzipiell mit jedem Inhalt und jedem Internetmodus befriedigen. Natürlich gilt es immer zu überprüfen, ob bei solchen Selbstauskünften nicht etwa andere Bedürfnisse ‚im Hintergrund' wirken; dennoch sollte man in U&G-Studien das Motiv ‚Mediennutzung als Selbstzweck' keinesfalls ignorieren.

3.1.5 *Prozessmodelle und andere Weiterentwicklungen*

Wie bereits erläutert, ist der U&G-Ansatz prinzipiell keine Theorie. Jedoch existieren seit den 1980er-Jahren verschiedene elaborierte Prozessmodelle, die man durchaus als Theorien betrachten kann.

GS/GO-Diskrepanzmodelle

Bereits die frühen U&G-Theoretiker erkannten, dass man zweckmäßigerweise zu unterscheiden hat zwischen den Motiven bzw. Gründen der Mediennutzung und ihrer Befriedigung durch dieselbe. Rosengren (1974) schlug hierfür eine Differenzierung in Motive und Gratifikationen vor. Im selben Sammelband plädierte Greenberg (1974: 89) ebenfalls für eine Unterscheidung in ‚gratifications sought' and ‚gratifications obtained' und regte an, die Diskrepanz beider Werte zu messen. Die Grundannahme dabei lautet, dass Rezipienten diejenigen Medien bevorzugt nutzen, die ihre Erwartungen (gesuchte Gratifikationen) soweit möglich erfüllen. Tatsächlich gehört die Unterscheidung in gesuchte (‚gratifications sought', GS) und erhaltene Gratifikationen (‚gratifications obtained', GO) seither zum Standardrepertoire beinahe jeder U&G-Studie.

Empirisch lassen sich gesuchte und erhaltene Gratifikationen leicht unterscheiden. In einer standardisierten Befragung geben die Teilnehmer zunächst anhand einer Gratifikationsliste an, wie wichtig ihnen die Gratifikationen bei der Mediennutzung sind (GS). Eine entsprechende Frage lautet etwa „Wie wichtig sind die folgenden Gründe fernzusehen für Sie?" und wird für jede Gratifikation mit einer quasimetrischen Skala von ‚trifft überhaupt nicht zu' bis ‚trifft völlig zu' beantwortet. Danach sollen die Befragten anhand derselben Gratifikationsliste und einer ebenfalls quasimetrischen Antwortskala Auskunft geben, wie stark diese Bedürfnisse bei ihnen üblicherweise befriedigt werden. Aus der GS-GO-Differenz für jede einzelne Gratifikation lässt sich dann ablesen, wie gut sich das untersuchte Medium zur Bedürfnisbefriedigung für den Befragten eignet. Ermittelt man darüber hinaus die durchschnittliche Diskrepanz über alle Gratifikationen hinweg, erhält man ein Maß für die generelle Publikumszufriedenheit bzw. Erwartungskonformität eines Mediums: Je geringer die Differenz zwischen GS und GO ist, desto eher erfüllt ein Medium (a) die Bedürfnisse seines Publikums und desto eher und häufiger werden (b) Rezipienten das Medium nutzen. Es verwundert nicht, dass solche Designs in der angewandten Evaluationsforschung weit verbreitet sind und für den Vergleich spezifischer Formate oder Genres eingesetzt werden (z.B. Palmgreen & Rayburn II 1979; Palmgreen et al. 1981; Palmgreen & Rayburn II 1985; Rössler 1988).

Doll & Hasebrink (1989: 50) kritisieren, dass die meisten GS/GO-Studien bei der Messung beider Komponenten das Abstraktionsniveau wechseln. Beispielsweise wird zunächst danach gefragt, welche Gratifikationen Rezipienten von Nachrichten als Genre erwarten (GS), und danach, welche Gratifikationen eine bestimmte Nachrichtensendung befriedigt (GO). Es geht also weniger um die Diskrepanz zwischen Erwartungen und ihrer Erfüllung, sondern eher um die Frage, ob ein konkretes Medienprodukt ein typischer Vertreter seines Genres ist (Abschnitt 4.3.6).

Überhaupt sind GS/GO-Diskrepanzen schwierig zu interpretieren. Denn eine minimale GS/GO-Diskrepanz kann entweder bedeuten, dass Rezipienten eine bestimmte Gratifikation gar nicht wollen und sie auch nicht bekommen oder dass sie eine Gratifikation suchen und sie tatsächlich bekommen. Vor allem positive Diskrepanzen (GO>GS) sind problematisch: Eine Übererfüllung von Gratifikationen kann für den Rezipienten entweder positiv sein oder als unangenehm empfunden werden. Stellen wir uns einen Fernsehzuschauer vor, der informative, nicht-unterhaltende Nachrichten bevorzugt und stattdessen eine Infotainment-orientierte Nachrichtensendung sieht. In einer Befragung würde er für das Motiv Unterhaltung einen geringen GS-Wert und einen hohen GO-Wert angeben und die Sendung wohl kaum mehr ansehen. Andererseits gibt es durchaus Fälle, in denen zunächst niedrig gesteckte Erwartungen in einem positiven Sinn übererfüllt werden („Ich habe mich sehr amüsiert, obwohl es eine deutsche Filmkomödie war"). Mit einer einfachen GS/GO-Diskrepanz, egal ob auf ein einzelnes Motiv oder auch den Mittelwert aller Motive bezogen, lässt sich Mediennutzung also häufig nicht erklären.

Erwartungs-Bewertungs-Ansatz

Dieses Problem löst der Erwartungs-Bewertungs-Ansatz, den Galloway & Meek (1981) und van Leuven (1981) unabhängig voneinander entwickelten und der in der Variante von Palmgreen und Kollegen bekannt wurde (Palmgreen & Rayburn II 1982; Rayburn II & Palmgreen 1984). Der Erwartungs-Bewertungs-Ansatz adaptiert Fishbeins und Aijzens Expectancy-Value-Theorie (Fishbein 1963; Fishbein & Aijzen 1975), einen sozialpsychologischen Versuch zur Erklärung von Einstellungen. Die Expectancy-Value-Theorie geht davon aus, dass sich Einstellungen gegenüber einem Objekt, Ereignis oder Verhalten durch zwei Dimensionen darstellen lassen: (1) der Erwartung, dass bestimmte Phänomene eintreten, und (2) die persönliche Bewertung dieser Phänomene. Wenn eine Person glaubt, dass ein Objekt, Ereignis oder Verhalten bestimmte Folgen mit sich bringt, und wenn sie diese Folgen positiv bewertet, entsteht daraus eine positive Einstellung gegenüber dem Objekt, Ereignis oder Verhalten. Einstellungen lassen sich formal als das Produkt der Dimensionen ‚Erwartung' (expectancy) und ‚Bewertung' (value oder eva-

3.1 Der Uses-and-Gratifications-Ansatz

luation) darstellen. Eine Einstellung wiederum beeinflusst dann die Wahrscheinlichkeit, mit der Menschen ein entsprechendes Verhalten anwenden, ohne jedoch das Verhalten vollständig zu determinieren.

Übertragen auf die Mediennutzung bedeutet nach Palmgreen & Rayburn II (1982): Rezipienten haben mehr oder weniger große Erwartungen (beliefs b), wie ein bestimmtes Medium oder Medienangebot beschaffen sein sollte. Diese Erwartungen bewerten sie persönlich als sehr gut, eher gut, usw. bis sehr schlecht (evaluation e). Das Produkt aus beiden Dimensionen korreliert mit der Intensität, mit der die Eigenschaft bei der Mediennutzung gesucht wird, also mit der gesuchten Gratifikation (GS). Der GS-Wert schließlich beeinflusst die Nutzungswahrscheinlichkeit des Mediums oder Medienangebots. Formal dargestellt bedeutet das:[29]

$$b_i \times e_i \approx GS_i \approx \textit{Nutzung}$$

Ein Blick auf Palmgreens & Rayburns empirische Umsetzung der doch recht abstrakten Konstrukte in ihrer Studie zur Nutzung von Fernsehnachrichten erleichtert das Verständnis. Zunächst definierten die Autoren eine Liste mit 14 Attributen von Fernsehnachrichten, die Nutzungsmotiven entsprechen. Diese Motive wurden dann in einer standardisierten Befragung in drei Varianten mit jeweils einer siebenstufigen Ratingskala abgefragt:

- Ausmaß der Gratifikationssuche (GS): „Ich sehe Fernsehnachrichten, weil sie [Attribut] sind/ haben/erlauben"
- Erwartung (belief): „In welchem Maß enthalten Fernsehnachrichten diese Eigenschaft?"
- Bewertung (evaluation): „Ist das aus ihrer Sicht eine gute oder schlechte Eigenschaft bei Fernsehnachrichten?"

Die 3 x 14 Items wurden schließlich nach folgender Formel miteinander verrechnet (summiert), um die generelle Nutzungswahrscheinlichkeit zu erhalten:

$$\sum_{i=1}^{n} b_i \times e_i \approx \sum_{i=1}^{n} GS_i \approx \textit{Nutzung}$$

Es ergeben sich folgende Korrelationen:
- Erwartungs-Bewertungs-Produktsumme x GS-Summe: 0,55 (p<0,001),
- Erwartungs-Bewertungs-Summe x Nachrichtennutzung: –0,11 (n.s.),
- GS-Summe x Nachrichtennutzung: 0,25 (p<0,01).

Die Autoren folgern daraus, dass es keinen direkten Zusammenhang zwischen Erwartungs-Bewertung und Mediennutzung gibt (im Gegensatz zu Galloway & Meek 1981, die diesen Zusammenhang postuliert hatten), sondern dass ein mehrstufiger Effekt vorliegt:

Erwartung x Bewertung ➔ *GS* ➔ *Nutzung*

---

[29] Im Gegensatz zum Original enthält die hier abgdruckte Formel kein Gleichheitszeichen, sondern ‚≈', um zu signalisieren, dass GS nicht zu *berechnen* ist, sondern als eigenes Konstrukt gedacht ist, das mit dem Produkt aus b und e *korreliert*.

Der Erwartungs-Bewertungs-Ansatz ist aus drei Gründen hilfreich und wurde zurecht als Beginn einer „Phase der Erklärungen" innerhalb der U&G-Tradition bewertet (Rosengren 1996: 19).

Erstens trägt er zur Klärung des diffusen Gratifikationskonzepts bei, indem er die Subdimensionen Erwartung und Bewertung einführt. Die Annahme von Wirkungsstufen unterstreicht, dass gesuchte Gratifikationen *nicht* mit allgemeinen menschlichen Bedürfnissen gleichgesetzt werden dürfen. Vielmehr suchen Rezipienten bestimmte Gratifikationen bei der Mediennutzung (GS) nur dann, wenn deren Befriedigung durch Medien auch erwartet werden kann.

Zweitens ermöglicht er es, wichtige und weniger wichtige Gratifikationen zu unterscheiden (so bereits eine frühe Kritik von McLeod & Becker 1974: 138f.) und innerhalb eines Modells zu verrechnen. Tatsächlich suchen Menschen häufig mehrere Gratifikationen gleichzeitig, von denen sie jedoch manche als unwichtig oder verzichtbar beurteilen und andere als völlig unverzichtbar. Eine dichotome Bedürfniskonzeption, die nur zwischen ‚Bedürfnis vorhanden – Bedürfnis nicht vorhanden' unterscheidet, wird Mediennutzungsprozessen sicher nicht gerecht; vielmehr haben wir es mit unterschiedlich gewichteten Motivbündeln zu tun.

Drittens bringt der Erwartungs-Bewertungs-Ansatz erstmals einen impliziten Feedback-Prozess in die U&G-Logik, ohne den eine sinnvolle Prozessbeschreibung und -analyse überhaupt nicht möglich ist. Denn nur wenn man Erfahrungen, die Menschen in früheren Mediennutzungsepisoden gemacht bzw. erlernt haben (Stichwort Medienkompetenz), konzeptionell berücksichtigt, kann man ihr Medienverhalten prognostizieren. Stellen wir uns eine Person vor, die keinerlei Erfahrungen mit Medien hat (gleichsam als tabula rasa). Stellen wir uns weiter vor, die Person suche Unterhaltung. Wie soll sie entscheiden, welche Mediennutzung zur Befriedigung ihres Bedürfnisses angemessen ist und welche nicht?

Erwartungs-Bewertungs-Modell

Später integrierte Palmgreen (1984) die ursprünglich implizite Feedback-Schleife in ein Erwartungs-Bewertungs-Modell (Abbildung 5). Diesem zufolge führt Mediennutzung zu wahrgenommenen Gratifikationen (GO), die nichts anderes sind als episodische Nutzungserfahrungen. Innerhalb eines langfristigen Lernprozesses werden diese Einzelerfahrungen dann zu allgemeinem Medienwissen verdichtet bzw. abstrahiert[30] und als Vorstellungen von Medien, ihren Inhalten und ihrem Gratifikationspotenzial gespeichert.

Wie bereits im Zusammenhang mit der GS/GO-Diskrepanz angesprochen, findet auch in diesem Modell ein impliziter Abstraktionswechsel statt, und zwar von Nutzungsepisoden und ihrer Beurteilung (wahrgenommene Gratifikationen) hin zu allgemeinen Vorstellungen. Denn würden sich die Gratifikationswahrnehmungen nicht auf konkrete Episoden beziehen, sondern allgemein auf Medien oder Mediengenres, wären die beiden Elemente ‚Vorstellungen' und ‚wahrgenommene Gratifikationen' identisch und eines davon überflüssig. Tatsächlich hat in der bisherigen Mediennutzungsforschung die Unterscheidung in Nutzungsepisoden und situationsüberdauernde Nutzungsmuster so gut wie nicht stattgefunden. Ohne eine solche Unterscheidung

---

[30] Vgl. Tulvings (1972) Unterscheidung in episodisches und semantisches Wissen.

ist Palmgreens Erwartungs-Bewertungs-Modell jedoch kaum sinnvoll zu interpretieren. Hierin liegt unseres Erachtens ein Grund dafür, warum das Modell zwar häufig zitiert, aber so gut wie nie vollständig oder korrekt erklärt wurde.

Abbildung 5: Erwartungs-Bewertungs-Modell

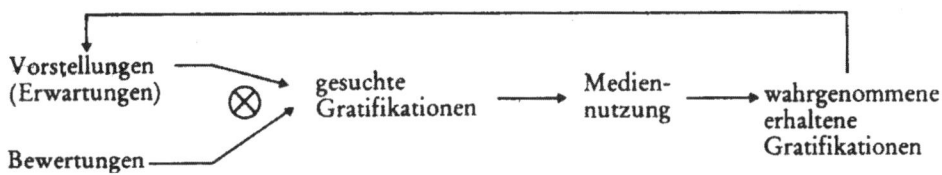

Quelle: Palmgreen (1984: 56).

Rosengrens Paradigma für U&G-Forschung

Ein noch elaborierteres Modell ist Rosengrens frühes (1974) Paradigma für die U&G-Forschung (Abbildung 6). Wie Palmgreens Modell berücksichtigt es die ‚Angebotsabhängigkeit' von Motiven, erweitert die Perspektive jedoch zusätzlich: (1) Nicht nur die Grundbedürfnisse einer Person, sondern auch (2) ihre Persönlichkeit und (3) verschiedenste gesellschaftliche Faktoren veranlassen ein Individuum, bestimmte Probleme (im Sinn von Defiziten) und Lösungsmöglichkeiten (vergleichbar den Mitteln zur Bedürfnisbefriedigung) dafür wahrzunehmen. Erst die ‚Verrechnung' von Defiziten und Lösungsoptionen führt zur Herausbildung von Nutzungsmotiven bzw. zur Suche nach bestimmten Gratifikationen (GS).[31]

Das Modell zeigt ferner, dass persönliche und gesellschaftliche Faktoren nicht nur die Entstehung von Bedürfnissen beeinflussen, sondern den gesamten Prozess der Mediennutzung bis hin zur Bedürfnisbefriedigung (Gratifications or Non-Gratifications). Auch eine Feedback-Schleife ist vorgesehen. So hilfreich das Modell für die Systematisierung relevanter Kategorien ist, so problematisch ist seine empirische Umsetzung, da hier Elemente auf verschiedenen Abstraktionsebenen (Makro- und Mikroebene) zusammen geführt sind und die ‚Allgegenwart' von Persönlichkeits- und Gesellschaftsfaktoren im Nutzungsprozess (symbolisiert durch jeweils sieben Wirkungspfeile) keine konkreten Prognosen mehr erlaubt.

---

[31] Die zusätzliche Berücksichtigung sozialer Bedingungen sowie die Abfolge einer Problemanalyse/-lösung im ersten Schritt und eines darauf basierenden Motivs bezeugt Rosengrens Nähe zu handlungstheoretischen Ansätzen wie beispielsweise Renckstorfs (1989: 318) alternativem, publikumszentriertem Denkmodell.

Abbildung 6: Rosengrens Paradigma für die U&G-Forschung

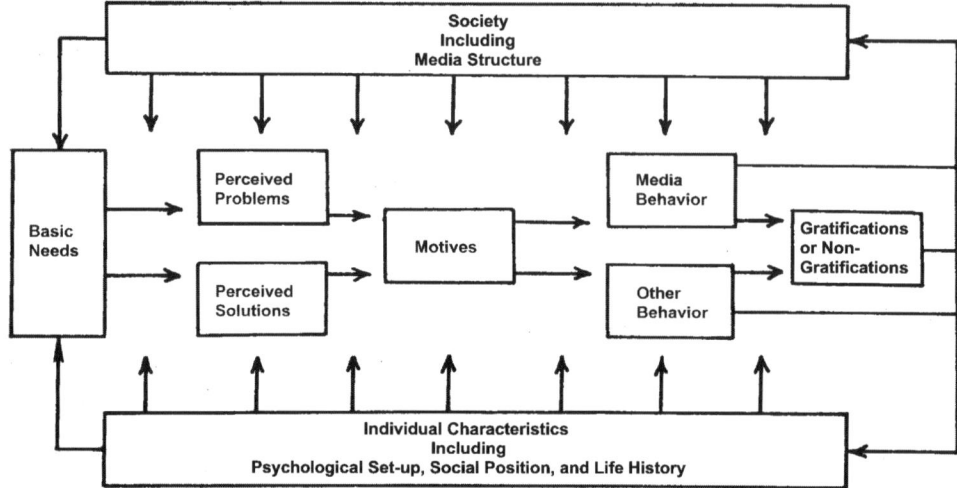

Quelle: Rosengren (1974: 271).

Modell von McLeod & Becker

Palmgreens Annahme, dass Erwartungen/Bewertungen zur Suche nach Gratifikationen (GS) führen, ist in der angenommenen Kausalitätsrichtung nicht zwingend. McLeod & Becker veröffentlichten (1981) ein U&G-Modell, das sich in wesentlichen Punkten von Palmgreens Modell unterscheidet (Abbildung 7): Ein Rezipient sucht bestimmte Gratifikationen (Motive), die unterschiedliche Ursprünge haben können. Zur Bedürfnisbefriedigung kommen verschiedene Verhaltensvarianten in Betracht, von denen jedoch nicht alle verfügbar sind. Deshalb entscheidet sich die Person unter Berücksichtigung ihrer aktuellen Motive und der aktuell verfügbaren Verhaltensvarianten für ein bestimmtes Verhalten (Behavior), das ihr als das beste Mittel zur Bedürfnisbefriedigung erscheint (Assessment of Means of Satisfaction). Wer sich beispielsweise entspannen möchte (Motiv), kann entweder in eine Sauna gehen (Not Media Use), einen Kinofilm besuchen (Media Use 1) oder fernsehen (Media Use 2). Kommt dieses Bedürfnis jedoch mitternachts auf, sind die Varianten Sauna- und Kinobesuch zumindest in Deutschland nicht mehr verfügbar. Es bleibt nur noch das Fernsehprogramm, obwohl es vielleicht ursprünglich als unattraktive Option betrachtet wurde. Das tatsächliche Nutzungsverhalten bringt dann unterschiedliche Effekte mit sich, darunter eine erfolgte Bedürfnisbefriedigung (Gratifications Received = GO) als ‚subjektiven Effekt'.[32]

---

[32] Mit den ‚objektiven Effekten' schafft das Modell den Anschluss zur Wirkungsforschung und verlässt die Nutzungsforschung.

Abbildung 7: U&G-Modell von McLeod & Becker

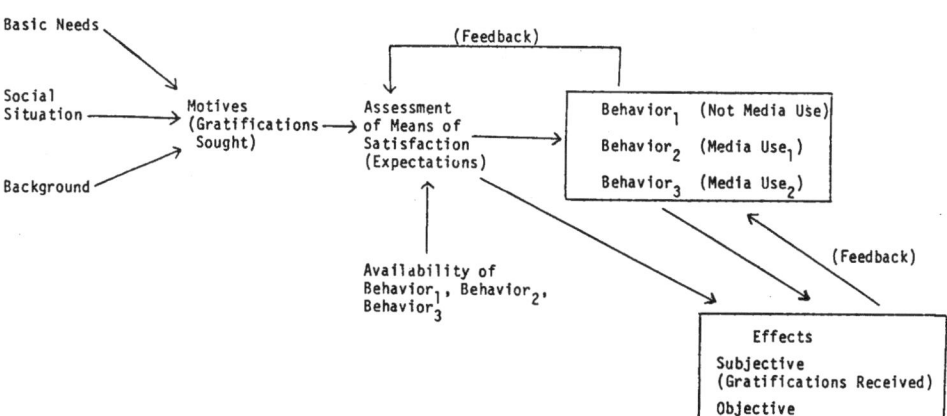

Quelle: McLeod & Becker (1981: 73).

Auch McLeods & Beckers Modell enthält eine Feedback-Schleife – interessanterweise nicht etwa von den erhaltenen Gratifikationen hin zu (späteren) Medienerwartungen, sondern direkt vom Verhalten hin zur Beurteilung der Mittel zur Bedürfnisbefriedigung. Man mag die Plausibilität dieser Verbindung bezweifeln, denn das Verhalten *allein* prägt sicher keine Einstellungen. Vielmehr sollte die *Wahrnehmung* des eigenen Verhaltens wirken. Dennoch weist das Modell aus heuristischer Sicht einen wesentlichen Vorteil auf: Die Vorstellung, dass Rezipienten Bedürfnisse haben, von denen sie nur manche situativ zu befriedigen versuchen, weil für andere Bedürfnisse kein Mittel zur Bedürfnisbefriedigung zur Verfügung steht, entschärft den (bereits referierten) Kritikpunkt an der U&G-Logik, dass Mediennutzung keineswegs immer die ideale Befriedigung von Bedürfnissen widerspiegelt. Im Gegenteil: Oftmals empfinden Rezipienten Mediennutzung als ein ausgesprochen defizitäres Verhalten, ihnen fällt jedoch keine vergleichbar attraktive Alternative ein. Situative Nutzungsmotive sind damit nicht nur rezipienten-, sondern auch angebotsgesteuert.

Auch der Beitrag von McLeod & Becker äußert sich nicht eindeutig dazu, ob hier Nutzungsepisoden oder Nutzungsmuster modelliert werden. Das Modellelement ‚Verfügbarkeit' erscheint zwar als eine situative Kategorie, da man aus heutiger Sicht wohl zuerst an situative Beispiele denkt, neben den bereits genannten beispielsweise auch die Verfügbarkeit eines gewünschten TV-Genres zu einem bestimmten Zeitpunkt. Die wenigen Hinweise jedoch, die McLeod & Becker (1981: 74) in diesem Zusammenhang geben, sind eher auf die generelle Verfügbarkeit von Medien gemünzt, also auf den Besitz von Mediengeräten.

Ausdifferenzierung des U&G-Ansatzes

Die 1970er- und 1980er-Jahre waren die Blütezeit theoretischer Überlegungen zum U&G-Ansatz. Seither sind weltweit Hunderte empirischer Studien zu den Motiven der Mediennutzung erschienen. Es fällt auf, dass die empirische Forschung über die Grundannahmen des Ansatzes hinaus eigentlich nur zwei theoretische Überlegungen aufgenommen hat: Die Unterscheidung in

GS und GO gehört bei den meisten Studien zum Standard, und auch die Abfrage von Erwartungen und Bewertungen ist weit verbreitet. Von einer weiteren Theoriebildung kann kaum die Rede sein, zu sehr beschränkt sich die gegenwärtige U&G-Forschung auf die Entwicklung reiner Bedürfnissystematiken. Anscheinend ist das heuristische Potenzial von U&G als medienunabhängiger Ansatz zur Analyse allgemeiner Nutzungsmotive ausgereizt. Wenn neue Theorien zu Mediennutzungsmotiven vorgelegt wurden, dann beziehen sie sich meist auf

- bestimmte Medien oder Mediengenres und deren spezifische Angebots- und Nutzungsstrukturen (z.B. Fernsehnachrichten, Nachrichtenmagazine oder TV-Seifenopern),
- komplexere Konzeptionen von Nutzungsprozessen, die meist medienspezifisch angelegt sind und über reine Nutzungsmengen/-häufigkeiten und Präferenzen hinausgehen (z.B. Selektionsforschung, TV-Umschaltverhalten, Webnavigation, Rezeptionserlebnisse; Kapitel 4),
- interpersonale Unterscheide bei der Mediennutzung (z.B. Geschlechtsspezifika, Lebensstile, persönlichkeitspsychologische Konzepte; Abschnitt 5.4) und
- Mediennutzung als interpretative, sinnstiftende Handlung und ihre Einbettung in die soziale Umwelt bzw. in den Alltag der Rezipienten (Handlungstheorie, Cultural Studies; Abschnitt 5.7).

Diese Forschungsgebiete und Ansätze bauen insofern auf der U&G-Tradition auf, als sie Mediennutzung als funktionalistisch bzw. als zielorientiert begreifen. Manchmal wird der U&G-Ansatz als Grundlage erwähnt; die meisten Ansätze gehen jedoch weit über seine Grundideen hinaus. Näher an der ursprünglichen Konzeption bleiben Studien, die bestimmte Nutzungsmotive weiter differenzieren und detaillierter analysieren. Sie sind Gegenstand der folgenden Abschnitte.

3.2 Kognitive Motive

3.2.1 Demokratietheoretische Relevanz der Nachrichtennutzung

Das menschliche Bedürfnis nach Informationen über alle Wissens- und Lebensbereiche ist nicht nur so alt wie die Massenmedien selbst; es ist vermutlich der Grund für ihre Entstehung. Um handlungsfähig zu sein, brauchen Menschen Wissen über ihre Umwelt und alle relevanten Ereignisse. Allerdings entzieht sich ein Großteil dieser Ereignisse der direkten, persönlichen Wahrnehmung, entweder weil die Ereignisse an anderen Orten oder zu anderen Zeiten stattfinden und stattfanden, weil sie sich in anderen Gesellschaftsbereichen abspielen (z.B. in Prominenten-Kreisen) oder weil sie nicht-öffentlich sind (z.B. politische Ausschüsse, Tarifverhandlungen, Vorstandssitzungen). Gäbe es keine Nachrichtenmedien, wüsste ein Durchschnittsbürger kaum etwas über aktuelle Ereignisse und ihre Hintergründe. Das Bedürfnis nach Information ist aus demokratietheoretischer Perspektive nicht nur ein wünschenswertes Mediennutzungsmotiv, sondern unerlässlich für das Funktionieren jeder Demokratie. Nur der ‚gut informierte Bürger' (Schütz 1972) kann rationale Wahlentscheidungen treffen, also diejenigen Parteien oder Politi-

3.2 Kognitive Motive

ker wählen, die seine eigenen Interessen am besten repräsentieren. Deshalb gilt ein mangelndes politisches Informationsbedürfnis (Stichwort Politikverdrossenheit) in der Bevölkerung oder in Bevölkerungsgruppen, etwa unter Jungwählern, sogar als demokratiegefährdend (vgl. Brosius 1998a).

Wirkungsperspektive: Informationsleistung

So wichtig solche Informationsmotive aus demokratietheoretischer Sicht auch sind, so wenige Theorien gibt es dazu. Ein Großteil der Publikationen, die sich mit Informationsmotiven befassen, firmiert unter dem Label ‚Nachrichtenforschung'. Überblickt man die dortige Literatur, dominiert eindeutig die *Wirkungsperspektive* (vgl. Gleich 1998). Die Perspektive greift die gerade angesprochene Informationsaufgabe von Massenmedien auf und überprüft ihre *Informationsleistung*, d.h. ihre Fähigkeit, den Wissensstand von Rezipienten zu erhöhen bzw. Lerneffekte zu erzielen (Unz & Schwab 2004: 494). Da von allen Mediengenres Nachrichten die Hauptlast dieser Informationsaufgabe tragen, stehen sie im Mittelpunkt des Interesses. Ein zentraler Befund besagt, dass Personen selbst kurzfristig nur einen kleinen Teil der rezipierten Nachrichten behalten und den Inhalt von Nachrichtenmeldungen häufig nicht korrekt verstehen (im Überblick Bonfadelli 2000: 50; Brosius 1998a: 227). Hiervon ausgehend gibt es eine Fülle von Versuchen, die Informationsleistung von Nachrichten zu optimieren – in welchem Medium auch immer (Überblicke bei Gunter 1991; Brosius 1995: 31ff.). Dabei werden die verschiedensten Faktoren der Nachrichtengestaltung üblicherweise in Forced-Exposure-Experimenten getestet, bei denen Versuchspersonen ein vorgegebenes Nachrichtenangebot rezipieren und danach Lern- und Verständnisfragen beantworten sollen. Untersuchte Gestaltungsfaktoren sind z.B. Text-Bild-Scheren (z.B. Winterhoff-Spurk 1983; Brosius & Birk 1994), Überschriftenformulierungen (z.B. Früh 1980), Fragen der Textorganisation oder emotionalisierende Bilder (z.B. Berry & Clifford 1986; Brosius 1995). In den letzten Jahren wurde besonders die Informationsleistung von Onlinemedien beforscht (z.B. Vlasic & Schweiger 1998; Theilmann 1999). Dabei stand neben dem klassischen Informationstransfer die Auffindbarkeit von Informationen im Mittelpunkt (Usabilityforschung; vgl. z.B. Schweiger 1996, 2003). Gemeinsam ist den Wirkungsstudien, dass sie die Bereitschaft des Publikums zur Informationsnutzung voraussetzen.

Nutzungsperspektive: kognitive Motive

Mit diesem ersten, notwendigen Schritt der Nachrichtenleistung beschäftigt sich die *Nutzungsperspektive*. Hier geht es um die Frage, welche Informationen Rezipienten überhaupt nutzen, wie häufig oder gründlich sie Informationen rezipieren und mit welchen Motiven sie es tun. Dass die Motive der Nachrichtennutzung einen eindeutigen Einfluss auf den Lerneffekt haben, zeigten Gantz (1979) und Vincent & Basil (1997). Während es zur Nachrichtennutzung im Speziellen und zum Informationsbedürfnis im Allgemeinen zwar ausreichend empirische Daten gibt (z.B. Berg & Ridder 2002), sind theoretische Arbeiten rar. Dabei gewinnt das Interesse bzw. Desinteresse der Bevölkerung an Nachrichten und Information in Zeiten der Medienvervielfachung und Informationsüberlastung zusätzlich an Relevanz (Brosius 1998a). Zwar zeigen aktuelle Studien, dass das Interesse der Bevölkerung an Informationssendungen im Fernsehen unverändert hoch ist (Zubayr & Gerhard 2005) und auch im Onlinebereich die Informationssuche als wesentliches Nutzungsmotiv gilt (van Eimeren & Frees 2006). Allerdings legen die Krise der Zeitung als Informationsmedium, die Debatte um die Boulevardisierung von Nachrichten bzw. Infotainment (z.B. Krüger & Zapf-Schramm 2001) und Befunde zum Unterhaltungsslalom gerade jüngerer Fernsehzuschauer (Jäckel & Reinhold 1996; Oehmichen & Simon 1996; Schulz 1997) die Frage nahe, welche Arten von Information überhaupt gesucht und genutzt werden. Würden Rezipienten überwiegend Informationen zu Boulevard-, Human-Interest-Themen und ihren persönlichen Hobbys suchen, wäre damit aus demokratietheoretischer Perspektive wenig gewonnen. Tatsächlich zeigt die Wissenskluftforschung, dass sich gerade geringer Gebildete weniger für politische Themen interessieren, Boulevardthemen und dergleichen bevorzugen und deshalb über teilweise Besorgnis erregende politische Wissensdefizite verfügen (Abschnitt 5.4.1).

3.2.2 Informationsmotive

Beginnen wir mit der Frage, warum Menschen Medieninformationen nutzen. Atkin (1973, 1985) unterscheidet in seinem Informational-Utility-Ansatz zwei kognitive Motivgruppen: *Gratifikationen* (,gratifications') und *instrumenteller Nutzen* (,uses'; Abbildung 8).

Abbildung 8: Informationsmotive nach Atkin

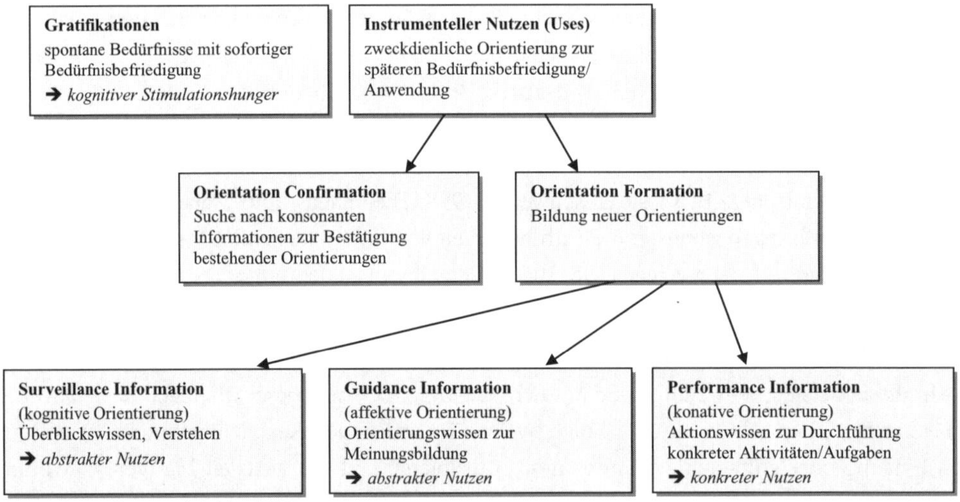

Gratifikationen	Instrumenteller Nutzen (Uses)
spontane Bedürfnisse mit sofortiger Bedürfnisbefriedigung	zweckdienliche Orientierung zur späteren Bedürfnisbefriedigung/ Anwendung
→ *kognitiver Stimulationshunger*	

Orientation Confirmation	Orientation Formation
Suche nach konsonanten Informationen zur Bestätigung bestehender Orientierungen	Bildung neuer Orientierungen

Surveillance Information	Guidance Information	Performance Information
(kognitive Orientierung) Überblickswissen, Verstehen	(affektive Orientierung) Orientierungswissen zur Meinungsbildung	(konative Orientierung) Aktionswissen zur Durchführung konkreter Aktivitäten/Aufgaben
→ *abstrakter Nutzen*	→ *abstrakter Nutzen*	→ *konkreter Nutzen*

Eigene Darstellung nach Atkin (1973).

Gratifikationen sind spontane Bedürfnisse, die eine sofortige Befriedigung verlangen („transitory mental or emotional responses providing momentary statisfaction at an intrinsic level", Atkin 1985: 63). In diesem Fall wird die Mediennutzung um ihrer selbst willen durchgeführt und nicht, um bestimmte Ziele zu erreichen. Bei Motiven des instrumentellen Nutzens hingegen steht nicht die Bedürfnisbefriedigung *während* der Rezeption im Vordergrund. Vielmehr dient

3.2 Kognitive Motive

die Mediennutzung einem späteren Ziel, das erst *nach* der Rezeption erreicht werden soll („anticipated postexposure application of the mediated experience to attaining pragmatic goals", ebd.). Deshalb ist hier auch von ‚delayed rewards' im Gegensatz zu ‚immediate rewards' (Schramm 1949; zit. n. Wenner 1985: 171) die Rede.

Instrumentellen Nutzen liefern nach Atkin entweder Informationen, die eine bereits vorhandene Orientierung des Rezipienten bestätigen (‚orientation confirmation', dazu gleich mehr), oder neue Informationen, die wiederum drei unterschiedlichen Orientierungsbedürfnissen (‚orientation formation') dienen:

- Beim *kognitiven Orientierungsbedürfnis* will der Rezipient einen Überblick über relevante Sachverhalte gewinnen und diese verstehen. Er sucht also nach *Überblickswissen* (‚surveillance information'). Auch wenn Überblickswissen nach Atkins' Konzeption zur Erreichung späterer Ziele gesucht wird, ist Rezipienten oft nicht klar, ob, wann und in welcher Form sie dieses Wissen jemals anwenden werden. Wer Fernsehnachrichten sieht, hat nur selten eine konkrete Vorstellung von der späteren Nützlichkeit dieses Wissens. Eine wichtige Funktion von Nachrichten besteht nach Winterhoff-Spurk (1983) und Graber (1988) ohnehin darin, zu erfahren, dass eigentlich nichts Neues passiert ist. Überblickswissen dient somit häufig einem ‚abstrakten Nutzen' (Schweiger 2001: 53).
- *Affektive Orientierungsbedürfnisse* beziehen sich auf Meinungen und Bewertungen bezüglich bestimmter Sachverhalte und zielen auf *Orientierungswissen* (‚guidance information') ab. Sie unterscheiden sich aus unserer Sicht nur geringfügig vom Überblickswissen.
- *Konative Orientierungsbedürfnisse* dienen konkreten Aktivitäten oder Aufgaben, die das entsprechende *Aktionswissen* oder Know-How erfordern (‚performance information'). Beispiele: Wer einen Videorekorder programmieren will, sucht das nötige Aktionswissen in der Gebrauchsanleitung. Wer für den nächsten Tag einen Ausflug ins Grüne plant, sieht oder liest den Wetterbericht. Wer sein Geld in Aktien anlegt, interessiert sich für die Börsenkurse, um gegebenenfalls Aktien zu kaufen oder zu verkaufen. Besonders Servicebeiträge zielen auf das Bedürfnis nach Aktionswissen ab (Schlagwort: ‚news you can use'). Im Gegensatz zum kognitiven und affektiven Orientierungsbedürfnis, ist die spätere Nützlichkeit des Aktionswissens häufig sicher. Konative Orientierungsbedürfnisse dienen deshalb in der Regel einem ‚konkreten Nutzen' (ebd.).

Bourdieu (1987) begreift das Streben nach Wissen generell als instrumentellen Nutzen. In seinem soziologischen Habitus-Konzept beschreibt er das Leben als „Spiel um Macht und Anerkennung" (Meyen 2006: 13), bei dem Menschen ständig versuchen, ihren sozialen Status zu steigern und in eine höhere Gesellschaftsschicht zu gelangen, indem sie materielles und immaterielles Kapital erwerben. Das Informiertsein gilt dabei ein wesentlicher Baustein (ausführlich Abschnitt 5.4.3). Atkins Systematik und das Habitus-Konzept passen gut zusammen: Kognitive Orientierung entspricht dem Bedürfnis nach Allgemeinbildung; affektive Orientierung bezieht sich etwa auf Rollenvorbilder innerhalb der sozialen Schicht, die man zu erreichen versucht; bei der konativen Orientierung geht es um Verhaltensweisen, die man zeigen muss, um als Mitglied einer bestimmten Schicht erkannt zu werden (z.B. sicheres Auftreten im Luxusrestaurant).

Situative Relevanz von Nachrichten

In der Agenda-Setting-Forschung wurde das Konzept des Orientierungsbedürfnisses (‚Need for Orientation') intensiv beforscht. Früh zeigte sich, dass Rezipienten, die in einer für sie relevanten Nachrichtensituation ein Informationsdefizit empfinden, aktiv in den Nachrichtenmedien nach entsprechenden Informationen suchen und die dortige Themenagenda eher übernehmen als Personen mit einem geringen Orientierungsbedürfnis. Als Schlüsselfaktoren gelten somit persönliche *Relevanz* eines Ereignisses und situative *Unsicherheit* (Weaver 1980).[33] Zusätzlich lässt sich ein positiver Einfluss des generellen, also situations- und nachrichtenübergreifenden Kognitionsbedürfnisses einer Person nachweisen (Matthes 2006: 436ff.).

Eine Systematik, die die persönlich-affektive Bedeutung der Informationssuche hervorhebt, stammt von Dervin (z.B. 1982). Sie beschreibt verschiedene soziale Situationen, in denen Personen aktiv und hoch motiviert nach Informationen suchen: (a) *Entscheidungssituationen* mit mehreren Alternativen, (b) *Beängstigungssituationen* (Krankheit, Krisen), (c) *Blockierungssituationen*, in denen dem Erreichen eines Ziels ein Hindernis im Weg steht, und (d) soziale *Problemsituationen*, die ein schnelles Handeln erfordern.

Dass Menschen nicht nur bei persönlichen Problemen, sondern auch in allgemeinen Krisensituationen ein erhöhtes Interesse an Informationen haben, ist ein häufig replizierter Befund der Forschung zur Nachrichtendiffusion: Das zeigte sich bereits in Cantrils (1985) berühmter Studie der teilweise panikartigen Publikumsreaktionen auf Orson Welles' Hörspiel ‚War of the Worlds' von 1938, einer vorgeblichen Radio-Sondersendung zur Invasion der Erde durch Mars-Bewohner. Die Kenntnis von ‚Breaking News' bzw. ‚Extremereignissen' (Emmer et al. 2002) verbreitet sich häufig innerhalb kürzester Zeit auf interpersonalem Weg, d.h. diejenigen, die zuerst über die Massenmedien davon erfahren haben, erzählen Personen in ihrem Umfeld umgehend darüber. Von den Anschlägen auf das World Trade Center am 11. September 2001 erfuhren beispielsweise 23 Prozent der Deutschen zuerst über interpersonale Kommunikation, 45 Prozent über das Fernsehen, 28 Prozent über das Radio und 2 Prozent über das Internet (Emmer et al. 2002; zur Diffusion in den USA vgl. Boyle et al. 2004). Zur Ermordung Kennedys und zum Attentat auf Ronald Reagan liegen insgesamt zehn US-Studien vor, die in beiden Fällen bis zu 100 Prozent interpersonale Verbreitung feststellten (vgl. die Metaanalyse von 34 Diffusionsstudien bei Basil & Brown 1994). Als Kriterien der allgemeinen Relevanz eines Ereignisses für die Bevölkerung können Nachrichtenfaktoren wie Überraschung, Schaden, Konflikt/Aggression, Personalisierung, Nähe und Status der Ereignisregion gelten (Emmer et al. 2002: 166). Das Informationsbedürfnis nach der ersten Kenntnisnahme wird dann wieder über die Massenmedien befriedigt – früher über Radio und Fernsehen, in den letzten Jahren verstärkt auch über das Internet. Auch hier gilt, dass besonders dramatische, krisenhafte und bedrohliche Ereignisse wie

---

[33] Vgl. das Konzept der Unsicherheitsreduktion ‚Uncertainty Reduction' (vgl. Bradac 2001; Afifi & Weiner 2004; Boyle et al. 2004).

3.2 Kognitive Motive

Kriege (Pan et al. 1994) und Naturkatastrophen (Hirschburg et al. 1986) sowie Ereignisse, die bei Rezipienten eine besonders starke emotionale Betroffenheit auslösen wie der 11. September (Boyle et al. 2004; Lowrey 2004; Emmer et al. 2002) oder die Explosion der Raumfähre Challenger 1986 (Kubey & Peluso 1990), zu einer deutlich verstärkten Nachrichtennutzung führen. Das unterstreicht die emotionale Komponente von Informationsmotiven.

Kognitiver Stimulationshunger

Nur ein Teil der informationsorientierten Mediennutzung erfolgt aufgrund persönlicher Betroffenheit oder um eines instrumentellen Nutzens willen. Menschen rezipieren wohl auch Informationen meist, um augenblickliche Gratifikationen zu erhalten. Solche Gratifikationen sind beispielsweise die Bekämpfung von Langeweile oder Einsamkeit (Wenner 1985: 175f.) oder die Befriedigung spontaner Neugier (Berlyne 1960). Berlyne (1971) unterscheidet zwei Motive für die aktive Suche bzw. Exploration nach neuen Umweltreizen:

- Die *spezifische Exploration* entspricht einem Orientierungsbedürfnis. Sie erfolgt, wenn eine Person zu viele neue oder widersprüchliche Umweltreize wahrnimmt und dies als Unsicherheit erlebt, die sie durch die gerichtete Suche bzw. Recherche nach neuen Informationen abzubauen versucht. Auch ein erhöhtes Informationsbedürfnis in den soeben angesprochenen Krisensituationen gehört hierher.
- Eine *diversive Exploration* findet hingegen statt, wenn ein Individuum unter Reizarmut oder Langeweile leidet und zur Erhöhung ihres Erregungsniveaus neue, erregende und abwechslungsreiche Reize sucht, die durchaus widersprüchlich und komplex sein können (Fiske & Maddi 1961). In Anlehnung an McGuire (1967: 416), der in diesem Zusammenhang von „a stimulus hunger, an exploratory drive, a need curiosity" spricht, fasst Schweiger (2001: 51) dieses Grundmotiv unter dem Label ‚kognitiver Stimulationshunger' zusammen. Die Grenzen zwischen Information und Unterhaltung sind beim Stimulationshunger fließend, denn Informationen werden in diesem Fall zur Regulierung des Erregungsniveaus rezipiert. Deshalb kann man kognitiven Stimulationshunger berechtigterweise als Unterhaltungsmotiv begreifen (Abschnitt 3.3.4).

Die Medien haben sich diesem ‚Mischbedürfnis' längst angepasst. Eine Fülle von Mediengenres bedient den kognitiven Stimulationshunger mit einer Mischung aus unterhaltenden Nachrichten oder informierender Unterhaltung. Beispiele sind Reality-TV oder Doku-Soaps, Infotainment-Formate, Boulevardzeitungen und -nachrichten (z.B. RTL II) sowie die Regenbogenpresse.

Eine große Rolle spielt der kognitive Stimulationshunger auch bei der Internetnutzung. Weiter oben wurde bereits das Motiv ‚Nutz-Spaß' angesprochen, das die Verbindung von Stimulation (Spaß) und Instrumentalität (Nutzen) gut zum Ausdruck bringt (Grüne & Urlings 1996, 1997). Auch das spontane, überwiegend ungerichtete ‚Flanieren' im Web (Bucher & Barth 1998) dient der kognitiven Stimulation. In der ARD/ZDF-Online-Studie wird dieses Motiv als ‚einfach so im Internet surfen' abgefragt und gilt seit Jahren als eine der wichtigsten Onlineanwendungen (van Eimeren & Frees 2006).

Empirisch lassen sich kognitiver Stimulationshunger und instrumentelle Informationsnutzung kaum auseinander halten. Liest jemand eine Regenbogenzeitschrift, um sich kognitiv zu stimulieren oder um sich einen Überblick über das Leben Adliger und anderer Prominenter zu verschaffen? Rössler bemerkt in diesem Zusammenhang (1998: 28): „Beiläufige Informationssuche erfolgt zum Vergnügen und Zerstreuung (sic!), kann allerdings sehr schnell eine Nutzanwendung finden – dann nämlich, wenn auf die nebenbei gesammelten Informationen aufgrund einer aktuellen Problemlage zurückgegriffen werden kann". Als Unterscheidungskriterium kommt unseres Erachtens der Wille des Rezipienten während der Nutzung in Frage, sich die aufgenommenen Informationen zu merken. Wenn es nur um die Befriedigung eines augenblicklichen Bedürfnisses geht, besteht gar keine Notwendigkeit, irgendwelche Inhalte längerfristig zu behalten; steht jedoch ein späterer Nutzen im Mittelpunkt, ist eine gewisse Lernintention unerlässlich.

Wissenstypen: Fakten- versus Strukturwissen

Wenn Menschen Medien zur Information nutzen, stellt sich ferner die Frage nach der Art der Informationen. Es gibt in der kognitionspsychologischen und wissenssoziologischen Literatur verschiedene Kategorisierungen von Informationen bzw. Wissen (vgl. ausführlich Wirth 1997, sowie Abschnitt 4.1.1), von denen in der Mediennutzungs- und Wirkungsforschung die Unterscheidung in *Fakten-* und *Strukturwissen* die größte Beachtung gefunden hat. Faktenwissen bezieht sich auf „intersubjektiv überprüfbare, einfache Merkmale wie Namen, Zahlen oder Daten" (Schönbach 1983: 26). Beispiele für Faktenwissen sind: Wie heißt der Bundeskanzler? Wann läuft die Tagesschau? Was kostet ein PC? Beim Struktur- oder Konzeptwissen dagegen werden einzelne Fakten mit Gründen oder Konsequenzen verbunden, zueinander und mit anderen Objekten in Beziehung gesetzt. Es geht also nicht um die Fakten selbst, sondern um das Verstehen von Zusammenhängen. Deshalb ist Strukturwissen nur schwer intersubjektiv überprüfbar. Beispiele sind: Wie funktioniert die Parteiendemokratie? Worum geht es in der Gentechnikdebatte? Während die Suche nach Faktenwissen meist relativ einfach und heute mit Hilfe von Internet-Suchmaschinen innerhalb von Sekunden zu bewerkstelligen ist, haben Personen, die nach Strukturwissen suchen, häufig das Problem, (a) nicht genau zu wissen, was sie überhaupt suchen, und (b) nach der Informationsaufnahme nur schwer beurteilen zu können, ob die Suche – im Sinne eines umfassenden Verstehens – erfolgreich war (Schweiger 1996).

3.2.3 Konsistenztheorien

Bisher war nur von der bewussten Suche oder Aufnahme von Informationen die Rede und damit von kognitiven Wachstumsmotiven im Sinne von McGuires (1974) Motivsystematik (Abschnitt 3.1.3). Auf der anderen Seite stehen kognitive Erhaltungsmotive, deren Funktion darin besteht, das bisherige Wissen und die bisherigen Einstellungen einer Person zu bestätigen und zu bestärken. Eine Strategie des menschlichen Umgangs mit Informationen und Medien besteht denn auch darin, Inhalte, die dem eigenen Wissen und den eigenen Einstellungen widersprechen, zu vermeiden oder zu ignorieren. Interessanterweise wird die Vermeidung von Medieninhalten in der Uses-and-Gratifications-Forschung kaum beachtet, da es dort ja ausschließlich um die Frage geht, warum Menschen Medien nutzen, und nicht, warum sie sie *nicht* nutzen. Deshalb stehen die Uses-and-Gratifications-Tradition und die Konsistenztheorien weitgehend unverbunden nebeneinander, obwohl sie eigentlich zwei Seiten einer Münze bilden.

Die Grundidee aller Konsistenztheorien liegt in der Annahme, dass Menschen permanent versuchen, ein Gleichgewicht (Homöostase) zwischen ihren Kognitionen, Einstellungen, Affekten sowie ihrem Verhalten einerseits und ihrer Umwelt andererseits herzustellen bzw. zu erhalten. Eine perfekte Balance, Konsistenz oder Harmonie zwischen allen Systemen gilt als Grundlage eines optimalen hedonistischen Zustands.

Klassische Ansätze

Auf dieser Basis haben Sozialpsychologen versucht, mögliche Einstellungsveränderungen zu erklären. Besondere Beachtung fanden Heiders (1958) *Balance-Modell* und Newcombs (1953) *ABX-Modell*, die beide eine Triade aus zwei kommunizierenden Personen und einem Kommunikationsgegenstand beschreiben.[34] Wenn beispielsweise A eine andere Person B und einen Gegenstand X mag, B jedoch X nicht mag, befindet sich das Beziehungsdreieck in einer Dissonanz bzw. Diskrepanz. Diese lässt sich durch verschiedene Aktionen verringern: Entweder ändert eine der beiden Personen ihre Meinung hinsichtlich X, oder eine von beiden hört auf, den anderen zu mögen. Bereits Heider ging von zwei unterschiedlichen Beziehungstypen aus: einer Liking-Beziehung (‚Mögen' im soeben dargestellten Sinne) und einer Unit-Beziehung, die für das Vorhandensein oder Nicht-Vorhandensein einer Gemeinsamkeit zwischen beiden Interaktionspartnern steht, z.B. in derselben Stadt leben, in derselben Firma arbeiten oder Fan desselben Fußballvereins sein. Osgood & Tannenbaum (1967) wandten die Perspektive in ihrem *Kongruenz-Modell* auf Massenmedien an, indem sie das Verhältnis zwischen einer Person, einem Kommunikationsobjekt und einer Informationsquelle empirisch analysierten. Die Beziehung zwischen der Quelle und dem Objekt bzw. Thema kann assoziativ (positive Bewertung) oder dissoziativ (negative Bewertung) sein. Die Beziehung der Person zum Objekt und der Informationsquelle wird hingegen mit Hilfe eines semantischen Differenzials erhoben. Das erlaubt (a) eine mehrdimensionale Einstellungsmessung und (b) eine graduelle Abstufung der bisher dichotom (positiv – negativ) konzipierten Beziehungen auf einer Skala von –3 (extreme Abneigung) bis +3 (extreme Zuneigung). Damit lassen sich auch graduelle Einstellungsveränderungen erfassen bzw. prognostizieren.

Kognitive Dissonanz und Selective-Exposure

Während frühere Ansätze ausschließlich Konsonanzen bzw. Dissonanzen zwischen Personen und zwischen Personen und Mediendarstellungen betrachteten, geht Festingers *Theorie der kognitiven Dissonanz* (1957) einen Schritt weiter, indem sie zusätzlich intrapersonale Konsonanzen/Dissonanzen berücksichtigt. Festinger definiert Kognitionen als alle Wissenseinheiten, Meinungen und Annahmen, die ein Mensch über sich selbst und seine Umwelt hat („any knowled-

---

[34] Während Heider ausschließlich aus der Perspektive einer einzigen Person (gegenüber einer anderen) argumentiert, analysiert Newcomb einen echten Dialog mit wechselseitiger Koorientierung.

ge, opinion, or belief about the environment, about oneself, or about one's behavior"; ebd: 3). Diese Kognitionen kann man sich als Knoten eines mentalen Netzwerks vorstellen. Einige der Kognitionen stehen in einer direkten Beziehung zueinander; die konsonant oder dissonant sein kann. Wenn eine Person z.B. die ‚Bild-Zeitung' unterhaltsam findet, ihre Lektüre aus politischen oder Prestigegründen jedoch ablehnt, erlebt sie eine innere kognitive Dissonanz. Andere Kognitionen sind *nicht* miteinander verbunden – sie sind füreinander irrelevant. Die Begeisterung einer Person für Sushi steht beispielsweise in keiner Beziehung ihrer Präferenz einer bestimmten Tageszeitung. Der generelle ‚Dissonanzgrad' einer Person zu einem Umweltobjekt ergibt sich durch die Verrechnung aller konsonanten Beziehungen (mit positivem Vorzeichen) und dissonanten Beziehungen (mit negativem Vorzeichen) zwischen relevanten Kognitionen. Zusätzlich gilt: Je relevanter eine Beziehung zwischen zwei Kognitionen, desto stärker wird sie bei der (natürlich unbewusst erfolgenden) Summenbildung gewichtet.

Die für die Mediennutzungsforschung relevante Folgerung aller Konsistenztheorien besteht in der Annahme, dass Menschen dissonante, d.h. ihrer Einstellung widersprechende Informationen meiden und im Falle einer bestehenden Dissonanz aktiv nach Informationen suchen, die diese vermindern. Dieser Mechanismus gilt als eine Art Immunisierung gegenüber Persuasionsversuchen durch andere Personen oder Medien. Unter dem Label *„Selective-Exposure'* fand die Annahme in der Kommunkationswissenschaft große Aufmerksamkeit.[35] Besonders die frühe Medienwirkungsforschung befasste sich mit einstellungsverändernden Wirkungen der Massenmedien, fand jedoch nur geringe Effekte, was erstmals von Lazarsfeld et al. (1944) in ihrer Erie County-Studie durch die Neigung der Rezipienten erklärt wurde, Medienangebote mit entgegengesetztem Meinungstenor (z.B. Zeitungen, Nachrichtensendungen) zu meiden. Die Autoren merkten in einer Fußnote an: „The fact that people select their exposure along the line of their political predispositions is only a special case of a more general law which pervades the whole field of communication research. Exposure is always selective; in other words, a positive relationship exists between people's opinions and what they chose to listen or to read." (S. 164). In den Folgejahren galt die Dissonanzvermeidung als derart unüberwindliche Schwelle gegenüber Persuasionsversuchen, dass Klapper (1960) in seinem Forschungsüberblick sogar eine Verstärkerregel aufstellte, der zufolge Massenmedien bestenfalls bestehende Einstellungen verstärken, nicht aber verändern könnten.

Der empirische Forschungsstand zur Selective-Exposure-Hypothese war lange unklar. Freedman & Sears (1965; vgl. Schenk 2002: 155ff.) verglichen 17 Laborexperimente, von denen gerade einmal fünf eine Präferenz für konsonante Informationen fanden; in sieben Studien zeigten die Versuchspersonen keine bestimmte Präferenz, und in fünf Experimenten bevorzugten sie sogar dissonante Informationen. Andere Synopsen derselben Studien kamen zu weniger

---

[35] Dabei wurde die Bedeutung des Begriffs teilweise erheblich ausgeweitet und als Synonym für Selektivität allgemein verwendet. Im Einleitungsaufsatz zu ihrem Sammelband ‚Selective Exposure to Communication" definieren beispielsweise Zillmann & Bryant (1985b: 2) das Konzept folgendermaßen: „Selective exposure (...) designates behavior that is deliberately performed to attain and sustain perceptual control of particular stimulus events". Wir verwenden ‚Selective Exposure' hier und im Folgenden ausschließlich im Sinne einer einstellungskonformen Selektivität.

3.2 Kognitive Motive

ablehnenden Interpretationen (Cotton 1985: 13ff.; Mills 1968). Nach einem Überblick über elf neuere, methodisch ausgefeiltere Studien kommt Cotton (1985: 22ff.) zu dem Schluss, dass die Selective-Exposure-Hypothese mittlerweile zu bestätigen sei. Auch eine jüngere Metaanalyse von 16 Experimentalstudien (D'Alessio & Allen 2002) fand einen hochsignifikanten positiven Zusammenhang zwischen dissonanten Informationen und Selective-Exposure (r=0,22).

Selective-Exposure-Effekte finden sich auch in Weblogs. In einer Analyse demokratischer und republikanischer Weblogs zum US-Präsidentschaftswahlkampf 2004 stellen Adamic & Glance (2005) fest, dass 91 Prozent aller Weblog-Verweise auf andere Weblogs bzw. dortige Einträge (Posts) innerhalb des eigenen politischen Lagers blieben. Einstellungsbedingte Selektivität ist also nicht nur ein *Rezeptions*phänomen. Sie prägt auch öffentliche Debatten im Internet und damit ebenfalls neue Formen *produzierender Mediennutzung* (Abschnitt 2.1.1).

Wirkungsbedingungen

In welchem Ausmaß kognitive Dissonanzen zu selektiver Mediennutzung beitragen, hängt von mindestens drei Faktoren ab: (a) der Stärke der Dissonanz, (b) sonstigen Merkmalen eines Medieninhalts und (c) der Persönlichkeit eines Rezipienten.

Bereits Festinger (1957: 127f.) formulierte drei Hypothesen zum Informationsverhalten bei unterschiedlich starker Dissonanz: (1) Bei nicht-vorhandener oder minimaler Dissonanz besteht keine Notwendigkeit zum selektiven Umgang mit Informationen. (2) Bei mittelstarker Dissonanz treten die stärksten Selective-Exposure-Effekte auf. (3) Extreme Dissonanz schließlich führt tendenziell zum umgekehrten Verhalten: Wenn Personen erkennen, dass sie ihre bisherige Einstellung kaum mehr aufrecht erhalten können, ‚öffnen' sie sich dissonanten Informationen bzw. suchen aktiv nach ihnen, um Argumente für eine eventuelle Meinungsänderung – genauer: die Änderung einer ihrer Kognitionen – zu bekommen. In einem Experiment konnte Festinger diese Annahmen bestätigen: Tatsächlich traten bei mittelstarker Dissonanz stärkere Selective-Exposure-Effekte auf als bei minimaler und extremer Dissonanz.

Die Annahme eines kurvenlinearen Zusammenhangs (umgekehrtes U) wird durch die *Assimilations-Kontrast-Theorie* von Sherif & Cantril (1947) gestützt. Diese geht davon aus, dass Menschen Meinungen anderer, die ihrer persönlichen Einstellung nahe sind, als noch näher (assimiliert) und stark abweichende Meinungen als noch diskrepanter (kontrastiert) interpretieren. Bei minimaler Meinungsdiskrepanz erfolgt keine Einstellungsänderung, weil der Stimulus ja als meinungsidentisch empfunden wird. Bei größerer Diskrepanz ist eher ein Bumerang-Effekt zu erwarten, also eine Verstärkung der bisherigen Meinung. Im mittleren Diskrepanzbereich erwarten die Autoren die größte Einstellungsveränderung.[36] Wie groß dieser Akzeptanzbereich ist, hängt vom Ego-Involvement der Person ab: je höher die persönliche Betroffenheit durch ein Thema, desto kleiner der Akzeptanzbereich (ausführlich Donnerstag 1996: 55ff.; zum Involvement Abschnitt 4.4.1).

---

[36] In der Werbepraxis gibt es in diesem Zusammenhang die MAYA-Regel (‚Most advanced yet acceptable'; z.B. T. Wirth, 2004: 176ff.).

Eigenschaften der Information

Damit sind wir bei den Eigenschaften einer Information, die Selective-Exposure-Effekte verstärken oder abschwächen können (Überblick bei Donsbach 1991): Je *nützlicher* eine bestimmte Information einer Person erscheint (Canon 1964; Freedman 1965), desto eher wird sie auch dissonante Inhalte rezipieren. Auf der Basis des Informational-Utility-Ansatzes von Atkin (1973) überprüften Knobloch-Westerwick und Kollegen in mehreren Experimenten, wie die saliente, d.h. als bedeutsam deklarierte Beschreibung einer Nachricht im Leadtext ihre Selektion und Rezeption in einem Online-Nachrichtenangebot beeinflusst und damit zu einer Überwindung des Selective-Exposure-Effekts beiträgt (Knobloch et al. 2003a; Knobloch-Westerwick et al. 2005). Vier Dimensionen der Nützlichkeit stellten sich als besonders wirksam heraus und führten jeweils zu einer längeren Rezeption der entsprechenden Nachrichten: (a) das *Ausmaß* (‚magnitude') der zu erwartenden Konsequenzen eines positiven oder negativen Ereignisses, (b) die *Wahrscheinlichkeit* (‚likelihood') einer persönlichen Betroffenheit, (c) die *zeitliche Nähe* (‚immediacy') des Ereignisses und (d) die *Selbstwirksamkeit* (‚efficacy') des Rezipienten, also die Wahrnehmung, selbst etwas gegen ein negatives bzw. für ein positives Ereignis unternehmen zu können. *Attraktive Inhalte* schwächen Selective-Exposure-Effekte ebenfalls ab. Cotton (1985: 21) nennt als Beispiel ein Interview mit dem US-Präsidenten, das – trotz etwaiger Dissonanz – zweifellos attraktiver ist als das Editorial einer Zeitschrift. Dass sowohl die Bedeutung als auch die Nützlichkeit und Attraktivität eines Inhalts eng mit dem Involvement verknüpft ist, das eine Person einem Thema bzw. einer Information entgegenbringt, liegt auf der Hand. Auch die *Glaubwürdigkeit* einer Quelle kann zumindest die wahrgenommene Dissonanz zwischen der eigenen Meinung und derjenigen der Quelle verringern, da man vertrauenswürdigen und/oder kompetenten Autoritäten (z.B. Wissenschaftlern, honorigen Politikern) auch Aussagen ‚abnimmt', die der eigenen Meinung widersprechen (vgl. das Experiment von Tan 1975).

Persönlichkeitseigenschaften

Auf der anderen Seite wurden einige langfristige Persönlichkeitseigenschaften (Traits) als intervenierende Variablen bei der Suche nach konsonanten Inhalten und der Vermeidung dissonanter Inhalte identifiziert. Donohew et al. (1972) zeigten in zwei Experimenten mit Blickbewegungsaufzeichnung, dass *dogmatische* Personen (‚closed-minded') dissonante Inhalte stärker vermeiden als weniger dogmatische Personen (‚open-minded'). Auch der individuelle *Problem-Bewältigungsstil* (Byrne 1961) beeinflusst den Selective-Exposure-Effekt: Olson & Zanna (1979) stellten experimentell fest, dass Personen, die Problemen eher aus dem Weg gehen (‚Repressors'), dissonante Informationen stärker vermeiden als ‚Sensitizers', die bewusst bedrohliche Reize suchen, um sich aktiv mit ihrer Angst auseinanderzusetzen.

Auch die persönlichen Werte spielen eine Rolle: Rezipienten bevorzugen TV-Figuren, deren Werte sie teilen. Publikumsbefragungen zu der in den 1970er-Jahren populären US-Sitcom ‚All in the Family' zeigten, dass sich besonders konservativ-dogmatische Personen mit der Hauptfigur ‚Archie Bunker', einem reaktionär-bigotten, rassistischen Arbeiter, identifizierten und die Serie deshalb besonders häufig sahen (Vidmar & Rokeach 1974; Tate & Surlin 1976). Ball-Ro-

3.2 Kognitive Motive

keach et al. (1981) schließlich fanden in einer zweiwelligen Publikumsbefragung zur Fernsehserie ‚Roots', die sich kritisch mit der Zeit des Sklavenhandels in den USA befasst, dass sich die Zuschauer überdurchschnittlich stark egalitären Werten verpflichtet sahen und für die Gleichberechtigung Schwarzer plädierten.

Selective-Exposure bei der Zeitungslektüre

Eine aufwändige Selective-Exposure-Studie zur Zeitungsnutzung, die die bisher angesprochenen und andere Faktoren berücksichtigte, stammt von Donsbach (1991). In einem Mehrmethodendesign führte er zunächst mit regelmäßigen Lesern von vier Tageszeitungen einen *Copytest*[37] ihrer Zeitung bei drei aufeinander folgenden Ausgaben durch; dieselben Leser nahmen zusätzlich an einer Befragung teil, bei der u.a. das allgemeine Medienverhalten, einige Persönlichkeitsvariablen und ihre Einstellungen zu den wesentlichen aktuellen Themen erhoben wurden. Mittels einer Inhaltsanalyse wurden für jeden Beitrag formale Eigenschaften (Überschrift, Umfang, Thema usw.) und seine politische Tendenz ermittelt; schließlich wurde auch die vorangegangene Berichterstattung der Zeitungen inhaltsanalysiert. Mit diesen Daten war es möglich anzugeben, welche Beiträge für welchen Leser konsonant oder dissonant waren. Die Befunde bestätigen die bisherigen Ausführungen und liefern zusätzliche Erkenntnisse:

- Wird in der Überschrift oder im Leadtext ein Politiker genannt, beachten Zeitungsleser etwas häufiger Artikel mit einem Politiker, dem sie politisch näher stehen; der Effekt ist allerdings schwach.
- Leser, die täglich nur wenig Zeit für ihre Zeitung aufbringen, verhalten sich selektiver als intensive Leser, indem sie dissonante Beiträge vermeiden und konsonante Artikel bevorzugen.
- Dogmatische Personen schützen ihre Einstellungen stärker durch Selective-Exposure als weniger dogmatische Personen.
- Selective-Exposure-Effekte treten fast ausschließlich bei positiven oder neutralen Beiträgen auf; negative Nachrichten heben eine einstellungsbasierte Selektion weitgehend aus.
- Dasselbe gilt für Artikel über Konfliktthemen; auch sie werden unabhängig von etwaigen Dissonanzen rezipiert.
- Auch Artikel mit hohem Beachtungsgrad und vielen Nachrichtenfaktoren verringern Selective-Exposure-Effekte. Leser sind also durchaus bereit, entgegengesetzte Meinungen zur Kenntnis zu nehmen, wenn sie als wichtig und relevant markiert werden.

Zusammenfassung

Zusammenfassend lässt sich die Grundannahme, dass Rezipienten bevorzugt einstellungskonforme Medieninhalte nutzen, stützen. Dies gilt besonders für ängstliche oder dogmatische Persönlichkeiten und solange die Dissonanz nicht allzu stark wird. Zusätzlich ist eine Reihe von Medien- und Inhaltseigenschaften bekannt, die Selective-Exposure-Effekte vermindern. Wenn man einstellungsbasiertes Auswahlverhalten als Schutzschild der Rezipienten gegenüber Beeinflussungsversuchen von außen begreift, wie es die Persuasionsforschung tut, bedeutet das:

---

[37] Dabei sollen die Leser eines Printmediums für eine bestimmte Ausgabe jeden Artikel, den sie zumindest kurz beachtet haben, hinsichtlich ihrer Nutzungsintensität einstufen und (meist auf einer Gefallensskala quantitativ) bewerten.

Kommunikatoren verfügen durchaus über leistungsfähige Möglichkeiten, diesen Schutzschild zu umgehen.

Diskrepanzproduktion und Diskrepanzreduktion

Das Verhältnis zwischen Bewahrungsmotiven (kognitive Dissonanz bzw. Selective-Exposure) und Entwicklungsmotiven (Orientierung und Stimulationshunger), wurde bereits in frühen Information-Seeking-Ansätzen beschrieben (Atkin 1973; Donohew & Tipton 1973; Donohew et al. 1978). Diese verstanden sich als Gegenentwurf zum einseitigen Konsistenz-Paradigma, das die Sozialpsychologie lange dominierte, und argumentieren ähnlich wie die sozial-kognitive Lerntheorie von Bandura (z.B. 2000: 154f.): Menschen sind „proaktive, strebsame Organismen", deren Selbstregulation sich „vielmehr auf Diskrepanzproduktion denn auf Diskrepanzreduktion" gründet (ebd.: 155). „Die Menschen motivieren und lenken ihre Handlungen durch proaktive Kontrolle, indem sie sich selbst relevante Ziele setzen, die einen Zustand der Unausgeglichenheit erzeugen und dann auf der Basis einer antizipativen Einschätzung dessen, was zur Erreichung der Ziele erforderlich ist, Fähigkeiten und Kräfte mobilisieren. (...) Die Selbstregulation von Motivation und Handeln beinhaltet also einen dualen Kontrollprozess, bestehend aus einer das Gleichgewicht störenden Diskrepanzproduktion (*proaktive Kontrolle*), dem sich ein harmonisierender Prozess der Diskrepanzreduktion (*reaktive Kontrolle*) anschließt" (ebd.; Hervorhebung im Original). Die grundlegende Instanz für die Selbstregulation sind relativ stabile ‚interne Standards' (ebd.), zu denen Bandura Lebensziele, Normen und Werte zählt.

3.3 Affektive Motive – Unterhaltung

3.3.1 Unterhaltung als Funktion

Lange Zeit wurden affektive Mediennutzungsmotive in der Kommunikationswissenschaft ausschließlich innerhalb des Uses-and-Gratifications-Ansatzes als ein Motiv unter vielen beachtet – meist unter dem Etikett ‚Unterhaltung'. Vorher gab es in der Kommunikationswissenschaft überhaupt keine Forschung zur Medienunterhaltung, was wohl an drei Gründen lag: Erstens spielen Gefühle bei der Mediennutzung im Kontext öffentlich-politischer Kommunikation kaum eine Rolle. Zweitens wurde Unterhaltung in der Kommunikationswissenschaft wie auch in der Literaturwissenschaft als Kategorie von Medieninhalten oder -genres, nicht aber aus der Publikumssicht betrachtet (Wünsch 2002: 40). Drittens galt Unterhaltung in dieser medienzentrierten Verwendung als das Gegenteil von Information und Unterhaltungskultur als Teil der häufig verschmähten Massenkultur (Winterhoff-Spurk 2000). Die ursprüngliche Fokussierung auf Hochkultur ist mittlerweile einer weniger normativen Betrachtung gewichen, die alle relevanten Medienphänomene – negativ wie positiv – ernst nimmt. So gesehen haben die Cultural Studies, die sich ja anfangs als Gegenreaktion auf die kultur- und geisteswissenschaftliche Hochkultur-Fixierung verstanden haben, mittlerweile einen Teil ihrer Rechtfertigung verloren. Während die empirische Unterhaltungsforschung in den USA bereits in den 1970er-Jahren einsetzte (z.B. Zillmann & Stocking 1976), begann ihre – meist medienpsychologische – Rezeption im

3.3 Affektive Motive – Unterhaltung

deutschsprachigen Raum erst deutlich später (z.B. Vorderer 1992). Dennoch kritisieren selbst Unterhaltungsforscher einen insgesamt unbefriedigenden Forschungsstand (Winterhoff-Spurk 2000: 85).

Folgt man Bryant & Zillmann (z.B. Bryant & Miron 2002: 550), ist Unterhaltung „any activity designed to delight and, to a smaller degree, enlighten through the exhibition of the fortunes or disfortunes of others, but also through the display of special skills by others and/or self". Unterhaltung gilt somit als ein Prozess, in dessen Verlauf eine Person entweder Lust, Freude (‚delight'), Vergnügen (‚enjoyment') erlebt oder ein besseres Verständnis von der Welt erlangt (‚enlightenment'). In der empirischen Unterhaltungsforschung dominiert eindeutig die Lust- bzw. Vergnügenskomponente, weshalb Unterhaltung dort üblicherweise mit affektiven Nutzungsmotiven gleichgesetzt wird.

Unterhaltungsrelevante Medieninhalte

Potenziell jeder Medieninhalt kann von Rezipienten zur Unterhaltung genutzt oder als unterhaltsam empfunden werden, denn „Medienangebote repräsentieren überhaupt keine Unterhaltung, sondern stellen nur Unterhaltungspotenziale dar" (Früh 2003b: 53). Der Befund von Papacharissi & Rubin (2000) sowie Ferguson & Perse (2000), dass die Motive ‚Entertainment' und ‚Pass Time' auch bei der Internetnutzung eine wichtige Rolle spielen, obwohl Onlinemedien zumindest zum Zeitpunkt der beiden Studien als Informationsmedien galten, passt also ins Bild. Dennoch gibt es eine Reihe von Medieninhalten, die sich gemäß Bryant & Zillmann besonders gut zur Unterhaltung eignen:

- *fiktionale Inhalte*, die bestimmte Figuren in ihrem Glück bzw. Unglück und damit verbundenen Emotionen zeigen, also z.B. Spielfilme und ihre verschiedenen Genres (vom Liebesfilm über Actionfilme bis hin zu Pornografie oder Splatter), Seifenopern, Romane und
- *non-fiktionale Inhalte*, die um real existierende Personen und ihre Leistungen oder ihre sonstigen Qualitäten kreisen, z.B. Musik, Sport, Prominente.

Einen guten Überblick unterhaltungsrelevanter Medieninhalte bzw. Genres vermittelt der Sammelband von Zillmann & Vorderer (2000), dessen Überblicksaufsätze zur Unterhaltungsforschung nach Inhalten sortiert sind. Es sind:

- Video- oder Computerspiele und andere interaktive Unterhaltungsformen
- Humor, Comedy und Komödien
- konflikthaltige und spannende Filme (Actionfilme, Tragödien usw.)
- Gewalt, Brutalität und Horror
- Kindersendungen
- Sport
- Musik und Musikvideos
- Talk-Sendungen und andere affektiv gefärbte Fernsehsendungen (‚Affektfernsehen')
- Sex und Pornografie

Unterhaltungsvorstellungen

Lässt sich Unterhaltung wirklich mit Vergnügt-Sein bzw. aus neurophysiologischer Sicht mit der Aktivierung des limbischen Hirnareals (Bryant & Miron 2002: 550) gleichsetzen? Bereits die Gratifikationskataloge der Uses-and-Gratifications-Forschung zeigen ja, dass man es mit einem komplexen Konstrukt zu tun hat. Greenbergs (1974) Katalog enthält beispielsweise vier Motive, die man eindeutig dem Unterhaltungs- bzw. affektiven Bereich zuordnen kann: Entspannung, Spannung, Zeitvertreib bzw. Beseitigung von Langeweile und Eskapismus. Auch ein Blick in die Wissenschaftsgeschichte offenbart unterschiedliche Vorstellungen von Unterhaltung bzw. Vergnügen:[38]

- Für *Epikur* bestand Vergnügen aus der Abwesenheit von Schmerz und Leid und einem völlig emotionslosen Zustand.
- *Bousfield* (1999) entwickelte die epikureischen Vorstellung weiter und definiert Vergnügen als den Abbau einer vorher existenten Spannung und damit als *Ent*spannung (‚loss of tension'/‚tension reduction'). Vergnügen ist demzufolge nur möglich, wenn man sich vorher in einer unvergnüglichen Spannungssituation befunden hat.
- Verschiedene antike Philosophen befassten sich mit der Faszination des Theaters und machten das *empathische Erleben* als die freiwillige und jederzeit zu beendende Identifikation der Zuschauer mit den gezeigten Figuren dafür verantwortlich. Während Plato in der Empathie die Gefahr der Verweichlichung sah, vermutete Aristoteles, dass das Mitfühlen von Emotionen beim Publikum zur Katharsis, also einer seelischen und emotionalen Reinigung, führen sollte – eine aus empirischer Sicht nicht haltbare These, die jedoch weiterhin in verschiedenen Debatten auftaucht. Gemeinsam ist allen Empathie-Ansätzen die Vorstellung, dass das Vergnügen – umgekehrt als bei Epikur – in der Erregung liegt.
- Immanuel Kant unterscheidet in seiner „Kritik der Urteilskraft" (1790-1799) drei Arten von *Gefallen*: Wohlgefallen am (1) Guten, (2) Angenehmen und (3) Schönen (Berghaus 1994). Vergnügen kann somit nicht nur auf einer emotionalen Ebene liegen (Angenehmheit), sondern auch auf einer moralischen (ähnlich bereits Aristoteles) und einer ästhetische Ebene, etwa beim Betrachten eines Bildes oder eines Kunstfilmes.
- Für Friedrich Nietzsche („Jenseits von Gut und Böse", 1886) kann Vergnügen umgekehrt in der Überschreitung gesellschaftlicher Normen liegen, die als rauschhafte Befreiung zelebriert wird (vgl. Bente & Fromm 1998 zum Motiv des Tabubruchs).

Vergleicht man diese Perspektiven, scheint das Feld der Unterhaltungsmotive vollends zu zerfließen. Es überrascht deshalb nicht, dass sich selbst aktuelle Überblicke der Unterhaltungsforschung inhaltlich gravierend unterscheiden, wie Brosius (2003) unter Bezugnahme auf die Überblicke von Vorderer (1996b), Schwab (2001) und Wünsch (2002) feststellt.

Einig sind sich die meisten Autoren, dass Unterhaltungsmotive *intrinsisch motiviert* sind und keinen instrumentellen bzw. utilitaristischen Charakter haben, sondern direkt während der Mediennutzung befriedigt werden (‚immediate rewards'). Damit ist ein relativ eindeutiges Abgren-

---

[38] Wir beschränken uns auf wenige Beispiele; eine umfassende historische Darstellung liefern Bryant & Miron (2002).

3.3 Affektive Motive – Unterhaltung

zungskriterium zu allen kognitiven, sozialen und identitätsbezogenen Motiven genannt. Während diese Motive anderen – mehr oder weniger bewussten und unterschiedlich konkreten – Zielen dienen, die erst nach der Mediennutzung erreicht werden, erfolgt unterhaltende Mediennutzung um ihrer selbst willen; sie ist ‚zweckfrei' (Wünsch 2002: 16) und ist aus einem „bloßen kommunikativen Vergnügen heraus motiviert" (Vorderer 1996b: 313).[39]

Daraus resultiert die Frage, ob Unterhaltung nun ein *Motiv* für Mediennutzung ist oder ob darunter eine *Erlebnisqualität* während der Mediennutzung zu verstehen ist. Tatsächlich lassen sich die meisten Unterhaltungstheorien, die für die Mediennutzungsforschung relevant sind, einer der beiden Perspektiven zuordnen (Vorderer 2004): Der Mood-Management-Ansatz von Zillmann etwa bezieht sich auf den situativen Einfluss von Stimmungen und emotionalen Bedürfnissen auf die Medienselektion. Er ist deshalb der funktionalistischen Motivationsperspektive zuzuordnen und wird im Anschluss in Abschnitt 3.3.4 behandelt. Die Affective-Disposition-Theorie von Zillmann und die triadisch-dynamische Unterhaltungstheorie von Früh hingegen modellieren das Erleben während der Mediennutzung als Prozess, weshalb sie in Abschnitt 4.4.6 erläutert werden. In der englischsprachigen Literatur scheint sich gegenwärtig für das Unterhaltungsmotiv der Begriff ‚entertainment' und für das Unterhaltungserleben ‚enjoyment' durchzusetzen.

Aufgrund ihrer Zweckfreiheit wird Unterhaltung gelegentlich als *Spiel* beschrieben, das in Abgrenzung vom alltäglichen, ‚echten' Leben der Rezipienten und außerhalb sozialer Kontrolle stattfindet und jederzeit abgebrochen werden kann (Wünsch 2002: 16f.). Bereits Singer (1980) vermutet, die Attraktivität von Fernsehunterhaltung bestehe darin, dass sie ständig neue und überraschende Stimuli in einem *sicheren Kontext* liefert und damit beim Rezipienten negative Affekte minimiert. Früh (2003b: 50) greift diese Überlegung in seiner triadisch-dynamischen Unterhaltungstheorie auf und erhebt die Gewissheit des Rezipienten, „die Situation souverän zu kontrollieren", zum konstituierenden Bestandteil seiner Unterhaltungsdefinition. Auch in der Literatur zu parasozialen Beziehungen wird die Situationskontrolle immer wieder hervorgehoben, da Mediennutzer parasoziale Kontakte mit Medienfiguren jederzeit beenden können (Abschnitt 3.4.2). Vorderer (2001) beschreibt Unterhaltung in Anlehnung an Oerters (1999) Spieltheorie in ähnlicher Weise als Handlung um der Handlung willen, die häufig rituellen Charakter hat und einen Wechsel des Realitätsbezugs oder die Bildung einer neuen Realität ermöglicht. Unterhaltung als Spiel kann sowohl der Flucht aus einer unbefriedigenden Realität dienen (Eskapismus) als auch der Selbstverwirklichung bzw. Identitätsentwicklung. Während Eskapismus aus unserer Sicht tatsächlich ein Unterhaltungsmotiv darstellt, weil es ausschließlich um die Realitätsflucht *während* der Mediennutzung geht, stellt die Identitätsbildung ein Ziel dar, das über den bloßen Nutzungsakt hinaus verfolgt wird und deshalb nicht mehr zur Unterhaltung gehört (Abschnitt 3.5).

Den *rituellen Charakter* von Unterhaltung konnte bereits Rubin (1984) in einer Befragung bestätigen. Er fand, dass Personen, die regelmäßig und aus Gewohnheit fernsehen, eine stärkere

---

[39] Mehling (2001: 114) unterscheidet aus handlungstheoretischer Perspektive zwischen ‚Zweck' und ‚Selbstzweck'.

Unterhaltungsorientierung aufweisen, denn sie stimmten den Unterhaltungsmotiven ‚Unterhaltung', ‚Entspannung', ‚Zeitvertreib', ‚Erregung' und ‚Realitätsflucht' eher zu als informationsorientierte Personen, die wiederum angaben, weniger aus Gewohnheit fernzusehen. Auch zeigte sich, dass unterhaltungsorientierte Personen eher dazu neigen, Fernsehen als schlichtweg angenehme Tätigkeit und damit als Selbstzweck zu betrachten, und weniger sendungs- oder genrespezifische Gratifikationen als Nutzungsgrund nennen. Das passt gut zur obigen Bestimmung von Unterhaltung als nicht-instrumentellem Nutzungsmotiv. Das bloße Genießen des Nutzungsaktes bzw. die Mediennutzung als Selbstzweck ist zweifellos eine wichtige Kategorie von Unterhaltung. Es besteht zumindest beim Fernsehen ein empirischer Zusammenhang zwischen ritualisierter Mediennutzung und nicht-instrumenteller Unterhaltungsorientierung. Das bedeutet jedoch nicht, dass sich rituelle und instrumentelle Mediennutzung zwangsläufig ausschließen, wie das der Titel von Rubins Aufsatz ‚Ritualized and Instrumental Television Viewing' nahe legt. Oft genug werden Informationsmotive ritualisiert befriedigt, etwa durch die tägliche Zeitungslektüre. Auch Unterhaltung erfolgt häufig nicht-ritualisiert, etwa bei großen, einmaligen TV-Events oder in bestimmten Situationen: Wer beispielsweise krank im Bett liegt, weiß, was es bedeutet, sich über Tage nicht-ritualisiert zu unterhalten.

Auf eine anthropologische Dimension weist Bosshart (1979) hin, der Unterhaltung als menschlichen *Tronc Commun* (gemeinsamer Stamm) bezeichnete und als Bestandteil des kollektiven Repertoires an archetypischen Themen, Geschichten und Urängsten begriff, die in allen Kulturen als mehr oder weniger ähnliche Märchen und Mythen auftauchen – als „kollektives Selbstgespräch der Gesellschaft" (ebd.: 41). Interessant an diesem Verständnis ist die dezidiert überindividuelle Perspektive von Unterhaltung, während in fast allen kommunikationswissenschaftlichen Ansätzen Unterhaltung in direkter Verbindung mit individuellen Emotionen oder Stimmungen gesehen wird.

3.3.2 Unterhaltungsdimensionen

Definiert man Unterhaltung als reinen Selbstzweck, der alle diejenigen Nutzungsmotive umfasst, die unmittelbare, direkte Gratifikationen ermöglichen, und keinem Nutzen dient, der über den gegenwärtigen Nutzungsakt hinausgeht, dann dient Unterhaltung schlichtweg dem Verbringen einer angenehmen Zeit. Das bedeutet, dass unangenehme Emotionen vermindert und angenehme Emotionen verstärkt werden sollen.[40] Unterhaltungsmotive lassen sich somit durch Emotionen beschreiben, die situativ abgeschwächt oder verstärkt werden sollen. In der Emotionspsychologie gibt es verschiedene Versuche, *Basisemotionen* oder *modale Emotion* zu identifizieren (detaillierter Abschnitt 4.1.4). Eine allgemein akzeptierte Systematik existiert allerdings nicht (Zillmann 2004a: 104ff.). Gewisse Verbreitung erfuhr Plutchiks (1980) Ansatz, Emotionen als vier Gegensatzpaare darzustellen: Freude und Traurigkeit, Furcht und Wut, Überraschung und Vorahnung, Akzeptanz und Ekel. Diese vier Emotionspaare können wiederum untereinander kombiniert werden, so dass sich weitere Emotionen darstellen lassen. Beispielsweise kann man

---

[40] Damit ist bereits die Grundidee des Mood-Management-Ansatzes skizziert (Abschnitt 3.3.4).

3.3 Affektive Motive – Unterhaltung

Humor als die Kombination aus Freude und Überraschung konzipieren; Liebe wiederum ist eine Mischung aus Akzeptanz und Freude.

Unterhaltungsmotive und Emotionspsychologie

Eine Reihe von Motiven lässt sich direkt auf diese emotionspsychologischen Überlegungen zurückführen.

- Das Bedürfnis nach *Erheiterung* (Humor) stellt sich als das Streben nach einer angenehm empfundenen Erregung mit den Basisemotionen Freude und Überraschung dar.
- Das Bedürfnis nach *Entspannung, Erholung* oder *Passivität* zielt hauptsächlich auf den Abbau eines als unangenehm hoch empfundenen Erregungsniveaus ab.
- Das Bedürfnis nach *Spannung* (‚suspense', vgl. z.B. Zillmann 1996) und *Erregung*, wie es beispielsweise von Krimis, Action-, Horrorfilmen oder Pornografie bedient wird, zielt auf das Gegenteil ab: Hier geht es meist um die Anhebung eines als unangenehm niedrig empfundenen Erregungsniveaus; die Tönung ist eher nachrangig, weshalb auch eine Lust am Ekel oder an der Angst existiert (vgl. Mangold 2000).
- Ähnliches gilt für das Bedürfnis nach *Aktivität*. Da die Nutzung von Massenmedien trotz Selektionszwang bei Print- oder Onlinemedien (Wirth & Schweiger 1999) generell wenig körperliche Aktivitäten erlaubt, werden sie eher selten zur Befriedigung von Aktivitätsbedürfnissen eingesetzt. Besonders das Fernsehen gilt als passives bzw. ‚laid back'-Medium (z.B. Schönbach 1997), da man es stundenlang passiv und ohne jede Selektionshandlung nutzen kann. Eine wichtige Rolle spielen hingegen Videospiele (Überblick bei Klimmt 2004) und interaktive Anwendungen (Überblick bei Quiring & Schweiger 2006), die ein großes Maß an Nutzeraktivitäten erlauben.
- Das Bedürfnis nach *heiler Welt und Liebe*, das besonders Liebesfilme oder Heimatsendungen ansprechen, ist mit dem Entspannungsmotiv eng verwandt. Allerdings steht hier eine angenehme emotionale Tönung im Mittelpunkt (besonders die Emotionen Liebe, Freude, Optimismus).
- Auch das Bedürfnis nach *ästhetischem Genuss* zielt überwiegend auf eine angenehme Entspannung, beispielsweise durch klassische Musik, Lyrik oder bildende Kunst (vergleichbar Kants Vorstellung von Gefallen). Hier ist allerdings schnell die Grenze zu instrumentellen Motiven erreicht, denn häufig dient ästhetischer Genuss nicht ausschließlich der Unterhaltung, sondern auch der Identitätsbildung oder kognitiven Motiven mit meist abstraktem Nutzen, z.B. kulturell auf dem Laufenden zu bleiben.[41] Diese empirisch kaum fassbare Grenze schlägt sich nieder in den Unterscheidungen zwischen U- und E-Musik (Unterhaltung versus ernste Musik) sowie zwischen Boulevardtheater und (literarischem) Theater.
- Das Bedürfnis nach *kognitiver Stimulation* haben wir bereits als Informationsmotiv besprochen. Wenn man Unterhaltung – wie oben geschehen – als nicht-instrumentelle Mediennutzung definiert, ist auch Stimulationshunger ein Unterhaltungsmotiv, solange die Informa-

---

[41] Das erkannte bereits Kant, der das ‚Wohlgefallen am Schönen' als „Weiterführung, Belebung und Förderung charakteristischer menschlicher Potenzen" begriff (Berghaus 1994: 150).

tionsaufnahme der augenblicklichen Unterhaltung dient und nicht einem (konkreten oder möglichen) späteren Nutzen. Gerade Fernseh-Quizsendungen oder Online-Quizes spielen mit den Emotionen ‚Überraschung' und ‚Vorahnung', je nachdem, ob der Rezipient die Antwort auf eine Frage weiß oder nicht, und sprechen die menschliche Neugier an. Auch wenn Quiz-Sendungen gelegentlich eine Bildungsfunktion nachgesagt wird, so dürfte das dominierende Nutzungsmotiv in der Regel kognitive Stimulation und damit Unterhaltung sein. Vergleichbares gilt für Boulevardmedien.

- Das Bedürfnis nach *Zeitvertreib* oder der Bekämpfung von Langeweile bezieht sich ebenfalls auf die Steigerung des Erregungsniveaus. Es definiert sich zunächst durch die Frage, was ein Rezipient *nicht* will bzw. was er vermeiden oder vermindern will, nämlich Langeweile. Durch welches positive Motiv das Defizit kompensiert werden soll, ist offen. Im Prinzip kommen dafür alle anderen, bisher genannten Motive in Frage – mit Ausnahme des Entspannungsmotivs, das von einer ursprünglich hohen Erregung ausgeht.
- Auch das Bedürfnis nach *Eskapismus* (Ablenkung oder Realitätsflucht) ist ein Defizitmotiv, da der Rezipient zunächst nicht mehr an den frustrierenden oder langweiligen Alltag denken will und deshalb eine andere Tönung erstrebt. Die Erregungsdimension ist dabei eher nachrangig. Entsprechend ist es völlig offen, welches der obigen Wachstumsmotive stattdessen angestrebt wird; in diesem Fall kann es durchaus auch Entspannung sein.

Resümee

Halten wir fest: Mit Hilfe eines zweidimensionalen Emotionskonzepts in Kombination mit einer – wie auch immer beschaffenen – Systematik von Basisemotionen lassen sich Unterhaltungsbedürfnisse gut beschreiben. Allerdings leidet jede Auflistung von Unterhaltungsmotiven unter Abgrenzungsproblemen nach innen und außen. Nach außen ist die Grenze zwischen Unterhaltung und anderen Nutzungsmotiven bestenfalls auf analytischer Ebene möglich. Nach innen ist die Grenzziehung zwischen den einzelnen Unterhaltungsmotiven ebenfalls schwierig. Beispielsweise ist unklar, ob das Motiv ‚sexuelle Erregung' tatsächlich Teil eines umfassendes Motivs ‚Spannung/Erregung' ist oder nicht doch besser als eigenes Element konzipiert werden sollte. Genauso wie in der Psychologie keine Einigkeit über Anzahl und Beschaffenheit von Basisemotionen besteht, gibt es in der Kommunikationswissenschaft die unterschiedlichsten Kataloge von Unterhaltungsdimensionen aus den unterschiedlichsten Perspektiven. Bosshart (2003) beispielsweise führt aus anthropologischer Sichtweise Unterhaltung (in dramatischen Genres) auf die drei Kernmotive Liebe, Erfolg und Sicherheit zurück. Das mag illustrieren, wie verschiedenartig die Herangehensweisen und Systematiken sind.

Während sich die meisten Motive dadurch definieren, welche Emotionen erstrebt oder verstärkt werden (wir nennen sie deshalb ‚positive Motive'), beziehen sich zwei Motive ausschließlich auf die Vermeidung bzw. Verringerung von Emotionen ohne eine bestimmte ‚Zielemotion'. Diese ‚negativen Motive' sind Zeitvertreib und Eskapismus. Negative und positive Unterhaltungsmotive ergänzen sich wechselseitig. Dabei können negative Unterhaltungsmotive durchaus in Kombination mit gänzlich anderen Motiven auftreten: Wer sich langweilt oder vom Alltag

3.3 Affektive Motive – Unterhaltung

abschalten will, kann diesen Zustand nicht nur mittels affektiver Motive zu beheben versuchen, sondern auch durch die Suche nach kognitiver oder sozialer Befriedigung, beispielsweise durch das Lesen einer Fachzeitschrift. Diese Gleichzeitigkeit unterschiedlichster Motivgruppen oder Motive während der Mediennutzung unterstreicht ein weiteres Mal, wie schwierig es ist, distinkte Mediennutzungsmotive konzeptionell zu erfassen und empirisch zu messen.

Häufig nennen Uses-and-Gratifications-Studien *Gewohnheit* als weiteres Unterhaltungsmotiv („weil ich es immer so mache"). Zweifellos hängen Unterhaltungsmotive und ritualisierte Mediennutzung empirisch zusammen. Dennoch handelt es sich bei Gewohnheit um kein Motiv im eigentlichen Sinn, sondern um eine bestimmte, heuristische Form der Medienauswahl (Abschnitt 4.3.5). Abbildung 9 zeigt die besprochenen Unterhaltungsmotive im Überblick.

Abbildung 9: Unterhaltungsmotive im Überblick

Negative Unterhaltungsmotive	**Positive Unterhaltungsmotive**
	Erheiterung
	Spannung / Erregung
Zeitvertreib	Entspannung / Erholung / Passivität
	←→ Aktivität
Eskapismus	Heile Welt und Liebe
	Ästhetischer Genuss
	Kognitive Stimulation

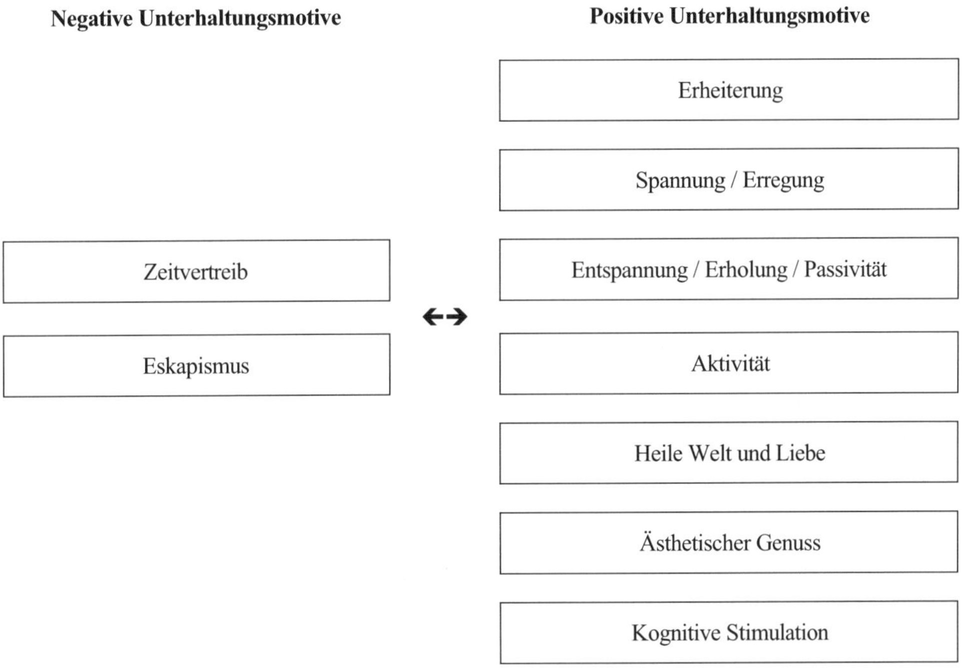

3.3.3 Eskapismus

Der wohl einzige genuin kommunikationswissenschaftliche Ansatz zur Erklärung von Unterhaltungsmotiven ist die Eskapismusthese, die wir etwas genauer erläutern wollen, auch wenn sie aus psychologischer Sicht zurecht als explorativ und theorielos bewertet wurde (Schwab 2001).

Die Realitätsflucht wurde anfangs als Nutzungsmotiv für Hörfunk (Herzog 1940, 1941, 1944), später besonders für das Fernsehen (Pearlin 1959) und zuletzt das Internet (Perse & Greenberg Dunn 1998) thematisiert. Der Grund für die Fokussierung auf audiovisuelle Medien liegt wohl darin, dass diesen aufgrund ihrer Darstellungsmöglichkeiten eine besondere Fähigkeit zugesprochen wird, Rezipienten zu fesseln und emotional anzusprechen (Schmitz et al. 1993). Dennoch fand bereits Berelson (1949) in einem Feldexperiment während eines New Yorker Zeitungsstreiks, dass auch Zeitungsleser eskapistischen Motiven folgen: „Reading (...) provides a vacation from personal care by transporting the reader outside his own immediate world" (S. 119). Radway (1997) zeigte in einer qualitativen Studie, dass Mittelklasse-Frauen in einer US-Kleinstadt u.a. Liebesromane lesen, um der wahrgenommenen Überforderung durch die Familie und dem damit verbundenen Stress zu entfliehen. Mittlerweile gelten auch verschiedene Internetmodi wie z.B. Chat (Leung 2001) als wichtige Mittel zur Realitätsflucht. Obwohl besonders PC- und Videospiele in der öffentlichen Debatte als weit verbreitete Möglichkeit zur Realitätsflucht gelten, wurden sie bislang unseres Wissens nicht unter dieser spezifischen Perspektive untersucht, sondern eher mit psychologischen Konzepten der ‚Verarbeitungs- und Erlebenstiefe' während der Mediennutzung (Flow, Immersion, Presence; Abschnitt 4.4.5) in Zusammenhang gebracht.

Im Gegensatz zu psychologischen Ansätzen hatte das Eskapismuskonzept von Anfang an einen explizit gesellschaftspolitischen Hintergrund. Während die Befriedigung eskapistischer Bedürfnisse aus Rezipientensicht sicherlich positiv ist, ist die Fähigkeit von Medien, Menschen die Flucht aus einem ‚grauen Alltag' zu ermöglichen, aus gesellschaftlicher Sicht (auf der Makroebene) durchaus kritisch als eine ‚narkotisierende Dysfunktion' zu hinterfragen (Schenk 2002: 628).

Katz & Foulkes (1962) nahmen an, dass Menschen in modernen Industriegesellschaften isoliert, depriviert und entfremdet seien und deshalb erhebliche psychische Spannungen auszuhalten hätten (Abschnitt 2.2.3). Diese Spannungen würden ein Bedürfnis nach Flucht vor dem oftmals ‚harten' und frustrierenden Alltag nach sich ziehen. Dieses Bedürfnis kann – neben funktionalen Alternativen wie Alkohol oder andere Drogen – besonders durch fantastische bzw. nicht-reelle Medieninhalte befriedigt werden, in denen eine angenehme und glückliche Welt gezeigt wird.

Dass soziale Isolation eskapistische Mediennutzung nach sich zieht, zeigten Riley & Riley (1951) in einer Studie mit Kindern. Erwartungsgemäß präferierten besonders Kinder mit Akzeptanzproblemen in ihrem sozialen Umfeld eskapistische Medieninhalte (Western, Horror, Abenteuer). Pearlin (1959) machte persönlichen und sozialen Stress für eine eskapistische Mediennutzung verantwortlich. Als relevante Stressfaktoren identifizierte er Unzufriedenheit mit dem eigenen sozialen Status, Beziehungsprobleme sowie das Gefühl, wenig an der eigenen Lebenssituation ändern zu können (Kontrollüberzeugung bzw. Locus of Control, Abschnitt 5.4.2).

McQuail et al. (1972) unterscheiden drei eskapistische Subdimensionen: *escape from the constraints of routine'* beschreibt die Flucht vor einem langweiligen und unerfüllten Alltag; *escape from the burdens of problems'* bezieht sich auf persönlichen Stress in Beruf oder Familie, drückende Probleme und sonstige Ängste, die mittels Mediennutzung zumindest kurzzeitig vergessen werden sollen; *emotional release'* schließlich ist ein Ventil für Menschen, die ihre emotionale Befindlichkeit aus psychischen oder kulturellen Gründen nicht ausleben oder artikulieren

3.3 Affektive Motive – Unterhaltung

können und deshalb im empathischen Miterleben der Erlebnisse von Medienfiguren einen emotionalen Ausgleich suchen.[42]

Schenk (2002: 629) beschreibt den typischen eskapistischen Medieninhalt folgendermaßen: „(1) Er lädt den Zuschauer ein, seine wirklichen Probleme zu vergessen, (2) sich passiv zu entspannen, (3) erzeugt Emotionen, (4) lenkt ab von den Normen und Regeln der Realität, (5) bietet Vergnügen und stellvertretende Erfüllung von Wünschen." Diese Beschreibung trifft zweifellos auf Fernsehsendungen zu. Denkt man an Computerspiele, Internet-Chats oder andere Formen interpersonaler Onlinekommunikation, können diese zweifellos die Punkte 1 und 3 bis 5 erfüllen. Ob Eskapismus jedoch zwangsläufig mit Passivität verbunden sein muss, ist zumindest im Onlinebereich zu bezweifeln, zumal gerade aktives Tun viel Aufmerksamkeit bindet und eine entsprechend starke Ablenkung ermöglicht.

Gemeinsam ist allen Autoren, dass sie das Bedürfnis nach Realitätsflucht entweder als Folge gesellschaftlicher Veränderungen und einer damit einhergehenden Isolation und Überforderung des Individuums oder aber als Symptom individueller psychischer Probleme sahen. Mittlerweile geht man davon aus, dass Eskapismus ein menschliches Grundbedürfnis darstellt und nicht per se als Indikator für gesellschaftliche oder individuelle Defizite gelten muss (Groeben & Vorderer 1988: 136ff.). Ob eskapistische Mediennutzung bei einer Person ‚krankhafte' Züge angenommen hat oder im unbedenklichen, durchschnittlichen Bereich liegt, hängt vom Umfang der Mediennutzung ab. Verschiedene Studien konnten zeigen, dass TV-Vielseher überdurchschnittlich ängstlich, depressiv, resigniert und einsam sind (Abschnitt 5.2.2). Damit ist eine Verbindung zum Kultivierungsansatz von Gerbner hergestellt (vgl. Shanahan & Morgan 1999; Weimann 1999): Während die Kultivierungsthese davon ausgeht, dass das Fernsehen und die dort gezeigte ‚mean world' Menschen bei intensivem Konsum ängstlich machen, betont die Eskapismusperspektive die umgekehrte, d.h. funktionale Kausalitätsrichtung: Ängstliche und frustrierte Menschen nutzen das Fernsehen als Mittel zur Flucht aus einer als unangenehm wahrgenommenen Realität oder um sich vergewissern, dass Verbrecher in den meisten Fällen eine gerechte Strafe erhalten (Minnebo 2000). Welche der beiden Wirkungsrichtungen eher zutrifft, ist unklar. Es erscheint realistisch, dass Vielsehen und Ängstlichkeit transagieren, d.h. dass sich beide Variablen wechselseitig verstärken und dass es keine eindeutige Wirkungsrichtung gibt.

In der Mediennutzungsforschung taucht das Eskapismus-Konzept heute kaum mehr auf. Man findet es nur noch in den Motivbatterien ‚klassischer' Uses-and-Gratifications-Studien als ein Nutzungsmotiv unter anderen. Die Rolle der Medien als Mittel zur Realitätsflucht wird nicht mehr isoliert untersucht, sondern im Rahmen umfassenderer Konzepte. Als subjektives Rezeptionserleben wird Eskapismus etwa in der Presence-Forschung (Abschnitt 4.4.5) und in prozessorientierten Unterhaltungsansätzen (Abschnitt 4.4.6) berücksichtigt. Eskapismus als Nutzungsmotiv findet sich in Ansätzen zur Stimmungsregulierung wieder, die der folgende Abschnitt erläutert.

---

[42] Diese Dimension beschreibt aus unserer Sicht ein negatives Unterhaltungsbedürfnis (siehe oben), das mit Hilfe eines parasozialen Motivs kompensiert wird (Abschnitt 3.4.2).

3.3.4 Stimmungsregulierung und Stressbewältigung

Wie in Abschnitt 3.3.2 erläutert, zielen positive affektive Motive darauf ab, angenehme Emotionen zu erhalten oder zu verstärken, während negative Motive der Vermeidung bzw. Verringerung negativer Emotionen dienen. Der Mood-Management-Ansatz von Zillmann (1988b, 1988a, 2000) versucht genauer zu erklären, wie Individuen ihre Gefühle bzw. Stimmungen durch die Auswahl geeigneter Medieninhalte regulieren.

In Anlehnung an das Zwei-Faktoren-Emotionsmodell (ausführlich Abschnitt 4.1.4) unterscheidet Zillmann zwei Dimensionen: (a) angenehme, positive Stimmung versus unangenehme, negative Stimmung (Bewertung) und (b) übererregte versus untererregte Stimmung (Erregung), also Stress versus Langeweile.[43] Er geht davon aus, dass sich Menschen hedonistisch verhalten, d.h. dass sie möglichst angenehme Emotionen bzw. Stimmungen erstreben („gratifying, pleasant experiential states", Zillmann & Bryant 1985a: 158). Wer eine unangenehme Stimmung erlebt, versucht diese zu beenden oder abzuschwächen. Wer angenehmer Stimmung ist, versucht dies zu verlängern oder zu verstärken. Analog zu den Konsistenztheorien (Abschnitt 3.2.3) unterstellt Zillmann ferner, dass Menschen ein emotionales Gleichgewicht (Homöostase) erreichen wollen. Wer sich langweilt, sucht nach Erregung, und wer erregt oder gestresst ist, sucht nach Entspannung. Dabei gilt ein mittleres Erregungsniveau als der angenehmste Zustand.

Um dies zu erreichen, arrangieren Individuen interne und externe Reizbedingungen, soweit dies in ihrer Macht steht. Je weniger interne Reize zur Verfügung stehen, d.h. je weniger sich eine Person ‚aus eigener Kraft' in eine bessere Stimmung versetzen kann, desto wichtiger sind externe Reize. Eine schlecht gelaunte, gestresste oder gelangweilte Person wird sich z.B. mit Freunden treffen, einen Spaziergang an der Sonne machen, sich ins Bett legen oder eben Medien nutzen. Der Mood-Management-Ansatz sieht wie die Uses-and-Gratifications-Forschung Medien in direkter Konkurrenz zu anderen Mitteln der Bedürfnisbefriedigung. Während jedoch viele reelle Reize unzugänglich, zu teuer oder zu gefährlich sind (auf einen Flug zum Mond trifft alles zu), erweist sich eine Mediendarstellung davon (z.B. ein Science Fiction-Film) als guter Ersatz (vgl. Groebel 1989). Vier Faktoren machen nach Zillmann die Eignung eines Medieninhalts zur Stimmungsregulierung aus: (a) sein Erregungspotenzial (bei Stress oder Langeweile), die hedonistische Valenz (Gefallen), (c) die semantische Affinität zur aktuellen Situation des Rezipienten (es werden z.B. Themen angesprochen, die den Rezipienten gegenwärtig beschäftigen) und (d) das Absorptionspotenzial, also die Fähigkeit eines Medieninhalts, den Rezipienten mitzureißen oder auf andere Gedanken zu bringen (Abschnitt 4.4.5: Spannung, Presence und Flow).

Die bisherige Argumentation unterstellt, dass Individuen wissen, welche Stimuli bei welcher Stimmung ‚funktionieren'. Zillmann nimmt an, dass Menschen dies im Lauf der Zeit durch operante Konditionierung erlernen: Wer einmal bei schlechter Stimmung eine bestimmte Fernseh-

---

[43] Beide Stimmungsdimensionen sind eigentlich stetig, d.h. es gibt beliebig viele Abstufungen, werden jedoch sowohl theoretisch als auch in fast allen empirischen Überprüfungen des Ansatzes durch Zillmann und andere Autoren dichotom gefasst.

sendung gesehen hat und sich dabei besser gefühlt hat, wird dieses Verhalten in einer späteren vergleichbaren Situation wiederholen. Demzufolge sollte sich die menschliche Fähigkeit zur Stimmungsregulierung im Lauf der Mediensozialisation kontinuierlich verbessern.

Da Mood-Management ein konditioniertes Verhalten ist, nimmt Zillmann ferner an, dass auch entsprechende Prozesse unbewusst erfolgen und Rezipienten ihr Verhalten nicht in Selbstauskunft wiedergeben können. Deshalb wurde der Ansatz zunächst in Selective-Exposure-Experimenten überprüft (Bryant & Zillmann 1984). In einem Laborexperiment wurde jeweils einer Versuchsperson zunächst Langeweile oder Stress induziert. Danach konnte sich die Person in einer vermeintlichen Wartesituation die Zeit durch Fernsehen vertreiben. Dabei standen zwei – vom Videoband eingespielte – Sendungen zur Auswahl, die sich in einer Vorstudie als besonders erregend bzw. besonders langweilig erwiesen hatten. Erwartungsgemäß entschieden sich die gestressten Versuchspersonen für das langweilige Programm und die gelangweilten Personen für das erregende Programm. Vergleichbare Befunde lieferte eine Studie von Knobloch (2002) zur Webnutzung: Auch hier bevorzugten schlecht gelaunte Versuchspersonen bei freier Wahl (a) ein Unterhaltungsangebot gegenüber einer Nachrichten-Website und (b) positive Nachrichten gegenüber schlechten. Mastro et al. (2002) fanden hingegen keinen Stimmungseffekt beim freien Surfen im Web.

Eine Reihe quasiexperimenteller Studien machte sich die Annahme zunutze, dass Frauen in bestimmten Zyklus- oder Schwangerschaftsphasen überdurchschnittlich häufig zu Depressionen neigen. Tatsächlich wählten Frauen in depressiven Phasen sehr viel häufiger humorvolle TV-Sendungen aus als sonst (vgl. Meadowcroft & Zillmann 1987; Helregel & Weaver 1989; Weaver & Laird 1995). Mittlerweile wurden auch in Befragungen positive Korrelationen zwischen Stress bzw. Langeweile und der situativen Auswahl entsprechender stimmungsregulierender Genres nachgewiesen. Anderson et al. (1996) beispielsweise fanden mit Hilfe von Tagebuch- und telemetrischen TV-Nutzungsdaten von 329 Familien, dass sowohl Männer als auch Frauen in Stressphasen mehr Comedy-Sendungen sehen und weniger Nachrichten und Dokumentationen.

Fernsehspezifika

Das Fernsehen gilt als besonders gut geeigneter ‚Mood-Manager'. Erstens ermöglicht die starke Formatierung von Sendungen (z.B. Comedy als stimmungsaufhellendes Genre oder Actionfilme als absorbierendes Genre) dem Zuschauer gute Prognosen, ob sich ein bestimmtes Programm zur Stimmungsregulierung eignet (Brosius 2003: 83). Zweitens erlaubt die audiovisuelle Darstellung eine realistische Abbildung der Wirklichkeit (Abschnitt 4.4.5). Das erklärt, warum sich die meisten Mood-Management-Studien mit dem Fernsehen befasst haben.

Tagebuchstudien konnten bestätigen, dass Individuen nicht nur bei entsprechenden Stimmungen bestimme TV-Genres verstärkt nutzen, sondern dass sie bei schlechter Stimmung generell mehr fernsehen (Schmitz & Lewandrowski 1993; Donsbach & Tasche 1999; gegenteiliger Befund bei Linek 2003). Kubey & Csikszentmihalyi (1990) führten eine Untersuchung mit der Experience-Sampling-Methode durch. Jeder Teilnehmer bekam für eine Woche einen Beeper bzw. Pager, der mehrmals am Tag piepte. Jedes Signal galt als Aufforderung, einen Kurzfragebogen zu gegenwärtigen Aktivitäten und zur Stimmung auszufüllen. Ein (interpersonaler) Vergleich von langen und kürzeren Fernsehabenden („heavy versus light nights of television viewing') zeigte, dass fernsehreichen Abenden signifikant häufiger ein Nachmittag mit schlechter Stimmung vorangegangen war (S. 132).

Theoretisch wäre anzunehmen, dass Fernsehen ursprünglich schlechte Stimmungen hebt, denn sonst hätten Rezipienten nicht im Lauf der Zeit das Fernsehen als eine Technik zur Stimmungsregulierung erlernt. Tatsächlich ist das Gegenteil der Fall. Alle drei genannten Studien ermittelten während und nach der TV-Nutzung eine noch schlechtere Stimmung (Schmitz & Lewandrowski 1993; Donsbach & Tasche 1999). Warum also sehen viele Menschen fern, wenn das ihre Stimmung nicht verbessert oder sogar verschlechtert? Und warum hören traurige Personen eher traurige Musik (Knobloch et al. 2004b; Schramm 2005)? Besonders bei negativen Stimmungen scheinen sich Individuen nicht immer hedonistisch zu verhalten (Wirth & Schramm 2006). Tatsächlich gibt es eine Reihe von Konstellationen von Stimmungen und Medieninhalten, in denen Menschen gemäß dem ‚Isoprinzip' eine negative Stimmung aufrechterhalten oder verstärken (Schramm 2005).

Mares & Cantor (1992) zeigten älteren Versuchspersonen einen Film über einen älteren Mann, der in der einen Version isoliert und einsam, in der anderen Version glücklich und sozial integriert war. Zusätzlich sollten die Teilnehmer ihr eigenes Einsamkeitsgefühl einstufen. Der Theorie zufolge sollten alle Seher der positiven Version – unabhängig vom Grad ihrer Einsamkeit – nach der Rezeption besser gelaunt sein als die Seher der negativen Version. Für die nichteinsamen Teilnehmer traf das zu, nicht jedoch für die einsamen Versuchspersonen. Sie waren nach dem traurigen Film mit dem isolierten und ebenfalls einsamen Mann besser gelaunt als nach der Rezeption der positiven Version. Offensichtlich ermöglicht in dieser Gruppe ein *sozialer Vergleich nach unten* (Abschnitt 3.5) eine bessere Stimmungsregulierung als das Ansehen glücklicher und erfolgreicher Menschen.

In eine ähnliche Richtung geht Olivers (1993, 2003) Erklärung für die Nutzung trauriger Filme. Sie nimmt an, dass das Ausleben der eigenen Empathiefähigkeit vielen Menschen, besonders Frauen, ein positives Gefühl vermittelt. Hierbei unterscheidet sie zwischen tatsächlich erlebten Gefühlen und der Bewertung dieser Gefühle in Form einer ‚Meta-Emotion': Das Ansehen eines traurigen Films kann zeitweise negative Gefühle verursachen, die jedoch *insgesamt* eine positive Meta-Emotion ermöglichen (vgl. hierzu die prozessualen Unterhaltungstheorien von Zillmann und Früh, Abschnitt 4.4.6).

Häufig wenden sich Rezipienten unangenehmen Medieninhalten zu, weil sie sich davon späteren Nutzen versprechen (Vorderer 1996b). In solchen Situationen unterliegt das Bedürfnis nach aktueller Unterhaltung einem instrumentellen Nutzungsmotiv (Abschnitt 3.2.2). Ordnet man die Stimmungsregulierung in Maslows Bedürfnishierarchie (Abschnitt 3.1.3) ein, handelt es sich dabei um ein grundlegendes *biologisches Bedürfnis* wie Hunger oder Durst. Sobald ein im Sinne Maslows höher stehendes Streben (Selbstwertbedürfnis, kognitive, ästhetische Bedürfnisse, Selbstverwirklichung oder gar Transzendenz) dominiert, unterliegt das Bedürfnis nach

3.3 Affektive Motive – Unterhaltung

Mood-Management. Würden sich Rezipienten ausschließlich gemäß den Mood-Management-Annahmen verhalten, würde das bedeuten, dass der Mensch ein ausschließlich triebgesteuertes Wesen ist.

Der Mood-Adjustment-Ansatz (Knobloch 2003) setzt beim Konflikt zwischen triebhafter Stimmungsregulierung und anderen Bedürfnissen an. Er geht davon aus, dass Menschen generell versuchen, ihre Stimmung im Sinn des Mood-Management-Ansatzes zu verbessern. In vielen Situationen des täglichen Lebens stehen dem allerdings andere Ziele oder Notwendigkeiten entgegen. Wer beispielsweise an einem wissenschaftlichen Text schreibt, ist vielleicht schlecht gelaunt und würde am liebsten fernsehen oder fröhliche Musik hören. Da das jedoch dem höheren Ziel widerspricht, konzentriert weiter zu schreiben, wird man es unterlassen und nach Verhaltensalternativen suchen. Mood-Adjustment ist also nicht anders als Mood-Management in den Grenzen der gegebenen Möglichkeiten.

Der Mood-Adjustment-Effekt betrifft auch antizipierte Ziele. Das bedeutet, dass Menschen versuchen, ihre Stimmung auf eine kommende Tätigkeit hin auszurichten. In einem Selective-Exposure-Experiment erfuhren studentische Versuchspersonen, dass sie nach einer Wartezeit von sieben Minuten entweder eine bestimmte Aufgabe bekämen (Version 1) oder ein Spiel spielen dürften (Version 2). In der Wartezeit, deren Länge auf einem Computerbildschirm ständig angezeigt wurde, konnten sie Pop-/Rock-Musik (Top 30) hören. Dabei hatten sie die freie Wahl zwischen langsam-traurigen und fröhlich-schnellen Stücken. Ohne der Wissen der Teilnehmer wurden die gehörten Stücke minutengenau protokolliert. Erwartungsgemäß hörten diejenigen Versuchspersonen, die eine Aufgabe erwarteten, in der zweiten Hälfte der Wartezeit ruhigere Musik – offensichtlich, um sich danach besser konzentrieren zu können. Das anfängliche Mood-Management wich dem Mood-Adjustment. Die Gruppe, die ein Spiel erwartete, blieb hingegen bei der einmal ausgewählten Musik.

Während die bisherigen Erklärungen für Abweichungen von den Mood-Management-Annahmen hauptsächlich bei situativen Gegebenheiten ansetzen, gibt es auch Hinweise auf Zusammenhänge zwischen der Persönlichkeit von Rezipienten (Trait) und der Stimmungsregulierung. Eine Erklärung hierfür bietet die Bewältigungstheorie von Lazarus & Folkman (1987; vgl. auch Schmitz et al. 1993 sowie Abschnitt 4.1.4). Sie nimmt an, dass Individuen Stress und andere negative Emotionen durch zwei alternative Strategien bewältigen: entweder durch die Veränderung der Situation selbst bzw. die Beseitigung des Problems (‚problem-focused coping') oder durch den Versuch, die aktuelle Befindlichkeit zu verbessern, ohne das eigentliche Problem zu lösen (‚emotion-focused coping'). Die Bewältigungstheorie kann erklären, warum Menschen in bestimmten Stimmungen sowohl positive oder negative Inhalte als auch Inhalte aller Art zur Stressbewältigung einsetzen: Eine schlecht gelaunte, aggressive oder gestresste Person rezipiert (1) entweder bewusst belastende Medieninhalte, um sich aktiv mit ihrem Problem auseinanderzusetzen (Isoprinzip), sie wählt (2) positive bzw. fröhliche Inhalte aus, um sich aufzuheitern (Mood-Management), oder sie nutzt (3) beliebige Medieninhalte, um sich abzulenken (Eskapismus). Dass Stress zu erhöhtem Fernsehkonsum führt, konnten Brosius et al. (1999) in einer Tagebuchstudie bestätigen: Die Teilnehmer sollten an zwei Dienstagen und Samstagen ihre jeweilige subjektive Beanspruchung durch Arbeit, Alltag und Freizeit und ihre Fernsehnutzung angeben. Erwartungsgemäß sahen sie an stressigeren Dienstagen mehr fern als an weniger beanspruchenden Dienstagen.

Persönlichkeitsmerkmale

In welchem Umfang Personen zur Stressbewältigung auf Medien allgemein oder auf entspannende bzw. aufheiternde Inhalte ausweichen oder aber bewusst belastende Inhalte suchen, hängt von verschiedenen Persönlichkeitsdimensionen ab (vgl. Gunter 1985; Oliver 2002):[44]

Geschlecht: Anderson et al. (1996) stellten fest, dass Frauen in gestressten Lebenssituationen mehr Spiel- und Unterhaltungsshows sehen, ihre Stimmung also entsprechend dem Mood-Management-Ansatz regulieren, während gestresste Männer Action und Gewalt bevorzugen und sich somit eher gemäß dem Isoprinzip verhalten.

Bewältigungsstil (,Coping-Style'): Bewältiger bzw. Sensitizers gehen aktiv und offensiv mit ihren Ängsten und Problemen um, Verdränger bzw. Repressors hingegen ignorieren ihre Probleme (Byrne 1961). Schmitz et al. (1993) haben den Einfluss des Bewältigungsstils auf die Fernsehnutzung untersucht, konnten allerdings keine konsistenten Befunde zur Stressbewältigung vorlegen.

Ängstlichkeit: Mehrere Studien ermittelten, dass ängstliche Personen[45] generell mehr fernsehen (Eskapismus, Groebel 1981) und häufiger Krimis oder sonstige gewalthaltige Fernsehsendungen ansehen (Boyanowsky et al. 1974; Vitouch 1995; Grimm 1997). Ob dieser Effekt bei Frauen stärker auftritt als bei Männern (Minnebo 2000) oder unabhängig vom Geschlecht (Wakshlag et al. 1983), ist ungeklärt. Die allgemein positive Korrelation zwischen Ängstlichkeit und Kriminutzung dürfte sich je nach Rezipientenpersönlichkeit aus unterschiedlichen Motiven erklären: Krimis (a) als spannende und damit besonders ablenkende Alltagsflucht, (b) als Vergewisserung, dass Verbrecher in den meisten Fällen eine gerechte Strafe erhalten, (c) als sozialer Vergleich nach unten oder (d) als aktive Auseinandersetzung mit der eigenen Angst im Sinne einer ,Angstbewältigung' (vgl. Vitouch 2000).

Aggressivität: Auch aggressive Personen sehen überdurchschnittlich häufig gewalthaltige Medienangebote (z.B. Gunter 1983; Lynn et al. 1989; Rubin et al. 2003; Slater 2003; Greene & Krcmar 2005). Hier ist allerdings die Wirkungsrichtung unklar: Entweder sehen aggressive Personen bevorzugt TV-Gewalt, oder die häufige Rezeption von Gewalt macht sie langfristig aggressiv, wie es die Gewaltforschung annimmt. Der Forschungsstand ist widersprüchlich: Atkin et al. (1979) fanden in einer zweiwelligen Panelstudie heraus, dass die Cross-Lagged-Korrelation zwischen Aggressivität (in der ersten Welle) und TV-Gewaltrezeption (in der zweiten Welle) stärker war als die umgekehrte Korrelation; die Persönlichkeit schien also die Medienauswahl zu bedingen. Huesmann et al. (2003) ermittelten in einer Langzeit-Panelstudie Hinweise auf die

---

[44] Damit lassen sich auch die empirischen Befunde der Eskapismus- und Vielseherforschung (Abschnitte 3.3.3 und 3.7) erklären, denen zufolge Personen, die überdurchschnittlich viel fernsehen, ein recht eindeutiges psychisches Profil aufweisen.

[45] Hierbei ist zu unterscheiden zwischen Menschen, die generell ängstlich sind (Trait), und Menschen, die aufgrund konkreter Erlebnisse verängstigt sind und diese Angst eventuell wieder ablegen.

3.3 Affektive Motive – Unterhaltung

umgekehrte Kausalitätsrichtung: Erwachsene, die in der Kindheit viel TV-Gewalt gesehen haben, verhalten sich später überdurchschnittlich aggressiv. Dass zumindest situative Frustration und Aggression die Programmauswahl beeinflussen, zeigt ein Selective-Exposure-Experiment von Fenigstein (1979), in dem Versuchspersonen, die vorher beleidigt oder verärgert worden waren, nachher gewalthaltige Filmstimuli präferierten. Vermutlich verstärken sich Aggressivität und Gewaltrezeption bei Kindern und Jugendlichen wechselseitig, wie es Slater et al. (2003) postulieren und empirisch bestätigen können. Insgesamt scheinen aggressive Persönlichkeiten ihre Emotionen bei der Mediennutzung weniger zu regulieren, wie es der Mood-Management-Ansatz annehmen würde. Eine größere Rolle spielt offensichtlich das Ausleben der eigenen Erregung oder die Rechtfertigung der eigenen Aggression durch die Beobachtung anderer aggressiver Personen. Dafür spricht auch der Befund, dass aggressive Personen generell enthemmter sind und gesellschaftliche Verhaltensnormen ablehnen (z.B. Haridakis 2002). Entsprechend gaben in einer Befragung von Rubin et al. (2003) US-Talkshow-Seher mit einem höheren Aggressionsniveau häufiger an, die für ihre Brutalität berüchtigte Jerry Springer-Show zu sehen und Vergnügen zu empfinden, wenn Gäste beleidigt, schockiert und verletzt werden.

Kontrollüberzeugung (,Locus of Control'): Einige Studien untersuchten bei der Suche nach dem Zusammenhang zwischen Aggressivität und Fernsehnutzung die Kontrollüberzeugung als intervenierende Persönlichkeitsvariable: Dabei geht es um die Frage, ob Menschen das Gefühl haben, ihr Leben selbst steuern zu können (interne Kontrolle), oder ob sie sich als Opfer anderer oder fremder Mächte sehen (externe Kontrolle, Rotter 1966). Wober & Gunter (1982) fanden in einer Tagebuchstudie, dass der ursprünglich signifikante Zusammenhang zwischen der Ängstlichkeit und dem Umfang der Fernsehnutzung verschwand, wenn man die Kontrollüberzeugung herauspartialisierte. Ängstliche Menschen wähnen sich überdurchschnittlich stark unter externer Kontrolle und schauen häufiger fern, um der vermeintlich unveränderlichen Realität zu entfliehen.[46] Einen ähnlichen Einfluss der Kontrollüberzeugung auf das Zusammenspiel zwischen Aggressivität und anderen Persönlichkeitseigenschaften einerseits und der Nutzung von TV-Gewalt andererseits zeigen Haridakis & Rubin (2003) in einer Pfadanalyse.

Sensation-Seeking und andere kognitive Bedürfnisse: Sensation-Seeker, die permanent neue Reize suchen, sehen überdurchschnittlich häufig gewalthaltige Filme (Zuckerman 1979; Slater 2003; Greene & Krcmar 2005). Personen, die besonders *offen für neue Erfahrungen* sind, neigen dazu, ihrer Stimmung nach dem Isoprinzip durch Musikrezeption ,Ausdruck zu verleihen' und sie zu ,verstärken' (Schramm 2005). Sie versuchen also schlechte oder traurige Stimmung nicht etwa durch fröhliche Musik zu kompensieren, sondern leben sie aus. Henning & Vorderer (2001) schließlich untersuchten den Einfluss des *Kognitionsbedürfnisses* (,Need for Cognition') auf den allgemeinen Umfang der Fernsehnutzung und fanden einen negativen Zusammenhang. Sie führten das auf die eskapistischen Qualitäten des Fernsehens zurück, die besonders denkfaule Personen ansprechen.

---

[46] Vgl. Rubin (1993) sowie die Arbeiten von Vitouch (1995, 2000) zum Einfluss der Kontrollüberzeugung und anderer Persönlichkeitsvariablen auf die Angstbewältigung mit Medien.

3.4 Soziale Motive

3.4.1 Soziale Motive im Überblick

Mediennutzung wird meist als Zweierkonstellation begriffen, bei der ein Individuum mit einem technischen Medium interagiert. Doch natürlich werden Medien in den unterschiedlichsten sozialen Konstellationen genutzt (dazu Abschnitt 5.5.1), und selbst die individuelle Mediennutzung erfolgt zur Befriedigung sozialer Bedürfnisse. Um diese soll es nun gehen.

Medienvermittelte interpersonale und Gruppenkommunikation: Menschen wollen über Medien mit anderen Menschen kommunizieren. Die klassischen Massenmedien eignen sich aufgrund ihrer einseitigen Kommunikationsrichtung kaum für solche Bedürfnisse. Sie erlauben es Rezipienten entweder, mit den Kommunikatoren zu kommunizieren, also klassisches Publikumsfeedback (z.B. Leserbriefe oder -anrufe). In allen Fällen ist erstens – mit Ausnahme von Onlinemedien – immer ein Wechsel vom eigentlichen Massenmedium zu einem anderen technischen Medium nötig (Telefon, SMS, E-Mail, Brief). Zweitens muss der Rezipient innerhalb dieser Kommunikationssituation den Regeln des Massenmediums gehorchen und hat keine Gewähr, auch wirklich zur Kenntnis genommen zu werden. Andererseits bieten Massenmedien einzelnen Rezipienten eine Plattform, um von einem größeren, ‚dispersen' Publikum wahrgenommen zu werden. Beispiele im Rundfunkbereich sind Call-In-Sendungen, bei denen Rezipienten ‚on air' anrufen (vgl. z.B. Orians 1991), oder Talk-, Quiz- oder Container-Shows, in denen sie sogar als Studiogäste oder Kandidaten auftreten können (Bente & Fromm 1997; Trepte 2002). Im Vergleich zur täglichen, rezeptiven Mediennutzung sind solche aktiven Interaktionsformen für die meisten Personen sicherlich eine seltene, wenn auch oft spektakuläre Ausnahme. Reichhaltige Möglichkeiten zur medienvermittelten interpersonalen und Gruppenkommunikation eröffnet der Online- und Mobilfunkbereich an der Schnittstelle zwischen Massen-, Gruppen- und Individualkommunikation (z.B. Chatrooms, Diskussionsforen, Weblogs, ICQ, Handy, SMS). Da sich unsere Betrachtung auf die Rezeption von Massenmedien beschränkt, sei an dieser Stelle auf überwiegend sozialpsychologische Literatur verwiesen (z.B. Döring 2002b; Höflich & Rössler 2001; Döring 2002a).

Suche nach sozialen Kontakten: Menschen wollen mit Hilfe von Massenmedien andere Menschen kennenlernen, um mit ihnen später in eine direkte soziale (d.h. nicht medienvermittelte) Beziehung zu treten. Hierfür eigenen sich beispielsweise Kontakt-, Stellen- und sonstige Kleinanzeigen in Zeitungen, Zeitschriften, Magazinen oder vergleichbare Onlineangebote, wie z.B. ‚eBay' oder ‚neu.de'. Bisher hat sich die kommunikationswissenschaftliche Nutzungsforschung kaum mit solchen Motiven befasst, wohl weil das zentrale Kommunikationsziel – der interpersonale Kontakt – keine öffentliche Relevanz hat und sich außerhalb von Massenmedien abspielt.

Anschlusskommunikation: Menschen nutzen Medien, um mit anderen Personen über die dortigen Inhalte sprechen zu können. Die Medien liefern Gesprächsstoff, d.h. Themen, die alle kennen und über die man interpersonal kommunizieren kann. Auch die gemeinsame Mediennutzung im Freundes- oder Kollegenkreis oder in einer Kneipe gehört hierher. So liefert das gemeinsame Ansehen einer TV-Fußballübertragung zunächst einen Anlass, sich zu treffen, und ein Kommunikationsthema während und nach der Rezeption (Holly et al. 2001).

Soziale Integration und Distinktion: Massenmedien ermöglichen Individuen das Gefühl, Teil einer sozialen Gruppe (z.B. als Fan einer TV-Serie oder Musikband), einem Milieu (z.B. Hip-Hopper) oder einer gesamten Gesellschaft (z.B. für Immigranten) zu sein. Denn Medien liefern nicht nur Inhalte, über die man innerhalb dieser Gruppen spricht und die man dort deshalb kennen muss (Anschlusskommunikation), sondern sie bieten auch Anlässe für gemeinsame Unternehmungen (z.B. Fan-Treffen, gemeinsames Ansehen von Fußballübertragungen). Eng damit verbunden ist die Funktion, sich durch die Nutzung bestimmter Medien von der Allgemeinheit – oft verächtlich als ‚Mainstream' abgelehnt – oder anderen Gruppen zu unterscheiden (Distinktion). Besonders jugend-kulturelle Medien und Inhalte (z.B. Fernsehsendungen oder Fanzines) eignen sich hierfür (Glogner 2002; Mikos 2004a). Festzuhalten ist, dass das Distinktionsbedürfnis in gewissem Maß der erhofften Integrationsfunktion von Medien zuwiderläuft (Abschnitt 5.6.1).

Natürlich sind in der Zweierkonstellation Mensch – Medium keine echten sozialen Interaktionen oder Beziehungen möglich. Wohl aber können Massenmedien und die darin auftretenden Personen und Figuren das menschliche Bedürfnis nach sozialen Kontakten zumindest ersatzweise befriedigen. Derartige *parasoziale Interaktionen* bzw. *Beziehungen* haben in der Medienpsychologie reges Interesse gefunden und sind deshalb gut erforscht, wie sich im Folgenden zeigt.

3.4.2 Parasoziale Interaktion und Beziehungen

In den Anfangsjahren des Fernsehens beobachteten der Soziologe Horton und seine Kollegen, dass Fernsehzuschauer das neue Medium nicht nur passiv verfolgten, sondern durchaus aktiv auf Fernsehakteure reagierten (Horton & Wohl 1956; Horton & Strauss 1957). Anhand von Unterhaltungsshows beschrieben sie u.a., wie Rezipienten auf die direkte Publikumsansprache von Moderatoren (z.B. „Guten Abend, sehr verehrte Zuschauer") antworteten. Die Autoren kamen zu dem Schluss, dass sich durchaus Interaktionen zwischen Rezipient und Medienperson ereignen, die wegen der einseitigen Kommunikationssituation keine echte soziale (‚orthosoziale') Interaktion darstellen, sondern die Illusion einer Face-to-Face-Interaktion. Dafür prägten sie den Begriff ‚parasoziale Interaktion' (PSI). Da die Medienperson – bei Horton et al. ‚Persona' genannt – natürlich nichts von den Reaktionen einzelner Zuschauer mitbekommt und deshalb ‚ins Leere' kommuniziert bzw. *das* Publikum als Abstraktum anspricht, ist PSI eine „asymmetrische Interaktionsform" (Schramm et al. 2002: 439). Die Vorstellung eines vermeintlich aktiven Publikumsumgangs mit einem Massenmedium, das eigentlich gar keine weitergehende Publikumsaktivität zulässt – von echten sozialen Interaktionen mit den TV-Personae ganz zu schweigen –, löste in den nachfolgenden Jahrzehnten eine intensive Forschungstätigkeit aus. PSI ist sogar eines der wenigen kommunikationswissenschaftlichen Konstrukte, für das eine einheitliche, wenn auch nicht kritiklos gebliebene Skala vorliegt: die ‚Parasocial-Interaction-Scale' von Rubin et al. (1985; von Gleich 1995 ins Deutsche übertragen).

Hartmann et al. (2004) vertreten die Position, dass während der Mediennutzung immer PSI-Prozesse stattfinden, sobald eine Persona vorhanden ist: Man kann „nicht *nicht* parasozial interagieren" (S. 30). Das wirft die Frage auf, was man konkret unter PSI zu verstehen hat, denn nicht jedes Verhältnis, das ein Rezipient zu einer Persona hat, ist zwangsläufig die Illusion einer Interaktion im Sinne eines tatsächlichen sozialen Austauschs zwischen zwei oder mehr Personen. Rosengren & Windahl (1972) schlagen vor, zwischen PSI und Identifikation zu unterscheiden. Während der Rezipient bei PSI seine Eigenständigkeit und Identität behält und mit einer (anderen) Persona interagiert, bedeutet Identifikation die Aufgabe des eigenen Ichs und impliziert die „Übernahme der Perspektive einer anderen Person" (Vorderer 1998: 691).[47] Demzufolge finden beispielsweise bei Ego-Shooter-Spielen[48] einerseits Identifikationsprozesse zwischen dem Spieler und seinem ‚Ego' statt. Sein Kampf mit den Gegnern andererseits, den der Spieler durchaus mit Beschimpfungen und dergleichen begleiten kann, ist PSI. Dass diese analytisch einsichtige Unterscheidung empirisch durchaus schwierig ist, zeigt ein anderes Beispiel: Was bedeutet es, wenn der Zuschauer eines Actionfilms mit dem Titelhelden mitfiebert? Ruft der Zuschauer in einer Bedrohungssituation, in der ein Feind im Rücken des Protagonisten auftaucht, „Vorsicht! Hinter dir!", ist das PSI; ruft er oder sie hingegen „Gleich geht's mir an den Kragen", liegt eindeutig Identifikation vor. Wir halten es für durchaus plausibel, dass Rezipienten innerhalb eines Filmes zwischen der einen und der anderen Beteiligungsform hin und her wechseln bzw. beide Formen gleichzeitig stattfinden.

PSI-Dimensionen

Hartmann et al. (2004: 30ff.) unterscheiden (1) perzeptiv-kognitive, (2) affektive und (3) konative PSI-Teilprozesse.

Perzeptiv-kognitive PSI bezieht sich auf Wahrnehmungsprozesse, Wissen und Bewertungen: Wie viel Aufmerksamkeit lässt der Rezipient einer Persona zukommen (Aufmerksamkeitsallokation; Abschnitt 4.1.1)? In welchem Maß versucht er, ihre Ziele, Gedanken, Wünsche, Handlungen und Aussagen zu verstehen (Rekonstruktion)? In welcher Form verknüpft er neue Beobachtungen der Persona mit seinem bisherigen Wissen über sie? Hierzu gehört z.B. das Nachdenken darüber, ob ein bereits bekannter Schauspieler zu einer neuen Rolle passt. Findet eine antizipierende Beobachtung statt, bei der die weitere Entwicklung der Persona reflektiert wird? Stellt der Rezipient einen Bezug zwischen seiner eigenen Person bzw. Persönlichkeit und der Persona her, d.h. vergleicht er sich und seine Lebenssituation mit der Persona (siehe dazu den folgenden Abschnitt)?

---

[47] Diese Vorstellung ist dem ‚role taking' im symbolischen Interaktionismus vergleichbar. Während die Rollenübernahme dort als ein ‚sich in den Anderen hineindenken' soziale Interaktionen erleichtern soll, geht im Fall der Identifikation der Rezipient ganz in der Medienfigur auf.

[48] Computerspiele, bei denen der Spieler aus der Perspektive einer bestimmten Figur in einer virtuellen Welt agiert, dabei häufig die eigenen Arme vor sich sieht und Waffen in den Händen hält, mit denen er gegen verschiedene Gegner kämpft.

Affektive PSI bezieht sich auf alle Gefühle, die sich direkt auf die Persona richten bzw. durch sie ausgelöst werden. Die Grenzziehung zu anderen ‚Sozio-Emotionen' (Vorderer 1998) wie empathischer Anteilnahme (‚mitleiden' oder ‚sich mitfreuen') und zum Involvement- oder Presence-Erleben ist hier wiederum nur analytisch möglich. Während sich das PSI-Konzept ursprünglich nur auf positive Beziehungen zu Personae und dazu passende Gefühle bezog (Freundschaft, Sympathie, Mitleid, Mitfiebern, Trauer), beginnt sich in den letzten Jahren die Einsicht durchzusetzen, dass auch negative PSI-Effekte mit Antipathie, Hass auf Schurken oder eine gegnerische Mannschaft, Schadenfreude usw. eine wichtige Rolle spielen (Gleich 1997b).

Konative PSI bezieht sich auf von außen sichtbares Verhalten, das sich auf eine Persona bezieht, also verbale Äußerungen (z.B. Begrüßen der Persona, Beschimpfungen, Warnungen) und körperliche Reaktionen, die häufig dem Verhaltensrepertoire orthosozialer Situationen entstammen (z.B. Zuwinken, Zurücklächeln). Bei Computerspielen können unterschiedliche Formen von Steuerung hinzukommen (Maus, Joystick, Lenkrad, Texteingaben usw.), die echtes soziales Verhalten simulieren (z.B. kämpfen, gehen, springen, ducken, sprechen, mit einer Waffe bedrohen) und auf die anderen Personae im Spiel tatsächlich reagieren.

Situative Interaktionen und dauerhafte Beziehungen

Die Darstellung der drei Teilprozesse verdeutlicht, dass manche PSI-Phänomene wie beispielsweise die Erwiderung der Begrüßung eines Nachrichtensprechers kurzzeitige Publikumsreaktionen sind, die sich während der Rezeption ereignen. Andere Phänomene sind dauerhaft und bestehen über die eigentliche Mediennutzung hinaus. Wenn ein Rezipient beispielsweise im Lauf der Jahre das Gefühl bekommt, einen TV-Showmaster gut zu kennen und gleichsam mit ihm befreundet zu sein, ist das eine parasoziale Beziehung (PSB).

Auch wenn Horton bereits implizit Varianten von PSI und PSB ansprach, wurde die Unterscheidung lange Zeit ignoriert (Schramm et al. 2002: 440f.). Wie Gleich (1997b: 71ff.) ausführt, entstehen parasoziale Beziehungen aus wiederholten parasozialen Interaktionen. Krotz (1996: 80) definiert PSB als „eine durch Gewohnheit, kognitive Operationen und Emotionen vermittelte situationsübergreifende Bindung". Hartmann et al. (2004) schlagen ein „Zwei-Ebenen-Modell parasozialer Interaktionen" vor. Darin beschreiben sie einen dynamischen Prozess vom ersten Eindruck, den ein Rezipient von einer vorher unbekannten Persona hat, über die Entwicklung unterschiedlicher PSI-Intensitätsgrade (‚High-Level-PSI' versus ‚Low-Level-PSI') – in Abhängigkeit von Eigenschaften der Persona und des Nutzers (dazu gleich mehr) – bis hin zu wiederholten PSI-Prozessen und dauerhaften parasozialen Beziehungen (‚Beziehungsschema').

Ein Rückgriff auf das Zwiebelmodell der Mediennutzung (Abschnitt 2.1.3) hilft bei der Einordnung der verschiedenen Ebenen: Einzelne parasoziale Interaktionen sind Bestandteil von Mediennutzungsepisoden (innerste Zwiebelschicht). Wiederholen sich bestimmte PSI-Episoden (z.B. Anschmachten eines Soap-Stars) immer wieder, werden sie zu Mediennutzungsmustern (zweite Zwiebelschicht). Entwickeln Rezipienten über die Mediennutzung hinaus eine parasoziale Beziehung zu einer Persona (‚Beziehungsschema'), ist die dritte Zwiebelschicht angesprochen, denn das subjektive Gefühl, eine Persona zu kennen und zu mögen, gehört eindeutig in den Bereich der Medienbewertungen und -kompetenzen.

PSB-Kategorien

Vorderer (1996a) führte eine Telefonbefragung unter deutschen Fernsehzuschauern zu ihren parasozialen Beziehungen mit Serienfiguren durch. Die Teilnehmer sollten zunächst eine Lieblingsfigur nennen, um in einem zweiten Schritt ihre Beziehung zu dieser Figur anhand von 19 Statements zu beschreiben. 278 Befragte nannten spontan eine solche Lieblingsfigur. Mit Hilfe einer Faktorenanalyse identifizierte Vorderer drei PSB-Kategorien:

- Quasi-orthosoziale Beziehungen entsprechen dem Gefühl einer vermeintlich ‚echten' (= orthosozialen) Beziehung zu einer Serienfigur, die man für einen alten Freund hält, mit dem man sich im Geist durchaus einmal über bestimmte Themen unterhält, oder den man um Rat bittet. Dabei wird die Tatsache der medialen Vermittlung mehr oder weniger vergessen oder verdrängt.
- Bei medial vermittelten Beziehungen sind sich Rezipienten der Tatsache bewusst, dass sie es mit Schauspielern bzw. fiktiven Fernsehfiguren zu tun haben. Entsprechend kreist die PSB um medienbezogene Fragen, etwa wie lange ein Schauspieler in einer Serie mitspielt, ob er/sie eine Bereicherung für die Serie darstellt, wie er/sie die Rolle als Schauspieler anlegt usw.
- Beziehungen zu einem Star sind gekennzeichnet durch Bewunderung und Wertschätzung einer Persona.

Persona

Als Persona kommen nicht nur Moderatoren oder Nachrichtensprecher in Frage, die das Publikum direkt ansprechen, sondern prinzipiell alle Personen, die in den Medien auftauchen, also auch Politiker, Schauspieler, Musiker, Sportler oder auch ‚ganz normale Menschen'. Auch Trickfilmfiguren, Tiere oder sonstige personalisierte Objekte können prinzipiell Bezugsobjekt interpersonaler Interaktionen sein (z.B. Außerirdische oder sprechende Gegenstände wie ‚Bernd, das Brot'). Dennoch gehen die meisten Autoren davon aus, dass die Wahrscheinlichkeit und Intensität von PSI und PSB von verschiedenen Charakteristika der Persona und ihrer Mediendarstellung abhängt (vgl. Hartmann et al. 2004; Giles 2002):

Äußere Merkmale: Attraktive, auffällige und ungewöhnliche Figuren werden (aus evolutionären Gründen) eher wahrgenommen. Da die erste Eindrucksbildung spätere Bewertungen und Interaktionen stark beeinflusst, werden entsprechende Personae eher Gegenstand parasozialer Interaktion. In einer Befragung von sieben- bis 12-jährigen Kindern fand Hoffner (1996), dass sich männliche Lieblingsfiguren durch Attraktivität, Intelligenz und Stärke auszeichnen – letzteres gilt nur aus der Sicht von Jungen –, während bei weiblichen Lieblingsfiguren Attraktivität der einzige signifikante Prädiktor für PSB war. Hartmann & Klimmt (2005) konnten bestätigen, dass attraktive Medienfiguren erstens zu stärkeren PSI führen und zweitens das Medialitätsbewusstsein vermindern, also das Gefühl von Rezipienten, sich ‚nur' in einer medialen Interaktionssituation zu befinden.

Obtrusivität und Persistenz: Damit intensivere PSI-Prozesse stattfinden können, muss eine Persona zunächst ausreichend deutlich und lange genug sichtbar sein. Personae, die nur kurz im Bildhintergrund erscheinen und gleich wieder verschwinden, eigenen sich kaum für PSI (z.B. Saalpublikum bei Shows, Stadionbesucher bei Sportübertragungen, Filmstatisten). PSI richtet sich also eher auf Hauptdarsteller als auf Nebenfiguren (Hartmann et al. 2004: 38). Längerfristige Beziehungen können nur zu Personae aufgebaut werden, die mit einer gewissen Regelmäßigkeit in einem oder mehreren Medien sichtbar sind, da eine Beziehung nur durch wiederholte Kontakte zustande kommt. Deshalb kann eine unbekannte Person, die einmalig Gast in einer Talkshow ist, durchaus PSI-Persona sein, nicht jedoch PSB-Objekt werden. Gleich (1997b: 136) konnte zeigen, dass Fernsehzuschauer in erster Linie solche Personen spontan als ihre TV-Lieblinge oder ‚nicht gemochten TV-Personen' nennen, die regelmäßig und in kurzen Abständen zu sehen sind.

Authentizität bzw. Glaubwürdigkeit: Je weniger künstlich (‚Artifizialität'), je menschenähnlicher (‚Anthropomorphismus') eine Persona ist und je glaubwürdiger ihr Aussehen und ihr Verhalten sind, desto eher eignet sie sich für PSI-Prozesse. Demzufolge weisen Schauspieler in fiktiven Rollen ein geringeres PSI-Potenzial auf als echte Personen in non-fiktiven Medienangeboten, die unter eigenem Namen auftreten.

Adressierung: Bereits Horton ging davon aus, dass die direkte Ansprache des Publikums durch Showmaster, Moderatoren oder Nachrichtensprecher ein zentraler Grund für PSI ist, da den Rezipienten dabei einerseits ein konkretes Kommunikationsangebot vorgetäuscht wird, auf das sie reagieren können. Begrüßt beispielsweise der Nachrichtensprecher den Zuschauer, dann wäre dieser in einer echten sozialen Situation gehalten, zurück zu grüßen. Tatsächlich fanden sich unter den jeweils zehn meist genannten TV-Lieblingen oder Hassobjekten bei Gleich (1997b: 136) gerade zwei fiktive Figuren (Mr. Bean und Roseanne – beide als Lieblinge). Alle anderen 18 Personen waren Moderatoren und dergleichen, die das Publikum direkt ansprechen. Hartmann & Klimmt (2005) konnten den Effekt in einer Publikumsbefragung bestätigen.

Je realistischer eine parasoziale Situation von der Medienseite gestaltet wird, und je weniger Hinweise der Rezipient bekommt, dass es sich ‚nur' um eine Mediendarstellung handelt, desto eher wird er/sic parasozial reagieren. Tatsächlich fanden verschiedene Studien, dass der wahrgenommene Realitätsgrad (‚perceived realism') bzw. die Glaubwürdigkeit eines Formats ein signifikanter Prädiktor für PSI-Prozesse ist (z.B. Rubin et al. 1985; Rubin & Perse 1987a). Damit ist eine direkte Verbindungslinie zwischen PSI einerseits und dem Involvement- bzw. Presence-Erleben andererseits aufgezeigt: Je stärker ein Rezipient in eine Mediendarbietung eintauchen kann und je schwächer das Medialitätsbewusstsein ist (Abschnitt 4.4.5), desto häufigere und intensivere parasoziale Reaktionen treten auf (Schramm et al. 2002: 449f.; Hartmann & Klimmt 2005).

Medien

Sowohl Horton et al. in ihren frühen Aufsätzen als auch die meisten Studien haben sich mit dem Fernsehen befasst. Dennoch treten PSI- und PSB-Phänomene auch bei anderen Mediengattungen auf. Man kann wohl davon ausgehen, dass das PSI-Potenzial von Mediengattungen mit ihren Möglichkeiten hinsichtlich der soeben geschilderten Persona-Eigenschaften zusammenhängt. Je authentischer und realistischer ein Medium eine Persona darstellen kann, je länger, häufiger und regelmäßiger es einen Kontakt zwischen Rezipient und Persona ermöglicht und je besser es echte Interaktionen durch Interaktivität vortäuschen oder imitieren kann (Knobloch 2000; Vorderer 2000), desto intensivere PSB sind zu erwarten. Auf einzelne Mediengattungen übertragen bedeutet das:

Fernsehen erlaubt die audiovisuelle und damit authentisch-realitätsnahe Darstellung attraktiver Personae, die häufig zu sehen sind (etwa in Daily Soaps, Telenovelas oder Nachrichten) und dem Rezipienten durch direkte Adressierung eine echte Interaktivität vortäuschen. Viele Fernsehsender versuchen PSB zur Verbesserung der Publikumsbindung nutzen, z.B. durch die Herausbildung eines ‚Anchorman' als ständigem Moderator von Nachrichten, Magazinen und Talkshows sowie die Personalisierung vieler TV-Formate – sichtbar an zahllosen Sendungsnamen wie ‚Harald-Schmidt-Show' oder ‚Richterin Barbara Salesch'.

Beim *Radio* sind die Personae zwar nur zu hören, allerdings fungieren sie häufig als Dauerbegleiter. Bei vielen Unterhaltungssendern entsteht durch häufige Hörer-Call-Ins, also echte soziale Interaktion des Moderators mit anderen Hörern, der Eindruck einer leichten Erreichbarkeit bzw. Verfügbarkeit der Persona (vgl. Kiessling 1996; Rubin & Step 2000; ähnliches gilt mittlerweile auch im Fernsehen für Gewinnspiel- und Teleshopping-Kanäle, vgl. Skumanich & Kintsfather 1998). Viele Radiosender verstärken diesen Effekt durch Live-Events, bei denen die Hörer ihre Lieblingsmoderatoren kennenlernen können (‚Off-Air-Promotion').

Die grafische Qualität, Auflösung und Interaktivität von *Computerspielen* hat sich in den vergangenen Jahren erheblich verbessert. Mittlerweile gibt es populäre virtuelle Charaktere (z.B. Lara Croft); Avatare fungieren u.a. als automatische Assistenten auf Websites (Hartmann et al. 2001; Schramm et al. 2004). Der gestiegene Realitätsgrad erhöht nicht nur das Unterhaltungserleben der Rezipienten, sondern auch das PSI-Potenzial der Personae (Klimmt & Vorderer 2002b). Dennoch werden Personae in Computerspielen in erster Linie als ‚Comicfiguren' wahrgenommen und stimulieren entsprechend weniger PSI als echte Filmfiguren (Klimmt & Vorderer 2002a). Besonders die Interaktivität, die es Spielern erlaubt, Verantwortung über das Schicksal des Protagonisten zu übernehmen und mit anderen Spielfiguren scheinbar echt zu interagieren, wird von einigen Forschern als wesentlicher PSI/PSB-Verstärker gesehen. Die empirische Befundlage ist jedoch bisher uneinheitlich: Während Knobloch et al. (2004a) für Grundschulkinder größere PSI-Effekte beim (interaktiven) Spielen eines Computerspiels als bei der (nicht-interaktiven) Rezeption eines Trickfilms mit der selben Figur fanden, berichten (Schramm et al. 2004) von gegenteiligen Befunden.

Printmedien und *textbasierte Onlinemedien* verfügen über bescheidene Möglichkeiten, PSI und PSB zu verstärken. Bei Zeitungen oder journalistischen Websites mögen langjährige Leser eine Affinität für die ‚Schreibe' bestimmter Autoren entwickeln, ansonsten spielten PSI- und PSB-Prozesse wohl eine geringe Rolle. Es verwundert also nicht, dass das Thema unseres Wissens bislang nicht aufgegriffen wurde. In Zeitschriften und Illustrierten (gedruckt und online) findet wohl ebenfalls kaum PSI zwischen Lesern und Autoren statt. Eher eignen sich Prominente, über die regelmäßig berichtet wird – teilweise in aufwändigen Fotostrecken und Home-Stories – als PSI-Objekte.

Bücher sind zwar nicht in der Lage, Personae audiovisuell und entsprechend realitätsnah zu zeigen. Dennoch kann während der Lektüre ein lang anhaltender und intensiver Kontakt zwischen dem Leser und den zentralen Figuren entstehen, so dass durchaus erhebliche PSB möglich ist (vgl. aus methodischer Perspektive Appel et al. 2002).

Bislang wurde die *crossmediale Präsenz* von Prominenten und fiktiven Figuren sowie ihre sonstige Vermarktung kaum im Kontext von PSI/PSB betrachtet (Giles 2002: 292; Schramm et al. 2002: 443). In einer Befragung zu PSB gegenüber Spitzenpolitikern hob Maier (2005) bewusst die Beschränkung auf ein Einzelmedium auf. Auch die interpersonale Kommunikation *über* Personae wurde kaum beachtet. Schramm et al. (2004) vermuten, dass die medienübergreifende Präsenz von Personae nicht nur Kontakthäufigkeit und -qualität zwischen ihnen und Rezipienten erhöht, sondern auch die Intensität von PSI/PSB. Führt man sich Beispiele wie Lara Croft (von der Computerspiel- zur Filmfigur mit intensivem Merchandising) oder Figuren aus Groschenromanen, die mittlerweile in Telenovelas auftauchen, vor Augen, wird schnell klar, welches PSI- und PSB-Potenzial in diesen Personae steckt. Ein anderes Beispiel ist Harry Potter, der regelmäßig in Büchern, Hörbüchern und Filmen auftaucht, Gegenstand intensiver Berichterstattung in den Massenmedien ist und eine beliebte Merchandisingfigur darstellt. Vor allem für die jüngere Zielgruppe bietet die umfassende crossmediale Präsenz einer solch positiven Persona die ideale Basis für eine intensive parasoziale Beziehung. Auch Reality-TV-Formate wie Big Brother werden mittlerweile crossmedial vermarktet und bieten dem Publikum entsprechende PSI-Angebote (Trepte et al. 2000; Hack 2003).

PSI, PSB und Einsamkeit

Wie beim Eskapismus stellt sich auch bei PSI/PSB die Frage, ob es sich hierbei um ein allgemeines Nutzungsmotiv handelt, das eine Ergänzung zu bestehenden sozialen Kontakten bietet, oder ob parasoziale Interaktionen fehlende orthosoziale Interaktionen bzw. Kontakte kompensieren. Bereits Horton & Wohl (1956: 222) vermuteten: „This function of the para-social then can properly be called compensatory, inasmuch as it provides the socially and psychologically isolated with a chance to enjoy the elixir of sociability." Doch PSI und PSB sind nicht nur eine ‚schlechte' Imitation echter sozialer Interaktionen bzw. Beziehungen; sie haben diesen gegenüber durchaus eine Reihe von Vorteilen:

- Rezipienten können sich die Personae als Objekte ihrer PSB frei aussuchen.
- Sie können sich beliebig verhalten, ohne negative Reaktionen oder Sanktionen durch die Persona befürchten zu müssen.
- Sie gehen keine kommunikativen oder sozialen Verpflichtungen gegenüber der Persona ein.
- Sie können die PSB jederzeit abbrechen oder neu aufnehmen.
- In einer PSB sind keine ernsthaften Konflikte zu befürchten, weshalb Vorderer & Knobloch (1996) PSB insgesamt als „wenig belastend" bezeichnen.

Rubin & Perse (1987a) fanden in einer Befragung von Daily Soap-Sehern erste Hinweise darauf, dass PSI tatsächlich für manchen Zuschauer eine funktionale Alternative interpersonaler Interaktion darstellt. Gleich (1997b) entwickelte auf der Basis verschiedener Skalen ein Instrument zur Messung der Qualität (ortho- und para-) sozialer Beziehungen (QSB) mit den sieben Dimensionen Vertrauen, Leidenschaft, Nähe/Kontakt, Ideal, intellektuelle Anregung, Charakter und Soziabilität. Die Teilnehmer einer Befragung beurteilten sowohl ihre Lieblings-TV-Figur als auch ihren besten Freund und einen guten Nachbarn auf dieser Skala. Es zeigte sich, dass die Beziehungsqualität zum TV-Liebling in allen Dimensionen der zu einem guten Nachbarn entsprach und deutlich schlechter bewertet wurde als die Beziehung zum besten Freund (Abbildung 10).

Abbildung 10: Qualität sozialer Beziehungen

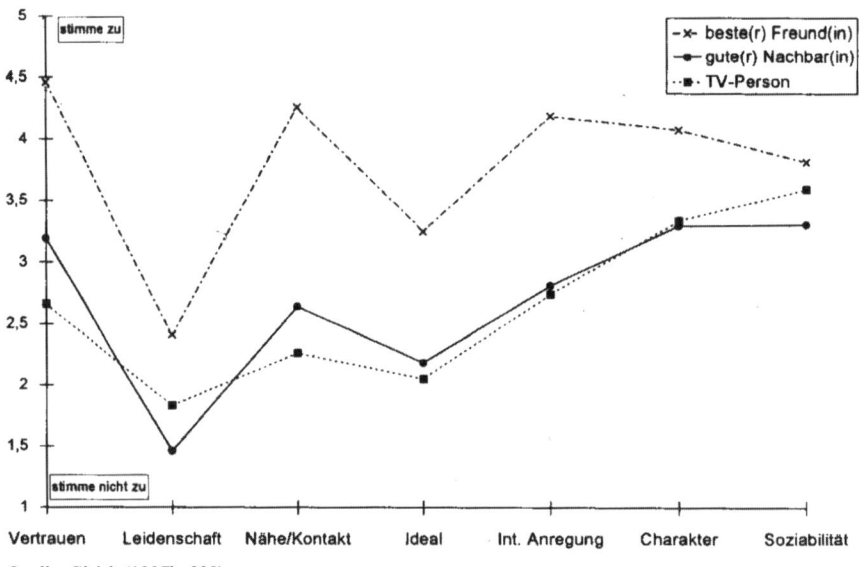

Quelle: Gleich (1997b: 228).

Eine Zuschauerbefragung zu TV-Serien von Vorderer & Knobloch (1996) ergab, dass besonders schüchterne und wenig gesellige Menschen intensivere PSB entwickeln, und kommt zu dem Fazit, dass PSB tatsächlich für bestimmte Zuschauergruppen eher eine Ergänzung darstellen, für andere eher einen Ersatz. Kulmus (2003) fand in qualitativen Leitfadeninterviews mit zwölf Personen von 68 bis 91 Jahren, die sozial unterschiedlich aktiv waren, eindrucksvolle Belege für die Bedeutung und Intensität, die PSB gerade für ältere Menschen haben, und für den Einfluss sozialer Isolation und Einsamkeit. Zwei Altenheimbewohner äußerten beispielsweise unabhängig voneinander, sie würden lieber mit den Leuten im Fernsehen ihre Zeit verbringen als mit ihren Mitbewohnern, denn: „Die können vernünftige Dinge sagen. Nicht so wie die Leute hier. Die können immer nur jammern" (S. 70). In einem Literaturüberblick und einer eigenen

Studie kommen Ashe & McCutcheon (2001) zu dem Schluss, dass Einsamkeit tatsächlich zu verstärkten PSB führt, dieser Effekt insgesamt jedoch relativ schwach ausfällt.

Die Frage, ob PSI Ersatz oder Ergänzung ist, führt uns zu einer anderen Frage zurück. Wir hatten bereits festgestellt, dass Eskapismus in der Forschung fast immer als Nutzungsmotiv betrachtet wurde, kaum jedoch als Kategorie des Rezeptionserlebens (Abschnitt 3.3.3). Wenn PSI/PSB tatsächlich orthosoziale Kontakte substituieren, haben wir es zunächst mit Bedürfnissen zu tun, die Rezipienten mehr oder weniger bewusst zu befriedigen versuchen. Andererseits gelten PSI auch als Teil des Rezeptionsverhaltens und -erlebens. Eine Person mag mit der Mediennutzung beginnen, um sich zu unterhalten (siehe oben); in Abweichung von diesem ursprünglichen Nutzungsmotiv ereignen sich dann jedoch PSI, die wiederum zu länger dauernden Beziehungen zu Medienpersonae (PSB) führen können. PSI ist also – wie das Unterhaltungskonstrukt auch – sowohl ein Nutzungsmotiv als auch eine Kategorie des Rezeptionserlebens. Entsprechend berücksichtigen die meisten Uses-and-Gratifications-Studien PSI als ein Nutzungsmotiv unter vielen, während medienpsychologische Beiträge in der Regel Erlebens- und Beziehungsaspekte hervorheben.

3.5 Motive zur Identitätsbildung

Diejenigen Motive, die in der empirischen Nutzungsforschung die wenigste Beachtung gefunden haben, sind Motive zur Identitätsbildung und -entwicklung. Das liegt vermutlich daran, dass bereits die Konstrukte ‚persönliche Identität', ‚Persönlichkeit' oder das englische ‚self' (Mead 1934) kaum zu fassen und noch schwerer zu operationalisieren sind. In der geistes- und kulturwissenschaftlichen Tradition hingegen gilt Identität als zentrale Kategorie (z.B. Krotz 1996; Weiß 1999).

Identitätsbildung und Unterhaltung

Identitätsbildung wird häufig als Subdimension von Unterhaltung behandelt, wohl weil sie meist mit fiktiven Inhalten wie Spielfilmen, Romanen oder Theaterstücken in Zusammenhang gebracht wird (z.B. Vorderer 1996b; Bryant & Miron 2002). Sie gilt in der Unterhaltungsforschung als einziges Motiv, das erklären kann, warum Menschen auch belastende Unterhaltungsangebote (z.B. Dramen oder Problemfilme) rezipieren (Vorderer 1996b: 321ff.). Während die meisten Theorien davon ausgehen, dass Unterhaltung im Kern der Verstärkung positiver Emotionen bzw. der Verringerung negativer Emotionen dient, lässt sich durch das Streben nach Identitätsbildung ein gegenteiliges Nutzungsverhalten begründen: Wie bei kognitiven Motiven dient die Mediennutzung einem bestimmten Zweck, nämlich der Bewältigung von „individuellen Entwicklungsaufgaben" bzw. der persönlichen „Identitätsarbeit" (ebd.: 322). Menschen konfrontieren sich mehr oder weniger bewusst mit der Mediendarstellung unangenehmer Situationen und Sachverhalte, um ihr Verständnis psychischer und sozialer Phänomene zu vertiefen. Identitätsarbeit ist also keine zweckfreie Unterhaltung, sondern erfüllt eine langfristige Aufgabe – auch wenn dabei fiktive Unterhaltungsangebote wie Romane oder Filme genutzt werden. Dass das Streben nach Identität Menschen zu außergewöhnlichem Medienverhalten veranlassen kann, beschreiben Neumann-Braun & Schneider (1993) anschaulich anhand eines Lesers, der sich lange Wochen freiwillig durch Kafkas Roman ‚Der Prozess' quälte.[49]

Identitätsbildung und kognitive Motive

Wenn sowohl Identitätsbildung als auch kognitive Motive instrumentellen Zielen gelten, fragt sich, wie man sie überhaupt unterscheiden kann. Das vordergründige Argument, kognitive Motive würden sich auf Informationen richten und die Identitätsbildung hauptsächlich auf Unterhaltung, hilft nicht weiter: Denn Rezipienten nutzen unterhaltende Inhalte auch zur Information und informierende Inhalte zur Unterhaltung und Identitätsbildung. Eine Abgrenzung zwischen Identitätsbildung und sozialen Bedürfnissen fällt ebenfalls schwer, da sich die Identität eines Menschen zu wesentlichen Teilen auf seine Position innerhalb seiner sozialen Umwelt bezieht. Identitätsbildung ist damit immer auch ein soziales Motiv.

Ein Rückgriff auf Maslows Bedürfnishierarchie (Abschnitt 3.1.3) erlaubt eine Abgrenzung zwischen kognitiven, sozialen und identitätsbezogenen Motiven. Das Streben nach Identität lässt sich den beiden höchsten Bedürfnisstufen bei Maslow zuordnen, der ‚Selbstverwirklichung' und der ‚Transzendenz', die beide empirisch kaum fassbar sind. Weiter unten in der Hierarchie befinden sich das ‚Bedürfnis nach sozialer Bindung', das ‚Selbstwertbedürfnis' und ‚kognitive Bedürfnisse'. Die Befriedigung der hierarchieniedrigeren Bedürfnisse bildet nach Maslow eine Voraussetzung für eine erfolgreiche Identitätsbildung. Anders ausgedrückt: Die Identität eines Menschen basiert – zumindest teilweise – auf seinem Wissen, seiner sozialen Bindung und seinem Selbstwertgefühl. Wer Zeitung liest, tut das zunächst, um etwas zu lernen, um sein Selbstwertgefühl zu steigern und um sich mit anderen über aktuelle Themen unterhalten zu können (vgl. den Slogan „Spiegel-Leser wissen mehr"). Er liest sie aber auch, um sich zu einer reifen Persönlichkeit zu entwickeln (Identität). Das illustriert ein weiteres Mal, dass viele Mediennutzungsmotive nicht in Konkurrenz zueinander stehen, sondern direkt zusammenhängen bzw. aufeinander aufbauen. Fraglich bleibt, ob Rezipienten in der Lage sind, die unterschiedlichen Bedürfnisstufen in Selbstauskunft als Nutzungsmotive zu nennen, und ob sie nicht doch eher ‚handfeste' kognitive Motive angeben und Motive mit abstraktem Nutzen wie Selbstverwirklichung übersehen.

Identitätsbildung im engeren Sinn

Die beiden wesentlichen Formen der Identitätsbildung im engeren Sinn hat McGuire (1974) in seinem umfassenden Motivkatalog (Abschnitt 3.1.3) angesprochen: *sozialer Vergleich* mit positiven Rollenvorbildern und *Identifikation*.

Identifikation ermöglicht es Rezipienten, sich in eine bestimmte Persona hinein zu versetzen und gleichsam in dieser Rolle Dinge zu erleben, die man ansonsten nicht oder nur unter großer

---

[49] Frühs triadisch-dynamischer Unterhaltungstheorie zufolge (2003b: 44) trägt das Erfolgserlebnis, einen Text bewältigt zu haben und etwas mehr von der Welt zu verstehen, zum Unterhaltungsempfinden bei (Abschnitt 4.4.6).

3.5 Motive zur Identitätsbildung 131

Gefahr erleben könnte (vgl. z.B. Maccoby & Wilson 1957).[50] Sie erlaubt damit das gefahrlose und jederzeit zu beendende Ausprobieren von unüblichen oder extremen Situationen, Rollen, Konflikten und Verhaltensoptionen. Dabei muss der Rezipient keine Verantwortung für das Verhalten der Persona übernehmen, mit der er sich identifiziert, weil es ja nicht ‚sein' Verhalten, sondern nur das der Identifikationsfigur ist.[51] Identifikation bezieht sich in der Regel auf positiv empfundene, erfolgreiche Personae, deren Leistung und Verhalten als vorbildhaft gelten und nachgeahmt werden (‚wishful identification', von Feilitzen & Linne 1975).

Beim sozialen Vergleich (‚Theory of social comparison processes', Festinger 1954) geht es darum, die eigenen Gefühle, Werte und Verhaltensweisen mit den Gefühlen, Werten und Verhaltensweisen anderer Personen zu vergleichen (ausführlich Schemer 2006).[52] Dieser Vergleich kann entweder ‚nach oben' oder ‚nach unten' erfolgen oder sich auf ähnliche bzw. neutrale Personen beziehen.

Beim *sozialen Vergleich nach oben* überprüfen Rezipienten, ob Personae in den Medien ihre persönlichen Werte und Einstellungen teilen oder nicht. Das Ziel ist eine soziale Orientierung am medialen Meinungsklima, wie sie Noelle-Neumann (1991) in ihrer Theorie der Schweigespirale beschreibt. Stimmen die Werte und Einstellungen von Rezipient und Personae überein, erhält er eine Bestärkung seiner Werthaltungen; stimmen sie nicht überein, wird er sie eventuell ändern (vgl. Abschnitt 3.2.3 mit der konsistenztheoretischen Beschreibung solcher Prozesse). Der soziale Vergleich nach oben bezieht sich auf positive Rollenvorbilder, deren Gefühle, Werte und Verhaltensweisen gegebenenfalls übernommen werden. In diesem Fall dienen Rollenvorbilder dem sozialen Lernen am Modell (sozial-kognitive Lerntheorie, vgl. z.B. Bandura 2000). Die Identitätsarbeit ist somit ein wesentlicher Bestandteil der menschlichen Sozialisation.

Soziale Vergleiche nach unten (Downward-Comparison, Wills 1981) beziehen sich auf schlechter gestellte Personen, die noch weniger Erfolg haben, noch unglücklicher oder hässlicher sind als man selbst. Ziel dieser Bewältigungsstrategie ist es, die eigene, als unbefriedigend empfundene Situation im Kontrast mit einer medialen Vergleichsperson weniger schlimm und belastend zu finden und das eigene Selbstwertgefühl zu erhöhen (Vorderer 1996b: 323). Dass der Vergleich nach unten ein wichtiges Mediennutzungsmotiv sein kann, legt der Erfolg affektbetonter TV-Talkshows nahe. Viele der dort auftretenden, extrem peinlichen Figuren eignen sich ideal als unterlegene Vergleichsobjekte (vgl. Bente & Fromm 1997: 47f.). Ähnliches gilt für Reality-TV-Formate, die Menschen absichtlich in peinlichen Situationen zeigen (z.B. ‚Versteckte Kamera' oder ‚Big Brother', Hannover et al. 2004: 185). In einer Befragung unter studentischen Zuschauern der Castingshow ‚Deutschland sucht den Superstar' und ihrem spanischen

---

[50] Damit geht Identifikation weiter als Empathie, bei der Rezipienten nur als externe Beobachter mitfühlen, dabei aber keine imaginierte Rollenübernahme vollziehen (ausführlicher Abschnitt 3.4.2). In der Literatur werden beide Konzepte trotzdem gelegentlich vermischt.
[51] Dieses Motiv gilt in der triadisch-dynamischen Unterhaltungstheorie sogar als konstituierend für das Unterhaltungserleben.
[52] Hier geht es wohlgemerkt um den sozialen Vergleich als Nutzungsmotiv. Ob Rezipienten ihre Identität oder ihr Selbstgefühl durch Mediennutzung erfolgreich entwickeln oder nicht, ist Gegenstand der Wirkungsforschung, weil die abhängige Variable (Identität, Selbstgefühl o.ä.) im Zwiebelmodell der Mediennutzung (Abschnitt 2.1.3) zur generellen bzw. medienunabhängigen Individuumsschicht gehört.

Pendant wurden das Lästern und Sich-lustig-machen über die Kandidaten als zentraler Nutzungsgrund genannt (Trimborn 2005). Auch der soziale Vergleich nach unten findet sich bereits bei McGuire (1974) als ‚Bestätigung', wird dort aber nicht der Identitätsbildung zugeordnet, sondern den affektiven Konsistenzbedürfnissen. Da das Kernmotiv hier eindeutig in der Stimmungsregulierung und weniger in der Identitätsbildung liegt, haben wir es tatsächlich mit einem Unterhaltungsmotiv zu tun.

Konzeptionell unterscheiden sich die beiden Formen der Identitätsbildung – Identifikation und sozialer Vergleich mit Rollenvorbildern – dahingehend, dass sich der Rezipient bei der Identifikation in die Rolle der Persona hineinversetzt. Beim sozialen Vergleich dagegen bleibt er in seiner eigenen Rolle und beobachtet eine andere Persona. (Hier liegt wiederum der Unterschied zur PSI, die ja pseudo-aktive Interaktionen mit einer Persona beschreibt.) So einsichtig diese Unterscheidung aus theoretischer Sicht erscheint, so schwierig ist ihre empirische Umsetzung[53]: Ob ein Rezipient ein Rollenvorbild nur beobachtet oder sich damit identifiziert, wird er/sie in den meisten Situationen selber nicht wissen. Es ist plausibel, dass die Rezeption einer Persona gleichzeitig beobachtend-vergleichende *und* identifikatorische Elemente umfasst. Das erklärt, warum viele empirische Studien, die sich entweder auf das eine oder das andere Konstrukt beziehen, gut und gern auch das jeweils andere Konstrukt hätten verwenden können. Gemeinsam ist beiden Konstrukten die kognitiv-affektive Beschäftigung des Rezipienten mit einem Rollenvorbild.

Einflussfaktoren

Da die Identitätsbildung in der Kindheit und Jugend eine zentrale Rolle spielt, nehmen Identifikation und Rollenvorbilder in dieser Sozialisationsphase einen hohen Stellenwert ein (Gleich 1997b: 29). In Anbetracht der Tatsache, dass viele Jugendliche einen großen Teil ihres Lebens vor dem Fernsehgerät und an Spielkonsolen verbringen, die vielfältige positive wie negative Rollenvorbilder bieten, ist der Stellenwert entsprechender Prozesse während der Mediennutzung und die Bedeutung positiver oder negativer Vorbilder hoch einzuschätzen (Fahr & Zubayr 1999).

Maccoby & Wilson (1957) stellten bereits in den 1950er-Jahren in einer Befragung von Jugendlichen (14 und 15 Jahre) fest, dass diese gleichgeschlechtliche Identifikationsobjekte bzw. Rollenvorbilder in den Medien bevorzugten. Diesen Befund bestätigten Hoffner (1996) für Sieben- bis Zwölfjährige und Knobloch & Fritsche (2004) für Vorschulkinder. Bereits frühe Studien zur Radionutzung erkannten, dass fiktive Medieninhalte (damals Daily Soaps im Radio) besonders Frauen und Müttern weibliche Rollenvorbilder lieferten und damit gleichzeitig Hausfrauen das Gefühl einer relevanten gesellschaftlichen Position vermittelten (Warner & Henry 1948). In einem binationalen Experiment fand Trepte (2004b) heraus, dass sowohl deutsche als auch US-amerikanische Frauen Fernsehserien mit weiblichen Protagonisten überdurchschnittlich bewerten, da ihnen diese bei der Entwicklung ihrer Geschlechterrolle hilfreicher erscheinen

---

[53] Knobloch et al. (2004a) berichten, dass sich in ihrer Studie nicht einmal die Konstrukte PSI, Identifikation und Empathie empirisch befriedigend unterscheiden ließen.

als Serien mit männlichen Hauptfiguren. Das unterstreicht die Brisanz von Befunden, denen zufolge Frauen im Fernsehen zumindest früher deutlich unterrepräsentiert waren – Tuchman (1980) sprach gar von der ‚symbolischen Nichtexistenz' – und es in der Nachrichtenberichterstattung immer noch sind.

Duck (1990) befragte australische Jugendliche zwischen elf und fünfzehn Jahren nach ihren hauptsächlichen Identifikationsobjekten in ihrem persönlichen Umfeld und in den Medien. Ein Großteil der Befragten gab Medienpersonae als *positive* Rollenvorbilder an (‚ich möchte so sein wie...'), während persönlich bekannte Personen eher *negative* Rollenvorbilder waren (‚ich möchte *nicht* so sein wie...'). Jungen nannten bevorzugt Sportler, Popstars, Schauspieler und fiktive Figuren, Mädchen eher Filmstars, Serienfiguren und Models. Dabei wählen Kinder und Jugendliche eher reale als animierte Figuren (z.B. Zeichentrick) (Lonial & Van Auken 1986) und bevorzugen intelligente Personae (Hoffner 1996).

Neben dem Geschlecht und dem Alter beeinflussen das soziale Umfeld und die allgemeine Befindlichkeit die Neigung von Rezipienten zur Identifikation bzw. zum sozialen Vergleich. Ein Forschungsüberblick von Feilitzen & Linne (1975) ergab, dass Kinder und Jugendliche, die Probleme mit ihrem Elternhaus, ihren Mitschülern usw. haben, eher nach medialen Identifikationsmodellen suchen. Duck (1995) zeigte, dass Disharmonie in der Familie und geringes Selbstvertrauen zu einer verstärkten Identifikation mit fiktiven Medienpersonae führen. Eine Studie von Chory-Assad & Yanen (2005) schließlich ermittelte eine positive Korrelation zwischen Einsamkeit und Identifikation.

Abschließend ist festzuhalten, dass mit Eskapismus, PSI bzw. PSB, sozialem Vergleich nach unten und Identifikation vier Bedürfniskonzepte mit unterschiedlichen Schwerpunkten – Unterhaltung, Identität und soziale Bedürfnisse – vorliegen, die zwei Gemeinsamkeiten haben: Erstens handelt es sich in allen Fällen um Mediennutzungsmotive, die prinzipiell bei jedem Rezipienten vorkommen, die aber bei einsamen, unglücklichen und unzufriedenen Menschen eine noch gewichtigere Rolle spielen. Zweitens wurden sie bislang fast ausschließlich im Fernsehkontext untersucht. Der Grund hierfür liegt wohl in der audiovisuellen Darstellung, der eine leichtere und direktere Verarbeitung durch die Rezipienten (z.B. Weidenmann 1997b) und ein daraus resultierender ‚distanzloser Genuss' (Vorderer 1992: 73ff.) nachgesagt werden. Doch wenn sich Computerspiele und interaktive Anwendungen wie beispielsweise Fragen beantwortende Avatare auf Websites in ihrer Darstellungsqualität und Interaktivität weiterhin so entwickeln wie bisher, werden sie in diesem Feld an Bedeutung gewinnen (vgl. z.B. Schlütz 2002; Hartmann et al. 2001).

3.6 Mediennutzung und Zeit

Die Mediennutzungsforschung verwendet ‚Zeit' überwiegend als quantitatives Maß zur Beschreibung von Mediennutzung. Mit Hilfe von telemetrischen Daten (z.B. AGF/GfK-Fernsehpanel) oder Tagebucherhebungen wird nicht nur die Zeitdauer der täglichen Mediennutzung ermittelt, sondern auch der Zeitpunkt. Aus solchen Zeitbudgetstudien weiß man, dass Tageszeitungen in Deutschland überwiegend morgens gelesen werden, Fernsehen ein Abendmedium ist, Radio tagsüber als Nebenbeimedium und abends kaum mehr gehört wird und das Internet nur geringe Nutzungsschwankungen im Tagesablauf aufweist (Fritz & Klingler 2003). Doch das Konstrukt ‚Zeit' ist im Zusammenhang mit Medien und ihrer Nutzung weit komplexer, wie die Monografien von Neverla (1992) und Beck (1994) sowie der Sammelband von Hömberg & Schmolke (1992) eindrucksvoll belegen. Allein über die Frage, was Zeit überhaupt ist, lässt sich trefflich streiten. Wir können derartige Debatten an dieser Stelle nicht entfalten. Stattdessen beschränken wir uns auf zeitbezogene Rezipientenmotive, die bisher noch nicht angesprochen wurden.

Zeitbezogene Rezipientenmotive

Nach Beck (1999: 83-89) und Neverla (1992: 151-207) können Massenmedien unter anderem folgende Motive zum menschlichen Umgang mit Zeit befriedigen:

Zeit füllen: Besonders das Fernsehen, aber auch Online- und Printmedien eigenen sich gut, um ‚leere Zeit' (Neverla 1992: 167) zu füllen, Langeweile zu bekämpfen bzw. ‚Zeit totzuschlagen'. Das Zeitfüllen entspricht damit zunächst dem bereits ausgiebig erläuterten Unterhaltungsbedürfnis (Abschnitt 3.3). Im Gegensatz dazu wird nicht unbedingt ein bestimmter Medieninhalt gesucht; es geht eher um einen „Zeitvertreib als *gestaltete* Langeweile" (Beck, K. 1999: 84, Hervorhebung im Original). Eine Besonderheit ist das Überbrücken von Warte-, Rest- bzw. Lückenzeiten, die zu kurz sind, um etwas anderes zu tun.

Zeit sparen: Menschen nutzen Massenmedien und andere technische Medien, um bestimmte Aufgaben schneller zu erledigen und so Zeit zu sparen. Zeitsparen ist kein Motiv im eigentlichen Sinn, sondern eher ein erwünschtes Attribut bei der instrumentellen Mediennutzung. Besonders das Internet spielt hierbei als Recherche- und Transaktionsmittel die wohl wichtigste Rolle: Wer beispielsweise online ein Buch bestellt, statt in einen Buchladen zu gehen, online recherchiert, statt in einer Bibliothek zu stöbern, oder sich zuhause ein Flug-/Bahnticket ausdruckt, kann derartige Aufgaben immens beschleunigen. Auch Videorekorder helfen Zeit sparen, weil man mit ihnen z.B. langweilige bzw. irrelevante Filmpassagen oder Werbeunterbrechungen überspringen kann. Der Nutzer kann die ursprünglich vorgegebene, feste Zeitstruktur des Fernsehprogramms verändern und somit „ent-programmieren" (ebd.: 85).

Zeit verdichten: Da Zeit in unserer Gesellschaft für viele als knappe und wertvolle Ressource gilt, gibt es häufig das Bestreben einer effizienten Zeitnutzung. Zeitverdichtung ist neben dem Zeitsparen die zweite Strategie, Zeit optimal zu nutzen, indem man möglichst viele Tätigkeiten bzw. Aufgaben gleichzeitig erledigt. Im Zusammenhang mit Medien lassen sich drei Varianten unterscheiden:

- gleichzeitige Parallelnutzung unterschiedlicher Medien, z.B. bei laufendem Radio im Web surfen oder während des Fernsehens in einer Zeitschrift blättern;

- Mediennutzung als Nebentätigkeit neben anderen Beschäftigungen; besonders das Radio gilt in Deutschland als Nebenbeimedium[54]; Beck schätzt sogar, dass 90 Prozent der Radionutzung und 20 Prozent der Fernsehnutzung eine ‚Sekundärtätigkeit' darstellen (ebd.: 86);
- Verrichtung anderer Tätigkeiten während der Mediennutzung, z.B. Telefonieren oder Essen während des Fernsehens.

Sicherlich dient nicht jede Parallelnutzung einer bewussten und intendierten Zeitverdichtung. Es ist zu vermuten, dass eine gewisse innere Unruhe (Neverla 1992: 189) und die individuelle Neigung zum Multitasking wesentliche Persönlichkeitsfaktoren sind, die beeinflussen, in welchem Maß Menschen Medien parallel nutzen (Schweiger 2006).

Zeit strukturieren: Eine wichtige Rolle im sozialen Leben spielen ‚soziale Zeitgeber'. Dies sind „Institutionen oder Geräte, die den Menschen eine konkrete Matrix für die Synchronisation ihres sozialen Handelns bieten" (Neverla 1992: 59). Das wichtigste Zeitgeber-Gerät sind Uhren. Beispiele für Institutionen sind Kirchenrituale, die nicht nur den Jahresablauf prägen (Feiertage), sondern auch Tagen und Stunden eine feste Zeitstruktur geben (Gottesdienste, Kirchenglocken), Eisenbahnfahrpläne, nach denen sich Reisende und Pendler zu richten haben, oder feste Arbeitszeiten. Die Zeitgeberfunktion ist zwar nur ein Nebeneffekt von Institutionen, was ihre Relevanz allerdings nicht mindert. Soziale Zeitgeber beschränken zwar die Freiheit des Individuums, bewahren es jedoch auch vor Unsicherheit bzw. Komplexität und synchronisieren das menschliche Zusammenleben. Durch die zunehmende Individualisierung und Flexibilisierung der Gesellschaft (Abschnitt 2.2.3) verlieren viele Institutionen ihre generelle und damit zeitgebende Bedeutung: Nur noch wenige Menschen orientieren sich an kirchlichen Regeln; Autofahrer brauchen keinen Fahrplan; flexible Arbeitszeiten verringern die gemeinsam verbrachte Zeit am Arbeitsplatz; Arbeitslosigkeit und Altersruhestand schließlich können beinahe alle von außen vorgegebenen Zeitstrukturen auflösen. Umso wichtiger wird das Fernsehen. Mit seinen täglich oder wöchentlich ausgestrahlten Sendungen, die immer gleich lang sind, und den festen Programmstrukturen ist es ein idealer Zeitgeber (Kubey & Csikszentmihalyi 1990: 184). Auch der Radiowecker oder die morgendliche Zeitung strukturieren den Tagesablauf vieler Menschen. Anders verhält es sich bei den meisten Onlinemedien, die ständig aktualisiert werden, keine feste Periodizität aufweisen und deshalb kaum als Zeitgeber taugen. Das menschliche Bedürfnis nach Ordnung und strukturierter Zeit führt zur Bildung von Habitualisierungen und Ritualisierungen, also zur regelmäßigen und gleich bleibenden Wiederholung einmal etablierter (Zeit-)Strukturen. Das gilt auch für die Mediennutzung, weshalb für einen großen Teil der Deutschen der Abend rituell mit der ‚Tagesschau' beginnt.

Beschleunigung der Mediennutzung

Ein weiteres Thema in diesem Zusammenhang ist die Frage nach einer gesellschaftlichen und medialen Beschleunigung. Die Vermutung, dass sich das menschliche Leben im Verlauf der

---

[54] In einer Befragung hessischer Radiohörer gaben beispielsweise 31 Prozent an, regelmäßig während der Arbeit zuhause Radio zu hören; 26 Prozent aller Berufstätigen lassen regelmäßig am Arbeitsplatz das Radio laufen (Oehmichen 2001: 134).

vergangenen Jahre und Jahrhunderte ständig beschleunigt hat, wurde bereits von Blaise Pascal im 17. Jahrhundert geäußert und seither von Kulturphilosophen debattiert (z.B. Gehlen, Virilio oder Postman, vgl. Beck 1994: 334ff.). Dass sich die Geschwindigkeit und Aktualität der Nachrichtenübermittlung stetig erhöht haben und in den letzten Jahren durch die Digitalisierung aller Prozesse noch gesteigert wurden, steht außer Zweifel (z.B. Wilke 1984). Verschiedene empirische Studien fanden, dass nicht nur die Struktur des Fernsehprogramms, sondern auch die Sendungsgestaltung kleinteiliger und damit schneller wurden (z.B. Zubayr & Fahr 1999).

Ettenhuber (2005) konnte in einer Sekundäranalyse der telemetrischen Daten des GfK-Fernsehpanels nachweisen, dass sich auch das Umschaltverhalten der Fernsehzuschauer in den Jahren 1995 bis 2005 beschleunigt hat. Beispielsweise hat sich die durchschnittliche Kanalintervalldauer[55] pro Person signifikant von 24 auf 17 Minuten verkürzt. An diesem und anderen Befunden änderte auch die statistische Kontrolle einschlägiger Drittfaktoren (Zuwachs an Singlehaushalten und Alleinsehern, veränderte Altersstruktur der Bevölkerung, Programmvervielfachung usw.) nichts. Franzmann (2001) berichtet auf der Basis zweier Repräsentativbefragungen, dass besonders bei Jugendlichen das ‚Lesezapping' zugenommen hat. Während 1992 20 Prozent der jugendlichen Buchleser (bis 19 Jahre) angegeben hatten, manchmal die Seiten zu überfliegen und nur das Interessanteste zu lesen, lag dieser Wert im Jahr 2000 bereits bei 31 Prozent. Der Anteil Jugendlicher, die mehrere Bücher parallel lesen, stieg im gleichen Zeitraum von 11 auf 20 Prozent (S. 94). Die oben erläuterte Strategie der Zeitverdichtung hat also tatsächlich an Bedeutung gewonnen.

Was die konkreten gesellschaftlichen oder medialen Gründe für derartige Veränderungen sind, ist offen. Es ist plausibel, dass das Aufkommen des überwiegend textbasierten Internet die Lesegewohnheiten und -strategien verändert hat, zumal das Lesen am Bildschirm als mühsam und anstrengend empfunden wird. Auch die Anforderungen der Informationsgesellschaft an den Einzelnen, lebenslang zu lernen, könnten die Notwenigkeit eines effizienten Umgangs mit Texten verstärken. Beim TV-Umschaltverhalten ist schließlich von einem wechselseitigen Anpassungsprozess zwischen der Angebots- und Nutzerseite auszugehen: Weil Zuschauer häufiger umschalten, zeigt das Fernsehen kürzere Sendungen mit schnellerer bzw. reizintensiverer Aufmachung. Das wiederum könnte Zuschauer zur Beschleunigung ihres Fernsehverhaltens veranlassen usw. Es wird weiterhin zu beobachten sein, ob dieser Trend auch in den kommenden Jahren anhält oder ob es zu einer Stagnation oder gar Verlangsamung kommt.

---

[55] Fernsehdauer ohne Kanalwechsel.

4 Prozessuale Perspektiven zur individuellen Mediennutzung

Nachdem alle Funktionen, die Mediennutzung für Rezipienten erfüllen kann, besprochen wurden, beleuchtet das folgende Kapitel die damit verbundenen Prozesse auf der Individualebene. Die Kernfragen lauten: Nach welchen Regeln wählen Rezipienten diejenigen Medien aus, von denen sie annehmen, dass sie ihre Bedürfnisse befriedigen, und welche Prozesse ereignen sich während der Nutzung? Dieser Themenbereich bewegt sich auf der Mikroperspektive; es geht um menschliche Informationsverarbeitung, die Frage, wie Entscheidungen getroffen werden sowie um die Dynamik von Emotionen und subjektivem Erleben. Dabei haben wir es in hohem Maß mit (medien-)psychologischen Fragestellungen und Ansätzen zu tun. Deshalb skizziert Abschnitt 4.1 die psychologischen Grundlagen der genannten Phänomene, bevor in Abschnitt 4.2 die kommunikationswissenschaftlichen Konzepte Aktivität, Selektion und Rezeption zur Sprache kommen. Darauf aufbauend geht es dann zunächst um Ansätze zur Medienselektion (Abschnitt 4.3) und danach um kognitive und affektive Prozesse während der Rezeption (Abschnitt 4.4).

4.1 Psychologische Grundlagen

Aus psychologischer Perspektive sind Medien Umweltreize, mit denen ein Individuum interagiert. Da die Menge von Umweltreizen, die uns umgeben, nahezu unbegrenzt ist, ist jedes Individuum gezwungen, eine Auswahl zu treffen. Auf jeder Wahrnehmungsstufe finden Selektionsprozesse statt, die entweder von der Beschaffenheit eines externen Reizes oder von den internen Annahmen, Motiven und Emotionen einer Person gesteuert werden. Auch die Aufnahme und Verarbeitung der Umweltreize (Informationsverarbeitung) unterliegt externen und internen Bedingungen.

Selbst eine ansatzweise Darstellung des psychologischen Forschungsstandes würde den Umfang des vorliegenden Bandes sprengen. Dennoch werden einige allgemeine wahrnehmungs-, kognitions- und emotionspsychologische Konzepte skizziert, auf die die kommunikationswissenschaftliche und medienpsychologische Nutzungsforschung häufig rekurriert und deren zumindest rudimentäres Verständnis unerlässlich ist.[56]

4.1.1 Aufmerksamkeit und Informationsverarbeitung

Seit der ‚kognitiven Wende' in den 1970er-Jahren begreift die Psychologie die kognitive Verarbeitung von Umweltreizen und den Umgang mit Wissensbeständen bzw. -strukturen üblicherweise als eine Form von Informationsverarbeitung, die man sich ähnlich einem Computer vor-

---

[56] Es sei darauf hingewiesen, dass auch in der Psychologie häufig unterschiedliche Erklärungsansätze miteinander konkurrieren. Aufgrund der gebotenen Kürze stellen wir nur die gebräuchlichsten dar und ignorieren alternative Theorien.

stellt (Newell & Simon 1972; Neisser 1974; Minsky 1975; Rumelhart 1975; Schank & Abelson 1977).

Entsprechend gilt die menschliche Kapazität zur Aufnahme und Verarbeitung von Umweltreizen als begrenzt (vgl. etwa das Limited-Capacity-Model von Lang 2000). Jeder Mensch kann nur einem kleinen Teil aller ihn umgebenden Informationen[57] Aufmerksamkeit zukommen lassen. Aufmerksamkeit hat zwei Bedeutungen (Manstead & Hewstone 1996: 33): erstens die Fokussierung des Wahrnehmungsapparates auf bestimmte Umweltreize und das Ignorieren anderer Reize, also die Aufmerksamkeitsrichtung bzw. Selektion; zweitens das Maß der Ressourcen bzw. die mentale Energie, die ein Mensch zur Wahrnehmung und Verarbeitung eines fokussierten Umweltreizes einsetzt. In der Kommunikationswissenschaft spricht man hierbei meist von Involvement (Abschnitt 4.4.1).

Willkürliche versus unwillkürliche Aufmerksamkeit

Die Selektion bzw. die Ausrichtung der Aufmerksamkeit auf einen Umweltreiz erfolgt entweder willkürlich oder unwillkürlich (Darstellung nach Wirth 2001).

Willkürliche bzw. kontrollierte Aufmerksamkeit wird vom Individuum selbst gesteuert und dient dem Erreichen bestimmter Ziele. Man spricht deshalb von Top-down-Verarbeitung (Top steht für das menschliche Bewusstsein) oder von hypothesengesteuerter Wahrnehmung, da die Informationsaufnahme einer Person durch ihr Vorwissen und ihre Erwartungen gelenkt wird. Plakativ ausgedrückt: Man sieht und hört, was man erwartet. Kahnemans (1973) Modell der Ressourcenallokation beschreibt dabei die menschliche Fähigkeit, die begrenzte kognitive Energie ('mental effort') bewusst auf bestimmte Reize zu richten und die Verarbeitungskapazität für andere Aufgaben entsprechend zu vermindern. Das erklärt, warum Menschen in der Lage sind, sich im Stimmengewirr einer Party auf die Stimme eines Gesprächspartners zu konzentrieren (Cocktail-Party-Effekt, Cherry 1953). Individuen sind auch in der Lage, ihre Aufmerksamkeit gleichzeitig auf unterschiedliche Umweltreize oder Sinneskanäle zu verteilen, solange nur ein Kanal semantisch verarbeitet, d.h. sinngemäß verstanden werden muss: In Beschattungsexperimenten können Versuchspersonen etwa einen Text lesen (Hauptaufgabe bzw. 'primary task') und sich gleichzeitig auf eine andere Aufgabe ('secondary task') konzentrieren, beispielsweise eine Taste zu drücken, sobald ein bestimmtes Geräusch ertönt.

Prozesse unwillkürlicher Aufmerksamkeit verlaufen unkontrolliert und werden durch Umweltreize ausgelöst, weshalb sich hierfür die Bezeichnungen Bottom-up- oder Data-driven-Verarbeitung eingebürgert haben. Das Individuum hat in diesem Fall keinen Einfluss auf seine Aufmerksamkeitsfokussierung, ist sich ihrer jedoch bewusst. Drei Auslöser unwillkürlicher Aufmerksamkeit lassen sich unterscheiden:

- Umweltreize, die latente Selektionsdispositionen wie individuelle Schemata (dazu gleich mehr), angeborene Reflexe oder grundlegende Bedürfnisse ansprechen (z.B. Hunger, Kindchenschema, sexuelle Reize). Der Effekt erklärt beispielsweise die weite Verbreitung von

---

[57] Die Psychologie versteht unter 'Information' sämtliche Umweltreize, also auch emotionale, soziale oder unterhaltende Botschaften bzw. Stimuli.

4.1 Psychologische Grundlagen

Bikini-Schönheiten auf den aufmerksamkeitssteigernden Titelblättern von TV-Zeitschriften oder die Gestaltung vieler Werbemittel.

- Reize, die zu Informationen passen, an die eine Person gerade denkt, werden gemäß dem Priming-Paradigma unmittelbar wahrgenommen. Wer beispielsweise an ein bestimmtes Thema denkt und in seiner Umgebung jemanden darüber reden hört, reagiert unwillkürlich auf diesen Reiz.[58]
- Überraschende oder potenziell bedrohliche Umweltreize lösen bei jedem Lebewesen einen Orientierungsreflex aus, der es dazu veranlasst, sich automatisch der Reizquelle zuzuwenden und der möglichen Gefahr zu begegnen. Auslöser sind akustische, visuelle oder sonstige Pegelsprünge oder Regelbrüche wie laute Schreie, plötzliche Bewegungen oder Lichtveränderungen (z.B. Winterhoff-Spurk 1999: 48). Das Vorkommen eines Orientierungsreflexes erkennt man an einer 4- bis 6-sekündigen Verlangsamung der Herzfrequenz direkt nach dem Stimulus (Lang 2000: 55).

Unklar ist, zu welchem Zeitpunkt eingehende Umweltreize bei der menschlichen Informationsaufnahme und -verarbeitung selegiert werden. Theorien der frühen Selektion wie Broadbents (1958) *Filtertheorie* nehmen an, dass Menschen über begrenzte physikalische Aufnahmekapazitäten verfügen. Deshalb wird ein Großteil aller Umweltreize bereits zu Beginn des Wahrnehmungsprozesses ausgefiltert, gelangt niemals ins Bewusstsein und bleibt entsprechend wirkungslos. Andererseits haben Experimente gezeigt, dass Menschen sehr wohl auf Reize reagieren, die ihnen noch gar nicht bewusst sind[59], weshalb mittlerweile auch Annahmen einer späten Selektion diskutiert werden.

Dreispeichermodell

Dem *Dreispeichermodell* von Atkinson & Shiffrin (1968) zufolge gelangen alle aufgenommenen Sinneseindrücke zunächst als physikalische Empfindungen in den *sensorischen Speicher* der jeweiligen Sinnesmodalität. Dort zerfallen sie nach maximal zwei Sekunden. Nur wenn den Empfindungen spezifische Aufmerksamkeit zukommt, gehen sie ins *Kurzzeitgedächtnis* bzw. den *Arbeitsspeicher* über. Dort können etwa sieben Einzelinformationen maximal zwanzig Sekunden gespeichert werden. Durch verschiedene kognitive Operationen werden die Informationen zu einer bewussten und sinnhaften Information verarbeitet. Die Kapazität des Kurzzeitgedächtnisses lässt sich erhöhen, indem man Informationen, die in Kombination mit anderen Informationen einen Sinn ergeben, zu bedeutungstragenden ‚chunks' zusammenfasst (Miller 1956). Beispielsweise kann man die drei Zahlen 7, 5 und 3 zu einer einzigen Information ver-

---

[58] In der Wirkungsforschung wird der Priming-Effekt nicht als Aufmerksamkeitsphänomen, sondern als Phänomen eines Initial-Reizes (Prime) betrachtet, der die kognitive Verarbeitung eines nachfolgenden Reizes gemäß schematheoretischen Modellannahmen beeinflusst.

[59] Allerdings handelt es sich dabei um unmittelbare Verhaltensreaktionen, die erst nach häufiger Reizung auftreten und deshalb durch Konditionierung erklärt werden können. Kognitive bzw. verzögerte Verhaltensreaktionen auf die einmalige unterschwellige bzw. unbewusste Wahrnehmung eines Reizes sind nicht bekannt. Die berüchtigte Vicary-Studie von 1957, in der die Werbeappelle ‚Drink Coca Cola' und ‚Eat Popcorn' in einem Kinofilm so kurz eingeblendet wurden, dass die Zuschauer sie nur unterschwellig wahrnahmen, die Produkte danach aber trotzdem kauften, ist mittlerweile als Fälschung enttarnt (von Rosenstiel & Neumann 2002: 131f.).

dichten, wenn man weiß, dass in diesem Jahr Rom gegründet wurde. Mnemotechniken machen sich diesen Effekt zunutze. Ein kleiner Teil der Informationen wird schließlich ins *Langzeitgedächtnis* überführt und mehr oder weniger dauerhaft gelernt.[60]

Codierungen, Propositionen und Wissenstypen

Wanner (1968) zeigte in einem Experiment, dass sich Versuchspersonen nach dem Hören eines Satzes zwar an dessen Inhalt, aber kaum an seinen exakten Wortlaut erinnern konnten. Aufgenommene Informationen werden also nicht in ihrer ursprünglichen Form gespeichert, sondern in eine allgemeine Sinnrepräsentation bzw. Codierung encodiert. Dabei ist strittig, ob für unterschiedliche Sinneskanäle spezifische Codierungen existieren. Der *Dual-Coding-Theorie* von Paivio (1971) zufolge werden verbale und visuelle Eindrücke in separaten Codierungen gespeichert. Deshalb kann man in Sprache *und* Bild präsentierte Inhalte besser verarbeiten und lernen.

Man nimmt an, dass Menschen jede Form von Wissen in Form von *Propositionen* speichern. Eine Proposition ist die kleinste Wissenseinheit, die eine sinnvolle Information darstellen kann. Propositionen bestehen aus mindestens zwei Argumenten und einem sie verbindenden Prädikat. Der Satz ‚Präsident Bush tritt zurück' besteht beispielsweise aus zwei Propositionen:
- Proposition 1: ‚Bush' (Argument 1) ‚ist' (Prädikat) ‚Präsident' (Argument 2)
- Proposition 2: ‚Bush' (Argument 1) ‚Aktion' (Prädikat) ‚Rücktritt' (Argument 2)

Alle Erfahrungen, die ein Mensch im Lauf der Zeit macht, werden zunächst als *episodisches Wissen* abgespeichert. Ein Kind, das beispielsweise erstmals eine heiße Herdplatte berührt, merkt sich zunächst diese spezifische Episode. Im Lauf der Zeit kommen weitere Erfahrungen hinzu, und die Details der meisten Episoden werden vergessen. Was zurückbleibt, ist *semantisches Wissen* (Tulving 1972) oder Weltwissen; in unserem Beispiel also Wissen über den Umgang mit Herden, Hitze und Verbrennungen. Die Umstrukturierung von Wissen ist sinnvoll, weil sie den Speicherbedarf reduziert und trotzdem das dauerhafte Lernen aller lebensrelevanten Informationen erlaubt: Man muss nicht wissen, wann und wie oft man sich an einem Herd verbrannt hat, man muss nur wissen, dass es so ist. Besonders ungewöhnliche oder auffällige Episoden werden natürlich weiterhin erinnert.

Schemata und Skripts

Man vermutet, dass das semantische Weltwissen in Form von *Schemata* oder Frames organisiert ist (z.B. Minsky 1975). Zu jeder Wissenskategorie existiert ein Schema, in dem alle relevanten Eigenschaften dieser Kategorie abgespeichert sind. Das Schema ‚Haus' kann beispielsweise die folgenden Attribute umfassen: ‚Dach', ‚Türen', ‚Fenster', ‚Wände', ‚Schutz vor Kälte und Nässe', ‚Adresse' usw. Schemata sind flexibel und können sich im Lauf der Zeit bzw. durch Hinzukommen neuer Episoden ändern. Während das Haus-Schema eines Kindes noch auf die genannten Attribute beschränkt ist, können später im Erwachsenenleben Attribute wie z.B. ‚Baufinanzierung' oder ‚Hausratversicherung' hinzukommen. Individuelle Schemata sind damit abhängig

---

[60] Mittlerweile dominieren komplexere Annahmen zu den verschiedenen Speichern bzw. Ebenen der Informationsverarbeitung (Anderson 1996: 169ff.), die allerdings keinen ersichtlichen Erkenntnisgewinn für die Mediennutzungsforschung bringen.

von der aktuellen Lebenssituation und vom sozialen und kulturellen Umfeld einer Person: Das Haus-Schema eines nordafrikanischen Nomaden unterscheidet sich sicherlich erheblich von demjenigen eines New Yorkers oder des Bewohners einer deutschen Reihenhaussiedlung.

Schemata können auch stereotype Abfolgen von Handlungen wie den Besuch eines Restaurants repräsentieren. Solche Ereignisschemata bezeichnen Schank & Abelson (1977) als *Skripts*. Das Restaurant-Skript enthält beispielsweise die Attribute ‚Betreten eines Restaurants', ‚Garderobe abgeben', ‚Suchen eines Tisches', ‚Hinsetzen', ‚Beginn des Tischgespräches', ‚Bedienung bringt Speisekarte', ‚Getränke und Speisen auswählen'. Da die Attribute in Skripts meist einen chronologischen Ablauf darstellen, spielen Skripts eine wichtige Rolle beim Verstehen von Geschichten.

Zu jedem Schema existiert ein *Prototyp*. Das ist ein idealtypisches Exemplar, das gleichsam den semantischen Kern des Schemas darstellt. Fragt man beispielsweise Personen nach einem typischen Vogel, denken die meisten an Amseln oder Rotkehlchen; Hühner gelten kaum als Vögel (Rosch 1973). Offensichtlich hat das Attribut ‚fliegen' eine zentrale Bedeutung für die Bestimmung des Vogel-Schemas. Generell gilt: Je mehr Eigenschaften eines Objekts mit den Ausprägungen des allgemeinen Schemas übereinstimmen, desto eindeutiger ist seine Klassenzugehörigkeit.

Schemata sind untereinander (a) hierarchisch (‚ist Teil von') und (b) assoziativ (‚hat zu tun mit') verknüpft. Das Haus-Schema ist beispielsweise hierarchisch mit Unterschemata wie ‚Rathaus', ‚Krankenhaus', ‚Kirche' oder ‚Doppelhaushälfte' verbunden. Beispiele für assoziative Verknüpfungen sind: ‚Doppelhaushälfte – Bausparvertrag', ‚Krankenhaus – Operation', ‚Rathaus – Wahlkampf'. Das Restaurant-Skript wiederum hat über sein Ortsattribut ‚Gebäude' eine assoziative Verbindung mit dem Haus-Schema. Wie diese Verbindungen zwischen einzelnen Schemata bzw. ihren Attributen genau organisiert sind, ist weitgehend unbekannt (Schnotz 1994: 91).

Funktionen von Schemata

Schemata erfüllen bei der Informationsverarbeitung mindestens fünf Funktionen: (1) das schnelle Erkennen von Umweltreizen durch Kategorisierung, (2) das Verstehen von Zusammenhängen durch Inferenzen, (3) Selektion und Aufmerksamkeitsverteilung, (4) Lernen durch die Integration neuen Wissens und (5) die Automatisierung von häufigen Abläufen.

Sobald Menschen eine bestimmte Information aufnehmen, werden automatisch damit verbundene Schemata aktiviert. Das äußert sich einerseits in Assoziationen (‚dazu fällt mir ein'), andererseits in Form hierarchischer Ein- und Zuordnungen (‚das ist doch wie…' oder ‚das gehört zu…').[61] Dies wiederum ermöglicht erste Annahmen zum Sinn der Information und dem Kontext, in dem sie steht. Schemata sind somit „aufgrund bisheriger Erfahrungen gebildete Erwar-

---

[61] Der Spreading-Activation-Ansatz (Collins & Loftus 1975) geht davon aus, dass im neuronalen Gedächtnisnetzwerk alle Schemata bzw. Propositionen über unterschiedlich viele Schritte miteinander verknüpft sind. Wird ein bestimmtes Thema angesprochen, wird zunächst dasjenige Neuron aktiviert, das die Proposition direkt repräsentiert, und danach alle anderen Neuronen, die innerhalb einer bestimmten Entfernung damit verbunden sind – die Aktivation der Neuronen breitet sich gleichsam in einer Kettenreaktion aus.

tungsstrukturen" (Schnotz et al. 1981: 550). Wenn beispielsweise das Wort ‚Schloss' auftaucht, denken viele an ein großes, prachtvolles Haus und aktivieren das entsprechende Schema. Tritt das Wort ‚kalt' hinzu, entwickelt sich vielleicht die Vorstellung eines düsteren und verlassenen Schlosses, in dem es schrecklich kalt ist – das Schema des ‚Geisterschlosses' wird aktiviert. Schemata erlauben es also, neue Informationen extrem schnell zu *kategorisieren* und damit zu verstehen. Diese Form der Objekterkennung ist jedoch wegen der Gefahr voreiliger Fehlinterpretationen mit einer gewissen Unsicherheit behaftet. Kommt in unserem Beispiel als nächstes das Wort ‚Fahrrad' hinzu, erweist sich das ‚Geisterschloss'-Schema als unpassend. Es öffnet sich ein anderes Schema, das eine sinnvolle Interpretation der drei Wörter erlaubt: „Wegen der Kälte lässt sich das Fahrradschloss nicht mehr öffnen."

Schemata erlauben nicht nur ein schnelles Erkennen von Objekten, sie ermöglichen auch ein tieferes Verständnis durch *Inferenzen*. Das sind Hypothesen darüber, wie separate Informationen zusammenhängen, auch wenn dazu keine expliziten Aussagen vorliegen. Ohne die menschliche Fähigkeit, Informationslücken durch Inferenzen zu schließen, wären die meisten Texte und Medieninhalte unverständlich. Eine einfache Nachrichtenmeldung mag das illustrieren. „Der maskierte Täter überfiel die Bankfiliale mit einer Waffe und entwendete 10.000 Euro. Die Bankangestellte erlitt einen Schock." Nirgends wird erwähnt, was für eine Waffe der Täter trug und warum, was er mit der Waffe machte, wie er das Geld entwendete, woher das Geld kam oder warum die Bankangestellte einen Schock erlitt. Dennoch inferieren Rezipienten alle diese (impliziten) Informationen, indem sie das unvollständige Gerüst expliziter Informationen mit ihren Schemata und Skripts abgleichen und die Lücken mit ihrem Weltwissen auffüllen.[62]

Schemata erzeugen Erwartungen, welche Informationen wahrscheinlich als nächstes auftreten. Besonders Skripts bestimmter Textsorten oder Mediengenres – ‚Geschichtengrammatiken' (‚story grammars') – erlauben Prognosen darüber, wie es in einer Geschichte oder einer Argumentation weitergeht (Rumelhart 1975; Thorndyke 1977; van Dijk 1980). Eine solche hypothesengesteuerte Verarbeitung von Informationen (Top-down oder Concept-driven) reduziert nicht nur den kognitiven Aufwand, da bestimmte Bedeutungen von vornherein ausgeschlossen werden können. Sie liefert auch die Erklärung für die menschliche Fähigkeit zur willkürlichen Zuwendung von Aufmerksamkeit. Wenn eine Person eingehende Informationen vor dem Hintergrund ihrer aktivierten Schemata und Bedürfnisse als relevant einstuft, widmet sie ihnen große Aufmerksamkeit; andernfalls wird die Aufmerksamkeit auf andere Umweltreize verlagert. Es liegt auf der Hand, dass auch Selektionsprozesse bei der Mediennutzung nach diesem Muster ablaufen. Schemata sind ein wesentliches Hilfsmittel bei der Evaluation von Medienangeboten innerhalb der Selektionsphase: Sobald man ein Thema oder ein Genre erkennt, das man *nicht* rezipieren möchte, kann man die Evaluation beenden und sich einem anderen Angebot zuwenden. Tatsächlich verfügen Fernsehzuschauer über erstaunliche Fähigkeiten, TV-Genres innerhalb weniger Sekunden zu erkennen (Abschnitt 4.3.6).

---

[62] Diese Fähigkeit hat zur Folge, dass Mediendarstellungen – egal, ob Geschichten oder Argumentationen – niemals alle Informationen explizieren. Dies würde sogar von Rezipienten als umständlich und überflüssig empfunden.

Gelangen Informationen ins Langzeitgedächtnis, müssen sie in bereits vorhandene Wissensstrukturen integriert werden, um dauerhaft gespeichert zu werden. Neuer Input wird dabei üblicherweise als semantisches Wissen in bestehende Schemata eingeordnet, so dass sich diese entsprechend erweitern oder verändern. Je stärker Menschen bei der Rezeption eines Inhalts über diesen nachdenken, d.h. je mehr Verbindungen sie zwischen dem Input und ihren (schematischen) Wissensstrukturen herstellen, desto effizienter und dauerhafter lernen sie (Anderson 1996: 188). Passen die Informationen in keines der bisherigen Schemata, werden sie mit einer hohen Wahrscheinlichkeit wieder vergessen. Handelt es sich um besonders auffällige oder relevante Informationen, können sie als episodisches Wissen die Grundlage für ein neues Schema bilden. Das erklärt, warum Menschen die meisten Inhalte, zu denen sie kein oder nur ein geringes Vorwissen haben, nur selten dauerhaft lernen (Graber 1988: 206). Entsprechend gering sind die Behaltensleistungen von Nachrichtensehern mit geringem Vorwissen (z.B. Findahl & Höijer 1975, 1985). Brosius (1991: 288) vermutet, dass bei der Mediennutzung schemageleitete Informationsverarbeitung generell eine große Bedeutung hat, da „viele Medieninhalte gleichartiger, stereotyper oder zyklischer Natur sind" – man denke nur an Daily Soaps und standardisierte Nachrichtenformate mit einer Fülle regelmäßig wiederkehrender Akteure und Ereignisse.

Nicht nur das Verstehen und Lernen von Medieninhalten (Rezeption) lässt sich schematheoretisch erklären, sondern auch die Art, wie Menschen mit Medien umgehen (Selektion). Für alle häufigen Abläufe wie Radfahren, Zähneputzen, aber auch Fernsehen, Websurfen oder Zeitunglesen existieren Skripts. Während ein Individuum seine ersten Episoden einer Tätigkeit noch als episodisches Wissen speichert, verdichtet sich dieses Wissen nach einigen Wiederholungen zu einem Skript. Je häufiger man den Ablauf selbst vollzogen und/oder je häufiger man andere dabei beobachtetet hat (gemäß dem sozialen Modell-Lernen nach Bandura 2000), desto schneller und leichter ist ein Skript verfügbar. Tätigkeiten, zu denen ein festes Skript existiert, können mit minimaler Aufmerksamkeit bzw. kognitiver Energie mehr oder weniger unbewusst ablaufen. Je weniger kognitive Kontrolle nötig ist, desto automatisierter erfolgt ein Ablauf. Automatische und kontrollierte Informationsverarbeitung lassen sich dem entsprechend als die beiden Pole eines Kontinuums des kognitiven Energieaufwandes betrachten (Hannover et al. 2004: 179ff.). Dreyfus & Dreyfus (1987) zufolge liegt in der Automatisierung der Kern jeder Expertise: Deshalb agieren auch Experten wie z.B. Ärzte häufig intuitiv und können kaum erklären, warum und wie sie etwas tun. Das gilt natürlich für alle alltäglichen Tätigkeiten, zu denen auch viele Mediennutzungsabläufe gehören, was bekanntlich den methodischen Zugriff auf Mediennutzungsmotive und -prozesse durch Selbstauskunft erschwert (Abschnitt 3.1.2).

Heuristiken

Es klang bereits an, dass bei schemageleiteter Informationsverarbeitung immer die Gefahr voreiliger Fehlschlüsse besteht. Kategorisierungen und Inferenzen auf der Basis weniger Informationen treffen zwar mit einer recht hohen Wahrscheinlichkeit zu, dennoch bleibt immer ein nennenswerter Anteil an Fehlentscheidungen. Während Schemata die ‚Infrastruktur' einer schnellen und leistungsfähigen Informationsverarbeitung bilden, bezeichnet man den kognitiven Prozess als *Heuristik* (ähnlich Brosius 1991: 294). Der Begriff existiert in seiner psychologischen Bedeutung seit den 1970er-Jahren und ist eng verbunden mit dem Forschungsprogramm von Tversky & Kahneman über *Heuristiken* und *Biases*. Die Autoren untersuchten, wie Menschen Wahrscheinlichkeiten einschätzen und welche Bedingungen eine schemageleitete Verarbeitung zu falschen Ergebnissen führen.[63] Aus den Ergebnissen ihrer Experimente leiteten Tversky & Kahneman mehrere Typen von Heuristiken ab.

Die *Verfügbarkeitsheuristik* (‚Availability Heuristic') etwa unterstellt, dass Personen sich bei der Entscheidungsfindung auf Informationen stützen, die für sie zum Zeitpunkt der Entscheidung kognitiv leicht verfügbar sind. Die wahrgenommene Wahrscheinlichkeit eines Ereignisses ist um so größer, je leichter oder schneller eine Person in der Lage ist, sich typische Beispiele (= Schemata) für dieses Ereignis vorzustellen oder in Erinnerung zu rufen (Tversky & Kahneman 1973). Ein Beispiel illustriert den Effekt: Wenn man aus einem englischen Buch zufällig ein beliebiges Wort herausgreift – wie hoch ist die Wahrscheinlichkeit, dass entweder der erste oder der dritte Buchstabe ein ‚k' ist? Die meisten Versuchspersonen hielten ersteres für wahrscheinlicher, obwohl es im Englischen dreimal mehr Wörter mit einem ‚k' an dritter Stelle gibt. Der Grund für diese Fehleinschätzung liegt in der besseren kognitiven Verfügbarkeit von Wörtern, die mit einem ‚k' beginnen. Die Verfügbarkeitsheuristik ist für zwei Arten von Verzerrungen besonders anfällig: (a) Je *lebhafter* die Darstellung einer Information ist, desto verfügbarer ist sie während der Entscheidung, und sie wird entsprechend tendenziell überschätzt. (b) Die *Präsenz* einer Information hat denselben Effekt. Befragt man beispielsweise Personen, ob es mehr Todesfälle durch Magenkrebs oder durch Autounfälle gibt, dann werden letztere deutlich überschätzt, obwohl mehr als doppelt so viele Menschen an Magenkrebs sterben (Russo & Schoemaker 1989). Der Grund: Während man mit Verkehrsunfällen vergleichsweise oft konfrontiert ist, z.B. in der Medienberichterstattung, ist die Präsenz von Magenkrebsfällen recht schwach.

Die *Repräsentativitätsheuristik* besagt: Je repräsentativer bzw. typischer ein Ereignis für die Gruppe (= das Schema) ist, aus der es stammt, als desto wahrscheinlicher wird das Ereignis wahrgenommen. Ein einfaches Beispiel: Wir sehen auf einem Universitätscampus einen Studierenden mit Anzug und Krawatte und werden gefragt, ob es sich unserer Ansicht nach um einen Germanistik- oder einen Jurastudenten handelt. Wir stellen uns jeweils einen typischen (= repräsentativen) Germanistik- und Jurastudenten vor und vergleichen die gesehene Person damit. Da sie eindeutig dem Klischee eines Jurastudenten entspricht und damit ein idealtypisches Exemplar des entsprechenden Schemas darstellt, entscheiden wir uns für Jura.

Die *Recognition-Heuristik* ist die einfachste und schnellste Heuristik. Sie besagt, dass sich Entscheider bei der Auswahl einer Option daran orientieren, ob ihnen diese bereits vorher bekannt war. Goldstein & Gigerenzer (1999) beschreiben dazu verschiedene Experimente. Beispielsweise sollten Versuchspersonen aus Paaren von Städtenamen eines ihnen wenig bekannten

---

[63] Vgl. zur Geschichte des Begriffs Gigerenzer & Todd (1999: 25ff.). Eine empfehlenswerte Zusammenfassung zu Tversky & Kahnemans Heuristik-Konzept findet sich bei Fiske & Taylor (1991: 381ff.) sowie bei Kahneman et al. (1982).

Landes die jeweils größere Stadt herausfinden. Es zeigte sich, dass die Teilnehmer in dem Fall, dass sie den Namen der einen Stadt bereits schon einmal gehört hatten, den der anderen Stadt dagegen nicht, fast immer die ihnen bekannte Stadt als die größere auswählten.

Es liegt auf der Hand, dass Heuristiken bei der Medienauswahl und der Verarbeitung von Medieninhalten eine Rolle spielen. Stellen wir uns einen Fernsehzuschauer vor, der unentschlossen durch die Kanäle schaltet. Sobald er auf eine ihm bekannte Sendung stößt, etwa weil er den Film schon einmal gesehen hat oder den Moderator oder die Figuren einer TV-Serie kennt, wird er dort wahrscheinlich zunächst verweilen (Recognition-Heuristik). Oder: Je eher eine Person ein unbekanntes Medienangebot einem bestimmten Genre zuordnen kann, das sie mag, desto eher wird sie sich dafür entscheiden (Repräsentativitätsheuristik). Die Verfügbarkeitsheuristik schließlich liefert die Erklärung für Priming- und Framing-Effekte (siehe auch Abschnitt 4.4.2).

4.1.2 Textverarbeitung

Auf der Grundlage der bisherigen Darstellung wird klar, dass jeder Rezeptionsakt einen aktiven Prozess darstellt, bei dem ein Rezipient die Bedeutung einer Botschaft – sei es ein geschriebener oder gesprochener Text, eine Abbildung oder ein Film – mit Hilfe seines Vorwissens zu erfassen versucht. Rezeption als Aufnahme und Verstehen von Kommunikaten ist deshalb immer eine individuelle Bedeutungskonstruktion, die zu einem Teil den tatsächlich gemeinten Inhalt einer Medienbotschaft rekonstruiert bzw. decodiert und zu einem anderen Teil neue Bedeutung in sie hinein interpretiert. Wenn zwei Personen einen Zeitungsartikel lesen, verstehen sie zwar überwiegend dasselbe, sie werden jedoch immer auch individuelle bzw. idiosynkratische Bedeutungen konstruieren, an die der Urheber des Artikels gedacht haben mag oder auch nicht.[64]

Christmann (2004) bezeichnet die „kognitive Konstruktivität des Lesens als Basis aller Mediennutzung". Bedenkt man, dass die meisten Print- und Onlinemedien textbasiert sind und gelesen werden, erscheint es angemessen, sich den grundlegenden Prozess des Lesens etwas genauer anzusehen. Da Texte eine lineare, „eindimensionale Codesequenz" (Groner 1995: 67) aufweisen, lässt sich ihre Verarbeitung weitaus besser nachvollziehen als die Rezeption von Bildern, Filmen oder multimedialen Inhalten. Bilder sind zweidimensionale Darstellungen, bei denen der ‚Scanpfad' und damit der Ablauf der Informationsverarbeitung zwar auch gewissen Regelmäßigkeiten gehorcht, aber dennoch stärker vom Betrachter abhängt (vgl. z.B. Bente 2004). Die Rezeption von Filmen erfolgt zusätzlich in einer dritten Dimension, der Zeit, und ist deshalb noch schwieriger konzeptionell-empirisch zu analysieren. Es überrascht also nicht, dass der Prozess des Lesens in der Psychologie besser erforscht ist als andere Rezeptionsformen. Schlussendlich können Befunde zur Verarbeitung geschriebener Texte zumindest teilweise auf die Rezeption gesprochener Texte übertragen werden und sind damit auch für die Analyse der Radio- und Fernsehrezeption relevant.

---

[64] Die Cultural Studies nehmen an, dass unterschiedliche Lesarten soziokulturell bedingt sind (Abschnitt 5.7.3).

Wahrnehmungspsychologische Grundlagen des Lesens

Die wahrnehmungspsychologischen Grundlagen des Lesens[65] lassen sich am besten mit Hilfe von Blickbewegungsaufzeichnungen feststellen. Demnach besteht der Lesevorgang aus dem Wechselspiel von *Fixationen*, während derer das Auge auf einer Textstelle verweilt und den Text aufnimmt, und Blicksprüngen zur nächsten Textstelle, den *Sakkaden*. Die Fixationsphasen dauern zwischen 20 und 50 Millisekunden. Um die Fovea herum, die Stelle des schärfsten Sehens beim menschlichen Auge, können im *fovealen Bereich*, der ca. zwei Grad des Sehwinkels umfasst, sechs bis acht Buchstaben scharf gelesen werden. Um diesen Bereich herum gibt es den *parafovealen Bereich* mit einem Radius von ca. zehn Grad (15 bis 20 Buchstaben), in dem noch Wortumrisse erkannt werden können. Das ermöglicht dem Leser eine flexiblere Steuerung der nachfolgenden Sakkade, da sich aus den Wortumrissen und -längen bereits Vorhersagen über die folgenden Wortarten und ihre Funktionen bilden lassen. Somit können beispielsweise kurze Partikel wie ‚und', ‚der' oder ‚ein', die meist nicht bedeutungstragend sind, übersprungen werden. Die Textaufnahme und -verarbeitung erfolgt hypothesengeleitet: Leser entwickeln entsprechend aus dem bisher aufgenommenen Textzusammenhang syntaktische oder semantische Prognosen, welche Wörter als nächstes kommen. Befinden sich im parafovealen Bereich Wörter, die diesen Prognosen entsprechen, können sie trotz der unscharfen Wahrnehmung bereits dort erkannt werden (McClelland & O'Regan 1981). Außerhalb des parafovealen Areals befindet sich der *periphere Bereich*, in dem nur noch grobe Muster wahrgenommen werden können. Während die Fixationen ca. 90 Prozent der Lesezeit umfassen, nehmen die Sakkaden nur zehn Prozent in Anspruch. Die Sakkaden überspringen im Durchschnitt acht Buchstaben und erfolgen ballistisch. Das bedeutet, dass der Zielpunkt eines Sprunges bereits beim Sprungstart feststeht und nachträglich nicht mehr verändert werden kann.

Kohärenz von Texten

Jeder Text besteht aus einer Aneinanderreihung von Aussagen bzw. Propositionen. Erst durch Verbindungen bzw. *Relationen* zwischen einzelnen Propositionen entsteht ein sinnvoll zusammenhängender bzw. kohärenter Text (Schnotz 1987: 16). Relationen enthalten jeweils zwei oder mehr miteinander verknüpfte Propositionen als Argumente und ein weiteres Argument für den Typ der Verknüpfung, wie z.B. konjunktive (und), disjunktive (oder), kausale (weil) oder intentionale (um zu) Verknüpfungen (Ballstaedt et al. 1981: 33ff.). Auf diese Weise stellt ein Text ein Netzwerk aus Propositionen dar, das einen Teil der Wissensstruktur seines Verfassers repräsentiert. Ein weiteres Mittel der Kohärenzbildung ist die *‚Argumentüberlappung'* (Kintsch 1974). Dabei kommt in einem Text ein und dasselbe Argument wiederholt vor. In den beiden Sätzen „Peter ist in Hamburg geboren" und „Hamburg hat einen Hafen" erzeugt das gemeinsame Argument „Hamburg" Kohärenz, ohne dass hierfür eine explizite Relation wie z.B. „Peter ist in der Nähe eines Hafens aufgewachsen" nötig wäre. Ferner kann ein Text *Makropropositionen* enthalten. Das sind Propositionen, die bestimmte Textinhalte auf einem abstrakten Niveau zu-

---

[65] Vgl. hierzu und dem Folgenden (Bente 2004), Paulson & Goodman (1999), Ballstaedt (1997: 31ff.), Heijnk (1997: 54ff.), Donsbach (1991: 37) sowie Just & Carpenter (1987: 25ff.).

sammenfassen und damit bestimmte Textkohärenzen *explizit* abbilden. Die Aufgabe eines Lesers ist es nun, das kohärente Netzwerk eines Textes in sein eigenes Wissensnetzwerk zu integrieren. Das vollständige und umfassende Verstehen eines Textes steht und fällt deshalb mit der Kohärenzbildung.

Verstehen von Wörtern

Doch vorher muss man erst die Wörter und ihren Sinn verstehen. Jeder Text besteht aus einzelnen Wörtern, den ‚Lexemen', die im Text durch ein Regelsystem, die Grammatik bzw. Syntax, miteinander verbunden sind. In manchen Fällen kann der semantische Gehalt eines Textes, also seine Bedeutung, allein aufgrund der enthaltenen Lexeme und ihrer Reihenfolge verstanden werden. Der syntaktisch falsche Satz „Apfel Kind essen" ist ein Beispiel dafür. Häufig muss jedoch die Syntax zur eindeutigen Decodierung des Textes zur Hilfe genommen werden. Beispielsweise lässt sich der Satz „Der Sohn schlägt den Vater" nur durch eine syntaktische Analyse verstehen. Bei Fehlen des Akkusativbezugs, etwa in der Form „Schlagen Sohn Vater", ist nicht auszumachen, wer nun wen schlägt. Nicht nur die Syntax ermöglicht das eindeutige Verstehen von Inhalten, auch der semantische Zusammenhang zwischen verschiedenen Lexemen trägt zum Textverständnis bei. Homonyme etwa, also Lexeme mit unterschiedlichen Bedeutungen, können nur im Zusammenhang richtig verstanden bzw. *monosemiert* werden: Dass der Satz „Er schraubte die Birne ein" nicht von einer essbaren Birne handelt, sondern von einer Glühbirne, wird erst durch das Prädikat ‚einschrauben' eindeutig (vgl. Früh 2001b: 50f.).

Die Beispiele unterstreichen, dass das Verstehen eines Textes ohne Vorwissen bzw. Weltwissen gänzlich unmöglich ist: Wer nicht weiß, dass ein Apfel eine essbare Frucht ist, kann mit dem Satz „Das Kind will einen Apfel" nichts anfangen. Hier kommen wieder Schemata und die bereits erwähnten ‚Geschichtengrammatiken' ins Spiel. Bartlett führte 1932 ein Experiment durch, in dem er Versuchspersonen eine mystische Indianergeschichte vorlegte. Während die Geschichte für Leser aus dem indianischen Kulturkreis eindeutig verständlich war, hatten die britischen Versuchspersonen beim späteren Nacherzählen Probleme mit dem ihnen ungewohnten Inhalt und verzerrten die Geschichte so, dass sie mit ihren kulturellen Stereotypen besser zusammenpasste. Sie wendeten also europäische und somit der Geschichte unangemessene Schemata bei der Textverarbeitung bzw. beim Texterinnern an.

Kintsch & van Dijks Modell der zyklischen Verarbeitung

Kintsch & van Dijk (1978) haben ein viel beachtetes Prozessmodell der Textverarbeitung vorgelegt. Ihr Modell der zyklischen Textverarbeitung geht davon aus, dass Lesern nur ein begrenztes Maß an kognitiver Verarbeitungskapazität zur Verfügung steht. Beim Lesen wird zunächst ein Textchunk ins Arbeitsgedächtnis aufgenommen, der je nach Textbeschaffenheit und Themenkompetenz des Lesers zwei bis zwanzig Propositionen umfasst. Im Arbeitsgedächtnis wird daraus die inhaltlich zentrale Proposition ausgewählt und durch die Überprüfung von Argumentwiederholungen und Einbettungen mit den anderen Propositionen in eine hierarchische Sinnstruktur – den ‚Kohärenzgrafen' – gebracht. Aus dem Inhalt des Arbeitsgedächtnisses kommen dann zwei bis sieben zentrale Propositionen ins Kurzzeitgedächtnis. Nun beginnt der zweite

Zyklus: Der Leser nimmt einen neuen Textchunk ins Arbeitsgedächtnis auf. Es erfolgt eine Kohärenzüberprüfung zwischen dem neuen Inhalt im Arbeitsgedächtnis und den aus dem ersten Zyklus im Kurzzeitgedächtnis verbliebenen Propositionen. Erst der dabei entstehende Kohärenzgraph ist die Grundlage der diesmaligen selektiven Speicherung im Kurzzeit- und danach im Langzeitgedächtnis. Abbildung 11 stellt den Ablauf grafisch dar.

Abbildung 11: Modell der zyklischen Textverarbeitung

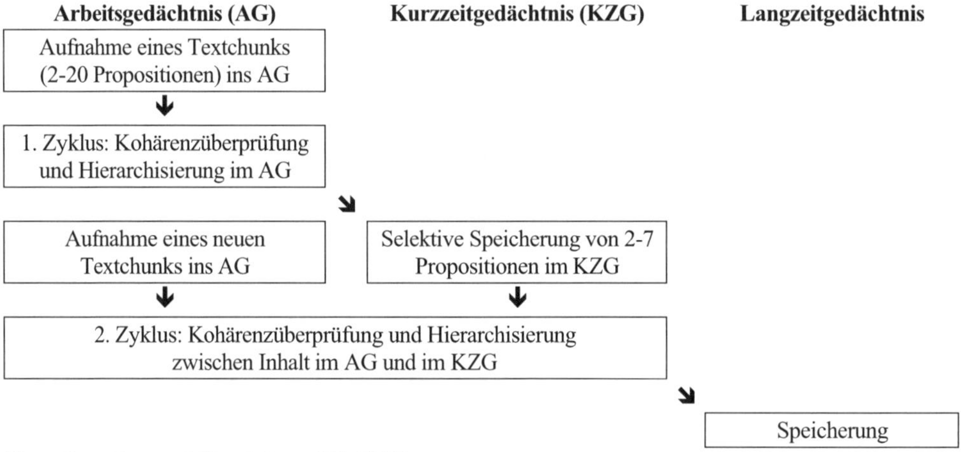

Arbeitsgedächtnis (AG)	Kurzzeitgedächtnis (KZG)	Langzeitgedächtnis
Aufnahme eines Textchunks (2-20 Propositionen) ins AG		
↓		
1. Zyklus: Kohärenzüberprüfung und Hierarchisierung im AG		
	↘	
Aufnahme eines neuen Textchunks ins AG	Selektive Speicherung von 2-7 Propositionen im KZG	
↓	↓	
2. Zyklus: Kohärenzüberprüfung und Hierarchisierung zwischen Inhalt im AG und im KZG		
		↘
		Speicherung

Eigene Darstellung nach Kintsch & van Dijk (1978).

Inferenzen

Die bisherige Modelldarstellung unterstellt, dass zwischen den aufgenommenen Propositionen ausreichend Kohärenz besteht, um einen Text zu verstehen. Das ist meist nicht der Fall. Der Text „Emil betritt die Bank mit einer Pistole in der Hand. Danach hat er es eilig, davonzukommen" ist für sich genommen nicht zu verstehen. Der Leser muss aus den vorhandenen Propositionen und seinem Weltwissen neue Propositionen, *Inferenzen*, bilden. Erst wenn man aus dem ersten Satz die Information inferiert, dass es sich um einen Banküberfall handelt, kann man den zweiten Satz in seiner ganzen Bedeutung erfassen. Die Linguistik hat eine Reihe von Versuchen hervorgebracht, Inferenzen zu klassifizieren. Wir wollen uns auf drei wesentliche Typen beschränken (nach Ballstaedt et al. 1981: 57ff.).

Intendierte Inferenzen gelten Zusammenhängen, die nicht explizit in einem Text stehen, jedoch notwendiger Weise zur Kohärenzbildung erfasst werden müssen. Solche Kohärenzlücken werden vom Autor bewusst oder unbewusst offen gelassen. Solange intendierte Inferenzen mit Hilfe des Inhalts im Arbeits- und Kurzzeitgedächtnis hergestellt werden können, also direkt und schnell verfügbar sind, erfordern sie beim Leser keinen hohen kognitiven Aufwand. Muss er jedoch weitere Informationen im Langzeitgedächtnis suchen, erhöhen sich Aufwand und Dauer. Auch ein Zurückblättern im Text zur Beschaffung zusätzlicher inferenzdienlicher Propositionen ist möglich. Führt keiner dieser Wege zur erfolgreichen Kohärenzbildung, etwa weil eine neu aufgenommene Proposition das bisherige Verständnis des Textes ‚auf den Kopf stellt', muss der Leser den bisher gebildeten Kohärenzgrafen umorganisieren, d.h. die bisherige Textverarbeitung unter Zuhilfenahme der neuesten Informationen wiederholen.

Elaborative Inferenzen bzw. *Elaborationen* gehen über den bloßen Text und seinen ‚manifesten Inhalt' (Berelson 1952: 18) hinaus und ermöglichen es, zwischen den Zeilen zu lesen und die Intentionen des Verfassers zu rekonstruieren. Ein Text lässt sich prinzipiell auch ohne Elaborationen verstehen. Je mehr Elaborationen ein Leser jedoch produziert, d.h. je mehr eine Person währenddessen nachdenkt und Verbindungen zwischen neuen Informationen und bestehendem Vorwissen herstellt, desto umfangreicher und dauerhafter ist die daraus resultierende Gedächtnisspur.[66] Dabei spielt es keine Rolle, ob der Lernprozess absichtlich (intentional) erfolgt oder beiläufig. Deshalb ist eine inzidentelle (= unabsichtliche, beiläufige) Informationsaufnahme genauso effizient wie intendiertes Lernen, solange die Informationen nur ausreichend elaboriert werden.[67] Mandl & Ballstaedt (1982) weisen beispielsweise nach, dass Versuchspersonen, die bei der Rezeption eines Textes mit lautem Denken viele Gedanken zum Text geäußert hatten, in einem unerwarteten Behaltenstest zwei Wochen später mehr erinnern konnten.

Neben der Bildung zusätzlicher Informationen durch Elaborationen sind *reduktive Inferenzen* besonders für das Behalten von Texten von Bedeutung. Niemand merkt sich jedes Detail eines Textes. Entweder werden einige wenige Details oder die semantische *Makrostruktur* behalten. Van Dijk und Kintsch haben verschiedene Taxonomien von *Makrooperatoren* entwickelt, mit deren Hilfe sie reduktive Prozesse bei der postkommunikativen Wiedergabe von Texten und beim selektiven Behalten zu modellieren versuchen.[68]

Mentale Modelle und komplexe Leser-Text-Interaktion

An Kintschs & van Dijks Modell wurde einige Kritik geäußert (z.B. Schnotz 1994: 171ff.). Tatsächlich zeigen Studien, dass selbst explizit-kohärente Texte, die eigentlich leicht zu verstehen sein müssten, erhebliche Verständnisprobleme verursachen, wenn sie die Erwartungen der Leser verletzen (vgl. etwa Collins et al. 1980). Vermutlich entwickeln Leser von Anfang an eine holistische Vorstellung bzw. ein ‚mentales Modell' (Johnson-Laird 1983) vom Inhalt eines Textes. Dieses prägt den Lese- und Verstehensprozess maßgeblich und erleichtert die Top-down-Verarbeitung (vgl. auch Sanford & Garrod 1981). Eine weitere Kritik betrifft die Vernachlässigung von Rezipientenvariablen (z.B. Ballstaedt et al. 1981: 56). Kintschs & van Dijks Modell unterstellt einen Leser, der einen Text ohne spezifische Nutzungsmotive, Interessen und Wissensvoraussetzungen linear liest und vollständig erfassen möchte. Vermutlich stellt diese Situation jedoch die Ausnahme dar, da Leser häufig genug Texte nur überfliegen bzw. scannen (siehe auch Abschnitt 5.2.1). Stattdessen treffen Leser mit bestimmten Eigenschaften auf Texte mit bestimmten Eigenschaften, weshalb man sich die Leser-Text-Interaktion als einen komplexen Ab-

---

[66] Zur Verarbeitungstiefe vgl. den Levels of Processing-Ansatz von Craik (1972).
[67] Das ist besonders im Rahmen der Nachrichten- und Werberezeption von Bedeutung: In beiden Fällen können Rezipienten Inhalte lernen, auch wenn sie es gar nicht bewusst vorhaben oder wollen.
[68] Vgl. etwa van Dijk (1980) sowie die Überblicke bei Ballstaedt et al. (1981: 70ff.) und Groeben (1982: 43f.).

lauf mit den verschiedensten Top-down- und Bottom-up-Prozessen vorzustellen hat. Abbildung 12 veranschaulicht diesen Sachverhalt.

Abbildung 12: Kognitionszyklus beim Textverstehen von Neisser

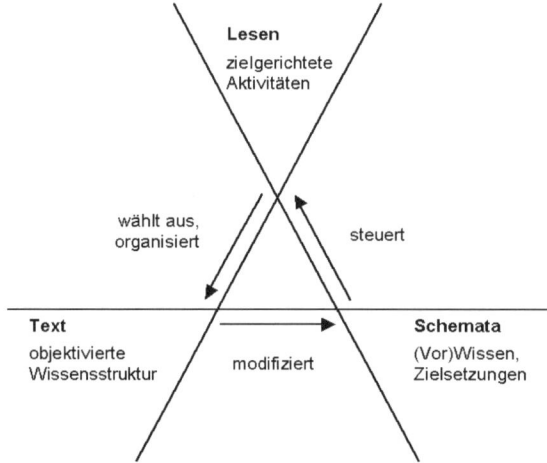

Quelle: Neisser (1979: 27)

4.1.3 Bildverarbeitung und Multimedia

Wie bereits angesprochen, lassen sich Rezeptionsprozesse bei Bildern, Filmen und Multimedia-Anwendungen schlechter analysieren als das Lesen von Texten. Entsprechend unbefriedigend ist der Forschungsstand. Dennoch lassen sich einige grundlegende Erkenntnisse festhalten.

Bilder werden vornehmlich in der rechten Gehirnhemisphäre verarbeitet, die Umweltreize ganzheitlich behandelt – im Gegensatz zur analytischen, linken Hemisphäre, die für Text und Sprache zuständig ist (z.B. Kroeber-Riel & Weinberg 2003: 353). Deshalb können Bilder extrem schnell visuell aufgenommen und sensorisch gespeichert werden, ohne dass dabei eine tiefere kognitive Verarbeitung stattfinden muss. Standing (1973) zeigte in einem Experiment jeder seiner Versuchspersonen in schnellem Ablauf 10.000 Bilder, von denen danach durchschnittlich über 6.000 wiedererkannt wurden.

Bilder und sonstige grafische Objekte heben sich deutlich von einem sie umgebenden Text ab. Sie bilden einen klaren *Kontrast* zu ihrem Umfeld und entsprechen mit ihrer „Einfachheit, Symmetrie und Regelmäßigkeit" dem gestaltpsychologischen ‚Prinzip der guten Gestalt' bzw. dem Prägnanzgesetz (Zimbardo 1995: 190). Deshalb nehmen Rezipienten üblicherweise Bilder *vor* Texten wahr. Das gilt für Zeitungen (Donsbach 1991: 135), Werbeanzeigen (Kroeber-Riel & Weinberg 2003: 256), Cartoons (Groner 1995: 68) und Multimedia-Anwendungen (Weidenmann 1997a).

Der von Nelson (1976) behauptete *Pictorial-Superiority-Effect* wird ferner mit dem Vividness-Konzept erklärt (Nisbett & Ross 1980; Brosius 1995: 44). Demnach nehmen Rezipienten lebhafte Stimuli wie grafische, bildliche oder bewegte Objekte mit einer höheren Wahrscheinlichkeit wahr. Bilder, Filme und multimediale Inhalte, die besonders auffällig bzw. lebhaft sind, können sogar einen Orientierungsreflex hervorrufen. Das machen sich beispielsweise animierte Banneranzeigen oder Werbe-Popups auf Websites zunutze (Diao & Sundar 2004).

Als weitere Begründung für die Überlegenheit von Bildern gilt die bereits angesprochene *Dual-Coding-Theorie* von Paivio (1971), die Engelkamp (1991) zu einer multimodalen Theorie weiterentwickelt hat. Sie nimmt an, dass Menschen neue Stimuli generell in einer sprachlichen bzw. propositionalen Codierung einerseits und als inneres Bild (Imagery) andererseits abzuspeichern versuchen. Da sich der Inhalt von Bildern leicht in eine propositionale Codierung (= verbale Beschreibung) umwandeln lässt, der Inhalt eines Textes jedoch nur selten in ein Bild, folgert Paivio, dass Bilder leichter behalten werden. In Experimenten stellte er folgende Rangfolge der Erinnerungsleistung fest: (1) Reale Objekte werden besser erinnert als Bilder; (2) Bilder werden besser erinnert als konkrete Wörter (z.B. Klavier, Hund oder Pfeife); (3) konkrete Wörter werden besser erinnert als abstrakte Begriffe wie Gerechtigkeit, Trauer oder Liebe (vgl. Kroeber-Riel & Weinberg 2003: 354f.).

Daraus resultierte die Annahme, dass Informationen allgemein dann am besten verarbeitet und behalten werden, wenn sie in möglichst vielen unterschiedlichen Codierungen (Text, Bild, Ton usw.) bzw. Sinneskanälen (besonders visuell und auditiv) aufgenommen werden (Cue-Summation-Theory von Severin 1967). Die Annahme galt lange Zeit als Credo der multimedialen Didaktik. Ihr lag eine ‚naive Summierungstheorie' zugrunde, der zufolge sich die gesamte Lernleistung bei mehreren Kanälen als Summe der kanalspezifischen Lernleistungen berechnen lässt (Ballstaedt 1990; vgl. auch Weidenmann 1997b). Das gilt freilich nur, solange die Codierungen *redundant* sind. Studien zur Informationsleistung von Nachrichten zeigen, dass Filmbeiträge (Text und Bild) tatsächlich besser erinnert werden als reine Sprechermeldungen. Passen Text und Bild inhaltlich nicht zusammen (Text-Bild-Schere, Wember 1983), verschlechtert sich die Informationsleistung (vgl. den Überblick bei Brosius 1998b).

Allerdings verbessert Multimedialität per se die Aufnahme- und Verarbeitungsleistung nur unwesentlich. Als Hauptfaktor gilt die „aktive und bedeutungsvolle Auseinandersetzung" (Schaumburg & Issing 2004: 726) des Rezipienten mit einem Medieninhalt – wir haben sie soeben als ‚elaborative Inferenzen' kennengelernt. Salomon (1984) fand, dass der Lerneffekt bei Fernsehbeiträgen geringer war als bei gedruckten Texten. Er führte dies auf den unterschiedlichen Aufforderungscharakter der Mediengattungen zurück: Während Printmedien-Nutzer eine höhere kognitive Aktivität aufbringen, sind Fernsehzuschauer meist passiv und kaum zur Aufwendung mentaler Energie bereit (Abschnitt 4.4.1). Andererseits können Bilder, Töne und Filme eine aktivierende Wirkung haben und Rezipienten zu einer intensiveren Beschäftigung mit einem Medieninhalt motivieren (Kroeber-Riel & Weinberg 2003: 256). Das Elaboration-Likelihood-Model etwa betrachtet Bilder usw. als auffällige Schlüsselreize, die besonders von schwach involvierten Rezipienten aufgenommen werden und bei ihnen stärker wirken als argumentative Texte. Diesen Effekt machen sich besonders Werbeanzeigen und Lehrmaterialien zunutze.

Zusammenfassend lässt sich feststellen, dass die Rezeption von Bildern, audiovisuellen Medien und multimedialen Inhalten nach anderen Regeln abläuft als die Verarbeitung von Texten. Wie diese Regeln beschaffen sind, ist weitgehend unbekannt. Grundsätzlich werden Bilder leichter verarbeitet und behalten als Text. Dieser Effekt wird jedoch bei der praktischen Mediennutzung von verschiedenen Faktoren auf der Rezipienten- (Vorwissen, Nutzungsmotiv, Involvement usw.) und Angebotsseite (Inhalt, Gestaltung, technische Präsentation usw.) überlagert, so dass von einer generellen Bildüberlegenheit keine Rede sein kann (so auch Weidenmann 1997b aus didaktischer Sicht).

4.1.4 Emotionen und Stimmungen

Während die kognitive Psychologie mit der Vorstellung einer computerähnlichen menschlichen Informationsverarbeitung über einen gut fassbaren und empirisch belastbaren Rahmen verfügt, ist der psychologische Forschungsstand zu Emotionen bzw. Affekten und Stimmungen uneinheitlicher. Wir greifen uns deshalb wieder einige Ansätze heraus, die für die Erklärung von Mediennutzungsprozessen hilfreich erscheinen. Für einen tieferen Einstieg in die Materie sei auf emotionspsychologische Überblicke verwiesen (z.B. Otto et al. 2000; Parkinson et al. 2000).

Wie bereits in Abschnitt 3.3.2 erläutert, versuchen einige Ansätze, *modale Emotionen*, also abgrenzbare Typen von Gefühlen, zu definieren und zu operationalisieren. Bereits Wilhelm Wundt (1896), einer der Pioniere der modernen Psychologie, stellte jedoch durch Introspektion fest, dass menschliche Gefühle auf verschiedenen Ebenen anzusiedeln sind und einfache Kategorisierungen nicht ausreichen. Seither werden mehrdimensionale Emotionstheorien diskutiert, die sich hauptsächlich durch die Anzahl und Beschaffenheit der Dimensionen unterscheiden.

Zwei-Faktoren-Modell

Das bis heute populäre Zwei-Faktoren-Modell von Schachter & Singer (1962) nimmt zwei Dimensionen *Erregung* (‚arousal') und *Bewertung* (‚appraisal') an. Es geht davon aus, dass ein Stimulus bei Menschen zunächst zu physiologischer Erregung führt, die sich durch erhöhte Herzfrequenz, beschleunigte Atmung, Schweißausbruch, geweitete Pupillen oder sonstige körperliche Reaktionen auszeichnet. Die Erregung bestimmt die Intensität einer Emotion. Erst durch den Versuch, eine erlebte Erregung und den verursachenden Stimulus zueinander in Beziehung zu setzen und durch eine kognitive Operation zu bewerten (Appraisal), ergibt sich die Qualität oder Tönung der Emotion. Stellt sich heraus, dass die Erregung auf keiner emotionalen Ursache beruht, sondern beispielsweise von rein körperlicher Anstrengung herrührt, erlebt man keine Emotion. Der Ansatz verdeutlicht, dass sich Fühlen und Denken nicht trennen lassen, denn erst durch die kognitive Verarbeitung erregender Umwelteinflüsse erreicht eine Emotion ihre ganze Tragweite. Man darf sich das Appraisal dennoch nicht als bewussten Prozess vorstellen. Emotionale Bewertungsprozesse erfolgen in anderen Hirnarealen als diejenigen, die für Denken, Vernunft und Bewusstsein zuständig sind (Zillmann 2004a: 113).

Das Zwei-Faktoren-Modell liegt auch den Circumplex-Modellen zugrunde, die Emotionen wie Traurigkeit, Freude oder Wut auf einem zweidimensionalen, kreisrunden Koordinatensystem mit einer Erregungsachse (ruhig versus erregt) und einer Bewertungsachse (angenehm versus unangenehm oder Lust versus Unlust) anordnen (z.B. Abele-Brehm & Brehm 1986). Lazarus & Folkman (1987) schlagen in ihrer Bewältigungstheorie eine Zweiteilung des Appraisal in *primäre* und *sekundäre Bewertungen* vor. Primäre Bewertungen beziehen sich auf die Ursachen und Bedingungen einer Erregung. Sekundäre Bewertungen dienen der emotionalen Bewältigung (Coping) von Ereignissen und liefern damit Handlungsstrategien, wie man negative Emotionen wie Stress verringern oder beenden und positive Emotionen beibehalten oder verstärken kann.

Drei-Faktoren-Theorie

Die medienpsychologische Drei-Faktoren-Emotionstheorie von Zillmann (2004a) greift diesen Ansatz auf, konkretisiert die bisherigen Dimensionen Erregung und Bewertung und fügt eine ‚Dispositionskomponente' hinzu.

- Die Dispositionskomponente ist ein „verhaltenssteuernder Mechanismus" (ebd.: 112). Verschiedene emotionale Auslöser können bei Menschen unwillkürliches Verhalten verursachen, das ohne Einbeziehung des Neokortex erfolgt, also ohne bewusste Informationsverarbeitung. Die Auslöser können entweder natürlich oder erlernt (konditioniert) sein. Sieht man beispielsweise in einem Kinofilm eine extrem brutale oder eklige Szene, wendet man sich unwillkürlich von der Leinwand ab (natürlicher Auslöser). Ein Beispiel für einen gelernten Auslöser: Hat man im Lauf seines Lebens gelernt, dass Spritzen immer mit unangenehmen Emotionen und Schmerz verbunden sind, schaut man vielleicht bei einem Film automatisch weg, wenn sich in Großaufnahme eine Spritze der Haut nähert.

- Die Erregungskomponente ist als „energieliefernder Mechanismus" konzipiert (ebd.) und wird ebenfalls durch natürliche oder erlernte Auslöser angesprochen. Je erregender ein Stimulus ist, desto stärker motiviert er eine Person zu einem bestimmten Verhalten und desto mehr Aufwand ist sie dafür zu investieren bereit. Das gilt besonders für erregende und energieaufwändige sexuelle Betätigungen (Zillmann 1998, 2004b).

- Die Erlebenskomponente schließlich ist ein „Mechanismus für die Überwachung, Beurteilung und erforderliche Korrektur von bewusst gewordenem emotionalem Verhalten" (Zillmann 2004a: 113). Während Verhalten und Erregung prinzipiell unwillkürlich und automatisch ablaufen, bilden die Wahrnehmung und Bewertung von Emotionen eine kognitiv kontrollierte Instanz. Die Erlebenskomponente bestimmt, welches Gefühl ein Mensch bewusst empfindet und in einer Befragung in Selbstauskunft angeben würde. Sie überwacht ferner, ob eine erfolgte Erregung und ein damit verbundenes Verhalten in Anbetracht des persönlichen Selbstbildes einer Person und der Kontextbedingungen wünschenswert ist und fortgeführt/verstärkt oder beendet/vermindert werden soll. Ein Beispiel: Man sieht in einer Fernsehsendung à la ‚Pleiten, Pech und Pannen', wie eine Person besonders dramatisch oder albern stürzt, und lacht unwillkürlich darüber. Dann setzt die kognitive Überwachung ein. Man überlegt, dass sich die Person ernsthaft verletzt haben könnte und man über einen solchen Unfall nicht schadenfroh lachen darf. Sofort revidiert man sein Verhalten und hört auf zu lachen. Die Erlebenskomponente bringt somit „impulsives emotionales Verhalten, das durch elementare, wenn nicht archaische, vorgegebene und erworbene Reiz-Reaktions-Verbindungen gesteuert wird, unter kognitive Kontrolle" (ebd.: 114).

Die Drei-Faktoren-Theorie betont einerseits den Automatismus emotionaler Reaktionen und damit die Instinkthaftigkeit von Gefühlen und andererseits ihre Dynamik, da sich Emotionen auf allen drei Ebenen binnen eines Augenblickes ändern können.

Erregungsübertragung

Auch wenn eine Erregung unwillkürlich und unmittelbar nach einem Umweltreiz einsetzen kann und sogleich durch die Erlebenskomponente kontrolliert wird, so bleibt das Erregungsniveau häufig Minuten oder gar stundenlang erhöht, bevor es wieder auf den ursprünglichen Stand zurückfällt. Da Erregung unspezifisch ist, d.h. keine eigene emotionale Qualität bzw. Richtung aufweist, kann es bei aufeinander folgendem emotionalen Verhalten und Erleben zu einer *Erregungsübertragung* (Excitation-Transfer) kommen (u.a. Zillmann 1983): Dabei trifft ein emotionalisierender Stimulus zu einem Zeitpunkt auf eine Person, wo diese noch von einem vorherigen Stimulus erregt ist, das aber nicht mehr als bewusste Emotion erlebt. Es kommt zu einer kumulativen Verstärkung beider Reize und eventuell zu einer neuen Bewertung der Erregung: Die Person glaubt, sie sei wegen des neuen Reizes erregt und interpretiert die aktuelle Emotion entsprechend. Wer beispielsweise nach der Rezeption pornografischen Materials sexuell erregt ist, reagiert eventuell in einer nachfolgenden Konfliktsituation umso aggressiver (Zillmann 1998). Der Effekt der Erregungsübertragung kann auch von Medienproduzenten zur Verstärkung des Unterhaltungserlebens eingesetzt werden: Wenn ein Film zunächst eine eklige oder gewalthaltige Szene zeigt und damit das Erregungsniveau der Zuschauer erhöht, führen Witze oder Gags im Anschluss zu verstärkten Humorreaktionen, die noch von der ursprünglichen Erregung ‚profitieren'.

Component-Process-Model

Ein Emotionsmodell, das in der Medienpsychologie trotz seiner Komplexität einige Beachtung gefunden hat (z.B. Winterhoff-Spurk 2000: 86f.; Unz & Schwab 2003: 306), ist das *Component-Process-Model* von Klaus R. Scherer (2001). Es konzipiert Emotionen als dynamisches Zusammenspiel von fünf organischen Subsystemen bzw. Komponenten (Tabelle 8).

Interessant sind besonders Scherers Annahmen zur ersten Komponente, der kognitiven Appraisal-Komponente: Jeder Umweltreiz wird durch permanente ‚Stimulus-Evaluation-Checks' (SECs) auf seine emotionale Bedeutung für das Individuum bzw. eine Veränderung seiner Bedeutung überprüft. Erst wenn dieser Filter durchlaufen ist, befassen sich die anderen Komponenten mit dem Stimulus. Die vier SECs laufen nach einer bestimmten Reihenfolge ab und können jederzeit abgebrochen werden. Das ermöglicht dem Individuum die affektive Evaluation von Objekten und Ereignissen mit minimaler kognitiver Energie.
- Im ersten Schritt der SECs wird die Relevanz eines Stimulus anhand von mindestens drei Kriterien evaluiert: Ist der Stimulus neu oder bereits bekannt? Verfügt er über das Potenzial, intrinsisches Vergnügen zu bereiten? Dient er den Zielen des Individuums oder behindert er

- sie? Trifft keines dieser Kriterien zu, ist der Stimulus emotional irrelevant, und die Verarbeitung wird beendet.
- Im zweiten Schritt wird bestimmt, welche Folgen der Stimulus für das Individuum haben kann (,implication assessment'), ob er also für das Überleben und Wohlergehen des Individuums nützlich oder schädlich ist, und wie dringend eine emotionale Reaktion erfolgen muss.
- Im dritten Schritt spielt die Fähigkeit des Individuums eine Rolle, aktiv zu reagieren bzw. das Problem auch tatsächlich bewältigen zu können (Bewältigungsfähigkeit bzw. ,coping potential determination'). Ist das nicht möglich, gilt der Umweltreiz als emotional unerheblich. Als Beispiel führt Scherer einen erfolglosen Hochschulabsolventen an, der beschließt, dass man auch ohne Abschluss ein glückliches Leben führen kann, sich emotional mit der unvermeidbaren Situation arrangiert und erfolgreicher Börsenmakler wird (S. 97).[69]
- Im vierten und letzten Schritt wird die Normverträglichkeit des Objekts oder Ereignisses evaluiert (,normative significance evaluation'). Nur wenn es den internen Normen des Individuums oder gesellschaftlichen Werten (externe Normen) deutlich entspricht oder widerspricht, kommt es zu weiteren emotionalen Reaktionen.

Tabelle 8: Das Component-Process-Model und seine Bestandteile

Komponente	Organisches Subsystem	Funktion
Kognitive Komponente = Appraisal	Informationsverarbeitung	*Stimulus Evaluation Checks (SECs):* Evaluation von Objekten & Ereignissen hinsichtlich ihrer ... • ... Relevanz • ... Folgen • ... Bewältigungsfähigkeit • ... Normverträglichkeit
Neurophysiologische Komponente (peripheral efference component)	Unterstützung (support)	Systemregulierung und Energie
Motivationale Komponente	Steuerung (executive)	Planung und Vorbereitung einer Handlung
Motorische & Ausdruckskomponente (motor expression component)	Handlung (action)	Kommunikation von emotionalen Reaktionen an andere und motorische Durchführung einer Handlung
Subjektive Gefühlskomponente	Überwachung (monitor)	Überwachung des internen Zustandes und der Interaktionen zwischen Organismus und Umwelt

Eigene Darstellung nach Scherer (2001: 93).

---

[69] Das Beispiel legt Scherers offensichtlich langfristige Vorstellung von emotionaler Dynamik nahe, da eine durchgefallene Abschlussprüfung sicherlich für jeden Menschen extrem emotionalisierend wirkt, auch wenn es sich nicht ändern lässt.

Scherer weist darauf hin, dass die skizzierten SEC-Kriterien ein Minimal-Set darstellen und sich durch weitere ergänzen lassen.

Die Reaktionen auf das kognitive Appraisal erfolgen zunächst in der *neurophysiologischen Komponente*, wo sie sich – vergleichbar der Zillmann'schen Erregungskomponente – als körperliche Erregung niederschlagen und das Individuum mit Energie versorgen (daher ‚support subsystem'), die für etwaige Handlungen nötig ist. In der *motivationalen Komponente* bereitet das Steuerungssystem ein bestimmtes Verhalten vor („planning, decision making, and the preparation of action", Scherer 1987: 6), das dann in der *motorischen* und *Ausdruckskomponente* durchgeführt wird. Emotionales Verhalten kann sich entweder als Mimik[70] niederschlagen und/oder in Form körperlicher bzw. verbaler Handlungen. Wie Zillmann nimmt auch Scherer schließlich eine *subjektive Gefühlskomponente* an, die den internen Zustand des Individuums und seine Interaktionen mit der Umwelt überwacht und das subjektive Erleben von Emotionen bestimmt.

Das Component-Process-Model systematisiert nicht nur die verschiedenen Komponenten, die menschliche Gefühle ausmachen, und liefert Annahmen zu ihrem Zusammenspiel. Es ermöglicht auch die Bestimmung wahrgenommener Emotionstypen. Scherer geht davon aus, dass sich jede modale Emotion als Muster bestimmter ‚Stimulus Evaluation Checks' auf der Appraisal-Ebene bzw. als SEC-Profil abbilden lässt. Dies illustriert er u.a. am Beispiel von Angst, Stolz, Scham, Schuldgefühl (Scherer 2001: 115). Ferner hebt das Modell die Dynamik emotionaler Prozesse hervor. Appraisal-Prozesse folgen zwar einem vorgegebenen, schrittweisen Ablauf, doch beginnen permanent neue SECs, so dass mehrere SECs gleichzeitig auf unterschiedlichen Prozessstufen stattfinden. Auch die anderen Komponenten jenseits der Appraisal-Ebene interagieren laufend untereinander. In Anbetracht einer sich ständig ändernden Umwelt und wechselnder Emotionen beim Individuum sind ‚Re-Appraisals' unumgänglich: „Organisms constantly scan their environment (and their internal state) to detect and reevaluate changes" (ebd.: 99). Stellen wir uns wieder den Kinogänger vor, der bei der Spritzen-Szene mit Ekel reagiert hat. Nur wenige Sekunden später, in der nächsten Szene, wird ein Liebespaar gezeigt, das friedlich durch einen Park spaziert. Die Reizumgebung des Zuschauers hat sich völlig geändert, und das führt beim Rezipienten augenblicklich zu anderen emotionalen Reaktionen in allen Komponenten.[71]

Stimmung

Während sich Emotionen augenblicklich ändern können, gelten Stimmungen (‚mood') als längerfristiges Konstrukt. Tabelle 9 gibt einen Überblick über die wesentlichen Unterschiede zwischen Emotionen und Stimmungen (nach Parkinson et al. 2000: 19; zit. n. Schramm 2005: 20). Generell gelten Emotionen als schnell einsetzende und relativ schnell abflauende, heftige ‚Gefühlsausbrüche', die auf konkreten Ursachen beruhen und das menschliche Verhalten wesentlich

---

[70] Die Diagnose von Emotionen anhand des Gesichtsausdruckes (‚facial expression') wurde in der Emotionspsychologie intensiv beforscht (vgl. z.B. Schmidt-Atzert 1996: 106-123).
[71] Das Beispiel illustriert noch einmal Zillmanns Überlegungen zum Erregungstransfer: Da der Rezipient von der Spritzen-Szene noch stark erregt ist, empfindet er die an sich harmlose Liebeszene im Park als erregender, als er das normalerweise täte.

4.2 Kommunikationswissenschaftliche Grundlagen

beeinflussen können. In genau dieser Bedeutung wird in der deutschen Sprache der Begriff ‚Affekt' verwendet, beispielsweise ist von einer ‚Tat im Affekt' die Rede. Die Emotionspsychologie hingegen benutzt die Ausdrücke ‚Emotion' und ‚Affekt' synonym. Stimmungen dagegen sind weniger intensive ‚Gefühlstönungen' mit einem schwächeren Einfluss auf das Verhalten, die über Stunden, Tage oder Wochen anhalten können (Zillmann 2004a: 102).

Tabelle 9: Unterscheidung zwischen Stimmungen und Emotionen

	Stimmung	Emotion
Dauer	relativ langfristig	relativ kurzfristig
Zeitmuster	graduelles Einsetzen, kontinuierlich, tonisch	rasches Einsetzen, episodisch, phasisch
Intensität	relativ schwach	relativ stark
Ursache	kein spezifisches Ereignis	spezifisches Ereignis
Gerichtetheit	ungerichtet	auf konkretes Ziel gerichtet

Sieht man von diesen graduellen Differenzierungen ab, erklärt die Emotionspsychologie Stimmungen im Wesentlichen mit denselben Dimensionen oder Komponenten wie Affekte. Häufig werden Stimmungen als zweidimensionales Konstrukt begriffen, das sich als Circumplex-Modell mit den Dimensionen ‚Erregung' und ‚Bewertung' abbilden lässt (z.B. Parkinson et al. 2000). Zillmann (2002: 550) vertritt unter Berufung auf die hedonistische Leid-Freude-Dichotomie von Epikur die Auffassung, dass Stimmungen sehr wohl das menschliche Verhalten beeinflussen, dabei jedoch nur eine einzige Dimension ausschlaggebend ist, nämlich die Suche nach guter Stimmung. Anders als Epikur geht er von einem Kontinuum von sehr schlechter bis sehr guter Stimmung aus: Dabei versuchen Menschen ständig, durch ihr Verhalten ihre Stimmung zu verbessern bzw. eine bestehende gute Stimmung zu verlängern. Besonders Unterhaltungsmedien wie das Fernsehen sind ideale Mittel zur individuellen Stimmungsregulierung (Abschnitt 3.3.4).

Temperament

Sowohl Emotionen als auch Stimmungen gelten als State-Variablen, die situativen Veränderungen unterworfen sind, wenn auch in unterschiedlichen Zeitspannen. Darin unterscheiden sie sich vom ‚Temperament', das dauerhafte affektive Eigenheiten einer Person beschreibt und deshalb als Trait-Variable konzipiert wird, die einen Menschen sein Leben lang prägt, wie z.B. Neurotizismus (Abschnitt 5.4.2).

4.2 Kommunikationswissenschaftliche Grundlagen

4.2.1 Selektions- und Rezeptionsphasen

Phasen der Mediennutzung

Es hat wiederholt Versuche gegeben, den Prozess der individuellen Mediennutzung in empirisch und analytisch erfassbare Phasen einzuteilen (z.B. Levy & Windahl 1984; Donsbach 1991; Schulz, W. 2000). Generell werden präkommunikative, kommunikative und postkommunikative Phasen unterschieden.

In der *präkommunikativen Phase* vor der eigentlichen Medienzuwendung vollzieht ein Rezipient die „Auswahl eines bestimmten Mediums aus dem Angebot von mindestens zwei substituierbaren Medien" (Donsbach 1991: 26). Hierunter ist beispielsweise die Entscheidung für das Einschalten des Fernsehgeräts, der Kauf einer Zeitschrift oder die Entscheidung für ein Zeitungsabonnement zu verstehen. Gehrau (2002) spricht in diesem Fall von der ‚Zuwendungsphase'. Diese umfasst „all diejenigen sozial-kulturellen und situativen Gegebenheiten, sowie die individuellen Kognitionen, Emotionen, Motivationen und Handlungen (...), die der Nutzer-Angebot-Interaktion (unmittelbar) vorausgehen" (S. 34).

Die *kommunikative Phase* entspricht dann der eigentlichen Medienzuwendung bzw. der „Zeit der direkten Nutzer-Angebot-Interaktion" (ebd.: 36). Während die quantitativ-empirische Nutzungsforschung den Begriff ‚Mediennutzung' meist für die kommunikative Phase verwendet, unterscheiden qualitative Forscher häufig zwischen ‚Rezeption' einerseits und ‚Nutzung' bzw. ‚Aneignung' andererseits. Sie bringen damit zum Ausdruck, dass die direkte Nutzer-Angebot-Interaktion (hier Rezeption genannt) nur einen Teil des Umgangs mit Medien beschreibt und dass Menschen erst durch längerfristige und sozial geprägte ‚Aneignungsprozesse', die sich in allen Kommunikationsphasen ereignen können, Medien sinnvoll in ihr Leben integrieren und damit ‚nutzen' (Abschnitt 5.7.2).

Die *postkommunikative Phase* – bei Gehrau aus dem soeben genannten Grund ‚Aneignungsphase' genannt – ist schließlich die Phase unmittelbar nach der Mediennutzung, in der ein Rezipient die soeben aufgenommenen Medieninhalte affektiv und kognitiv verarbeitet. Sie entspricht der Zeitdauer, in der üblicherweise kurzfristige Medienwirkungen angesiedelt werden. Allerdings existiert keine theoretische Abgrenzung zwischen der postkommunikativen Phase und sonstigen, ‚nicht-kommunikativen' Zeit danach. Da die Zeit nach der Medienzuwendung in der Nutzungsforschung kaum eine Rolle spielt, ist dieses Defizit gut zu verkraften.

In allen drei Phasen finden Selektionsprozesse statt. Donsbach (1991: 28) schlägt dazu eine breite Selektionsdefinition vor: „Selektionsverhalten ist ein Prozess, in dem Individuen aus den ihnen in ihrer Umwelt potenziell zur Verfügung stehenden Signalen mit Bedeutungsgehalt aufgrund von deren physischen oder inhaltlichen Merkmalen bestimmte Signale bewusst oder unbewusst auswählen oder vermeiden".

Wirth & Schweiger (1999) legen aufbauend auf Donsbach eine medienübergreifende Systematisierung der Mediennutzung anhand der jeweiligen Selektionsprozesse vor und wenden diese auf unterschiedliche Mediengattungen an. Tabelle 10 verdeutlicht, dass sich die Kommunikationsphasen bei den jeweiligen Mediengattungen durchaus miteinander vergleichen lassen, dass andererseits aber auch erhebliche Unterscheide zwischen ihnen bestehen. Während beispielsweise der Kauf einer Zeitung zwangsläufig vor der eigentlichen Mediennutzung stattfindet, kann die Entscheidung für eine bestimmte TV-Sendung entweder in der präkommunikativen Phase, also vor dem Einschalten des TV-Geräts z.B. mit Hilfe einer TV-Zeitschrift, oder während der kommunikativen Phase fallen. Bilandzic (2004) bezeichnet alle Selektions- und Rezeptionsprozesse, die sich ‚am laufenden Fernseher' abspielen, als ‚synchrone Programmauswahl'. Es kommt hinzu, dass beim Fernsehen die Auswahl eines Senders (als Medienprodukt) und einer Sendung (als redaktionelles Angebot) als ein einziger, untrennbarer Akt gelten.

Tabelle 10: Kategorisierung von Selektionsprozessen

	Präkommunikative Phase		**Kommunikative Phase**		**Postkom. Phase**
	Phase 0: Auswahl eines Mediums oder Internetmodus	*Phase I: Auswahl eines Medienprodukts*	*Phase II: Auswahl redaktioneller bzw. kommunikativer Angebote*	*Phase III: Selektive Verarbeitung von Informationseinheiten*	*Phase IV: Selektive Erinnerung von Informationseinheiten*
Tageszeitung	Entscheidung für den Kauf einer Tageszeitung	Kauf einer Zeitung	Lesen eines Artikels	Wahrnehmung und Verarbeitung einzelner Fakten oder Bewertungen	Erinnerung an Fakten oder Bewertungen
Fernsehen	Einschalten des TV-Geräts	Entscheidung für eine Sendung	Auswahl einer Sendung (‚synchrone Programmauswahl')		
Web	Starten eines Webbrowsers	Entscheidung für ein Webangebot	Ansehen einer Webseite		

Nach Wirth & Schweiger (1999: 50).

Typologie von TV-Rezeptionsintervallen

Hasebrink & Krotz führten Anfang der 1990er-Jahre (1993; 1996b) eine Analyse der telemetrischen GfK-Daten durch, um darin individuelle TV-Nutzungsmuster zu identifizieren.[72] In diesem Zusammenhang definierten sie eine viel beachtete Typologie von Rezeptionsintervallen während der kommunikativen Phase:
- *Zuwendungsintervall*: Zeitraum der durchgehenden Fernsehsitzung einer Person;
- *Konstellationsintervall*: Zeitraum der durchgehenden Fernsehsitzung in einer sozialen Konstellation; das Hinzukommen oder Weggehen einer Person konstituiert ein neues Konstellationsintervall;
- *Kanalintervall*: Zeitraum der durchgehenden Rezeption eines TV-Kanals;

---

[72] Der Datensatz enthielt die im 30-Sekundentakt erhobenen Fernsehnutzungsdaten von 26 Singlehaushalten über zwei Wochen im Jahr 1991.

- *Nutzungsintervall*: Kombination aus Konstellations- und Kanalintervall;
- *Seheinheit*: kleinstes Intervall; wie Nutzungsintervall; umfasst zusätzlich Sendungswechsel auf einem TV-Kanal.

Der Vorteil der Typologie liegt in ihrer empirischen Anwendbarkeit, da sich alle Intervalltypen anhand telemetrischer Umschaltdaten ermitteln lassen.

Ablaufmodell der Mediennutzung

Schweiger (2001; 2002c) hat einen medienübergreifenden Versuch vorgelegt, Selektions- und Rezeptionsprozesse theoretisch zu unterscheiden. Das *Ablaufmodell der Mediennutzung* (Abbildung 13) nimmt an, dass jede Mediennutzung aus einander abwechselnden Selektions- und Rezeptionsphasen besteht. Innerhalb der Selektionsphase versucht ein Rezipient einen Medieninhalt zu finden, der seinen Bedürfnissen entspricht. Die Selektionsphase besteht aus sich abwechselnden Selektionshandlungen und Evaluationsphasen. In der Evaluationsphase wird ein soeben ausgewählter Medieninhalt, z.B. eine eingeschaltete Fernsehsendung oder eine bestimmte Webseite, kurz angesehen, um zu beurteilen, ob sich ihre Rezeption zur Bedürfnisbefriedigung eignet. Die Evaluation ist eine bestimmte Form der Rezeption, die nicht der eigentlichen Bedürfnisbefriedigung dient, sondern der Prognose, ob sich eine echte Rezeption lohnt oder nicht. Fällt die Evaluation negativ aus, folgt eine weitere Selektionshandlung (z.B. umschalten, abschalten, anklicken eines Weblinks, umblättern bzw. auf einen anderen Printartikel blicken). Der neue Medieninhalt wird wiederum evaluiert. Scheint er sich zur Bedürfnisbefriedigung zu eignen, beginnt die eigentliche Rezeption. Währenddessen findet unbewusst ein „kontinuierlicher Vergleich von erwarteter und erlangter Gratifikation" statt (Winterhoff-Spurk 1999: 56). Fallen die erlangten Gratifikationen unter ein bestimmtes Level, trifft der Nutzer eine Abbruchentscheidung und vollzieht eine weitere Selektionshandlung.

Die Vorteile des Ablaufmodells liegen in seiner zeitlich-funktionalen Gliederung des Mediennutzungsprozesses, der Unterscheidung in Selektions- und Rezeptionsphasen sowie der Beschreibung funktional unterschiedlicher Arten von Inhaltsrezeption (Evaluation und Rezeption). In seiner vollständigen Fassung integriert es darüber hinaus entscheidungstheoretische Überlegungen (Abschnitt 4.3.2). Allerdings lässt sich der Übergang von der Evaluation zur Rezeptionsphase nur bedingt empirisch messen. Ob eine Person ein Medienangebot zur Bedürfnisbefriedigung rezipiert oder um dessen Eignung dazu zu überprüfen, ist an ihrem äußeren Verhalten nicht zu erkennen; es ist lediglich durch Selbstauskunft des Rezipienten zu rekonstruieren (,Ich sehe die Sendung, um herauszufinden, ob sie mich interessiert' versus ,Ich sehe die Sendung, weil sie mich interessiert'). Eine weitere Inkompatibilität zur Intervall-Typologie von Hasebrink & Krotz ergibt sich aus der Tatsache, dass eine Selektionsphase mehrere Selektionshandlungen umfassen kann. Deshalb ist die Anzahl der Kanalintervalle eines Fernsehzuschauers innerhalb einer bestimmten Zeitspanne nicht mit der Anzahl der Rezeptionsphasen gleichzusetzen, da kürzere Kanalintervalle häufig nicht der Rezeption, sondern der Programmevaluation innerhalb von Selektionsphasen dienen. Interessanterweise entspricht das der Wahrnehmung der Rezipienten. Kaye & Sapolsky (1997) verglichen die telemetrischen Umschaltdaten von TV-

Zuschauern mit ihrer eigenen Einschätzung: Während die Teilnehmer faktisch 36,6 mal pro Stunde umschalteten, gaben sie im Befragungsteil gerade einmal 4,8 stündliche Umschaltungen an. Rezipienten unterschätzen ihre Umschalthäufigkeit vermutlich deshalb, weil sie eine Selektionsphase mit mehreren Einzelumschaltungen als einen einzigen Akt wahrnehmen.

Abbildung 13: Einfaches Ablaufmodell der Mediennutzung von Schweiger

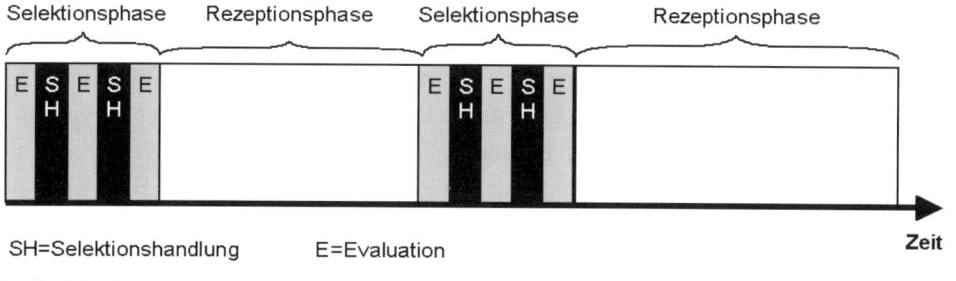

SH=Selektionshandlung   E=Evaluation

Quelle: Schweiger (2001: 77).

Typologien von TV-Kanalintervallen

Verschiedene Studien haben Typologien zur Analyse telemetrischer Fernsehnutzungsdaten vorgelegt, die zwischen unterschiedlich langen Kanalintervallen unterscheiden und diese entweder der Selektions- oder der Rezeptionsphase zuordnen. Die dicken Striche in Abbildung 14 signalisieren die jeweils angenommene Grenze. In allen Ansätzen erfolgt die Typenbildung empiriegeleitet oder auf Plausibilitätsniveau. Heeter et al. (1988) und Kaye (1997) lassen die Rezeptionsphase beispielsweise nach vier Minuten auf einem TV-Kanal beginnen, während für Hawkins et al. (1997) und Bilandzic (2004) bereits eine Dauer über fünf Sekunden ausreicht, um ein Kanalintervall als echte Rezeptionsphase zu interpretieren.

Abbildung 14: Ausgewählte Typologien von TV-Kanalintervallen

	Heeter et al. (1988)	Kaye & Sapolsky (1997)	Hawkins et al. (1997)	Bilandzic (2004)
bis 1 Sek.	Strings	Scanning	Monitoring	Scanning
2 bis 5 Sek.	Strings	Scanning	Orienting	Scanning
6 bis 15 Sek.	Strings	Scanning	Engaged Views	Scanning
16 Sek. bis unter 4 Min.	Strings	Scanning	Engaged Views	Verweilen
4 bis unter 15 Min.	Mini-Stretches	Extended Sampling	Stares	Verweilen
ab 15 Min.	Stretches	Stretch Viewing	Stares	Verweilen

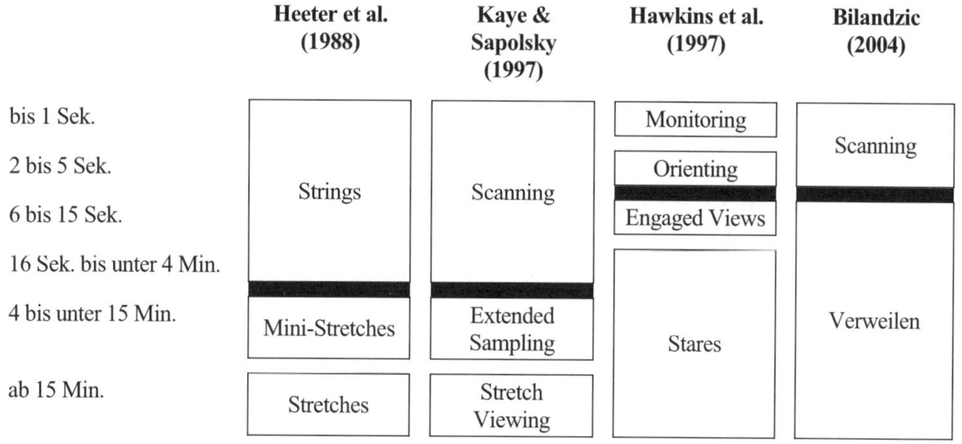

Prinzipiell lassen sich solche Typologien auch auf andere Mediengattungen anwenden, wie das beispielsweise Schweiger für die Nutzung von Webseiten (2001) getan hat. Als pragmatische Annäherungen sind sie sicherlich hilfreich, da sie eine sinnvolle Interpretation reiner Verhaltensdaten ermöglichen. Dennoch darf man nicht übersehen, dass es keinen allgemeingültigen, fix bestimmbaren Übergang zwischen Selektion und Rezeption gibt. Vielmehr bestimmen (a) Persönlichkeitsvariablen, (b) Medien- bzw. Inhaltsvariablen und (c) situative Variablen, bei welcher Kanalintervalldauer ein Rezipient eine Sendung, Webseite oder einen Zeitschriftenartikel nur evaluiert oder tatsächlich rezipiert. Während beispielsweise ein Fernsehkrimi eine dauerhafte Rezeption erfordert, um die Geschichte zu verstehen und entsprechende Gratifikationen zu erhalten, können bei einem Musikvideo mit spektakulären Bildern, schönen Menschen und großen Gesten bereits wenige Sekunden bedürfnisbefriedigend sein und damit als Rezeption gelten.

Teilweise werden Subtypen von Selektions- und Rezeptionsphasen definiert. Hawkins et al. (1997) beispielsweise unterscheiden Kanalintervalle unter zwei Sekunden, die nur eine minimale Informationsaufnahme einer Sendung zulassen und allenfalls der Bestätigung konkreter Erwartungen dienen (‚Monitoring'), und etwas längere Kanalintervalle, die immerhin ein erstes Verständnis des Inhalts ermöglichen (‚Orienting'). Bei den Kanalintervallen mit Rezeptionscharakter trennen sie ‚Engaged Views' unter fünfzehn Sekunden und längere ‚Stares'. Sobald ein Fernsehzuschauer einen Kanal länger als fünfzehn Sekunden ansieht (‚Stare'), verringert sich die Wahrscheinlichkeit einer sofortigen Umschaltung, weshalb die Autoren ab dieser Intervalldauer von einer dauerhaften Rezeption ausgehen („plateau of maximal stability", S. 249).

Auch wenn den meisten Typologien eine theoretische Fundierung fehlt, demonstrieren sie doch, dass die Mikroanalyse individueller Mediennutzung mehr erfordert als die bloße Messung der Häufigkeit von Selektionshandlungen. Nicht umsonst vermuten die meisten Autoren, dass es verschiedene Typen, Qualitäten oder Intensitäten von Rezeption gibt. Das führt uns zu einem Thema, das die Debatten in der Mediennutzungs- und Wirkungsforschung über viele Jahre prägte, nämlich zur Frage, was man unter einem aktiven Rezipienten zu verstehen hat.

4.2.2 Der aktive Rezipient – was ist Aktivität?

Überblickt man kommunikationswissenschaftliche Lehrbücher, findet man dort häufig ein Kapitel zur ‚Entdeckung' des *aktiven Rezipienten*. Dieser setze sich nur ausgewählten Medieninhalten aus (Selective-Exposure), die mit seinen Werten und Einstellungen inhaltlich konsistent sind (z.B. Schenk 2002: 605ff.; Jäckel 2002: 72ff.). Ursprünglich habe das Bild vom passiven, atomisierten Publikum vorgeherrscht, das persuasiven Medieninhalten in einem Stimulus-Response-Verhältnis beinahe schutzlos ausgeliefert ist, so die allgemeine Darstellung (Abschnitt 2.3.1). Bereits die frühen Persuasionsstudien der 1940er-Jahre zeigten, dass es mit der Wirkungsmacht der Massenmedien nicht weit her war und dass das Publikum Medienbotschaften keinesfalls rein passiv aufnimmt (Lazarsfeld et al. 1944). In den 1970er-Jahren kam dann im Zusammenhang mit der Medien- und Kanalvervielfachung ein neues Publikumsbild auf, das den Rezipienten als aktiven und bewusst handelnden Informationsverarbeiter betrachtete, der seine persönlichen und sozialen Bedürfnisse aktiv zu befriedigen versucht (Abschnitt 3.1.1). Auch wenn die Debatte, ob das Medienpublikum nun passiv oder aktiv sei, aus heutiger Sicht beinahe naiv anmutet, so hat sie doch einige Versuche provoziert, näher zu bestimmen, was Passivität bzw. Aktivität bei der Mediennutzung überhaupt ist.

Aktivität als Kontinuum

Viele Autoren verbinden mit dem Konstrukt ‚Aktivität' die Vorstellung von Rezipienten, die gern und häufig selegieren, also beim Fernsehen zappen, in Zeitschriften viel herumblättern und wenig lesen, im Web ständig auf Links klicken und interaktive Anwendungen schätzen. Schönbach (1997, 2000) hat in diesem Zusammenhang den Begriff vom ‚hyperaktiven Publikum' geprägt und gleichzeitig darauf hingewiesen, dass sich Mediennutzer häufig passiv und entspannt vom Fernsehen berieseln lassen wollen. Natürlich ist selbst der in diesem Sinne passivste Couch-Potato zu einem gewissen Grad aktiv; schließlich muss er das TV-Gerät ein- oder ausschalten und zumindest gelegentlich den Sender wechseln. Aktivität und Passivität bilden also sicherlich keine Dichotomie. Vielmehr haben wir es mit einem Kontinuum zu tun, das von einer geringen bis zu einer maximalen Aktivität reicht (Hasebrink & Krotz 1991: 131; Bilandzic 2004: 13ff.).

Aktivität als mehrdimensionales Konstrukt

Selektionshäufigkeit ist nicht die einzige Aktivitätsdimension. Wie die obigen Verhaltensbeispiele nahe legen, ist Aktivität kein eindimensionales Konstrukt, sondern umfasst mehrere Dimensionen, die mehr oder weniger untereinander zusammenhängen.[73] Levy & Windahl (1985) präsentieren (basierend auf Blumler 1979) eine Typologie mit den drei Kategorien Selektivität, Involvement und Nützlichkeit. Diese Kategorien kombinieren sie mit den bereits erläuterten Kommunikationsphasen[74] und erhalten damit eine 3x3-Matrix, in die sie einige Beispiele für Publikumsaktivität einordnen (Tabelle 11).

Unter *Selektivität* (‚Selectivity') verstehen Levy & Windahl jede Form von nicht-zufälliger bzw. gerichteter Auswahl aus einer oder mehreren Alternativen. Selektivität umfasst zunächst offensichtliche Selektionshandlungen wie TV- bzw. Radio-Umschaltungen oder Klicks auf Hyperlinks. Auch die selektive Aufmerksamkeit wie das Überfliegen von Textpassagen oder das Hin- und Wegschauen beim Fernsehen ist eine Form der Selektion. Sie lässt sich bei visuellen Medien nur mit erheblichem Aufwand durch Blickbewegungserfassung bzw. Eye-Tracking von außen messen und bei einem akustischen Medium wie dem Radio gar nicht beobachten. Selektive Aufmerksamkeit ist somit ein Grenzfall, bei dem unklar ist, ob es sich um ein kognitives oder um ein Verhaltensphänomen handelt. Wohl deshalb reduziert Bilandzic (2004) in ihrer TV-bezogenen Aktivitätssystematik die entsprechende Dimension ‚Verhaltensaktivität' auf die Anzahl von Umschaltungen. Generell kann gelten: Je höher die Selektionshäufigkeit eines Rezi-

---

[73] Deshalb schlagen einige Forscher vor, das Aktivitätskonzept ganz aufzugeben (z.B. Biocca 1988; Webster 1998).
[74] Levy & Windahl (1984) verwenden in diesem Zusammenhang die Begriffe ‚preactivity', ‚duractivity' und ‚post-activity'.

pienten, desto aktiver ist er. Selektive Erinnerung schließlich findet in der postkommunikativen Phase statt und ist deshalb Gegenstand der Wirkungsforschung.

Die *Nützlichkeit* („Utility') umfasst die Bedeutung der jeweils gesuchten Gratifikationen für einen Rezipienten und damit das Ausmaß der Motivation, mit der er nach Inhalten sucht und sie auswählt. Bilandzic spricht deshalb von ‚motivationaler Aktivität'. Hasebrink & Krotz (1991) schlagen als weitere Aktivitätsdimension die ‚Intentionalität' einer Auswahlentscheidung vor: Je gerichteter und bestimmter ein Rezipient nach einem Medienangebot sucht, als desto aktiver gilt er. Unserer Meinung entspricht die Intentionalität ziemlich genau der Nützlichkeit bei Levy & Windahl. Wer einer bestimmten Gratifikation eine hohe Bedeutung beimisst, sucht mit größerer Intensität und Ausdauer nach dem geeigneten Inhalt und versucht eine möglichst hohe ‚Entscheidungsqualität' zu erreichen (Schweiger 2005). Umgekehrt suchen Mediennutzer in Situationen, in denen sie minimale Gratifikationen erwarten, nur wenig gerichtet und entscheiden mehr oder weniger zufällig. In diesem Zusammenhang ist Rubins (1984) bereits mehrfach erwähnte Unterscheidung in instrumentelle versus ritualisierte Fernsehnutzung zu erwähnen. Während bei der instrumentellen Mediennutzung jede Auswahlentscheidung auf der Grundlage aktueller situativer Bedürfnisse neu getroffen wird und eine entsprechende Selektionsgründlichkeit erfordert, stützt sich ritualisierte Mediennutzung auf bewährte Routinen oder Abläufe. Diese haben sich in der Vergangenheit herausgebildet und ermöglichen im regelmäßigen Gebrauch eine ausreichende Bedürfnisbefriedigung bei minimalem Aufwand.

Das *Involvement* besteht nach Levy & Windahl aus zwei Bestandteilen: der persönlichen Verbundenheit eines Rezipienten mit dem jeweiligen Medieninhalt (persönliche Relevanz oder Ego-Involvement) und dem Grad seiner psychischen Interaktion mit dem Medium oder dem präsentierten Inhalt, also die Rezeptionsintensität im Sinne einer kognitiven und affektiven Auseinandersetzung mit dem Stimulus. Hierzu gehören auch parasoziale Interaktionen oder die Identifikation mit Medienfiguren. Bilandzic (2004: 13) spricht in diesem Zusammenhang von ‚kognitiver Aktivität', Krotz (2001: 74) von ‚Interpretationsaktivität'. Diese Begriffe schließen jedoch affektive Prozesse, die gerade in der Unterhaltungsnutzung eine wichtige Rolle spielen (z.B. emotionales Miterleben oder Mitfiebern), unnötigerweise aus. Wir schlagen den neutralen Begriff ‚Rezeptionsintensität' vor, der sich im Gegensatz zum schillernden Involvement-Konzept (Abschnitt 4.4.1) besser eingrenzen lässt. Andere Forscher betrachten die aktive Bedeutungskonstruktion bei der Medienrezeption als eine weitere Aktivitätsdimension (z.B. Swanson 1977; Hasebrink & Krotz 1991). Sie verweisen darauf, dass die Aufnahme und Verarbeitung medialer Inhalte und die darauf basierende Konstruktion eines persönlichen Weltbildes durch Verknüpfung der neuen Inhalte mit dem persönlichen Vorwissen ein erhebliches Maß an kognitiver Aktivität erfordert. Das ist zweifellos richtig und ermöglicht eine konzeptionelle Verbindung zur Handlungstheorie und zum symbolischen Interaktionismus (Abschnitt 5.7.1). Doch auch hier scheinen Rezeptionsintensität oder Involvement das übergeordnete Konzept zu sein; nicht umsonst führen Levy & Windahl ‚Meaning creation' als ein entsprechendes Beispiel auf.

Tabelle 11: Typologie der Publikumsaktivität mit Beispielen

Audience Orientation	Communication Sequence		
	Before Exposure	**During Exposure**	**After Exposure**
Selectivity	Selective exposure-seeking (*Dissonanzvermeidung & Gratifikationssuche*)	Selective perception (*selektive Aufmerksamkeit*)	Selective recall (*je mehr Medieninhalte ein Rezipient erinnern kann, desto aktiver ist er*)
Utility	‚Coin of exchange' (*interpersonale Kommunikation vor TV-Sendung – im Gegensatz zur Anschlusskommunikation*)	Using the gratifications obtained (*Viele Gratifikationen erfolgen bereits während der Rezeption, z.B. Unterhaltung, Bestätigung der eigenen Meinung*)	Topic use Opinion leadership (*Anschlusskommunikation; Wissenszuwachs*)
Involvement	Anticipation of exposure (*z.B. Vorfreude auf TV-Sendung; relativ selten*)	Attention Meaning creation Parasocial interaction Identification (*Tagg 1981 unterscheidet drei Bewusstseinsniveaus bei der Rezeption: subconscious, preconscious, structurally conscious*)	Long-term identification Fantasizing (*Kinder spielen z.B. Filmszenen nach; Tagträume über TV-Sendungen*)

Kursiver Text in Klammern: zentrale Aussagen im Text (eigene Darstellung nach Levy & Windahl 1985: 113).

Als vierte Aktivitätsdimension nennt Blumler (1979: 13) die *Immunität* eines Rezipienten gegenüber medialer Beeinflussung (‚*imperviousness to influence*'): Das Konstrukt verweist auf den Ursprung des Selective-Exposure-Paradigmas, das die vermeintliche Wirkungslosigkeit von Medien bei der Einstellungsveränderung durch ein aktiv auswählendes, ‚widerspenstiges Publikum' (‚obstinate audience', Bauer 1964) zu erklären versucht. Eine solche Widerspenstigkeit hängt eng mit der Rezeptionsintensität zusammen. Je interessierter ein Rezipient ist und je intensiver er sich mit einem Medieninhalt auseinandersetzt, desto weniger anfällig ist er gegenüber Beeinflussungsversuchen.[75] Die Überlegungen von Power et al. (2002: 118ff.) gehen in die umgekehrte Richtung. Sie fragen, ob Involvement – etwa im Sinne des intensiven emotionalen Miterlebens bei einem spannenden Film – die Kritikfähigkeit eines Zuschauers verringert und den möglichen Medieneinfluss verstärkt. Aus dieser Perspektive ist involvierte Mediennutzung gleichsam ein Einfallstor für mediale Beeinflussung. Wenn Immunität gegenüber Beeinflussung ein Zeichen für aktive Mediennutzung ist, lässt sich hohes Involvement wiederum als Symptom für passive Mediennutzung begreifen. Zu klären wäre ferner, ob Beeinflussungsimmunität eine Persönlichkeitsvariable – vergleichbar der ‚Persönlichkeitsstärke' (Schenk & Rössler 1997; Weimann 1992) – ist oder eine Prozessvariable, die eine tatsächlich erfolgte oder eben nicht erfolgte Beeinflussung beschreibt. In diesem Fall hätten wir es mit keiner Mediennutzungs-Komponente zu tun, sondern mit einer Wirkungsdimension (so auch Bilandzic 2004: 14).

---

[75] Das ist im Übrigen die Grundidee des Elaboration-Likelihood-Model von Petty & Cacioppo (1986).

Zusammenfassung

Auch wenn verschiedene Autoren unterschiedliche Begriffe benutzen und damit geringfügige Bedeutungsunterschiede verbunden sind, so können die von Levy & Windahl (1985) vorgeschlagenen drei Dimensionen als die wesentlichen Bestandteile von Mediennutzungs-Aktivität gelten (Tabelle 12). Alle Aktivitätsdimensionen sind prinzipiell unabhängig voneinander. Jede Aktivitätsdimension lässt sich als ein Kontinuum beschreiben, wobei totale Passivität in keinem Fall möglich ist. Alle Dimensionen können in den verschiedensten Kombinationen auftreten, wie folgende Beispiele illustrieren:

- Ein TV-Zapper schaltet schnell alle TV-Kanäle durch (minimale Selektionshäufigkeit bei geringer Entscheidungsqualität), ohne sich für eine bestimmte Sendung sonderlich zu interessieren (geringe Rezeptionsintensität).
- Ein Leser einer Fachzeitschrift überlegt sich anhand des Inhaltsverzeichnisses genau, welche Beiträge ihn interessieren (hohe Entscheidungsqualität), wählt nur diese aus (geringe Selektionshäufigkeit) und liest sie dann mit großer Aufmerksamkeit (hohe Rezeptionsintensität).
- Ein Fernsehzuschauer schaltet jeden Tag das TV-Gerät ein, wenn seine Lieblingssendung beginnt (minimale Selektionshäufigkeit und Entscheidungsqualität), und sieht diese dann mit großer Aufmerksamkeit und Begeisterung an (hohe Rezeptionsintensität).

Tabelle 12: Zentrale Aktivitätsdimensionen und ihre Bezeichnungen

Levy & Windahl (1985)	(Hasebrink & Krotz 1991)	Bilandzic (2004)	(Schweiger 2005)
Selectivity	Selektivität	Verhaltensaktivität	Selektionshäufigkeit
Utility	Intentionalität & Nützlichkeit	motivationale Aktivität	Entscheidungsqualität
Involvement	Involvement & Bedeutungskonstruktion	kognitive Aktivität	Rezeptionsgrad

Die Beispiele unterstreichen, dass alle Aktivitätsdimensionen sowohl interpersonal als auch intrapersonal variieren: Manche Personen schalten beim Fernsehen beispielsweise besonders häufig um; andere lesen generell mit großer Konzentration und Sorgfalt; wiederum andere überlegen sich immer ganz genau, welche Fernsehsendung sie ansehen wollen. Schweiger (2005) fand sogar, dass solche individuellen Vorlieben teilweise transmedial bzw. medienübergreifend sind. Andererseits verhält sich ein und dieselbe Person in manchen Nutzungssituationen eher aktiv und in anderen eher passiv – je nach Stimmung, Nutzungsmotiv und sozialer Konstellation. Deshalb kann man sowohl *Mediennutzer-Typen* hinsichtlich ihrer Aktivität unterscheiden (z.B. Hawkins et al. 2001; Hawkins & Pingree 1996; Perse 1990; Nolan & Patterson 1990; Peterson et al. 1986; Van den Bulck 1995) als auch bestimmte *Mediennutzungs-Typen* bzw. *-Situationen* (z.B. Linek 2003; Rosenstein & Grant 1997; Jäckel 1993).

4.3 Selektionsorientierte Ansätze

Jede Nutzungsepisode besteht aus einander abwechselnden Selektions- und Rezeptionsphasen. Entsprechend kann man prozessuale Theorien und Ansätze grob in zwei Gruppen trennen: *Selektionsorientierte Ansätze* legen ihr Hauptaugenmerk auf die Ursachen und Beschaffenheit von Auswahlprozessen, während sich *rezeptionsorientierte Ansätze* auf Informationsverarbeitung, Emotionen und subjektives Erleben während der Rezeption konzentrieren. Natürlich ist diese Unterscheidung nicht immer einwandfrei zu treffen – zu eng sind Selektion und Rezeption miteinander verwoben. Beispielsweise beruht das Unterhaltungserleben bei der Mediennutzung nicht nur auf der Rezeption von Inhalten, sondern auch auf dem Spaß, den man am Stöbern und Auswählen haben kann. Gerade bei Computerspielen und interaktiven Anwendungen gelten Selektion und aktives Eingreifen als Erlebniswert (z.B. Steuer 1992; Knobloch 2000). Das ändert jedoch nichts daran, dass das Unterhaltungserleben *schwerpunktmäßig* ein Rezeptionsphänomen ist. In diesem Sinne folgt die Unterteilung in selektions- und rezeptionsorientierte Ansätze lediglich dem Schwerpunkt eines Phänomens – ohne Anspruch auf Ausschließlichkeit.

Nun zu den selektionsorientierten Ansätzen: Überblickt man die Selektionsforschung, stößt man auf eine schier unendliche Fülle von Publikationen, die sich mit den unterschiedlichsten Facetten von Auswahlprozessen in verschiedenen Medienumgebungen befassen. Da wird das Umschaltverhalten von Fernsehzuschauern bei gleichzeitigen Werbeunterbrechungen auf mehreren Kanälen untersucht, das Navigationsverhalten der Besucher in E-Shops oder das Interesse von Zeitungslesern an Wirtschaftsberichterstattung, um nur einige Beispiele zu nennen. Dies sind allesamt relevante Fragestellungen, deren Bedeutung allerdings eher auf der empirischen Seite liegt und weniger auf der theoretischen. Das heißt natürlich nicht, dass solche Studien theorielos wären. Im Gegenteil: Häufig liegt ihr Reiz gerade in der kreativen Kombination von Theorien zur Analyse empirischer Phänomene. Es würde allerdings den Rahmen dieses Bandes sprengen, alle spezifischen Theorien bzw. Theoriekombinationen vorstellen zu wollen. Deshalb beschränkt sich der folgende Abschnitt auf drei theoretische Perspektiven, die den wohl meisten Studien zu Selektionsprozessen zugrunde liegen:

- die Perspektive der Ökonomik, die zunächst in der Journalismusforschung aufgegriffen wurde und nun zunehmend in der Mediennutzungsforschung Beachtung findet, zumal ihre rationalistisch-funktionalen Prämissen hier bereits seit Jahrzehnten (meist unausgesprochen) gelten;
- die entscheidungstheoretische Perspektive, die sich zur Erklärung von Selektionsentscheidungen nachgerade aufdrängt und mit ökonomischen Überlegungen nicht nur kompatibel ist, sondern in wesentlichen Bereichen wertvolle Ergänzungen bietet sowie
- die Informationsverarbeitungs-Perspektive, die sich ebenfalls in Einklang mit den anderen Ansätzen befindet und die Rolle von Vorwissen und Routinen bei der Medienselektion betont.

Wer an dieser Stelle verstehende Ansätze wie die soziologische Handlungstheorie, die Aneignungsforschung oder Cultural Studies vermisst, sei auf Abschnitt 5.6 verwiesen. Handlungstheoretische Überlegungen eignen sich zweifellos ebenfalls zur Analyse von Selektionsprozessen. Allerdings betonen sie eher die *Individualität* bzw. *Unterschiedlichkeit* von Rezipienten, Medien und Nutzungssituationen und nehmen damit eine strukturelle Perspektive ein. Außerdem betrachten sie Medienverhalten *ganzheitlich* und passen deshalb nicht in die hier vorgenommene Differenzierung in Selektion und Rezeption.

Es mag ebenfalls überraschen, dass nur Teile der TV-Umschaltforschung bei den selektionsorientierten Ansätzen auftauchen. Ein Großteil des Forschungsgebiets misst zwar individuelle Selektionsprozesse, interessiert sich jedoch konzeptionell für Publikumszusammensetzungen, -überschneidungen und -unterschiede als das aggregierte Resultat der Medienauswahl Einzelner. Deshalb gehört der Bereich zur Publikumsforschung innerhalb der strukturellen Ansätze (Abschnitt 5.1).

4.3.1 Selektion aus Sicht der Ökonomik

In der Medienökonomik[76] werden Medienangebote als konkurrierende Konsumgüter auf dem Publikumsmarkt interpretiert und Rezipientenentscheidungen als rationales Kosten/Nutzen-Kalkül eines *Homo oeconomicus* analysiert.[77] Die für die Erklärung des Verhaltens von Mediennutzern wichtigsten Konzepte seien im Folgenden skizziert.[78]

Medienprodukte

Nach Heinrich (1999: 55f.) lassen sich sämtliche Medien- und Informationsprodukte in drei Gruppen einteilen:

- Materielle Güter umfassen alle technischen Geräte in den Bereichen Medienproduktion (z.B. Fernsehkameras, Druckmaschinen), Mediendistribution (Telefonleitung, Internet, TV-Kabel, Mobilfunk) und Medienkonsum (Empfangs- und Sendegeräte wie Computer, Radio- oder Fernsehgerät, Satellitenempfänger, Mobiltelefon, Printmedien).
- Mediendienstleistungen werden von TV-Kabelanbietern, Pay-TV-Anbietern oder Service-Providern (für Onlinezugänge und mobile Telefonie/Datenübertragung) erbracht.
- Informationen bzw. Medieninhalte werden schließlich mittels Distributions- und Empfangsgeräten und Mediendienstleistungen zu den Rezipienten transportiert und von ihnen genutzt.

Während Rezipienten mit Medienproduktionsgütern kaum in Kontakt kommen und wohl nur wenig über Strukturen, Prozesse und Techniken auf der Produktionsseite wissen, haben die meisten mit Distributions- und Konsumgütern, also mit ‚technischen Medien' bzw. ‚Mediengeräten', täglich zu tun. Mediendienstleistungen nehmen in der Rezipientenwahrnehmung vermutlich eine nachrangige Rolle ein, solange sie leistungsfähig und preiswert sind und zuverlässig

---

[76] Der Begriff ‚Medienökonomik' ist nicht mit Medienökonomie zu verwechseln. Letztere definiert sich durch ihren Gegenstandsbereich; unter Ökonomik versteht man dagegen den Versuch, soziale Phänomene mit Hilfe ökonomischer Theorien zu erklären (Fengler & Ruß-Mohl 2005: 14). Eine Diskussion zum Profil der Medienökonomie als kommunikationswissenschaftliche Teildisziplin und zur Abgrenzung gegenüber der Medienökonomik bietet Kiefer (2001: 35ff.).
[77] Die Nähe zum Rational Choice-Ansatz ist offensichtlich (vgl. etwa Simon 1955; Esser 1990).
[78] Eine umfassende Darstellung des Medienökonomik-Ansatzes liefert Kiefer (2001).

funktionieren. Weitaus stärker prägen die Inhalte das Image von Mediengattungen und -angeboten beim Publikum – entsprechend der Medienweisheit ‚content is king'.

Nutzen und Kosten

Aus ökonomischer Sicht kaufen bzw. verwenden Rezipienten Medienprodukte, weil sie sich einen *Nutzen* davon versprechen. Welche Arten von Nutzen es gibt und wie Rezipienten den jeweiligen Nutzen von Medienprodukten beurteilen, lässt sich mit Hilfe des Uses-and-Gratifications-Ansatzes und anderer funktionaler Theorien analysieren (Kapitel 3). Nutzen ist immer mit *Kosten* verbunden. Unter Kosten lassen sich alle Ressourcen verstehen, die ein Konsument bzw. Rezipient aufbringen muss, um den erstrebten Nutzen zu erreichen. Drei Arten von Kosten lassen sich unterscheiden:

- Monetäre Kosten sind im Medienbereich höchst unterschiedlich und kaum untereinander vergleichbar. Bei manchen Mediengattungen ist die Anschaffung des Empfangs-/Sendegeräts teuer zu bezahlen (Fernsehen, Radio, Computer); eventuell kommen monatliche Fixkosten für Mediendienstleistungen dazu (Rundfunkgebühr, Kabelgebühr, Onlineanschluss mit Flatrate), die eigentliche Nutzung ist kostenlos. Bei anderen Mediengattungen laufen zwar keine Anschaffungskosten auf, dafür ist die Nutzung kostenpflichtig, wobei zwischen Einzelkauf (z.B. Zeitschriften, Kaufzeitungen, Pay-per-View-Fernsehen) und Abonnement (Abonnementzeitungen, Pay-TV-Abonnement) zu unterscheiden ist. Wiederum andere Medien sind gänzlich kostenlos (Anzeigen- oder Gratiszeitungen).
- Mediennutzung nimmt Zeit in Anspruch – eine bekanntlich besonders knappe Ressource.
- Mediennutzung erfordert kognitive Energie. Während die Nutzung von Fernsehen und Radio nebenher und mit geringem kognitivem Aufwand möglich ist, erfordert der Umgang mit textbasierten Medien (Print, Online) ungleich mehr Konzentration und damit kognitive Anstrengung (Abschnitte 4.1.3 und 4.4.1). Das gilt auch für den Zeitaufwand, da Fernsehen und Radio zeitgleich mit anderen Medien oder Beschäftigungen genutzt werden können. Andererseits können Rezipienten bei textbasierten Medien den Verbrauch an Zeit und kognitiver Energie steuern, indem sie bestimmte Lesestrategien anwenden (Abschnitt 5.2.1).

Ökonomie der Aufmerksamkeit

Aufgebrachte Zeit und kognitive Energie können zu einer einzigen Ressource zusammengefasst werden, nämlich *Aufmerksamkeit*. Im Medienbereich spielt die Aufmerksamkeit des Publikums eine noch größere Rolle als Geld. Für diese ‚Ökonomie der Aufmerksamkeit' (Franck 1998; Beck & Schweiger 2001) gibt es drei wesentliche Gründe: Erstens besteht eine Hauptfunktion von Werbung und Öffentlichkeitsarbeit darin, die Aufmerksamkeit von möglichst vielen Personen zu bekommen. Zweitens finanzieren sich nahezu alle Medienprodukte hauptsächlich oder teilweise über Werbung. Je mehr Kontakte sie zwischen Werbemitteln und Publikum herstellen, desto höher sind ihre (monetären) Werbeeinnahmen, so dass auch sie um die Aufmerksamkeit des Publikums buhlen. Drittens hat sich die Menge der auf dem ‚Aufmerksamkeitsmarkt' konkurrierenden Medienprodukte und Informationsangebote über die Jahre erheblich erhöht; besonders durch das Internet ist die Menge der verfügbaren Inhalte ins Gigantische gestiegen. Entsprechend heftig ist der Kampf um die Aufmerksamkeit der Rezipienten und entsprechend ‚geizig' gehen diese bei zunehmender Informationsüberlastung damit um.

Transaktions- und Opportunitätskosten

Neben den direkten Kosten der Mediennutzung sind auch *Transaktionskosten* zu berücksichtigen. Hierunter versteht man den Preis, den das bloße Zustandekommen eines Geschäfts verursacht (Anbahnung, Aushandlung und Kontrolle; Fengler & Ruß-Mohl 2005: 61). Im Fall von Massenmedien ist es vor allem der (wiederum monetäre, zeitliche und kognitive) Aufwand, der bei der Medienselektion nötig ist, um das optimale Angebot zu identifizieren. Schließlich sind *Opportunitätskosten* zu beachten. Sie bezeichnen den „entgangenen Nutzen der nächstbesten nichtrealisierten Alternative" (Gerecke 1998: 139). Wer sich eine bestimmte Fernsehsendung ansieht, verpasst zwangsläufig eine andere, die eventuell mehr Nutzen gebracht hätte.

Ressourcenknappheit

Rezipienten befinden sich immer in einer Situation der *Ressourcenknappheit*: Sie können nur einen Teil ihrer Bedürfnisse befriedigen, weil ihnen Geld, Zeit und kognitive Energie zur Befriedigung aller Bedürfnisse bzw. Nutzung aller Medienangebote fehlen. Deshalb sind sie gezwungen, mit vertretbaren Transaktionskosten diejenigen Angebote herauszufinden, die größtmöglichen Nutzen versprechen. Der *Homo oeconomicus* zeichnet sich nicht etwa durch rationale Ziele aus, sondern dadurch, dass er Ziele mit einem optimalen Kosten/Nutzen-Verhältnis – maximaler Nutzen bei minimalen Kosten – zu erreichen versucht (Fengler & Ruß-Mohl 2005: 47). Dabei gilt: Je geringer der Nutzen konkurrierender Medienangebote ist, desto geringere Kosten sind Rezipienten bereit zu investieren. Das gilt auch für Transaktionskosten, weshalb nur bei hohem erwarteten Nutzen aufwändige und gründliche Konsumentscheidungen getroffen werden (Jäckel 1992: 254). Bei minimalem Nutzen besteht ökonomische Rationalität darin, spontan und schnell zu entscheiden, weil sich ein höherer Aufwand gar nicht lohnen würde. Kiefer (2001: 48ff.) und Fengler & Ruß-Mohl (2005: 27ff.) sprechen deshalb vom *Homo oeconomicus maturus*. Dieser zeichnet sich aus guten Gründen durch eine *begrenzte Rationalität* (Bounded Rationality) aus (Gigerenzer & Todd 1999). Ein überspitztes Beispiel: Ein Fernsehzuschauer, der bei jedem Umschalten verschiedene TV-Zeitschriften konsultieren, Bekannte telefonisch um Rat bitten und bei Fernsehsendern weitere Informationen anfordern würde, wäre kein Homo oeconomicus, sondern würde sich hochgradig irrational verhalten.

Unsicherheit

Bei der individuellen Kosten/Nutzen-Ermittlung stehen Rezipienten fast immer vor dem Problem, nicht alle möglichen Informationen bei ihrer Kauf- und Nutzungsentscheidung zur Verfügung zu haben: Je mehr Produkte verfügbar sind und je schwieriger ihr Nutzen zu prognostizieren ist, desto weniger transparent ist die Entscheidungssituation. Es besteht nur eine bedingte *Konsumentensouveränität* (ebd.: 78), so dass jede Entscheidung unter *Unsicherheit* erfolgt (ebd.: 43). Dies verringert die Bereitschaft von Rezipienten zu aufwändigen und gründlichen Konsumentscheidungen zusätzlich. Hinsichtlich der Entscheidungsunsicherheit lassen sich im Medienbereich wiederum drei Arten von Gütern unterscheiden (Kiefer 2001: 139f.):

- Der Nutzen von *Inspektionsgütern* (z.B. Computer, TV-Geräte) lässt sich vor dem Kauf (ex ante) durch Beobachtung erfassen.
- Der Nutzen von *Erfahrungsgütern* (z.B. Essen in einem Restaurant) kann erst nach dem Kauf bzw. nach der Nutzung (ex post) beurteilt werden.
- Der Nutzen von *Vertrauensgütern* schließlich lässt sich auch nach der Nutzung nicht ohne weiteres beurteilen (z.B. bei Medikamenten oder ärztlicher Behandlung).

Mediengeräte sind Inspektionsgüter, deren technische Funktionsfähigkeit sich bereits vor einer Kaufentscheidung beurteilen lässt. Der Nutzen massenmedialer Inhalte hingegen lässt sich erst nach der Rezeption oder gar nicht beurteilen. Unterhaltungsangebote sind Erfahrungsgüter. Zwar können Rezipienten Hinweise auf die Qualität bereits *vor* der Nutzung suchen, z.B. Filmtipps in einer TV-Zeitschrift oder Kinokritiken. Das erhöht jedoch die Transaktionskosten. Den tatsächlich erlebten Unterhaltungswert können sie allerdings erst nach der Nutzung bestimmen. Anders verhält es sich bei Informationsangeboten, deren instrumenteller Nutzen sich in der Regel noch später beurteilen lässt, nämlich wenn man das erworbene Wissen anwendet (Abschnitt 3.2.2). Den Wert von Nachrichten können Rezipienten überhaupt nicht beurteilen, weil sie dazu die zugrunde liegenden Ereignisse – und alle anderen, nicht berichteten Ereignisse – aus eigener Anschauung kennen müssten, was bestenfalls im direkten bzw. lokalen Umfeld möglich ist. Nachrichten sind damit in der Regel ein Vertrauensgut.

Typen von Kaufentscheidungen

Je nach Medienprodukt bzw. erstrebtem Nutzen treffen Rezipienten unterschiedliche Typen von Kaufentscheidungen (von Rosenstiel & Neumann 2002: 45f.):

- *Impulsive Kaufentscheidungen* weisen ein geringes Reflexionsniveau auf, erfolgen ungeplant und spontan beim Kauf von Produkten mit geringen Kosten und geringem Nutzen (Low-Involvement-Produkte). Im Medienbereich sind dies preiswerte Produkte wie Boulevardzeitungen oder Zeitschriften und Produkte ohne spezifische Nutzungskosten wie Umschaltentscheidungen beim Fernsehen.
- *Habituelle Kaufentscheidungen* orientieren sich strukturell in einer früheren, erfolgreichen Entscheidung, die wiederholt wird. Sie beziehen sich ebenfalls meist auf kostenlose bzw. preiswerte Medienangebote.
- Bei *kontraktierten Kaufentscheidungen* wurde der Konsum vertraglich über einen längeren Zeitraum festgelegt; am Anfang stand meist eine echte Kaufentscheidung. Beispiele sind Zeitungsabonnements oder Verträge mit technischen Mediendienstleistern. Kontraktierte Entscheidungen erfolgen weniger freiwillig als habituelle Entscheidungen, da man sich vertraglich gebunden hat und ohnehin zahlen muss.
- *Echte Kaufentscheidungen* werden schließlich meist bei kostspieligen Mediengeräten oder Dienstleistungen getroffen.

Konsequenzen

Tabelle 13 fasst die wesentlichen ökonomischen Einschätzungen zu Erwerb und Nutzung von Medienprodukten auf der Basis der vorgestellten Konzepte zusammen.

Tabelle 13: Erwerb und Nutzung von Medienprodukten aus ökonomischer Sicht

Produkttyp	Gut	Nutzen	Kosten		Kaufentscheidung
			Nutzung	Transaktion	
Mediengeräte (z.B. TV-Gerät, Computer, Mobiltelefon)	Inspektionsgüter	hängt von verfügbaren Dienstleistungen & Inhalten ab	hohe monetäre Anschaffungskosten (einmalig) Zeit- & Energie-Kosten von Inhalten abhängig	häufig zeit- & energieaufwändige Kaufentscheidung	fast immer echte Kaufentscheidung
Dienstleistungen (z.B. Kabelbetreiber, Pay-TV-Anbieter, Service-Provider)	Inspektions-/ Erfahrungsgüter	hängt von verfügbaren Dienstleistungen & Inhalten ab	niedrige bis mittlere monetäre Kosten (teils Fixkosten, teils nutzungsabhängig) Zeit- & Energie-Kosten von Inhalten abhängig	eher gering	meist echte, gelegentlich impulsive Kaufentscheidung
Medieninhalte	Erfahrungs-/ Vertrauensgüter	meist gering; Ausnahmen: Premium-Angebote & Informationen zur beruflichen Nutzung	keine bis geringe monetäre Kosten, generell hohe Zeit- & Energie-Kosten bei der Nutzung	Zeit- & Energieaufwand bei Angebotsevaluation & Selektionsentscheidung abhängig vom Nutzen; meist gering	impulsive, habituelle oder kontraktierte Kaufentscheidung

Die Anschaffung eines Mediengeräts ist *prinzipiell* eine relativ transparente Entscheidung. Allerdings sind Mediengeräte und -inhalte untrennbar miteinander verschränkt: Im Gegensatz zu anderen technischen Produkten zeichnen sich Mediengeräte dadurch aus, dass sich ihr tatsächlicher Nutzen erst durch die verfügbaren Inhalte ergibt. Ein Fernseher in einer Gegend ohne Rundfunkempfang ist genauso wertlos wie eine Spielkonsole, für die es keine Spiele gibt, oder ein UMTS-Mobiltelefon ohne publikumsattraktive Anwendungen und Inhalte (Schweiger 2002b). Da Rezipienten den Nutzen von Medieninhalten als Erfahrungs- und Vertrauensgütern vorweg kaum beurteilen können, fällt es ihnen umso schwerer, den Nutzen einer ihnen neuen Mediengattung zu prognostizieren.

Während bei Mediengeräten und -dienstleistungen hauptsächlich monetäre Nutzungskosten anfallen und die Transaktionskosten auf eine einmalige Kaufentscheidung beschränkt sind, stellt sich die Situation bei Medieninhalten gänzlich anders dar. Bei der Rezeption dominieren Zeit- und Energieressourcen als Nutzungskosten; monetäre Kosten entstehen nur bei kostenpflichtigen Inhalten (z.B. Premium-Inhalte, Pay-per-View). Die Transaktionskosten wiederum entsprechen dem Aufwand, den Rezipienten treiben, um einen Inhalt zu finden (Selektion). Sie hängen üblicherweise direkt vom erwarteten Nutzen ab: Da der Nutzen massenmedialer Inhalte meist gering ist und bei Vertrauens- bzw. Erfahrungsgütern ohnehin kaum vorhergesagt werden kann, investieren Rezipienten nur geringe zeitliche und kognitive Transaktionskosten. Einfacher ausgedrückt: Selektionsentscheidungen fallen in der Regel spontan und mit minimaler Anstrengung.

Wie der kurze Aufriss gezeigt hat, liefert die Ökonomik – über die Vorstellung des Homo oeconomicus hinaus, die in diverseren anderen Perspektiven ebenfalls gilt – eine Fülle von Konzepten und Annahmen, die die empirische Mediennutzungsforschung zur Generierung neuer Hypothesen einsetzen könnte. Leider ist das bisher kaum geschehen. Zwei Gründe scheinen für die zögerliche Rezeption durch die Nutzungsforschung verantwortlich zu sein:

Erstens befasst sich die Nutzungsforschung überwiegend mit Selektionshandlungen in der kommunikativen Phase; die Beschaffung von Mediengeräten, der Kauf kostenpflichtiger Onlineangebote oder die langfristige Entscheidung für ein Abonnement werden nur selten untersucht (Ausnahme: Rademacher 2006). Doch genau für eine Analyse *unterschiedlicher Konsumentenentscheidungen* in Abhängigkeit von Mediencharakteristika bieten sich ökonomische Konzepte an.

Zweitens liefert die Ökonomik einen hervorragenden Rahmen für die Analyse *zwischenmenschlicher Aushandlungsprozesse*, weshalb sie auch zuerst in der Journalismusforschung aufgegriffen wurde, wo es ja um professionelle Zusammenarbeit und Koordinierung geht.[79] In der Nutzungsforschung dominieren immer noch Studien zur individuellen Medienrezeption, die das soziale Umfeld – meist aus forschungsökonomischen Gründen – ausblenden. Fazit: Die Ökonomik bietet konzeptionelle Möglichkeiten, die der gegenwärtige Mainstream der Nutzungsforschung selten braucht, von denen aber zu hoffen ist, dass sie in Zukunft erheblich an Bedeutung gewinnen werden.

4.3.2 Selektion als Entscheidung: Grundlagen der Entscheidungstheorie

Jeder Selektionsakt ist eine Entscheidung. Deshalb liegt es nahe, die Entscheidungstheorie zur Erklärung von Auswahlprozessen heranzuziehen, wie das Studien zur Optimierung der Informationsleistung von Nachrichten (Bybee 1980, 1981) und zu Selektionsentscheidungen beim Fernsehen (Heeter 1988a; Doll & Hasebrink 1989; Bilandzic 2004) getan haben. Besondere Aufmerksamkeit erhielt die Entscheidungstheorie von Studien zum Navigationsverhalten im Web und zur Nutzung von Suchmaschinen, da in diesen Medienumgebungen viele entscheidungsrelevante Faktoren deutlich voneinander abgegrenzt und variiert werden können (Wirth & Brecht 1998; Wirth & Schweiger 1999; Edenharder 2000; Schweiger 2001; Seibold 2002; Wirth 2003).

Die Entscheidungstheorie hat zwei zentrale Forschungsanliegen (Jungermann et al. 1998: 4ff.): Der *präskriptive bzw. ökonomische Zweig* entwickelt Entscheidungsstrategien, mit deren Hilfe sich optimale Management-Entscheidungen treffen lassen. Der *deskriptive bzw. kognitionspsychologische Zweig* versucht herauszufinden, nach welchen Regeln Menschen in Abhängigkeit von ihren Zielen tatsächlich entscheiden. Die deskriptive Entscheidungstheorie – nur um diese geht es im Folgenden – und die bereits erläuterte Ökonomik stehen sich sehr nahe. Beide begreifen Rezipientenentscheidungen als rationales Kosten/Nutzen-Kalkül eines Homo oeconomicus maturus, der dem *Prinzip des geringsten Aufwands* folgt (Zipf 1965). Während sich die

---

[79] Die entsprechenden Konzepte fehlen in der vorliegenden Darstellung aus Platzgründen; vgl. Fengler & Ruß-Mohl (2005).

Ökonomik auf die Determinanten einer Entscheidung konzentriert und ihren Ausgang zu erklären versucht, analysiert die Entscheidungstheorie den Verlauf von Entscheidungsprozessen. Ihre Stärke liegt dabei in der Fähigkeit, ein Kontinuum von extrem einfachen und spontanen Entscheidungen bis hin zum gründlich-analytischen Kalkül zu modellieren.

Grundbegriffe der Entscheidungstheorie

Zunächst gilt es die wichtigsten Begriffe zu klären (nach Jungermann et al. 1998).

- *Optionen* sind diejenigen Objekte, Handlungen, Regeln oder Strategien, zwischen denen gewählt werden kann. Die Optionen verfügen wiederum über Eigenschaften bzw. Attribute, die ein Entscheider kennen und ins Kalkül ziehen muss bzw. kann. Die Eignung von Attributen zur Entscheidungsfindung anhand zweier Indikatoren bestimmen (Gigerenzer & Goldstein 1999: 84f.): (a) die Diskriminierungsrate als die relative Häufigkeit, mit der ein Attribut bisher verschiedene Optionen unterscheiden konnte, und (b) die ökologische Validität als die relative Häufigkeit, mit der ein Attribut in der Vergangenheit positive Konsequenzen vorhersagen konnte.

- *Konsequenzen* sind die Folgen oder Ergebnisse von Entscheidungen. Man entscheidet sich nicht für eine Option um ihrer selbst willen, sondern wegen der zu erwartenden Konsequenzen. Den subjektiv wahrgenommenen Wert von Konsequenzen nennt man Nutzen. Entgegen dem üblichen Sprachgebrauch gibt es in der Entscheidungstheorie nicht nur einen positiven, sondern auch einen negativen Nutzen, den man normalerweise als Schaden oder Verlust bezeichnen würde. Da ein Entscheider vor dem Treffen der Entscheidung nie die tatsächlichen Konsequenzen sicher wissen kann, weil sie ja noch gar nicht eingetreten sind, sind vorhergesagter Nutzen (,predicted utility') und erfahrener Nutzen (,experienced utility') zu trennen (Kahneman & Shnell 1992; Varey & Kahneman 1992).[80]

- *Ziele* begrenzen den ‚Möglichkeitsraum' eines Entscheiders. Sie beeinflussen, welche aller prinzipiell zur Verfügung stehenden Optionen überhaupt relevant sind. Man kann zwei Zieltypen unterscheiden: Instrumentelle Ziele sind nicht das ‚eigentliche' Ziel, sondern nur Mittel zum Erreichen desselben. Deshalb handelt es sich dabei oft um Zwischenzustände in einer Entscheidungskette. Die tatsächlichen Ziele nennt man fundamentale Ziele; dies können „Werte, Bedürfnisse, Einstellungen oder Ideale des Entscheiders" sein (Jungermann et al. 1998: 102).

- *Entscheidungen* schließlich bestehen aus zwei Komponenten: (1) der Aufnahme von Informationen über die zur Verfügung stehenden Optionen und ihre Attribute (Evaluation) und (2) der kognitiven Verarbeitung dieser Informationen mit einem daraus resultierenden Entscheidungsresultat. Die Art der verwendeten Entscheidung hinsichtlich Informationsaufnahme und -verarbeitung nennt man Entscheidungsregel.

---

[80] Das entspricht der Unterscheidung in gesuchte und erhaltene Gratifikationen (GS/GO), wie sie sich in der Uses-and-Gratifications-Forschung etabliert hat (Abschnitt 3.1.5).

4.3 Selektionsorientierte Ansätze

Analytische Entscheidungsregeln und Heuristiken

Die Entscheidungsforschung hat ein umfangreiches Repertoire von Entscheidungsregeln entwickelt. Man kann prinzipiell zwischen *analytischen Entscheidungsregeln* und *Heuristiken* unterscheiden. Bei analytischen Regeln werden alle zur Verfügung stehenden Informationen (Optionen und ihre Attribute) vollständig evaluiert und intensiv verarbeitet. Das Ziel analytischer Regeln liegt darin, jeweils die *beste* Option auszuwählen.[81] Wenn man mehrere tausend Euro für ein neues Fernsehgerät oder einen Computer investiert, trifft man diese Kaufentscheidung sicherlich weitaus gründlicher, als wenn man beim Durchblättern einer Zeitung entscheidet, welche Artikel man lesen möchte, oder sich beim Fernsehen eine bestimmte Sendung auswählt. Bei solchen impulsiven oder habituellen Entscheidungen kommen fast immer *Heuristiken* zum Einsatz.

Heuristiken sind kognitive Abkürzungen, Annäherungen bzw. Faustregeln (Gigerenzer & Todd 1999: 26), bei denen nur ein Teil der Informationen zur Entscheidungsfindung verarbeitet wird. Sie ermöglichen die Auswahl einer Option, die *gut genug* ist. Ist diese gefunden, kann eine Entscheidung (gemäß einer ‚Stoppregel') beendet werden. Während Tversky & Kahneman Heuristiken primär als a-rationale Ursache für Fehleinschätzungen begriffen haben, die auf einer ganzheitlich-intuitiven und irrationalen Informationsverarbeitung beruhen (Abschnitt 4.1.1), gelten Heuristiken in der kognitiven Entscheidungstheorie als leistungsstarke Regeln, die bei geringem kognitiven und zeitlichen Aufwand häufig eine ausreichende Entscheidungsqualität bieten.[82] Die Auswahl der wenigen bei einer Heuristik verwendeten Informationen erfolgt top-down und/oder bottom-up:

- Bei der *Top-down-Verarbeitung* steuern Schemata im Kopf des Rezipienten die Entscheidung, also persönliche Erfahrungen, Gewohnheiten, Erwartungen, Vorlieben usw. Schemata und Heuristiken bilden eine kognitive Einheit: Schemata sind die kognitive Struktur, auf der Heuristiken als Prozess(programme) aufbauen.
- Bei *Bottom-up-Verarbeitung* lässt sich der Entscheider von externen Reizen leiten. Bei der Mediennutzung sind das alle Besonderheiten und Auffälligkeiten von Medieninhalten und ihrer Gestaltung.

Mit sinkendem Aufwand einer Heuristik steigt die Wahrscheinlichkeit, nicht die beste Entscheidung zu treffen. Wie Payne et al. (1993) in Computersimulationen und empirischen Studien zeigten, korrelieren der Rechenaufwand einzelner Entscheidungsregeln und ihre Entscheidungsqualität in etwa linear.

---

[81] Das Grundmodell analytischer Regeln ist die lineare Regression, die den Gesamtnutzen jeder Option anhand einer additiv-gewichteten Verrechnung aller Attribute ermittelt. Ausgewählt wird schließlich diejenige Option mit dem höchsten prognostizierten Nutzen.

[82] Vgl. das Elaboration-Likelihood-Model, das Heuristic-Systematic-Model sowie das Konzept der ‚alltagsrationalen Nachrichtenrezeption' (Brosius 1995), die ebenfalls auf der Vorstellung heuristischer Informationsverarbeitung aufbauen (Abschnitt 4.4.1).

Attribut- versus optionsorientierte Heuristiken

Es gibt grundsätzlich zwei Gruppen von Heuristiken, die sich hinsichtlich des Ablaufs bei der Informationsaufnahme bzw. -suche unterscheiden (Rieskamp & Hoffrage 1999: 144). Man kann sich ihre Funktionsweise am besten anhand eines ‚Produktkatalogs' vorstellen, in dem sich in jeder Spalte einer Tabelle ein Produkt (Option) befindet, dessen Eigenschaften (Attribute) in den folgenden Zeilen dargestellt werden. Ein Entscheider kann diese Angaben entweder zeilen- oder spaltenweise durchsehen (Abbildung 15).

Abbildung 15: Heuristiken und die Reihenfolge der Informationsaufnahme

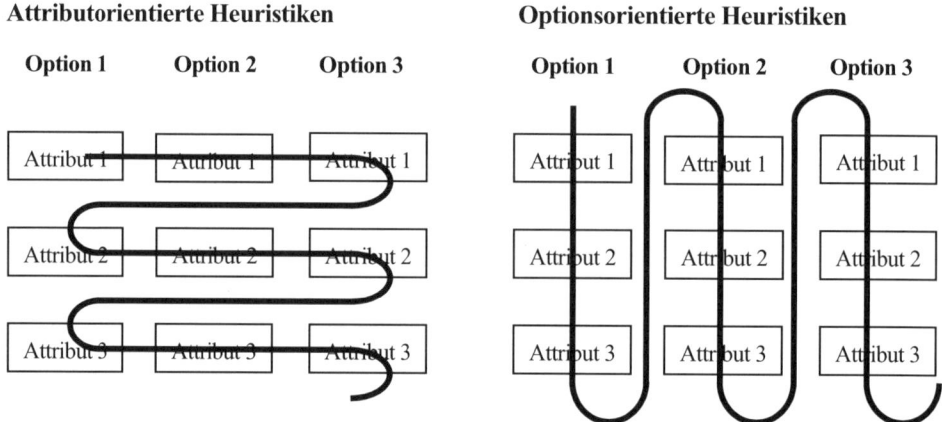

Attributorientierte Heuristiken minimieren die Menge der zu evaluierenden Attribute. Deshalb werden zuerst alle Optionen anhand eines Attributs evaluiert. Wenn das keine Entscheidung ermöglicht, weil mehrere Optionen gleichwertig sind, kommt ein weiteres Attribut hinzu usw. Die schnellste und einfachste Variante ist die *Recognition-Heuristik*, die lediglich das Attribut ‚Bekanntheit' bzw. ‚Wiedererkennen' berücksichtigt. Der Entscheider wählt die Option aus, die er bereits vorher kannte. Die Recognition-Heuristik erfordert die geringsten kognitiven Ressourcen, weshalb Menschen sie so häufig wie möglich anwenden (Goldstein & Gigerenzer 1999: 57). Bei der *lexigrafischen Regel* analysiert der Entscheider bei jeder Option nur ein einziges Attribut, das er für besonders relevant hält. Nur bei gleichwertigen Optionen werden weitere Attribute in den Entscheidungsprozess einbezogen. Ein solch relevantes Attribut kann beispielsweise die Glaubwürdigkeit eines Mediums sein, weshalb man die Bedeutung von Medienbewertungen und -images (Abschnitt 5.3) bei der Medienselektion nicht hoch genug einschätzen kann.

Bei der *Take-the-Last-Heuristik* versucht der Entscheider zunächst die Recognition-Heuristik anzuwenden. Ermöglicht diese wegen mangelnder Diskriminierung zwischen den Optionen keine Entscheidung, wird als nächstes das Attribut überprüft, das bei der letzten vergleichbaren Entscheidung den Ausschlag gegeben hat.

Optionsorientierte Heuristiken bzw. *Schwellenregeln* minimieren die Menge der zu evaluierenden Optionen. Bei der *Satisficing-Regel* (Simon 1955) arbeitet der Entscheider erst alle relevanten Attribute einer ersten Option ab. Liegt jede der einzelnen Attributsausprägungen innerhalb eines vorher festgelegten *Schwellenwerts* („cut-off"), gilt die Option als ausreichend gut („satisficing") und wird ausgewählt, ohne andere Alternativen zu beachten. Liegt ein Attribut außerhalb des Akzeptanzbereichs, wird die nächste Option evaluiert usw.

Neben den beschriebenen Idealtypen existieren die verschiedensten Mischformen von Heuristiken, die von einer minimalen Informationsverarbeitung bei geringer Entscheidungsqualität (Recognition-Heuristik) bis zu *annähernd* analytischen Regeln reichen. Payne et al. (1993) nehmen an, dass Menschen als ‚adaptive decision makers' über ein reichhaltiges Repertoire an Regeln verfügen, die sie je nach Situation und Notwendigkeit einsetzen. Die Wahl einer Regel ist eine Abwägung zwischen dem kognitiven und zeitlichen Aufwand der Entscheidung („effort') einerseits und der erforderlichen Genauigkeit („accuracy') andererseits. Diese Abwägung erfolgt nicht immer bewusst-reflektiert; häufig wenden Individuen Regeln an, die sie bereits häufig oder erst kürzlich benutzt haben (S. 71). Ausschlaggebend ist also nicht immer die situative Angemessenheit einer Strategie, sondern auch ihre kognitive Verfügbarkeit. Die Entscheidung für den Einsatz einer Heuristik erfolgt somit wiederum heuristisch (Abschnitt 4.1.2).

Gemeinsam ist allen Entscheidungen, dass (a) zur Verfügung stehende Optionen evaluiert werden, d.h. auf ihre Beschaffenheit (Attribute) und damit ihren angenommenen Nutzen hin überprüft werden, und (b) auf dieser Wissensbasis eine Entscheidung getroffen wird. Der Prozess des Entscheidens besteht somit immer aus Informations*aufnahme* und Informations*verarbeitung*.

Entscheidungstypen

Jungermann et al. (1998) differenzieren vier Entscheidungstypen mit unterschiedlichem kognitiven Aufwand, die sich gut auf Medienentscheidungen anwenden lassen:

- *Routinisierte Entscheidungen* entstehen dann, wenn die Zahl und Art der Optionen in immer wiederkehrenden Situationen stets gleich ist und routinemäßig bzw. automatisch entschieden wird. Solche Entscheidungen verlangen den geringsten kognitiven Aufwand. Beispiele hierfür sind die morgendliche Zeitungslektüre oder das tägliche Einschalten des Fernsehers nach oder während des Abendessens.
- *Stereotype Entscheidungen* kommen zum Einsatz, wenn die konkreten Situationen und Umstände unterschiedlich sind, die Optionen sich jedoch wiederholen und dem Rezipienten strukturell vertraut sind. Der kognitive Aufwand ist in der Regel gering, die Entscheidung basiert auf langfristigen Präferenzen, wird aber noch bewusst erlebt. Ein gutes Beispiel sind Umschaltentscheidungen beim Fernsehen. Prinzipiell findet jede Entscheidung in einer einzigartigen Situation (Programm, Stimmung, Bedürfnisse) statt. Doch viele Optionen und ihre Eigenschaften wiederholen sich ständig: Die Handhabung der Fernbedienung ist immer dieselbe, die Sender bleiben dieselben, die Programmschemata der meisten Sender wiederholen sich täglich und sind bekannt usw.

- *Reflektierte Entscheidungen* erfordern erheblichen kognitiven Aufwand und sind dadurch charakterisiert, dass keine stereotyp abrufbaren Präferenzen und Entscheidungsregeln zur Verfügung stehen. Der Rezipient muss über seine Entscheidung bewusst nachdenken. Typischerweise erfordern leichte Rechercheaufgaben reflektierte Entscheidungen.
- *Konstruktive Entscheidungen* verlangen den höchsten kognitiven Aufwand: Sie werden beispielsweise bei komplexen Rechercheaufgaben notwendig, wenn anfangs keine Auswahloptionen bekannt sind und erst durch eine Informationssuche ermittelt werden.

4.3.3 Auswahl einer Entscheidungsstrategie

Welche Regeln Mediennutzer bei ihren Selektionsentscheidungen tatsächlich anwenden, hängt von verschiedenen Faktoren ab (Wirth & Schweiger 1999: 56ff.; Schweiger 2001: 71ff.), die sich der Medien- und Rezipientenseite zuordnen lassen.

Medienfaktoren

Zunächst zu den Medienfaktoren:

Je höher die *Kosten* und der *Nutzen* einer Entscheidung sind, desto gründlicher wird sie getroffen. Als Kosten gelten nicht nur monetäre Kosten (z.B. Entscheidung für ein Presse- oder Pay-TV-Abonnement, Abruf kostenpflichtiger Onlineinhalte im Internet oder mobil), sondern auch die in Abschnitt 4.3.1 angesprochenen Aufmerksamkeitskosten: Die Nutzung eines Kinofilms oder die Lektüre eines Romans kosten nicht nur Geld, sondern erfordern auch mehrstündige Aufmerksamkeit. Dies erklärt sicherlich einen Teil des Publikumsinteresses an Film- und Buchkritiken, Literaturbeilagen, Kino-Websites usw. (vgl. Rössler 1997), da solche Angebote zusätzliche entscheidungsrelevante Informationen (= Attribute) liefern und damit einen aufwändigeren Entscheidungsprozess ermöglichen. Der Nutzen einer Entscheidung entspricht ihrem erwarteten Beitrag zur Erreichung eines persönlichen Ziels (,Subjective Expected Utility', vgl. Jungermann et al. 1998: 197ff.). Jäckel (1992) zufolge ist die Höhe der Kosten die bestimmende Kategorie für die Wahl einer Entscheidungsregel. In ,Niedrigkostensituationen' werden nichtoptimale Entscheidungen (= Heuristiken) getroffen, in ,Hochkostensituationen' optimale (= analytische) Entscheidungen. Diese grundlegende Annahme auf der Basis des ,Prinzip des geringsten Aufwands' findet sich nicht nur in der Ökonomik und Kognitionspsychologie, sondern bereits in der soziologischen Handlungstheorie nach Weber und Schütz (Abschnitt 5.7.1). Auch in der Sozialpsychologie postuliert eine Reihe von ,Dual-Process-Theorien', dass Menschen je nach situativer Notwendigkeit Informationen gründlich oder weniger gründlich aufnehmen und verarbeiten (Abschnitt 4.4.1). Während diese Ansätze meist zwei Varianten gegenüberstellen – gründlich versus ungründlich, periphere versus zentrale Route, Problem versus kein Problem –, beschreibt die Entscheidungstheorie ein ganzes Instrumentarium adaptiver Entscheidungsstrategien.

Reversibilität und Verhaltensaufwand: Viele Selektionsentscheidungen lassen sich ohne großen Verhaltensaufwand revidieren. Wer sich beispielsweise beim Fernsehen für eine Sendung entschieden hat und beim Ansehen feststellt, dass diese seinen Erwartungen nicht entspricht, kann umgehend eine ‚Abbruchentscheidung' (Schweiger 2001: 77) treffen und mit einem Druck auf die Fernbedienung wegschalten. Vergleichbares gilt für Zeitungs-, Zeitschriften- und Onlineartikel. Je schneller und leichter eine Entscheidung revidiert werden kann, desto heuristischer wird sie getroffen. Es wäre gar nicht rational, über eine Auswahl länger nachzudenken, wenn man eine Option einfach und problemlos im Trial-and-Error-Verfahren ausprobieren kann. Andere Entscheidungen, wie z.B. der bereits erwähnte Kinobesuch, lassen sich weniger leicht revidieren: Ist man einmal in einen schlechten Film geraten, bekommt man weder sein Geld zurück, noch kann man einfach den Kinosaal wechseln. Vor der Einführung der Fernbedienung waren auch TV-Entscheidungen weniger leicht reversibel, denn man musste immerhin vom Sofa aufstehen, um den Kanal zu wechseln. Erst durch die Fernbedienung konnte das Umschalten selbst zum Unterhaltungsfaktor werden (Wenner & Dennehy 1993).

Die *Komplexität einer Entscheidung* steigt mit der Anzahl der Optionen und der Menge der verfügbaren Attribute. Während die Selektion eines Fernsehsenders für einen Rezipienten der 1960er-Jahre bei zwei deutschen Kanälen noch eine einfache Entscheidung war, ist sie heute bei Dutzenden von Sendern ungleich komplizierter geworden. Noch schwieriger ist es für den Besucher eines Online-Nachrichtenangebots, der sich für einen unter teilweise mehr als hundert Beiträgen entscheiden muss, oder für den Nutzer einer Internet-Suchmaschine, die gar mehrere tausend Treffer und damit Optionen für die Selektionsentscheidung liefert. Es ist deshalb nicht verwunderlich, dass mit zunehmender Anzahl an Optionen die Wahrscheinlichkeit einfacher Heuristiken steigt (Payne et al. 1993: 34; Vorderer 1995). Studien zur Nutzung von Onlinemedien und Suchmaschinen zeigen denn auch, dass Nutzer bei einer Liste von Links diejenigen am Listenbeginn besonders häufig anklicken (Edenharder 2000; Schweiger 2001; Seibold 2002; Wirth 2003). Dieser ‚Primacy-Effekt der Linkauswahl' weist auf die Anwendung der Satisficing-Regel hin: Man beginnt die Evaluation der Links oben und entscheidet sich spontan für einen Link, der ausreichend gut erscheint. Je mehr Links diese Liste umfasst, desto stärker wird der Effekt, d.h. desto heuristischer wird tatsächlich entschieden (Schweiger 2001: 215ff.).

Gegebene versus offene Optionsmenge: Während in der Entscheidungsforschung meist Situationen untersucht werden, in denen die Menge der verfügbaren Optionen von vornherein bekannt ist, leiden Auswahlsituationen im Medienbereich generell unter ‚fehlender Transparenz' (Jäckel 1992: 256). Oft stehen Rezipienten vor dem Problem, (a) nicht alle Optionen zu kennen und (b) nicht zu wissen, wie viele Optionen es überhaupt gibt. Beim Fernsehen ist die Anzahl der Kanäle meist bekannt und die Entscheidungssituation überschaubar. Auch bei Printmedien haben wohl die meisten Rezipienten ein Gefühl dafür, wie viele Artikel eine Zeitung oder Zeitschrift enthält und wie lange es dauert, alle Beiträge gründlich zu evaluieren – durch Anlesen der Überschriften und Betrachten der Fotos – oder gar zu lesen. Anders stellt sich die Lage bei Websites dar, wo sich der Umfang des Angebots kaum anhand der Links auf der Startseite beurteilen lässt. Bei offener Optionsmenge ist wiederum von einem verstärkten Einsatz optionsreduzierender Schwellenregeln auszugehen, d.h. Rezipienten wählen Links aus, die ihnen gut genug erscheinen.

Gleichzeitige versus aufeinander folgende Präsentation der Optionen: Werden alle Entscheidungsoptionen gleichzeitig und im Überblick präsentiert, fördert dies die Wahrscheinlichkeit attributorientierter Heuristiken (Rieskamp & Hoffrage 1999: 152). Beispiele für eine gleichzeitige Präsentation sind

- Inhaltsverzeichnisse von Zeitschriften,
- Nachrichten-Websites, auf deren Startseite jeder Artikel als Link angezeigt wird,
- TV-Zeitschriften, die ihren Lesern einen tabellarischen Überblick über alle zu einem bestimmten Zeitpunkt verfügbaren Sendungen liefern, oder
- Kioske, in denen alle Zeitungen und Zeitschriften zur Auswahl ausgestellt sind.

In diesen Fällen spielt wiederum die *Anordnung der Optionen und Attribute* (beispielsweise in einer durchgehenden alphabethischen Liste oder in thematischen Gruppen; in einer attribut- oder optionsweisen Anordnung; siehe oben) und die *Darstellungsmodalität* (als Bilder oder Symbole, als Text oder numerisch) eine entscheidende Rolle (Wirth & Schweiger 1999: 57f.).

Entscheidungssituationen mit aufeinander folgender Präsentation der Optionen sind z.B. Fernsehen ohne Programmführer oder das Durchblättern einer Zeitung oder Zeitschrift. In solchen Situationen werden Schwellenregeln bevorzugt (Gigerenzer & Todd 1999: 13). Dabei haben diejenigen Optionen, die am Anfang überprüft werden, ungleich bessere Chancen, gewählt zu werden, als gleich gute Optionen am Ende: Man liest den ‚nächstbesten' Artikel oder sieht die ‚nächstbeste' Sendung.

Gleichzeitige versus aufeinander folgende Präsentation der Attribute: Rezipienten treffen häufig Selektionsentscheidungen, ohne eine Option vollständig zu kennen. Das bedeutet entscheidungstheoretisch formuliert: Nur ein Teil der Attribute eines Medienangebots ist bekannt. Wer sich beispielsweise für einen Kinofilm entscheidet, kennt den Film selbst nicht, sondern weiß vielleicht, wer der Hauptdarsteller oder Regisseur ist, welchem Genre der Film angehört oder worum es inhaltlich geht. Vielleicht hat man auch von Freunden oder Bekannten eine Empfehlung bekommen. Vergleichbares gilt für Inhaltsverzeichnisse oder Hyperlinks; auch hier treffen Rezipienten Lese- oder Klickentscheidungen ohne einen Beitrag selbst zu kennen, weshalb man von einer ‚indirekten Evaluation' sprechen kann (Schweiger 2005). Je weniger Informationen bekannt sind, desto größer ist die Unsicherheit über die tatsächlichen Konsequenzen einer Entscheidung. Denn ob die erstrebte Bedürfnisbefriedigung eintritt, stellt sich erst beim direkten Kontakt mit einem Medienangebot heraus, weshalb Medien ja aus ökonomischer Sicht als Erfahrungs- oder Vertrauensgüter gelten (Abschnitt 4.3.1). Eine ‚direkte Evaluation' liegt dann vor, wenn ein Rezipient das zur Entscheidung stehende Medienangebot selbst evaluiert, beispielsweise am Zeitungskiosk, wo man alle Zeitungen und Hefte direkt ansehen kann, oder beim Fernsehen, wenn man durch die Kanäle schaltet (,Orienting Search' bei Heeter 1988; ‚Grazing' z.B. bei Walker & Bellamy 1991) und dann spontan beschließt, eine gesehene Sendung weiter anzuschauen. Schweiger (2001: 75ff.) nennt diesen Fall ‚Evaluationsrezeption', da die anfängliche Rezeption nicht der Bedürfnisbefriedigung dient, sondern Teil der Selektionsentscheidung ist. Erst wenn die Evaluation zu einer positiven ‚Rezeptionsentscheidung' führt, beginnt die eigentliche Rezeption.

Einstufige versus mehrstufige Entscheidungen: Die meisten Selektionshandlungen während der Mediennutzung basieren auf Einzelentscheidungen. Anders verhält es sich bei der gerichteten Suche nach konkreten Informationen. Eine solche Recherche dient einem konkreten Ziel und erfordert in der Regel mehrstufige Entscheidungsfolgen, wobei jede Entscheidung von der vorherigen Entscheidung abhängt. Wer beispielsweise im Internet die Telefonnummer einer Gaststätte sucht, gibt zunächst den Namen des Lokals in eine Suchmaschine ein (Schritt 1). Aus der Trefferliste wählt er dann einen Link aus, der zur Website des Restaurants führt (Schritt 2). Dort klickt er den Kontakt-Link an, der zur Seite mit der gewünschten Telefonnummer führt (Schritt 3). Bislang fehlen in der Entscheidungstheorie Konzepte zur Erklärung geplanter, mehrstufiger Entscheidungen, die vor allem die Navigation durch das Web bzw. innerhalb von Websites bestimmen. Besser geeignet sind Ansätze, die Aspekte der Informationsverarbeitung in den Vordergrund stellen (siehe den folgenden Abschnitt).

Rezipientenfaktoren

Auf der Rezipientenseite beeinflussen folgende Faktoren den Ablauf und Ausgang einer Entscheidung (Wirth & Schweiger 1999: 57f.).

Je höher das *Interesse* bzw. *Involvement* einer Person ist, desto gründlicher evaluiert sie die Optionen und desto gründlicher verarbeitet sie die aufgenommenen Informationen bei ihrer Entscheidung (ausführlicher in Abschnitt 4.4.1). Das Involvement hängt eng mit dem erwarteten Nutzen bzw. mit der subjektiv wahrgenommenen Relevanz einer gesuchten Gratifikation zusammen. Deshalb lassen sich schwach involvierte Rezipienten auch stärker von der Gestaltung eines Medienangebots beeinflussen: Wer beispielsweise mit geringem und ungerichtetem Interesse eine Zeitschrift durchblättert, lässt seine Aufmerksamkeit besonders von auffallenden Schlagzeilen, Bildern oder sonstigen Schlüsselreizen lenken. Wer hingegen nach konkreten Informationen sucht, investiert mehr kognitive und Verhaltensanstrengungen in sein Ziel und lässt sich von themenfremden Teasern und Hervorhebungen weniger beeinflussen.[83]

Medienkompetenz (Abschnitt 5.3.5) erlaubt Rezipienten nicht nur eine bessere Abschätzung, wie viele Optionen in einem Medium zur Auswahl stehen und mit welcher Wahrscheinlichkeit dort relevante Inhalte zu finden sind, sondern ermöglicht auch erfolgreichere Entscheidungs- und Suchstrategien (für Webrecherchen vgl. z.B. Weber & Groner 1999; Wirth 2003). Dasselbe gilt für thematisches Vorwissen. Wer sich mit einem Medium und in einem Themengebiet gut auskennt, hat bei Selektionsentscheidungen eher adäquate, d.h. schnelle und effiziente Regeln zur Verfügung (im Sinne der Verfügbarkeitsheuristik von Tversky & Kahneman 1973, Abschnitt 4.1.1).

Bei *habitualisierter Mediennutzung* werden Selektionsentscheidungen mit extrem geringem Aufwand getroffen. Hat sich eine bestimmte Entscheidung in der Vergangenheit regelmäßig

---

[83] Diese Annahmen finden sich im Elaboration-Likelihood-Model wieder; zum Involvement und seinen Auswirkungen auf die Medienrezeption siehe Abschnitt 4.4.2.

bewährt, gibt es keinen Grund, sich jedes Mal neue Gedanken darüber zu machen, solange sich die Bedingungen nicht ändern. Wenn man jeden Abend die ‚Tagesschau' sieht, trifft man diese Entscheidung kaum mehr bewusst, sondern macht es so, weil man es immer so macht und nichts dagegen spricht. Habitualisierung ermöglicht damit gleichzeitig eine kognitiv Entlastung und extrem schnelle Entscheidungen. Man kann habitualisierte Mediennutzung als eine Form von Medienkompetenz begreifen, da sie bei minimalem Entscheidungsaufwand einen effizienten (= nützlichen bzw. bedürfnisbefriedigenden) Umgang mit Medien erlaubt. Auch das TV-Kanalrepertoire spielt dabei eine Rolle: Fernsehsender, die eine Person häufig ansieht und deren Programmschemata sie gut kennt, werden vor anderen Sendern evaluiert und haben beim Einsatz von Schwellenregeln eine größere Chance, ausgewählt zu werden. Dieser Mechanismus gilt natürlich nicht nur beim Fernsehen, sondern als ‚Medienrepertoire' bei jeder Form von Mediennutzung (Abschnitt 5.2).

Natürlich spielt auch die *Persönlichkeit* eines Rezipienten eine Rolle. Die Persönlichkeitspsychologie hat eine Fülle von Konzepten entwickelt, die den Umgang mit Informationen, das Problemlösungsverhalten und präferierte Entscheidungsstrategien vorhersagen (Abschnitt 5.4.2). Einschlägige Persönlichkeitseigenschaften sind das Kognitionsbedürfnis (Cacioppo & Petty 1982) bzw. Sensation-Seeking (Zuckerman 1979), die sich auf das Bedürfnis einer Person nach Informationsaufnahme und -verarbeitung beziehen, sowie Ansätze zur Beschreibung von kognitiven Stilen bzw. Lernstilen (z.B. Entwistle 1988; Schmeck 1988). In einem Experiment zum Umgang mit Hypermedien teilten beispielsweise Verheij et al. (1996) ihre studentischen Versuchspersonen in zwei Gruppen ein: ‚deep processors' und ‚surface processors'. Bei einer Rechercheaufgabe machten die ‚deep processors' einzelne Navigationsentscheidungen eher von ihrer generellen Suchstrategie abgängig. Die ‚surface processors' hingegen entschieden eher lokal, d.h. auf der Basis der jeweils aktuellen Seiteninhalte.

4.3.4 Entscheidungsbasierte Ansätze der Selektionsforschung

Neben den eingangs erwähnten empirischen Studien basieren einige theoretische Ansätze zur Mediennutzung auf entscheidungstheoretischen Überlegungen, von denen einige kurz erläutert werden sollen.

Information-Seeking-Strategien

Donohew et al. (1978) verwendeten u.a. entscheidungstheoretische Dimensionen, um unterschiedliche Typen von Informationssuchern zu identifizieren. In einem Pferdewetten-Rollenspiel konnten Studierende verschiedene Informationen kaufen und danach auf bestimmte Pferde setzen. Eine Clusteranalyse der Teilnehmer ermittelte vier Typen von Information-Seeking-Strategien:

- Die ‚Formal Seekers' recherchierten gründlich und kauften vergleichende Informationen über mehrere Pferde, bevor sie eine Wettentscheidung trafen. Sie verwenden eine ‚Broad-Focus-Strategy', entscheiden also analytisch.

4.3 Selektionsorientierte Ansätze

- Die ‚Risky Seekers' entschieden heuristisch, indem sie sich nur zu wenigen Pferden Informationen beschafften und wetteten, sobald auf ein erfolgversprechendes Pferd stießen (‚Narrow-Focus-Strategy').
- Die ‚Informal Seekers' kauften kaum Informationen; stattdessen verließen sie sich hauptsächlich auf Hinweise, die sie von anderen erhielten (interpersonale Kommunikation).
- Die ‚Loners' schließlich ließen sich hauptsächlich von ihren überwiegend negativen Stimmungen beeinflussen und interagierten kaum mit anderen.

Die Studie zeigt, dass entscheidungstheoretische Kategorien den Umgang mit Informationen und das Selektionsverhalten bei der Mediennutzung durchaus erklären können und dass es interindividuelle Unterschiede bei der Anwendung von Strategien der Informationssuche gibt. Sie zeigt aber auch, dass man mit Entscheidungstheorien nur einen Teil des menschlichen Selektionsverhaltens erklären kann, da Entscheidungen häufig stimmungsabhängig oder ohne nähere Begründung zu fallen scheinen. Das bedeutet allerdings nicht, dass Individuen irrational handeln oder entscheidungstheoretische Annahmen grundsätzlich in Frage gestellt werden müssen. Vermutlich sahen die ‚Loners' so wenig Nutzen in der Teilnahme an dem Pferdewetten-Rollenspiel, dass sie schlichtweg keine kognitive Energie zu investieren bereit waren und deshalb extrem heuristisch entschieden.

Choice-Process-Model

Auch das *Choice-Process-Model* (Heeter 1988a) klassifiziert verschiedene Typen der Orientierungssuche (‚orienting search') beim Fernsehen, also der Suche nach einer attraktiven Sendung während der kommunikativen Phase, anhand von drei entscheidungstheoretischen Dimensionen.

- Die erste Dimension ist das Suchrepertoire (‚search repertoire'): Werden fast alle TV-Kanäle bei der Suche nach einem akzeptablen Programm durchgesehen bzw. alle zur Verfügung stehenden Optionen evaluiert, ist das Suchrepertoire elaboriert. Bei einem restringierten Suchrepertoire werden nur wenige Kanäle berücksichtigt; in der Regel sind das diejenigen Sender, die ein Rezipient in seinem Kanalrepertoire hat.
- Die Evaluation der Kanäle kann entweder vollständig (‚exhaustive') oder begrenzt (‚terminating') sein. Bei der vollständigen Evaluation werden alle Kanäle innerhalb des Suchrepertoires evaluiert, bevor eine Rezeptionsentscheidung fällt; dies verweist auf den Einsatz attributorientierter Heuristiken. Bei der begrenzten Evaluation werden die Kanäle so lange abgesucht, bis ein akzeptables Angebot gefunden wird. Ws handelt sich also um eine Satisficing-Heuristik (so bereits Heeter, S. 15).
- Die dritte Dimension ist die automatische (etwa mit Hilfe der Auf-/Ab-Taste auf der Fernbedienung) versus die kontrollierte Orientierungssuche in einer absichtlich gewählten Reihenfolge (beispielsweise nach einer mit Hilfe der TV-Zeitschrift ermittelten Prioritätenliste). Die automatische Orientierungssuche entspricht wiederum der Satisficing-Regel, bei der die Optionen in einer zufälligen Reihenfolge bzw. in einer vom Medium vorgegebenen Reihenfolge verarbeitet werden.

Clickstream-Modell

Das *Clickstream-Modell* (Wirth & Brecht 1998, 1999) wurde ursprünglich entwickelt, um Selektionshandlungen im Web auf der Mikroebene zu analysieren, lässt sich aber auch auf andere Mediengattungen übertragen (Abbildung 16). Das Modell kombiniert die vier Prozessschritte menschlichen Handelns (1) Zielsetzung, (2) Planung, (3) Ausführung und (4) Erfolgskontrolle, wie man sie aus der psychologischen Handlungstheorie kennt (z.B. Vorderer 1992: 92ff.), mit entscheidungstheoretischen Überlegungen.

Abbildung 16: Integratives Clickstream-Modell von Wirth & Brecht

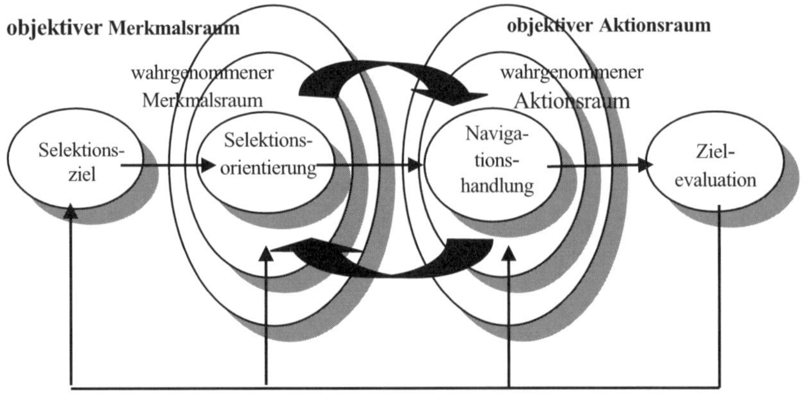

Quelle: Wirth & Brecht (1999: 157).

Zunächst wird angenommen, dass ein Mediennutzer mit jeder Selektionshandlung ein bestimmtes Ziel verfolgt, das (a) hoch intendiert oder spontan und (b) spezifisch oder allgemein gefasst sein kann (z.B. gerichtete Recherche versus ungerichtetes Stöbern oder Vertreiben von Langeweile). Aus dem objektiven Merkmalsraum, der alle tatsächlich verfügbaren Optionen umfasst, nimmt der Rezipient nur einen Teil wahr. Beispielsweise ignorieren die wohl meisten Website-Besucher gewohnheitsmäßig die Links am Ende einer Seite, obwohl darunter auch entscheidungsrelevante Optionen sein könnten. Von den wahrgenommenen Optionen (subjektiver Merkmalsraum) wird wiederum nur ein Teil bewusst beachtet und in die Entscheidung einbezogen, nämlich die inhaltlich oder gestalterisch auffälligen Links. Von diesen klickt der Nutzer einen oder mehrere an oder vollzieht andere Navigationshandlungen (z.B. Anklicken der browser-eigenen Zurücktaste). Obwohl es noch andere Handlungsoptionen gäbe (objektiver Aktionsraum), werden nur solche Aktionen ergriffen, die im bisherigen Entscheidungsprozess berücksichtigt wurden. Das Resultat jeder Navigationshandlung – meist eine neu erscheinende Webseite – wird schließlich auf seine Zieldienlichkeit hin evaluiert (Zielevaluation). Dieser Prozess wiederholt sich so oft, bis eine Seite gefunden wurde, die dem gesetzten Selektionsziel entspricht, oder das Selektionsziel selbst verändert wird.

4.3 Selektionsorientierte Ansätze

Das Clickstream-Modell beschreibt einen heuristischen Entscheidungsverlauf, der neben dem Selektionsziel (bzw. erstrebten Nutzen) eines Rezipienten stark von der medialen Präsentation der Entscheidungsalternativen geprägt wird. Es betont, dass aus vielen ursprünglich vorhandenen Optionen nur einige wenige entscheidungsrelevante Optionen herausgefiltert werden.

Ablaufmodell der Mediennutzung

Das bereits in Abschnitt 4.2.1 vorgestellte *Ablaufmodell der Mediennutzung* (Schweiger 2001; 2002c) betont den Prozesscharakter der Mediennutzung und gelangt dabei zu einer Unterscheidung von drei Entscheidungstypen (Abbildung 17). Jede Selektionshandlung (Wechsel des TV- oder Radiokanals, Klick auf einen Hyperlink, Blick auf einen anderen Zeitungsartikel bzw. Umblättern) basiert auf einer Entscheidung. Diese ist aber noch keine Entscheidung zur Rezeption, sondern ‚nur' eine *Selektionsentscheidung*. Erst wenn die Evaluation des ausgewählten Kanals usw. zu einem positiven Ergebnis führt, fällt die eigentliche *Rezeptionsentscheidung*. Während der Rezeption überprüft der Mediennutzer ständig unbewusst, ob diese noch ausreichenden Nutzen bringt. Ist das nicht mehr der Fall, fällt eine *Abbruchentscheidung*.

Abbildung 17: Vollständiges Ablaufmodell der Mediennutzung von Schweiger

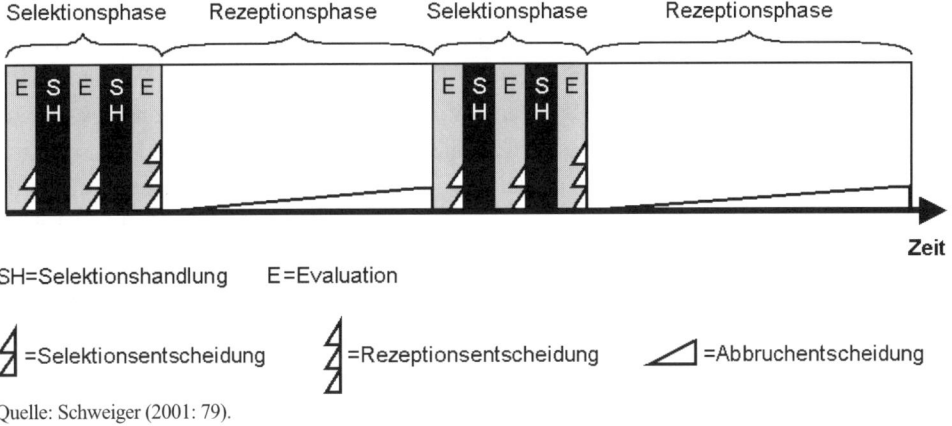

Quelle: Schweiger (2001: 79).

Vergleicht man die Bedingungen der drei Entscheidungstypen, fallen grundsätzliche Unterschiede auf.

Selektionsentscheidungen beziehen sich auf alle verfügbaren – genauer: wahrgenommenen – Optionen (Sendungen oder Artikel), von denen eine ausgewählt und evaluiert werden soll. Von diesen Optionen sind vor der Evaluation nur wenige Attribute bekannt. In einer solchen Situation ist der Einsatz attributorientierter Heuristiken wahrscheinlich, was bedeutet, dass bei Selektionsentscheidungen bevorzugt Optionen ausgewählt werden, die entweder bereits bekannt (Recognition-Heuristik) oder in irgendeiner Weise hervorgehoben bzw. salient sind (dazu mehr in Abschnitt 4.3.6).

Rezeptions- und *Abbruchentscheidungen* umfassen jeweils nur zwei Optionen – das (Weiter-)Rezipieren oder Nicht-Rezipieren eines Medienangebots. Von einer der beiden Optionen, dem (Weiter-)Rezipieren, sind viele Attribute bekannt, denn nach der Evaluation bzw. Rezeption kennt man das Angebot ja aus eigener Erfahrung. In einer solchen Situation kommen hauptsächlich Schwellenregeln zum Einsatz: Eine Sendung ist *zu* langweilig oder nicht lustig *genug*, um sie weiterzusehen; ein Artikel ist nicht interessant *genug* oder *zu* kompliziert, um ihn weiterzulesen.

Damit lässt sich auch theoretisch begründen, warum Entscheidungen *für* die Rezeption eines Mediums oder Medienangebots ganz anderen Gesetzmäßigkeiten unterliegen als Entscheidungen zur Beendigung der Rezeption. Vielleicht liegt hierin ein Grund für das weitgehende Desinteresse der Mediennutzungsforschung an den Ursachen von Rezeptionsabbrüchen und der Vermeidung bestimmter Inhalte (Stichwort Programmflucht; Abschnitt 3.1.2).

4.3.5 Selektion als Informationsverarbeitung: Suche und Evaluation

In den vorherigen Abschnitten wurde deutlich, dass jeder Selektionsprozess aus mehreren Entscheidungen besteht, in deren Ablauf Medienangebote oder -inhalte auf ihren erwarteten Nutzen hin evaluiert werden. Dies geschieht entweder direkt, d.h. ein Rezipient evaluiert das in Frage kommende Medienangebot selbst, oder indirekt, wobei externe Informationsquellen zur Beschaffenheit des Medienangebots genutzt werden. Darüber hinaus verfügen Mediennutzer über die verschiedensten Varianten medienbezogenen Vorwissens, die sie bei Selektionsentscheidungen einsetzen. Tabelle 14 gibt einen groben Überblick über die wichtigsten Informationsquellen, die bei der Selektion von Zeitschriften (in der präkommunikativen Phase) und Zeitschriftenartikeln (meist in der kommunikativen Phase), TV-Sendungen und Websites[84] eine Rolle spielen.

Die Tabelle illustriert, welche eminente Bedeutung (a) die Aufnahme angebotsbezogener Informationen, (b) der Abruf von Vorwissen und (c) die kognitive Verarbeitung all dieser Informationen bei Kauf-, Nutzungs- und Rezeptionsentscheidungen haben. Sie gibt ferner eine Vorstellung davon, wie viele

- unterschiedliche Typen von Informationsquellen,
- mit formalen und inhaltlichen Eigenschaften
- in unterschiedlichen Selektionssituationen
- von unterschiedlichen Rezipientenpersönlichkeiten
- mit unterschiedlichen Entscheidungsstrategien,
- unterschiedlichem Vorwissen
- und unterschiedlichen Mediengewohnheiten
- bei Selektionsentscheidungen evaluiert und verarbeitet werden.

---

[84] Das Medienangebot ‚Webseite' wurde weggelassen, da die verfügbaren Informationsquellen weitgehend analog zu denen von Zeitschriftenbeiträgen sind.

4.3 Selektionsorientierte Ansätze

Tabelle 14: Informationsquellen zur Evaluation von Medienangeboten

	direkte Evaluation eines Medienangebots	indirekte Evaluation durch externe Informationsquellen	Vorwissen/Gewohnheit
Zeitschrift	• Titelseite mit Beitragsteasern • Inhaltsverzeichnis • Durchblättern & Scannen von Artikelüberschriften & Fotos	• Werbung • Medienbericht über Zeitschrift(enbeitrag) • zeitschriftenbezogene Tipps von Dritten	• Zeitschriftengenre bekannt („mal ein anderes Promi-Magazin ausprobieren') • frühere Nutzung der Zeitschrift (beim Arzt gelesen, gelegentlich, regelmäßig, Abo)
Zeitschriftenbeitrag	• Anlesen • Überfliegen/Scannen	• Beitragsteaser auf Titelseite • Inhaltsverzeichnis • Tipps von Dritten zu einem interessanten Artikel	• regelmäßige Beiträge bekannt, z.B. Witzseite, vermischte Meldungen, Kritiker-Kolumne • allgemeine ‚Machart' der Beiträge bekannt und vorhersagbar
TV-Sendung	• Orientierungssuche während des Fernsehens	• TV-Zeitschrift • allgemeine TV-Websites • Sendungs-/Senderwebsite • Teletext • vorherige Programmhinweise & Sendungstrailer auf demselben Sender • Werbung • Medienbericht zur Sendung • Tipps von Dritten	• Genre, Schauspieler, Regisseur, Herkunftsland usw. bekannt • frühere Folgen gesehen • täglicher/wöchentlicher Sendeplatz bekannt • Live-Event bekannt (z.B. Sportereignis, Bundestagswahl)
Website	• Startseite mit Links, teilweise Teaserlinks • Navigationsbereich/ Menü • Flanieren/ Surfen • Anlesen/ Ansehen von Beiträgen	• Suchmaschine • Link auf einer anderen Website • Medienbericht über Website • Hinweise auf Website in TV, Zeitung, Zeitschrift derselben Medienmarke/ -gruppe (Crossmedia) • Werbung • Tipps von Dritten	• frühere Nutzung der Website (gelegentlich, regelmäßig)

Bedenkt man schließlich, wie viele Kombinationen sich aus diesen Faktoren ergeben, wird schnell klar, warum es keine allgemeinen Informationsverarbeitungs-Theorien zur Medienselektion gibt, die über die in Abschnitt 4.1.1 erläuterten Grundlagen der menschlichen Informationsverarbeitung hinausgehen: Eigentlich bräuchte man für jede Konstellation einen spezifischen Ansatz, also beispielsweise für die Frage, wie sich Rezipienten beim Blättern durch eine

Zeitschrift für einen bestimmten Artikel entscheiden, nach welchen Gesetzmäßigkeiten Berichte in anderen Medien ein bestimmtes Medienangebot für das Publikum attraktiver machen usw.

Informational-Utility-Ansatz

Den einzigen Versuch einer allgemeinen Analyse von aktivem und passivem Selektionsverhalten liefert der Informational-Utility-Ansatz von Atkin (1973), der zum Teil bereits in Abschnitt 3.2.2 referiert wurde. Atkin nimmt an, dass Selektionsentscheidungen nach einem Kosten/Nutzen-Kalkül erfolgen, wobei dem Nutzen (,reward value') zwei Arten von Kosten gegenüberstehen: den Kosten der Selektion und Rezeption (,expenditures of obtaining and processing') und den Kosten, die eine Vermeidung verursachen würde (,expenditures of avoiding'). Daraus resultieren fünf Arten des Umgangs mit Informationen bzw. Medienangeboten:

- Bei hohem Informationsbedürfnis suchen Rezipienten aktiv nach konkreten Informationen (,information searching') und treffen aufwändige Selektionsentscheidungen.
- Bei mittlerem bis geringem Informationsbedürfnis befinden sie sich in einem Zustand passiver Aufnahmebereitschaft (,information receptivity'). Eine aufwändige Suche nach attraktiven Inhalten lohnt sich nicht, weshalb man nur aus direkt verfügbaren Medienangeboten auswählt, ohne aktiv zu suchen.

Bei minimalem Informationsbedürfnis sind drei weitere Varianten denkbar:

- Ist der Aufwand, die Rezeption eines Medienangebots zu vermeiden, höher als die Kosten, die seine Rezeption verursacht, wird es nolens volens (weiter)rezipiert (,information yielding'). Ein Beispiel hierfür ist das Ansehen von TV-Werbung, wenn das Umschalten als zu aufwändige Vermeidungshandlung erscheint. Mit Schweigers Ablaufmodell lässt sich die Situation gut erklären: Eine Abbruchentscheidung ist zwar schnell und leicht zu treffen; die darauf folgende Selektionsentscheidung dagegen ist aufwändiger und lohnt sich nicht. Plakativ formuliert: Man weiß zwar, dass man das aktuelle Medienangebot nicht mehr rezipieren will, ist aber zu passiv, um ein besseres zu suchen.
- Beim ,information ignoring' werden Inhalte zwar nicht durch eine Selektionshandlung vermieden, jedoch auch nicht weiter rezipiert: Man lässt die Werbung zwar laufen, sieht aber nicht hin.
- Erst bei der ,information avoidance' ist der ,Leidensdruck' so hoch, dass eine aktive Vermeidungshandlung erfolgt.

4.3.6 Mediengewohnheiten als Niedrigkostenstrategien

Die meisten Mediennutzungsepisoden finden in einer Niedrigkostensituation mit minimalem Informationsbedürfnis statt. Der Nutzen ist (a) gering; er lässt sich (b) *vor* der Nutzung kaum prognostizieren (Stichwort Erfahrungs- und Vertrauensgüter), und häufig gibt es (c) mehrere Medienalternativen mit vergleichbarem Nutzen. Darum entscheiden sich Rezipienten generell mit einem Minimum an kognitiven Ressourcen und minimaler Informationsaufnahme und

4.3 Selektionsorientierte Ansätze

-verarbeitung.[85] Brosius (1998a) vermutet, dass durch die wachsende Verfügbarkeit von Inhalten in den vergangenen Jahren die beiläufige Auswahl gegenüber der aktiven Suche nach Informationen an Bedeutung gewonnen hat.

Da die Aufnahme externer Informationen, d.h. die direkte oder indirekte Evaluation von Medienoptionen, vergleichsweise großen Aufwand verursacht, ist davon auszugehen, dass Rezipienten generell versuchen, nur minimale Ressourcen hierfür aufzuwenden und möglichst auf der Basis ihres bereits verfügbaren Wissens zu entscheiden. Die wichtigsten Niedrigkostenstrategien der Medienauswahl während der kommunikativen Phase, die im Folgenden erläutert werden, sind:

- Medienroutinen,
- Bekanntheitsheuristiken und
- die schemagestützte Evaluation von Medieninhalten.

Medienroutinen

Die einfachste und schnellste Selektionsheuristik ist die direkte Anwendung eines situationsadäquaten Ablaufschemas bzw. Skripts (vgl. Ottler 1998: 131ff.). Ein Beispiel: Die wohl meisten Rezipienten haben im Lauf der Zeit ein ‚Feierabend vor dem Fernseher'-Skript entwickelt. Es umfasst Elemente wie ‚müde und abgespannt sein', ‚keine Lust auf Reden', ‚auf dem Sofa liegen', ‚Bier trinken' oder ‚fernsehen'. Sobald auf eine Situation die Elemente ‚müde und abgespannt sein' und ‚keine Lust auf Reden' zutreffen, denkt man nicht länger nach, was zu tun ist, sondern folgt dem Skript. Vermutlich umfasst das Skript noch weitere Vorgaben zum Fernsehverhalten, etwa dass man am liebsten leichte und intellektuell anspruchslose Unterhaltung sieht oder desinteressiert durch die Kanäle schaltet, bis man an einem Schlüsselreiz (Erotik, Gewalt, Humor usw.) hängen bleibt. Skripts für bestimmte Situationen oder Bedürfnisse umfassen also nicht nur Medienentscheidungen (z.B. fernsehen), sondern auch Genre- oder Produktpräferenzen, Nutzungsmodi, Tageszeiten, soziale Konstellationen (z.B. gemeinsamer Fernsehabend) usw.[86]

Habitualisiertes bzw. routinisiertes Medienverhalten ist demnach nichts anderes als situatives Verhalten, das mit einem Minimum an kognitivem Aufwand auskommt (Rosenstein & Grant 1997: 325). Ritualisierte Rezeptionsentscheidungen werden nicht jedes Mal aufs Neue getroffen, sondern man verhält sich so, wie man es meistens macht. Die Evaluation *anderer* Optionen und die damit verbundene Aufnahme bzw. Verarbeitung externer Informationen entfallen und werden durch bereits vorhandenes Prozesswissen ersetzt. Deshalb weisen ältere Personen üblicherweise eine stärker ritualisierte Mediennutzung auf (vgl. Barwise 1986; Soong 1988). Gewohnheiten sind deshalb nichts anderes als die Anwendung von Prozesswissen zur situativen ‚Reduktion von Komplexität' (Merten 1984).[87] Aus dieser Sicht wird schnell klar, dass Ge-

---

[85] Das gilt natürlich genauso für die Rezeption von Medieninhalten (Abschnitt 4.4).
[86] Damit schließt sich der Kreis zum Uses-and-Gratifications-Ansatz, denn dieser wird ja meistens auch so verstanden, dass Rezipienten bei bestimmten Bedürfnissen *generell* bestimmte Mediengattungen, -genres oder -angebote bevorzugen (Abschnitt 3.1.2).
[87] Kulturelle Bräuche können analog als sozial geteiltes Wissen um regelmäßige Abläufe gelten.

wohnheit (‚habit') kein Nutzungsmotiv ist, wie in der Uses-and-Gratifications-Forschung häufig angenommen, sondern vielmehr eine Art „psychological process which helps create and maintain all other pattern of viewing behavior" (Rosenstein & Grant 1997: 324).

Bekanntheit als Selektionsheuristik

Wendet ein Rezipient kein Mediennutzungs-Skript an, bietet sich die Recognition-Heuristik als zweiteinfachste Entscheidungsstrategie an: Man wählt aus allen Optionen diejenige aus, die man bereits kennt. Wer beispielsweise gelangweilt durch TV-Kanäle zappt, bleibt mit großer Wahrscheinlichkeit an einer Sendung hängen, die er schon einmal gesehen hat oder die ihm zumindest bekannt vorkommt. Auch diese Strategie lässt sich schematheoretisch erklären: Menschen verstehen und lernen diejenigen Informationen am besten, zu denen sie bereits über passende Schemata verfügen (Abschnitt 4.1.1). Deshalb haben sie eine Vorliebe für Inhalte, die sie bereits kennen oder zu denen sie einen klaren Bezug haben, da bei neuartigen Informationen die Gefahr einer kognitiven Überforderung und damit Frustration besteht.

Hierzu passt das Gesetz von Homans (1950), dem zufolge Sympathie proportional zur Anzahl der Kontakte ist (vgl. von Rosenstiel & Neumann 2002: 188 mit empirischen Belegen). Auf Mediennutzung übertragen heißt das: Je häufiger man ein Medienangebot nutzt, desto vertrauter wird es und desto mehr schätzt man es. Dass die subjektive Bewertung bei der Auswahl von Medien als Erfahrungs- und Vertrauensgütern eine riesige Rolle spielt, wurde bereits erläutert. Auch hier zeigt sich eine enge Verknüpfung zwischen Gewohnheit und Wissen: Gewohnheitsmäßige Mediennutzung geht in der Regel mit einer hohen, d.h. täglichen, wöchentlichen oder zumindest monatlichen Nutzungshäufigkeit einher. Häufige Nutzung schafft wiederum eine positive Einstellung, die nichts anderes als eine Wissensstruktur ist.

Die bisherige Darstellung würde nahe legen, dass Rezipienten am liebsten immer genau dasselbe lesen, sehen oder hören wollen. Bei Kleinkindern ist das tatsächlich der Fall, wenn sie ein und dasselbe Hörspiel Dutzende Male hintereinander hören. Diese Beobachtung illustriert, wie Kinder durch die ständige Wiederholung einer Tätigkeit aus eigenem Antrieb ihr anfänglich episodisches Wissen in semantisches Wissen (= Schemata) verdichten und auf diese Weise lernen. Gewohnheiten verringern also nicht nur die kognitive Belastung beim episodischen Handeln, sondern helfen, Handlungsmuster (Skripts) einzuüben. Im Lauf ihrer (Medien-)Sozialisation werden Kinder mit Medieninhalten vertraut und gewöhnen sich an sie. Entsprechend suchen sie verstärkt nach komplexeren und neuartigen Reizen. Auch Erwachsene sehen sich gelegentlich einen Film mehrmals an (Tannenbaum 1985; Furno-Lamude & Anderson 1992), doch tritt bei der wiederholten Rezeption völlig identischer Inhalte schnell Langeweile auf – zu groß ist der menschliche Drang nach Neuem (Abschnitte 3.1.3 und 3.2.3). Das Verhältnis zwischen dem menschlichen Interesse für Medienangebote mit unterschiedlichem Grad an Neuigkeit bzw. Komplexität entspricht einer umgekehrten U-Kurve: Vollständig bekannte Inhalte langweilen, völlig neue Inhalte überfordern Rezipienten. Das größte Interesse lösen Angebote mit mittlerem Neuigkeitsgrad aus (Winterhoff-Spurk 1999: 54).

Vertrautes in neuen Variationen

Deshalb suchen Erwachsene nach *Vertrautem in neuen Variationen* bzw. nach Neuem, zu dem sie einen Bezug haben. In den Worten Tannenbaums (1985: 239): „Clearly, familiarity is a factor in choice for a lot of people much of the time, and the familiar-with variation may be optimal for most people most of the time." Tannenbaum (S. 236) berichtet in diesem Zusammenhang von einem Selective-Exposure-Experiment, in dem 30 Versuchspersonen aus unterschiedlichen Fernsehsendungen wählen konnten. Vier Teilnehmer entschieden sich für eine gänzlich unbekannte Sendung, fünf für eine Sendung, die sie zwei Monate vorher bereits gesehen hatten. Die überwiegende Mehrheit (21 bzw. 70 Prozent) wollte dagegen eine neue Folge einer ihnen bekannten Serie sehen.

Es gibt eine Fülle inhaltlicher und formaler Medienelemente, die Rezipienten Vertrautes in neuen Variationen liefern.

- Medienfiguren wie Schauspieler, Moderatoren, Nachrichten-Anchormen, Politiker, Musiker, Sportler und sonstige Prominente sind ständig in den Medien präsent und haben einen hohen Wiedererkennungswert. Egal, ob ein Fernsehzuschauer durch die Kanäle zappt, ein Leser eine Zeitung oder Illustrierte durchblättert oder ein Website-Besucher durch Nachrichtenbeiträge surft: Alle bleiben mit großer Wahrscheinlichkeit an bekannten Namen und Gesichtern hängen, denn diese versprechen neue Ereignisse oder Geschichten, zu denen der Rezipient einen Bezug hat, denn er kennt die Figuren und die Zusammenhänge, in denen diese üblicherweise auftreten. Dass Rezipienten zu vertrauten Medienpersonen sogar parasoziale Beziehungen entwickeln (Abschnitt 3.4.2), verstärkt den Effekt zusätzlich.
- Auch Mediengenres liefern Vertrautes in neuen Variationen. Wer beispielsweise Science Fiction-Fan ist oder Musiksendungen liebt, erkennt solche Genres beim Umschalten in der Regel innerhalb kürzester Zeit (Gehrau 2001: 236ff.) und wird eine solche Sendung mit hoher Wahrscheinlichkeit genauer ansehen (= evaluieren) bzw. rezipieren. Vergleichbares gilt bei Nachrichtenmedien für Ressorts.
- Viele Medieninhalte bestehen aus regelmäßigen bzw. seriellen Formaten, die entweder von Folge zu Folge dieselbe Inhaltsstruktur aufweisen oder eine Erzählung fortsetzen. Die Liste reicht beim Fernsehen von täglich oder wöchentlich ausgestrahlten Seifenopern, Shows, Krimis über die Bundesliga-Berichterstattung bis hin zu Nachrichten. Dabei ist es wichtig, dass regelmäßige oder serielle Formate zu festen Uhrzeiten ausgestrahlt werden, da TV-Zuschauer im Lauf der Zeit ein mentales Programmschema entwickeln, d.h. sie lernen, was wann wo läuft (‚mental schedule', Adams 2000). Die meisten Radiosender spielen nur eine kleine Auswahl bekannter Hits (heavy rotation), und die Ausstrahlung von Inhalten folgt einem zeitlichen Ablaufschema (Radiouhr). Printmedien erleichtern ihren Lesern ebenfalls die Auswahl durch feste Seiten-Layouts, regelmäßige Kolumnen oder Serien.
- Eine (erwünschte) Konsequenz der strengen Formatierung ist die Herausbildung der Identität der Medienprodukte, die in den Köpfen ihrer Nutzer zu einer mehr oder weniger unverwechselbaren und wiedererkennbaren ‚Medienpersönlichkeit' werden (Abschnitt 5.3.2).

Wer beispielsweise im Ausland an einem Kiosk mit internationaler Presse steht, erkennt die ‚eigene Zeitung' für gewöhnlich recht schnell. Auch beim Fernsehen haben Rezipienten ein festes Repertoire an Sendern, die sie regelmäßig sehen (Kanalrepertoire bzw. Kanalloyalität; dazu gleich mehr) und die sie auch beim Herumschalten zumindest am Senderlogo schnell erkennen.

Schemagestützte Evaluation von Medieninhalten

Das schemageleitete Erkennen bzw. Wiedererkennen ermöglicht nicht nur die spontane Medienauswahl anhand der Bekanntheitsheuristik, sondern erleichtert auch die schnelle Evaluation von Medienangeboten. Je mehr Medienwissen man hat, desto schneller, leichter und effizienter kann man den Nutzen einer Fernsehsendung, eines Zeitungs- bzw. Zeitschriftenartikels oder einer Webseite in der kommunikativen Phase prognostizieren. Das funktioniert in zwei Schritten: Sobald man im ersten Schritt einige Informationen zu einem Medienangebot aufgenommen hat, versucht man damit verbundene Schemata zu aktivieren. Sind solche Schemata vorhanden, kann man das Angebot schnell identifizieren oder es zumindest kategorisieren, d.h. eine grobe Vorstellung vom Inhalt und der Machart entwickeln (vgl. Abschnitt 4.1.1 zur Inferenz- und Kategorisierungsfunktion von Schemata). Im zweiten Schritt erfolgt der Abgleich zwischen aktuellen Bedürfnissen und dem erwarteten Nutzen des Angebotstyps. Passen diese zusammen, ist eine eingehendere Evaluation des Angebots und eine nachfolgende Rezeption wahrscheinlich. Bilandzic (1999) fand in einer Studie, in der Versuchspersonen im gewohnten heimischen Umfeld ihre Gedanken während der TV-Nutzung aussprachen (Methode des lauten Denkens), vier entsprechende Typen sendungsbezogener Kognitionen: (a) Identifikation bzw. Wiedererkennen von Sendungen, (b) Auffälligkeiten der Sendungen, (c) Erwartungen und (d) Bewertungen.

Hier liegt die Bedeutung von Programmgattungen bzw. Film- oder Sendungsgenres (vgl. umfassend Gehrau 2001). Rezipienten haben mehr oder weniger klare Vorstellungen (Schemata) von Daily Soaps, Talkshows oder Nachrichten (Gattungen) bzw. Western, Krimis, Horror- oder Autorenfilmen (Genres). Auch wenn sie beim Umschalten eine Sendung nicht gleich selbst erkennen (Identifikation), ermöglichen Schemata zumindest das Erkennen der Gattung bzw. des Genres (Kategorisierung) und damit eine schnelle und heuristische Evaluation. Wer beispielsweise beim Fernsehen auf Männer mit Cowboy-Hüten stößt, die in Technicolor Whiskey trinken, und alte Western nicht mag, kann gleich weiter schalten. Wie bei jeder schemagestützten Verarbeitung können Fehler unterlaufen: Man kann beispielsweise an eine Western-Persiflage geraten, die man gerne sehen würde. Auf den ersten Blick identifiziert man sie jedoch irrtümlicherweise als ‚normalen' Western und schaltet weg. Deshalb werden typische Vertreter eines Genreschemas leichter und mit größerer Sicherheit erkannt; Mischformen oder Schemaverletzungen hingegen erschweren die Kategorisierung.

Neben den mehr oder weniger soziokulturell geteilten Vorstellungen hinsichtlich Inhalt und Gestaltung eines Film- oder Sendungstyps enthalten die individuellen Genreschemata von Rezipienten noch zusätzliche Informationen, die von bisherigen Nutzungsepisoden und sonstigen persönlichen Erlebnissen geprägt sind. Wenn eine Person beispielsweise beim Ansehen eines

4.3 Selektionsorientierte Ansätze

Horrorfilms ihre erste große Liebe kennengelernt hat oder bei deutschen Krimis häufig wohlig einschlummert, prägt das sicherlich ihre Genrevorstellung. Deshalb kann es auch keine intersubjektiv einheitlichen Genrevorstellungen geben (Gehrau 2001: 99ff.; Hoffmann 2003). Allerdings existiert ein ‚Genre-Kern', auf den sich sowohl Rezipienten untereinander als auch unterschiedliche Gruppen – Publikum, Filmemacher, sonstige Medien usw. – einigen können. Wäre das nicht der Fall, könnten Genreangaben in Film- und Fernsehzeitschriften und dergleichen keinen Einfluss auf das Auswahlverhalten des Publikums haben (vgl. hierzu Schneiderbauer 1991; Brosius & Steger 1997; Schmitt-Walter 1998). Typischerweise sind auch Nutzungsmotive Bestandteil von Genreschemata: Das Genre Komödie ist eindeutig mit Unterhaltung und Humor verknüpft, das Geschichtsdrama eher mit Identitätsentwicklung und Lernbegierde. Während manche Genre-Motiv-Kombinationen (z.B. Komödie = Unterhaltung) intersubjektiv gelten, sind auch rein subjektive Kombinationen denkbar (z.B. deutscher Krimi = entspannen und einschlafen), die vom Geschmack und den Erfahrungen eines Rezipienten abhängen. Zusammenfassend lässt sich mit Gehrau (2003: 217) konstatieren, dass Genres bei der Selektion „Unsicherheit durch Anschlussfähigkeit an bereits gemachte kognitive und emotionale Erfahrungen" reduzieren.

Analoge Prozesse spielen sich bei anderen Mediengattungen bzw. -kategorien ab. *Werbung* ist beispielsweise eine Medienkategorie, für die Zuschauer ebenfalls Schemata entwickelt haben. Im Fall von Fernsehwerbung ermöglicht das Schema einerseits das frühe Erkennen von Werbeunterbrechungen – häufig bereits vor deren eigentlichem Beginn, etwa anhand von Werbehinweisen, Moderationen (‚bleiben Sie dran') oder Sendungstrailern, die meist zwischen einer Sendung und einem Werbeblock ausgestrahlt werden. Andererseits gilt Werbung den meisten Fernsehzuschauern als störend und unerwünscht (Wolfradt & Petersen 1997), so dass viele bereits zu Beginns eines Werbeblocks physische (umschalten, Raum verlassen) oder psychische (wegschauen oder sich mit anderen unterhalten) Werbeflucht begehen (Ottler 1998; Rossmann 2000). Vergleichbares gilt für Printanzeigen und Bannerwerbung im Web. Letztere rufen zwar durch Animation, Sounds oder als Popup-Werbung zunächst einen Orientierungsreflex hervor, werden dann aber schnell erkannt und häufig gemieden (durch Wegklicken oder Wegsehen).

In diesem Zusammenhang sind auch *Hervorhebungen* in Printmedien und textbasierten Onlinemedien zu nennen. Im Lauf ihrer Mediensozialisation haben Rezipienten gelernt, dass Beiträge, die durch ihre Platzierung (Titelstory, Seitenaufmacher), ihren Umfang und/oder ihre optische Gestaltung (z.B. große Überschrift, auffällige Bebilderung) hervorgehoben sind, meist tatsächlich relevanter sind als nicht hervorgehobene Inhalte.[88] Hervorhebungen aktivieren beim Leser somit das Schema ‚wichtiger Artikel'. Wenn Rezipienten beim beiläufigen Blättern durch eine Zeitung oder Zeitschrift oder beim Surfen auf einer Nachrichten-Website Selektionsentscheidungen mit minimalem Evaluationsaufwand treffen wollen, verlassen sie sich deshalb auf

---

[88] Vgl. hierzu das Konzept des ‚Beachtungsgrades' (Schulz 1990), das Umfang und Platzierung eines Nachrichtenbeitrags innerhalb einer Zeitung oder Nachrichtensendung zu einem einzigen Indikator für dessen Nachrichtenwert (als journalistische Relevanzzuschreibung) zusammenfasst.

Hervorhebungen. Dieses ‚heuristische Vertrauen' erspart ihnen die Evaluation weiterer Beitragseigenschaften.

Die Bedeutung von Hervorhebungen bei der Artikelauswahl ist empirisch gut bestätigt: Donsbach (1991: 136f.) zeigte beispielsweise in seiner bereits in Abschnitt 3.2.3 geschilderten Zeitungs-Studie, dass Aufmacher (weit vorn in der Zeitung, große Schlagzeile mit Untertitel, mehrere Spalten, Leadtext) besonders häufig beachtet werden. Seibold (2002: 114) fand in einer Mehrmethoden-Studie (Inhalts- und Logfileanalyse) zum Selektionsverhalten der Besucher von ‚sueddeutsche.de', dass ‚Aufmacher-Teaser', also hervorgehobene Links mit Bild und Leadtext, auch mehr als dreimal so häufig angeklickt werden wie einzeilige Teaser.[89]

Auch innerhalb von Artikeln haben Hervorhebungen große Bedeutung, da sie als ‚Zugriffsstrukturen' (Waller 1979) den Lesefluss steuern bzw. Lesern Hinweise auf wichtige Inhalte geben. Das Selektions- und Rezeptionsverhalten *innerhalb* von Beiträgen wurde bislang nur selten kommunikationswissenschaftlich untersucht. Klar ist, dass Leser Texte keineswegs immer vollständig lesen wie in Abschnitt 4.1.2 beschrieben, sondern häufig überfliegen bzw. scannen, um sich einen Überblick zu verschaffen oder die wichtigsten Inhalte zu extrahieren (Ballstaedt 1997: 41; Willberg & Forssman 1997: 14ff.; für Onlinemedien Schweiger 2001: 84ff.; Wirth 2004: 207); Franzmann (2001) spricht plakativ vom ‚Lesezapping'. Während das gründliche Lesen einer durchgehenden Rezeptionsphase entspricht, findet beim Scannen ein ständiges Wechselspiel von Selektionshandlungen, Evaluationen und eventuell auch Rezeptionsphasen statt. Je selektiver Leser einen Text scannen, desto wichtiger sind für sie Hervorhebungen und desto stärker lassen sie sich von ihnen steuern.

Auch beim Fernsehen veranlassen *saliente Merkmale*, d.h. inhaltlich oder formal prägnante Inhalte, Zuschauer während des Umherschaltens dazu, eine Sendung länger anzusehen und damit gründlicher zu evaluieren. Bilandzic (2004) zufolge ist das bei schnellen Kamerabewegungen, einer lauten Stimme, Gewalt, Humor und bei deutlichen Emotionen der Fall. Knobloch et al. (2003b) fanden in Online-Nachrichten ebenfalls eine Wirkung emotionaler Bilder: In einem Selective-Exposure-Experiment sollten deutsche Berufsschüler und US-amerikanische Studierende auf einer Website mit zwölf Beiträgen frei surfen. Die Beiträge bzw. die entsprechenden Links auf der Startseite waren entweder unbebildert, neutral bebildert oder emotional bedrohlich bebildert. Die bedrohlich bebilderten Beiträge wurden (a) am häufigsten ausgewählt, (b) am längsten und (c) am gründlichsten rezipiert – gefolgt von den neutral bebilderten Nachrichten. Die Befunde in Deutschland und den USA waren weitgehend identisch. Ein vergleichbares Ergebnis liegt für ein gedrucktes Nachrichtenmagazin vor (Zillmann et al. 2001). Ob diesen Effekten kognitive Schemata zugrunde liegen oder ob hier nicht doch eher lebendige Stimuli Orientierungsreflexe hervorrufen (Abschnitt 4.1.3 zum Vividness-Konzept), ist allerdings unklar.

---

[89] Außerhalb von Niedrigkostensituationen während der kommunikativen Phase ist die Wirkung von Hervorhebungen geringer. Kaltenhäuser (2005) untersuchte beispielsweise den Einfluss der Titelseitengestaltung von ‚Spiegel', ‚Stern' und ‚Focus' auf ihren Einzelverkauf am Kiosk. Es zeigte sich, dass die Titelblätter mit ihren inhaltlichen und optischen Hervorhebungen nur einen geringen Einfluss auf das Kaufverhalten hatten. Nicht-reversible und mit höheren Kosten verbundene Selektionsentscheidungen werden also offensichtlich gründlicher getroffen.

Kognitiv wirksame saliente Merkmale sind *Nachrichtenfaktoren.* Verschiedene Studien zu ihrem Einfluss auf die Auswahl einer Nachricht durch das Publikum stellten eindeutige Effekte fest. Zeitungsleser bevorzugten Artikel mit den Faktoren Kontroverse, Überraschung und Negativismus (Donsbach 1991); Nutzer einer Nachrichten-Website klicken hauptsächlich Beiträge mit Überraschung, Schaden und Emotion an (Seibold 2002); im Fernsehen wurden überwiegend Nachrichtenbeiträge mit Prominenz, Etablierung und Personalisierung angesehen (Ruhrmann et al. 2003). Bei der Auswahl medienunspezifischer Nachrichtenvignetten schließlich dominierten die Faktoren Überraschung, Etablierung und Kontroverse (Eilders 1997).

Eine wichtige Rolle bei der schnellen, schemageleiteten Evaluation von Medienangeboten spielen schließlich *Medienmarken*, die sogar Gattungsgrenzen überwinden (Hasebrink 2000: 120f.). Wenn beispielsweise ein Spiegel-Leser ein insgesamt positives Schema des Nachrichtenmagazins entwickelt hat und auf andere Produkte desselben Namens stößt, bringt er diese automatisch (durch Aktivierung des Spiegel-Schemas) mit dem Magazin in Verbindung. Die Folge ist ein Imagetransfer (Abschnitt 5.3.2), so dass der Leser die anderen Spiegel-Produkte zumindest genau evaluieren und gegebenenfalls nutzen wird.[90]

Kurzfristige Schemata

Neben langfristigen Genreschemata, die Individuen im Lauf der Mediensozialisation entwickeln, und mittelfristigen Schemata wie dem zuletzt angesprochenen Markenimage prägen auch kurzfristig aktivierte Schemata die Medienauswahl. Wie Tversky & Kahneman (1973) in ihren Experimenten zur Verfügbarkeitsheuristik zeigten, steigt der Einfluss eines Schemas mit seiner kognitiven Verfügbarkeit. Wenn ein bestimmtes Schema bei einem Rezipienten in einer früheren Mediennutzungsepisode aktiviert wurde, d.h. kognitiv präsent ist, wählt dieser Medieninhalte, die mit dem Schema in Verbindung stehen, mit höherer Wahrscheinlichkeit aus. Im einfachsten Fall wird das Interesse einer Person geweckt, das sie dann bei ihrer nachfolgenden Mediennutzung befriedigt. Donsbach (1991: 150) zeigte beispielsweise in seiner Copytest-Studie zur Zeitungsnutzung, dass sich Leser, die zu einem bestimmten Thema etwas im Fernsehen gesehen haben, einem Artikel zu diesem Thema signifikant häufiger zuwenden (ähnlich Fedler & Taylor 1978). Sowohl Eilders (1997) als auch Ruhrmann et al. (2003) identifizierten den Nachrichtenfaktor ‚Etablierung' als Selektionsverstärker bei Nachrichten. Rezipienten rezipieren also Nachrichten über Ereignisse, die ihnen bereits vorher bekannt sind, überdurchschnittlich häufig. Werbung für Medienprodukte (z.B. TV-Verweise auf die Website zur Sendung, Printanzeigen oder Fernsehtrailer für einen TV-Film) will ebenfalls das Publikums*interesse* erhöhen (vgl. z.B. Prommer 2004). Eine ebenso wichtige Funktion besteht aber auch darin, Rezipienten an das Produkt zu *erinnern*. Stößt ein Fernsehzuschauer nach einem oder mehreren Werbekontakt(en) dann zufälligerweise auf die beworbene Sendung, sieht er sie vielleicht allein deshalb an, weil sie ihm bekannt vorkommt (Recognition-Heuristik).

Das bedeutet natürlich nicht, dass sich das Publikum ausschließlich von Medienangeboten leiten lässt und es das passive Opfer medialer Hervorhebungen und Werbemaßnahmen ist. Re-

---

[90] Dieser Effekt ist eine der Grundlagen des Crossmedia-Konzepts (Abschnitt 5.8.3).

zipienten nutzen diese vielmehr, um den kognitiven Aufwand so niedrig wie möglich zu halten. Je indifferenter man bei der Mediennutzung ist, je geringer der erwartete Nutzen, je gleichwertiger die medialen Optionen und je schwieriger ihre Evaluation, desto stärker lässt man sich von den Angeboten und Empfehlungen der Medien leiten. Es findet somit eine ständige wechselseitige Transaktion zwischen Rezipienten- und Medienseite statt, wie sie bereits im dynamisch-transaktionalen Ansatz beschrieben wurde (Früh 1991, 2001a).

Zusammenfassung

Wir können konstatieren: Medienselektion
- findet meist in Niedrigkostensituationen statt,
- in denen Rezipienten soweit möglich ihren Gewohnheiten (Mediennutzungsskripts) folgen,
- Medienangebote nur oberflächlich evaluieren
- und heuristisch entscheiden.
- Dabei orientieren sie sich stark an ihren medienbezogenen Schemata (Vorwissen bzw. Bewertungen) und
- an Hervorhebungen in Medienangeboten, deren Bedeutung als redaktioneller Relevanzindikator sie im Lauf ihrer persönlichen Mediensozialisation erlernt haben (Medienkompetenz).

4.4 Rezeptionsorientierte Ansätze

Überblickt man die kommunikationswissenschaftliche und medienpsychologische Literatur zu Rezeptionsprozessen, lassen sich zwei Forschungsfelder unterscheiden:
- Das erste Feld begreift Rezeption als Informationsverarbeitung und fragt nach den Voraussetzungen bzw. Hindernissen effizienter Mediennutzung (Abschnitte 4.4.1 bis 4.4.4). Das wichtigste Konzept ist das Involvement, da es den Willen und die Fähigkeit von Rezipienten zur Aufnahme und Verarbeitung von Informationen maßgeblich bestimmt. Mediennutzung gilt als funktionale Voraussetzung für postkommunikative Lerneffekte und Einstellungsänderungen, weshalb Medienwirkungen immer – mehr oder weniger explizit – mitgedacht werden.
- Das zweite Feld interessiert sich für Rezeption als Erleben (Abschnitte 4.4.5 und 4.4.6). Der Bereich hat besonders in der Medienpsychologie in den letzten Jahren an Beachtung gewonnen. Dabei geht es um die kognitive und affektive Erlebnisqualität, die Mediennutzer während der Rezeption haben, wie beispielsweise die Wahrnehmung, sich gut zu unterhalten, oder das Gefühl, etwas ‚Reelles' zu erleben, alles um sich herum zu vergessen und ganz im Medienhandeln aufzugehen.

In beiden Forschungssträngen spielte das Involvement-Konzept ursprünglich eine zentrale Rolle, wenn auch mit unterschiedlichen Bedeutungen. In der Informationsverarbeitungs-Perspektive gilt es als *Voraussetzung* für intensive Rezeption, in der Erlebens-Perspektive als *Folge* oder *Funktion* von Rezeptionsprozessen.

Während Rezeption als Informationsverarbeitung in der Kommunikationswissenschaft seit Jahrzehnten beforscht wird, ist das mediale Erleben ein relativ neues Thema. Das liegt wohl daran, dass sich das Fach ursprünglich auf die politischen Funktionen der Massenkommunikation konzentriert hat (Abschnitt 2.3.1). Dabei spielen die Informationsleistung von Medien und damit zwangsläufig die Informationsverarbeitung bei der Rezeption eine wichtige Rolle. Erst mit dem gewachsenen Konkurrenzdruck unter einer größeren Zahl von Medien und Medienanbietern, der Ökonomisierung des Mediensystems und dem veränderten Selektionsverhalten der Rezipienten haben Publikumswünsche und andere Erfolgsfaktoren an Bedeutung gewonnen. Damit ist das Medienerlebnis in den Mittelpunkt des Interesses gerückt. Denn je intensiver und positiver Rezipienten Mediennutzung erleben, je stärker sich erwartete und erhaltene Gratifikationen decken, desto häufiger nutzen sie die entsprechenden Medien.

4.4.1 Rezeption als Informationsverarbeitung: Rezeptionsintensität und Involvement

Die Informationsverarbeitungs-Perspektive begreift Rezeption als aktiven Prozess der Aufnahme und Verarbeitung von Medieninhalten. *Welche* Inhalte rezipiert werden, ist Gegenstand der Selektionsforschung. In der Rezeptionsforschung gilt es zu klären, *wie* Inhalte aufgenommen und verarbeitet werden. Als zentrale Kategorie gilt dabei die Intensität der Rezeption. Hierunter ist nicht etwa die Nutzungshäufigkeit oder tägliche Nutzungsdauer eines Mediums zu verstehen, denn diese umfasst ja auch Selektionen. Vielmehr geht es darum, wie konzentriert bzw. beiläufig Individuen Medien nutzen, und damit um die Menge der aufgenommenen Informationen und die Verarbeitungstiefe. Man geht generell davon aus, dass Mediennutzer die Rezeptionsintensität variieren können (Salomon 1984; Neuman & De Sola Pool 1986). Während der Spielraum bei textbasierten Medien eher gering ist, weil das Lesen von Texten zwangsläufig eine aktive Tätigkeit ist, erlauben Radio und Fernsehen eine größere Bandbreite bis hin zur unaufmerksamen Nebenbeinutzung.

Nebenbeinutzung

Kubey & Csikszentmihalyi (1990: 77) ermittelten mit der Experience-Sampling-Methode (ausführlicher Abschnitt 3.3.4), dass sich US-Amerikaner während 64 Prozent ihrer Fernsehnutzungsdauer mit etwas anderem beschäftigten (Zeitpunkt der Erhebung 1976/1977). Entweder war das Fernsehen von einer Nebentätigkeit begleitet (hauptsächlich reden, essen und rauchen), oder es fungierte selbst als Nebentätigkeit während einer anderen Beschäftigung (hauptsächlich reden, essen und lesen). In den deutschsprachigen Ländern ist das Radio das Nebenbeimedium schlechthin (Oehmichen 2001), doch auch hier nähert sich das Fernsehverhalten an US-amerikanische Verhältnisse an: Bei den Coincidental Checks zur Validitätskontrolle der telemetrischen GfK-Daten zeigte sich, dass die Panelteilnehmer im Jahr 2000 bei 45 Prozent aller Kontrollanrufe während des Fernsehens einer Nebenbeschäftigung nachgegangen waren (zit. n. Kuhlmann & Wolling 2004).

Kuhlmann & Wolling (2004: 389) unterscheiden vier Varianten der TV-Nebenbeinutzung mit zunehmender Rezeptionsintensität: (1) Das Fernsehen „dient ausschließlich und durchgehend als auditive Geräusch- und/oder visuelle Bildkulisse"; (2) es wird nur über den visuellen oder auditiven Kanal genutzt, der andere Kanal konzentriert sich auf etwas anderes (z.B. Nähen oder Telefonieren); (3) der Fernseher wird „kontinuierlich mit geringer Aufmerksamkeit" verfolgt und nur beim Auftauchen bestimmter Schlüsselreize (z.B. Torjubel bei einer Fußballübertragung) kurzzeitig vollständig beachtet[91]; (4) der Rezipient schaut aufmerksam fern, lässt sich aber immer wieder von einer Nebentätigkeit ablenken (z.B. Gespräch mit anderen). Die Neigung zur Nebenbeinutzung hängt auch mit dem rezipierten TV-Genre zusammen: Am häufigsten beschäftigen sich Fernsehzuschauer während Werbung, Frühstücksfernsehen, Musiksendungen und Boulevardmagazinen mit etwas anderem; am seltensten während der Nutzung narrativer Genres (Spielfilme, Krimis) und Informationssendungen (Dokumentarfilme, Natursendungen, politische Magazine, Nachrichten; ebd.: 404).

Aufmerksamkeit, Aktivierung, Motivation und Involvement

Zur theoretischen Beschreibung der Intensität von Informationsaufnahme und -verarbeitung werden unterschiedliche Konzepte verwendet. In der Psychologie gilt die *Aufmerksamkeit* als Maß der mentalen Energie, die ein Mensch zur Wahrnehmung und Verarbeitung eines bestimmten Umweltreizes einsetzt (Abschnitt 4.1.1). Salomon (1984) prägte hierfür die Abkürzung ‚AIME' (Amount of Invested Mental Effort). Das umfassendere Konzept ist die *Aktivierung* bzw. *Aktivation*. Sie ist unabhängig von einem konkreten Reiz ein „Maß dafür, wie wach, reaktionsbereit und leistungsfähig der Organismus ist" (Kroeber-Riel & Weinberg 2003: 60). Soll eine bestimmte Zielorientierung der Aktivierung betont werden, ist von *Motivation* die Rede (ebd.: 56). In der Kommunikationswissenschaft und Medienpsychologie hat sich in diesem Zusammenhang das Involvement-Konzept durchgesetzt (ausführlich Donnerstag 1996).

Der Begriff ‚Ego-Involvement' wurde erstmals von Sherif und Kollegen (1947; Sherif & Hovland 1961) im Rahmen der Assimilations-Kontrast-Theorie verwendet und bezeichnet dort das *Interesse* und den *persönlichen Bezug*, die ein Rezipient zu einem Thema hat (Abschnitt 3.2.3). Je stärker ein Thema eine Person persönlich betrifft, desto kleiner ist die maximale Abweichung zwischen persönlicher Meinung und persuasiver Medienbotschaft, die die Person gerade noch akzeptiert und eventuell übernimmt. Das Ego-Involvement steht also dafür, wie ernst oder wichtig einem Rezipienten ein Thema ist.

Jahre später tauchte der Begriff in einem anderen Zusammenhang wieder auf. Der Konsum- und Werbewirkungsforscher Krugman (1965) stellte fest, dass Rezipienten Werbung meist nur mit wenig Interesse und geringer Aufmerksamkeit wahrnehmen, und prägte dafür den Terminus ‚Low-Involvement'. Er definierte Involvement als „number of conscious ‚bridging experiences', connections or personal references per minute that the viewer makes between his own life and the stimulus"; (S. 355). Diese Definition steht eindeutig in der Tradition der Informationsverarbeitungs-Perspektive (Abschnitte 4.1.1 und 4.1.2): Je mehr *Inferenzen* ein Rezipient auf der Basis von aufgenommenen Informationseinheiten und eigenem Vorwissen produziert, desto invol-

---

[91] Auslöser ist ein Orientierungsreflex oder ein Umweltreiz, der latente Selektionsdispositionen (aktivierte Schemata oder grundlegende Bedürfnisse) anspricht (Abschnitt 4.1.1).

4.4 Rezeptionsorientierte Ansätze

vierter ist er. Auch wenn Krugman von High- und Low-Involvement sprach, so macht die Definition klar, dass Involvement keine dichotome Variable, sondern gradueller Natur ist (Schenk 2000: 78).

Wie Sherif et al. versteht Krugman das Involvement als situative Interaktion zwischen einem Rezipienten und dem Inhalt oder Objekt einer Medienbotschaft. Folgt man diesem Verständnis, ist die häufig anzutreffende Gleichsetzung von Involvement mit dem generellen Interesse einer Person für ein Thema, Medium oder Produkt ('personal involvement', vgl. Bybee 1978: 415) unzulässig. In diesem Fall ist ‚Interesse' das angemessene Konstrukt. Involvement bezieht sich immer auf die kognitive und emotionale Verbundenheit eines Individuums mit dem *gegenwärtig* rezipierten Medieninhalt (‚situational involvement'; ebd.). Während Sherif et al. Ego-Involvement als Schutzschild gegen Beeinflussungsversuche konzipierten und sich nur für das Resultat eines Persuasionsversuchs interessierten, nicht aber für den Rezeptionsprozess selbst, gilt Involvement bei Krugman als Attribut des Rezeptionsprozesses.

Auch wenn es viel Kritik an Krugmans Werk und seiner konzeptionellen Inkonsistenz gab (Donnerstag 1996: 79ff.), können seine Überlegungen als Wegbereiter für das Elaboration-Likelihood-Model von Petty & Cacioppo (1986; Petty et al. 2002) gelten. Hier geht es um die Frage, inwiefern die Stärke des Involvements zunächst die Aufnahme und Verarbeitung einer Botschaft und schließlich den Persuasionseffekt beeinflusst. Anders als Krugman verstehen Petty & Cacioppo Involvement nicht als Attribut, sondern als Voraussetzung bzw. Hindernis für eine *gründliche* und damit analytische Informationsverarbeitung.

Es hat seither eine Fülle weiterer Definitionen gegeben, die Involvement entweder wie Krugman als Maß für die *Rezeptionsintensität* begreifen, das – im Sinne der obigen Aufmerksamkeitsdefinition – die beim Rezeptionsprozess eingesetzte mentale Energie angibt, oder aber wie Petty & Cacioppo als *Rezeptionsmotivation* bzw. als Stärke des Antriebs zu einer intensiven Rezeption. Bowen & Chaffee (1974) beispielsweise definieren Involvement als Stärke des prognostizierten Nutzens, den ein Objekt für Personen haben kann, und damit als Rezeptionsmotivation. Gans (1980: 55) und Perse (1998: 49) hingegen setzen Involvement mit Aufmerksamkeit während der Rezeption gleich („attention to and mental engagement with a television program"). Levy & Windahl (1985) vereinigen in ihrer Typologie der Publikumsaktivität (Abschnitt 4.2.2) beide Perspektiven, indem sie Involvement in der präkommunikativen Phase als persönliche Verbundenheit des Rezipienten mit einem Medieninhalt (= Motivation) und in der kommunikativen Phase als Grad der psychischen Interaktion zwischen Rezipient und Medium bzw. Inhalt (= Intensität) definieren.

Andere Autoren lokalisieren die Verbindung zwischen Rezipient und Stimulus nicht nur auf der kognitiven und motivationalen, sondern auch auf der affektiven Ebene, wo sie sich als Erregung niederschlägt. Mitchell (1979: 195) beispielsweise definiert Involvement als „internal state variable that indicates the amount of arousal, interest, or drive evoked by a particular stimulus or situation". Offensichtlich existieren zwei gänzlich unterschiedliche Vorstellungen von Involvement:

- Kognitives Involvement bezeichnet das Interesse und die Motivation einer Person, einen Medieninhalt aufmerksam aufzunehmen und aktiv darüber nachzudenken. Resultate einer solch ‚distanziert-analysierenden' Rezeption (Vorderer 1992: 83) sind: geringe Überredbarkeit (Sherif et al.), deutliche Lerneffekte (Krugman) und dauerhafte Meinungsänderung, wenn sich der Rezipient von guten Argumenten hat überzeugen lassen (Petty & Cacioppo).
- Affektives Involvement entspricht emotionaler Ergriffenheit und Erregtheit während der Rezeption, die einerseits mit hoher Aufmerksamkeit einhergeht. Andererseits hemmt eine derart ‚distanzlos-involvierte' Rezeption (Vorderer 1992: 83) die Bereitschaft bzw. Fähigkeit zu einer gründlichen Informationsaufnahme und aktiv-analytischen Verarbeitung. Affektives Involvement gilt deshalb in der Systematik von Sherif, Krugman und Petty & Cacioppo paradoxerweise niedrigem Involvement. Nicht umsonst bezeichnet Krugman (1971) die Nutzung des bildhaft-emotionalisierenden Fernsehens als Low-Involvement-Situation – im Gegensatz zur kognitiv-aktiv geprägten Printmediennutzung.

Betrachtet man das Involvement als intervenierende Variable in einem Wirkungsprozess, wie das in der Informationsverarbeitungs-Perspektive der Fall ist, ist in der Regel das kognitive Involvement gemeint. Liegt jedoch der Schwerpunkt auf Erlebensprozessen, geht es um affektives Involvement (dazu in Abschnitt 4.4.5).

Das Involvement kann sich jederzeit ändern – innerhalb einer Nutzungsepisode und über einen längeren Zeitraum hinweg (Switching-Effekt, vgl. Donnerstag 1996: 303). Schaut man sich beispielsweise eher beiläufig Fernsehnachrichten an, kann das Involvement unmittelbar steigen, sobald eine Meldung über ein Großfeuer in der eigenen Stadt kommt oder ein Bericht über einen Schauspieler, dessen Fan man ist. Eine längerfristige Veränderung kann sich etwa durch die Sensibilisierung einer Person für ein Thema durch wiederholte Rezeption von Beiträgen zu eben diesem Thema ergeben. Auch der gegenteilige Effekt ist möglich: Berichten die Medien ständig über einen bestimmten Sachverhalt, kann das beim Publikum zu Ermüdungserscheinungen führen. Der häufig beobachtete Verlauf von Themenkarrieren (Kolb 2006) lässt sich somit durch die Involvement-Kurve des Publikums und entsprechende Reaktionen der Journalisten erklären: Während das individuelle Involvement vieler Rezipienten anfangs steigt, kommt es früher oder später zu einem Wear-out-Effekt – Publikum und Journalisten werden des Themas überdrüssig, obwohl es faktisch von gleich bleibender Bedeutung sein mag (Beispiele: AIDS, Bürgerkriege in Jugoslawien, BSE, Vogelgrippe).

4.4.2 Dual-Process-Theorien der Informationsverarbeitung

Ausgehend von der Überlegung, dass Individuen unterschiedlich involviert sind, entstanden mehrere Theorien zum Einfluss des Involvements auf Informationsverarbeitungsprozesse. Die bekanntesten sind
- das *Elaboration-Likelihood-Model* von Petty & Cacioppo (1986),
- das *Heuristic-Systematic-Model* von Chaiken (1980) und

- das *Modell der Alltagsrationalität* von Brosius (1995) als kommunikationswissenschaftliche Anwendung auf die Nachrichtenrezeption.

Alle Ansätze basieren auf der Annahme kognitiver Sparsamkeit, der zufolge Individuen nur so viel kognitive Energie einsetzen, wie es das aktuelle Involvement erfordert. Entsprechend existieren – so die Annahme der ‚Dual-Process-Theories' – zwei Modi der Informationsverarbeitung (vgl. Chaiken & Trope 1999):

- Bei hohem Involvement nehmen Rezipienten alle Informationen aufmerksam und gründlich auf, denken aktiv darüber nach, stellen Verbindungen zu ihrem bisherigen Vorwissen und zu anderen Informationen her, wägen vorgebrachte Argumente systematisch gegeneinander ab und treffen gegebenenfalls auf dieser Basis analytische Entscheidungen.
- Bei niedrigem Involvement beschränken sie die Informationsaufnahme auf die nötigsten, auffälligsten und am schnellsten zu erfassenden Inhalte, ohne weiter darüber nachzudenken. Ist eine Entscheidung gefordert, fällt sie heuristisch.

Die Dichotomie gilt in keinem der Ansätze als konzeptionelle Annahme; sie dient lediglich einer einfacheren Darstellung, d.h. High- und Low-Involvement sind die Pole eines Kontinuums – analog zur Unterscheidung in analytische und heuristische Entscheidungsstrategien, wie sie in Abschnitt 4.3.2 erläutert wurde.

Elaboration-Likelihood-Model

Das Elaboration-Likelihood-Model (ELM, Petty & Cacioppo 1986; Priester & Petty 2003) ist die in der Kommunikationswissenschaft – dort besonders in der Werbewirkungsforschung – meist beachtete Dual-Process-Theorie, weshalb wir es genauer erläutern wollen. Das Modell kommt ursprünglich aus der Persuasionsforschung und prognostiziert Einstellungsveränderungen durch persuasive Stimuli in Abhängigkeit vom Involvement und der ursprünglichen Einstellung eines Rezipienten sowie weiteren situativen Gegebenheiten. Es eignet sich aber auch zur Analyse der Rezeption beliebiger Medieninhalte, da es Rezeptionsprozesse – als Vorstufen etwaiger Einstellungsveränderungen – detailliert beschreibt. In der Terminologie des ELM erfolgt bei hohem Involvement eine gründliche Verarbeitung von Medieninhalten auf der *zentralen Route,* eine oberflächliche, gering involvierte Verarbeitung hingegen auf der *peripheren Route*.

Das Flussmodell (Abbildung 18) beginnt mit einer Medienbotschaft (‚persuasive communication'), die auf einen Rezipienten trifft. Ist dieser involviert (‚motivated to process'), d.h. hat der Stimulus für ihn persönliche Relevanz und passt er zu seinem aktuellen Informationsbedürfnis, ist die erste Hürde zur gründlichen Verarbeitung genommen. Nun bedeutet ein vorhandenes Involvement noch nicht, dass eine Person tatsächlich in der Lage ist, sich mit der Botschaft intensiv auseinanderzusetzen (‚ability to process'). Fährt sie beispielsweise mit dem Zug an einer Plakatwand vorbei, fehlt schlichtweg die Zeit zur eingehenden Betrachtung; sitzt sie im Auto, ist sie zusätzlich vom Verkehr abgelenkt. Auch ein dreißigsekündiger Nachrichtenbeitrag im Fernsehen erlaubt keine intensive Auseinandersetzung mit einem Thema. Allzu komplexe oder unverständlich dargestellte Inhalte wiederum überfordern manche Rezipienten kognitiv, so dass diese trotz Involvements zu keiner elaborierten Verarbeitung fähig sind. Umgekehrt gilt das

Vorwissen als wichtigster Prädiktor für eine gründliche Informationsverarbeitung und entsprechende Lerneffekte (vgl. die Wissenskluftforschung zur Rolle der Bildung bei der Nachrichtenrezeption; Abschnitt 5.4.1).

Abbildung 18: Elaboration-Likelihood-Model

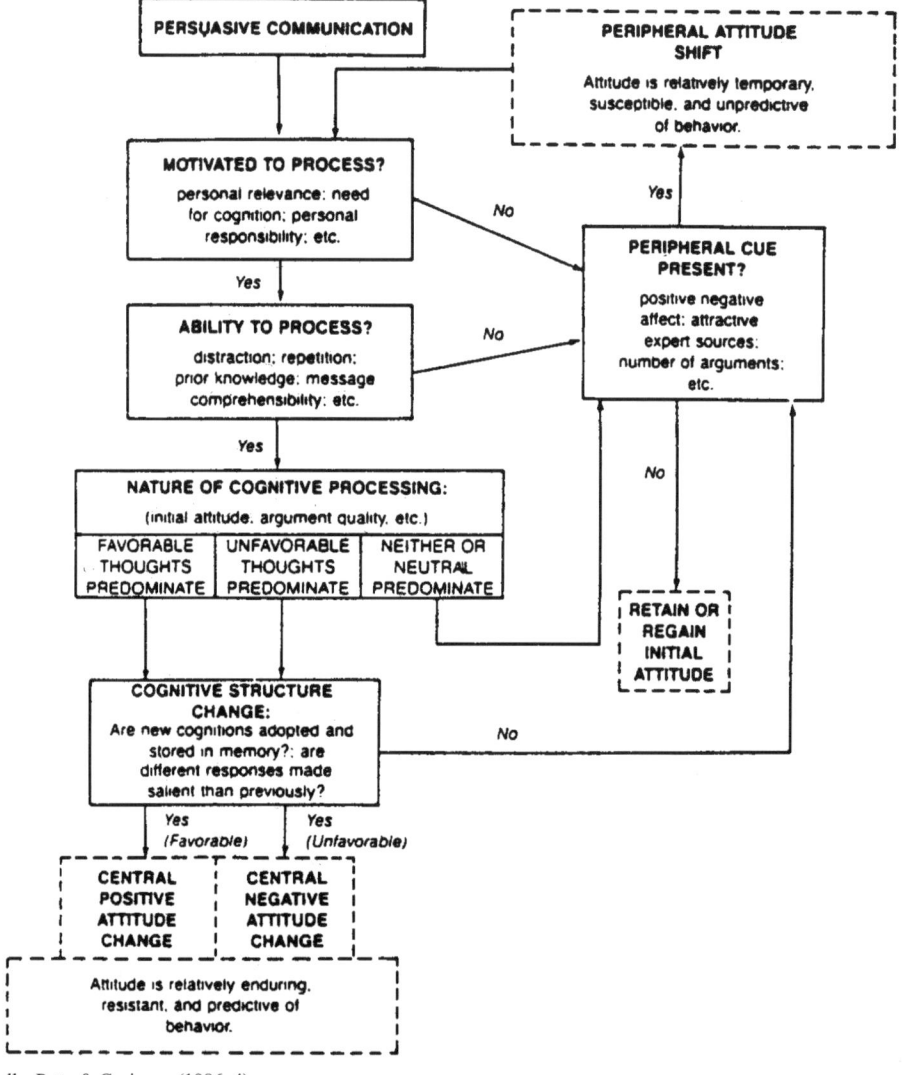

Quelle: Petty & Cacioppo (1986: 4).

Sind diese beiden Hürden übersprungen, wird die Botschaft auf der *zentralen Route* verarbeitet (linke Hälfte des Modells): Der Rezipient ist willens und fähig, größere kognitive Anstrengungen zu einer intensiven Inhaltsrezeption aufzubringen, und befasst sich analytisch mit allen dargebotenen Argumenten (‚argument scrutiny', Petty & Cacioppo 1986), indem er sie elaboriert, d.h. Verbindungen zwischen den neuen Informationen und seinem Vorwissen herstellt (vgl. den Levels of Processing-Ansatz; Abschnitt 4.1.1). Natürlich stellt die Wahl der zentralen Route keine bewusste, intendierte Entscheidung dar; vielmehr handelt es sich um einen automatisch ablaufenden Prozess, dessen Resultat jedoch, nämlich die gründliche Inhaltsverarbeitung, Mediennutzern sehr wohl bewusst ist. Ob auf der zentralen Route eine Meinungsänderung erfolgt oder nicht, hängt wiederum von den situativen Überlegungen bzw. den ‚kognitiven Reaktionen' (Peters 1999) des Rezipienten ab. Dominieren gegenüber einem Einstellungsobjekt positive Gedanken, ist eine Meinungsänderung wahrscheinlich; dominieren negative, ist sie eher unwahrscheinlich.

Erfolgen neutrale kognitive Reaktionen – die Argumentation lässt den Rezipienten ‚kalt' –, ist das Involvement zu gering oder mangelt es an der Fähigkeit zur gründlichen Inhaltsverarbeitung, wird die Botschaft auf der *peripheren Route* verarbeitet. Hierbei stehen Schlüsselreize (‚cues') wie Humor, Erotik oder Gewalt im Mittelpunkt – die einschlägigen Konzepte sind *Salienz* und *Vividness* (Abschnitt 4.1.3 und 4.3.5). Auf der peripheren Route erfolgt eine oberflächliche, heuristische Evaluation des Inhalts. Nicht die Qualität der Argumente zählt, sondern ihre Anzahl, die Attraktivität, Prominenz, Glaubwürdigkeit, Ausstrahlung usw. des Sprechers und sonstige formale Eigenschaften der Botschaft wie angenehme Geräusche, Farben, Bilder oder ansprechendes Design. Petty & Cacioppo nehmen an, dass Persuasionseffekte, die auf der peripheren Route zustande kommen, also durch spontane und flüchtige Eindrücke und nicht auf der Basis gründlicher Überlegungen, weniger stabil und verhaltensbeeinflussend sind als Effekte auf der zentralen Route. Die dortigen Kognitionen sind allerdings stärker vom Vorwissen und der Einstellung einer Person geprägt, so dass etwaige Einstellungsänderungen auf der zentralen Route zwar dauerhafter, aber eben auch unwahrscheinlicher sind.

Andere Dual-Process-Ansätze

Der zentralen Route entspricht im Heuristic-Systematic-Model (HSM) der ‚systematische Verarbeitungsprozess' und im Modell der Alltagsrationalität die ‚wissenschaftlich rationale' Verarbeitung. Brosius (1995: 15) zeichnet hierbei das Bild eines „rationalen und mündigen Bürgers, der die Informationen in den Nachrichten emotionslos, rational und vollständig verarbeitet und so zu seinen (wohlbegründeten) politischen Meinungen und Beurteilungen kommt". Die periphere Route heißt im HSM ‚heuristische', bei Brosius ‚alltagsrationale' Verarbeitung. Während sich die Beschreibungen der beiden Verarbeitungsmodi in allen Ansätzen gleichen, nimmt das HSM bei der Entscheidung für einen der beiden Modi einen geringfügig anderen Ablauf an: Menschen verarbeiten Informationen zunächst immer heuristisch. Solange eine oberflächliche Verarbeitung als ausreichend wahrgenommen wird, besteht kein Anlass zu einer gründlicheren Rezeption. Erst wenn die aktuelle Situation ein fundierteres Urteil erfordert, erfolgt eine systematische Informationsverarbeitung.

Effekte heuristischer Nachrichtenrezeption

Da nur ein geringer Teil der täglichen Nachrichten Rezipienten direkt betrifft oder von unmittelbarer persönlicher Bedeutung für sie ist, kann man davon ausgehen, dass Nachrichten generell eher beiläufig genutzt und auf der peripheren Route verarbeitet werden. Die zunehmende Informationsüberlastung des Publikums durch dynamisch wechselnde Medienangebote, steigenden Werbedruck und das Internet mit seiner schier unendlichen Informationsmenge verstärkt diesen Effekt zusätzlich. Das hat zwei Konsequenzen. (1) Die Erinnerung an rezipierte Nachrichtenmeldungen war bereits in den 1970er- und 1980er-Jahren gering und hat sich seither nicht verbessert (vgl. Brosius 1998a: 227; Unz & Schwab 2004: 505). (2) Rezipienten bewerten Themen, Ereignisse und Akteure, über die in den Nachrichten berichtet wird, überwiegend heuristisch bzw. alltagsrational und setzen sich nur selten aktiv und unvoreingenommen mit den vorgebrachten Argumenten auseinander (ausführlich Brosius 1995). Daraus erklärt sich eine Reihe von Rezeptions- und Wahrnehmungseffekten aus der empirischen Nachrichtenforschung:

- Die *Glaubwürdigkeit* eines Medienprodukts, Nachrichtensprechers oder Kommentators überträgt sich auf die Glaubwürdigkeit einer Nachricht (Abschnitt 5.3.3). Allein die Gestaltung von Medienprodukten kann ihre Glaubwürdigkeit beeinflussen. Man nimmt beispielsweise an, dass das Fernsehen deshalb in vielen Publikumsbefragungen als das glaubwürdigste Medium genannt wird, weil TV-Nachrichten mit ihren Bildern bzw. Filmbeiträgen authentischer und aktueller wirken als Nachrichten mit gesprochenem oder geschriebenem Text (Brosius 1998b: 218). Grabe et al. (2003) fanden, dass eine Zeitung im Tabloid-Format für weniger objektiv und glaubwürdig gehalten wurde als eine herkömmliche Zeitung. Während Bildhaftigkeit Authentizität suggeriert, gefährdet extreme Emotionalisierung die Glaubwürdigkeit: Schultheiss & Jenzowsky (2000) zeigten beispielsweise, dass Versuchspersonen einen stark emotionalisierenden Fernsehbeitrag (Infotainment-Version) als unglaubwürdiger einschätzten als eine zurückhaltend gestaltete Variante desselben Beitrags.
- Der *Hostile-Media-Effect* basiert auf der Assimilations-Kontrast-Theorie (Abschnitt 3.2.3) und besagt, dass Rezipienten mit einer bestimmten Meinung dazu neigen, einen eigentlich objektiven Nachrichtenbeitrag als gegen ihre Meinung gerichtet zu interpretieren (z.B. Vallone et al. 1985; Arpan & Raney 2003). Er wurde für verschiedene Konfliktthemen bestätigt, z.B. den Nahost-Konflikt (Giner-Sorolla & Chaiken 1994; Weisbach 2005), gentechnisch manipulierte Lebensmittel (Gunther & Schmitt 2004), Tierexperimente mit Affen (Gunther & Chia 2001), aber auch für die allgemeine Einschätzung einer Tageszeitung (Dalton et al. 1998).
- *Nachrichtenfaktoren*: Eilders & Wirth (1999) fanden in einem Experiment, dass das Vorhandensein der Nachrichtenfaktoren Personalisierung, Prominenz und Überraschung die freie Erinnerung an einen rezipierten Nachrichtenbeitrag erhöht (ähnlich bereits Ruhrmann 1989; Eilders 1997). Dass überraschende Meldungen über Prominente besonders salient sind und vom Publikum besonders gründlich rezipiert werden, ist eine alte Journalistenweisheit und das wesentliche Konstruktionsprinzip von Boulevardmedien.

4.4 Rezeptionsorientierte Ansätze

- Auch *Framing-Effekte* bei der Nachrichtenrezeption basieren auf der heuristischen Informationsverarbeitung.[92] Die Bedeutung als interpretationsleitender Rahmen, die auffallende bzw. saliente Merkmale bei der Verarbeitung von Nachrichtenbeiträgen haben, wäre bei einer gründlich-analytischen Rezeption nicht denkbar. Früh (1980) und Brosius (1995) illustrierten beispielsweise die Dominanz von Schlagzeilen. In zwei vergleichbaren Experimenten folgten die Versuchspersonen in ihrer Beitragsinterpretation überwiegend dem Tenor der jeweiligen Überschrift – trotz identischen Nachrichtentexten.
- Der *Fallbeispieleffekt*[93] ist eine weitere Framing-Variante. Er besagt, dass sich Rezipienten in ihrer Wahrnehmung der Bevölkerungsmeinung zu einem beliebigen Thema weniger von vermeintlich validen, statistischen Angaben im Nachrichtentext beeinflussen lassen als von der Meinungsverteilung in den – eigentlich invaliden, aber deutlich auffälligeren – Fallbeispielen (z.B. Daschmann 2001).

4.4.3 Ressourcenallokation bei der Medienrezeption

Das Limited-Capacity-Model von Lang (z.B. Lang 1995, 2000) ist eine Weiterentwicklung der bisher erläuterten Dual-Process-Ansätze. Es nimmt ebenfalls an, dass Menschen nur so viel kognitive Energie bei der Medienrezeption einsetzen, wie nötig ist, um ihre Ziele zu erreichen und Bedürfnisse zu befriedigen. Neben der rezipientengesteuerten Allokation mentaler Ressourcen sieht das Modell die Erregung unwillkürlicher Aufmerksamkeit durch bestimmte Medieninhalte vor: Die unbewusste bzw. automatische Ressourcenallokation wird entweder durch Orientierungsreflexe ausgelöst oder durch erregende bzw. emotionale Stimuli.

Anders als die Dual-Process-Ansätze, die kognitive Energie allgemein mit dem Involvement gleichsetzen, nimmt Lang drei verschiedene Subprozesse der Informationsverarbeitung an, auf die Rezipienten ihre mentale Energie[94] verteilen (Abbildung 19):

- Die *Encodierung* (‚encoding') umfasst die sensorische Aufnahme von Umweltreizen und ihre selektive Weiterverarbeitung im Arbeitsspeicher. Zur Messung der für die Encodierung eingesetzten Ressourcen schlägt Lang einen Recognition-Test vor: Medieninhalte und -elemente, die eine Versuchsperson nach der Rezeption in einer Auswahlliste wieder erkennt, gelten als encodiert. Je mehr Elemente wieder erkannt werden (recognition), desto größer war die Encodierungskapazität.
- Der zweite Subprozess ist die *Speicherung* (‚storage') eines aufgenommenen Stimulus, d.h. seine Integration in das vorhandene Wissensnetzwerk. Je gründlicher das geschieht, d.h. je mehr eine Person während der Rezeption nachdenkt, desto leichter sollte sie sich später an

---

[92] Vgl. den Überblick bei Scheufele (2003) sowie Pietraß (2002) mit vergleichbarer Konzeption aus handlungstheoretischer Perspektive.
[93] Fallbeispiele sind ein beliebtes Gestaltungselement in Tageszeitungen. Darin äußern in der Regel mehrere Personen (Passanten oder sonstige ‚einfache Leute'), die mit einem kleinen Foto abgebildet sind, ihre persönliche Meinung.
[94] Zur Messung der insgesamt eingesetzten Kapazität schlägt Lang die Reaktionsgeschwindigkeit bei einer sekundären Aufgabe während der Medienrezeption (als primäre Aufgabe) vor: Je langsamer eine Versuchsperson nach dem unangekündigten Erklingen eines Tons auf eine Taste drückt, desto mehr Kapazität setzt sie bei der Medienrezeption ein.

gespeicherte Informationen erinnern, wenn man ihr einen entsprechenden Hinweis gibt. Deshalb gilt die gestützte Erinnerung (cued recall) als Möglichkeit der Operationalisierung.
- Um gespeicherte Informationen wieder zugänglich zu machen, d.h. um sich an sie zu erinnern, ist der *Informationsabruf* (,retrieval') als dritter Subprozess nötig. Wie in Abschnitt 4.1.2 erläutert, erfordert jedes Verstehen einer Geschichte oder Argumentation Inferenzen, also Rückgriffe auf bereits früher aufgenommene Inhalte bzw. Vorwissen, da man nur so Zusammenhänge erfassen kann (Kohärenzbildung). Entsprechend müssen bereits während der Medienrezeption Informationen abgerufen werden. Dabei gilt: Je komplexer, verwirrender oder unübersichtlicher ein Medienstimulus ist, desto mehr Energie fließt in den Informationsabruf. Dies gilt zumindest, solange ein Rezipient den Inhalt verstehen will. Lang zufolge lässt sich ein erfolgter Informationsabruf an einer freien Wiedergabe von rezipierten Inhalten erkennen, also an der erfolgreichen Beantwortung einer offene Frage (free recall).[95]

Abbildung 19: Limited-Capacity-Model

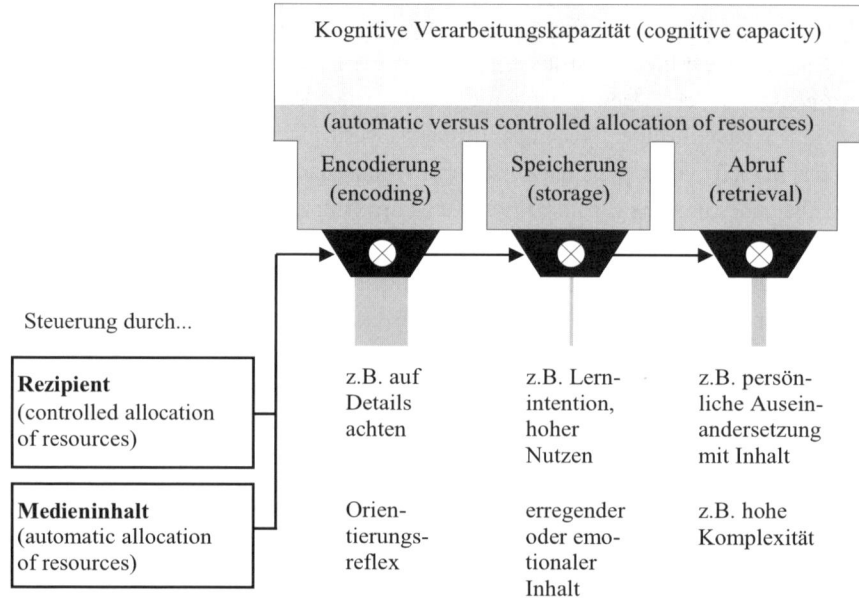

Eigene Darstellung nach Lang (nach 2000).

Je mehr Energie für einen Subprozess aufgewendet wird, desto weniger Energie ist für andere verfügbar; die Subprozesse konkurrieren also um die verfügbaren kognitiven Ressourcen (,single-pool model', S. 51). Je geringer die insgesamt eingesetzte Energiemenge bei geringem Involvement ist, desto wahrscheinlicher ist es, dass die Ressourcen für einen oder mehrere Subpro-

---

[95] Eine Variante des Limited-Capacity-Models ist die Multiple-Resource-Theory von Basil (1994), die anstelle der Subprozesse (a) Encodierung, (b) Speicherung und (c) Abruf die bedeutungsgleichen Konzepte (a) Aufmerksamkeit (,attention'), (b) Verstehen (,meaning-level processing') und (c) Erinnerung (,memory') verwendet.

zesse nicht ausreichen. Derselbe Effekt kann trotz maximalem Involvement und Energieeinsatz eintreten, wenn ein Medieninhalt den Rezipienten überfordert. In diesem Fall kommt es zur Informationsüberlastung.

Eine wesentliche Rolle bei der Ressourcenallokation auf die drei Subprozesse spielen Medienstimuli, die aufmerksamkeitsbindende Orientierungsreflexe auslösen. Dazu zählen beispielsweise bei Radiowerbespots Änderungen der Stimme, Spezialeffekte und sexuelle Ausdrücke, beim Fernsehen überraschende Schnitte, optische Effekte oder eine Werbeunterbrechung des Programms (S. 57). Vergleichbares gilt im Web für animierte Banner und Popup-Werbung (Diao & Sundar 2004). Orientierungsreflexe verbrauchen automatisch Encodierungsressourcen und verringern die Restenergie für Speicherung und Abruf. Folglich sinken die Lernleistung (Speicherung) und die Fähigkeit zum Verstehen von Zusammenhängen (Abruf). Erregende bzw. emotionale Stimuli binden nicht nur sensorische Encodierungskapazität, sondern führen auch automatisch zu einer intensiven kognitiven Verarbeitung (Speicherung). Je erregender also ein Medieninhalt ist, desto besser wird er behalten. Das wiederum entzieht dem Informationsabruf Energie und verringert die Kohärenzbildung bzw. Fähigkeit zum Verstehen von Zusammenhängen.

Konsequenzen

Das Limited-Capacity-Model sagt generell voraus, dass einfache und reizarme Medien dem Verständnis eher förderlich sind als auffallende, komplexe oder emotionalisierende Medien: Je einfacher ein Stimulus, desto weniger regt er dazu an, Ressourcen in die Encodierung und Speicherung zu investieren, und desto mehr Energie bleibt für die Kohärenzbildung, die ja auf den Abruf persönlichen Vorwissens angewiesen ist. Um diese Annahmen zu überprüfen, re-analysierte Lang (1995) experimentelle Studien, die gesprochene bzw. gedruckte Nachrichtentexte (,single channel') mit Nachrichten verglichen, die zusätzlich passende Bilder oder Film enthielten (,multiple channel redundant'). Erwartungsgemäß erzielten die mehrkanaligen Versionen fast durchgehend bessere Werte bei der Wiedererkennung und der gestützten Erinnerung; bei der freien Wiedergabe – dem Indikator für Verstehen – schnitten sie jedoch ausnahmslos schlechter ab.

Dazu passen die Befunde von Reeves & Thorson (1986). Die Autoren verglichen in einer Reihe von Experimenten u.a. die Rezeption *komplexer und einfacher TV-Stimuli* (visuelle Komplexität: Schnitttempo, Bewegungen von Personen und Objekten, Kamerabewegungen; auditive Komplexität: Anzahl der Propositionen). Zunächst zeigte sich, dass einfache Stimuli genauso viel kognitive Energie[96] verbrauchen wie komplexe. Misst man allerdings das kurzzeitige Energieaufkommen direkt während eines Schnitts oder sonstiger Formen der lokalen Komplexität, steigt dieses dort deutlich an.[97] Das bestätigt, dass auffällige Reize automatisch zur

---

[96] Der Energieaufwand wurde (a) wie bei Lang durch die Reaktionsgeschwindigkeit bei einer sekundären Aufgabe (Drücken einer Taste nach Signal) während der Fernsehrezeption und (b) durch die elektrische Hirnaktivität (EEG) operationalisiert.
[97] Vergleichbare Ergebnisse fanden Smith & Gevins bei der Messung der Hirnaktiviät (EEG) beim Ansehen unterschiedlich gestalteter TV-Werbespots (2004).

Allokation von Ressourcen an das Encodierungssystem führen, das für die sensorische Informationsaufnahme zuständig ist, und die verfügbare Menge von Speicherungs- und Abrufressourcen verringern. Einfache Stimuli binden weniger Encodierungsenergie, was aber nicht unbedingt zu einer Absenkung des generellen Energieeinsatzes führt und deshalb potenziell Lern- und Verstehensprozesse unterstützt.

Auch die häufig geäußerte Vermutung, Texte oder Hörspiele seien deshalb lernfördernd, weil sie eine gewisse *Imaginationsfähigkeit* erfordern (z.B. Weidenmann 1989: 138), lässt sich so interpretieren: Bei minimalem Encodierungsaufwand bleibt maximale Energie für die Produktion eigener Bilder im Kopf. Dabei wird eine neue Geschichte mit persönlichen Bildern aufgefüllt, die man während der Rezeption aus den eigenen Wissensbeständen abruft.

Dasselbe gilt für den Einsatz auffälliger Gestaltungselemente in Nachrichten oder sonstigen Informationsangeboten. Goertz & Schönbach (1998) ermittelten in einer Studie zur Informationsleistung deutscher Nachrichtenformate, dass zu viele visuelle Unterstützungselemente (Schrifteinblendungen, Logos, Hintergrundbilder, Landkarten usw.) die Behaltensleistungen der Rezipienten verschlechterten. Einen ähnlichen Befund beschreibt Schweiger (1996). In einem experimentellen Vergleich verschiedener Varianten eines Reiseführers zeigte sich, dass reichhaltige *Zugriffsstrukturen* (Zwischenüberschriften, Texthervorhebungen, Marginalien, Index usw.) gegenüber einer nüchternen Textversion zwar das Behalten von Faktenwissen verbesserten, das Verstehen von Zusammenhängen hingegen erschwerten – dies galt sowohl für die Print- als auch Hypertext-Versionen. Unterstützungselemente veranlassen Rezipienten offensichtlich dazu, mehr Ressourcen in die Encodierung und Speicherung zu investieren und die Kohärenzbildung zu vernachlässigen. Eine neutrale ‚Bleiwüste' hingegen scheint zur Kohärenzbildung (Abruf) zu animieren und somit das Verständnis zu verbessern.

Auch Hyperlinks in Onlinemedien sind Zugriffsstrukturen, die Rezipienten ständig ‚Selektionsangebote' machen und tendenziell von der Elaborierung der eigentlichen Inhalte abhalten. Dies gilt umso stärker, je mehr Links es gibt und je ‚aufdringlicher' sie mitten im Text platziert sind (Schweiger 2001). Es verwundert daher nicht, dass sich Hypermedien in Vergleichsstudien gegenüber herkömmlichen, linearen Texten als unterlegen erwiesen haben – gegen die Annahme früher Technik-Apologeten, dass die netzwerkartige Organisation von Inhalten in einem Hypertext der ebenfalls netzwerkartigen Informationsorganisation im menschlichen Gehirn entspricht und deshalb leichter aufgenommen werden könne.[98]

Sturms (1982, 2000) Hypothese von der *‚fehlenden Halbsekunde'* passt ebenfalls zum Limited-Capacity-Model: Sturm nimmt an, dass das Fernsehen mit seinen ständigen Schnitten, Kameraschwenks und Einstellungswechseln Rezipienten kognitiv überfordert, weil ihnen keine Zeit mehr zur kognitiven Verarbeitung des Gesehenen bleibt. Die Reizüberflutung zwingt Zuschauer somit zum permanenten Einsatz von Encodierungsenergie und verhindert Elaborationen, wie sie zum Lernen und Verstehen nötig wären. Bereits in den frühen Begleitstudien zur Sesamstraße zeigte sich, dass Kinder bei Dialogen zwischen Erwachsenen, komplizierten Reden, Lie-

---

[98] Zum sog. Argument der kognitiven Plausibilität vgl. kritisch Schweiger (2001: 106) und Gerdes (1997: 56f.).

dern und dergleichen schnell die Aufmerksamkeit verloren (Condry 1989). Fatalerweise ist das Fernsehen in den letzten Jahren noch schneller geworden, um die Zuschauer vom Wegschalten abzuhalten. Jeder ‚Hänger' im Programm, wie z.B. Gesprächspausen, langatmige Ausführungen von Wissenschaftlern oder Landschaftsaufnahmen, schlägt sich unmittelbar in den Einschaltquoten nieder. Selektion und Rezeption befinden sich also beim Fernsehen in einem ständigen Konkurrenzverhältnis.

Vergleichbares gilt für die Konkurrenz zwischen Information und Unterhaltung beim *Infotainment* (z.B. Mangold 2004): Emotionalisierende Medieninhalte schaffen zwar ein intensives Unterhaltungserleben; sie binden allerdings so viel Encodierungs- und Speicherungsenergie, dass kaum mehr Ressourcen für das Herstellen von Bezügen zum persönlichen Vorwissen (Inferenzen) bleiben, die für ein umfassendes Verständnis unerlässlich wären. Ein Zuviel an Unterhaltung behindert also grundsätzlich das Verstehen, es sei denn, es gelingt einem Medienangebot, das Involvement des Rezipienten und damit sein Level *insgesamt* investierter Energie zu erhöhen, so dass der Mehrverbrauch an Encodierungs- und Speicherungsenergie kompensiert wird. Das funktioniert aber nur, solange keine Informationsüberlastung eintritt.

4.4.4 Medienrezeption als Einstellungssache

Während die bisherigen Ansätze die Rezeptionsintensität und Lernleistung als Resultat des situativen Involvements eines Rezipienten einerseits und der Mediengestaltung andererseits betrachten, begreifen medienpädagogische Beiträge längerfristige *Einstellungen gegenüber Medien* bzw. *Medienbewertungen* als zentrale Ursache (Abschnitt 5.3). Auslöser waren medienvergleichende Studien zu Lerneffekten, von denen so gut wie keine eine Überlegenheit des Fernsehens gegenüber Textmedien feststellte (Strittmatter & Niegemann 2000: 79). Damit erschienen die ursprünglichen Hoffnungen auf lernsteigernde Wirkungen des Fernsehens wegen seiner mehrkanaligen und bildhaft-authentischen Darstellung und der Fähigkeit, die Zuschauer zu fesseln, hinfällig. Andererseits zeigte sich, dass die Lernleistung weniger vom Medium selbst als vielmehr von der Motivation des Rezipienten abhängt (Salomon 1983; Weidenmann 1989).

Vorwissenschaftliche Erklärungen

Für den eigentlich paradoxen Befund, dass eine von den Darstellungsmöglichkeiten her leistungsfähige Mediengattung wie das Fernsehen tendenziell unaufmerksam und kognitiv passiv genutzt wird, existieren verschiedene Erklärungen.

Der Medienkritiker Neil Postman (1988) sieht in der generellen Unterhaltungsorientierung des US-Fernsehens, das selbst aus harten Nachrichten emotionalisierende ‚News-Shows' macht und ansonsten wenig anspruchsvolle Unterhaltung liefert, die Ursache für eine entsprechende Erwartungshaltung des Publikums. Selbst politisch und gesellschaftlich relevante Themen werden als oberflächliches Amüsement abgetan und nicht erst genommen. Postmans Konsequenz: „Wir amüsieren uns zu Tode."

Jerry Mander, ebenfalls Medienkritiker, führt wahrnehmungsphysiologische Gründe an: „In der Welt außerhalb der Medien bewegen sich die Augen nahezu ununterbrochen, sie suchen und wandern. (...) Wenn man jedoch fernsieht, tritt neben der Nichtbewegung der Augäpfel zusätzlich ein Einfrieren der Scharfstellung ein. Das Auge bleibt in der festen Entfernung zu dem Objekt, das es beobachtet, und zwar länger als in jeder anderen Wahrnehmungssituation" (1981; zit. n. Winterhoff-Spurk 1999: 47). Das Fernsehen verleitet also zum passiven Starren und damit zur kognitiven Passivität und letztlich Verdummung. Die Argumentation ist zweifellos charmant, in dieser Form aber unhaltbar, zumal beim Fernsehen deutlich weitere und unregelmäßigere Blicksprünge stattfinden als beim Lesen (Abschnitt 4.1.2). Dennoch ist denkbar, dass die körperliche Passivität beim Fernsehen als ein Faktor unter mehreren die allgemeine Aktivierung von Rezipienten verringert und damit auch ihre kognitive Aktivität.

Aufforderungscharakter

Eine plausiblere Erklärung vermutet einen Zirkel zwischen dem *tatsächlichen* kognitiven Aufwand, der für die Nutzung einer Mediengattung nötig ist, und dem Aufwand, den Rezipienten dabei üblicherweise *erwarten* (Aufforderungscharakter bzw. ‚perceived demand characteristics', Salomon 1983: 191). Dafür gibt es drei Argumente (vgl. Weidenmann 1989: 145; 1997b: 75f.):

- Während die Rezeption textbasierter Medien allein schon aufgrund der Notwendigkeit des Lesens einen höheren Energieeinsatz erfordert, ist Fernsehen bei minimaler kognitiver Anstrengung möglich. Es gilt als neutrales ‚Fenster zur Welt', durch das man anstrengungsfrei sehen kann.
- Das Fernsehen erlaubt eine beliebig lange passive Nutzung, ohne auch nur einmal umschalten zu müssen, während Print- und Onlinemedien einen ständigen Selektionsdruck auf Rezipienten ausüben: Sobald ein Beitrag zu Ende gelesen ist, gilt es eine neuerliche Selektionsentscheidung zu treffen.
- Texte dienen in unserer Medienkultur häufig der Vermittlung von Argumentationen, Analysen und Darstellungen komplexer Zusammenhänge. Um Texte umfassend zu verstehen, muss man ihre kommunikative Funktion decodieren, d.h. die Intentionen und Argumentationstechniken des Urhebers und seine Hintergründe rekonstruieren. Das Fernsehen dagegen wird meist mit einer unkritischen Rezeptionshaltung genutzt, seine Ziele und Konstruktionsprinzipien werden selten hinterfragt.

Die medienspezifischen Rezeptionshaltungen unterscheiden sich entsprechend: Rezipienten denken tatsächlich beim Fernsehen weniger nach als beim Lesen eines Textes, d.h. sie entwickeln während der TV-Rezeption im Durchschnitt weniger Inferenzen (Weidenmann 1989: 137 mit Belegen). Es ist nicht die faktische Gestaltung eines Mediums, die die Rezeptionsintensität bestimmt. Stattdessen bestimmen langfristig erlernte und entsprechend gefestigte Nutzungsskripte den situativen Medienumgang (siehe Abschnitt 4.3.5). Wer fernsieht, tut das eher unaufmerksam und erwartet kaum, dabei etwas zu lernen. Wer hingegen liest, tut das generell mit einer größeren Aufmerksamkeit und Lernbereitschaft. Salomon (1983) berichtet, dass bereits Schulkinder das Fernsehen für ein leicht verständliches Medium halten, das nur geringe kognitive Anstrengung erfordert, und bringt die allgemeine Erwartungshaltung so auf den Punkt: „Television is ‚easy' and print is ‚tough'" (Salomon 1984).

Doch der *übliche* Aufforderungscharakter einer Mediengattung kann durch entsprechende Anweisungen, Vorabinformationen, eine nüchterne Mediengestaltung einerseits oder durch das (intrinsische) Involvement eines Rezipienten andererseits situativ verändert werden: Man kann mit dem Fernsehen durchaus lernen, wenn man es nur will und wenn die Medieninhalte nicht allzu auffällig oder erregend sind. Deshalb hat sich in der Instruktionspsychologie die Einsicht durchgesetzt, dass weniger die eingesetzte Mediengattung die Rezeptionsintensität und Lernleistung bestimmt als vielmehr das darin verfolgte didaktische Konzept (Weidenmann 1997b: 78f.).

4.4.5 Rezeption als Erleben: Flow, Presence und verwandte Konzepte

In der Informationsverarbeitungs-Perspektive steht Involvement für kognitive Wachheit, inhaltliches Interesse und gilt als Voraussetzung für eine intensive Inhaltsaufnahme und -verarbeitung. Ein allzu großes Involvement – im Sinn emotionaler Beteiligung und Erregung – kann allerdings eine analytische Informationsverarbeitung behindern. Gerade das Fernsehen gilt als affektiv involvierendes Medium, weil es Inhalte authentisch und emotionalisierend darzustellen vermag. Werden beispielsweise in einem Nachrichtenbeitrag über einen Terroranschlag weinende Mütter gezeigt, erhöht das zweifellos bei den meisten Zuschauern das affektive Involvement; ob damit jedoch die Bereitschaft zu einer kritisch-analytischen Auseinandersetzung mit dem Thema Terrorismus einhergeht, ist zweifelhaft. Deshalb gelten affektives und kognitives Involvement bei der Rezeption prinzipiell als gegeneinander gerichtete Kräfte.[99] Zumindest bei extrem unterhaltend-emotionalisierendem Infotainment ist mit einer entsprechenden Hemmung der Informationsverarbeitung zu rechnen (Früh & Wirth 1997).

Während emotionale Beteiligung bei der Informationsverarbeitung als Störfaktor oder Hemmnis gilt, interessieren sich Emotionspsychologie und medienpsychologische Unterhaltungsforschung für ihre positiven Aspekte, nämlich für die Erlebnisqualität bei der Mediennutzung. Vorderer (1992: 83) definierte Involvement beispielsweise als eine Haltung, „bei der die Rezipienten kognitiv und emotional derart in das fiktive Geschehen (...) involviert werden, dass sie sich der Rezeptionssituation nicht mehr bewußt sind, sondern quasi im Wahrgenommenen ‚mitleben'". Perse (1990) versteht unter emotionalem Involvement die Intensität empfundener Emotionen während der Mediennutzung (vgl. Schramm & Wirth 2006: 31f.).

Sind also Erlebnisqualität und Emotionen dasselbe? Unter Rückgriff auf Emotionstheorien (Abschnitt 4.1.4) ist festzuhalten, dass das *Erleben* von Emotionen nur eine Emotionskomponente unter mehreren darstellt.[100] Ansätze, die den Erlebniswert der individuellen Medienrezeption thematisieren, beziehen sich somit nur auf die bewusste Wahrnehmung von Emotionen, nicht auf das vollständige Emotionskonzept. Deshalb sprechen wir im Folgenden nicht von Emotionen, sondern von Medienerleben. Aus der funktionalen Sicht des Uses-and-Gratifica-

---

[99] Aus der Sicht der Selektionsforschung stellt sich die Lage anders dar. Hier gelten kognitives und affektives Involvement gleichermaßen als Prädiktoren für das Selektionsverhalten: Je geringer das Involvement bei der Rezeption eines bestimmten Medienangebots ist, desto höher ist die Wahrscheinlichkeit eines Rezeptionsabbruchs (Perse 1998).

[100] Bei der Drei-Faktoren-Theorie von Zillmann (2004a) ist es die Erlebenskomponente; im Component-Process-Model von Scherer (2001) die ‚subjektive Gefühlskomponente'.

tions-Ansatzes entsteht positives Erleben, wenn man gesuchte Gratifikationen erhält. Empfindet man während der Mediennutzung die erstrebten Emotionen, hat man eine hohe Erlebnisqualität (Abschnitt 3.3.1).

Die wissenschaftliche Beschäftigung mit medialer Erlebnisqualität konzentrierte sich anfangs auf das Fernsehen – eben wegen seiner Emotionalität und Authentizität (vgl. verschiedene Beiträge in Bryant & Zillmann 1991; aktuell Dehm et al. 2005b). In den letzten Jahren haben interaktive und virtuelle Anwendungen sowie Computerspiele starke Beachtung erfahren. Man kann sogar vermuten, dass die Erlebnisqualität als Thema erst durch diese neuen Medien und ihre Möglichkeiten wirklich interessant wurde. Besonders deren *Interaktivität*, die Nutzern maximale Selektivität und die realitätsnahe Steuerung von Abläufen erlaubt, und *Multimedialität*, die eine beinahe echte, lebendige Umwelt vortäuscht, gelten als Hauptgrundlagen der Erlebnisqualität (Steuer 1992).

Die Medienpsychologie hat eine Reihe von Konzepten zur Beschreibung intensiven Medienerlebens entwickelt; das ursprüngliche Involvement-Konzept taucht kaum mehr auf. Klimmt et al. (2005) stellen das ‚Überwältigtsein' in den Mittelpunkt ihrer Betrachtung virtueller Medienumgebungen, das ihrer Meinung den Kern verschiedener Konzepte wie Flow, Presence, Immersion oder Transportation bildet. Auch Spannung und das Unterhaltungserleben gehören in diese Aufzählung (hierzu in Abschnitt 4.4.6).

Flow

Einige Berühmtheit erlangte das Flow-Konzept von Csikszentmihalyi (z.B. 2000): Erlebt man während einer Handlung, beispielsweise während der Arbeit oder einem Computerspiel, einen Flow-Zustand, verschmelzen „Handlung und Bewusstsein. Ein Mensch im Flow-Zustand (...) ist sich zwar seiner Handlungen bewusst, nicht aber seiner selbst" (ebd.: 61). Er konzentriert sich völlig auf sein Tun, ist hoch involviert und vergisst die Umwelt. Wesentliche Voraussetzung ist, dass die Tätigkeit eine Herausforderung darstellt, der man sich angesichts der eigenen Fähigkeiten gerade noch gewachsen fühlt. Fehlt die Herausforderung, erlebt man Langeweile, ist sie zu hoch, entsteht ein Gefühl der Überforderung. Hierin liegt auch der Grund, warum das Flow-Konzept kaum zur Analyse von Erlebenszuständen während der Nutzung von Massenmedien eingesetzt wird: Auch wenn die Nutzung von Fernsehen, Radio, Print- oder Onlinemedien eine aktive Tätigkeit darstellt, so wird diese nur selten als Herausforderung empfunden. Deshalb passt das Flow-Konzept weitaus besser auf sportliche Tätigkeiten, Computerspiele und Hobbys als auf die Nutzung von Massenmedien (Kubey & Csikszentmihalyi 1990: 142; Sherry 2004).

Presence

Die meiste Beachtung findet derzeit das Presence-Konzept. Es wurde ursprünglich zur Beschreibung intensiven Erlebens beim Umgang mit interaktiven und virtuellen Anwendungen entwickelt (als Telepresence und Virtual Presence).[101] Mittlerweile gilt es als medienübergreifender Ansatz, der sich auch für ‚Low-Tech-Medien' wie Bücher eignet (Lee 2004: 27). Presen-

---

[101] Hackenbruch & Steinmann (2006) beschreiben dasselbe Phänomen aus medienwissenschaftlicher Sicht als ‚medialen Wirklichkeitstransfer'.

4.4 Rezeptionsorientierte Ansätze

ce ist ein vorübergehender Erlebniszustand, in dem ein Rezipient einen Ort, dortige Objekte oder Akteure
- aufgrund der informationsreichen und mehrkanaligen Mediendarstellung lebendig erlebt (‚Vividness', Steuer 1992),
- die mediale Vermitteltheit der Erfahrung vergisst (‚Illusion of Nonmediation', Lombard & Ditton 1997; vermindertes ‚Medialitätsbewusstsein', z.B. Schramm et al. 2002),
- der Illusion verfällt, sich selbst an dem Ort zu befinden und mit dortigen Objekten oder Akteuren zu ‚interagieren' ('Being There', Heeter 1992),
- gleichsam von einem Ort an einen anderen transportiert wird (,Transportation', Kim & Biocca 1997; Green et al. 2004) und
- derart in der virtuellen Umgebung und – bei Computerspielen oder interaktiven Anwendungen in den dortigen ‚Tätigkeiten' – versinkt, dass er sich selbst und die tatsächliche Umwelt um sich herum vergisst (‚Immersion', Biocca & Delaney 1995).

Damit befriedigt Presence im Idealfall mindestens drei der in Abschnitt 3.3.2 aufgeführten Unterhaltungsmotive, nämlich Eskapismus, Erregung und Aktivität, und kann als besonders wirksame Form von Unterhaltungserleben gelten.

Eine dreiteilige Systematik schlägt Lee (2004) vor:
- Bei der *Physical Presence* befindet sich der Rezipient in einem psychologischen Zustand, in dem er virtuelle Objekte oder Umgebungen für reell hält; ein Transportation-Effekt ist mit dieser Presence-Form nicht grundsätzlich verbunden.
- *Social Presence* bezeichnet die Rezipientenwahrnehmung eines virtuellen sozialen Akteurs (Mensch, Fabelwesen, Monster, Alien usw.) als real existent. Je realistischer ein sozialer Akteur erscheint, desto höher ist nicht nur die Erlebnisqualität, desto wahrscheinlicher sind auch parasoziale Interaktionen mit bzw. Beziehungen zu dieser Figur (vgl. Abschnitt 3.4.2 mit weiteren Ausführungen zu Medienspezifika).
- *Self Presence* schließlich ist der psychologische Zustand, in dem man sich selbst in eine virtuelle Person hinein versetzt fühlt und sich mit ihr identifiziert. Das geschieht beispielsweise bei ‚Ego Shooter'-Spielen, in denen der Spieler in die Rolle eines Kämpfers schlüpft und die Umwelt sowie die ‚eigenen', waffenbewehrten Hände aus dessen Perspektive sieht. Man erkennt die Handlungsmöglichkeiten in der medialen Umgebung und bezieht sie auf sich selbst. Dabei entsteht ein Transportation-Effekt; man ist ‚wirklich da'.

Hartmann et mult. al. (2005: 23) entwickelten ein Modell zu den Voraussetzungen und Prozessstufen beim räumlichen Präsenzerleben. Sie betrachten Presence als binäres Konzept: Man erlebt Presence oder nicht; subjektiv wahrgenommene Zwischenzustände resultieren daraus, dass Rezipienten während der Mediennutzung zwischen beiden Zuständen hin- und herwechseln, d.h. aus der medialen Scheinwelt ‚herausfallen', wieder zurückfinden usw.

Das *Zwei-Ebenen-Modell räumlichen Präsenzerlebens* postuliert auf der ersten Ebene vier Voraussetzungen: auf der Medienseite (a) auffällige bzw. lebendige Elemente, die die unwillkürliche Aufmerksamkeit des Rezipienten auf sich ziehen, und (b) Hinweisreize, die es ihm erlauben, ein räumliches Situationsmodell zu entwickeln. Je reizintensiver der virtuelle Raum in unterschiedlichen Sinneskanälen (auditiv, visuell, olfaktorisch, haptisch usw.) dargestellt wird, desto genauer und bildhafter stellt man ihn sich vor. Je weniger konkrete Reize umgekehrt vorhanden sind, etwa bei der Buchlektüre, desto wichtiger sind die (c) räumlich-visuelle Vorstellungskraft des Rezipienten und sein (d) thematisches Interesse. Hat man tatsächlich ein räumliches Situationsmodell ‚vor Augen', erfolgt auf der zweiten Ebene die Entscheidung für den primären Lokalisationsrahmen. Dabei geht es um die Frage, ob man sich als im Raum befindlich wahrnimmt (‚being there') oder ein außerhalb stehender Beobachter bleibt. Entscheidend sind hierfür neben der (a) Darstellung des virtuellen Raums und der darin befindlichen Objekte (b) ein intensives Involvement des Rezipienten und (c) seine unkritisch-wohlwollende Rezeptionshaltung mit der Bereitschaft, störende Informationen, die nicht ins Bild oder in den Ablauf passen, zu ignorieren (Suspension of Disbelief, Böcking et al. 2005). Beispiele für störende Informationen sind eine unglaubwürdige Handlung, logische Fehler, bei Computerspielen Darstellungsfehler wie Figuren mit unnatürlichen Bewegungsabläufen, unnatürlich glatte Oberflächen, fehlende Schatten und bei Filmen ‚schlechte' Special-Effects.

Die Annahme, dass Presence-Effekte hauptsächlich vom Grad der Lebendigkeit und der Interaktivität abhängen (Steuer 1992), hat verschiedene experimentelle Studien angeregt. Beim Fernsehen wurde besonders die Bildschirmgröße bzw. -auflösung als Presence-Determinante untersucht, da hier in Anbetracht neuer Anzeigegeräte (Plasma-, LCD-Bildschirme, Beamer) und Standards (HDTV) große Entwicklungen bevorstehen: Lombard et al. (2000) beispielsweise zeigten Versuchspersonen Szenen mit subjektiven Kamerafahrten (z.B. aus einer fahrenden Achterbahn oder aus einem Düsenjet) auf unterschiedlich großen Bildschirmen und maßen nach jeder Szene mit einem Kurzfragebogen das emotionale Erleben (subjektive Erregung und Bewertung), Involvement und Presence-Erleben. Die Großbildschirm-Gruppe (120 Zentimeter Diagonale) wies in allen Maßen höhere Werte aus als die Gruppe mit dem 30-Zentimenter-Display (ähnlich Reeves et al. 1999; Bracken 2005). Studien zum Einfluss des TV-Sounds (z.B. Lautstärke, Stereo, 5.1-Surround-Sound) fehlen bislang. Dass Interaktivität einen Einfluss auf das Presence-Erleben hat, zeigten beispielsweise Klimmt et al. (2005). Die Versuchspersonen wurden mit einem virtuellen Museum konfrontiert, in dem sie entweder einer vorgegebenen (= abgefilmten) Route folgten oder frei navigieren konnten. Erwartungsgemäß stiegen mit der Möglichkeit zur freien Navigation (a) die Aufmerksamkeit, (b) die Bereitschaft, störende Informationen zu ignorieren sowie (c) die ‚Verortung von Handlungsmöglichkeiten' im virtuellen Raum als eine von zwei abgefragten Subskalen des Presence-Erlebens.

Perceived Reality

In diesem Zusammenhang ist schließlich die Perceived-Reality-Forschung zu erwähnen, die nach Determinanten der wahrgenommenen Realität von Medienangeboten sucht (vgl. Busselle & Greenberg 2000). Dass die Realitätswahrnehmung einerseits und die emotionale Intensität und damit das Medienerleben andererseits eng zusammenhängen, postuliert Frijda (1988) in seinem Gesetz der augenscheinlichen Realität (‚Law of Apparent Reality').

4.4 Rezeptionsorientierte Ansätze

Rothmund et al. (2001) schlagen ein Modell vor, das die Realitäts-Fiktions-Unterscheidung von Mediennutzern mit Hilfe dreier Dimensionen prognostiziert.

- Zunächst versuchen Rezipienten den Realitätsgrad einer Darstellung anhand von Angaben bzw. Vorinformationen zur Werkkategorie zu erfassen. Wird beispielsweise eine Fernsehsendung als Science Fiction-Film angekündigt, ist das ein klarer Indikator für ein fiktionales Angebot. Umgekehrt werden Beiträge in Nachrichtensendungen automatisch als realistisch wahrgenommen: Das Wissen um Werkkategorien und ihre Indikatoren ist Teil der individuellen Medienkompetenz. Interessant sind Mischtypen an der Grenze zwischen Realität und Fiktion wie Geschichtsfilme, Doku-Dramen, Reality-TV oder Daily Talkshows. Hier sind Rezipienten bei der Realitäts-Fiktions-Unterscheidung auf weitere Hinweise angewiesen.
- Der Erfahrungsmodus entspricht der bereits angesprochenen Lebendigkeit einer Mediendarstellung: Je lebendiger und echter ein Medienangebot eine Situation wiedergibt, desto größer ist seine ‚Real-Life-Nähe' und desto eher halten Rezipienten sie für realistisch. Die Beurteilung erfolgt in drei Phänomenbereichen: (1) Die materiale Welt bezieht sich auf körperlich-stoffliche Phänomene wie z.B. Umwelteigenschaften, biologische Prozesse oder existierende Lebensformen. (2) Die Erlebenswelt deckt das Handeln und Erleben der Figuren ab, d.h. ob gezeigte Emotionen oder soziale Beziehungen plausibel und glaubwürdig sind oder nicht. (3) Die Geisteswelt schließlich umfasst geistig-ideelle Phänomene wie gesellschaftliche Normen und Werte, Theorien oder Kognitionen der Figuren.
- Der Erfahrungsinhalt als dritte Dimension bezieht sich auf die inhaltlich-semantische Perspektive. Hier geht es um die Frage, ob eine gezeigte Handlung bzw. Geschichte (a) möglich bzw. unmöglich und (b) wahrscheinlich bzw. unwahrscheinlich ist. Auch hier erfolgt die Beurteilung in den drei Phänomenbereichen materiale Welt, Erlebenswelt und Geisteswelt. Mit Staab & Hocker (1994) lassen sich dabei zwei Subdimensionen unterscheiden: Strukturelle Realität bezieht sich darauf, ob eine Sendung in sich konsistent ist und somit intern plausibel erscheint; entspricht die Darstellung den eigenen Erfahrungen von Rezipienten, erfüllt sie die Bedingungen empirischer Realität und gilt als extern plausibel.

Nach Rothmund et al. existieren sowohl auf der Ebene des Erfahrungsmodus als auch beim Erfahrungsinhalt eindeutige und uneindeutige Kriterien für die Realitäts-Fiktions-Unterscheidung. Liegt ein eindeutiges Kriterium vor, wie z.B. ein sprechendes Kastenbrot oder ein blutroter Himmel, betrachten Rezipienten die Fiktionalität der Mediendarstellung als bewiesen. Uneindeutige Kriterien dagegen sind Hinweise auf eine realistische bzw. fiktionale Darstellung, die jedoch noch keine endgültige Entscheidung erlauben. Treten beispielsweise in einer Daily Talkshow Personen auf, die sich derart primitiv verhalten, dass es sich dabei kaum um Schauspieler handeln kann, ist das bestenfalls ein uneindeutiger Hinweis für eine reelle und authentische Darstellung.

Ein gutes Beispiel für eine schwierige Realitäts-Fiktions-Unterscheidung liefert Cantrils (1985) ‚Invasion from Mars'-Studie. Einige Personen, die bei dem Hörspiel ‚War of the

Worlds', einer vorgeblichen Radio-Sondersendung zu einer Invasion durch Marsianer, erst später zugeschaltet und deshalb die Ankündigung der Werkkategorie ‚Science Fiction' verpasst hatten, hielten die Handlung für echt und zeigten entsprechende Panikreaktionen. Offensichtlich war die Darstellung authentisch (Erfahrungsmodus) und wirkte bei aller Unwahrscheinlichkeit derart plausibel (Erfahrungsinhalt), dass sie nicht mehr ohne weiteres als fiktional zu identifizieren war.

Auch wenn das Fernsehen häufig mit Realitäts-Fiktions-Unterscheidungen ‚spielt', indem es fiktionale Inhalte möglichst authentisch präsentiert, bilden solche Realitätstäuschungen die Ausnahme. Kepplinger & Tullius (1995) untersuchten in einer Befragung die individuelle Interpretation fiktiver TV-Unterhaltung durch das Publikum anhand der Sendungen ‚Lindenstraße' und ‚Der Alte'. Die Antworten der Befragten wurden u.a. nach dem wahrgenommenen Realitätsbezug kategorisiert. Die meisten Äußerungen (70 Prozent) entsprachen einem *Realitätsspiel*: Den Rezipienten war zwar der fiktive Charakter des Dargestellten bewusst, sie bezogen die Inhalte aber trotzdem auf ihre (eigene) Realität (z.B. Verweise auf eigene Erfahrungen, reales Geschehen oder allgemeine Menschenkenntnis, parasoziale Beziehungen mit Figuren). 30 Prozent der Antworten wurden als *Fiktionsbetonung* klassifiziert (d.h. sie bezogen sich auf die Dramaturgie, Art der Darstellung oder Plausibilität der Handlung). *Realitätstäuschungen* im Sinne eines tatsächlichen Verwechselns des Gezeigten mit der Realität kamen fast nicht vor.

4.4.6 Prozessuale Unterhaltungstheorien

Unterhaltung bzw. das Gefühl, unterhalten zu werden, ist ein schillerndes Konstrukt, das mit Motiven bzw. Erlebnisdimensionen wie Spannung, Erheiterung, Entspannung, ästhetischem Genuss, Zeitvertreib, Alltagsflucht usw. einhergeht. Funktionale Theorien (Abschnitt 3.3.2) erklären zwar, warum Menschen angenehme Emotionen suchen. Sie können aber auch zeigen, dass eigentlich hedonistische Rezipienten negative Emotionen während der Rezeption tolerieren, weil sie sich die spätere Befriedigung anderer Motive erhoffen: Wer sich beispielsweise eine Dokumentation über den Zweiten Weltkrieg ansieht, tut das letztlich, um sich weiterzubilden oder Identitätsarbeit zu leisten. Funktionale Theorien können aber nicht befriedigend erklären, warum sich Rezipienten bewusst negativen Erlebnissen wie etwa der ‚unerträglichen' Spannung eines Thrillers oder Fußballspiels oder dem ‚Grauen' eines Horrorfilms aussetzen und dabei Vergnügen empfinden.

Affective-Disposition-Theorie

Hier setzt Zillmanns *Affective-Disposition-Theorie* an (1991, 1996). Sie erklärt das Entstehen von Spannung (,suspense') bei fiktional-narrativen Medieninhalten, lässt sich aber auch auf andere Genres wie Sportübertragungen und Nachrichten anwenden (Zillmann & Knobloch 2000). Zillmann (1996: 218ff.) nimmt als Gestaltungsprinzip spannungserregender Geschichten den Konflikt zwischen Gut und Böse und dessen Auflösung an. Der Rezipient beobachtet das Verhalten verschiedener Figuren oder Objekte, die sich in einem Konflikt mit ungewissem Ausgang befinden. Bewertet er das Verhalten der Protagonisten als moralisch gut (die ‚Helden'), entwickelt er ihnen gegenüber positive Affekte und hofft darauf, dass sie den Konflikt gewinnen, kurzum: Er erlebt Empathie. Die moralisch negativ bewerteten Antagonisten, die ‚Feinde' oder ‚Bösen' bzw. sonstige Bedingungen, die das Wohlergehen der Protagonisten gefährden, ziehen dagegen negative Emotionen auf sich (Abbildung 20).

Abbildung 20: Modell der emotionalen Wahrnehmung von Medienfiguren

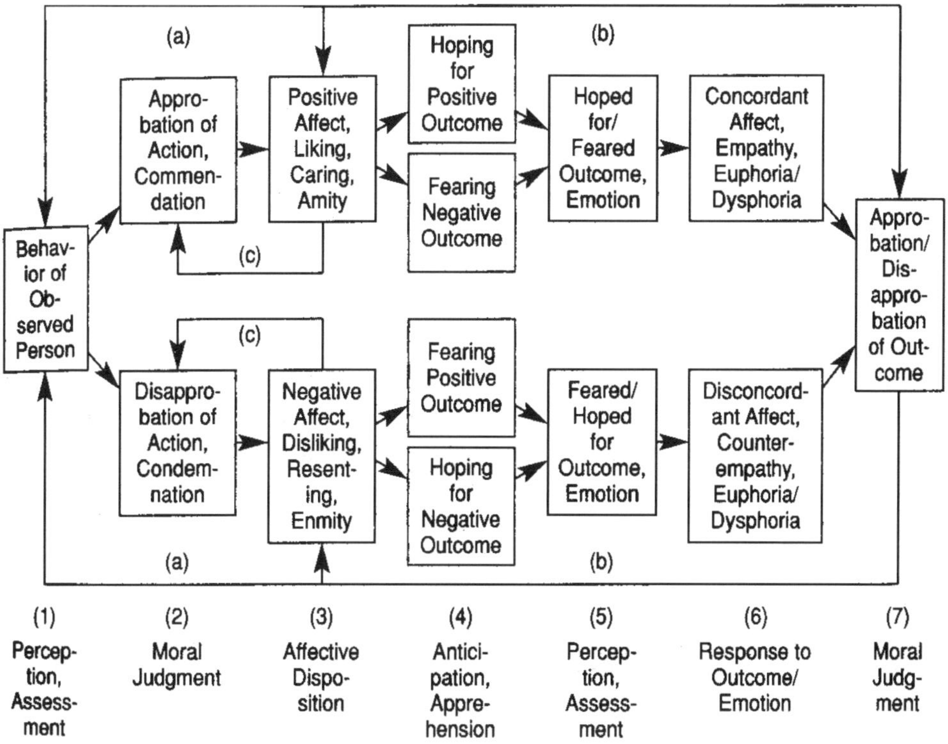

(1)	(2)	(3)	(4)	(5)	(6)	(7)
Perception, Assessment	Moral Judgment	Affective Disposition	Anticipation, Apprehension	Perception, Assessment	Response to Outcome/ Emotion	Moral Judgment

Flow (oben): Behavior of Observed Person → (a) Approbation of Action, Commendation → Positive Affect, Liking, Caring, Amity → Hoping for Positive Outcome / Fearing Negative Outcome → (b) Hoped for/Feared Outcome, Emotion → Concordant Affect, Empathy, Euphoria/Dysphoria → Approbation/Disapprobation of Outcome

Flow (unten): (a) Disapprobation of Action, Condemnation → Negative Affect, Disliking, Resenting, Enmity → Fearing Positive Outcome / Hoping for Negative Outcome → (b) Feared/Hoped for Outcome, Emotion → Disconcordant Affect, Counterempathy, Euphoria/Dysphoria

Quelle: Zillmann (1996: 219).

Die Spannung ergibt sich daraus, dass sich der gewünschte Ausgang meist bis ans Ende der Geschichte hinauszögert und zwischenzeitlich häufig die Bösen obenauf sind. Deshalb gelten *Unsicherheit* und *Empathie* mit den Protagonisten bzw. Antipathie (‚counter-empathy') mit den Antagonisten als Basis des Spannungserlebens (vgl. Weiterentwicklungen bei Raney 2004; Knijn & Hoorn 2005). Häufig ist es nicht sicher, dass der erhoffte Ausgang überhaupt eintritt. Hier liegt auch der besondere Reiz von Fußballspielen und sonstigen Events mit offenem Ausgang. Sobald die Geschichte wie erhofft endet (Showdown mit Happy-End), erlebt der Rezipient ein Gefühl der Euphorie. Dieses ist umso ausgeprägter, je größer die moralische und affektive Distanz zwischen Protagonisten und Antagonisten war, d.h. je böser die Bösen und je besser die Guten und je länger und härter die Protagonisten für das positive Ende kämpfen mussten. Der beschriebene Ablauf kann sich innerhalb einer Geschichte mehrmals im Kleinen wiederholen, etwa wenn die Guten einen zwischenzeitlichen Erfolg erzielen, der dann aber wieder zunichte gemacht wird.

Das Spannungserleben umfasst also eine Kombination aus intensiv erlebten Affekten für oder gegen Figuren im Lauf einer Geschichte einerseits und der schlussendlichen Auflösung dieser Spannung anderseits. Dabei gilt: Je mehr Spannung aufgebaut wurde, umso stärker wird die Entspannung danach empfunden (Bousfield 1999). Dieser Effekt gilt nicht nur für Spannung, sondern für alle Affekte und lässt sich mit Hilfe der Theorie der Erregungsübertragung erklären (Zillmann 1983, Abschnitt 4.1.4): Da Emotionen aus einer Erregungs- und Bewertungskomponente bestehen, kann eine frühere Erregung das Erregungsniveau einer späteren Emotion erhöhen und verstärken, auch wenn die letztere mit anderen Empfindungen bzw. Bewertungen verbunden ist. Je mehr man also vorher gelitten hat, desto genussvoller ist der Schluss („Great enjoyment rides the back of great distress"; Bryant & Miron 2002: 571).

Das individuell empfundene Vergnügen bei spannenden Medieninhalten hängt von verschiedenen Persönlichkeitsvariablen ab. Laut einer Metaanalyse von Hoffner & Levine (2005) zur Rezeption gewalthaltiger oder angsteinflößender Inhalte sind dies die Empathiefähigkeit, die generelle Aggressivität, das Stimulationsbedürfnis (Sensation-Seeking) sowie das Geschlecht. Besonders der Geschlechterunterschied fand einige Beachtung. Gan et al. (1987) zeigten am Beispiel von Sportübertragungen, dass Männer das meiste Vergnügen bei einem extrem spannenden Wettkampf empfinden. Frauen dagegen erleben das größte Vergnügen bei mittlerer Spannung. Unklar ist, ob dieses Verhalten angeboren ist oder im Lauf der Sozialisation erworben wurde. Für die sozialisatorische Interpretation spricht, dass sowohl Männer als auch Frauen Horrorfilme in Anwesenheit des jeweils anderen Geschlechts mehr genießen. In dieser Konstellation können beide ihre Geschlechterrollen am besten ausleben: Männer als angstlose Beschützer und Frauen als schutzbedürftige Opfer (Zillmann & Weaver 1996). Sollte es sich tatsächlich um einen Sozialisationseffekt handeln, setzt dieser bereits früh ein: Knobloch & Fritzsche (2004) fanden in einem Selective-Exposure-Experiment, dass die männliche Präferenz für aggressive Medieninhalte bereits im Vorschulalter auftritt.

Triadisch-dynamische Unterhaltungstheorie

Eine prozessorientierte Theorie, deren Anwendungsbereich über das Spannungserleben hinausgeht, ist die *triadisch-dynamische Unterhaltungstheorie* (TDU, Früh 2002, 2003b). Ein Ausgangspunkt der Theorie sind Ansätze zum Textverstehen, denen zufolge Leser von Anfang an ein mentales Modell von der Makrostruktur eines Textes entwickeln, also eine ganzheitliche Vorstellung von seinem Inhalt, seiner Funktion und seinem Ablauf, und mit deren Hilfe die Mikroebene des Textes (Wörter, Sätze, Textabschnitte usw.) verarbeiten (Abschnitt 4.1.2). Analog gilt Unterhaltung als eigenständiges ‚kognitiv-affektives Erleben', das als übergeordnete *Makro*emotion über anderen, situativ auftretenden Emotionen wie Freude, Furcht oder Überraschung (Mikroemotionen) steht.[102] Während Mikroemotionen bei der Rezeption jederzeit wechseln und sogar gleichzeitig in mehr oder weniger starken Ausprägungen auftreten können, bildet

---

[102] Siehe das vergleichbare Konzept der ‚Metaemotionen' bei Oliver (1993).

4.4 Rezeptionsorientierte Ansätze

sich das Unterhaltungserleben auf einer Metaebene. Das bedeutet: Auch wenn eine Person während der Medienrezeption gefühlsmäßig hin- und hergerissen wird, kann sie das durchgehend als Unterhaltung erleben. Die Makroemotion ‚Unterhaltung' entsteht dabei durch die Transaktion der kognitiven Bewertungen bzw. Kommentierungen einzelner Filmszenen oder Textabschnitte und der dabei empfundenen Mikroemotionen.[103] Je nachdem, welche Emotionen das sind, bekommt die Unterhaltung eine spezifische ‚Tönung'. Früh weist ferner darauf hin, dass Unterhaltung kein binäres Konstrukt ist (Unterhaltung versus Nicht-Unterhaltung), sondern bei Mediennutzungsprozessen mit gradueller Gewichtung auftritt: Auch wenn man ein Medium in erster Linie rezipiert, um sich weiterzubilden oder Identitätsarbeit zu leisten, kann man sich dabei zu einem gewissen Maß unterhalten.

Was sind die Ursachen des menschlichen Unterhaltungsbedürfnisses? Früh nimmt an, dass Menschen zwei grundlegenden Handlungszielen folgen: Erstens wollen sie ihr aktuelles *Energiebudget* dynamisch regulieren: Je nach vorhandener Energie streben sie entweder nach Aktivation oder nach Entspannung.[104] Zweitens verhalten sie sich hedonistisch und streben nach einem *angenehmen Erleben* (Abschnitt 3.3.4). Ein angenehmes Erleben lässt sich wiederum durch drei Faktoren herstellen:

- *Abwechslung* existiert zunächst in der externalen Variante. Dabei sorgt eine „abwechslungsreich-dynamische" Medienpräsentation und die Möglichkeit zu einer „spielerischen Manipulationslust" (Früh 2003b: 31) bei Spielen bzw. interaktiven Anwendungen, vielleicht auch beim TV-Zappen für Abwechslung. Die interne Variante beschreibt die kognitive Abwechslung im Kopf des Rezipienten, die beispielsweise beim Lesen eines Fantasie anregenden Buches stattfindet.
- *Souveränität/Selbstbestimmung*: Unterhaltende Mediennutzung erfolgt immer freiwillig – ansonsten wäre es keine Unterhaltung – und unterliegt der souveränen Kontrolle des Rezipienten. Er kann sich deshalb „in einer kontrollierten Lebensweltnische auf risikoreiche oder extreme Handlungsweisen zumindest virtuell einlassen" und sich vom alltäglichen „Rollenstress befreien" (ebd.). Gerät die Situation außer Kontrolle, etwa bei einem Computerspiel oder bei einem allzu brutalen Horrorfilm, kann sie jederzeit beendet werden.[105] Während Presence-Ansätze (Abschnitt 4.4.5) davon ausgehen, dass ein minimales Gefühl der medialen Vermitteltheit ein maximales Unterhaltungserleben ermöglicht, nimmt Früh an, dass gerade die Vermitteltheit das positive Gefühl von Sicherheit und Souveränität verursacht („Es ist ja nur ein Film!").

---

[103] Früh bezieht sich hierbei ausdrücklich auf Klaus Scherer (2001), der Emotionen als Produkt ständiger Stimulus-Evaluation-Checks begreift, bei denen das Individuum situative Umweltreize bewertet (Abschnitt 4.1.4).

[104] Eigentlich müsste man von einer Regulierung des *Erregungsniveaus* sprechen (Abschnitt 3.2.2), denn das Energie-Konzept wurde in der bisherigen Literatur selten im Sinne eines unangenehmen Überflusses verwendet, sondern meist im Sinne des zu minimierenden Aufwandes bei der Informationsverarbeitung (Abschnitt 4.4.3).

[105] Diesen Gedanken haben wir bereits in Abschnitt 3.3.1 als spielerische Unterhaltung kennengelernt. Interessant ist in diesem Zusammenhang, dass bereits Vorderer (1994) eine Funktion spannender Medieninhalte darin sieht, Angst unter spielerischen Bedingungen zu erleben (‚Als-ob-Angst').

- Aus einer evolutionären Notwendigkeit heraus streben Menschen nach der optimalen *Kontrolle* des eigenen Lebens. Sie wollen ihre Umwelt permanent im Überblick behalten, verstehen und bewerten und gegebenenfalls aktiv handeln können. Eine erfolgreiche Kontrolle erleben sie als Kompetenz, einen Kontrollverlust als Schwäche oder Niederlage. Deshalb meiden Menschen im tatsächlichen Leben meist Situationen mit drohendem Kontrollverlust. Die Mediennutzung dagegen eröffnet die Möglichkeit zu einem „kontrollierten Kontrollverlust" (ebd.: 34). Dieser ermöglicht es, sich zumindest virtuell in extreme bzw. unangenehme Situationen zu begeben, dort angemessene Verhaltensweisen einzuüben und dadurch die Kontrollfähigkeit über die eigene Person bzw. Identität zu verbessern. Eine solche ‚Identitätsarbeit' wird wiederum als Erfolg positiv erlebt (Abschnitt 3.5). Auch hier ergibt sich eine Verbindung zum Presence-Erleben: Je realistischer die Lebens-Simulation ausfällt und je realitätsnäher eine Mediensituation wirkt, desto erfolgreicher kann die Identitätsarbeit sein. Darüber hinaus geben gerade Computerspiele den Spielern häufig das Gefühl, nahezu unlösbare Situationen souverän zu meistern. Je stärker das Presence-Empfinden, desto größer sollte das dabei erfahrene Erfolgserlebnis der eigenen Souveränität sein.[106]

Da Menschen beide Handlungsziele ‚Abwechslung' und ‚Streben nach einem angenehmen Erleben' ständig und gleichermaßen verfolgen, ist eine Instanz zu ihrer Koordination und zur Vermeidung innerer Verhaltenskonflikte nötig. Dieses ‚*Orientierungsbestreben*' folgt einem Kosten/Nutzen-Kalkül und versucht, die situative Disposition einer Person, die zur Verfügung stehenden Medienangebote und sonstige situative Faktoren miteinander in Einklang zu bringen. Durch das *triadische Fitting* werden Person, Medienangebot und Situation gemäß verschiedener Dimensionen (Zweckdienlichkeit, Fitting-Control und Souveränitätskontrolle) kontinuierlich und dynamisch aufeinander abgestimmt. Sobald die Rezeption eines Medienangebots das gewünschte Unterhaltungserleben nicht mehr gewährleistet, wird sie abgebrochen. Allerdings weisen Rezipienten eine gewisse ‚kognitiv-affektive Trägheit' auf, weshalb sie langweilige oder unpassende Szenen oder Abschnitte eine Zeit lang tolerieren. Erst wenn die Mediendarbietung die in sie gesetzten Erwartungen dauerhaft enttäuscht, erfolgt eine Abbruchentscheidung.[107]

Auch wenn die meisten konzeptionellen Überlegungen der TDU bereits früher so oder so ähnlich beschrieben wurden, liegt ihr Verdienst in der Integration verschiedener emotions- und kognitionstheoretischer Ansätze zu einem umfassenden Theoriegebäude. Die Unterscheidung in szenen- bzw. abschnittsbezogene Emotionen auf der Mikroebene und das zeitlich übergreifende Unterhaltungserleben auf der Makroebene hilft, das aus funktionaler Perspektive nicht zu durchdringende Dickicht affektiver Mediennutzungsmotive (Abschnitt 3.3) zu lichten und zu gliedern.

---

[106] Eine ähnliche Konzeption schlägt die Self-Determination-Theory vor (Deci & Ryan 1985; Ryan & Deci 2000). Sie geht von drei menschlichen Grundbedürfnissen aus: Autonomie, Anerkennung der Kompetenz einer Person (‚competence feedback') und soziale Bezogenheit (‚relatedness'). Medienunterhaltung kann alle drei Grundbedürfnisse optimal befriedigen: Rezipienten erleben sich bei der Unterhaltungsrezeption als kompetent, da sie kaum überfordert werden, Unterhaltung erfolgt autonom, weil sie frei gewählt ist, und sie ermöglicht intensive (para-)soziale Beziehungen (Vorderer 2006: 53).

[107] An dieser Stelle ergänzen sich die triadisch-dynamische Unterhaltungstheorie und das in Abschnitt 4.3.4 dargestellte Ablaufmodell der Mediennutzung.

Vor allem bietet die Theorie einen guten Ausgangspunkt zur Operationalisierung des Unterhaltungserlebens, wie das Früh et al. (2004) sowie verschiedene Beiträge in Wirth et al. (2006) demonstriert haben.

TDU und Affective-Disposition-Theorie

Die prozessualen Unterhaltungstheorien von Früh und Zillmann sind sich näher, als es auf den ersten Blick scheint. Auch die Affective-Disposition-Theorie nimmt an, dass sich das Unterhaltungserleben aus einer Abfolge unterschiedlicher Subprozesse während der Rezeption ergibt, Unterhaltung gilt hier ebenfalls als Metakonstrukt. Beide Ansätze begreifen Unterhaltung als kognitiv-affektives Konstrukt, bei dem (kognitive) Bewertungsprozesse eine wichtige Rolle spielen. Schließlich betonen beide Theorien (a) die Abwechslung bzw. den Kontrast zwischen Spannung und Auflösung und (b) das Sich-Hineinversetzen in eine andere Situation (kontrollierter Kontrollverlust versus Empathie bzw. parasoziale Interaktion) als konstituierend für das Unterhaltungserleben.

5 Strukturelle Perspektiven

Die *strukturelle Perspektive* befasst sich mit den Bedingungen, unter denen Mediennutzung erfolgt. Im Mittelpunkt stehen situationsübergreifende und mehr oder weniger dauerhafte Strukturen. Diese beziehen sich zunächst auf die Mediennutzer selbst, also auf das Publikum und seine Teilgruppen (Abschnitt 5.1). Möchte man langfristige Unterschiede und Strukturen innerhalb von Publika analysieren, beginnt man am besten mit Mediengewohnheiten und Verhaltensmustern (Abschnitt 5.2) sowie mit Medienbewertungen und -kompetenzen (Abschnitt 5.3). Als weitere Dimensionen kommen individuelle Persönlichkeitseigenschaften von Mediennutzern (Abschnitt 5.4), unterschiedliche soziale Umfelder (Abschnitt 5.5) sowie gesellschaftliche Bedingungen in Frage (Abschnitt 5.6). Abschnitt 5.7 weicht von der bisherigen Systematik ab, indem er kontextbezogene und qualitativ orientierte Ansätze im Zusammenhang diskutiert, deren Stärke in der Integration der vorher debattierten Dimensionen liegt. Abschnitt 5.8 schließlich erläutert Forschungsperspektiven zur dynamischen Medienentwicklung und setzt sich mit strukturellen Veränderungen der Mediennutzung im Zeitverlauf auseinander.

5.1 Das Publikum

5.1.1 Das Publikum – Perspektiven eines hypothetischen Konstrukts

Vor der Erfindung des Buchdrucks als erstem Massenkommunikationsmittel war das Publikum ein Präsenzpublikum. Menschen kamen zu einer bestimmten Zeit und an einem bestimmten Ort zusammen, um an einer Theateraufführung, einem Konzert, einem sportlichen Wettkampf, an einer politischen Veranstaltung, Abstimmung usw. teilzunehmen. Das Publikum war eine „handlungsfähige Gemeinschaft auf Zeit" (Klaus 1997: 457), die gegenüber den Auftretenden eine Macht hatte, die über die Macht des Einzelnen weit hinausging. Entsprechend gefürchtet waren und sind die Reaktionen des Publikums bei öffentlichen Veranstaltungen, die vom kollektiven Ausbuhen eines Theaterregisseurs bis hin zu ‚Massenpsychosen' reichen, wie sie Le Bon (1982) anschaulich beschrieben hat.

Das Publikum der Massenmedien ist kein Präsenzpublikum mehr, sondern ein massenhaftes und disperses Publikum; es ist „offen, unbegrenzt und fluktuierend" (Bonfadelli 1999: 50). Die Rezipienten kennen einander nicht und nutzen Massenmedien meist für sich allein oder in der Familie. Während Fernseh- und Radiosendungen immerhin zu einem bestimmten Zeitpunkt ausgestrahlt und deshalb zeitgleich rezipiert werden, ist bei textbasierten Medien (Print, Web) und Medienkonserven (z.B. DVDs, CDs) auch keine Gleichzeitigkeit der Nutzung gegeben. Da schließlich bei den traditionellen Medien kein medienimmanenter Rückkanal existiert, bleiben die Rezipienten auch den Kommunikatoren weitgehend unbekannt und anonym.[108] Das disperse

---

[108] Bei massenmedialen Websites existieren zwar medienimmanente und daher einfache, bequeme und kostenlose Rückkanäle (E-Mail, Kontaktformular, Diskussionsforum), die von den Rezipienten deshalb reichlich in Anspruch

Publikum ist somit keine echte soziale Gruppe, deren Mitglieder untereinander in Kontakt stehen und miteinander interagieren. Es konstituiert sich nur kurzzeitig durch die Nutzung desselben Mediums und löst sich danach wieder auf.

Das ist wohl der Grund, warum verschiedene Autoren das Publikum der Massenmedien als ‚hypothetisches Konstrukt' (ebd.) bzw. gar als ‚Mythos' (Klaus 1997: 460) bezeichnet haben. Klaus vertritt gar die Ansicht, dass Publikum zumindest in Bezug auf das Fernsehen ein „sinnentleerter Begriff ist, den die verschiedenen Institutionen mit Bedeutung füllen" (S. 457). Ang (1991) argumentiert, dass die hegemonialen Mainstream-Medien bewusst ein Massenpublikum konstruieren, um prinzipiell freien Individuen das Gefühl zu vermitteln, sie seien Teil eines großen Publikums mit einem einheitlichen Mainstream-Geschmack. Auf diese Weise übt die Unterhaltungsindustrie Kontrolle über den Geschmack und die Mediennutzung der Menschen aus, um so ihre Gewinne auf dem Publikums- und Werbemarkt zu maximieren. Dass diese Unterstellung nicht ganz haltlos ist, demonstrieren manche an den ‚Massengeschmack' angepasste Film-Blockbuster, die sich viele Rezipienten vermutlich allein deshalb anschauen, weil alle anderen es auch tun.

Das Publikum als Ware

Damit ist die erste von drei Publikumsvorstellungen angedeutet, die Webster & Phalen (1994, 1997) in ihrer Systematik unterscheiden: das *Publikum als Ware* auf dem Werbemarkt (‚Commodity Model: Audience as Value').[109] Diese Perspektive dominiert naturgemäß in der kommerziellen Publikumsforschung (Abschnitt 2.1.4). Wie bereits gezeigt wurde, ist das Publikum für werbefinanzierte Medienunternehmen ein Produkt, das sie gewinnbringend an werbetreibende Unternehmen verkaufen. Genauer: Nicht das Publikum selbst ist die Ware, die Werbetreibende kaufen, sondern die Möglichkeit, eine in Größe und Struktur möglichst eindeutig definierte Gruppe von Menschen mit ihren Botschaften zu erreichen. Medienangebote sind das Vehikel, das Werbemittel zu bestimmten Publika transportiert. Ein Werbetreibender zahlt für ein Publikum umso mehr,

- je größer dieses Publikum ist und je mehr Kontakte zwischen Rezipienten und seinem Werbemittel zustande kommen (Reichweite),
- je intensiver diese Kontakte sind, d.h. je aufmerksamer die Mediennutzer die Werbung rezipieren (Kontaktqualität und Werbewirkung),
- je besser das Medienpublikum mit der Werbe-Zielgruppe bzw. der Zielgruppe des beworbenen Produkts übereinstimmt (Minimierung von Streuverlusten) und
- je umfassender und verlässlicher die Informationen über das Publikum sind, auf die er bei seiner Werbekreation (Gestaltung der Werbemittel) und Mediaplanung (Auswahl der Werbeträger) im Rahmen der allgemeinen Kampagnenplanung angewiesen ist.

---

genommen werden. Allerdings haben die wenigsten Medienanbieter ausreichende Ressourcen, um das Publikumsfeedback individuell zu berücksichtigen und zu beantworten.

[109] Wir beziehen uns im Folgenden auf die Kategorisierung von Webster & Phalen; andere Systematiken stammen von Bonfadelli (1999: 55), Jensen & Rosengren (1990) und McQuail (1997: 16ff.), der in diesem Fall von einer ‚Structural Tradition' spricht.

Wenn sich die kommerzielle Publikumsforschung mit Rezipienten befasst, dann geht es nicht um deren individuelle Bedürfnisse oder Mediennutzungsprozesse, sondern in erster Linie um die aggregierte Analyse eines bestimmten Publikums anhand verschiedener Strukturmerkmale (mehr dazu in den folgenden Abschnitten).

Die Bevölkerung als Publikum und Opfer

Die zweite Publikumsvorstellung stammt nach Webster & Phalen aus der Medienwirkungsforschung und betrachtet die *Bevölkerung als Opfer* der Medien (,Effects Model: Audience as Victim'). Wie in Abschnitt 2.3.1 erläutert, ignorierte die frühe Wirkungsforschung, die üblicherweise Effekte politischer Persuasion untersuchte, die Selektivität der Rezipienten. Man unterstellte einfach, dass Botschaften, die in die ,Welt hinaus' gesendet werden, dort auch massenhaft empfangen werden und wirken (Stimulus-Response).[110] Die Wirkungsforschung interessierte sich weder für die Aktivität des Publikums, noch für seine Größe oder Struktur. Entsprechend galten Bevölkerung und Massenpublikum als ein und dasselbe. Nach diesem Verständnis müssen Individuen oder Gruppen ein Medium nicht nutzen, um Teil seines Publikums zu werden, sie gehören automatisch dazu.

Dieser Blickwinkel macht auch die ,Entdeckung' des Zweistufenflusses der Massenkommunikation verständlich: Lazarsfeld et al. (1944) fanden heraus, dass die Medien mit ihren Botschaften zwar Meinungsführer erreichen, die sich u.a. durch eine intensive Mediennutzung auszeichnen, dass sie allerdings die Einstellungen sonstiger Bevölkerungsgruppen, die kaum Medien nutzen, deutlich weniger beeinflussen als deren direkte Kommunikation mit Meinungsführern (Anschlusskommunikation). Kaum ein Forscher würde heute bei der *gesamten Bevölkerung* nach Medienwirkungen suchen. Stattdessen gilt der direkte Medienkontakt – und damit die Zugehörigkeit einer Person zum tatsächlichen Publikum eines Mediums – als Voraussetzung für Effekte.

Die Vorstellung, die gesamte Bevölkerung sei Opfer oder auch Nutznießer von Medien, findet sich noch heute in medienpolitischen Argumentationsmustern wieder. Wenn die Massenmedien beispielsweise ihre verfassungs-, presse- und rundfunkrechtlich festgelegten Aufgaben (Information, Bildung, Kritik und Kontrolle) erfüllen wollen, müssen sie die *gesamte* Bevölkerung ansprechen und damit ein ,universelles Publikum' (Klaus 1997: 463). Hierin liegt nicht zuletzt die Brisanz der Wissenskluftypothese (ausführlicher Abschnitt 5.4.1). Auch im Jugendschutz und in der Medienpädagogik taucht gelegentlich die Vorstellung von den allmächtigen Medien auf, die mit ihren negativen Einflüssen die gesamte Gesellschaft verändern.

Das Publikum als aktiver Mediennutzer

Die dritte Publikumsvorstellung, die Webster & Phalen ansprechen, ist diejenige vom *aktiven Mediennutzer* (,Marketplace Model: Audience as Consumer'), der Medien als Mittel der Be-

---

[110] Vermutlich war diese Vorstellung vom damals aufkommenden *Rund*funk (*Broad*casting) inspiriert, der ebenfalls ungerichtet ausgesendet wird und überall empfangen werden kann.

dürfnisbefriedigung und Nutzenmaximierung in freier Entscheidung auswählt und rezipiert.[111] Dieses Bild prägt nicht nur sämtliche funktionalistischen und die weitaus meisten prozessorientierten Ansätze der Mediennutzungsforschung. Auch kontextbezogene bzw. handlungstheoretische Ansätze sowie die Cultural Studies begreifen den Menschen als sinnsuchendes, problemlösendes Individuum. Man übertreibt deshalb sicherlich nicht, wenn man das Bild des selektiven Rezipienten bzw. aktiven Publikums als gemeinsame Grundlage der aktuellen Mediennutzungsforschung bezeichnet. Webster & Phalen (1997: 126) weisen zurecht darauf hin, dass die Vorstellung mündiger Rezipienten, die selbst wissen, was gut für sie ist, mit einer liberalen Medienpolitik korrespondiert.

Das Bild eines selektiven Publikums relativiert die angenommene Wirkungsmacht der Medien in zweierlei Hinsicht. Erstens wählen Rezipienten bevorzugt Medieninhalte aus, die mit ihren Einstellungen übereinstimmen (Selective-Exposure), so dass es häufiger zu einer Verstärkung bestehender Einstellungen kommt als zu ihrer Veränderung (Abschnitt 3.2.3). Zweitens: Auch wenn im dispersen Publikum selten gruppendynamische Prozesse wie beim Präsenzpublikum auftreten, hat es dennoch eine gewisse Macht über die Kommunikatoren. Maletzke (1963) hat in seinem Feldschema der Massenkommunikation zwei Einflusswege dargestellt: (a) die ‚spontanen Antworten des Rezipienten', also Leserbriefe, Zuschaueranrufe und sonstige Formen des Publikums-Feedbacks und (b) das ‚Bild vom Rezipienten beim Kommunikator', das einerseits von dessen persönlichen Vorstellungen und Stereotypen geprägt ist, andererseits aus den Ergebnissen der Publikumsforschung gespeist wird. Der zweifellos wichtigste Faktor ist der Publikumserfolg eines Medienangebots: Je größer das Publikum, desto höher sind die Einnahmen auf dem Publikums- und Werbemarkt. Ein Medium mag publizistisch noch so prestigeträchtig sein, von Eliten und anderen Medien beachtet und zitiert werden – sobald sich das Publikum abwendet, fehlt die ökonomische Grundlage. Dabei sind wieder die Vorstellungen, die Kommunikatoren von den Wünschen und Erwartungen ihres Publikums haben, von Bedeutung: Je mehr ein Medienangebot vom ökonomischen Erfolg und damit von der Publikumsgröße abhängt, desto stärker orientieren sich die Macher an den Wünschen der Rezipienten.

Letztlich erweist sich das Bild vom Publikum als schutzlosem Opfer wirkungsmächtiger Medien als genauso falsch wie die Annahme eines souveränen Rezipienten, dessen Wünsche, Erwartungen und Rezeptionsentscheidungen das Mediengeschehen vollständig prägen. Kommunikatoren und Publikum befinden sich vielmehr in einem steten Austausch; sie *transagieren* miteinander (Bauer 1973: 142). Solche Transaktionen fußen sowohl auf tatsächlichen Interaktionen zwischen beiden Seiten (Inter-Transaktionen) als auch auf wechselseitigen Vorstellungen voneinander (Para-Feedback), wie sie der dynamisch-transaktionale Ansatz beschreibt (Früh 1991: 52f.).

---

[111] McQuail (1997: 17f.) nennt dies die ‚Behaviorist Tradition', die das Publikum einerseits als aktiv, andererseits als Medieneinflüssen ausgesetzt betrachtet.

Das Publikum als soziale Gruppe

Eine letzte Publikumsvorstellung betrachtet das *Publikum als soziale Gruppe*.[112] Hierbei wird bewusst nicht das disperse und anonyme Massenpublikum analysiert. Stattdessen geht es um Mediennutzung in überschaubaren sozialen Gruppen, die in ähnlichen soziokulturellen Kontexten leben, sich kennen und über Medien(inhalte) austauschen oder sogar über bestimmte Medieninteressen zusammengekommen sind (z.B. Fangruppen). Lindlof (1988) hat hierfür den Begriff der Interpretationsgemeinschaften („interpretative community') geprägt. Damit sind Gruppen von Menschen gemeint, die sich dieselben Medienangebote im Alltag ähnlich aneignen, mit einer vergleichbaren Lesart rezipieren und interpretieren. Aus dieser Perspektive, die gegenwärtig hauptsächlich von Aneignungs- und Cultural Studies-Forschern eingenommen wird, besteht die Gesellschaft aus einer Vielzahl kleiner und sozial homogener Teilgruppen bzw. Publika, die auf unterschiedlichen Ebenen miteinander in Kontakt stehen. Doch auch die klassischen Studien zum Zweistufenfluss der Kommunikation, die sich mit dem persönlichen Einfluss von Meinungsführern befasst haben, analysieren Persuasionsprozesse in sozialen Gruppen bzw. Netzwerken, in denen rege interpersonale Kommunikation stattfindet und sich die Mitglieder aneinander orientieren („Ko-Orientierung', vgl. Bonfadelli 1999: 133ff. und 179ff.). In ihrer berühmten Studie ‚Personal Influence' befragten Lazarsfeld & Katz (1955) beispielsweise Hausfrauen in einer US-amerikanischen Kleinstadt über ihr Informations- und Kommunikationsverhalten bei verschiedenen Themen (Einkaufsentscheidungen, Mode, Kino, Politik). Von einem anonymen Massenpublikum konnte hier keine Rede sein, vielmehr erinnern diese und andere damalige, meist quantitative Studien durchaus an heutige Projekte zur Medienaneignung.

5.1.2 Das Publikum der Publikumsforschung

Wie im letzten Abschnitt angesprochen, betrachtet die kommerzielle Publikumsforschung das Publikum in erster Linie als Ware, die auf dem Werbemarkt verkaufen wird. Deshalb gilt hier nicht pauschal die gesamte Bevölkerung als Publikum, sondern diejenigen Personen, die tatsächlich ein bestimmtes Medium nutzen. Es existieren somit so viele Publika, wie es Medien – genauer: Mediengattungen, -genres, -angebote und -ausgaben – gibt.

Das Publikum eines Medienangebots umfasst zunächst alle Personen, die eine bestimmte Ausgabe des Angebots nutzen. Strittig ist die Frage, ab welcher Rezeptionsmenge und -intensität eine Person zum Publikum eines Medienangebots gehört: Ist man bereits Leser einer Zeitschriftennummer, wenn man sie flüchtig durchblättert – die Antwort lautet üblicherweise ja –, von einem Bekannten die Kopie eines Artikels bekommen hat und diese liest – Antwort: eher nein – oder am Kiosk ihr Cover kurz ansieht – Antwort: nein?[113] Beim Fernsehen und beim Ra-

---

[112] Die Perspektive entspricht der ‚Cultural Tradition' bei McQuail (1997: 18ff.) sowie ansatzweise der ‚Fan-Kultur' bei Bonfadelli (1999); bei Webster & Phalen fehlt sie.
[113] Hier kann zumindest konzeptionell das Ablaufmodell der Mediennutzung von Schweiger (2001) weiterhelfen (Abschnitt 4.2.1): Solange eine Person ein Medium zur Evaluation rezipiert, befindet sie sich in der Selektionsphase und zählt nicht zu dessen Publikum. Erst wenn die Person die eigentliche Rezeption mit dem Ziel der Bedürfnisbefriedigung beginnt, ist sie Teil des Publikums. Da sich das Umschlagen von Selektions- in Rezeptionsphase kaum empirisch messen lässt, ist der praktische Nutzen der Unterscheidung allerdings gering.

dio steht man zunächst ebenfalls vor der Frage, ob das kurzzeitige Hängenbleiben an einer Sendung als Rezeptionsakt ausreicht, um als Teil ihres Publikums zu gelten. Unklar ist ferner, ob bereits ein zufälliger und nicht-intendierter Kontakt genügt (z.B. bei laufendem Radio in einer Kneipe) und welche Rolle die Rezeptionsintensität spielt – Stichwort Nebenbeinutzung: Gehört man beispielsweise zum Publikum einer Fernsehsendung, wenn man sich in einem anderen Raum als der laufende Fernseher befindet und gelegentlich einige Wortfetzen hört? Für eine weitestmögliche Publikumsdefinition genügt der bloße Kontakt zwischen Person und Medium; eine maximal strenge Publikumsdefinition würde die vollständige und aufmerksame Rezeption des Medienangebots verlangen. Die Bestimmung des Publikums einer konkreten Medienausgabe entspricht in unserem Zwiebelmodell der Mediennutzung (Abschnitt 2.1.3) der innersten Schale, einer Nutzungsepisode. Ob eine Person *generell* zum Publikum einer Mediengattung, eines Genres oder Medienformats gehört, hängt wiederum von der Nutzungshäufigkeit ab (entsprechend der Nutzungsmuster-Schicht im Zwiebelmodell): Wer zumindest ab und zu fernsieht oder in den letzten drei Monaten das Internet genutzt hat, gehört zur Gruppe der Fernsehzuschauer oder Onliner; wer täglich mehrere Stunden fernsieht oder surft, ist gar ein ‚Vielseher' oder ‚power user'.

Standards der Publikumsmessung

Sowohl für die konkrete als auch allgemeine Publikumsbestimmung haben sich medienspezifisch unterschiedliche Standards herausgebildet:

- Die telemetrische GfK-Fernsehnutzungsmessung weist als Seher einer Sendung (früher: Nettoreichweite) alle diejenigen Personen aus, die diese mindestens eine Minute konsekutiv (= ohne Umschalten) anschauen. Als Nutzer gilt, wer die Sendung länger als null Sekunden gesehen hat. Der Marktanteil schließlich ermittelt sich aus der Sehdauer (gesamte Nutzungsdauer aller Seher der Sendung) im Verhältnis zur gleichzeitigen Sehdauer aller Fernsehzuschauer. Während die Rezeptionsmenge also genau berücksichtigt wird, spielt die Rezeptionsintensität keine Rolle. Als methodische Probleme gelten die fehlende Berücksichtigung der Außer-Haus-Nutzung von Fernsehprogrammen und die ungenaue Bestimmung des Marktanteils kleiner Sender.
- Beim Radio kann mit Hilfe von Stichtagsbefragungen (Media-Analyse) bestenfalls die individuelle Nutzungsmenge und -zeit am Vortag erhoben werden. Daraus lassen sich dann verschiedene Werte wie ‚Hörerschaft pro durchschnittlicher Stunde (6–18 Uhr)', ‚Hörer pro Tag', ‚Weitester Hörerkreis' und ‚Hörerschaft pro Sendetag und Zeitabschnitt' berechnen. Die Nutzung einzelner Sendungen wird überhaupt nicht berücksichtigt; ebenso existieren keine Daten zur Rezeptionsintensität.
- Bei Printmedien wird neben der verkauften Auflage einer Ausgabe durch Befragung die Anzahl der tatsächlichen Leser pro Nummer (LpN), die durchschnittliche Anzahl der Leser einer Ausgabe (LpA) und schließlich der weiteste Leserkreis (WLK) eines Printtitels ermittelt. Das sind alle Personen, die mindestens eine von zwölf Ausgaben zumindest durchgeblättert

haben (vgl. Schulz, R. 2000: 193-198). Damit bleiben sowohl Rezeptionsmenge pro Ausgabe als auch Rezeptionsintensität unberücksichtigt.
- Bei Webangeboten gelten Visits und PageImpressions als Publikumswährung. Da beide Werte aus den Server-Protokollen ermittelt werden, ist im Gegensatz zu anderen Mediengattungen eine Vollerhebung der Nutzerschaft möglich. Als PageImpression wird jeder Abruf einer Website durch einen Nutzer gezählt – unabhängig von der Nutzungsdauer oder -intensität. Als Websitebesuch (Visit) gilt ein zusammenhängender Nutzungsvorgang, bei dem zwischen den einzelnen PageImpressions höchstens dreißig Minuten und kein Wechsel der Website liegen. Die Anzahl der Besucher, d.h. die eigentliche Publikumsgröße, kann den Server-Protokollen aus technischen Gründen nicht entnommen werden. Hier ist man wiederum auf andere technische Lösungen und Befragungen angewiesen (vgl. Fisch 2004). Die Abfrage der Nutzungshäufigkeit ist allerdings aufgrund der schieren Menge von Websites und ihrer eher kleinen Publika auf wenige massenattraktive Angebote beschränkt.

Potenzielle und tatsächliche Reichweite

Neben der Beschreibung des *tatsächlichen* Medienpublikums spielt auch das *potenzielle* Publikum eine Rolle, also alle Personen bzw. Haushalte, die ein Medium erreichen kann. Für einen privaten Fernsehanbieter ist es beispielsweise unerlässlich zu wissen, wie hoch die *technische Reichweite* seines Programms ist, da er nur neue Zuschauer gewinnen kann, wenn möglichst viele Personen über Kabel, Satellit oder terrestrisch erreicht werden. Unzählige medienpolitische Konflikte in den vergangenen Jahren (z.B. um Frequenzbelegungen oder die Standardisierung von Digital-TV-Receivern) unterstreichen die Bedeutung der technischen Reichweite. Dasselbe gilt für die Verfügbarkeit von Medienendgeräten: Solange nur wenige Personen über ein Mediengerät verfügen, können sich die darauf basierenden Medienangebote nicht durchsetzen (Beispiel: UMTS). Auch saisonale und situative Faktoren sind zu beachten: Bei schönem Wetter wird beispielsweise deutlich weniger ferngesehen, wie Rott & Schmitt (2000) in einer umfassenden Analyse des GfK-Fernsehpanels zu den Wirkungen von Niederschlag, Temperatur, Tageslicht und Kalender- sowie Programmeffekten auf die Fernsehdauer zeigten. Wenn also eine Sendung immer denselben TV-Marktanteil hat, variiert die tatsächliche Reichweite einer Ausgabe je nach der Größe des gesamten TV-Publikums zum Ausstrahlungszeitpunkt.

Webster & Wakshlag (1983) haben ein viel beachtetes ‚Model of Television Program Choice' vorgelegt (Abbildung 21). Trotz seiner Terminologie nimmt das Modell keine individuelle Prozessperspektive ein, sondern beschreibt, welche situativen und transsituativen Faktoren das tatsächliche Publikum einer konkreten Sendungsausstrahlung ausmachen. Es geht also um den Unterschied zwischen grundsätzlichem bzw. potenziellem Publikum einer Fernsehsendung einerseits und episodischem Publikum andererseits. Das potenzielle Publikum besteht zunächst aus allen Personen, die aufgrund ihrer Bedürfnisstruktur (‚Viewer Needs') das Genre der Sendung (‚Program Type Preference') und die Sendung selbst (‚Specific Program Preference') generell nutzen. Ob sie die Sendung tatsächlich ansehen (‚Program Choice'), hängt davon ab, ob sie die Sendung bzw. den Ausstrahlungskanal und -zeitpunkt überhaupt kennen (‚Viewer Awareness'), zum Zeitpunkt der Ausstrahlung erreichbar sind, d.h. fernsehen (‚Viewer Availability'), und sich in einer sozialen Konstellation befinden, in der sie selbst auswählen können (‚Viewing Group').

Abbildung 21: Modell der Programmauswahl von Webster & Wakshlag

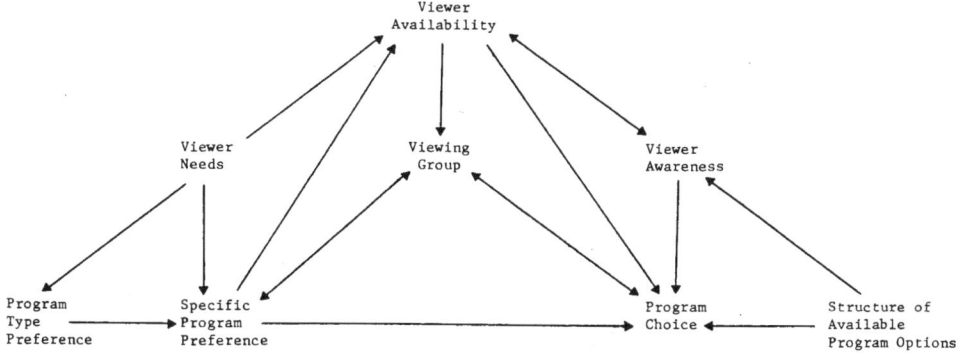

Quelle: Webster & Wakshlag (1983: 433).

Zielgruppe

Eine wesentliche Größe bei der Konzeption und Vermarktung eines Medienprodukts ist ferner die *Zielgruppe*, d.h. das Publikum, das das Medium bzw. die dort platzierte Werbung zu erreichen versucht. Sowohl die Größe als auch die Zusammensetzung der Zielgruppe entscheiden über die inhaltliche und gestalterische Ausrichtung eines Mediums, die Ansprache geeigneter Werbekunden und die zur Verfügung stehenden finanziellen Mittel. Zielgruppe und faktisches Publikum können sich strukturell drastisch unterscheiden, was nicht nur die Werbevermarktung, sondern auch die Weiterentwicklung eines Medienprodukts vor Probleme stellen kann. Ein Beispiel ist das ZDF, das selbst mit Sendungen für Jugendliche überwiegend ältere Zuschauer erreicht.

5.1.3 Analyse von Publikumsstrukturen

Es reicht nicht, nur die Größe eines Publikums bzw. die Anzahl der Mediennutzer zu kennen. Von Bedeutung ist auch die *Zusammensetzung* des faktischen oder angepeilten Publikums. Die Analyse von Publikumsstrukturen ist sowohl für die redaktionelle Mediaforschung unerlässlich, die eine erfolgreiche Anpassung zwischen Medienprodukt und Publikum(ssegmenten) zum Ziel hat, als auch für die Publikumsforschung, die Werbekunden Strukturdaten zum erreichten Publikum liefert. Drei aufeinander aufbauende Ziele können unterschieden werden:

- Im ersten Schritt geht es um eine Publikumsdefinition, d.h. darum, ein bestimmtes Publikum gegenüber anderen Bevölkerungsgruppen abzugrenzen. Die Frage lautet: Welche Menschen nutzen ein bestimmtes Medium und inwiefern unterscheiden sie sich von Menschen, die das Medium nicht nutzen? Das Ziel ist somit ein externer Strukturvergleich.

- Im zweiten Schritt wird nach Unterschieden innerhalb eines bestimmten Publikums geforscht. Die Publikumssegmentierung versucht, unterschiedliche Teilgruppen und damit interne Publikumsstrukturen zu identifizieren. Die Publikumssegmente sollten in sich möglichst homogen sein, damit für die Teilgruppen maßgeschneiderte Medienangebote und Werbestrategien entwickelt werden können.
- Die ersten beiden Schritte erlauben schließlich drittens eine Publikumsprognose: Weiß man beispielsweise, wer die letzte Folge einer Fernsehserie gesehen hat, kann man die Publikumsstruktur der nächsten Folge mit hoher Sicherheit vorhersagen. Vergleichbares gilt – mit abnehmender Prognosesicherheit – für Mediengenres und Medienprodukte. Die Kenntnis der bisherigen Publikumsstruktur eines Genres oder Mediums lässt sich auf neue Angebote desselben Genres oder auf vergleichbare neue Medien übertragen.

Da sich das disperse Publikum nur kurzzeitig durch die gemeinsame Nutzung eines Massenmediums konstituiert und sich danach wieder auflöst, beziehen sich erhobene Publikumsdaten zwangsläufig auf vergangene Publika. Das steht dem eigentlichen Interesse der angewandten Publikumsforschung entgegen, die meist Daten für die zukünftige Medienentwicklung und Werbeplanung liefern soll. Auch die akademische Nutzungsforschung will in der Regel keine historischen, sondern allgemeingültige Aussagen treffen. Entsprechend steht sowohl in der angewandten als auch in der akademischen Forschung fast immer die Publikumsprognose im Mittelpunkt.

Überhaupt werden selten episodische Publika untersucht, wie z.B. die Leser der gestrigen oder morgigen ‚Bild-Zeitung'. Meist geht es um zeitlich überdauernde Publikumsstrukturen, also beispielsweise um das generelle Publikum der ‚Bild-Zeitung'. Das steht in bemerkenswertem Kontrast zum empirischen Zugriff: Üblicherweise messen telemetrische Verfahren, Logfileanalysen, Stichtagsbefragungen, Copytests und dergleichen das *situative Verhalten von Individuen* (vgl. Schweiger 2005: 175f.). Man erhebt konkrete Nutzungsepisoden Einzelner, um Aussagen zu ihrem transsituativen Nutzungsverhalten und ihren Mediennutzungsmustern zu treffen. Ein solcher Inferenzschluss ist nur möglich, weil ein Großteil aller Nutzungsepisoden einer Person gewohnheitsmäßig erfolgt und in Einklang mit ihren Mediennutzungsmustern steht: Wer heute die ‚Tagesschau' anschaut, sieht sie mit einer gewissen Wahrscheinlichkeit morgen wieder (Abschnitt 4.3.6). Wenn man die Mediennutzungsmuster auf der Individualebene kennt, kann man daraus auf der Aggregatebene die Struktur des Publikums ableiten, da es sich ja aus eben diesen Individuen zusammensetzt. Langfristig besteht das Publikum natürlich nicht immer aus denselben Personen. Trotzdem setzt es sich aus strukturell ähnlichen Menschen zusammen, da eine gleich bleibende Angebotsstruktur Individuen mit ähnlichen Bedürfnissen, Handlungsmustern und sonstigen Eigenschaften anzieht. Es entsteht zwangsläufig der Eindruck eines *trägen Publikums*, und hierin liegt vielleicht einer der Gründe, warum die Medienforschung lange Zeit vom passiven Publikum ausgegangen ist.

5.1 Das Publikum

Determinanten von Handlungsmustern

Wir halten fest: Die Struktur eines Publikums entspricht den aggregierten Handlungsmustern seiner Mitglieder und unterliegt denselben Determinanten wie diese. Wie sich Menschen grundsätzlich verhalten, hängt von einer Fülle von Faktoren ab, die von körperlichen und psychischen Persönlichkeitseigenschaften über das soziale Umfeld bis hin zu den kulturellen, politischen und wirtschaftlichen Verhältnissen reichen, in denen sie leben. Eine Systematik der Determinanten von Handlungsmustern, mit denen sich auch Publikumsstrukturen beschreiben lassen, stammt von Rosengren (1996; Abbildung 22).

Abbildung 22: Determinanten von Handlungsmustern

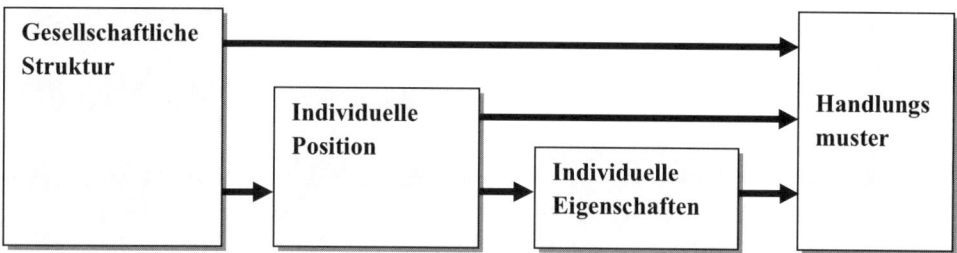

Quelle: Rosengren (1996: 26).

Rosengren zufolge werden menschliche Handlungsmuster von drei grundlegenden Variablengruppen determiniert (vgl. auch Meyen 2004b: 42ff.):

Die *gesellschaftliche Struktur* ist für alle Bewohner einer Population (Weltregion oder Staat) identisch und bestimmt die geografischen, politischen, wirtschaftlichen, kulturellen Rahmenbedingungen des alltäglichen Lebens. Die Gesellschaftsstruktur besteht nicht nur aus fixierten bzw. formalen Normen und Strukturen (Gesetze, Verordnungen, Institutionen), sondern auch aus informellen Werten, Traditionen und sonstigen kulturellen Bräuchen, die sich im Lauf der Zeit entwickelt haben und eine Gesellschaft prägen. Neben allgemeinen Rahmenbedingungen existieren auch medienspezifische Determinanten wie die Beschaffenheit des Mediensystems und seine Kontrolle/Regulierung, der Grad der Pressefreiheit bis hin zur Qualität des Free-TV in einem Land.

Die *individuelle Position* umfasst sämtliche Merkmale, mittels derer die Position einer Person innerhalb der Gesellschaft verortet werden kann und auf die ein Einzelner keinen oder nur bedingten Einfluss hat. Neben Alter, Geschlecht und Beruf geht es hier vor allem um die individuelle Verfügbarkeit von Ressourcen wie Einkommen, Zeit und Bildung, also um Kategorien, die üblicherweise unter der Rubrik ‚soziodemografische Eigenschaften' gefasst werden. Die Positionsmerkmale prägen die Entwicklungsaussichten einer Person innerhalb des gesellschaftlichen Gefüges und den Grad der Freiheit bzw. Selbstbestimmung, den sie bei der Gestaltung ihres Lebens hat.

Als *individuelle Eigenschaften* fasst Rosengren schließlich alle langfristigen Merkmale zusammen, die einen Menschen unabhängig von seiner gesellschaftlichen Position prägen.

Aus unserer Sicht hat die Systematik drei Schwächen. Erstens ergeben sich bei der Unterscheidung in individuelle Position und Eigenschaften Abgrenzungs- bzw. Zuordnungsprobleme, denn viele individuelle Merkmale wie beispielsweise Intelligenz, gutes Aussehen oder ein selbstsicheres Auftreten beeinflussen auch die gesellschaftliche Position eines Menschen. Zweitens umfassen die individuellen Merkmale eine solche Fülle heterogener Dimensionen, dass man hier eine weitere Unterscheidung treffen sollte. Und drittens bleibt ungeklärt, wo medienbezogene Eigenschaften wie beispielsweise Medienkompetenz oder Medienbesitz einzuordnen sind.

Ordnungssystem für die Analyse von Publikumsstrukturen

Wir schlagen deshalb ein anderes Ordnungssystem für die Analyse von Publikumsstrukturen vor, das sich am Zwiebelmodell der Mediennutzung orientiert (siehe Tabelle 15 mit einzelnen Merkmalen).

- Man kann Publika zunächst – wie bei Rosengren – anhand der *gesellschaftlichen Bedingungen* charakterisieren, innerhalb derer sie sich befinden.
- Als nächstes gilt es das *soziale Umfeld* zu beachten. Soziale Konstellationen sind nicht nur bei der Mediensozialisation von entscheidender Bedeutung, sie beeinflussen auch das Selektionsverhalten, wie Webster & Wakshlag (1983) gezeigt haben, die Art der Rezeption und das Rezeptionserleben. Auch das Vorhandensein oder Fehlen anderer Kultur- & Freizeitangebote spielt eine Rolle, weil Medien als Mittel der Bedürfnisbefriedigung bekanntlich mit diesen konkurrieren.
- *Individuelle Rezipienteneigenschaften* lassen sich in drei Gruppen einteilen: (1) *Soziologische Merkmale* umfassen alle Kategorien, die durch die Position einer Person in der Gesellschaft und das soziale Zusammenleben geprägt sind und diese prägen. Merkmale wie Einstellungen und Geschmack dienen Rezipienten auch zur Integration innerhalb von Gruppen und zur Abgrenzung gegen andere Gruppen. Soziologische Eigenschaften unterliegen prinzipiell der willentlichen Beeinflussung durch das Individuum, erweisen sich jedoch meist als langfristig konstant. (2) *Psychologische Eigenschaften* bzw. langfristige Persönlichkeitsmerkmale (Traits) bestimmen das Denken, Fühlen und Verhalten einer Person. Sie sind vom Individuum nur in Grenzen veränderbar und können sich im Lebensverlauf zwar verstärken oder abschwächen, aber kaum grundlegend wandeln. Kurzfristige bzw. situative Eigenschaften (States), wie z.B. Stimmungen, Emotionen oder Involvement, spielen bei der Analyse von Publikumsstrukturen keine Rolle, weil sie Mediennutzungsmuster nur dann beeinträchtigen, wenn sie ‚verstetigt' werden, d.h. sich langfristig nicht mehr ändern. In einem solchen Fall (z.B. dauerhaft schlechte Laune) ist ohnehin wieder von einem Trait zu sprechen. (3) Als *allgemeine Merkmale* bezeichnen wir die (soziodemografischen) Eigenschaften Alter, Geschlecht, Bildung sowie allgemeine Interessen, da sie sich weder der psychologischen noch der soziologischen Seite zuordnen lassen und gleichermaßen die Persönlichkeit eines Individuums wie auch seine soziale Situation bestimmen.

5.1 Das Publikum

- Publika und Rezipienten lassen sich ferner durch medienbezogene Kategorien wie *Medienbewertungen und -kompetenzen* beschreiben. Es ist für Medienschaffende beispielsweise von Bedeutung, wie ihr Publikum die Qualität oder Glaubwürdigkeit des eigenen Mediums einschätzt, ob es alternative Angebote kennt oder das Medium nur aus Bequemlichkeit weiternutzt. Das Nachrichtenmagazin ‚Focus' wirbt etwa mit der Medienkompetenz und -affinität seiner Leser, indem es diese als ‚Info-Elite' bezeichnet.
- Schließlich kann man Rezipienten und Publika auch anhand ihrer *Mediennutzungsmuster* segmentieren und auf dieser Basis Nutzungstypologien entwickeln. Fernsehanbieter wollen nicht nur die Marktanteile und Publikumsstrukturen ihrer Sendungen kennen. Sie wollen beispielsweise auch wissen, wie treu ihr Publikum ist, d.h. wie viele Zuschauer zwei aufeinander folgende Folgen einer bestimmten Sendung sehen (Audience-Duplication) oder wie viele Zuschauer mehrere Sendungen direkt im Anschluss anschauen ohne wegzuschalten (Audience-Flow). Der Logik des Zwiebelmodells folgend gehören auch Medienbesitz und -verfügbarkeit hierher, denn sie sind nichts anderes als ‚materialisierte' Handlungsmuster.

Tabelle 15: Ordnungssystem zur Analyse von Publikumsstrukturen

Gesellschaftliche Bedingungen	Soziales Umfeld	Individuelle Rezipienteneigenschaften	Medienbewertung & -kompetenz	Mediennutzungsmuster
• Klima & geografische Bedingungen • politisches System • wirtschaftliche Bedingungen • soziale Bedingungen • dominierende Werte, Normen & Traditionen • Sprache • Mediensystem • Pressefreiheit	• Mediennutzung in der Familie • Mediennutzung in der Öffentlichkeit • Kultur- & Freizeitangebote • Mediensozialisation als sozialer Prozess	**Allgemeine Merkmale** • Alter • Geschlecht • Bildung/ Wissen • Interessen **Soziologische Merkmale** • Lebensstil & Geschmack • Wohnort & Region • Religion • Beruf & Einkommen • Zeitbudget • Einstellungen & Werte **Psychologische Merkmale** • Persönlichkeit, z.B. Sensation-Seeking, Ängstlichkeit, Aggressivität	• Medienbewertung, z.B. Glaubwürdigkeit, Qualität • Medienkompetenz, z.B. Nutzungskompetenz, Hintergrundwissen	• Mediennutzungsmuster • Medienbindungen • Mediensucht, Vielseher • Medienbesitz, -verfügbarkeit

Die insgesamt fünf Kategorien des vorgeschlagenen Ordnungssystems bilden die Grundlage für die folgende Darstellung von Publikumsstrukturen bzw. Rezipienteneigenschaften – von Mediennutzungsmustern in Abschnitt 5.2 bis zu gesellschaftlichen Bedingungen in Abschnitt 5.6.

5.2 Mediennutzungsmuster

5.2.1 Nutzungsmuster und Nutzungstypologien

Heuristische Entscheidungen und schemageleitete Informationsverarbeitung haben bei der Mediennutzung eine immense Bedeutung. Denn Menschen folgen in bestimmten Nutzungssituationen häufig ihren Mediengewohnheiten bzw. langfristigen Nutzungsmustern (Abschnitt 4.3.6). Umgekehrt sind Nutzungsmuster nichts anderes als wiederholt auftretende Typen bestimmter Nutzungsepisoden. Kennt man die Mediengewohnheiten eines Rezipienten oder Publikums, kann man sein Medienverhalten in einer konkreten Situation mit einer bestimmten Sicherheit prognostizieren, da Nutzungsmuster und Nutzungsepisoden positiv korrelieren. Umgekehrt kann man bei Kenntnis einzelner Nutzungsepisoden Prognosen zu allgemeinen, d.h. situationsübergreifenden Verhaltensmustern ableiten. Wie stark die Korrelationen zwischen einzelnen Nutzungsepisoden und zwischen Nutzungsepisoden und Nutzungsmustern tatsächlich sind, ist eine empirische Frage. Klövekorn (2002: 65) vergleicht beispielsweise anhand telemetrischer GfK-Daten die langfristige Genrepräferenz von Fernsehzuschauern mit ihrer Genrenutzung an einem Stichtag und findet Korrelationen bis 0,6. Rosenstein & Grant (1997) stellen in einer Reanalyse der TV-Tagebuchdaten von A.C. Nielsen deutliche Parallelen im individuellen Fernsehverhalten unter der Woche und an einem Wochenendtag fest – trotz erheblicher Unterschiede im jeweiligen Programmangebot.

Strukturmodell der Mediennutzung von Weibull

Weibull (1985) stellt den Zusammenhang zwischen Nutzungsepisoden und -mustern in einem Strukturmodell dar (Abbildung 23). Es enthält im oberen Teil zunächst das allgemeine *Medienverhalten* (,media behavior'), wie es üblicherweise in Befragungen als Nutzungshäufigkeit oder -präferenz erhoben wird (z.B. ,Wie häufig nutzen Sie...?'). Es ist unschwer zu erkennen, dass damit Mediennutzungsmuster gemeint sind. Als Einflussfaktoren dieses allgemeinen Medienverhaltens führt Weibull einerseits die persönliche Lebenssituation des Individuums (,situation') und seine Bedürfnisstruktur (,needs') auf sowie andererseits die institutionelle und inhaltliche Struktur der Massenmedien. Dabei handelt es sich um mittel- bis langfristig überdauernde Medieneigenschaften wie die Anzahl der verfügbaren Fernsehsender, die Programmstrukturen der einzelnen Kanäle und die angebotenen Sendungen. Auch unter Lebenssituation und Bedürfnisstruktur versteht Weibull längerfristige Rezipienteneigenschaften wie die Persönlichkeit, die berufliche bzw. familiäre Situation oder den durchschnittlichen Grad der Unterhaltungsorientierung eines Individuums. Das allgemeine Medienverhalten schlägt sich dann in einer *Medienorientierung* (,media orientation') nieder, die Selektionsentscheidungen in situativen *Nutzungsepisoden* (,media exposure') vorstrukturiert. Man liegt sicher nicht falsch, wenn man bei Medienorientierung an Heuristiken bzw. Schemata und Skripts denkt, die Weibull noch nicht kannte. Dass Nutzungsepisoden nicht ausschließlich von der allgemeinen Medienorientierung gesteuert werden, liegt schließlich an situativen Rezipienteneigenschaften (Stimmung, aktuelle Bedürfnisse usw.), den aktuell genutzten Medienangeboten und der sozialen Situation, in der

5.2 Mediennutzungsmuster

Mediennutzung stattfindet (z.B. allein oder in der Gruppe fernsehen, im Wohnzimmer oder auf einem Flughafen).

Abbildung 23: Strukturmodell der Mediennutzung von Weibull

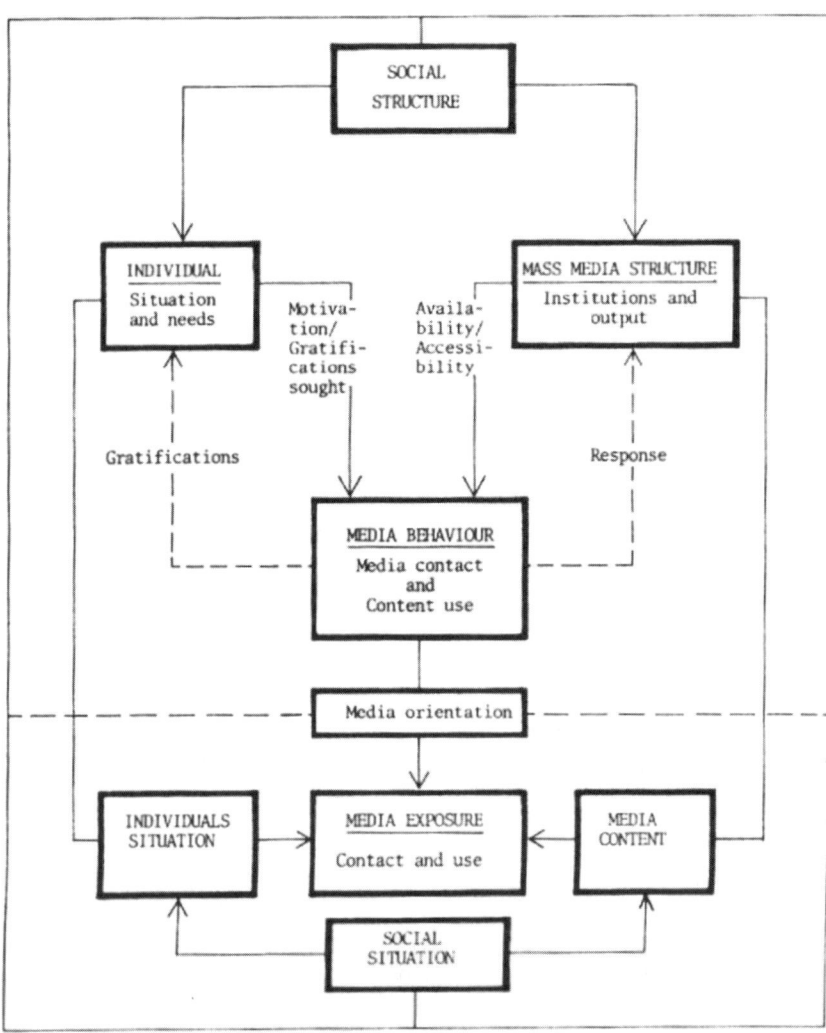

Quelle: Weibull (1985: 144).

Audience-Duplication-Forschung

Die Audience-Duplication-Forschung baut auf Überlegungen zu Korrelationen zwischen Nutzungsepisoden als Indikator für die Bedeutung von Gewohnheiten auf, indem sie Überschneidungen der Publika unterschiedlicher Fernsehsendungen in Abhängigkeit von der Programmgestaltung (Faktor Medieneigenschaft) zu prognostizieren versucht. Das geschieht in der Regel durch die telemetrische Beobachtung mindestens zweier Fernsehnutzungsepisoden. Das eigentliche Ziel besteht darin, den Audience-Flow eines Senders so zu optimieren, dass seine Zuschauer den Sender nicht mehr verlassen bzw. möglichst häufig zurückkehren. Es geht also um eine Erhöhung der Senderbindung von Fernsehzuschauern, was nichts anderes ist als der Versuch, individuelle Nutzungsgewohnheiten bzw. -muster im Sinne eines Anbieters zu verstärken. Nach der Systematik von Cooper (1996) befasst sich die Audience-Duplication-Forschung mit vier Typen von Publikumsüberschneidungen:

Kanalloyalität (,channel loyalty'): Wie treu ist ein Zuschauer einem bestimmten Sender, d.h. wie hoch ist die generelle Wahrscheinlichkeit, dass er diesen in unterschiedlichen Nutzungsepisoden einschaltet? Goodhardt et al. (1987) haben in diesem Zusammenhang das ,Duplication of Viewing Law' aufgestellt. Es besagt, dass sich der Prozentsatz der Bevölkerung, der zwei beliebige Sendungen auf einem Kanal sieht, aus dem Produkt der Prozentsätze derjenigen, die jeweils eine der beiden Sendungen gesehen haben, und einer ,Senderkonstante' ergibt.[114] Ob die Publikumsüberschneidung lediglich von der Senderkonstante abhängt und unabhängig vom Genre oder Inhalt beider Sendungen gilt, ist allerdings zu bezweifeln (vgl. Zubayr 1996: 35ff.).

Vererbungseffekte (,inheritance effects') beziehen sich auf die Frage, wie viele Zuschauer sich zwei direkt aufeinander folgende Sendungen auf einem Kanal ansehen ohne umzuschalten. Goodhardt et al. (1987) fanden Überschneidungswerte, die 20 bis 30 Prozentpunkte über dem ,Duplication of Viewing Law'-Wert lagen. Die Kunst der TV-Programmgestaltung liegt nun darin, den Vererbungseffekt aufeinander folgender Sendungen durch deren inhaltliche Abstimmung oder eine bestimmte Ablaufdramaturgie zu erhöhen, um die ,Durchsehbarkeit' eines Senders zu optimieren (z.B. McDowell & Sutherland 2000). Die seit einiger Zeit auch im deutschen Fernsehen verbreiteten Comedy- oder Actionfilm-Abende sind ein Ergebnis dieser Forschung.

Die *Sendungsloyalität*[115] (,repeat viewing') lässt sich ermitteln, indem man misst, wie viele Zuschauer eines (seriellen) Sendungsformats zwei aufeinander folgende Sendungen sehen. Auch hier ergeben sich normalerweise deutlich überdurchschnittliche Überschneidungswerte (Brosius et al. 1992; Zubayr 1996). Besonders Seifenopern genießen eine hohe Sendungsloyalität beim Publikum (Barwise et al. 1982; Barwise 1986). In diesem Zusammenhang wurde der Double-Jeopardy-Effekt diskutiert (Ehrenberg & Wakshlag 1987). Die ,doppelte Gefahr' für eine Sendung besteht darin, dass Formate mit geringen Reichweiten meist auch eine geringe Publikumsbindung aufweisen.

Das *Ansehen von Wiederholungen* einer Sendung (,repeated exposure' bzw. ,rerun watching') als letzte Audience-Duplication-Variante wurde bislang selten untersucht, scheint aber eine untergeordnete Rolle zu spielen. Generell gilt: Je mehr Rezipienten fernsehen, desto häufiger sehen sie sich auch Wiederholungen an (Litman & Kohl 1992).

---

[114] Webster & Lin (2002) haben das Audience-Duplication-Konzept auch auf massenmediale Websites übertragen und fanden das ,Duplication of Viewing Law' bestätigt: Je mehr Besucher zwei Websites haben, desto größer sind ihre Publikumsüberschneidungen.

[115] In deutschsprachigen Beiträgen findet man hierfür auch den Terminus ,Programmbindung' (z.B. Zubayr 1996). Da ,Programm' im Deutschen jedoch für einen TV-Kanal verwendet wird und nicht wie im Englischen für ein Sendungsformat, ist der Ausdruck missverständlich.

5.2 Mediennutzungsmuster

Nutzungsgewohnheiten in Befragungen: Medienbindung, Kanal- und Medienrepertoire

Während die Audience-Duplication-Forschung Selektionsgewohnheiten durch die Messung mehrerer Nutzungsepisoden *induktiv* rekonstruiert, ermitteln die weitaus meisten Studien medienbezogene Gewohnheiten und Stile durch Befragungen, in denen Rezipienten *direkt* Auskunft über ihr generelles Verhalten geben. Das ist allerdings mit dem methodischen Nachteil verbunden, dass Befragte kaum in der Lage sind, ihre Mediengewohnheiten zu beschreiben, oder sie aufgrund sozialer Erwünschtheit beschönigend darstellen (ausführlich Schweiger 2005: 175f.).

Die wohl wichtigste Dimension von Nutzungsgewohnheiten ist die *Medienbindung*, die eine Person an eine Mediengattung oder ein Medienprodukt hat. Sie lässt sich entweder als Verhaltensgewohnheit (,media behavior') begreifen und durch die Nutzungshäufigkeit eines Mediums ermitteln oder als eine Form von Medienbewertung (,gefühlte Bindung', Abschnitt 5.3.1). Eine Variante der Medienbindung ist das *Kanalrepertoire* oder – wie es in der angewandten Forschung häufig heißt – *Relevant-Set* (z.B. Greenberg et al. 1988; Ferguson 1992; Weimann et al. 1992). Darunter versteht man die Anzahl der Fernsehkanäle, die ein Rezipient zumindest gelegentlich ansieht. Trotz einer deutlichen Zunahme technisch verfügbarer Sender nutzen die Fernsehzuschauer nur einen Teil davon: Selbst bei hundert empfangbaren Kanälen entfallen 90 Prozent der Sehdauer auf zehn Sender (Beisch & Engel 2006). Dieses Verhalten lässt sich entscheidungstheoretisch erklären: Wenn die Anzahl verfügbarer Optionen so groß wird, dass eine Evaluation aller Optionen zu aufwändig würde, neigen Menschen dazu, nur einen Teil davon überhaupt in den Entscheidungsprozess aufzunehmen und alle anderen Optionen von vornherein zu ignorieren. Die bei der Suche bzw. Evaluation berücksichtigten Sender bilden dann das ,Suchrepertoire' (Heeter 1988a). Es ist konzeptionell unklar, ab welcher Nutzungshäufigkeit ein Sender tatsächlich zum Kanalrepertoire bzw. zur ,Kanalheimat' (Hasebrink & Krotz 1993) eines Rezipienten gehört. Neuendorf et al. (2001) schlugen fünf Operationalisierungen vor, die von der Anzahl technisch verfügbarer Sender (als technisches Repertoire), über die Menge zumindest *gelegentlich* gesehener Kanäle bis hin zu den *täglich* gesehenen Kanälen reichen. Dasselbe Problem gilt für den Begriff ,Medienrepertoire', der die Gesamtheit aller Medien bezeichnet, die ein Rezipient nutzt. Auch hier stellt sich die Frage, ob das Magazin ,Der Stern' zum Medienrepertoire einer Person gehört, bloß weil diese im Urlaub eine Ausgabe davon gelesen hat.

Nutzungstypologien und Rezeptionsmodalitäten

Die Feststellung, dass Rezipienten zeitlich überdauernde Nutzungsgewohnheiten aufweisen, die ihren situativen Umgang mit Medien prägen, ermöglichen die Entwicklung von *Nutzungstypologien* oder *Rezeptionsmodalitäten*, die wiederkehrende Typen, Muster oder Stile des individuellen Medienumgangs beschreiben. Ein erstes Beispiel haben wir in Abschnitt 4.3.2 kennengelernt, nämlich die Information-Seeking-Strategien, die Donohew et al. (1978) anhand eines Pferdewetten-Rollenspiels identifizierten. Dort wurde gezeigt, dass jedes Individuum ein Repertoire an Entscheidungsregeln hat, die es je nach Situation und Anforderung adaptiv einsetzt. Analog ist davon auszugehen, dass jeder Rezipient spezifische Nutzungsstile bzw. Rezeptionsmodalitäten aufweist und diese situativ nutzt.

Suckfüll (2002, 2004) ermittelte mit Hilfe qualitativer Interviews und einer quantitativen Befragung sieben Rezeptionsmodalitäten, die Kino- und Fernsehzuschauer bei der Rezeption und Interpretation fiktionaler Filme anwenden: *Präsenz* (im Sinne des Presence-Konzepts; Abschnitt 4.4.5), *Ideensuche* (als Lebenshilfe und Anregung), *Identifikation* (mit Filmpersonen), *Narration* (subjektive Auseinandersetzung mit dem Inhalt), *Produktion* (Überlegungen zu Produktionsprozessen und -hintergründen), *Kommotion* (Ausleben von Emotionen) und *Spiel* (über andere Handlungsvarianten nachdenken). Scherer et al. (2005) fanden mit einem vergleichbaren Vorgehen drei Rezeptionsmodalitäten von Krankenhausmitarbeitern beim Ansehen von Krankenhausserien: *medizinisches Involvement, ironisch-kritische Distanz* und *Serienrezeption* (ohne weiteres medizinisches Interesse). Es fällt auf, dass einzelne Modalitäten in beiden Studien Ähnlichkeit mit Nutzungsmotiven aufweisen. Der Unterschied ist konzeptioneller Natur: Während Motive als die funktionale Ursache für die Medienselektion gelten, der Nutzung also vorausgehen, prägen Rezeptionsmodalitäten als Interpretations- und Erlebensrahmen den Nutzungsprozess selbst. Anzumerken bleibt freilich, dass sich beide Konzepte in einer Befragung, deren Teilnehmer ihr generelles Medienverhalten in Selbstauskunft wiedergeben, kaum unterscheiden lassen.

Im Gegensatz zu den empiriegeleiteten Typologien von Suckfüll und Scherer et al. entwickelt Weiß (2000: 54) in Anlehnung an Kant vier theoretische ‚Grundformen des Fern-Sehens', die sich hauptsächlich auf fiktive TV-Unterhaltung beziehen und hierarchisch aufeinander aufbauen: (1) Ein Rezipient schaut eine bestimmte Sendung an. Dies vermittelt ihm den „Eindruck des einfachen raum-zeitlichen Daseins eines Gegenstands" und versetzt ihn in eine bestimmte Stimmung (*Anschauen und Einstimmen*). (2) Die einfache Wahrnehmung wird mit eigenen Erinnerungen, Assoziationen und Werten konfrontiert und verdichtet sich zum *Vorstellen und Fühlen*. Der Rezipient versetzt sich in das Gesehene hinein und identifiziert sich mit ihm. Gleichzeitig erfolgt eine moralische Evaluation der erlebten Emotionen. Dabei kann eine an sich negative Emotion, wie z.B. Angst oder Ekel, als angenehm und unterhaltend empfunden werden, wenn sie eine negativ bewertete TV-Figur (‚Bösewicht') betrifft und ihr erlittenes Schicksal als moralisch angemessen gilt.[116] (3) Beim *Entziffern und Genießen* macht sich der Zuschauer die Künstlichkeit (‚Gestaltetheit') des Films bewusst und genießt die visuellen und szenischen Assoziationen, die während der Rezeption in ihm aufsteigen; hier ist auch das ästhetische Gefallen angesiedelt. (4) Das *Begreifen beim Anschauen* schließlich ist der intellektuelle Sehmodus, der überprüft, ob das Gesehene glaubwürdig, angemessen oder plausibel ist.

---

[116] Diese Vorstellung erinnert an einen Stimulus-Evaluation-Check hinsichtlich der Normverträglichkeit einer Emotion, wie dies Klaus Scherers Emotionstheorie postuliert (Abschnitt 4.1.4); bei der Affective-Disposition-Theorie findet sich dieselbe Annahme (Abschnitt 4.4.6).

5.2 Mediennutzungsmuster

Nutzertypologien

Kein Rezipient wendet immer und ohne Ausnahme denselben Nutzungsstil an. Dennoch kann man bei jeder Person situationsübergreifend dominante Nutzungsstile beobachten (Suckfüll et al. 2002: 195). Deshalb lassen sich auf der Basis von Nutzungstypologien *Nutzertypologien* bilden, mit denen man das Publikum in Teilgruppen segmentieren kann: Nutzertyp A umfasst diejenigen, bei denen Nutzungstyp A dominiert und Nutzungstyp B seltener vorkommt; Nutzertyp B diejenigen, die Nutzungstyp B bevorzugen, Nutzungstyp A hingegen eher nicht usw. Solche – meist clusteranalytisch ermittelten – Publikumstypologien nützen besonders der kommerziellen Publikumssegmentierung. Daher überrascht es nicht, dass die meisten Typologien aus der angewandten Forschung stammen. Grundsätzlich sind drei Arten von Nutzertypologien zu unterscheiden:

- Nutzertypologien im engeren Sinn segmentieren das Publikum ausschließlich anhand von Mediennutzungsvariablen. Zur Beschreibung der ermittelten Nutzertypen werden dann häufig andere Variablen hinzugezogen, beispielsweise zur Soziodemografie, aber auch zu anderen Dimensionen der Mediennutzung. Um diese Typologien geht es im Folgenden.
- Publikumstypologien segmentieren das Publikum anhand von soziodemografischen, psychologischen und/oder soziologischen Variablen. Ein bekanntes Beispiel sind die SINUS-Milieus, die u.a. auf Wertorientierungen, Stilpräferenzen, Ängsten, Zukunftserwartungen, Alltagsästhetik basieren (dazu in Abschnitt 5.4.3.).
- Nutzertypologien im weiteren Sinn, wie z.B. die MedienNutzerTypologie von ARD und ZDF (Oehmichen & Ridder 2003), mischen Mediennutzungsvariablen (wie Genrevorlieben, Themeninteressen, Nutzungsmenge unterschiedlicher Mediengattungen) mit Persönlichkeitseigenschaften. Sie stellen in der angewandten Mediaforschung die größte der drei Gruppen von Nutzertypologien dar (vgl. Morhart 2004: 18ff., die in Deutschland knapp 20 solcher Typologien fand).

Bei den Nutzertypologien im engeren Sinn lassen sich wiederum zwei Ansätze unterscheiden: *Medienspezifische Typologien* ermitteln Personengruppen mit bestimmten Stilen bzw. Mustern bei der Nutzung einer einzelnen Mediengattung. *Medienübergreifende Typologien* hingegen klassifizieren Rezipienten anhand ihres Umgangs mit unterschiedlichen Medien bzw. ihres Medienmenüs.

Medienspezifische Typologien

Wir wollen uns auf einige Beispiele für medienspezifische Typologien beschränken. Ob die beschriebenen Typen auch heute noch in dieser Form gelten bzw. – im Fall ausländischer Studien – auf deutsche Verhältnisse übertragbar sind, ist eine empirische Frage, die nicht weiter verfolgt werden kann.

Berens et al. (1997) unterscheiden in einer Sonderauswertung mehrerer Wellen der Langzeitstudie Massenkommunikation drei Typen von Fernsehzuschauern: *unterhaltungsorientierte* und *informationsorientierte* Rezipienten (mit jeweils mindestens 60 Prozent Unterhaltungs-/Informationsnutzung) sowie eine *Mischgruppe*. Die Autoren stellen fest, dass mit der Einführung des Privatfernsehens der Anteil der unterhaltungsorientierten Zuschauer gestiegen ist.

Mathes (1995) teilt Tageszeitungsnutzer auf der Basis einer Leserbefragung in zwei annähernd gleich große Gruppen. *Informationssucher* suchen eher gezielt nach interessierenden Beiträgen, nutzen das Inhaltsverzeichnis und orientieren sich an Rubriken- und Seitenüberschriften. *Scanner* dagegen wenden kein spezielles Suchverfahren bei der Zeitungslektüre an und orientieren sich bei der Selektion eher an Artikelüberschriften und Bildern; sie lassen sich also von Hervorhebungen beeinflussen (Abschnitt 4.3.5). Auch hier ist klar, dass kein Rezipient Zeitungen immer und ausschließlich durchsucht oder scannt.

Hawkins et al. (1991) ließen US-Jugendliche ihre Fernsehnutzung an drei aufeinander folgenden Tagen detailliert angeben. Wie in einem Copytest sollten sie jede Sendung, die sie mindestens fünf Minuten gesehen hatten, in einer Programmliste ankreuzen. Mit Hilfe einer Clusteranalyse wurden die erhobenen Daten zu fünf Sehgruppen verdichtet: Die *Heavy Changers* sahen extrem lang fern, schalteten oft um und wechselten dabei oft das Genre. Die *Light Channel*-Gruppe sah eher wenig fern und schaltete eher selten um, ohne dabei das Genre zu wechseln. Die *Moderate Zappers* sahen durchschnittlich lang fern und suchten nach Abwechslung, d.h. sie wechselten häufig zu einem Kanal mit einem anderen Genre. Die *Light Genre*-Gruppe sah extrem kurz und zielgerichtet fern. Die *Moderate Runners* schließlich machten die größte Gruppe aus und entsprachen weitgehend dem Durchschnitt aller untersuchten Jugendlichen.

Die OnlineNutzerTypologie (ONT, Oehmichen & Schröter 2005) basiert auf den Befragungsdaten der ARD/ZDF-Online-Studie. Gruppierungskriterien sind „Präferenzen und Gewohnheiten der Onlinenutzung, der Umgang mit Applikationen und die Nutzungsdauer sowie die Bedeutung des Internets im (Medien-)Alltag" (S. 396). Dabei ergeben sich sechs Nutzertypen: Die *jungen Hyperaktiven*, *jungen Flaneure*, *E-Consumer* und *routinierten Infonutzer* gehen ‚aktiv-dynamisch' mit dem Internet um und sind überdurchschnittlich jung; die *Selektivnutzer* und die *Randnutzer* hingegen sind deutlich älter und zeichnen sich durch einen ‚selektiv-zurückhaltenden' Nutzungsstil aus.[117]

Weiß et al. (1991) identifizieren auf der Basis einer Radiohörerbefragung in Bayern vier unterschiedliche Stile der Programmwahl: (a) Hörer, die ausschließlich ein bestimmtes Programm nutzen, ohne Gründe dafür nennen zu können; (b) Hörer mit nur einem einzigen Sender, die ihre Selektionsentscheidung immerhin mit spezifischen Programmeigenschaften (z.B. Lieblingssendung, Moderator) begründen; (c) Hörer, die aufgrund unterschiedlicher situativer Interessen zwischen verschiedenen Programmen wechseln, und (d) Hörer ohne Programmbindung, die spontan umschalten – meist wegen der gespielten Musik.

Medienübergreifende Typologien

Medienübergreifende Typologien begreifen Mediennutzung als eine vielgestaltige Alltagstätigkeit, die sich nur in ihrer Ganzheit und über Mediengrenzen hinweg verstehen lässt. Wenn bei-

---

[117] Ähnliche Nutzungstypologien auf der Basis des Erlebniskonzeptes lieferten jüngst Dehm et al. (2005b) für Fernsehzuschauer, Dehm et al. (2006) für Internetnutzer und Dehm et al. (2005a) für Bücherleser.

5.2 Mediennutzungsmuster

spielsweise in den kommenden Jahren Onlinemedien durch neue Techniken und Formen immer unterschiedlichere Bedürfnisse bedienen und entsprechend umfassender genutzt werden, beeinflusst das zwangsläufig den Umgang mit anderen Medien (siehe Abschnitt 5.8 zur Mediensubstitution und -konvergenz). Eine isolierte Betrachtung von Fernsehnutzungsstilen erweist sich darum als wenig sinnvoll. Trotzdem sind medienübergreifende Typologien in der Publikumsforschung relativ selten, sieht man von Intermedia-Vergleichen in der Uses-and-Gratifications-Tradition ab, die eher Gratifikationsprofile von Mediengattungen analysieren als medienübergreifenden Nutzungsmuster (Abschnitt 3.1.1).

Kubitschke & Trebbe (1992) führten eine Sekundäranalyse der Media-Analyse von 1988 durch, die Daten zur Nutzung sämtlicher damaliger Mediengattungen (TV, Radio, Zeitungen, Zeitschriften, Bücher, Kino, Video, Tonkonserven) und Pressegenres sowie zur Verfügbarkeit elektronischer Medien lieferte. Diese Fülle von Variablen wurde zunächst faktorenanalytisch verdichtet und schließlich in sieben Nutzertypen geclustert, die ein recht plastisches Bild deutscher Gesellschaftsgruppen erlauben: Da sind die höher gebildeten *Buchleser mit starker Kinonutzung* und aktiver Freizeitgestaltung, die weniger gebildeten *intensiven, regelmäßigen Fernsehzuschauer* – sie sind meist im Ruhestand –, die *Fernsehzuschauer mit starker Nutzung von Unterhaltungszeitschriften* und ebenfalls geringer Bildung, die häuslich orientierten *medienabgewandten älteren Mediennutzer*, überwiegend weibliche *Zeitungsleser mit durchschnittlichem Mediennutzungsverhalten*, eher männliche, hoch gebildete *Zeitschriftenleser mit durchschnittlicher Radio- und Fernsehnutzung* mit hohem Einkommen und aktivem Freizeitverhalten und schließlich die *vielseitigen jungen Mediennutzer*, die auch eine höhere Bildung aufweisen. Obwohl die Cluster ausschließlich auf Mediennutzungsvariablen basieren, lassen sich die Gruppenzugehörigkeiten von 38 Prozent aller Personen mittels einer Diskriminanzanalyse durch ihre Soziodemografie prognostizieren. Das zeigt eine deutliche Verbindung zwischen Alter, Bildung und Geschlecht von Personen und ihren Mediengewohnheiten.

Schweiger (2005) geht in seinem Ansatz eines ‚transmedialen Nutzungsstils' von der Überlegung aus, dass Rezipienten nicht nur medienspezifische Nutzungsmuster haben, sondern auch medienübergreifende (transmediale) Gewohnheiten, die ihre situative Nutzung unterschiedlicher Mediengattungen in ähnlicher Weise prägen. Wer beispielsweise zu ritualisiertem, regelmäßigem Verhalten neigt, Entscheidungen meist erst nach gründlicher Evaluation der Optionen trifft oder bevorzugt mehrere Aktivitäten gleichzeitig verrichtet (Multitasking), zeigt eine Neigung zu entsprechenden Verhaltensmustern im Umgang mit unterschiedlichen Medien. Eine Clusteranalyse von Befragungsdaten zu transmedialen Nutzungsmustern über vier Mediengattungen (Fernsehen, Zeitung, Zeitschrift und Webs) hinweg liefert vier annähernd gleich große Gruppen von Nutzertypen, die sich anhand der beiden Hauptdimensionen ‚Selektivität' und ‚Kontrolle & Planung' unterscheiden (Schweiger 2006):

- *Spaß-Aktive* nutzen Medien gern selektiv und spielerisch, es macht ihnen Spaß, ‚nur so' herumzuschalten, -klicken und zu -blättern. Währenddessen beschäftigen sie sich häufig mit anderen Aktivitäten; sie sind die jüngste Gruppe und leben überwiegend in der Großstadt.

- Die *Gewissenhaft-Aktiven* sind deutlich älter. Sie gehen aktiv und geplant mit Medien um und archivieren Sendungen/Beiträge. Sie sind regelrechte ‚Medienjunkies', empfinden dabei aber eine Informationsüberlastung.
- Die *Gelassen-Passiven* nutzen Medien eher passiv und wenig zielgerichtet. Haben sie sich für einen Medieninhalt entschieden, brechen sie die Rezeption selten ab. Sie sind emotional stabil und erledigen am liebsten eins nach dem anderen.
- Die *Rituell-Passiven* schließlich nutzen Medien eher unselektiv bzw. passiv und mit einer hohen zeitlichen Habitualisierung, d.h. meist zur selben Tageszeit. Sie leben überwiegend auf dem Land und weisen eine hohe Normorientierung auf.

Einen ganzheitlichen Zugang wählt Meyen (2006) auf der Basis von 133 Tiefeninterviews zu Alltagsleben, Mediengebrauch und -bewertung. Seine Typologie beschreibt deutsche Mediennutzer-Typen anhand zweier Dimensionen: Bei der ‚Bedeutung von Medienangeboten im Alltag' geht es um die generelle Mediennutzungsdauer und die individuelle bzw. gesellschaftliche Bedeutung, die Menschen der Mediennutzung beimessen. Die ‚Arbeitsorientierung bei der Mediennutzung' ähnelt der Dimension ‚Kontrolle & Planung' bei Schweiger. Sie bezeichnet das Maß, in dem Rezipienten den Umgang mit Massenmedien als Arbeit oder Anstrengung begreifen. In den qualitativen Interviews fanden sich hierfür beispielsweise Formulierungen wie ‚durchackern' oder ‚studieren' (S. 163). Entlang dieser Dimensionen lassen sich sechs Typen identifizieren.

- Die *Genügsamen* interessieren sich kaum (mehr) für Politik und das Leben außerhalb ihres direkten Umfeldes. Sie legen wenig Wert auf Medien und nutzen, was kommt. Sie gehen nicht ins Kino, nutzen Radio als Geräuschkulisse. Wenn sie Zeitung lesen, dann nur oberflächlich.
- Die *Konsumenten* sind meist in den 1970er und 1980er-Jahren aufgewachsen. Medien spielen für sie als Mittel zur Unterhaltung eine große Rolle, weshalb dieser Typ eine gewisse Ähnlichkeit mit Schweigers Spaß-Aktiven hat.
- Die *Unabhängigen* sind überdurchschnittlich wohlhabend und gesellschaftlich arriviert. Medien haben für sie eine nachrangige Bedeutung und werden in erster Linie genutzt, um auf dem Laufenden zu bleiben und mitreden zu können.
- Die *Pflichtbewussten* stehen ebenfalls in der Mitte der Gesellschaft. Sie fühlen sich verpflichtet, immer informiert zu sein, und lehnen private Fernsehprogramme und ‚anspruchslose Unterhaltung' ab. Manchmal empfinden sie Mediennutzung als Belastung (vergleiche die Gewissenhaft-Aktiven bei Schweiger).
- Die *Profis* sind meist hoch gebildet und arbeiten oft in Medienberufen. Sie sind Medien- und Informationsjunkies, die alle verfügbaren Medien – vom Kino bis zum Internet – intensiv nutzen.
- Die *Elitären* sind die ‚Juniorausgabe' der Unabhängigen. Unterhaltungsmedien haben für sie nur eine geringe Bedeutung. Wenn sie überhaupt Medien nutzen, dann hauptsächlich zur Information.

5.2.2 Extreme Mediennutzung

Auch extreme Formen der Mediennutzung wie ständiges Fernsehen oder Internetsucht sind Nutzungsmuster. So wie jede neue Mediengattung in ihrer Frühphase als Bedrohung für bestehende Mediengattungen debattiert und kritisiert wird, so wurde auch die intensive Nutzung neuer Mediengattungen durch Rezipienten häufig argwöhnisch beäugt. Besonders das Fernsehen und das Internet waren und sind Gegenstand heftiger öffentlicher Debatten über den extremen Medienkonsum mancher Personen bzw. Bevölkerungsgruppen und die daraus resultierenden Folgen (z.B. Postman 1988). Dabei gelten in erster Linie Kinder als gefährdete Gruppe, die der ‚Droge im Wohnzimmer' (Winn 1979) zum Opfer fallen. Andere Mediengattungen wurden in diesem Zusammenhang nie diskutiert.[118]

Meist werden die *Folgen* extremer Mediennutzung debattiert und untersucht. In der empirischen Forschung geht es beispielsweise um Kultivierungseffekte, also die Verzerrung des persönlichen Weltbildes vielsehender Rezipienten durch die unrealistische Realitätsdarstellung im Fernsehen. Auch der Zusammenhang zwischen Fernsehnutzung und Politikverdrossenheit wurde untersucht (Abschnitt 5.4.1) oder die Hypothese, dass übermäßiger TV-Konsum die Phantasie und das Vorstellungsvermögen vermindert (z.B. McIlwraith & Schallow 1983). Maletzke vermutete bereits 1963, dass das Fernsehen andere Freizeitaktivitäten verdrängt (S. 193). Beim Internet stand besonders die Befürchtung im Mittelpunkt, eine extreme Onlinenutzung könne außerhalb des virtuellen Raums zu sozialer Vereinsamung führen (Döring 1996). Solche Fragen sind Teil der Wirkungsforschung. Die Mediennutzungsforschung beschränkt sich auf die *Ursachen* extremen Medienkonsums bzw. auf das Zusammenspiel zwischen extremer Mediennutzung und anderen Dimensionen des Medienumgangs.

Zum Internet ist festzuhalten, dass Personen mit einer extremen Nutzungsdauer oder mit Suchtsymptomen wohl nur einen geringen Teil ihrer Zeit in massenmedialen Webangeboten verweilen. Hier scheinen besonders Onlinespiele und Chatrooms über ein gewisses Suchtpotenzial zu verfügen. Da es sich dabei um Formen von interpersonaler oder Gruppenkommunikation handelt, ist Internetsucht nach unserem Verständnis ein (sozial-)psychologisches Thema (vgl. Döring 2002b) und soll hier nicht näher erläutert werden. Wir konzentrieren uns deshalb im Folgenden auf das Massenmedium Fernsehen (vgl. ausführlicher Bonfadelli 2000: 155-170).

Vielseher und Fernsehsucht

In der empirischen Mediennutzungsforschung haben extreme Mediennutzung bzw. Mediensucht generell nur geringe Beachtung erfahren. Das mag daran liegen, dass empirische Forschung in der Regel mit Mittelwerten und linearen Zusammenhängen zwischen Konstrukten argumentiert.[119] Die unausgesprochene Grundannahme lautet dabei (gemäß dem Uses-and-Grati-

---

[118] Das kann man durchaus als überraschend empfinden, wenn man bedenkt, dass jeder erwachsene Deutsche pro Tag beinahe vier Stunden Radio hört, wenn auch meist im Hintergrund. Auch das ‚Vielesen' von Büchern oder Printmedien wurde bislang nicht problematisiert, obwohl extremes Lesen durchaus mit sozialer Isolation einher gehen kann.

[119] Beispielsweise findet man in den Standard-Veröffentlichungen zur Langzeitstudie Massenkommunikation (Berg & Ridder 2002; Ridder & Engel 2005) ausschließlich Mittelwerte der Mediennutzungsdauer; den Anteil von Nicht- oder Extrem-Fernsehern sucht man dort vergebens.

fications-Paradigma): Je stärker bzw. häufiger eine Person ein bestimmtes Bedürfnis verspürt, desto intensiver und häufiger nutzt sie ein Medium, das in der Lage ist, dieses Bedürfnis zu befriedigen. Die Frage, ob es eine bestimmte, extreme Nutzungsmenge bzw. eine Schwelle gibt, von der an *grundlegend* andere Mechanismen greifen, wird kaum gestellt.

Doch was ist *extreme* Mediennutzung? In der deutschsprachigen Vielseher-Forschung wurde die Gruppe der Vielseher willkürlich bestimmt: Buß definierte Vielseher als Personen, die täglich mehr als drei Stunden fernsehen (z.B. Buß 1997). Schulz (1986, 1997) dagegen bestimmte diejenigen 25 Prozent der Fernsehzuschauer mit der längsten Nutzungsdauer als Vielseher. Ein solches Vorgehen ermöglicht zweifellos interessante Vergleiche zwischen über- und unterdurchschnittlichen TV-Nutzern (dazu gleich mehr), es erlaubt jedoch keine Aussage darüber, an welchem Punkt extreme Nutzung in Sucht oder Abhängigkeit umschlägt. McIlwraith verwendete folgende Definition von Fernsehsucht ('television addiction/dependence'): „heavy television watching that is subjectively experienced as being to some extent involuntary, displacing more productive activities, and difficult to stop or to curtail." (S. 372). Fernsehsucht wird also nicht nur an einer extremen Nutzungsmenge festgemacht, sondern als ein Syndrom beschrieben. Die soeben erwähnte Grundannahme der motivationsorientierten Nutzungsforschung gilt nicht mehr: Menschen sehen nicht freiwillig fern, weil es ihre aktuellen Bedürfnisse befriedigt, sondern weil sie von einem inneren, evtl. krankhaften Zwang, der sich über längere Zeit aufgebaut hat, dazu getrieben werden (vgl. Finn 1992). So plausibel diese Definition erscheint, so schwierig bleibt eine konkrete Abgrenzung zwischen Vielsehern und Süchtigen.

Messinstrumente

Smith (1986) schlug eine ‚Television Addiction Scale' mit 27 Statements zum persönlichen Fernsehverhalten vor. 18 ‚Addict Items' sollten Fernsehsucht identifizieren und die verbleibenden neun Items ‚normales' Fernsehverhalten beschreiben. Eine Faktorenanalyse der ‚Addict Items' ergab zwei Sucht-Faktoren: Faktor 1 beinhaltete einen Kontrollverlust (z.B. ‚ich kann nicht aufhören fernzusehen') und Gefühle von Nervosität oder Niedergeschlagenheit in TV-freien Zeiten. Faktor 2 umfasste Depressionen nach dem Fernsehen, Schuldgefühle und Ärger über die eigene Sucht.

Horvath (2004) entwickelte auf der Basis der DSM-IV-Sucht-Skala der American Psychiatric Association ein 35-teiliges Messinstrument, das sieben Dimensionen abbildet, und testete in zwei Befragungen mit Hilfe von Faktorenanalysen unterschiedliche Varianten der Skala. Die ursprünglichen Dimensionen waren:

- Steigende Nutzung bei konstanter Befriedigung (z.B. ‚I feel like I watch more TV than I used to in order to feel the same'),
- Entzugsgefühl, wenn keine Fernsehnutzung möglich (z.B. ‚When I am unable to watch television, I miss it so much that you could call it „withdrawal"'),
- Gefühl unfreiwilliger Nutzung (z.B. ‚I often watch TV for a longer time than I intended'),
- Wunsch nach reduzierter Fernsehnutzung (z.B. ‚I often think that I should cut down on the amount of television that I watch'),

- Wahrnehmung extremer Nutzungsdauer (z.B. ‚compared to most people, I spend a great deal of time watching television'),
- Verdrängung anderer Aktivitäten (z.B. ‚I often watch television rather than spending time with friends and family'),
- Unfähigkeit, weniger fernzusehen (z.B. ‚I keep watching TV even though it is causing serious problems in my life').

Einen anderen Ansatz wählte McIlwraith (1998) in einer weiteren Befragungsstudie. Er operationalisierte Fernsehsucht durch ein einziges Item „I am addicted to television". Befragte, die zustimmten (Top 2 auf einer Fünferskala) galten als „self-identified TV addicts". Immerhin 24 von 237 Teilnehmern bezeichneten sich als TV-Süchtige. Es bleibt dahingestellt, ob Selbstauskunft in diesem Bereich ein valides Messinstrument ist.

Vielseher-Profil

Auch wenn keine eindeutige Unterscheidung zwischen extremer Nutzung und Sucht möglich ist, so weisen Vielseher doch ein recht klares Profil auf, weshalb Schulz (1986, 1997) von einem „Vielseher-Syndrom" spricht: Vielseher sind im Gegensatz zu Wenigsehern (a) deutlich älter bzw. häufig im Ruhestand, sie verfügen (b) über eine unterdurchschnittliche Bildung, haben (c) ein geringeres Einkommen und stammen (d) häufig aus dem Arbeitermilieu. Ihr Anteil ist seit der Vereinigung in Ostdeutschland besonders hoch, was sich durch die dortigen sozialen Verhältnisse – extreme Arbeitslosigkeit, niedriges Durchschnittseinkommen usw. – erklären lässt (Darschin & Zubayr 2000). Während ältere Vielseher das Fernsehen sowohl als Unterhaltungs- als auch als Informationsmedium nutzen, sind jüngere Vielseher häufig besonders unterhaltungsorientiert, weshalb sie im Extremfall einen ‚Unterhaltungsslalom' um Informationsinseln herum veranstalten. Auf der Persönlichkeitsebene fand Schulz (1986, 1997) zwei Auffälligkeiten: Vielseher sind tendenziell *depressiv*, also unglücklich, einsam, mit ihrem Leben unzufrieden und pessimistisch. Außerdem neigen sie zum *Fatalismus*, glauben also, wenig Einfluss auf ihr Leben zu haben und Opfer fremder Kräfte zu sein (Kontrollüberzeugung bzw. Locus of Control, Abschnitt 3.3.4). Ähnliche Befunde berichten Kubey & Csikszentmihalyi (1990: 153) aus den USA und Espe & Seiwert (1986) in einer Studie in sechs europäischen Ländern. Morgan (1984) fand eine negative Korrelation zwischen Vielsehen und wahrgenommener Lebensqualität. Boeckmann & Hipfl (1989: 126) schließlich ermittelten in einer mehrmaligen Befragung von 150 Klagenfurter Familien, dass die Selbstwahrnehmung einer starken Außensteuerung mit geringer Selbstverantwortlichkeit sowohl bei Eltern als auch deren Kindern zu einer höheren TV-Nutzung führt.

Ursachen

Damit sind bereits einige mögliche Gründe genannt, die Menschen zu einer dauerhaft extremen Fernsehnutzung veranlassen. Folgende Ursachen[120] wurden u.a. angesprochen (vgl. Smith 1986):

---

[120] Verschiedene Autoren weisen mit Recht darauf hin, dass die tatsächliche Kausalitätsrichtung in diesem Fall ungeklärt ist (z.B. Kubey & Csikszentmihalyi 1990: 166): Entweder sehen Personen fern, um ihre Einsamkeit zu kompensie-

- *Eskapismus*: Menschen, die mit ihrem Leben unzufrieden sind und Fluchtmöglichkeiten suchen, geben sich der Illusion einer glücklicheren und zufriedeneren Fernsehwelt hin, in der sie ihre Probleme vergessen können (Abschnitt 3.3.3). Diese Erklärung passt gut zum depressiven und fatalistischen Profil von Vielsehern. Bereits bei Kindern können Schulschwierigkeiten, familiäre Probleme oder mangelnde Akzeptanz unter Gleichaltrigen zu einer verstärkten eskapistischen Fernsehnutzung führen (z.B. Saxer et al. 1980: 187ff.).
- *Stressreduktion und Erregungssuche*: Besonders Menschen, die sich von ihrem Lebensalltag überfordert und gestresst fühlen, nutzen das Fernsehen im Sinne des Mood-Management-Ansatzes (Abschnitt 3.3.4) als Mittel zur Stressreduktion; dies gilt besonders für Frauen (Anderson et al. 1996). Andere Menschen fühlen sich in ihrem Leben tendenziell zu wenig stimuliert und versuchen ihr Erregungsniveau durch Fernsehen zu erhöhen. Besonders Personen mit einer Neigung zum Sensation-Seeking (Zuckerman 1979) kommen hierfür in Frage.
- *Soziale Einsamkeit*: Gerade für Menschen mit wenigen sozialen Kontakten ist das Fernsehen mit seinem reichhaltigen Angebot an Figuren für parasoziale Interaktionen bzw. Beziehungen attraktiv (Abschnitt 3.4.2). Dass es besonders unter älteren Menschen, die im Ruhestand und/oder nach dem Verlust des Lebenspartners häufig unter Einsamkeit leiden, viele Vielseher gibt, passt gut ins Bild.
- *Informationssucht*: Boeckmann & Hipfl (1989: 56ff.) spekulieren in einer qualitativen Studie zur Fernsehnutzung über eine ‚Informationssucht', die Rezipienten dazu treibt, immer mehr wissen zu wollen als andere und deshalb im Fernsehen so viel Informationen wie möglich zu rezipieren. Im Unterschied zum Sensation-Seeking-Ansatz, der auf der Erregungsebene argumentiert, basiert die Informationssucht auf kognitiven oder sozialen Motiven. Aus heutiger Sicht ist das Phänomen, falls es tatsächlich existiert, eher auf das Internet anzuwenden.

Ein weiterer Erklärungsansatz stammt von Singer (1980). Er beschreibt die Fähigkeit des Fernsehens, durch ständig neue Bildmotive beim Zuschauer permanent *Orientierungsreflexe* (Abschnitt 4.1.1) auszulösen und damit zum Weitersehen zu motivieren (vgl. auch Lang 2000: 52). Das gilt besonders für aufmerksamkeitsheischende Werbespots und Musikvideos mit ihren auffallenden Bildern und schnellen Schnitten. Ob diese Eigenschaft tatsächlich zur Begründung extremer Fernsehnutzung herangezogen werden kann, muss bezweifelt werden. Wohl aber vermag sie den Sog zu erklären, den viele Zuschauer beim Fernsehen erleben und der sie mehr oder weniger unfreiwillig zum Weitersehen veranlasst.

TV-Verweigerung

Während das Vielsehen in der öffentlichen Debatte rege Aufmerksamkeit und in der wissenschaftlichen Literatur eine Reihe von Studien auf sich gezogen hat, wurde das andere Extrem der Fernsehnutzung, nämlich das Nichtsehen oder die vollständige TV-Verweigerung, bislang kaum wissenschaftlich untersucht (Ausnahmen sind Edgar 1977; Jackson-Beeck 1977). Ein Grund hierfür ist sicherlich im geringen Interesse von TV-Anbietern an diesem Thema zu su-

---

ren, oder aber sie sind wegen ihres hohen TV-Konsums einsamer. Uns erscheint eine wechselseitige Verstärkung zwischen beiden Seiten wahrscheinlich (im Sinn einer Transaktion, vgl. Früh 1991).

chen (Bonfadelli 2000: 155). Wesentlicher erscheint jedoch, dass die Nichtfernseher in der Gesamtbevölkerung eine zahlenmäßig verschwindende Minderheit darstellen.[121] Häufig wird TV-Verweigerung nicht als empirisches Phänomen untersucht, sondern als normativer Gegenentwurf zum übermäßigen TV-Konsum betrachtet, der die Lebensqualität vermindert. Die Frage lautet dabei: Wie schafft man es, ohne Fernsehen zu leben (z.B. Kerber 2000)?

Eine der wenigen empirischen Studien stammt von Sicking (2000). Er führte qualitative Leitfadengespräche mit 30 Nicht- bzw. Wenigsehern, in denen er ihre Motive für die TV-Verweigerung und ihre kulturellen Hintergründe zu erforschen suchte. Sicking identifiziert drei unterschiedliche Typen von Nichtsehern:

- Aktive Nichtseher zeichnen sich durch eine überaus aktive Lebensführung in allen Bereichen aus. Sie sind keine überzeugten Nichtseher; ihnen fehlt schlichtweg die Zeit zum Fernsehen.
- Bewusst reflektierende Nichtseher lehnen das Fernsehen aus weltanschaulichen Gründen ab. Sie bevorzugen musisch-ästhetische Tätigkeiten, lesen bevorzugt Bücher und führen ein aktives Sozialleben.
- Suchtgefährdete Nichtseher waren, ehemaligen Alkoholikern vergleichbar, früher exzessive Fernseher. Sie haben sich deshalb entschieden, gar nicht fernzusehen, um der Versuchung zu entgehen.

Aufgrund der kleinen Stichprobe muss offen bleiben, ob damit tatsächlich alle Nichtseher-Typen beschrieben sind. Fraglich ist ferner, ob diese deutschen Befunde auf andere Länder übertragbar sind, denn gerade die Gruppe der bewusst reflektierenden Nichtseher scheint stark kulturell geprägt und damit von den jeweiligen kulturellen Gegebenheiten in einem Land abhängig.

5.3 Medienbewertungen und Medienkompetenz

Das Mediennutzungs-Zwiebelmodell unterscheidet zwischen der Mediennutzung selbst (Schicht 1 und 2) und Medienbewertungen/-kompetenzen (Schicht 3). Bei letzteren handelt es sich um alle Kognitionen, Affekte und Einstellungen, die Menschen gegenüber Medien haben, und zwar jenseits der eigentlichen Mediennutzung. Was sie während der kommunikativen Phase fühlen und denken, ist integraler Bestandteil der Mediennutzung und gehört in die beiden inneren Zwiebelschichten, entweder als Episode (Schicht 1) oder als wiederholt auftretende Muster oder Gewohnheiten (Schicht 2). Was Rezipienten darüber hinaus über Medien wissen und wie sie Medien oder Medienakteure bewerten, ist eine andere Frage und im Modell deshalb als dritte Zwiebelschicht eingetragen. Ein Beispiel mag das illustrieren: Wenn eine Person die TV-Talkshow ‚Sabine Christiansen' sieht, und die Talkmasterin dabei parteiisch oder gar unerträglich findet, ist das eine affektiv-kognitive Reaktion während einer Nutzungsepisode (Schicht 1). Es kann sogar sein, dass die Person bei manchen Fragen oder Reaktionen der Talkmasterin die

---

[121] Schulz (1997) ermittelt in seiner Sekundäranalyse der Langzeitstudie Massenkommunikation 1,7 Prozent Nicht- oder Selten-Seher.

Augen verdreht und sie beschimpft. Auch solche parasozialen Interaktionen sind Bestandteil der Nutzungsepisode. Eine andere Person hingegen sieht regelmäßig ‚Christiansen', da sie immer wieder von deren Moderationsstil begeistert ist. In diesem Fall handelt es sich um wiederholt auftretende affektiv-kognitive Reaktionen auf Medieninhalte, die bei der nächsten Reaktion wieder so auftreten können oder auch nicht (Schicht 2). Was die Zuschauer jedoch *allgemein* von Christiansen wissen und von ihr halten, sind Medienbewertungen/-kompetenzen im hier gemeinten Sinn (Schicht 3).

In der kommerziellen Publikumsforschung haben Medienbewertungen und das Wissen des Publikums über Medienprodukte einen hohen Stellenwert, da man davon ausgeht, dass (a) das Wissen über ein Medienprodukt und (b) eine positive Bewertung des Mediums mit einer verstärkten Nutzung einhergehen.[122] Entsprechend viele Studien gibt es hierzu. Da diese allerdings deskriptiven Charakter haben und bei der Auswahl der Bewertungskategorien auf der Ebene des ‚gesunden Menschenverstandes' bleiben, brauchen sie uns nicht zu interessieren.

In der Kommunikationswissenschaft spielen Bewertungen bzw. Einstellungen[123] ebenfalls eine wichtige Rolle, doch hier werden Einstellungen fast ausschließlich als abhängige Variablen in intendierten Persuasionsprozessen erforscht, die von Medienbotschaften ausgehen. Der obigen Definition (Abschnitt 2.1.3) folgend, sind Persuasionsstudien durchaus Gegenstand der Mediennutzungsforschung, solange dabei *Bewertungen von Medien* untersucht würden. Das ist jedoch kaum der Fall: In der Regel stehen politische oder sonstige weltanschauliche Einstellungen im Mittelpunkt, weshalb wir es dort mit Wirkungsforschung zu tun haben. In der Persuasionsforschung gibt es zweifellos einige theoretische Ansätze, die prinzipiell auf Medienbewertungen übertragbar wären (z.B. das Elaboration-Likelihood-Model, ausführlich in Abschnitt 4.4.2). Auch Medienbewertungen bilden sich durch externe und interne Einflüsse, doch sind diese nur selten *intendiert*, so dass Persuasionstheorien hier nicht angewendet werden können. Zusammenfassend bietet sich dem Betrachter in der akademischen Mediennutzungsforschung dasselbe Bild wie in der angewandten Forschung: Es gibt zwar eine Reihe empirischer Studien zu Medienbewertungen, doch auch diese bieten kaum theoretisch Relevantes (ähnlich Meyen 2004b: 221). Vergleichbar stellt sich die Lage beim Medienwissen dar. Auch hier gibt es – besonders in der Medienpädagogik – eine rege empirische Forschungstätigkeit und zahlreiche Spekulationen, empirisch belastbare Theorien hingegen sind Mangelware (Abschnitt 5.3.5).

---

[122] Dass diese Annahme nicht unbedingt stimmt, zeigen Vergleiche zwischen den Reichweiten von Fernsehsendungen und den Bewertungen dieser Sendungen, die das Publikum in entsprechenden Umfragen abgibt (vgl. Gleich 1996: 602 mit Belegen).

[123] In der Literatur wird gelegentlich zwischen Einstellungen und Bewertungen unterschieden. Manstead & Hewstone (1996: 51) zufolge gibt es in der Sozialpsychologie jedoch einen Konsens dahingehend, Einstellungen als ‚evaluative responses' und damit als Bewertungen zu betrachten. Sollte es überhaupt einen essenziellen Unterschied zwischen beiden Konzepten geben, dann diesen: Bewertungen beziehen sich auf konkrete Objekte und können sich jederzeit ändern, Einstellungen haben eher allgemeinen, weltanschaulichen Charakter und sind zeitlich überdauernder. Möchte man also zwischen beiden Konzepten unterscheiden, so haben wir es im Medienkontext eher mit Bewertungen zu tun.

5.3 Medienbewertungen und Medienkompetenz

5.3.1 Medienbewertungen

Werfen wir zunächst einen Blick auf Medienbewertungen. Jede Bewertung umfasst drei Elemente:
- ein Bewertungsobjekt (Was wird bewertet?),
- ein Bewertungskriterium (Hinsichtlich welcher Eigenschaft wird es bewertet?) und
- ein Bewertungsergebnis (Wie wird es bewertet?).[124]

Beurteilt ein Rezipient eine Nachrichtensendung, ist die Nachrichtensendung das Bewertungsobjekt; Bewertungskriterien sind beispielsweise die Kurzweiligkeit, Verständlichkeit der Sendung, die Qualität der Nachrichtenbeiträge oder der Moderation, die Kleidung der Sprecherin/des Sprechers oder das Studiodesign. Das Bewertungsergebnis schließlich erfolgt in Abstufungen. Es wird absolut (z.B. sehr unterhaltsam, extrem unverständlich, gut, etwas langweilig) oder relativ angegeben, also im Vergleich mit einem anderen Bewertungsobjekt (z.B. Nachrichtensendung X ist besser als Nachrichtensendung Y).

Bewertungsobjekte

Schweiger (1999: 91) hat eine hierarchische Systematik massenmedialer Glaubwürdigkeitsobjekte vorgeschlagen, die sich mit geringfügigen Anpassungen auf alle medialen Bewertungsobjekte anwenden lässt (eine ähnliche Systematik stammt von Wirth 1999: 55f.). Wie Abbildung 24 zeigt, können sich Bewertungen zunächst auf das gesamte Mediensystem bzw. auf die Massenmedien als solche beziehen. Das ist beispielsweise der Fall, wenn in einer Bevölkerungsumfrage die wahrgenommene Rolle der Medien im Staat erhoben wird. Auf der nächsten Stufe können bestimmte Mediengattungen bewertet werden, wie das beispielsweise die Langzeitstudie Massenkommunikation untersucht (Berg & Ridder 2002). Dort wurden seit 1964 in insgesamt sechs Wellen die unterschiedlichsten Publikumsbewertungen der tagesaktuellen Medien Fernsehen, Hörfunk, Tageszeitung und neuerdings des Internet abgefragt. Die nächste Bewertungsebene sind Subsysteme von Mediengattungen oder Genres. Die Beurteilung des öffentlich-rechtlichen im Vergleich zum privaten Fernsehen wurde ebenfalls in der Langzeitstudie Massenkommunikation intensiv erforscht. Auch Hesse & Gelzleichter (1993) und Maier (2002) haben sich mit den Publikumswahrnehmungen beider TV-Systeme beschäftigt. Auf dieser Bewertungsstufe findet man auch Vergleiche zwischen Boulevard- und Qualitätsmedien, z.B. Boulevard- versus Abonnementzeitungen oder Boulevard- versus Qualitätsnachrichten. Auf der nächsten Bewertungsstufe stehen konkrete Medienprodukte (Rundfunksender, Printmedien oder Webangebote). In der akademischen Grundlagenforschung werden sie meist nicht um ihrer selbst willen untersucht, sondern als typische oder extreme Repräsentanten bestimmter Mediengattungen, Subgattungen oder Genres.[125]

---

[124] Das Bewertungsergebnis lässt sich in Analogie zu einer Einstellungssystematik von Bledjian & Stosberg (1972: 66-80; zit. nach Schenk 2002: 137f.) wiederum untergliedern in die (a) *Richtung* und (b) *Intensität* einer Bewertung (etwas akzeptieren versus extreme Begeisterung oder Liebe) sowie ihre (c) *Bedeutsamkeit* für ein Individuum.

[125] Eine Ausnahme stellt die ‚Bild-Zeitung' dar, die manchen Kommunikationswissenschaftlern als derart relevantes deutsches Medium gilt, dass dies eine angebotsbezogene Analyse rechtfertigt (z.B. Klingemann & Klingemann 1983).

Abbildung 24: Hierarchiestufen medialer Bewertungsobjekte

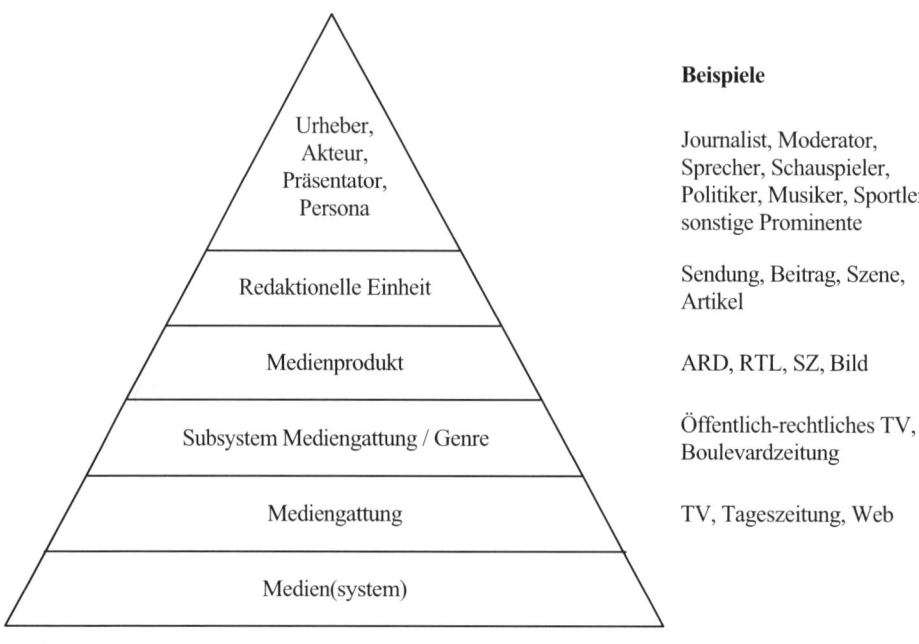

Nach Schweiger (1999: 91).

In der angewandten Forschung sind angebotsbezogene Publikumsbewertungen zumindest für die betroffenen Anbieter und ihre direkten Konkurrenten von Interesse. Deshalb bleiben solche Bewertungsstudien meist unter Verschluss. Dasselbe gilt für redaktionelle Einheiten wie Rundfunksendungen, Presseartikel oder Web-Artikel. Die oberste Bewertungsstufe sind die Urheber redaktioneller Einheiten (besonders Journalisten), die darin vorkommenden Akteure (z.B. Politiker, Stars, Musiker, Sportler) und Präsentatoren (Moderatoren, Sprecher) sowie Personae bzw. Schauspieler in fiktiven Medieninhalten („Wie finden Sie James Bond?" oder „Wie gefällt Ihnen Daniel Craig als neuer James Bond?"). Auch hier gilt, dass für die angewandte Forschung die Publikumsbewertung bestimmter Medienfiguren überaus relevant ist. Besonders der Wert ‚millionenschwerer' Filmschauspieler, TV-Moderatoren (z.B. Harald Schmidt oder Günther Jauch) oder Nachrichten-Anchormen (z.B. Ulrich Wickert) ist für deren Arbeitgeber von Interesse. Daneben geht es um die Bewertung allgemeiner Akteursgruppen bzw. Berufsrollen, wie beispielsweise Gottschlichs & Karmasins (1979) Bevölkerungsbefragung zum Image von Journalisten.[126]

---

[126] Hält man sich dieses Beispiel vor Augen, können nicht nur Mediengattungen bewertet werden, sondern offensichtlich auch das gesamte Mediensystem in seiner Eigenschaft als Nachrichtenlieferant, denn um nichts anderes geht es ja bei einer Bewertung von Journalisten.

5.3 Medienbewertungen und Medienkompetenz

Bewertungskriterien

Zur Bestimmung der Bewertungskriterien hilft ein Blick auf psychologische Einstellungstheorien. Nach dem Dreikomponenten-Modell bestehen Einstellungen aus einer kognitiven, affektiven und konativen Komponente (vgl. etwa Manstead & Hewstone 1996: 48).

Die *affektive Komponente* (‚feeling') umfasst Konstrukte wie Akzeptanz, Beliebtheit, Sympathie, Geschmack oder auch Ablehnung. In unserem Bereich geht es also um das Mögen oder Nicht-Mögen von medialen Bewertungsobjekten vom Moderator bis hin zu Mediengattungen. Einschlägige Fragen sind „Mögen Sie RTL2?" oder „Wer ist ihr Lieblingsmoderator?".

Die *kognitive Komponente* (‚belief') bezieht sich auf die wahrgenommene Verbindung zwischen einem Objekt und einem Attribut, z.B. die Meinung, dass öffentlich-rechtliche Nachrichten besonders glaubwürdig sind. Einschlägige kognitive Bewertungskriterien sind Nutzungsmotive oder Erwartungen an Medien (Abschnitt 3.1.5), die wahrgenommene Qualität von Medien oder einzelne Qualitätsdimensionen wie Glaubwürdigkeit, Objektivität, Professionalität, Vielfalt, Verständlichkeit, Unterhaltsamkeit, Spannung, Humor sowie Attraktivität oder Kompetenz bei Personen. Auch die Beurteilung der gesellschaftlichen Bedeutung von Medien und problematischen Medienwirkungen (Stichworte Gewalt und Jugendschutz) gehören hierher. Beispielfragen für kognitive Bewertungen sind: „Wie wichtig ist das Fernsehen für die Demokratie?", „Zeigt das Fernsehen zu viele Gewaltszenen?", „Macht Mediengewalt aggressiv?", „Finden Sie die ‚Bild-Zeitung' objektiv?", „Wie witzig finden Sie Didi Hallervorden?" oder „Gibt es im Internet Qualitätsjournalismus?".

Die *konative Komponente* bezieht sich auf das Verhalten (‚behavior') bzw. die Verhaltensabsicht (‚intention') einer Person. Beispiele sind Nutzungspräferenzen (z.B. „Wie häufig sehen Sie fern?"), Themeninteresse („Wie sehr interessieren Sie sich für Angler-Magazine?"), die Bindung an eine Mediengattung (z.B. „Wie wichtig ist Ihnen die tägliche Tageszeitung?") oder an ein Medienprodukt (im Printbereich als ‚Leser-Blatt-Bindung' bezeichnet). Auch das Vermissen eines Mediums gehört hierher, wie es beispielsweise die Langzeitstudie Massenkommunikation mit der so genannten Insel-Frage „Welches Medium würden Sie auf eine einsame Insel mitnehmen?" misst. Für die subjektive Wahrnehmung der intellektuellen und/oder emotionalen Bindung einer Person an ein Medium haben Ball-Rokeach & DeFleur (1976) das Konzept der *Medienabhängigkeit* (Media-Dependency) eingeführt (vgl. auch McDonald 1983; Skumanich & Kintsfather 1998).

Abgrenzungsprobleme

In der Forschungspraxis ist die Unterscheidung in drei Komponenten häufig nicht möglich. Die einfache Frage beispielsweise „Wie gern sehen Sie fern?" wird sicherlich von vielen Befragten nicht ausschließlich als Frage nach ihrer (affektiven) Sympathie fürs Fernsehen verstanden, sondern auch in einem konativen Sinn interpretiert, d.h. als Frage nach der Nutzungshäufigkeit. Ungeklärt scheint ferner, ob konative Bewertungen mit tatsächlichem Verhalten (‚tun') gleichzusetzen sind oder nur mit einer allgemeinen Verhaltensabsicht (‚tun wollen') oder einer konkreten Verhaltensabsicht (‚tun werden'). Stellen wir uns beispielsweise eine Person vor, die für ihr Leben gern fernsieht (affektive Bewertung: ‚gern tun') und dies auch tut, wann immer sich Zeit dazu findet (konative Verhaltensabsicht: ‚tun wollen'), allerdings kaum Zeit zum Fernsehen hat. Fragt man sie also an einem bestimmten Tag, ob sie heute noch fernsehen wird, also nach ihrer konkreten Absicht (‚tun werden'), wird sie mit hoher Wahrscheinlichkeit verneinen.

Auch die Bindung an ein Medienangebot (TV-Kanalloyalität, ‚repeat viewing' mehrerer Episoden bei seriellen Formaten; Leser-Blatt-Bindung) oder die wahrgenommene Abhängigkeit von Mediengattungen, -genres oder -angeboten (Medienabhängigkeit) sind kaum trennscharf einzuordnen: Geht es dabei um die regelmäßige Nutzung eines Mediums und damit um ein Nutzungsmuster, oder geht es um eine emotionale Bindung und damit eine Bewertung? Manche Studien operationalisieren TV-Kanalloyalität mit Hilfe telemetrischer Fernsehnutzungsdaten (z.B. Zubayr 1996; Klövekorn 2002) und messen damit Nutzungsmuster (Abschnitt 5.2.1). Andere verwenden Befragungsdaten (z.B. Barwise et al. 1982; Abelman & Atkin 2000) und messen deshalb entweder konative Bewertungen oder Nutzungsmuster in Selbstauskunft. Die Grenzen sind fließend und von der Interpretation des Forschers abhängig. In der Forschungspraxis stellen sich diese Abgrenzungsprobleme kaum, da Medienbewertungen naturgemäß mit dem Nutzungsverhalten stark positiv korrelieren (z.B. Doll & Hasebrink 1990) und deshalb zumindest empirisch mit ihnen gleichgesetzt werden können.

Quellen von Medienbewertungen

Woher kommen Medienbewertungen? Wie soeben ausgeführt, erfordert jede Bewertung zumindest eine minimale Kenntnis des zu bewertenden Objekts. Im Falle von Medien sind persönliche Nutzungserfahrungen mit dem entsprechenden Medium zweifellos die wichtigste Quelle. Doch Rezipienten sind auch in der Lage, Medien zu bewerten, die sie nicht kennen. Ein Beispiel: In einer Befragung von Onlinenutzern und Nicht-Onlinenutzern (Schweiger 1999) hatten letztere keine Schwierigkeiten, sich zur Glaubwürdigkeit von Onlinemedien zu äußern, obwohl viele von ihnen noch nie selbst online waren. Es muss also auch andere, indirekte Informationsquellen geben.[127] Die wichtigsten sind:

- Werbung für Medienprodukte, der Rezipienten in anderen Medien begegnen, z.B. Fernsehwerbung für Webangebote und Zeitschriften, Plakatwerbung für Fernseh- oder Kinofilme, TV-Trailer für bestimmte Sendungen.
- Medienberichterstattung über andere Medien (Medienjournalismus); hierzu gehört auch die oft sensationalistische Darstellung von Medienevents oder -skandalen. Ein Extrembeispiel war die exzessive Berichterstattung und öffentliche Debatte zum Reality-TV-Format ‚Big Brother'. Lange vor der Ausstrahlung im Jahr 2000 berichteten deutsche Zeitungen über die erste niederländische Staffel und den auch in Deutschland geplanten „‚Menschenversuch' auf RTL 2"[128].

---

[127] Wäre das nicht der Fall, wäre die Entscheidung für die Nutzung neuer bzw. vorher unbekannter Medienangebote ein reines Glücksspiel (dazu mehr in Abschnitt 5.8.1).
[128] Frankfurter Rundschau 1999, Nr. 299, S. 11.

5.3 Medienbewertungen und Medienkompetenz

- Die Darstellung von Medien und Mediennutzung in anderen Medien, vor allem auch in fiktiven Unterhaltungsangeboten. Dieser Effekt spielt vermutlich besonders bei Onlinemedien eine Rolle: Lange vor der massenhaften Verbreitung des Internet konnten Zuschauer in Fernseh- und Kinofilmen sehen, welche ungeahnten Möglichkeiten, aber auch Risiken Onlinemedien und -recherchen bieten – ein Extrembeispiel ist der Klassiker ‚Matrix'.
- Interpersonale Kommunikation über Medien, z.B. Gespräche im Kollegenkreis über das Fernsehprogramm am vorherigen Tag (Anschlusskommunikation), über eine neue Website oder Zeitschrift.
- Die Beobachtung anderer bei der Mediennutzung macht einen wesentlichen Bestandteil der Mediensozialisation aus. Ein Kind, das in einem Elternhaus aufwächst, in dem nur ferngesehen wird, entwickelt zwangsläufig andere Medienbewertungen und -kompetenzen als ein Kind, das aus einem Zeitungs-Haushalt stammt (Abschnitt 5.5.2).

5.3.2 Medienimages

Eine Medienbeurteilung, die auf der Basis eigener Nutzungserfahrungen erfolgt, ist zweifellos ‚fundierter' als eine indirekte Bewertung vom ‚Hörensagen'. Häufig entsteht bei Rezipienten ein mehr oder weniger diffuses Bild von einem Medium, das kaum auf faktischem Wissen basiert, sondern stark emotional geprägt ist und von bestehenden persönlichen Vorurteilen, Stereotypen[129] bzw. Schemata abhängt. Dieses „abstrahierende, teils unbewusste und nicht immer in Worte zu fassende Bild" (Scheufele 1999: 71), das Personen von einem Medienobjekt haben, nennen wir *Medienimages*. In der Markt- und Werbepsychologie werden Images als mehrdimensionale Einstellungskonstrukte beschrieben (Kroeber-Riel & Weinberg 2003: 197).[130] Images sind entweder individuelle Konstruktionen, die sich von Person zu Person unterscheiden, oder aber ‚public images', also Bilder, die von allen Mitgliedern einer Gesellschaft oder Gruppe mehr oder weniger gleichförmig übernommen werden (Boulding 1969: 64).[131] Bentele (1988: 421) weist darauf hin, dass Medienimages relativ stabil sind, eben weil sie keine klar umrissene Bewertung eines Objekts darstellen, die man jederzeit wieder ändern kann, sondern eher einem Mosaik von Gefühlen und Informationen entsprechen, deren Herkunft kaum mehr nachvollzogen werden kann. Wie Hovland (1951) mit seinem umstrittenen Sleeper-Effekt zeigt, haben Botschaften, deren Quelle eine Person vergessen hat, einen mindestens so starken Einstellungs-

---

[129] Stereotype sind Vorurteile bzw. Schemata über Personengruppen, wie z.B. Berufe oder Nationalitäten (Hannover et al. 2004: 178). Der Begriff stammt ursprünglich von Lippmann (1922). Dieser stellte fest, dass die Realität viel zu komplex ist, um vom Einzelnen vollständig wahrgenommen und verarbeitet werden zu können, weshalb sich sowohl Journalisten als auch Rezipienten bei ihrer Umweltwahrnehmung von persönlichen Stereotypen leiten lassen (Abschnitt 4.1.1 zu Schemata und Heuristiken).

[130] Erwähnt sei die Debatte innerhalb der Marketing-Literatur, ob man nicht das Image-Konstrukt zugunsten des „schärfer operationalisierten Einstellungsbegriff(s)" aufgeben sollte (z.B. Kroeber-Riel & Weinberg 2003: 198). Uns erscheint das Image-Konstrukt hilfreich, um Bewertungen auf der Basis persönlicher Nutzungserfahrungen mit einem Medium von Bewertungen anhand indirekter Quellen abzugrenzen. Diese Unterscheidung entspricht im Übrigen der des Soziologen Wolf (1969), der erfahrungsbasierten ‚Gegenstandsbildern' indirekt entstandene ‚Vorstellungsbilder' gegenüber stellte.

[131] Das hier beschriebene Konzept darf nicht verwechselt werden mit Boorstins (1987: 243ff.) Image-Begriff, der Images als synthetische und geplante Leitbilder zum Zweck (politischer) Öffentlichkeitsarbeit beschreibt.

effekt wie erinnerte Quellen, so dass ursprünglich unglaubwürdige oder unzuverlässige Quellen langfristig an persuasivem Einfluss gewinnen.

Imageveränderung und -transfer

Die Stabilität von Images hat zwei wesentliche Folgen: Erstens ist es nicht nur für Medienunternehmen schwierig, das eigene Image bzw. das seiner Produkte oder Marken zu verbessern (vgl. das umfassende Schrifttum zur Public Relations-Forschung, z.B. Kunczik 2002). Ein Beispiel hierfür liefert das ZDF, das trotz jahrelanger – mehr oder weniger geglückter – Bemühungen um ein ‚jüngeres' Image unverändert als Sender für Ältere gilt. Zweitens können bestehende positive Markenimages genutzt werden, um neue Medienprodukte, die unter derselben Marke firmieren, beim Publikum bekannt zu machen und ebenfalls mit einem positiven Image zu belegen. Dieser ‚Imagetransfer' ist in der Marketingforschung hinlänglich bekannt (vgl. z.B. Mayerhofer 1995) und basiert auf der Annahme von Rezipienten bzw. Konsumenten, dass eine Marke generell eine bestimmte Qualität aufweist und diese auch für das neue Produkt der Marke gelten müsse. Hierin liegt wohl auch ein Grund für die Tatsache, dass mit Ausnahme der NetZeitung alle in Deutschland erfolgreichen Online-Nachrichtenangebote Gründungen bereits etablierter ‚Muttermedien' sind. In einem Laborexperiment hat Schweiger (1998) gezeigt, dass Versuchspersonen die Glaubwürdigkeit von Artikeln eines ihnen unbekannten Online-Nachrichtenangebots, dessen Muttermedium sie kennen (Münchner Merkur), ähnlich bewerten wie das Muttermedium selbst. Das Image der Muttermarke prägt also maßgeblich das Image einer neuen Marke. Dieser Effekt sollte umso stärker sein, je unbekannter ein neues Medienprodukt, -genre oder – wie im Fall des Internet in den 1990er-Jahren – eine ganze Mediengattung ist, da in diesem Fall andere Bewertungskriterien fehlen.

Bedeutung von Medienimages

Wie die meisten anderen Dienstleistungen sind Medienprodukte Unikate und Vertrauensgüter (Altmeppen 2000: 228f.): Ob man einen Spielfilm mag, kann man erst entscheiden, nachdem man ihn vollständig gesehen hat, und ob sich der Kauf einer Zeitschrift gelohnt hat, kann man erst nach der Lektüre beurteilen. Images sind deshalb wesentliche Entscheidungskriterien (Kosicki & McLeod 1990). Generell kommt Images auf dem Medienmarkt wie auf allen anderen Märkten eine zunehmende Bedeutung zu. Je größer und vielfältiger das Angebot auf einem Markt ist und je ähnlicher sich die Konkurrenzprodukte sind, desto weniger ist es Konsumenten/Rezipienten möglich, einen Überblick zu gewinnen und desto häufiger orientieren sie sich bei Kauf- und Auswahlentscheidungen an bestehenden Images (vgl. Bentele 1988: 421). Es überrascht deshalb nicht, dass ökonomische Ansätze, die versuchen, den monetären Wert einer Marke (‚Brand Equity') zu bestimmen, ihre Bekanntheit und ihr Image als wesentliche Komponenten berücksichtigen (vgl. Trepte 2004a).

Schenk (2002: 655) weist auf einen in diesem Zusammenhang bemerkenswerten Punkt hin. Er argumentiert, dass Uses-and-Gratifications-Studien, die Nutzungsmotive unterschiedlicher Mediengattungen unabhängig von der tatsächlichen Nutzung abfragen, eigentlich Medienbewertungen oder sogar -images erheben. Tatsächlich ist der in der Uses-and-Gratifications-Forschung

5.3 Medienbewertungen und Medienkompetenz

gebräuchliche Erwartungs-Bewertungs-Ansatz ursprünglich ein sozialpsychologisches Konzept zur Einstellungsmessung (Manstead & Hewstone 1996: 49f.). Schenk regt deshalb an, Mediengratifikationen ganz durch Medienimages zu ersetzen (S. 659). Dass dieser Vorschlag seine Berechtigung hat, lässt sich an einer Uses-and-Gratifications-Studie von Palmgreen et al. (1981) demonstrieren: Darin werden fünfzehn Nutzungsmotive für Fernsehnachrichten abgefragt, von denen einige eindeutig Qualitätsbewertungen (z.B. „Can trust information they give you") und andere Bewertungen (z.B. „Reporters are like people I know") sind.

Vielleicht haben die Medienforschungsabteilungen von ARD und ZDF die Zeichen der Zeit erkannt, als sie die neuen Konzepte der ‚Erlebnisqualität' (Dehm et al. 2005a; Dehm et al. 2005b, 2006) und ‚Informationsqualität' (Zubayr & Geese 2005) vorstellten. Beide bestehen jeweils aus einer Batterie von Bewertungsdimensionen, mit denen Rezipienten TV-Unterhaltungsformate und Nachrichtensendungen bewerten sollen – von Nutzungsmotiven ist nicht mehr die Rede (ähnlich Läge & Kälin 2004).

Einen interessanten Ansatz wählte die Zeitungs-Marketing-Gesellschaft (1999) mit ihrer Untersuchung der ‚Medienpersönlichkeit'. Sie ließ in einer repräsentativen Befragung die Publikumsbeurteilung von acht Mediengattungen (Tageszeitungen, Wochenmagazine, Programmzeitschriften, Frauenzeitschriften, Anzeigenblätter, öffentlich-rechtliches TV, Privat-TV, Hörfunk) anhand der Bewertungsdimensionen ‚Image' und ‚Funktion' erheben. Entsprechend dem soeben vertretenen Image-Begriff bezogen sich die abgefragten Image-Items auf Medienattribute, die Rezipienten kaum kompetent beurteilen können und deren Bewertung stark affektiv geprägt und kaum konkret begründbar ist (Qualität, Kompetenz, Glaubwürdigkeit, Aktualität, Sympathie, Bedeutung). Die Funktions-Items entsprachen Nutzungsmotiven bzw. erhaltenen Gratifikationen (GO), wie man sie aus der Uses-and-Gratifications-Forschung kennt (Information, Orientierung, Unterhaltung, Stimmung, Feedback, Verfügbarkeit). Der intermediäre Vergleich zeigt recht gut die unterschiedlichen Profile von Mediengattungen bzw. Subgattungen aus Publikumssicht (Abbildung 25). Er demonstriert vor allem, wie stark manche Imagedimensionen von den generellen Stereotypen oder Schemata abhängen, die Rezipienten von Mediengattungen haben. Wie ließe sich anders erklären, dass Tageszeitungen als weitaus aktueller beurteilt wurden als private Fernsehsender?

Abbildung 25: Medienpersönlichkeiten

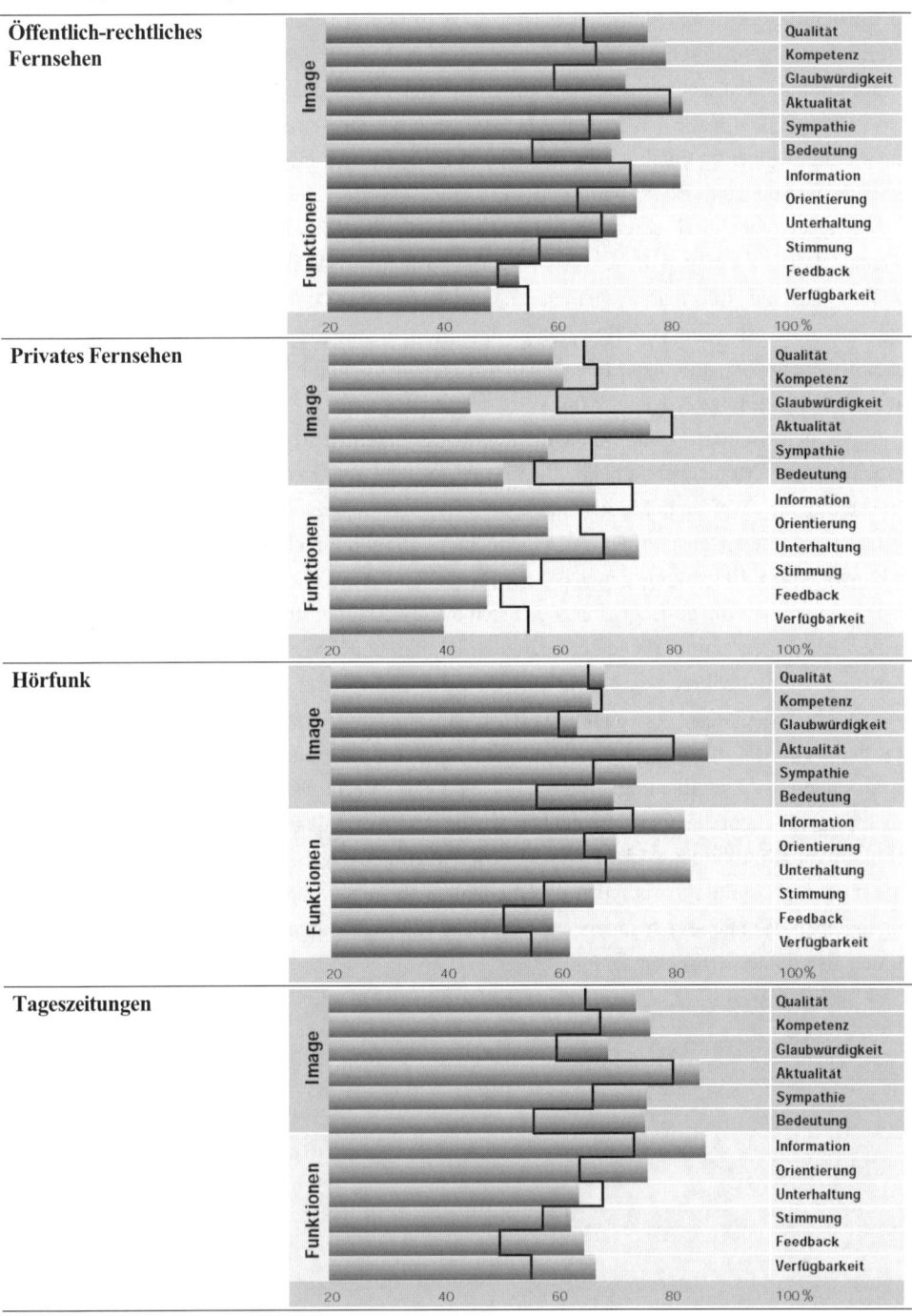

Quelle: Zeitungs-Marketing-Gesellschaft (1999).

5.3.3 Ausgewählte Bewertungsfelder: Medienglaubwürdigkeit

Auch wenn Medienbewertungen in der Kommunikationswissenschaft wenig theoretische Aufmerksamkeit erhalten haben, so gibt es doch einige spezifische Bewertungsfelder, die intensiv beforscht wurden. Eines ist das Themengebiet *Medienglaubwürdigkeit bzw. Vertrauen in Medien*, das wir im Anschluss skizzieren. Um noch komplexere, mehrdimensionale Bewertungen geht es in der Forschung zur Wahrnehmung von *Medienqualität aus Publikumssicht*. Wir können das umfassende Forschungsgebiet unmöglich umfassend darstellen, versuchen aber, eine grobe Vorstellung zu vermitteln.

Glaubwürdigkeit und Vertrauen

Glaubwürdigkeit und Vertrauen sind besonders im Nachrichtenjournalismus von eminenter Bedeutung. Das hat mehrere Gründe:

Erstens: Nachrichten müssen wahr sein. Unterhaltungsangebote dienen überwiegend der augenblicklichen Unterhaltung und keinem weiteren, instrumentellen Zweck. Es spielt also kaum eine Rolle, ob das Gezeigte oder Beschriebene der Realität entspricht oder nicht. Im Gegenteil: Eine wichtige Funktion fiktionaler Medieninhalte liegt ja gerade in der Flucht vor der Realität. Werden Medien aber aus Informationsmotiven heraus genutzt, dient das einem Orientierungsbedürfnis (Abschnitt 3.2.2) und damit letztlich einem erfolgreichen Umgang mit der Realität. Deshalb müssen die gegebenen Informationen korrekt sein. Wer ein Kochrezept nachkochen will, muss sich darauf verlassen, dass die Mengenangaben stimmen. Wer Aktien kaufen möchte, muss auf eine verlässliche Wirtschaftsberichterstattung vertrauen. Dasselbe gilt natürlich auch – wenn auch weniger leicht überprüfbar – für politische Themen.

Zweitens: Rezipienten können kaum beurteilen bzw. nachprüfen, in welchem Maß Nachrichten, Servicebeiträge und andere Informationen korrekt sind. Entweder fehlt es ihnen am direkten Zugang zu den Informationsquellen, der Ereignisort ist unerreichbar oder die Korrektheit der Nachrichten kann erst nach der Rezeption – und damit oft zu spät – verifiziert werden. Schließlich erlaubt es die heutige Informations- und Nachrichtenfülle dem Einzelnen ohnehin nicht mehr, auch nur einen Bruchteil der Meldungen aufwändig zu überprüfen.

Drittens: Die meisten Nachrichtenangebote innerhalb einer Mediengattung unterscheiden sich nicht allzu stark. Es ist fraglich, ob ein durchschnittlicher Mediennutzer ernsthaft beurteilen kann, ob beispielsweise die ‚Tagesschau' oder die RTL-Nachrichten die ‚bessere' Sendung sind. Vielmehr haben diese Formate ein bestimmtes Image (siehe oben), das Rezipienten – neben bestehenden Medienbindungen – maßgeblich bei der Auswahl von Medienangeboten beeinflusst. Weil Nachrichten wahr sein müssen (Punkt 1), ist ihre Glaubwürdigkeit eine wichtige Imagedimension.

Glaubwürdigkeit – Vertrauen – Media-Skepticism

Doch was ist Glaubwürdigkeit? *Glaubwürdigkeit* ist – entgegen dem allgemeinen Sprachgebrauch – keine direkte Eigenschaft eines Mediums oder Kommunikators, sondern eine von Rezipienten *zugeschriebene bzw. attribuierte Eigenschaft*. Menschen können ein bestimmtes Medium für mehr oder weniger glaubwürdig halten, ob es jedoch objektiv glaubwürdig *ist*, ist eine andere Frage (vgl. z.B. Bentele 1988: 410; Nawratil 1997: 52f.).

So gesehen ist das *Vertrauens-Konzept* weniger missverständlich, wenn man Rotters (1967: 651) Definition von Vertrauen (trust) als „an expectancy held by an individual or group that the word, promise, verbal or written statement of another individual can be relied upon" zugrunde legt. Im deutschsprachigen Raum ist das Konzept besonders in der systemtheoretischen Journalismusforschung einschlägig (vgl. die Arbeiten von Kohring; dazu gleich mehr). Während man unter Glaubwürdigkeit nur eine bestimmte subjektive Bewertung versteht, umfasst Vertrauen nach Luhmann (2000) auch eine Handlungskomponente. Es ermöglicht dem Menschen in einer überkomplexen, kontingenten Umwelt Handlungsfähigkeit. Indem ein Akteur der Versprechung eines anderen vertraut, grenzt er damit die Menge aller möglichen Handlungsoptionen ein, denn: „Die Erklärung von Vertrauen tut so, als sei eine bestimmte Zukunft schon Gegenwart und befähigt dadurch zum Handeln." (Kohring 2002: 95) Vertrauen ist also nicht nur eine Bewertung, sondern ermöglicht auch eine ‚riskante Vorleistung' (Luhmann 2000).

In der englischsprachigen Forschung zur politischen Kommunikation existiert ferner das *Media-Skepticism-Konzept*, das fehlendes Vertrauen bzw. Misstrauen beim Publikum zum Ausdruck bringt (z.B. Gunther 1992; Gunther & Chia 2001; Gunther & Schmitt 2004; Dalton et al. 1998), sich ansonsten aber nicht nennenswert vom Glaubwürdigkeits-Ansatz unterscheidet. Bemerkenswert ist die direkte Anbindung an die New Bias-Forschung, da Misstrauen in die Wahrheit und Objektivität der Medienberichterstattung als ‚perceived new bias' (wahrgenommene Verzerrung) begriffen wird.[132] Ebenfalls interessant ist der Hinweis, dass das Misstrauen in Medien in Wahlkampfzeiten besonders groß ist, wo politische Konflikte schnell hochkochen und der direkte Wettstreit zwischen Kandidaten bzw. Parteien den berichtenden Medien leicht den Vorwurf von Parteilichkeit einbringt (Watts et al. 1999).

In der empirischen Glaubwürdigkeitsforschung existieren vier Forschungsrichtungen: Die erste befasst sich mit Persuasionseffekten unterschiedlich glaubwürdiger Botschaften, Medienangebote oder Medienfiguren (‚source credibility', vgl. z.B. Hovland & Weiss 1951; Hovland et al. 1982) und ist deshalb der Wirkungsforschung zuzuordnen. Die zweite Forschungsrichtung versucht Einflussfaktoren für die wahrgenommene Glaubwürdigkeit rezipierter Medien zu ermitteln. Hier geht es beispielsweise um die Frage, ob emotionalisierende Infotainment-Sendungen, die vom Publikum als besonders unterhaltend empfunden werden, nicht andererseits als weniger glaubwürdig gelten. Solche Fragen betreffen Rezeptionsprozesse und wurden in Abschnitt 4.4.2 besprochen. Die beiden verbleibenden Forschungsrichtungen befassen sich mit *allgemeinen* Glaubwürdigkeitsbewertungen von Medien und sollen hier erläutert werden: Die eine vergleicht die Glaubwürdigkeit verschiedener Mediengattungen und sonstiger Institutionen mittels repräsentativer Bevölkerungsumfragen. Die andere versucht das Konstrukt Glaubwürdigkeit entweder faktorenanalytisch oder theoriegeleitet in Subdimensionen aufzugliedern.

---

[132] Auf den damit verbundenen ‚Hostile-Media-Effect' gehen wir in Abschnitt 4.4.2 ein, da sich dieser auf die Bewertung konkret rezipierter Nachrichtenbeiträge bezieht und deshalb eine prozessuale Perspektive einnimmt.

Medienvergleiche

Seit 1959 enthält die regelmäßig in den USA durchgeführte Umfrage des Roper Center for Public Opinion Research, die sich u.a. mit der Bevölkerungsmeinung zum Fernsehen und anderen Medien befasst, eine Frage zur relativen Glaubwürdigkeit der einzelnen Mediensysteme. Hatten im ersten Jahr der Erhebung die Zeitungen noch höhere Glaubwürdigkeitswerte als das Fernsehen, so drehten sich die Verhältnisse bereits 1961 um. Seither liegt das Fernsehen in den USA vor Zeitungen, Zeitschriften und dem Hörfunk (vgl. Bentele 1988: 411). Wie Abbildung 25 oben zeigt, gilt dieser Befund auch in Deutschland, wenn auch nur für das öffentlich-rechtliche Fernsehen. Auch die Langzeitstudie Massenkommunikation in Deutschland misst seit 1964 die Glaubwürdigkeit der Mediengattungen Fernsehen, Radio, Zeitung und – seit der Welle 2000 – Internet (Berg & Ridder 2002). Die *relative Glaubwürdigkeit* bezieht sich darauf, welcher Mediengattung Menschen ‚voraussichtlich am ehesten glauben', wenn deren Berichte einander widersprechen. Die *absolute Glaubwürdigkeit* wird in Form mehrerer Items und Statements zu den jeweiligen Medien abgefragt. Die ALLBUS-Befragung[133], die seit 1980 zweijährlich repräsentative Daten über Einstellungen, Verhaltensweisen und Sozialstruktur in Deutschland ermittelt, erhob das Bevölkerungsvertrauen in zwanzig ‚öffentlichen Einrichtungen und Organisationen', darunter Fernsehen und ‚Zeitungswesen'. Hier fällt auf, dass die Frage nach dem *Vertrauen* in allen vier einschlägigen Wellen (1984, 1994, 2000 und 2002) zu dem umgekehrten Ergebnis wie bei den anderen Studien führt: Dem Zeitungswesen (durchschnittlich Platz 11, nach Hochschulen, Bundesverfassungsgericht, Polizei, Bundeswehr usw., aber vor Bundestag, Bundesregierung und evangelischer Kirche) vertraut die deutsche Bevölkerung relativ konstant mehr als dem Fernsehen (Platz 17 vor dem Europäischen Parlament, der katholischen Kirche und der EU-Kommission als Schlusslichter), was sich vielleicht teilweise durch die Verwendung des hoheitlich-offiziösen Begriffs ‚Zeitungswesen' als Methodenartefakt erklärt.

Glaubwürdigkeitsabfragen auf der Mediengattungsebene sind problematisch (vgl. Schweiger 1999: 94f.; Matthes & Kohring 2003: 6f.; Meyen 2004b: 235ff.). Zwar erhält der Forscher prägnant darstellbare Befunde, die medienpolitisch durchaus spektakulär und relevant sein können. Ungeklärt ist jedoch, aufgrund welcher Kriterien Befragte Glaubwürdigkeitsaussagen machen. Denn die Bewertungen basieren wesentlich auf individuellen Nutzungserfahrungen, die sich beträchtlich unterscheiden. Wer täglich die ‚Bild'-Zeitung liest, wird die Mediengattung ‚Zeitung' generell anders bewerten als ein Leser der ‚Süddeutschen Zeitung' oder der ‚FAZ'. Wie Bewertungen generell, so können auch Glaubwürdigkeit oder Vertrauen auf die sechs Hierarchiestufen medialer Bewertungsobjekte bezogen werden, die wir weiter oben dargestellt haben (Abbildung 24). Dabei erscheint es sinnvoll, verstärkt Genres, konkrete Medienprodukte oder Medienfiguren zu untersuchen, wie dies verschiedene Autoren getan haben, z.B. Deimling et al. (1993) für Fernsehsender, Lee (1978) für TV-Nachrichten versus Zeitungen, Ognianova (1997) für Online-Nachrichten, Wittwer et al. (2004) für Internet-Gesundheitsportale im Vergleich zu entspre-

---

[133] Die Daten sind unter http://www.gesis.org/ frei für Sozialwissenschaftler zugänglich.

chenden Zeitschriften und Tsfati & Cappella (2003) für Mainstream- versus Nonmainstream-Nachrichtenmedien[134].

Dimensionen von Glaubwürdigkeit

Der zweite Ansatz versucht Glaubwürdigkeit in mehrere Teildimensionen zu zerlegen. Bereits Hovland & Weiss (1951) betrachteten die Glaubwürdigkeit (‚credibility') einer Quelle – gemeint waren personale Kommunikatoren wie Politiker oder Wissenschaftler – als Summe der zwei Bestandteile *Kompetenz* (‚expertness') und *Vertrauenswürdigkeit* (‚trustworthiness'). Dieser bis heute relevanten Unterscheidung liegt die Idee zugrunde, dass ein Kommunikator falsche Informationen entweder *ohne* oder *mit* Absicht weitergeben kann. Im einen Fall ist er über den Inhalt nicht ausreichend informiert bzw. nicht kompetent genug. Im anderen Fall verbreitet er aufgrund bestimmter Interessen unwahre Tatsachen oder seine subjektive Meinung, um die Einstellung der Rezipienten in eine gewünschte Richtung zu beeinflussen.

In den Folgejahren versuchten Forscher, umfangreiche Fragebatterien und semantische Differenziale zur Medien- und Kommunikatorbewertung mittels explorativer Faktorenanalysen in sinnvoll interpretierbare Dimensionen zusammenzufassen. Dabei wurden verschiedene weitere Dimensionen identifiziert (vgl. Wirth 1999: 49ff.):

- Dynamik (‚dynamism') als Charakteristik des Kommunikators oder als Gestaltungseigenschaft der Botschaft, basierend auf Items wie ‚aktiv', ‚stark', ‚farbig', ‚auffällig', ‚aggressiv'
- Objektivität (‚objectivity' oder ‚bias')
- Verständlichkeit (‚clarity' oder ‚articulation')
- Attraktivität (‚attraction')
- Gelassenheit, Selbstbeherrschung und Gründlichkeit in der Analyse (‚respite', ‚composture')
- Soziale Verantwortung (‚social interest' und ‚sociability')

Der faktorenanalytische Ansatz hat zwar viele Teilkonzepte hervorgebracht, „allerdings wenig zur Klärung des Glaubwürdigkeitskonstrukts beigetragen" (ebd.: 51). Denn die Entscheidung, welche Bewertungsdimensionen als Teil des Glaubwürdigkeitskonzepts gelten und welche als damit in Verbindung stehende eigene Konzepte, kann man nur theoretisch treffen. Beispielsweise prägt das adrette Aussehen einer Medienfigur sicherlich ihre Glaubwürdigkeit beim Publikum, doch kann man Attraktivität kaum als Glaubwürdigkeitsdimension konzipieren, zumal dieser Zusammenhang wiederum von Randbedingungen beeinflusst wird. Beispielsweise könnte ein allzu attraktiver Politiker oder Moderator durchaus unter Glaubwürdigkeitseinbußen leiden, wenn er nicht mehr als authentisch gilt. Deshalb erscheint es ratsam, explorativ mehrdimensionale Ansätze von vornherein entweder unter dem Image-Konzept (siehe oben) oder unter dem ebenfalls mehrdimensionalen Qualitätskonzept (siehe unten) zu verhandeln.

Vertrauens-Konzept von Kohring

Ein mehrdimensionales Vertrauens-Konzept, das sich aus systemtheoretisch inspirierten Überlegungen zu den Funktionen des Journalismus ergibt, stammt von Kohring (publiziert z.B. in

---

[134] Zu den ‚mainstream'-Medien zählen die Autoren TV- und Radionachrichten; zu den ‚nonmainstream'-Medien ‚political talk radio' mit der Möglichkeit anzurufen (Call-in) und „political information over the Internet".

Kohring 2002; Matthes & Kohring 2003; Kohring 2004). Es geht davon aus, dass sich das Vertrauen des Publikums in journalistische Nachrichtenauswahl und -produktion darauf richtet, dass Nachrichtenmedien über relevante bzw. potenziell relevante Themen und Ereignisse berichten, also über „Ereignisse, die über den gesellschaftlichen Bereich hinaus, in dem sie passiert sind, Bedeutung erlangen *könnten*" (Matthes & Kohring 2003: 10, Herv. im Original). Daraus leiten sich vier empirisch bestätigte Vertrauens-Dimensionen ab, die man problemlos auch auf die Medienglaubwürdigkeit übertragen kann:

- Vertrauen in die Themenselektivität: Rezipienten vertrauen darauf, dass sie über relevante Themen und Ereignisse informiert werden und nicht etwa einen verzerrten Ausschnitt der sozialen Realität geboten bekommen, der von persönlichen Interessen und Einstellungen der Journalisten geprägt ist.
- Vertrauen in Faktenselektivität: Rezipienten vertrauen darauf, dass die Darstellung von Themen und Ereignissen tatsächlich die relevanten Aspekte und Fakten umfasst.
- Vertrauen in die Richtigkeit von Beschreibungen: Wenn auch nicht alle Aussagen objektiv verifiziert werden können, so müssen sich zumindest diejenigen Fakten, für die das möglich ist, überprüfen lassen (Transparenz) und korrekt sein.
- Vertrauen in journalistische Bewertungen: Auch hier vertrauen Rezipienten darauf, dass Journalisten gesellschaftlich relevante Bewertungen abgeben und nicht etwa Außenseitermeinungen über die Maßen ‚hochspielen'.

Zusammenfassung

Wir können festhalten, dass die mehrdimensionalen Konzepte Medienglaubwürdigkeit, Vertrauen und Media-Skepticism eine Fülle empirischer bzw. explorativer Forschung hervorgebracht haben, die vor allem unser Verständnis davon verbessert haben, welche Faktoren die Glaubwürdigkeit von Medien beeinflussen. Aus theoretischer Sicht hingegen scheinen die Konzepte bislang kaum befriedigend geklärt zu sein. Ein Ansatz, der sowohl mit dem Image- als auch mit dem Glaubwürdigkeitskonzept eng verbunden ist, ist die Medienqualität aus Publikumssicht.

5.3.4 Ausgewählte Bewertungsfelder: Medienqualität

In den vergangenen Jahren hat sich die Debatte zur Qualität von Medien und Journalismus (z.B. Ruß-Mohl 1992; Schatz & Schulz 1992; Fabris 2000) in den Bereich der Mediennutzungsforschung ausgedehnt. Unter dem Label ‚Nutzerqualität' (‚User-Quality') befassen sich einige Autoren mit der Medienqualität aus Publikumssicht. Sie tun das entweder als Gegenposition oder als Ergänzung zur bisher dominierenden normativen Betrachtung.

Viele Medienpraktiker und -forscher betrachten die normative Medienqualität einerseits und die Publikumswahrnehmung von Medienqualität andererseits als Gegensatz, zumindest aber als Gegenstand eines Spannungsverhältnisses (Karmasin 1996). Überspitzt formuliert: Der ökonomische Erfolg eines Mediums gilt als Beweis für seine geringe publizistische Qualität, wie es die verbreitete Formulierung ‚Quote oder Qualität' fürs Fernsehen auf den Punkt bringt. Einige erfolgreiche Medientrends wie Boulevardisierung, Sensationalismus oder Infotainment gelten im Nachrichtenbereich gleichsam als ‚Qualitätskiller' (Wolling 2002: 202). Als Ursache des Konflikts gilt der Umstand, dass sich Rezipienten bei ihrer Qualitätsbewertung am persönlichen Vorteil oder Nutzen orientieren, also egoistisch motiviert sind. Die normative Medienqualität hingegen, wie sie von Medienpraktikern, -politikern, und -forschern gefordert wird, orientiert sich an der Erfüllung demokratietheoretisch, ethisch oder pädagogisch begründeter Medienfunktionen und damit am Gemeinwohl.

Auch wenn der normative Qualitätsbegriff das Gemeinwohl im Sinn hat und sich auf verfassungs- bzw. medienrechtlich festgeschriebene Medienfunktionen bezieht, existiert trotzdem kein Konsens darüber, was Medienqualität ist.[135] Einig sind sich die Autoren lediglich darin, dass Medienqualität ein mehrdimensionales Konzept ist (vgl. den Überblick bei Fahr 2001: 10-57). Journalistische Qualität umfasst beispielsweise – je nach Autor unterschiedlich – die Dimensionen Aktualität, Relevanz, Vielfalt, Objektivität, Sachlichkeit, Richtigkeit, Transparenz und Verständlichkeit (Neuberger 2004). Schatz & Schulz (1992) haben die generelle Qualität von Fernsehprogrammen mit Hilfe der Dimensionen Rechtmäßigkeit, Relevanz, Vielfalt, Professionalität und Akzeptanz dargestellt. Bemerkenswert ist besonders die Berücksichtigung der Publikumsakzeptanz, da diese bereits die Vorstellung einer Nutzerqualität enthält.

Abbildung 26: Qualitätsdreieck der Mediennutzung

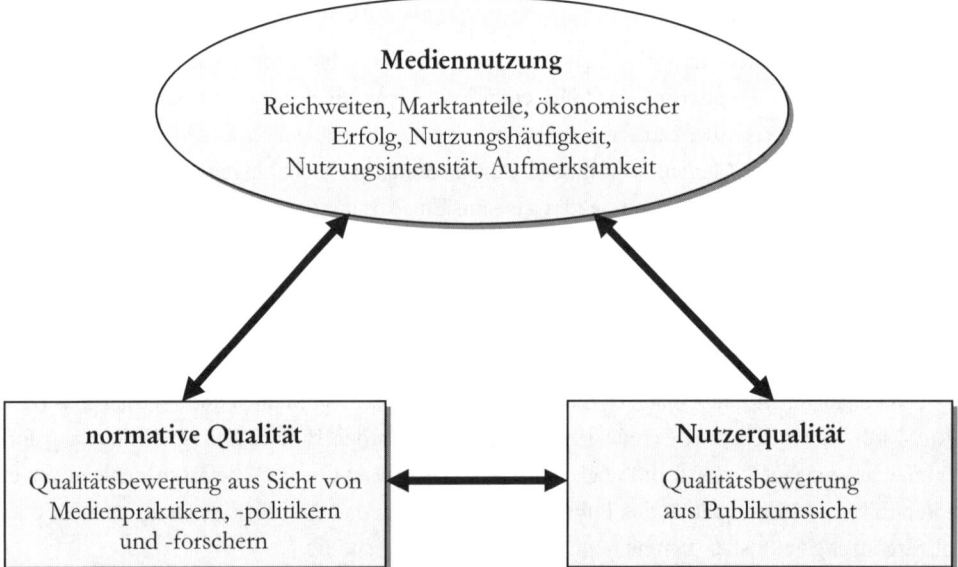

---

[135] Wie Vlasic (2004b) ausführt, sind Qualitätskriterien in einer pluralistischen Gesellschaft zwangsläufig sozial ausgehandelte Normen, über die gar keine endgültige Einigkeit bestehen *kann*.

Allerdings bleibt gelegentlich unklar, was Nutzerqualität überhaupt ist. Häufig werden Publikumserfolg und Nutzerqualität gleichgesetzt, obwohl es sich dabei um unterschiedliche Konstrukte handelt. Der Erfolg eines Medienangebots beim Publikum entspricht der Größe seines Publikums bzw. der gesamten Nutzungsmenge, die ein Angebot auf sich vereinigen kann (Publikumserfolg = Nutzung). Die Nutzerqualität dagegen ist die Bewertung eines Mediums hinsichtlich seiner Qualität durch sein Publikum. Wir haben es also mit einem Qualitätsdreieck mit den Seiten normative Qualität, Nutzerqualität und Mediennutzung zu tun (Abbildung 26).

Normative Qualität und Mediennutzung

Der intensiv diskutierte Antagonismus ‚Quote oder Qualität' hat also nichts mit Nutzerqualität zu tun. Vielmehr geht es dabei um die Annahme, dass Medienangebote, die am Gemeinwohl orientierte ‚Experten' für qualitativ hochwertig halten, vom Publikum nicht unbedingt entsprechend umfangreich genutzt werden. Dass dies nicht immer so sein muss, zeigte eine US-Studie zur Bewertung und Nutzung von TV-Lokalnachrichten (Rosenstiel et al. 1999). Die Autoren ermittelten, dass sich Sendungen mit überdurchschnittlichen bzw. steigenden Quoten u.a. durch folgende – inhaltsanalytisch gemessene – Qualitätsfaktoren auszeichneten: Sie berichteten seltener über Verbrechen, konzentrierten sich besonders auf lokale Themen und praktizierten einen insgesamt seriöseren Journalismus. Auch Brüggemann (2004) zeigt in einer qualitativen Analyse erfolgreicher Crossmedia-Nachrichtenangebote (‚Spiegel', ‚New York Times' und ‚Financial Times Deutschland'), dass sich normative Qualität und Publikumsakzeptanz nicht widersprechen müssen.

Nutzerqualität und Nutzung

Weit weniger Beachtung findet die Frage, wie Nutzerqualität und Nutzung zusammenhängen. Wenn die Annahme stimmt, dass Rezipienten die Medienqualität ausschließlich aus ihrer individuellen nutzenorientierten Perspektive beurteilen, sollten Nutzerqualität und Nutzung hoch korrelieren. Wolling (2002) ist dieser Frage nachgegangen. Erwartungsgemäß findet er, dass die Informations- und Präsentationsqualität von Fernsehnachrichten aus Rezipientensicht (auch nach Kontrolle anderer Einflussfaktoren) moderat mit ihrer Nutzung dieser Sendungen korreliert. Gunter (1997) führte eine repräsentative Befragung zur Qualitätsbewertung und Nutzung vier britischer Seifenopern durch. Auch er ermittelte mittelstarke Zusammenhänge zwischen der Nutzungsmenge und den Bewertungsdimensionen ‚Spannung' und ‚technische Professionalität'. Andere Qualitätsfaktoren dagegen, wie z.B. eine stimmige Mischung von Problemen und Geschichten (‚contrast and balance') oder vertraute Charaktere (‚established characters'), erklärten die Nutzungsmenge nur für einzelne Sendungen. Dahinden et al. (2004) schließlich baten Nutzer und Nichtnutzer von fünf Onlinezeitungen um ihre Qualitätsbewertung der Angebote anhand eines umfangreichen Kriterienkatalogs mit den drei Hauptdimensionen (1) Inhaltsqualität, (2) technische Qualität und (3) Darstellungsqualität. Auch sie stellten mittelstarke positive Zusammenhänge zwischen Nutzung und Angebotsbewertung fest.

Andererseits gibt es Hinweise, dass Rezipienten Medienqualität *nicht* ausschließlich aus einer persönlichen Nutzenperspektive bewerten. Adams (2000) führte Gruppendiskussionen mit

93 Teilnehmern zu ihrem Fernsehverhalten und ihrer Bewertung von TV-Programmen und -Anbietern durch. Nach ihrer persönlichen Bewertung des Fernsehen gefragt, äußerten die meisten Teilnehmer ein positives Bild, das mit der angegebenen Nutzungsmenge korrelierte. Sobald es jedoch um allgemeine Konsequenzen ging, wurde Kritik laut: Die Hälfte der Teilnehmer war gar der Ansicht, Fernsehen sei ‚schlecht' für die Gesellschaft. In der bereits erwähnten Studie von Rosenstiel et al. (1999) wurde ebenfalls eine Publikumsbefragung durchgeführt. Auch hier äußerten die Befragten ihre Ablehnung gegenüber einer oberflächlichen, reißerischen und sensationsorientierten Lokalberichterstattung

Es existiert also ein Unterschied zwischen einer rein persönlichen und einer am Gemeinwohl orientierten Qualitätsbewertung, wobei erstere mit dem Nutzungsverhalten korreliert, letztere hingegen nicht.[136] Allerdings ist mit Gleich (2004: 594) darauf hinzuweisen, dass Personen in Befragungen und Gruppendiskussionen aus Gründen der sozialen Erwünschtheit dazu neigen, gesellschaftlich akzeptierte Mehrheitsmeinungen wiederzugeben. Entsprechend vorsichtig sollte man empirische Befunde zur Nutzerqualität interpretieren.

Normative Qualität und Nutzerqualität

Die letzte Seite des Qualitätsdreiecks bezieht sich auf Unterschiede bzw. Gemeinsamkeiten zwischen normativer Qualität und Nutzerqualität. Einige Studien haben sich für Onlinemedien mit dieser Frage befasst. Rössler (2004) etwa vergleicht einen Teil der ‚Süddeutschen Zeitung Online' (‚sueddeutsche.de') als positiven Benchmark mit den Onlineausgaben zweier Regionalzeitungen. Mit Hilfe eines umfassenden Qualitätsrasters wird zunächst die ‚Sender Quality' inhaltsanalytisch gemessen. Erwartungsgemäß schneidet das SZ-Angebot in den beiden Hauptdimensionen (1) journalistische und (2) mediale Qualität etwas besser ab als die Konkurrenten. Im zweiten Schritt sollen n=32 Leser der jeweiligen Zeitungen die Onlineausgaben anhand desselben Kriterienkatalogs bewerten. Auch hier gewinnt das SZ-Angebot in beiden Dimensionen, für die beiden Regionalangebote hingegen ergibt sich wiederum in beiden Dimensionen ein umgekehrtes Ergebnis. Trepte et al. (2005) vergleichen die Qualitätsbewertungen der Besucher von drei deutschsprachigen Gesundheitsportalen mit der Meinung von sieben Experten; auch hier ergibt sich eine große Übereinstimmung zwischen Nutzer- und Experten-Qualität.

Dahinden et al. (2004) analysieren in ihrer bereits erwähnten Studie ebenfalls die normative und Nutzerqualität von fünf Onlinezeitungen. Bei einem ersten Vergleich der Rangfolge der fünf Angebote hinsichtlich ihrer objektiven und subjektiven Qualität über alle vier Dimensionen hinweg ergibt sich eine Überraschung: Die Nutzer beurteilen die Onlinezeitungen völlig anders, als das von ihrer tatsächlichen Qualität zu erwarten wäre. Die Autoren halten dennoch an der Annahme fest, dass die Nutzungsentscheidung für ein Medium von der persönlichen Qualitätswahrnehmung abhängt. Allerdings halten sie es für unwahrscheinlich, dass die (unbewusste) ‚Berechnung' der Qualitäts-Gesamtbewertung tatsächlich durch einen ungewichteten Mittelwert über alle Qualitätsfaktoren hinweg erfolgt. Vielmehr ist davon auszugehen, dass Rezipienten ih-

---

[136] Diese Beobachtung machen vermutlich auch die meisten ‚Experten' an sich selbst: Man nutzt zum Teil mit Genuss Medienangebote, die man keinesfalls als allgemein qualitativ hochwertig bewerten würde.

re persönliche Bedeutung des jeweiligen Kriteriums als Gewichtungsfaktor mit berücksichtigen. Das bedeutet beispielsweise: Ein Rezipient, der keinen Wert darauf legt, dass eine Onlinezeitung viele externe Links anbietet, wird dieses allgemeine Qualitätskriterium kaum in seiner subjektiven Qualitätsbeurteilung und damit bei seiner Entscheidung für oder gegen ein Angebot berücksichtigen. Ein Ansatz, der ursprünglich aus der Ökonomie stammt und solche mehrdimensionalen Bewertungsprozesse abbildet, ist die Multi-Attribute-Utility-Theory (MAUT, Gregory et al. 1993). Der MAUT-Logik folgend erhoben Dahinden et al. zusätzlich die subjektive Wichtigkeit der Kriterien für Onlinezeitungen generell. Tatsächlich führt eine Gewichtung der objektiven Qualität mit der subjektiven Wichtigkeit der jeweiligen Qualitätsdimensionen zu einer Rangfolge der Onlinezeitungen, die ihrer Rangfolge bei der Nutzerqualität weitgehend entspricht.

Qualität ist ein mehrdimensionales Konstrukt, über dessen Beschaffenheit sich weder Experten noch Rezipienten vollständig untereinander einigen können. Die häufig geäußerte Vermutung, Qualität verringere die Akzeptanz eines Mediums beim breiten Publikum, mag in einigen Bereichen, etwa bei künstlerisch ambitionierten Filmen oder Texten, zutreffen. Zumindest im Nachrichtenbereich lässt sie sich nicht bestätigen. Im Gegenteil: Sowohl objektiv gut gemachte als auch von den Nutzern selbst als gut bewertete Nachrichtenangebote kommen besser an. Der Zusammenhang zwischen der Nutzerqualität und der Nutzung bzw. Nutzungsmenge eines Mediums wird noch deutlicher, wenn man die individuelle Bedeutung der jeweiligen Qualitätsdimensionen für einen Rezipienten berücksichtigt.

5.3.5 Wissen über Medien: Medienkompetenz

Ähnlich wie bei Einstellungen bzw. Bewertungen berücksichtigt die Kommunkationswissenschaft Wissen fast ausschließlich als abhängige Variable in Wirkungsprozessen. Meist geht es darum, wie Medieninhalte das tagesaktuelle und langfristige Weltwissen ihrer Rezipienten prägen. Prominente Beispiele sind der Kultivierungsansatz (vgl. z.B. Shanahan & Morgan 1999; Weimann 1999) und der Agenda-Setting-Ansatz (vgl. z.B. Rössler & Eichhorn 1999). Die Wissenskluftperspektive setzt Medienwissen mit dem Wissenszuwachs bei der Mediennutzung in Verbindung. Ihre schlichte, aber demokratietheoretisch und gesellschaftlich brisante Grundidee besagt: Je mehr Rezipienten über Medien und die Welt wissen, desto mehr lernen sie durch Mediennutzung, so dass sich zwischen Gesellschaftsgruppen Wissensklüfte öffnen oder zumindest nicht schließen (vgl. Bonfadelli 1994; Wirth 1997). In die gleiche Richtung gehen Ansätze zum Lernen mit Medien (Abschnitt 3.2). Keiner der Ansätze gehört zur Mediennutzungsforschung, da keiner von ihnen Medienwissen, verstanden als *Wissen über Medien,* als abhängige Variable zu erklären versucht. Stattdessen gilt Medienwissen als *Ursache* für andere Effekte: Beim Agenda-Setting ist es das Wissen, worüber Nachrichtenmedien aktuell berichten; beim Kultivierungsansatz das Wissen, wie (besonders unterhaltende) Medien die Welt darstellen, und bei der Wissenskluftforschung das Wissen über den effizienten Umgang mit Medien.

Medienwissen als abhängige Variable wurde bislang theoretisch kaum bearbeitet. Das überrascht, gilt doch Medienkompetenz als eine zentrale Voraussetzung bzw. Schlüsselqualifikation in der globalisierten Informationsgesellschaft (Winterhoff-Spurk 1997), sowohl für den Erfolg des Einzelnen als auch für den ökonomischen Erfolg ganzer Staaten oder Regionen (Gunaratne 2001). Auch aus demokratietheoretischer Sicht ist Medienkompetenz von eminenter Bedeutung, denn die Medien können ihre gesellschaftlichen Aufgaben (Information und Bildung, Meinungsbildung, Kritik, Kontrolle und Unterhaltung; Abschnitt 2.3.2) nur optimal erfüllen, wenn sie von politisch mündigen Bürgern kompetent genutzt werden. Deshalb weist die Medienpädagogik, die sich sowohl wissenschaftlich als auch praktisch mit dem Erwerb von Medienkompetenz im Rahmen der Mediensozialisation befasst, eine deutlich normative Prägung auf: Das erklärte Ziel liegt in der Herausbildung umfassender Medienkompetenz, um sowohl Bürgern als auch dem Gemeinwesen optimale Bedingungen zu verschaffen (Groeben 2004: 28ff.).

Was ist Medienkompetenz?

Groebel definiert (1997) Medienkompetenz als die Fähigkeit, je nach äußeren Anforderungen und inneren Bedürfnissen die „optimalen Informations- und Erfahrungskonstellationen schaffen zu können". Wenn das Konzept der Medienkompetenz auch im Zuge der Verbreitung des Internet und der damit verbundenen Informations-, Lern-, Erlebnis- und Interaktionsmöglichkeiten an Bedeutung gewonnen hat, so weist Aufenanger (2002) darauf hin, dass auch der Umgang mit ‚alten Medien' weiterhin von Bedeutung ist. Vor allem das Lesen gilt seit jeher als zentrale Kulturtechnik (vgl. Groeben & Hurrelmann 2002a, 2002b). Da auch das Internet – zumindest im Informationsbereich – textbasiert ist, wird sich daran auf absehbare Zeit nichts ändern (Schön 1998: 218). Deshalb hat sich im englischen Sprachraum der Begriff ‚media literacy' eingebürgert. Bezeichnet ‚literacy' ursprünglich nur die Fähigkeit zu lesen, so steht ‚media literacy' für eine allgemeine Medienkompetenz (Potter 2001: 3). ‚Media literacy' und Medienkompetenz sind deshalb synonyme Begriffe.

Als wichtigste Lebensphase beim Erwerb von Medienkompetenz gilt die Kindheit (z.B. Feil et al. 2004). Doch natürlich müssen in einer sich rapide verändernden Medienumwelt alle Altersgruppen weiter lernen (vgl. Abschnitt 2.2.3 zum lebenslangen Lernen als gesellschaftlichem Makro-Trend). Wollen beispielsweise ältere Personen den Anschluss an die gesellschaftliche Entwicklung nicht verpassen, müssen sie sich zumindest rudimentär mit den Möglichkeiten des Internet vertraut machen. Tun sie es nicht, bleiben ihnen zunehmend Dienstleistungen (z.B. Ticketkauf, E-Banking), politische und soziale Partizipationsmöglichkeiten und Informationsquellen verschlossen (Schweiger 2004b).

Es hat verschiedene Versuche gegeben, die einzelnen Bestandteile von Medienkompetenz zu definieren (vgl. z.B. Schell et al. 1999; Groeben & Hurrelmann 2002b). Im Folgenden seien die Ansätze von Groeben (2004) und Potter (2001) skizziert.

Sieben Komponenten von Medienkompetenz

Groeben (2004) beschreibt sieben Komponenten von Medienkompetenz:[137]

---

[137] Da einige der von Groeben vorgeschlagenen Begriffe als wenig aussagekräftig bzw. gar irreführend erscheinen, ersetzen wir sie durch andere Begriffe und geben den jeweiligen Originalterminus in Klammern wieder.

5.3 Medienbewertungen und Medienkompetenz

Als *Mediensystemkompetenz* (im Original ‚Medienwissen') fasst Groeben all das auf, „was die Mediennutzer/innen über Medieninhalte und -strukturen, Produktions- und Rezeptionsprozesse etc. wissen" (S. 34). Hier geht es um Strukturwissen über wirtschaftliche, rechtliche und politische Rahmenbedingungen, über die Interessen und Intentionen von Medienanbietern bis hin zu Kenntnissen über Medienwirkungen. Tatsächlich ist die Mediensystemkompetenz in vielen Bereichen und Bevölkerungssegmenten auffallend niedrig. Schweiger (2003b) hat beispielsweise in Gruppendiskussionen und einer repräsentativen Umfrage festgestellt, dass Onlinenutzer so gut wie nichts über die Marktsituation und technische Beschaffenheit von Suchmaschinen wissen, obwohl diese ihren Zugang zu neuen Onlineangeboten maßgeblich prägen.

Unter *Medialitätsbewusstsein* ist das Gewahrsein einer Person zu verstehen, sich während der Mediennutzung nicht in der Lebensrealität zu befinden, sondern in einer (a) medialen und (b) fiktionalen Konstruktion, die (c) nur parasoziale Interaktionen zulässt (vgl. Schreier et al. 2001). Die Unterscheidungsfähigkeit zwischen ‚echtem Leben' und Mediendarstellung ist besonders bei fiktionalen und trotzdem realitätsnahen Filmen und noch mehr bei Computerspielen und sonstigen interaktiven Anwendungen mit extremen Handlungen bzw. Darstellungen (Horror, Gewalt, Pornografie usw.) ein wichtiges Thema (Abschnitt 4.4.5 zum Presence-Konzept). Bekanntlich steht in öffentlichen Debatten – besonders zur Gewaltthematik – immer der Verdacht im Raum, die Nutzer solcher Medien würden dort gesehene bzw. in einer Spielumgebung selbst angewandte Verhaltensweisen auf ihre soziale Realität übertragen.

Unter *allgemeinen Nutzungskompetenzen* (‚Selektion/Kombination von Mediennutzung') versteht Groeben die Fähigkeit von Rezipienten, innerhalb der umfangreichen Medienpalette diejenigen Mediengattungen zu nutzen, die ihren Bedürfnissen am besten entsprechen. Die Komponente umfasst somit auch den effizienten Umgang mit crossmedialen Angeboten bzw. Medienverbünden. In diesem Kontext ist auch von einer ‚Orientierungskompetenz' die Rede, die es Rezipienten trotz allgemeiner Informationsüberlastung erlaubt, aufgrund ihrer Kenntnis von Angebotsstrukturen bewusste Auswahlentscheidungen zu treffen und sich nicht nur auf bereits bewährte Routinen zu verlassen. Ein Beispiel mag das illustrieren: Ein Autofahrer befürchtet auf seiner Strecke einen Stau. Wo und wie bekommt er möglichst schnell, einfach und preiswert die entsprechenden Informationen – über sein analoges Autoradio, eine digitale DAB-Anzeige, einen Anruf bei einem Verkehrsservice oder über einen SMS- bzw. WAP- Dienst?

Medienspezifische Nutzungskompetenzen (‚medienspezifische Rezeptionsmuster') reichen „von technologisch-instrumentellen Fertigkeiten bis zu vergleichsweise komplexen (insbesondere kognitiven) Verarbeitungsschemata" (Groeben 2004: 35). Hier geht es also um die Fähigkeit, alle Mediengattungen und -angebote möglichst effizient zu nutzen und ihre Inhalte mühelos und vollständig zu verstehen. Beispiele im Print- und Onlinebereich sind das Überfliegen bzw. Scannen oder das schnelle Erfassen der zentralen Aussage eines Textes, der Umgang mit Zugriffsstrukturen wie Inhaltsverzeichnissen, Indizes oder Literaturangaben (Printmedien), Navigationsbereichen bzw. Menüs, Sitemaps, Suchfunktionen, sonstigen Links oder dem Umgang mit Dateitypen (Online). Beispiele beim Fernsehen sind das Auffinden von Programminformation mit Hilfe von TV-Zeitschriften bzw. Teletext oder die effiziente Verwendung der Fernbedienung.

Bei der *medienbezogenen Genussfähigkeit* handelt es sich um eine Komponente, die trotz ihrer Bedeutung im Unterhaltungsbereich bislang kaum beachtet wurde. Um beispielsweise die Persiflage eines Film- oder TV-Genres zu verstehen und genießen zu können, muss ein Rezipient über Kenntnisse dieses Genres verfügen. Auch die Freude an einer gelungenen Zeitungsreportage, einem sprachlich und argumentativ ausgefeilten Essay, ästhetischen Filmbildern oder einfühlsam gezeichneten Charakteren erfordert ein gewisses Hintergrundwissen und eine – wenn man so will – humanistisch geprägte Medienbildung.

Die *medienbezogene Kritikfähigkeit* stellt eigentlich eine spezifische Anwendung der Mediensystemkompetenz dar und meint eine „analytisch-distanzierte Verarbeitungshaltung" (S. 37) von Medieninhalten, wie sie besonders in der ideologiekritischen Ästhetik der Frankfurter Schule für die Textlektüre thematisiert wurde. Bislang gibt es kaum Verbindungen zwischen dieser normativen Tradition und der empirischen Perspektive. Dennoch steht die Bedeutung der Kritikfähigkeit von Rezipienten in einer zunehmend ökonomisch orientierten Medienumgebung außer Zweifel.

Unter *(produktiven) Partizipationsmustern* versteht Groeben die Fähigkeit, die Möglichkeiten aktiver Teilnahme am Mediengeschehen und an öffentlichen Debatten zu kennen und auszuschöpfen. Besondere Bedeutung hat hierbei neben Leserbriefen und Radio-Call-Ins in den ‚alten' Medien das Internet. Dort gibt es nahezu unbegrenzte Möglichkeiten, eigene Inhalte an andere – Individuen, Gruppen oder prinzipiell die gesamte Öffentlichkeit – zu kommunizieren. Beispiele sind E-Mail, Chat, Diskussionsforen, Blogs, Online-Spiele, Webangebote mit User-Generated Content (z.B. Wikipedia), private Homepages oder bestimmte E-Learning-Anwendungen.

Als letzte Medienkompetenz-Komponente beschreibt Groeben *Anschlusskommunikationen*. Hier geht es um die Fähigkeit, sich mit Personen im sozialen Umfeld (Eltern, Freunden, Lehrern oder Mitschülern) über das Gesehene, Gehörte und Gelesene auszutauschen. Gerade im Kindheits- und Jugendalter spielt interpersonale Kommunikation über Medien bei der Sozialisation eine Schlüsselrolle. Allerdings erscheint Anschlusskommunikation weniger eine Form von Medienkompetenz zu sein, sondern vielmehr das wichtigste Element im Rahmen der Mediensozialisation und damit die zentrale Sozialtechnik bei der Herausbildung von Medienkompetenz.

Systematik von Potter

Eine andere Systematik von ‚media literacy' stammt von Potter (2001). Er unterscheidet zunächst zwischen Wissensstrukturen über Medien (‚knowledge structures') und Fähigkeiten im Umgang mit ihnen (‚skills'). Unter *Wissensstrukturen* versteht Potter hierarchisch strukturierte Wissensbestände, die Menschen in die Lage versetzen, Zusammenhänge zu verstehen und rationale Entscheidungen zu treffen. Im Medienbereich zählen folgende Themenbereiche dazu:

- Wissen über Medieninhalte. Wie sind Nachrichten aufgebaut? Welche Unterhaltungsangebote gibt es? Wie ist Werbung gestaltet? Dabei geht es nicht um konkrete Inhalte, also bei-

spielsweise um die Frage, worüber die ‚Tagesschau' am letzten Abend berichtet hat, sondern um das Kennen und Verstehen allgemeiner Angebotsstrukturen und Gesetzmäßigkeiten.
- Wissen über die Medienwirtschaft: Wie haben sich die Medien entwickelt? Wie finanzieren sie sich? Wem gehört was und wer hat welche Interessen? Welche Verflechtungen gibt es zwischen Medienunternehmen?
- Wissen über Mediennutzung und Medienwirkungen: Wer nutzt gewalthaltige Filme und welche Wirkungen sind zu befürchten? Wie wirkt Werbung? Führt das Fernsehen zu einer verzerrten Weltsicht (Kultivierung)?

Diese Wissensstrukturen ermöglichen verschiedene Skills, die Potter in grundlegende und fortgeschrittene Fähigkeiten aufteilt. Die *grundlegenden Fähigkeiten* (‚rudimentary skills') entwickeln sich während der Kindheit und umfassen Kulturtechniken wie Lesen, Zuhören, Ansehen von (bewegten) Bildern und den einfachen Umgang mit Computern („listening, reading, viewing, and computing", S. 38). Ihnen allen liegen wiederum einige Teilfähigkeiten (‚component skills') zugrunde: Der *Medienumgang* (‚exposure') bezieht sich auf die ‚Mechanik' der Mediennutzung, also auf den Zugriff auf gesuchte Inhalte und ist besonders bei Selektionsprozessen von Bedeutung. Er entspricht den allgemeinen und medienspezifischen Nutzungskompetenzen bei Groeben. *Symbolerkennung* (‚recognizing symbols'), *Mustererkennung* (‚recognizing patterns') und *Verstehen* (‚matching meaning') versetzen einen Rezipienten in die Lage, den offensichtlichen bzw. manifesten Inhalt einer Medienbotschaft zu decodieren. Zwischen den Zeilen zu lesen (Decodieren latenter Inhalte), Inhalte auf den Punkt zu bringen (Abstrahieren), rezipierte Inhalte mit anderen Informationen zu verknüpfen (Inferenzen) usw. gehören noch nicht dazu. Sie sind Bestandteil der *fortgeschrittenen Fähigkeiten*, die sich erst später im Laufe der Mediensozialisation entwickeln und sich wohl am ehesten mit der medienbezogenen Kritikfähigkeit bei Groeben vergleichen lassen.

5.4 Individuelle Rezipienteneigenschaften

Das in Abschnitt 5.1.3 vorgestellte Ordnungssystem für die Analyse von Publikumsstrukturen enthält drei Hauptdimensionen individueller Rezipienteneigenschaften: soziologische, psychologische und allgemeine Merkmale. Da letztere auch für die psychologische und soziologische Beschreibung von Mediennutzern eine wichtige Grundlage bilden, beginnt die folgende Darstellung mit den Variablen Geschlecht, Alter und Bildung.

5.4.1 Allgemeine Merkmale: Geschlecht, Alter, Bildung

Die Merkmale Geschlecht, Alter und Bildung werden landläufig als soziodemografische Variablen bezeichnet, zu denen ansonsten soziologische Eigenschaften wie Berufs- und Familienstand, Einkommen, Haushaltsgröße, Anzahl der Kinder im Haushalt, Religion, Größe (BIK-Region) des Wohnortes und Region (Bundesland, Ost- versus Westdeutschland) gehören. Wir wollen zunächst die generelle Bedeutung soziodemografischer Variablen in der akademischen und kommerziellen Forschung erläutern, bevor wir die wichtigsten theoretischen Ansätze zum Geschlecht und Alter sowie zur Bildung von Rezipienten zusammentragen. Es wird sich zeigen, dass die Merkmale Wissen und Interesse, die eigentlich nicht zu den soziodemografischen Variablen zählen, in direktem Zusammenhang mit der Bildung stehen.

Bedeutung soziodemografischer Variablen

Soziodemografische Variablen haben in der empirischen Publikumsforschung eine immense Bedeutung. In jeder Befragung werden Alter, Geschlecht, Bildung und meist auch das Einkommen der Befragten erhoben. Dafür gibt es mindestens vier Gründe: Erstens lassen sie sich einfach mit jeweils einer Frage messen und können von Befragten ohne großes Nachdenken beantwortet werden. Zweitens werden sie von allen Akteuren im Forschungsumfeld – den Forschern selbst, ihren Auftraggebern und sonstigen Entscheidern – für unverzichtbar gehalten: Nahezu jeder Forschungsbericht bzw. Tabellenband verwendet soziodemografische Variablen zur Stichprobenbeschreibung und Segmentierung deskriptiver Befunde. Da somit die Befunde der meisten Befragungsstudien getrennt nach soziodemografischen Gruppen vorliegen, erlauben sie drittens eine optimale Vergleichbarkeit neuer Ergebnisse mit bisherigen Studien. Viertens scheinen soziodemografische Variablen tatsächlich besonders wichtige Rezipienteneigenschaften zu repräsentieren, denn ihre Erklärkraft ist in fast allen Studien hoch. Haas & Brosius (2006) führten eine Sekundäranalyse der kontinuierlichen Studie ,Typologie der Wünsche Intermedia' durch und fanden, dass die Variablen Alter, Geschlecht und Bildung bei der Publikumssegmentierung eine höhere Varianzaufklärung leisten als die Lebensstil-bezogenen SINUS-Milieus, die eine Vielzahl von sozialen Variablen bündeln.[138]

Soziodemografische Variablen sind, wie der Name sagt, Merkmale, die sich zur pragmatischen Bevölkerungsbeschreibung eignen. Sie repräsentieren aber für sich genommen keine theoretisch sinnvollen Konstrukte. Nicht Alter, Geschlecht oder Bildung einer Person beeinflussen ihren Medienumgang, sondern die individuellen Ressourcen und Lebensbedingungen, die mit ihnen meist, aber nicht immer verbunden sind. Deshalb können soziodemografische Merkmale als Container- bzw. Indikatorvariablen gelten, die mit einer gewissen Wahrscheinlichkeit für ein Individuum, eine Bevölkerungsgruppe oder ein Publikumssegment eine Reihe verhaltensrelevanter Eigenschaften prognostizieren (Schulz 1987). Wenn beispielsweise die Ostdeutschen länger fernsehen als die Westdeutschen, liegt das nicht an der Wohnregion selbst, sondern an den Verhältnissen, unter denen mehr Ost- als Westdeutsche leiden: Arbeitslosigkeit mit geringem Einkommen und hohem Zeitbudget (Darschin & Zubayr 2000).

In der kommerziellen Forschung findet besonders das Einkommen – meist als ,Haushaltsnettoeinkommen' – Beachtung, weil es die Konsummöglichkeiten von Rezipienten und Publika eindeutig repräsentiert: Wer kein Geld hat, ist für die Produktwerbung als Zielgruppe und damit auch für werbefinanzierte Medien vergleichsweise uninteressant. Hierin liegt beispielsweise der Grund, warum die ,Bild'-Zeitung trotz ihrer riesigen Reichweite nur unterdurchschnittliche Werbeerlöse erzielt, denn die Kaufkraft ihrer Leser ist gering. Das Einkommen ist neben der

---

[138] Ähnlich Kubitschke & Trebbe (1992); gegenläufige Befunde bei Johansson & Miegel (1992) und Vyncke (2002).

Bildung diejenige soziodemografische Variable, die die gesellschaftliche bzw. vertikale Position bzw. den sozioökonomischen Status einer Person oder eines Publikums besonders deutlich darstellt. Die akademische Forschung konzentriert sich stärker auf die Standardvariablen Alter, Geschlecht und Bildung; in den USA kommt noch die Rasse bzw. Ethnizität hinzu, in Deutschland bei Immigranten das Herkunftsland oder die Muttersprache (vgl. Hasebrink 1998 sowie verschiedene Aufsätze in Huber & Meyen 2006). Obwohl diese Variablen in annähernd jeder Mediennutzungsstudie miterhoben werden und entsprechend umfassende empirische Befunde vorliegen, sind theoretische Ansätze rar. Das gilt besonders für das Geschlecht von Rezipienten und ihr Alter, mit Einschränkungen auch für die Bildung. Im Folgenden wird der Einfluss dieser drei Variablen auf Mediennutzungsmuster bzw. Medienpublika skizziert.

Geschlecht

Dass Männer und Frauen grundsätzlich unterschiedlich mit Medien umgehen, ist empirisch gut erforscht (vgl. den Überblick von Holtz-Bacha 1995): Frauen sehen etwas länger fern, hören länger Radio als Männer und lesen weniger Zeitung; dabei meiden sie politische und wirtschaftliche Themen und bevorzugen Unterhaltung. Diese Unterschiede sind unabhängig von der Bildung und dem politischen Interesse. Frauen wenden sich Medien etwas weniger aufmerksam zu und gehen nebenbei häufig anderen Tätigkeiten nach. Die Mediennutzung als Mittel der persönlichen Identitätsarbeit und empathische Reaktionen mit dargestellten Figuren haben bei Frauen einen höheren Stellenwert. Frauen nutzen das Fernsehen ritualisierter als Männer, sehen häufiger serielle TV-Formate und schalten seltener um (Heeter 1988b). Auch wenn sich bei der Internetnutzung in letzter Zeit die Kluft zwischen den Geschlechtern verringert hat, waren auch im Jahr 2006 nicht nur anteilsmäßig weniger Frauen online als Männer, sie weisen auch eine kürzere Verweildauer auf (van Eimeren & Frees 2006). Eine besonders wichtige Rolle spielen Bücher als Freizeitlektüre, die Frauen nicht nur häufiger, sondern auch mit höherer Empathie und emotionaler Erlebnisqualität (Spaß, Spannung, Entspannung, Unterhaltung, Abwechslung) lesen als Männer (Dehm et al. 2005a: 527).

Wie erklären sich diese Unterschiede? Es ist weniger das biologische Geschlecht, das den Medienumgang beeinflusst, sieht man von der Präferenz für aggressive Medieninhalte ab, die bei Jungen bereits im Vorschulalter auftritt (Knobloch & Fritzsche 2004). Weitaus größere Bedeutung haben sozial geprägte, d.h. sozialisierte Geschlechterrollen (Gender), die sich in der weiteren Biografie verfestigen, sowie die daraus resultierenden Lebensumstände: Weil Frauen seltener einer Vollzeitarbeit nachgehen als Männer und sich in ihrer Lebensmitte häufig der Kindererziehung widmen, sind sie im Durchschnitt tagsüber länger zuhause. Deshalb nutzen sie generell mehr Medien, tun dies aber unter anderem wegen Hausarbeiten und Kinderbetreuung weniger aufmerksam. Als Folge ihrer Sozialisation sind Frauen tendenziell in anderen Berufen tätig als Männer und interessieren sich für andere Themen. Das schlägt sich in ihren Genre- und Inhaltspräferenzen nieder. Und da sich Frauen stärker in Richtung Familie orientieren und generell andere Verhaltensweisen an den Tag legen als Männer (sie sind z.B. weniger aggressiv), rezipieren sie seltener gewalthaltige oder angsteinflößende Medieninhalte (Hoffner & Levine

2005). Stattdessen bevorzugen sie fiktive Formate, deren weibliche Figuren sie mit Empathie verfolgen und als Rollenvorbilder bei ihrer geschlechtsspezifischen Identitätsarbeit verwenden, wie es Warner & Henry bereits 1948 am Beispiel der Hörerinnen von Radio-Seifenopern zeigten.

Angesichts der gesellschaftlichen Individualisierungstendenzen und der Erfolge der weiblichen Emanzipation stimmen die gelebten Geschlechterrollen und die soziale Situation nicht mehr unbedingt mit dem biologischen Geschlecht überein. Das bedeutet für die Publikumsforschung, dass „zunehmend mit Inhomogenitäten innerhalb dieser Gruppen gerechnet werden" muss (Gleich 1997a: 627). Das Androgynie-Konzept trägt dem Rechnung. Es geht davon aus, dass Menschen weibliche und männliche Eigenschaften in unterschiedlichen Ausprägungen in sich vereinigen, dass sich manche Menschen geschlechtsneutral (androgyn) verhalten und dass es Männer gibt, die überwiegend feminin denken und agieren, sowie tendenziell maskuline Frauen. Dies schlägt sich auch in der Mediennutzung nieder, wie Reigber (1997) am Beispiel Teletext illustrierte: Während die Mehrheit femininer Männer 1996 Teletext noch nicht genutzt hatte, war die Mehrheit maskuliner Frauen durchaus mit der Medientechnik vertraut.

Zu fragen ist schließlich, welche Rolle das biologische Geschlecht und die soziale Prägung bei der Mediennutzung überhaupt spielen. Vielleicht beeinflusst ja in erster Linie die soziale Situation, in der sich eine Person befindet, ihren Medienumgang. Und vielleicht gehen Männer, die sich um Haushalt und Kinder kümmern, überwiegend ‚weiblich' mit Medien um und berufstätige Frauen tendenziell männlich. Zweifellos ist der Umgang mit Medien Bestandteil des alltäglichen Lebens und wird von diesem maßgeblich geprägt. Deshalb plädieren viele Genderforscher, geschlechtsspezifische Mediennutzung unter dem Paradigma der ‚Medienaneignung' als situationsbezogenen Prozess innerhalb von verschiedenen sozialen Kontexten zu analysieren (Abschnitt 5.7.2).

Lebensalter

Hinter dem *Alter* verbergen sich zwei völlig unterschiedliche theoretische Konstrukte: das Lebensalter und das Konstrukt der Generationen bzw. Alterskohorten.

Das *Lebensalter* zeigt, in welcher Phase des Lebenszyklus sich eine Person befindet, wobei zwischen biologischem, psychologischem und sozialem Alter unterschieden wird (Peiser 1996: 69). Es gibt eine Reihe von Versuchen, diese Phasen und die damit verbundenen individuellen Entwicklungsaufgaben, Bezugsgruppen und Bedürfnisse zu systematisieren (vgl. Dimmick et al. 1981: 290ff.; Süss 2004: 33ff.; Karnowski 2003: 15ff.). Als die wichtigsten Phasen bzw. Wendepunkte im Leben gelten Kindheit und Jugend, in denen der Medienumgang – und nicht nur dieser – maßgeblich sozialisiert wird (ausführlich Abschnitt 5.5.2), das frühe Erwachsenenalter, die Phase der Familiengründung und schließlich der letzte Lebensabschnitt, der vom Ausscheiden aus dem aktiven Berufsleben und dem körperlichen Abbau geprägt ist.

Im Lebensverlauf verändern sich verschiedene Aspekte der Mediennutzung. Das Fernsehen gewinnt kontinuierlich an Bedeutung; 2006 betrug die tägliche Nutzungsdauer 152 Minuten pro Tag bei den 14- bis 19-Jährigen und 255 Minuten bei Personen ab 70 Jahren. Kinobesucher sind überwiegend zwischen 14 und 29 Jahren alt, Ältere gehen nur noch selten ins Kino (Media Perspektiven Basisdaten 2006). Die Onlinenutzung hat zwar mittlerweile fast alle Altersgruppen erreicht, lediglich die über 60-Jährigen wiesen 2005 mehr Offliner als Onliner auf (van Eimeren & Frees 2006: 404). Tageszeitungen haben in Deutschland ein Popularitätsproblem bei den Jüngeren (Schönbach et al. 1999); im europäischen Vergleich ist die Situation uneinheitlich (Gustafsson & Weibull 1997). Nicht nur Medienpräferenzen, auch Genrevorlieben und die Bedeutung von Nutzungsmotiven („need salience', Dimmick et al. 1981: 285) ändern sich im Lebensverlauf (Blödorn & Gerhards 2005). Schließlich ist auch von einer zunehmenden Ritualisierung der Mediennutzung auszugehen (Abschnitt 4.3.6).[139]

Karnowski (2003) findet in einer Sekundäranalyse des GfK-Fernsehpanels vier Lebensphasen, in denen sich der individuelle Fernsehumgang deutlich wandelt: (1) In der Zeit des Erwachsenwerdens verringert sich die Nutzungsdauer, und das Fernsehen verschiebt sich auf die Wochenenden und die Abendzeit. (2) Die Geburt des ersten Kindes verändert die Fernsehnutzung weniger als gemeinhin angenommen; allerdings sehen junge Eltern noch später fern als Kinderlose. (3) Sobald die Kinder unabhängig werden und das Haus verlassen, sehen die Eltern wieder mehr fern, interessieren sich weniger für fiktionale Formate und bevorzugen Informationssendungen sowie die öffentlich-rechtlichen Programme. (4) In der letzten Lebensphase prägen die Verrentung und der Verlust des Ehepartners durch Scheidung oder Tod den TV-Konsum: Dieser steigt deutlich an – nun auch wieder tagsüber. Besonders der Berufsruhestand führt zu einem weiter verstärkten Interesse an Informationssendungen. Kurioserweise rezipieren ältere Menschen auch politische Informationen, wenn sie sich gar nicht sonderlich für Politik interessieren. Das bestätigt Cutler & Danowski (1980) in ihrer Annahme, dass Menschen mit zunehmendem Alter weniger nach inhaltsbezogenen Gratifikationen („content gratification') streben und verstärkt im Akt der Mediennutzung selbst eine Gratifikation sehen („process gratification'), was wiederum für eine wachsende Ritualisierung spricht.

Rubin & Rubin (1982) argumentieren, dass die Mediennutzung von Senioren weniger vom biologischen Alter abhängt, sondern sich am besten durch ein Syndrom korrelierender Variablen prognostizieren lässt. Das *kontextuelle Alter* („contextual age') umfasst die faktorenanalytisch ermittelten Dimensionen (a) Umfang interpersonaler Interaktion, (b) Lebenszufriedenheit, (c) ökonomische Sicherheit und (d) Eigenständigkeit. In einer Befragung 55- bis 92-Jähriger können sie zeigen, dass die Dimensionen mit bestimmten Fernsehnutzungsmotiven und Genrepräferenzen einhergehen. Senioren mit geringem Einkommen sehen beispielsweise deshalb viel fern, weil es nichts kostet, während bei Senioren mit geringerer Lebenszufriedenheit eskapistische Motive dominieren. Auch die soziale Einsamkeit lässt ältere Menschen beim Fernsehen verstärkt nach parasozialen Beziehungen suchen (Fabian 1993; Thallmair & Rössler 2001).

---

[139] In dieser Ritualisierung, die sich nach häufiger Ansicht über das gesamte Konsumverhalten erstreckt, liegt wohl der Hauptgrund für das geringe Interesse von Werbetreibenden und damit – leider – auch der Medienunternehmen an Senioren als Zielgruppe. Wenn Werbung nicht die intendierte Verhaltensänderung (Produktkauf) hervorruft, gilt sie als ineffizient und unnötig (vgl. Gleich 1999).

Die Studien unterstreichen zweierlei: Erstens determiniert – wie bereits für das biologische Geschlecht gezeigt – weniger das Alter eines Menschen seine Mediennutzung, sondern vielmehr die damit verbundenen Lebensumstände. Schulz (1987) konnte mit Hilfe einer Regressionsanalyse zeigen, dass der Einfluss des Alters auf die Fernsehnutzungsdauer sogar ganz verschwindet, wenn man die anderen soziodemografischen Variablen Berufstätigkeit, Haushaltseinkommen, Haushaltsgröße und Familienstand kontrolliert. Daraus folgt zweitens: Alterseffekte sind selten linear. Genauso wenig, wie das Leben als ‚steter Fluss' verläuft, verändern sich Mediengewohnheiten graduell. Häufiger wandeln sich die Lebensumstände von Menschen aufgrund bestimmter Ereignisse, die sich dann wiederum in ihrem Medienumgang niederschlagen.

Alterskohorten

Wenn verschiedene Altersgruppen divergente Mediennutzungsmuster aufweisen, muss das nicht unbedingt auf einem Alterseffekt basieren, d.h. auf einer Veränderung im individuellen Lebensverlauf. Als Alternativerklärung kommen Generationseffekte in Frage. In diesem Fall existieren äußere Einflüsse, die den Medienumgang aller Personen verändern, die in dieser Zeit leben. In Deutschland gelten besonders (a) die Verbreitung des Fernsehens in den 1960er-Jahren, (b) die Einführung des dualen Rundfunksystems mit seiner Kanalvervielfachung in den 1980er-Jahren und zuletzt (c) die Diffusion des Internet als solche Einflüsse. Die Generationentheorie geht davon aus, dass individuelle Einstellungen, Werte und Verhaltensmuster besonders in der Kindheit und Jugendzeit sozialisiert werden, da Menschen in dieser Phase ihr grundlegendes Weltwissen erlernen (nach Peiser 1996: 26ff.).[140] Deshalb prägen Medienveränderungen diejenigen Alterskohorten (= alle innerhalb desselben Zeitraum Geborenen) am meisten, die zum Zeitpunkt der Veränderung noch jung waren. Diese Prägung mag sich im Lauf des Lebens Einzelner verändern oder verlieren, über eine gesamte Kohorte hinweg bleibt sie im Wesentlichen erhalten.

Peiser (1996) hat sich in einer aufwändigen Sekundäranalyse der Langzeitstudie Massenkommunikation mit der *Fernsehgeneration* befasst, also mit derjenigen Alterskohorte, die bereits von frühester Kindheit an mit dem Fernsehen als Selbstverständlichkeit aufgewachsen ist. Er kann die ursprünglichen Annahmen, dass die Fernsehgeneration (a) eine stärkere Fernsehbindung aufweist und deshalb (b) andere Medien (Zeitung, Hörfunk) weniger nutzt als frühere Kohorten (Substitution), nicht bestätigen. Auch andere – stärker deskriptiv ausgerichtete – Kohortenanalysen (z.B. Kiefer 1996; Engel & Best 2001) fördern keine eindeutigen Befunde zu Tage. Das hat mindestens drei Gründe: Erstens sind Medienveränderungen immer eingebettet in die allgemeinen Lebensbedingungen, die zu dieser Zeit herrschen, so dass es unmöglich ist, den tatsächlichen Auslöser generationsspezifischer Veränderungen zu identifizieren. Zweitens existiert *die* eine Fernseh- oder Internetgeneration nicht, weil die Diffusion von Medientechniken in der Gesellschaft nicht gleichmäßig erfolgt und sich über einen längeren Zeitraum erstreckt (Abschnitt 5.8.1). Drittens sind Kohorteneffekte empirisch nur schwierig von Alterseffekten zu un-

---

[140] Vgl. Abschnitt 4.1.1 zum Lernen als Informationsverarbeitung, bei der ursprünglich episodisches Wissen in semantisches Weltwissen verdichtet wird, und Abschnitt 5.5.2 zum sozial-kognitiven Lernen durch Beobachtung von Vorbildern.

terscheiden, zumal in der sozialen Realität beide Effekte häufig zusammen auftreten. Ein Beispiel: Die intensive Fernsehnutzung älterer Menschen rührt vermutlich nicht nur von lebensphasenbezogenen Bedürfnissen her, sondern auch von dem Umstand, dass es in ihrer Kindheit während des Krieges und in der Nachkriegszeit nur wenige Freizeitangebote gab, sie damals nur ein eingeschränktes Repertoire an Freizeitaktivitäten erlernt haben und heute deshalb so stark auf das Fernsehen als Freizeitbeschäftigung angewiesen sind (Peiser 1996: 30).

Bildung

Das dritte allgemeine Merkmal ist die *Bildung*. Sie wird in Publikumsbefragungen meist als formaler Bildungsabschluss mit ordinalen Kategorien wie ‚kein Schulabschluss', ‚Hauptschule', ‚mittlere Reife', ‚(Fach-)Abitur' und ‚abgeschlossenes Hochschulstudium' erhoben.

Doch wofür steht der formale Bildungsabschluss? Bei Bourdieu gilt Bildung als eine Form von *kulturellem Kapital*, über das ein Individuum verfügt, das seinen Lebensstil (Abschnitt 5.4.3) und seine sozialen Chancen entscheidend prägt. Mit der Bildung sind nicht zuletzt der soziale und berufliche Erfolg sowie das Einkommen einer Person eng verknüpft. Aus diesem Grund ist der formale Bildungsabschluss von Mediennutzern für die kommerzielle Publikumsforschung von Interesse. Man geht davon aus, dass mit dem Anteil hoch gebildeter Nutzer eines Medienprodukts das Einkommen und die Kaufkraft des Publikums steigen und es umso interessanter als Werbezielgruppe wird – besonders für hochpreisige Produkte.

Oft wird die Variable ‚Bildung' zur Operationalisierung von individuellem *Wissen* verwendet, da es in einer Befragung einfacher und zeitsparender ist, die Teilnehmer um die Nennung ihres höchsten Bildungsabschlusses zu bitten, als sie mit einer umfangreichen Batterie von Wissensfragen zu konfrontieren.[141] Auch das ist für die kommerzielle Publikumsforschung von Interesse: Hochgebildete gelten dort als kompetente Meinungsführer, die die Konsumentscheidungen anderer beeinflussen, so dass sich Einstellungsveränderungen in dieser Gruppe über einen Zweistufenfluss der Kommunikation auf Dritte übertragen können. Diese Annahme steht allerdings im Widerspruch mit empirischen Befunden, die zeigen, dass Meinungsführer eher wegen ihrer thematischen Kompetenz um Rat gefragt werden und weniger wegen ihrer generellen Bildung oder ihres sozioökonomischen Status (Lazarsfeld & Katz 1955). Doch um welche Art von Wissen geht es eigentlich? Üblicherweise sind folgende drei Wissensdomänen als Determinanten der Mediennutzung von Bedeutung:

- politisches Wissen als Grundlage eines mündigen und politisch kompetenten Bürgers in der Demokratie; es reicht vom einfachen Faktenwissen (Wer ist derzeit Bundeskanzler? Welche Partei hat die Bundestagsmehrheit?) über Wissen zum politischen System (Wer wählt den Bundespräsidenten? Was ist das Mehrheitswahlsystem?) bis hin zu Strukturwissen (Welche Akteure vertreten in der Gesundheitspolitik welche Interessen?);
- Allgemeinbildung als die in der Schule vermittelten Basiskompetenzen Lesen, Schreiben und Rechnen sowie Grundkenntnisse in den wichtigsten Wissensgebieten (Naturwissenschaften, Mathematik, Kultur, Geschichte, Wirtschaft usw.) und

---

[141] Vgl. Abschnitt 3.2 mit weiteren Anmerkungen zu kognitiven bzw. wissensbezogenen Nutzungsmotiven.

- Medienkompetenz als Wissen über Medien, ihre Funktionsweisen und wie man sie erfolgreich nutzt (Abschnitt 5.3.5).

Bildungseffekte: Digital Divide

Zunächst zur Medienkompetenz: Sie hat einen Einfluss darauf, ob Menschen diejenigen Medienangebote, die ihre Motive und Interessen am besten bedienen, (a) überhaupt kennen und (b) auch tatsächlich nutzen. Vor allem das Internet gilt als technisches Medium, das eigentlich alle Rezipientenbedürfnisse befriedigen kann. Wenn weiterhin ein nicht unerheblicher Anteil der Bevölkerung ‚offline' bleibt (vgl. Gerhards & Mende 2005), stellt sich die Frage, ob diese Menschen tatsächlich keine Bedürfnisse haben, die sie online befriedigen können, oder ob sie das Internet schlichtweg aufgrund fehlender Medienkompetenz meiden. Zweifellos spielen in diesem Zusammenhang auch ökonomische Ressourcen eine Rolle, da ein internetfähiger Computer und die Verbindungskosten für Arme kaum zu finanzieren sind. Es entsteht eine digitale Spaltung, wie sie die *Digital Divide-Forschung* beschreibt (Kubicek & Welling 2000; Arnhold 2003; Riehm & Krings 2006): Mangelnde Bildung bzw. Medienkompetenz – häufig in Verbindung mit fehlenden finanziellen Möglichkeiten – hält Individuen von der Anschaffung und Nutzung neuer Informationsmedien ab (‚Have-nots'), was wiederum ihre Weiterbildung erschwert und ihre gesellschaftlichen Entwicklungschancen vermindert. Dass die Bildung generell ein wichtiger Faktor bei der Verbreitung von Medieninnovationen ist, zeigt auch die Diffusionsforschung (Abschnitt 5.8.1).

Bildungseffekte: Wissensklüfte

Mit dem Zusammenhang zwischen politischem Wissen und Mediennutzung hat sich die Wissenskluftforschung intensiv befasst (vgl. Bonfadelli 1994; Wirth 1997). Höher gebildete Personen, so die Wissenskluftforschung von Tichenor et al. (1970), würden mit Hilfe der Massenmedien mehr über politische Themen lernen als statusniedrigere Segmente, so dass sich zwischen den Segmenten eine Wissenskluft auftut oder zumindest nicht schließt. Nun gehören Lerneffekte in den Bereich der Wirkungsforschung. Da jedoch die Hypothese die demokratietheoretisch bedenklichen Wissensklüfte als Folge bildungsabhängig unterschiedlicher Mediennutzung betrachtet, also als Folge von Nutzungsklüften, ist zumindest dieser erste Wirkungsschritt für die Nutzungsforschung relevant.

Eine Ursache für Nutzungsklüfte liegt im kognitiven Aufwand, der für die Rezeption unterschiedlicher Mediengattungen nötig ist (Abschnitt 4.4.4). Während das Fernsehen als einfaches Medium gilt, stehen textbasierte Print- und Onlinemedien (vielleicht mit Ausnahme der ‚Bild-Zeitung') in dem Ruf, eine erhöhte Bereitschaft zu kognitiver Anstrengung zu erfordern. Entsprechend bevorzugen Individuen mit geringeren kognitiven Ressourcen einfachere Mediengattungen.[142] Das lässt sich auch mit Hilfe der Unterscheidung in Fakten- versus Strukturwissen

---

[142] Laut Langzeitstudie Massenkommunikation sind überregionale Tageszeitungen (Qualitätszeitungen), Wochenmagazine (z.B. ‚Spiegel', ‚Focus') sowie das Internet als „Informationsquellen über aktuelle Ereignisse aus Politik und öffentlichem Leben" für hoch Gebildete etwa doppelt so wichtig wie für niedrig Gebildete. Fernsehen, Radio, Zeitschriften und regionale Tageszeitungen sind für alle Bildungsgruppen gleichermaßen von Bedeutung (Berg & Ridder 2002: 111).

(Abschnitt 3.2.2) erklären: Faktenwissen ist einfacher zu verstehen und zu verarbeiten als Strukturwissen, dessen Bildung ja die Verknüpfung unterschiedlicher Wissenselemente erfordert. Darum präferieren weniger Gebildete nicht nur einfachere Medien, sondern tendenziell auch Medieninhalte mit einfachen Fakten und meiden komplexe strukturelle Themen. Es passt also ins Bild, dass das Interesse niedrig Gebildeter an Politik – gemessen an anderen Themen – vergleichsweise gering ist.[143] Denn gerade politische Themen sind meist komplex und lassen sich nicht auf einige isolierte Fakten, O-Töne und Bilder reduzieren.

Bildungseffekte: Kritik am Fernsehen und Videomalaise

Genau das wird besonders dem Fernsehen vorgeworfen. Die Medienkritiker Postman (1988) und Meyrowitz (1990a; 1990b) beklagen die auf isolierte Fakten und Bilder reduzierte Realitätsdarstellung im US-Fernsehen, die den Blick für größere Zusammenhänge (Strukturwissen!) verliert. Iyengar (1991; Iyengar & Simon 1993) kritisiert, dass das Fernsehen selbst komplexe Gesellschaftsprobleme wie Arbeitslosigkeit oder Armut auf Personen und ihre Schicksale (‚episodic frames') reduziert und damit von den wahren strukturellen Ursachen ablenkt. Robinson (1976) vermutet in der Videomalaise-Hypothese, dass die oberflächlich-narrative, unterhaltungsorientierte, auf Konflikte, Skandale, Gewalt und Einzelschicksale fokussierte Politikberichterstattung des Fernsehens, die besonders von weniger Gebildeten und politisch Desinteressierten gesehen wird, zu Politikverdrossenheit führt (vgl. auch Holtz-Bacha 1990). Putnam (1995) schließlich wirft dem Fernsehen eine Privatisierung der Freizeit und damit einen Rückzug ins Private vor, die die Bereitschaft der Bürger zur politischen Partizipation verringert (Moy et al. 1999). Alle Kritikpunkte lassen sich auch auf andere Medien, besonders die Boulevardpresse, übertragen, wie es im Fall der Videomalaise-Hypothese tatsächlich unter dem Label ‚Mediamalaise' geschehen ist (Wolling 1999).

Definiert man Politikverdrossenheit als (a) negative Einstellung und (b) Desinteresse gegenüber der Politik (ausführlich ebd.: 9ff.), kann sich das wiederum bei der Mediennutzung zeigen: Diejenigen Medien, die sich an den Interessen und kognitiven Ressourcen ihres Publikums orientieren und darum unpolitische Themen übergewichten und politische Themen unterhaltsam und ‚unpolitisch' aufbereiten, verstärken somit das Publikumsinteresse an eben solchen Themen und Darstellungen. Die ‚kognitive Faulheit' des Publikums wird also nicht nur von den Massenmedien bedient, sondern durch die Fokussierung auf Episoden- und Faktenwissen eventuell gar noch vergrößert.

Bildung und Nutzungsmotive der Politikberichterstattung

Bonfadelli (1994) berichtet von einer Befragung zur Wissenskluftypothese. Darin wurde nach kognitiven Motiven zur Nutzung der Politikberichterstattung gefragt („wieso man das politische Geschehen im Fernsehen, am Radio oder in der Zeitung mitverfolgt"; S. 293). Die Antworten der Befragten ließen sich faktorenanalytisch auf die Faktoren (1) Neugier und Orientierung, (2)

---

[143] Hoch Gebildete interessieren sich eher für Politik, Wirtschaft und Kultur als niedrig Gebildete, während diese stärker nicht-politische Themen präferieren: Ratgeber-/Verbraucherthemen, Kriminalität, Katastrophen sowie Medizin, Gesundheit und Ernährung (ebd.: 115).

Partizipation und Kontrolle sowie (3) Gewohnheit und Pflicht verdichten (Tabelle 16). Betrachtet man die Korrelationen zwischen der Bildung der Befragten und ihren Nutzungsmotiven, zeigen sich deutliche Zusammenhänge. Bildung beeinflusst also nicht nur Medien- und Genrepräferenzen sowie thematische Vorlieben bei der Informationsnutzung, sondern auch Motive. Je gebildeter Rezipienten sind, desto wichtiger sind ihnen die Motivfaktoren Neugier/Orientierung und Partizipation/Kontrolle. Weniger Gebildete scheinen der medialen Politikberichterstattung durchgehend weniger abgewinnen zu können und rezipieren sie öfter aus Gewohnheit. Generell messen sie der Politikberichterstattung in den klassischen Massenmedien Fernsehen, Radio und Zeitung nur wenig berufliche Bedeutung bei. Dieses Motiv korreliert jedoch deutlich mit der Bildung. Für höher Gebildete hat die Politikberichterstattung offensichtlich einen größeren Bezug zu ihrem Beruf und damit ihrer persönlichen Lebenswelt; sie sehen einen größeren und konkreteren Nutzen darin. Das weist darauf hin, dass niedriger Gebildete politische Informationen nicht nur deshalb seltener nutzen, weil ihnen diese zu komplex sind, sondern auch, weil sie mit ihrer persönlichen Lebenswelt nur wenig zu tun haben. Das bestätigt Ettema & Kleins (1977) Hinweis, dass die Wissens- bzw. Rezeptionskluft nicht ausschließlich als ein Wissensdefizit der niedriger Gebildeten zu interpretieren sei, sondern auch als Indikator für eine schlichte Interessen- und Rezeptions-Differenz zwischen Bevölkerungsgruppen.

Tabelle 16: Nutzungsmotive der Politikberichterstattung und Bildung

	Anteil: Motiv trifft sehr zu	Korrelation: Bedeutung des Motivs x Bildung
Faktor Neugier und Orientierung		
finde es interessant	28%	+0,12*
sich auf dem Laufenden halten	35%	+0,25**
aus Neugierde	12%	+0,12*
um mitreden zu können	13%	+0,03
Faktor Partizipation und Kontrolle		
um Politiker zu kontrollieren	12%	+0,15**
um so an Politik teilzunehmen	13%	+0,10
weil man mitbetroffen wird	28%	+0,24**
ist für meinen Beruf wichtig	10%	+0,21**
Faktor Gewohnheit und Pflicht		
aus lauter Gewohnheit	7%	-0,08
weil es Bürgerpflicht ist	5%	+0,03

Durchführung 1986/1987; n=512 Deutschschweizer (Bonfadelli 1994: 294).

Fassen wir zusammen: Weniger die Bildung selbst, sondern eher Wissen als Resultat von Bildung beeinflusst die Mediennutzung. Dies geschieht in mehrfacher Hinsicht: (1) Fehlende Medienkompetenz kann Individuen vom Besitz und der Nutzung bestimmter Medien abhalten (Selektion) oder an der erfolgreichen Rezeption dieser Medien hindern. (2) Mangelndes politisches oder allgemeines Wissen erschwert die Rezeption anspruchsvoller Mediengattungen, Genres und Inhalte, weshalb weniger Gebildete solche Angebote meiden (Selektion). (3) Domänenspezifisches Wissen und Interesse korrelieren miteinander. Individuen interessieren sich wenig für Themen, über die sie wenig wissen. Je geringer das politische Wissen einer Person, desto seltener wird sie politische Inhalte in Massenmedien rezipieren. Die Folge ist die Vermeidung anspruchsvoller bzw. politischer Mediengattungen (Zeitungen und Online-Nachrichten), Genres (Nachrichten, politische TV-Magazine) und Produkte (z.B. ‚Süddeutsche Zeitung' oder ‚Spiegel') und die verstärkte Zuwendung zu ‚leichten' bzw. unterhaltenden Medienangeboten (z.B. TV-Unterhaltung, Boulevardzeitungen, Regenbogenpresse).

5.4.2 Psychologische Merkmale

In Anbetracht der Individualisierungstendenzen in liberalen Gesellschaften haben soziale Gruppen nicht mehr denselben Einfluss auf das Verhalten Einzelner wie früher. Die gestiegene persönliche Freiheit ermöglicht es Menschen in höherem Maße, so zu leben, wie sie wirklich wollen. Personen fühlen, denken und handeln seltener so, wie es von ihrer Soziodemografie und ihrer sozialen Position her zu erwarten ist. Dessen ungeachtet sind soziodemografische Variablen immer noch die wichtigsten Merkmale zur Segmentierung von Publika (Abschnitt 5.4.1), ihre Prognosefähigkeit nimmt jedoch ab. Deshalb sucht die Publikumsforschung nach neuen, psychologischen Segmentierungsvariablen (Gleich 1997a: 627). Auch die medienpsychologische Forschung wendet sich seit den 1990er-Jahren verstärkt Persönlichkeitseigenschaften zu, um individuelle Unterschiede bei der Medienselektion und -rezeption, bei der Wahrnehmung von Medieninhalten/-akteuren sowie beim Medienerleben zu erklären.

Der Bereich in der Psychologie, der sich mit der Beschreibung und Prognose von langfristigen Persönlichkeitseigenschaften befasst, ist die Differenzialpsychologie. Schmitt (2004: 153) zufolge versteht man unter Persönlichkeit „ein Profil von Merkmalen des Verhaltens und Erlebens (...), das Personen zuverlässig unterscheidet und ihnen eine phänomenale Einzigartigkeit verleiht". Zur Persönlichkeitsbeschreibung eignen sich (1) nur dauerhafte bzw. zeitlich stabile Merkmale und (2) transsituativ konsistente Eigenschaften, „die über eine größere Menge funktional äquivalenter Situationen generalisieren" (ebd.), also in unterschiedlichen Lebenssituationen anwendbar oder beobachtbar sind. Die Persönlichkeit eines Menschen bestimmt somit, wie er denkt und fühlt – kurzum ‚tickt' –, welche affektiven und kognitiven Strategien er in bestimmten Situationen anwendet, welche Einstellungen und Bedürfnisse ihn besonders prägen und welche Verhaltensroutinen und -muster er üblicherweise anwendet. Schweiger (2006) hat darauf hingewiesen, dass man durchaus auch Mediennutzungsmuster, sofern es sich um situations- und medienübergreifende Stile handelt, als Teil der Persönlichkeit interpretieren kann (ausführlicher Abschnitt 5.2.1).

Im Folgenden werden einige Persönlichkeitsmerkmale besprochen, die die differenzielle Psychologie entwickelt hat und die von der Medienpsychologie und Publikumsforschung mehr oder weniger verändert übernommen und zur Prognose von Publikumsstrukturen und individuellen Mediennutzungsmustern verwendet wurden.

Mehrdimensionale Persönlichkeitsmodelle

Seit dem frühen Persönlichkeitsmodell von Eysenck (erstmals 1947) wurden verschiedenste mehrdimensionale Ansätze entwickelt. Das Ziel aller dieser Modelle ist (a) eine möglichst vollständige Beschreibung menschlicher Eigenschaften und Unterschiede, d.h. eine maximale Varianzaufklärung, anhand (b) exklusiver und voneinander unabhängiger Dimensionen, bei (c) minimaler Anzahl von Dimensionen (Prinzip der Modell-Sparsamkeit) und (d) reliabler empirischer Messbarkeit durch Persönlichkeitsinventare. Es geht also darum, Verhaltensmuster von Menschen mit Hilfe weniger Persönlichkeitseigenschaften optimal zu prognostizieren. In der Nutzungsforschung kamen neben Eysencks Persönlichkeitsmodell, das bis heute den meisten Ansätzen zugrunde liegt, das Fünf-Faktoren-Modell (‚big five'), das sechsdimensionale Hamburger Persönlichkeitsinventar (HPI, Andresen 2002) sowie das Freiburger Persönlichkeitsinventar (FPI, Fahrenberg et al. 2001) mit zehn Dimensionen zum Einsatz. Gemeinsam ist den gebräuchlichen Inventaren, dass die Dimensionen metrisch skaliert sind und auf jede Person mehr oder weniger stark zutreffen – im Gegensatz zu kategorialen Modellen, die jedes Individuum einem Typus zuordnen (z.B. die vier traditionellen Temperamente Choleriker, Melancholiker, Phlegmatiker und Sanguiniker).

Eysencks (1947) Modell umfasst drei Dimensionen:

- *Extraversion*: Extravertierte Personen suchen aktiv Reize auf, um ihr Erregungsniveau zu steigern; sie sind gesprächig, bestimmt, aktiv, energisch, offen, dominant, enthusiastisch, sozial und abenteuerlustig. Introvertierte Personen dagegen sind still, reserviert, scheu und zurückgezogen.
- *Neurotizismus*: Neurotische Menschen sind emotional labil, leiden häufig unter Nervosität, Ärger und Ängsten; sie sind stressanfällig, launisch, empfindlich, reizbar und beklagen sich oft über körperliche Schmerzen.
- *Psychotizismus* beschreibt abgeschwächte Symptome von Schizophrenie und umfasst Merkmale wie Aggressivität, Gefühlskälte, Egozentrik, Impulsivität, Kreativität und Antisozialität.

Das Fünf-Faktoren-Modell (z.B. McCrae & Costa 1987; deutsch von Borkenau & Ostendorf 1993; vgl. den Überblick bei Rammstedt et al. 2004) enthält neben den Eysenck'schen Dimensionen *Neurotizismus* und *Extraversion* die Dimensionen *Offenheit für Erfahrungen, Verträglichkeit* und *Gewissenhaftigkeit*.

Eine Reihe von Studien hat sich mit dem Zusammenhang zwischen Persönlichkeitsinventaren und Mediennutzung befasst. Dem liegt die Annahme zugrunde, dass die Persönlichkeit eines Menschen eng mit seinen allgemeinen Bedürfnissen korreliert und damit auch mit seinen Mediennutzungsmotiven, welche wiederum zu bestimmten Präferenzen und Nutzungsmustern führen. Schmitz et al. (1993) erhoben eine Fülle psychologischer Persönlichkeitsvariablen und stellten einen deutlichen Einfluss auf unterschiedliche Fernsehmotive fest. Fahr & Böcking (2005) verwendeten in einer Befragung zum Wegschalten beim Fernsehen die Kurzform des Hamburger Persönlichkeitsinventars (HPI-K). Es zeigte sich, dass die sechs Persönlichkeitsdimensionen deutlichen Einfluss auf die Wegschaltmotive hatten. Schweiger (2006) konnte mit Hilfe von drei

5.4 Individuelle Rezipienteneigenschaften

ausgewählten HPI-K-Dimensionen medienübergreifende Nutzungstypen charakterisieren. McIlwraith (1998) fand, dass Fernsehsüchtige hohe Neurotizismus- und Psychotizismus-Werte aufweisen. Bommert et al. (1995, 2000) sowie Kleyböcker (1999) befassten sich mit dem Zusammenhang zwischen Rezipientenpersönlichkeit und der Wahrnehmung und Bewertung von TV-Akteuren. Finn (1997) untersuchte den Einfluss des Fünf-Faktoren-Modells auf die Nutzungsmenge von unterschiedlichen Mediengattungen. Er kann u.a. zeigen, dass Offenheit für Erfahrungen positiv mit Kinobesuch und Bücherlesen und negativ mit der Fernsehnutzung korreliert und dass Extravertierte eher selten zur Unterhaltung lesen. Radiohören steht mit keiner der Dimensionen in Zusammenhang. Brosius & Weaver (1994) und Weaver (2000) fanden Korrelationen zwischen den Eysenck'schen Dimensionen und Präferenzen der Medienunterhaltung, Amiela & Sargent (2004) wandten sie auf Nutzungsmotive im Internet an. Grob zusammengefasst sieht die Befundlage so aus: Psychotische Rezipienten fallen durch eine Vorliebe für grausame und brutale Medieninhalte auf; neurotische Personen nutzen Medien häufig zur Stimmungsregulierung und neigen zu aktiven bzw. volatilen Nutzungsmustern, indem sie z.B. beim Fernsehen häufig umschalten. Auch Extravertierte gehören zu den eher volatilen Rezipienten; ansonsten nutzen sie Massenmedien etwas seltener, weil sie den direkten sozialen Kontakt bevorzugen (vgl. Schmitt 2004: 158ff.).

Neben mehrdimensionalen Persönlichkeitsinventaren, die jeweils eine möglichst *vollständige* Beschreibung menschlicher Eigenschaften zum Ziel haben, existiert eine Fülle *einzelner* Persönlichkeitskonstrukte, deren Einfluss auf die Mediennutzung teilweise recht gut erforscht ist.

Einstellungen und Bedürfnisse

Zunächst können Einstellungen und dauerhafte Werthaltungen als relevante Persönlichkeitseigenschaften gelten. Wie in Abschnitt 3.2.3 ausführlich gezeigt wurde, spielen Einstellungen bei der Medienselektion eine Rolle, weil Rezipienten überwiegend Inhalte rezipieren, die ihrer Meinung entsprechen. Das gilt nicht nur für politische Einstellungen und Nachrichten, sondern auch für Werte und damit Genre- und Inhaltspräferenzen, wie McFarland (1996) am Beispiel religiöser Menschen illustriert. Während die Einstellungs*richtung* bestimmt, *welche* Inhalte ausgewählt werden, beeinflusst die Einstellungs*stärke* bzw. der Dogmatismus einer Person ihre Neigung zur selektiven Auswahl (Selective-Exposure) (vgl. Donohew et al. 1972). Selektive Auswahl dient in erster Linie der Vermeidung kognitiver Dissonanzen. Damit ist wieder eine Verbindung zu Motiven und Bedürfnissen hergestellt. Ein weiteres Motiv ist die Autoritätshörigkeit (,authoritarianism'). Das Bedürfnis nach einer starken staatlichen Autorität hat beispielsweise bei weißen US-Amerikanern einen Einfluss auf das erlebte Vergnügen bei der Rezeption von Reality-TV-Formaten mit schwarzen Tatverdächtigen (Oliver 1996).

Sensation-Seeking und Kognitionsbedürfnis

Viel Beachtung haben zwei verwandte Konzepte zum menschlichen Bedürfnis nach kognitiver Stimulation gefunden: Sensation-Seeking und das Kognitionsbedürfnis. Die Konzepte werden in der Forschungsliteratur meist getrennt behandelt, d.h. die Autoren beziehen sich entweder auf das eine oder das andere Konstrukt:

Das *Sensation-Seeking*-Konzept charakterisiert Personen, die ständig auf der Suche nach abwechslungsreichen und komplexen Eindrücken, Erfahrungen und Informationen sind, um ihr Erregungsniveau auf einem überdurchschnittlich hohen Niveau zu halten. Sensation-Seeker sind meist extrovertierte Persönlichkeiten. Die Skala von Zuckerman (1979) umfasst vier Subdimensionen (nach Winterhoff-Spurk 1999: 64): (1) ‚thrill and adventure seeking' durch körperlich riskante Aktivitäten wie beispielsweise Extremsportarten, (2) ‚experience seeking' durch einen unkonventionellen Lebensstil (z.B. Reisen, Kunst, Drogen, unkonventionelle Freunde), (3) ‚disinhibition seeking' als die Suche nach sozialer Stimulation und Enthemmung durch Partys, soziales Trinken oder promiskes Verhalten, (4) ‚boredom susceptibility', die Abneigung gegenüber Langeweile und Neigung zur Unruhe, wenn die Umwelt keine Abwechslung bietet. Das Konzept wurde besonders in der Persuasions- und Werbewirkungsforschung als intervenierende Variable angewandt (häufig bei Aufklärungs- und Gesundheitskampagnen, vgl. z.B. Palmgreen et al. 1991; Green et al. 2002). Dort zeigt sich beispielsweise, dass Sensation-Seeker stärker als andere Personen auf sensationalistische Werbestimuli ansprechen (Donohew et al. 1990), weil sie ein hohes Erregungsniveau anstreben. Aus demselben Grund fanden verschiedene Studien eine Präferenz für erregende Medieninhalte.[144] Die reine Fernsehnutzungsmenge scheint mit Sensation-Seeking nichts zu tun zu haben (Gleich et al. 1998; Potts et al. 1996). Zum Zusammenhang mit Mediennutzungsstilen gibt es ebenfalls einige Befunde: Rowland et al. (1989) stellten fest, dass Sensation-Seeker das Fernsehen häufiger als Nebenbeimedium nutzen. Schierman & Rowland (1985) konnten in einem Selective-Exposure-Experiment zur Fernsehnutzung zeigen, dass Sensation-Seeker häufiger umschalten als andere. Dabei ergab sich eine zusätzliche Interaktion mit dem Geschlecht: Bei Männern korrelierte Sensation-Seeking stärker mit der Umschalthäufigkeit als bei Frauen. Auch Perse (1996) ermittelte in einer Beobachtungsstudie, dass Sensation-Seeker beim Fernsehen häufiger umschalten und Nebentätigkeiten ausführen. Massad & Readon (1996) stellten einen positiven Zusammenhang zwischen der individuellen Risikobereitschaft und der Umschalthäufigkeit fest. Brenner (1998; zit. n. Mangold & Brenner 1999: 502) und Gleich et al. (1998) konnten hingegen keinen Zusammenhang bestätigen.

Das *Kognitionsbedürfnis* (‚need for cognition') wurde ursprünglich von Cacioppo & Petty (1982) in die Werbewirkungsforschung eingeführt und im Rahmen des Elaboration-Likelihood-Model (Abschnitt 4.4.2) ebenfalls zur Prognose der Informationsverarbeitung bei Werbebotschaften verwendet. Das Kognitionsbedürfnis beschreibt die Suche nach geistigen Herausforderungen, die Bereitschaft zu und Freude an schwierigen und kniffligen intellektuellen Aufgaben und damit das Gegenteil von ‚Denkfaulheit'. Ein erhöhtes Kognitionsbedürfnis geht mit einer allgemein geringeren Fernsehnutzung (Henning & Vorderer 2001) und einer Präferenz für Nachrichtensendungen einher (Perse 1992). Condra (1992) fand, dass Personen mit höherem

---

[144] Vgl. Conway & Rubin (1991), Perse (1996), Gleich et al. (1998) oder Burst (1999) zu Fernsehmotiven und Genrepräferenzen, Krcmar & Greene (1999) und Greene & Krcmar (2005) zur Rezeption von TV-Gewalt, Tamborini & Stiff (1987) und Zuckerman (1996) zur Horrorfilm-Nutzung, McDaniel (2004) zur Nutzung von TV-Sport sowie Slater (2003) zur Nutzung Jugendlicher von Film- und Online-Gewalt; weitere Literaturangaben bei Schmitt (2004: 161).

5.4 Individuelle Rezipienteneigenschaften

Kognitionsbedürfnis die Politikberichterstattung zum US-Präsidentschaftswahlkampf 1988 inhaltsorientierter, also bewusster nutzten. Auch Hawkins et al. (2001) stellten fest, dass Menschen mit einem höheren Bedürfnis nach Kognition Nachrichtensendungen etwas aufmerksamer, fiktionale Filme und Sitcoms hingegen weniger aufmerksam verfolgen. Mangold & Brenner (1999) ermittelten schließlich, dass der Fernsehkonsum kognitionsbedürftiger Zuschauer geplanter vonstatten geht und von weniger Kanalwechseln geprägt ist als bei Zuschauern mit geringem Kognitionsbedürfnis.

Emotionale Eigenschaften

Wenn es um emotionale Persönlichkeitseigenschaften geht, muss man zwischen kurzfristigen Emotionen, die durch externe Reize hervorgerufen werden, und etwas länger anhaltenden Stimmungen einerseits und dauerhaften emotionalen Dispositionen im Sinne von Temperamenten andererseits unterscheiden. Wie Rezipienten Medien zur Regulierung situativer Stimmungen nutzen und welche Emotionen während der Mediennutzung auftreten, wurde in den Abschnitten 3.3.4 und 4.4.6 besprochen. Im Zusammenhang mit der Frage nach emotionalen Ursachen für Mediennutzungsmuster spielen nur langfristige Dispositionen eine Rolle, die wiederum mit den soeben besprochenen Persönlichkeitsdimensionen korrelieren: Neurotische Menschen sind tendenziell nervös und ängstlich, während psychotische Charaktere zur Aggressivität neigen.

Mit *Aggressivität* und *Ängstlichkeit* sind denn auch die beiden emotionalen Persönlichkeitseigenschaften genannt, zu denen am meisten geforscht wurde. Ein Großteil dieser Forschung hat sich mit der Frage befasst, inwiefern die Nutzung gewalthaltiger oder bedrohlicher Medieninhalte Menschen aggressiv oder ängstlich macht. Die kurz- oder langfristige Erhöhung des Aggressivitätsniveaus durch Medieneinflüsse ist das Kernthema der Gewaltforschung; der langfristige Anstieg der Ängstlichkeit in Verbindung mit einer verzerrten und negativen Weltsicht steht im Mittelpunkt der Kultivierungsforschung. Beide Ansätze konzipieren Aggressivität und Ängstlichkeit als abhängige Variablen einer Kausalitätsbeziehung. Tatsächlich wurde bislang in zahlreichen Studien zwar das Vorhandensein entsprechender Korrelationen bestätigt, nicht aber die angenommene Kausalitätsrichtung. Die umgekehrte Kausalitätsrichtung, dass aggressive bzw. ängstliche Menschen spezifische Medienpräferenzen aufweisen, dass also Persönlichkeitseigenschaften die Mediennutzung beeinflussen, ist genauso plausibel. Es scheint angemessen, von einer wechselseitigen Beeinflussung auszugehen, bei der sich beide Seiten in einem Spiralprozess gegenseitig verstärken: Ängstliche bzw. aggressive Menschen präferieren gewalthaltige bzw. bedrohliche Medieninhalte, die ihrerseits negative Wirkungen auf diese Personen haben usw. Entsprechend uneinheitlich ist der Forschungsstand, den wir bereits an verschiedenen Stellen referiert haben: Ängstlichkeit sowie chronische Depressionen bzw. Depressivität wurden meist als intervenierende Persönlichkeitsdisposition im Zusammenhang mit eskapistischer (Abschnitt 3.3.3) und stimmungsregulierender Mediennutzung (Abschnitt 3.3.4) untersucht sowie in der Vielseherforschung (Abschnitt 5.2.2). Schüchternheit als eine Form sozialer Ängstlichkeit wurde mit der subjektiven Bedeutung parasozialer Beziehungen zu Medienfiguren in Zusammenhang gebracht (Abschnitt 3.4.2). Bei Aggressivität geht es meist um Modalitäten der Stimmungsregulierung und Stressbewältigung (Abschnitt 3.3.4).

Emotionale und kognitive Stile

Neben emotionalen Dispositionen wurden in der Mediennutzungsforschung vereinzelt emotionale und kognitive Stile thematisiert. Der *Bewältigungsstil*, der den Umgang mit Ängsten und anderen emotionalen Problemen betrifft, beeinflusst zunächst das individuelle Auftreten von Selective-Exposure-Effekten (Abschnitt 3.2.3): Repressors, die Problemen eher aus dem Weg gehen, vermeiden dissonante Informationen stärker als Sensitizers, die sich aktiv mit ihnen auseinandersetzen (Olson & Zanna 1979). Der Bewältigungsstil bestimmt auch den Umgang ängstlicher Personen mit bedrohlichen Inhalten: Sensitizers suchen bewusst Angst erregende Medieninhalte, um zu lernen, wie sie mit ihren Ängsten umgehen können, während Repressors diese Konfrontation scheuen (Vitouch 2000). Ein weiteres Persönlichkeitskonstrukt, das gelegentlich in der Nutzungsforschung auftaucht, ist die interne oder externe *Kontrollüberzeugung* (,Locus of Control', Rotter 1966). Verschiedene Studien berichten, dass gerade TV-Vielseher zum Fatalismus neigen und glauben, keine (interne) Kontrolle über ihre Lebensumstände zu haben, sondern von außen (extern) kontrolliert zu werden (Wober & Gunter 1982; Schulz 1986; Boeckmann & Hipfl 1989: 126; Kubey & Csikszentmihalyi 1990: 153; Schulz 1997).

Ein Gebiet psychologischer Persönlichkeitseigenschaften, das in der Kommunikationswissenschaft so gut wie keine Beachtung gefunden hat, sind *kognitive Stile* bzw. *Lernstile*. Damit sind individuelle Muster bei der Suche, Aufnahme und Verarbeitung von Informationen und bei Entscheidungsstrategien beschrieben, die bisher hauptsächlich in der Instruktionspsychologie untersucht werden und dort der Entwicklung nutzerspezifischer Lehr- und Lernmaterialien dienen (vgl. z.B. Entwistle 1988; Schmeck 1988). Auch wenn bislang keine Ergebnisse zur Nutzung von Massenmedien vorliegen, sollen einige Beispiele das heuristische Potenzial von Konzepten zum kognitiven Stil illustrieren:

- Pask (1976) kontrastiert Holisten und Serialisten. Holisten bearbeiten gleichzeitig mehrere Aufgaben. Serialisten hingegen bearbeiten eine Aufgabe nach der anderen.[145] Während Serialisten eine in sich geschlossene und logische Darbietung von Informationen schätzen, bevorzugen Holisten untereinander verbundenes Material, das sie frei umstrukturieren können.
- Witkin (1976) beschreibt die Feldabhängigkeit (,Field Dependency'). Feldunabhängigen Personen gelingt es leichter, Informationen, die sie in einem konkreten Zusammenhang aufgenommen haben, mit weiteren Konzepten zu verknüpfen, so dass sie die gelernten Informationen auch in anderen Situationen anwenden können (Transfer-Wissen).
- Eine Unterscheidung zur Verarbeitungstiefe beim Lesen von Texten basiert auf dem Levels of Processing-Ansatz (Craik & Lockhart 1972): Manche Leser konzentrieren sich auf Details ohne weitergehende Zusammenhänge zu erschließen (,surface approach' oder Mikrostrategie), während sich andere Leser um ein umfassendes Textverständnis und das Heraus-

---

[145] Donohew & Tipton (1973: 252) nennen zwei vergleichbare Informationsverarbeitungsstile (,broad-focus' und ,narrow-focus'), ohne sich eingehender damit zu befassen.

arbeiten der zentralen Argumente bemühen (‚Deep Approach' oder Makrostrategien, vgl. Schnotz 1987: 12).
- Auf Guilford (1967) gehen die Stile konvergentes und divergentes Denken zurück. Die Stärke konvergenten Denkens liegt darin, aus einer Reihe von Optionen die korrekte herauszufinden, korrekte Schlussfolgerungen zu ziehen und Sachverhalte auf den Punkt zu bringen. Beim divergierenden Denken hingegen geht es um ganzheitliche Logik und Kreativität (vgl. Groeben 1982: 20).
- Kagan kontrastiert impulsive und reflexive Problemlösungs- und Entscheidungs-Stile (vgl. etwa Yando & Kagan 1970).
- Kolb (1984) unterscheidet schließlich vier Lerntypen: ‚Active Experimentation', ‚Reflective Observation', ‚Abstract Conceptualization' und ‚Concrete Experience'.

Einige Studien zur Nutzerfreundlichkeit von Websites und anderen Hypermedien haben sich mit dem Einfluss kognitiver Stile auf das Navigationsverhalten und den Nutzungserfolg – meist als erfolgreiche Suche nach Informationen operationalisiert – beschäftigt. In einer Metaanalyse fanden Chen & Rada (1996: 140f.) nur einen schwachen Zusammenhang zwischen kognitiven Stilen und der Korrektheit der Aufgabenbewältigung mit Hypermedien. Mendelson & Thorson (2004) untersuchten einen weiteren kognitiven Stil, nämlich die individuelle Vorliebe für visuelle bzw. verbale Informationsaufnahme (Verbalisierer versus Visualisierer). Auch sie fanden keine nennenswerten Aufmerksamkeits- und Erinnerungseffekte bei der Rezeption von Zeitungsartikeln und Fotos. Auch wenn die wenigen bisherigen Studien uneinheitliche Befunde erbrachten, scheint es beim gegenwärtigen Forschungsstand zu früh, Einflüsse kognitiver Stile auf Motive und Prozesse bei der Nutzung von Massenmedien auszuschließen (so auch Brosius 2002: 413).

5.4.3 Soziologische Merkmale: Milieus und Lebensstile

Das Ziel der meisten Ansätze, die mit soziologischen Merkmalen arbeiten, liegt in der Erstellung von Milieu- und Lebensstil-Typologien, um mit diesen Gruppen unterschiedliche Mediennutzungsmuster zu prognostizieren. Während die in Abschnitt 5.2.1 erläuterten Mediennutzungstypologien Variablen zum Medienumgang verwenden, geht es hier um das soziale Umfeld, in dem ein Rezipient lebt oder von dem er sich abgrenzen will, gesellschaftbezogene und kulturelle Einstellungen und Werte sowie um den persönlichen Geschmack. Auch in diesem Feld sind akademische und angewandte Forschung gleichermaßen aktiv.

Lebensstil-Typologien in der Markt-, Media- und Mediennutzungsforschung

Die Markt- und Mediaforschung erhebt für gewöhnlich in Publikumsbefragungen ein mehr oder weniger beliebig zusammengestelltes Bündel an soziologischen, psychosozialen Merkmalen sowie Variablen zum Konsumverhalten – darunter Mediennutzung und -präferenzen – und berechnet mit Hilfe explorativer Clusteranalysen Lebensstil- bzw. Lifestyle-Typologien, häufig auch ‚Psychographics' genannt (Vyncke 2002). Die Typen bekommen plakative und klangvolle Etiketten wie „Tim und Tina, die fun-orientierten Jugendlichen", „robuste Materialisten" oder „kleinbürgerlich-saturierter Lebensstil mit weiblicher Komponente" und werden als Orientierungshilfe bei der Mediaplanung, -vermarktung, Werbekreation usw. eingesetzt.[146] Die bekanntesten Ansätze sind die *SINUS-Milieus* und die *Semiometrie* von TMS Emnid im deutschsprachigen Raum, auf europäischer Ebene die *Euro-Socio-Styles* und *RISC-Eurotrends* sowie die *VALS-Typologie* in den USA (vgl. Koschnick 2006: 59ff. mit ausführlichen Profilen). Lifestyle-Typologien werden üblicherweise als Teil umfassender Verbraucher- und Mediastudien abgefragt. Die SINUS-Milieus sind beispielsweise Bestandteil der ‚Typologie der Wünsche Intermedia' (TdWI), der ‚Verbraucher-Analyse' (VA) und des ‚GfK-Fernsehpanels'. Dabei sind die zugrunde liegenden Fragenbatterien und Algorithmen zur Typenzuordnung in der Regel das wohlgehütete Geheimnis des Marktforschungsinstituts, das eine Typologie entwickelt hat. Während die genannten Typologien soziologische Variablen zur Prognose der Mediennutzung verwenden, wählten Gorgs & Meyer (1999) den umgekehrten Weg. In einer Befragung in der Region Augsburg ermittelten sie ausschließlich auf der Basis von Kanal- und Sendungspräferenzen fünf *Zuschauermilieus*, die aus ihrer Sicht besser geeignet sind, die Bevölkerung in Gesellschaftsgruppen zu gliedern als die sonst einschlägigen Merkmale Einkommen, Freizeitgestaltung oder Lebensstil.

Viele Mediennutzungsstudien erarbeiten ebenfalls deskriptive Typologien, meist mit quantitativen Befragungen (z.B. Donohew et al. 1987; Kliment 1997; Morhart 2004; Haas 2007), gelegentlich auch in qualitativen Studien zur Medienaneignung (Abschnitt 5.7.2). Was genau unter den verwendeten Begriffen ‚Lifestyle' oder ‚Lebensstil' und ‚Milieu' zu verstehen ist, interessiert dabei nur am Rand. Die Konzepte dienen vielmehr als interpretationsoffene Container für umfassende Merkmalslisten, mit deren Hilfe Medienpublika als Lebensstil-Gruppen bzw. Milieus segmentiert werden können. Aus theoretischer Sicht bietet die kommunikationswissenschaftliche Nutzungsforschung wenig Beachtenswertes.

Soziologische Ansätze

Für unsere Zwecke interessanter sind soziologische Lebensstil-Ansätze, die von der Kommunikationswissenschaft allerdings nur in Einzelfällen aufgegriffen und ernsthaft diskutiert werden. Grundsätzlich geht es um die Frage, wie stark das Leben und Verhalten des Individuums von seiner gesellschaftlichen Position, Klassen- oder Schichtzugehörigkeit determiniert ist, und welche persönliche Freiheit Menschen bei der Gestaltung ihres Alltagslebens haben. Rosengren und Kollegen treffen auf der Basis der bereits in Abschnitt 5.1.3 besprochenen Determinanten von Handlungsmustern folgende Unterscheidung: *Lebensformen* (‚forms of life') sind strukturell bzw. gesamtgesellschaftlich geprägt (z.B. der ‚American way of life'); *Lebensweisen* (‚ways of living') sind positionell determiniert; *Lebensstile* (‚lifestyles') beschreiben die individuelle Lebensgestaltung Einzelner (z.B. Rosengren 1996: 24f.). Da letztere nur innerhalb der Schranken gesellschaftlicher Voraussetzungen ausgelebt werden können, definiert Rosengren Lebensstil als „ein Handlungsmuster (...), das zu einem gewissen Grad (...) von individuellen Merkmalen determiniert wird". Allerdings sind Lebensstile aus seiner Sicht nicht einfach individuelle Handlungsmuster, sondern interindividuelle Handlungsmuster auf der Aggregatebene (ebd.: 25): Erst

---

[146] Die Beispiele stammen aus der umfassenden Studienübersicht von Morhart (2004: 17ff.).

wenn sich eine nennenswerte Anzahl von Menschen ähnlich einem idealtypischen Handlungsmuster verhält, kann von einem Lebensstil die Rede sein. Die Bedeutung des individuellen Lebensstils dokumentiert Rosengren am Beispiel einer Befragung unter 21-jährigen Einwohnern in einer schwedischen Großstadt und einer Kleinstadt (Johansson & Miegel 1992): In einer Pfadanalyse ließ sich der Musikgeschmack der Befragten (gemessen als Präferenz für Mainstream-Musik) am stärksten durch ihre persönliche Werthaltung (gemessen als Wert ‚Sicherheit der Familie') prognostizieren, während die strukturellen (Ortsgröße) und positionellen Faktoren (Geschlecht, Schicht und Bildung) weniger Erklärkraft hatten.

Der Begriff ‚Lebensstil' geht ursprünglich auf soziologische Klassiker wie Max Weber, Thorstein Veblen, Georg Simmel und Alfred Adler zurück. Sie befassten sich in der ersten Hälfte des zwanzigsten Jahrhunderts mit den Zusammenhängen zwischen der individuellen Identitätsentwicklung einerseits und dem Konsumverhalten als Symbol für gesellschaftlichen Erfolg andererseits (Luger 1992: 427). Erst in den 1980er-Jahren, als der von Ulrich Beck beschriebene gesellschaftliche Individualisierungsschub seine größte Ausprägung erfuhr (Abschnitt 2.2.3), kam das Thema wieder auf die soziologische Tagesordnung und fand einige Jahre später ihren Niederschlag in der Publikums- und Mediennutzungsforschung.

Der mit der Individualisierung verbundene Bedeutungsverlust von Gesellschaftsschichten und Traditionen erlaubt dem Einzelnen neue Freiheiten, bürdet ihm aber gleichzeitig die Last auf, etwas Eigenständiges aus sich zu machen. Die Themen Identität und – eng damit verbunden – Zugehörigkeit zu und Distinktion gegenüber sozialen Gruppen gewinnen an Bedeutung. Luger (1992: 430) bringt es folgendermaßen auf den Punkt: „Lebensstile sind Ausdruck einer persönlichen Selbstdarstellung auf der Grundlage der materiellen Lebensbedingungen und ein Vehikel zur Sicherung von Identität". Der Einzelne muss sich und sein Leben inszenieren, um sich gleichzeitig anzupassen und abzugrenzen. Symbolisches Verhalten und Selbststilisierung werden wichtiger. Buchmann & Eisner (1999, zit. n. Otte 2006: 100) untersuchten in einer qualitativen Inhaltsanalyse von Kontaktanzeigen die Bedeutung kultureller Codes zwischen 1900 bis 1996: Vor allem in den 1960er- und 1970er-Jahren stieg der Anteil von Aussagen, die sich auf Freizeit, Lebensstil und das äußere Erscheinungsbild bezogen, deutlich an, während Angaben zur sozialen Position wie soziale Herkunft, Einkommen und Vermögen abnahmen.

Die Selbststilisierung erfolgt vor allem durch symbolisches Freizeit- und Konsumverhalten: Man kauft ein Produkt nicht *nur* wegen seiner Funktionalität oder hört Musik, weil sie einem gefällt, sondern *auch* um sich durch den eigenen Geschmack öffentlich zu profilieren. Dabei geht es nicht um ein einzelnes Möbelstück, ein bestimmtes Auto, einen mp3-Player oder eine ‚angesagte Band', sondern um das gesamte Geschmacks-Ensemble, mit dem man sich umgibt. Eine mögliche Folge sind ‚Patchwork-Identitäten', die entstehen, indem sich Menschen „aus vorhandenen Lebensstilen und Sinnelementen ihre eigenen kleinen, lebbaren Konstruktionen" basteln (Keupp 1988: 432). Auch wenn ein Produkt massenindustriell gefertigt oder massenkulturell geprägt ist, bekommt es für den Einzelnen als Bestandteil seines persönlichen Lebensstils eine besondere Bedeutung.[147] Diese persönliche Sinngebung bzw. *Aneignung* ist nur innerhalb des individuellen, sozialen und situativen Kontextes nachzuvollziehen, in dem sie stattfindet (ausführlich Abschnitt 5.7).

Alltagsästhetische Schemata in der Erlebnisgesellschaft

Schulze (2000) geht davon aus, dass Freizeit- und Konsum-Geschmäcker – unabhängig von der gesellschaftlichen Position und den verfügbaren Ressourcen – Erlebnismilieus konstituieren. Dabei unterscheidet er drei grundlegende *alltagsästhetische Schemata* mit bestimmten Präferenzen und Zugängen zu Unterhaltungsangeboten, die in enger Verbindung mit dem Alter und der Bildung stehen:

- Das Trivialschema dominiert in bildungsfernen Milieus und steht für die Suche nach Harmonie, Gemütlichkeit und geringe kognitive Anstrengung. Es schlägt sich nieder in der Bevorzugung von Volksmusik und deutschen Schlagern, Liebes- und Heimatfilmen, Familien-Quiz-Sendungen, Heimatromanen und Illustrierten.
- Das Spannungsschema überwiegt in jüngeren Milieus und ist von Antiautorität, Gegenkultur und individueller Freiheit geprägt sowie von der Suche nach neuen, dynamischen und actionhaltigen Medienangeboten.
- Das Hochkulturschema vereint intellektuelle, kulturorientierte und bildungsbürgerliche Milieus. Hier dominieren konzentriertes Zuhören und stilles Betrachten; die subjektive Interpretation eines Kunstwerks steht über dem Kunstwerk selbst. Vertreter des Hochkulturschemas meiden Trivialunterhaltung. Stattdessen lesen sie ‚gute' Bücher, hören klassische Musik, besuchen Ausstellungen, Museen und Theater und sind zu intensiver Aufmerksamkeit und kognitiver Anstrengung bereit (Reuband & Mishkis 2005: 235).

Neben der Distinktionsfunktion erfüllen diese alltagsästhetischen Schemata auch den Zweck, die Komplexität des Alltags zu minimieren, indem man neue Situationen und Eindrücke anhand dieses Schemas verarbeitet und sich in konkreten Entscheidungssituationen an alltagsästhetischen Routinen orientiert (Schulze 2000: 110f.). So gesehen sind Lebensstile wiederum nichts anderes als Schemata bzw. Skripts, die in allen Lebensbereichen die Anwendung bestimmter Heuristiken ermöglichen.

Habitus, praktischer Sinn und kommunikative Milieus

Eine konzeptionelle Verbindung zwischen der gesellschaftlichen Klasse und dem persönlichen, vermeintlich frei gewählten Geschmack stellt Bourdieu (1987) mit seinem vielbeachteten Habitus-Konzept her. Ralph Weiß (2000; 2001b; 2001a) hat Bourdieus Überlegungen in seiner „Soziographie kommunikativer Milieus" adaptiert. Die Position, die eine Person in der Gesellschaft einnimmt, hängt von ihrem Besitz an Ressourcen bzw. ‚Kapital' ab. Der Begriff Kapital ist bewusst gewählt, um die Bedeutung struktureller Ungleichheiten und unterschiedlicher Voraussetzungen zu unterstreichen. Es gibt drei Formen von Kapital, die sich wechselseitig beeinflussen:

---

[147] Hierin liegt für Fiske (1990) der Unterschied zwischen Massen- und Populärkultur. Der erste Begriff bezeichnet die Produktions-, der zweite die Rezeptionsseite.

5.4 Individuelle Rezipienteneigenschaften

- Das ökonomische Kapital steht für den sozioökonomischen Status einer Person und damit für ihre (hierarchische) berufliche Stellung, ihr Einkommen sowie sonstige materielle Mittel.
- Das soziale Kapital umfasst sämtliche persönlichen und geschäftlichen Beziehungen einer Person, also ihr soziales Netzwerk.
- Das kulturelle Kapital setzt sich aus dem kulturellen Status einer Person – guter Geschmack, sicheres Auftreten, (hoch-)kulturelle Interessen und Kenntnisse usw. – sowie sonstigen Bildungsressourcen und Kompetenzen zusammen.

Umfang und Zusammensetzung der verfügbaren Ressourcen beeinflussen die individuelle, alltägliche Lebensführung einer Person maßgeblich: „Aus der objektiven Struktur von Ressourcen der Praxis wird die subjektive Struktur von Mustern der Anschauung und des Handelns; aus ‚Haben' wird ‚Sein' (...)" (Weiß 2001a: 350). Einstellungen, Geschmack und alltägliche Verhaltensmuster konstituieren den ‚Habitus' einer Person (Bourdieu) und ihren ‚praktischen Sinn' (Weiß). Der Habitus manifestiert sich in allen Bereichen des Alltagslebens: im kulturell-ästhetischen Geschmack, in der Freizeitgestaltung, in der Mediennutzung usw. Das bedeutet vereinfacht: Menschen haben ihre soziale Position so verinnerlicht, dass sie sich – innerhalb gewisser Freiheitsgrade – entsprechend verhalten; der Habitus signalisiert somit gewollt oder ungewollt die Klassenzugehörigkeit. Mediennutzung fungiert dabei nach Weiß als ein kulturelles Forum der Reproduktion des Habitus bzw. praktischen Sinns (ebd.). Deshalb sind soziale Milieus (hier verstanden als vertikale Gesellschaftsposition) und kommunikative Milieus (soziale Gruppen mit vergleichbaren Mustern des Mediengebrauchs) zwar nicht völlig identisch, sie hängen aber eng zusammen.

In einer Sekundäranalyse des ALLBUS-Datensatzes von 1998 vergleicht Weiß (2001a) (a) empirische Indikatoren für das ökonomische, soziale und kulturelle Kapital mit (b) verschiedenen Einstellungskonstrukten und (c) Medienpräferenzen. Er zeigt, dass innerhalb bestimmter sozialer Milieus – mit Hilfe einer explorativen Clusteranalyse der Kapital-Variablen identifiziert – politische Einstellungen und Medienpräferenzen ein stimmig interpretierbares Bild ergeben. Beispielsweise messen allein lebende Rentner/innen, die sich der Arbeiterschicht zugehörig fühlen, besonders ihrer Verwandtschaft und Nachbarschaft große Bedeutung als soziales Umfeld zu und haben ein geringes politisches Selbstvertrauen. Mitglieder von Mittelschicht-Familien hingegen stufen ihre Partnerschaft und die eigene Familie als besonders wichtig ein und glauben an den politischen Einfluss von Bürgern. Das manifestiert sich in der Mediennutzung beider Milieus: Die allein lebenden Rentner/innen meiden politische Themen (geringes politisches Selbstvertrauen!) und interessieren sich bevorzugt für die Lokalberichterstattung (Nachbarschaft!), während sich die Mittelschicht-Familien umgekehrt verhalten.

Meyen (2006) betont zusätzlich die Entwicklungsperspektive. Er interpretiert Mediennutzung als Arbeit zum Erwerb kulturellen Kapitals: Menschen nutzen Medien, um sich das notwendige Wissen und Verhaltensrepertoire anzueignen, das sie für ihren gesellschaftlichem Aufstieg brauchen. Überspitzt formuliert: Wenn man schon im Elternhaus nicht gelernt hat, wie sich in der ‚feinen Gesellschaft' verhält, kann dies zumindest in Büchern nachlesen oder im Fernsehen beobachten.

Eine empirisch tragfähige Synthese der bisherigen Überlegungen stammt von Müller (1989). Er begreift Lebensstile als Verhaltensmuster, die gleichermaßen von materiellen Voraussetzungen – gesellschaftlicher Position bzw. Ressourcen – wie von ideellen bzw. individuellen Voraussetzungen geprägt sind. Die Verhaltensmuster zeigen sich in vier Dimensionen: (a) als *expressives Verhalten* im Sinn demonstrativer, symbolischer Alltagshandlungen (z.B. Freizeitaktivitäten, Konsumverhalten), (b) sämtliche Formen des Umgangs mit der sozialen Umwelt als *interaktives Verhalten* (darunter auch die Mediennutzung), (c) *evaluatives Verhalten*, das in Werten, Einstellungen, Bedürfnissen zum Ausdruck kommt, sowie (d) *kognitives Verhalten* als Denk-, Wahrnehmungs- und Deutungsweisen, mit denen sich der Einzelne in seiner Umwelt verortet (Frames, soziale Skripts).

Resümee

Bei aller Individualisierung und geschmacklichen Freiheit prägen Gesellschaftsklassen und sozialer Hintergrund auch in der heutigen Zeit Leben und Verhalten der Menschen. Otte (2006) unternimmt eine Bilanz empirischer Studien, die den Einfluss der Milieuzugehörigkeit (SINUS-Milieus mit einer starken Berücksichtigung von persönlichem Geschmack) gegenüber der Klassenposition hinsichtlich verschiedener Einstellungs- und Verhaltenskonstrukte (u.a. Wahlverhalten) überprüfen. Er kommt zu folgendem Schluss: „Freilich sind subjektive Gestaltungsspielräume gegeben, doch bewegen sie sich innerhalb der Bahnen, die durch die Ressourcen und Restriktionen der objektiven sozialen Lage vorgezeichnet werden" (S. 105). Je nach abhängiger Variable hat die Milieuzugehörigkeit stärkeren oder schwächeren Einfluss. Besonders kostenintensive oder anderweitig ressourcenabhängige Verhaltensweisen (z.B. Golfspielen, Luxusurlaube oder -autos) lassen sich besser durch die soziale Position als den Lebensstil erklären. Das bedeutet im Umkehrschluss, dass kostengünstige Aktivitäten, zu denen zweifellos die meisten Formen der Mediennutzung zählen, zwar keinesfalls unabhängig von der sozialen Position sind, aber durchaus stark von individuellen Bedürfnissen, Einstellungen und dem Geschmack abhängen.

5.5 Mediennutzung im sozialen Umfeld

Wir verlassen die Individuumsebene und die Einflüsse auf individuelle Mediennutzungsmuster und wenden uns der Frage zu, welche Formen von sozialer bzw. gemeinsamer und öffentlicher Mediennutzung es gibt und welche Besonderheiten dabei zu beachten sind (Abschnitt 5.5.1). Die größte Bedeutung haben soziale Konstellationen der Mediennutzung und interpersonale Kommunikation über Medien im Zuge der Mediensozialisation, d.h. wenn Kinder, Heranwachsende und auch Erwachsene lernen, erfolgreich mit Medientechniken und -inhalten umzugehen (Abschnitt 5.5.2).

5.5.1 Soziale Konstellationen der Mediennutzung

Zur Mediennutzung in sozialen Konstellationen liegen kaum theoretische Ansätze vor. Dafür gibt es nach unserer Wahrnehmung drei Gründe: *Erstens* konzentriert sich die quantitativ-empirische Forschung fast ausschließlich auf den individuellen Medienumgang. Wie sich gezeigt hat, ist deren Analyse derart komplex, dass Kontextfaktoren wie das direkte soziale Umfeld der Mediennutzung kaum mehr theoretisch und empirisch berücksichtigt werden können. Das bedeutet aber keinesfalls, dass die Tradition solche Faktoren für irrelevant halten und ignorieren würde. *Zweitens* befassen sich verstehende, kontextbezogene Ansätze zwar intensiv mit Kontextfaktoren aller Art (Abschnitt 5.6). Im Gegensatz zur quantitativ-empirischen Forschung versuchen sie nicht, die Komplexität von Forschungsgegenständen konzeptionell und empirisch zu reduzieren. Stattdessen heben sie die Komplexität, Kreativität und Unterschiedlichkeit der Menschen und ihre vielfältige soziale und kulturelle Vernetztheit hervor. Auf diese Weise entstehen anhand von Einzelfall- oder Gruppenbeschreibungen teilweise aufschlussreiche und anregende Schilderungen der sozialen Realität. Eine allgemeine Systematisierung von Phänomenen über den spezifischen Fall hinaus oder eine Theoriebildung sind auf diese Weise allerdings schwer möglich. Deshalb bleibt der Ertrag in diesem Feld überschaubar. *Drittens*: Andere Disziplinen, allen voran Sozialpsychologie und Mikrosoziologie, aber auch die US-Kommunikationswissenschaft beforschen soziale Gruppenprozesse und -strukturen intensiv. Doch dabei kommen Medien und ihre Nutzung oft gar nicht oder nur am Rande vor. Der Analysefokus liegt auf den Interaktionen der Gruppenmitglieder und nicht auf deren Medienzuwendung (z.B. Krcmar 1996; Saphir & Chaffee 2002).

Grundkonstellationen sozialer Mediennutzung

Was überhaupt ist Mediennutzung im sozialen Umfeld? Abbildung 27 zeigt den Versuch einer Systematisierung anhand von sechs sozialen Grundkonstellationen:

1. *Interpersonale Kommunikation*: Individuen verwenden Medien, um technisch vermittelt mit anderen Personen (one-to-one) oder Gruppen (one-to-many) oder über Gruppen hinweg (many-to-many) zu kommunizieren. Da sich der vorliegende Band ausschließlich mit Massenkommunikation befasst, interessiert diese Variante nicht weiter.
2. *Parasoziale Kommunikation*, also die Interaktion oder imaginierte Beziehung von Rezipienten mit Medienfiguren, wurde in Abschnitt 3.4.2 ausführlich erläutert und kann ebenfalls übersprungen werden.
3. *Anschlusskommunikation* ist interpersonale Kommunikation, die sich auf Medieninhalte bezieht, die Personen vorher getrennt voneinander rezipiert haben.[148] Gemäß dem Zwiebelmodell der Mediennutzung (Abschnitt 2.1.3) ist Anschlusskommunikation bereits Gegenstand der Medienwirkungsforschung, da dabei Effekte angesprochen sind, die über die bloße Nutzung oder Bewertung von Medien hinausgehen.

---

[148] Mit Hilfe dieser (engen) Definition lässt sich Anschlusskommunikation eindeutig von den folgenden Formen interpersonaler Kommunikation über Medieninhalte *während* der gemeinsamen Mediennutzung unterscheiden, die – im Gegensatz zur Anschlusskommunikation – in den Gegenstandsbereich der Mediennutzungsforschung fallen.

4. Unter *Mediennutzung in der Gruppe* verstehen wir die gemeinsame und gleichzeitige Zuwendung mehrerer Personen zu einem Medienangebot am selben Ort. Meistens handelt es sich dabei um das Fernsehen. Zu diesem Grundtyp gibt es einige theoretische und empirische Beiträge, die im Anschluss erläutert werden.

5. *Individuelle Mediennutzung in der Öffentlichkeit* bezieht sich auf Situationen, in denen Menschen in Anwesenheit Dritter mit Medien umgehen. Beispiele sind Radio hören am Strand oder Zeitung bzw. Zeitschrift lesen in der Bahn. Durch neue technische Entwicklungen wie TV-fähige Notebooks, portable DVD-Player oder internetfähige Mobiltelefone wird dieser Grundtyp in den kommenden Jahren an Bedeutung gewinnen; bislang existiert unseres Wissens keine Forschung zu entsprechenden Effekten. Die Alltagserfahrung zeigt allerdings, dass diese Form der Mediennutzung durchaus ganz eigene Motive bedient, wie z.B. die persönliche Profilierung durch das ostentative Nutzen wenig verbreiteter und statushoher Mediengeräte[149] oder die Provokation anderer, z.B. durch laute Musik, und dass sich aus solchen Konstellationen gelegentlich interpersonale Konflikte ergeben.

6. *Mediennutzung als Teil des Publikums* ist eine Facette der individuellen Mediennutzung. Hier geht es um das Wissen oder das Gefühl von Rezipienten, Teil eines – wie auch immer gearteten – Publikums zu sein. Die Wahrnehmung, Teil eines großen Publikums zu sein, kann Mediennutzern den Eindruck vermitteln, an einem wichtigen Medienevent (Dayan & Katz 1992) teilzuhaben, das man ‚gesehen haben muss', um später mitreden zu können (Anschlusskommunikation). Einschlägige Beispiele sind reichweitenstarke Fernsehübertragungen (z.B. ‚Wetten, dass ...?', Fußball, Formel 1, Königshochzeiten, Bundestagswahlen). Dass die wahrgenommene Publikumsgröße das individuelle Rezeptionsvergnügen verändert, konnte allerdings nicht bestätigt werden (Bryant & Miron 2002: 575). Die Frage, ob Massenmedien die in sie gesetzte Hoffnung auf eine gesellschaftsintegrierende Funktion erfüllen (Abschnitt 5.6.1), hängt nicht zuletzt davon ab, ob Rezipienten sich mit den anderen Nutzern eines Medienangebots identifizieren, d.h. als eine gemeinsame Gruppe fühlen, oder nicht. Während große Fußballübertragungen alle Generationen und Schichten vor das Fernsehgerät locken und damit potenziell zur Integration beitragen, werden andere Medienangebote von ihrem Publikum gerade deshalb genutzt, um sich von der Allgemeinheit oder anderen sozialen Gruppen abzugrenzen (Distinktion; Abschnitt 3.4.1).

---

[149] Dieses Motiv ist in der Sozialpsychologie als Impression-Management bekannt (vgl. Manstead & Hewstone 1996: 314ff.).

5.5 Mediennutzung im sozialen Umfeld

Abbildung 27: Grundkonstellationen sozialer Mediennutzung

1. **Medienvermittelte interpersonale Kommunikation**

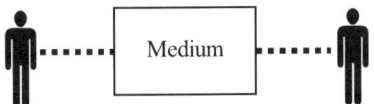

2. **Parasoziale Kommunikation**

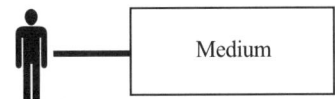

3. **Anschlusskommunikation**

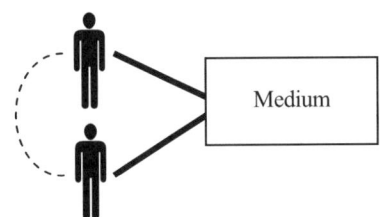

4. **Mediennutzung in der Gruppe**

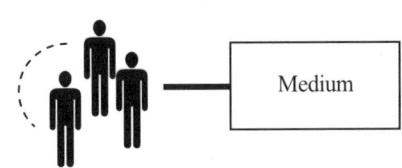

5. **Individuelle Mediennutzung in der Öffentlichkeit**

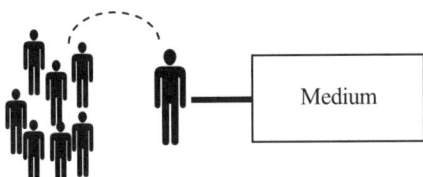

6. **Mediennutzung als Teil des Publikums**

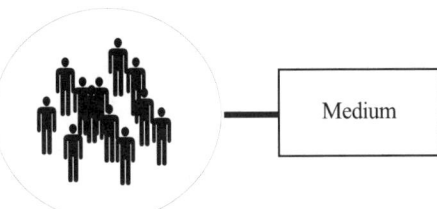

durchgehende Linien = Massenkommunikation; gestrichelte Linien = interpersonale Kommunikation

Mediennutzung in der Gruppe und im öffentlichen Raum

Zurück zur Mediennutzung in der Gruppe. Beispiele für die gemeinsame und gleichzeitige Zuwendung mehrerer Personen zu einem Medienangebot am selben Ort sind

- der gemeinsame Fernsehabend eines Paars oder einer Familie,
- Arbeitskollegen, die während der Arbeit Radio hören oder fernsehen,
- Jugendliche, die sich zu einem Video- oder Musikabend treffen,
- Patienten, die sich im Wartezimmer einer Arztpraxis die Zeit mit Illustrierten vertreiben,
- Besucher von Einkaufszentren, Läden, Cafés, Bahnhöfen oder Flughäfen, die das dort ausgestrahlte Fernsehprogramm ansehen, oder
- Fußballfans, die in der Kneipe oder zum ‚Public Viewing'[150] zusammen kommen, um sich eine Liveübertragung anzuschauen.

---

[150] Der Begriff ‚Public Viewing' tauchte erstmals während der Fußballweltmeisterschaft 2006 auf und bezeichnete das gemeinsame Anschauen einer Fußballübertragung in einer großen bis riesigen Gruppe.

Die Beispiele geben eine grobe Vorstellung davon, unter welch unterschiedlichen Bedingungen Mediennutzung in der Gruppe stattfindet:
- Während bei der Fernsehnutzung intensive interpersonale Kommunikation (Kommentare zum Programm, gemeinsames Gelächter usw.) möglich ist, erfordert die Rezeption textbasierter Medien vergleichsweise viel Aufmerksamkeit. Wenn jeder für sich liest, wie das in einer Arztpraxis der Fall ist, bedeutet das ferner, dass selten zwei oder mehr Personen denselben Artikel lesen und sich darüber unterhalten können, wie es bei zeitgleich ausgestrahlten Fernsehsendungen bzw. -übertragungen möglich ist. Leser können sich zwar in Lektürepausen gegenseitig erzählen, was sie soeben gelesen haben (z.B. am Frühstückstisch); insgesamt jedoch bietet das Fernsehen die größten Freiheiten und die meisten Anlässe für interpersonale Kommunikation. Radio wird schließlich entweder als Musik-Hintergrundmedium genutzt und in der Gruppe kaum beachtet, oder aber es erfordert im Fall von Event-Übertragungen oder sonstigen Wortprogrammen von den Anwesenden annähernd soviel Aufmerksamkeit wie Textmedien. Es überrascht also nicht, dass sich die Forschung zur gemeinsamen Mediennutzung fast ausschließlich auf das Fernsehen konzentriert, zumal die Karriere des Mediums bekanntlich in öffentlichen Fernsehstuben begonnen hat, in denen gemeinsam ferngesehen wurde.
- Während sich die Gruppenmitglieder in manchen Konstellationen (Paar, Familienmitglieder, Arbeitskollegen, Jugendliche) kennen und miteinander vertraut sind, sind sie sich in anderen Fällen überwiegend unbekannt (Ladenbesucher, Reisende, Fußballfans). Man kann davon ausgehen, dass mit dem Grad der Bekanntheit die interpersonalen Interaktionen während der Mediennutzung quantitativ und qualitativ zunehmen. Beobachten sich unbekannte Reisende bestenfalls verstohlen oder reagieren vielleicht einmal auf das Lachen anderer (nonverbale Kommunikation), ist eine vertraute Gruppe der Platz für intensive verbale Kommunikation.
- Während Jugendliche und Fußballfans absichtlich zur gemeinsamen Mediennutzung erscheinen (intendierte Gruppennutzung), bilden die Ladenbesucher oder Reisende eine zufällige Gruppe um ein TV-Display herum (inzidentelle Gruppennutzung). Folgt man Schäfers' (1993: 83) Definition, der zufolge eine soziale Gruppe aus Personen besteht, „die zur Erreichung eines gemeinsamen Zieles (...) in einem relativ kontinuierlichen Kommunikations- und Interaktionsprozeß stehen und ein Gefühl der Zusammengehörigkeit (...) entwickeln", kann man die Jugendlichen eindeutig und die Fußballfans mit Einschränkungen als Gruppe bezeichnen, Zufallsgruppen wie Ladenbesucher oder Reisende hingegen nicht.
- Gruppennutzung findet entweder im privaten Raum (zuhause), im halböffentlichen Raum (Arbeitsplatz, Schule, Universität usw.) oder in der Öffentlichkeit statt (Bahnhof, Kneipe usw.). Je öffentlicher die Situation, desto größer die soziale Kontrolle und damit die Isolationsfurcht des Einzelnen, der sich deshalb den Gepflogenheiten und Normen der Gruppe anpasst.[151]

---

[151] Vgl. den Überblick bei Schenk (2002: 310ff.) sowie die Theorie der Schweigespirale, die in sozialer Kontrolle und Konformitätsdruck den Ausgangspunkt weitreichender Medienwirkungen sieht (Noelle-Neumann 1991).

- Schließlich unterscheiden sich die Gruppengrößen beträchtlich; sie liegen zwischen zwei Personen und mehreren Tausenden Menschen. Entsprechend unterschiedlich sind die Interaktionsprozesse in den jeweiligen Konstellationen. Welche Dynamik Massenansammlungen annehmen können, beschrieb bereits Le Bon (1982) in seiner ‚Psychologie der Massen' (Stichworte sind Gleichschaltung, Triebhaftigkeit, Kritikverlust, Überschwang der Massengefühle, Gemeinsamkeitsgefühl). Das Phänomen des ‚Public Viewing' ist aus kommunikationstheoretischer Sicht besonders interessant, da hier Massenkommunikation im doppelten Sinn vorliegt: Das Fernsehen richtet sich zunächst an die gesamte Bevölkerung und damit an ein disperses, d.h. ein heterogenes, räumlich getrenntes und einander unbekanntes Publikum (Maletzke 1963; Abschnitt 5.1.1). Beim ‚Public Viewing' erreicht es wiederum eine Massenversammlung von Menschen, die zwar nicht räumlich getrennt sind, ansonsten aber alle Anforderungen an ein disperses Publikum erfüllen.

Nur wenige Studien befassen sich mit Mediennutzung im öffentlichen Raum. Krotz & Eastman (1999) beobachteten 1996/97 in Hamburg und Indianapolis, wie TV-Geräte und -Displays an unterschiedlichen öffentlichen Plätzen aufgestellt und genutzt werden. Fünf Typen von Örtlichkeiten fielen in beiden Ländern auf: (a) Kaufhäuser und Fachgeschäfte (in Shopping-Malls), (b) Gaststätten, (c) Warteräume (in Krankenhäusern, Arztpraxen, Reparaturwerkstätten, Flughäfen, Bahnhöfen usw.), (d) Hotels und Motels sowie (e) sonstige Serviceeinrichtungen (Frisör, Schönheitssalon, Tankstellen usw.). Generell ist zu unterscheiden zwischen der Liveausstrahlung eines Fernsehsenders und der Verwendung von in wiederkehrenden Schleifen gezeigtem Videomaterial (Business-TV). Durch die Befragung von Anbietern und Nutzern identifizierten die Autoren drei Funktionspaare:

- Anziehung von Gästen (Anbietersicht: ‚attraction') und Unterhaltung (Nutzersicht: ‚entertainment');
- Dekoration der Örtlichkeit (Anbietersicht: ‚decoration') und Atmosphäre (Nutzersicht: ‚atmosphere');
- Ablenkung der Gäste (Anbietersicht: ‚diversion') und Komfort (Nutzersicht: ‚convenience').

Fernsehen in der Familie

Die weitaus meisten Studien befassen sich mit der gemeinsamen Fernsehnutzung in Privathaushalten bzw. Familien. Einer Sekundäranalyse telemetrischer Fernsehnutzungsdaten (GfK-Fernsehpanel) zufolge wurde 1992 in Mehrpersonenhaushalten ca. die Hälfte der Zeit gemeinsam ferngesehen; die andere Hälfte der Zeit verbrachten Haushaltsmitglieder allein vor dem Fernsehgerät (Krotz 1994). Auch wenn sich zwischenzeitlich die Gerätcausstattung der Haushalte verbessert hat, die Haushaltsgrößen abgenommen haben und sich der Anteil gemeinsamer TV-Abende zugunsten einer individuellen TV-Nutzung verringert hat, so stellt das gemeinsame Fernsehen im Familienverbund immer noch eine empirisch relevante Nutzungskonstellation dar. Besonders wichtig ist die gemeinsame Mediennutzung für die Mediensozialisation von Kindern, denn sie lernen am Vorbild der Mediennutzung ihrer Eltern und anderer Gruppen (dazu im nächsten Abschnitt). Medienkritiker haben in diesem Zusammenhang vor dem Niedergang der

Familie durch die Allgegenwart des Fernsehens gewarnt (vgl. Kubey & Csikszentmihalyi 1990: 108)

Allgemein gelten für das gemeinsame Fernsehen folgende Regelmäßigkeiten hinsichtlich Selektion und Rezeption(serleben):

Selektion: Während man beim alleinigen Fernsehen frei auswählen kann, müssen sich die Mitglieder einer Gruppe abstimmen (vgl. Webster & Wakshlag 1983: 440f.). Entsprechend wird in der Gruppe weniger spontan ausgewählt und seltener umgeschaltet. Glaubt man den Befunden von Jäckel (1993: 41), tritt dieser Effekt erst ab drei Personen auf; in Zweierkonstellationen wird annähernd so häufig umgeschaltet wie beim Alleinsehen. In der Familie liegt die ‚Verfügungsgewalt' über die Fernbedienung fast immer bei den Vätern (Walker & Bellamy 2001). Dies bedeutet aber nicht automatisch, dass sie sich im Falle unterschiedlicher Programmwünsche immer durchsetzen (vgl. Winterhoff-Spurk 1999: 45 mit Quellen). Bei Uneinigkeiten unter Geschwistern entscheidet meist der oder die Ältere, was gesehen wird.

Rezeption und interpersonale Kommunikation: Kubey & Csikszentmihalyi (1990) fanden, dass sich die Teilnehmer ihrer Experience-Sampling-Studie (ausführlicher Abschnitt 3.3.4) immerhin 21 Prozent ihrer gemeinsamen TV-Nutzungsdauer untereinander unterhielten. Fernsehen ist also in der Familie nicht nur ein ‚Unterhaltungstöter', sondern kann umgekehrt Gespräche stimulieren. Welche Themen und Kommunikationsstrukturen dabei vorkommen, analysiert Klemm (2000). Dass sich Rezipienten beim gemeinsamen Ansehen einer Fernsehsendung gegenseitig beeinflussen, konnten Anderson et al. (1981) mit Hilfe eines kreativen Experimentaldesigns bestätigen. Sie zeigten Paaren von Kindern im Labor eine Sendung und erhoben, wie häufig diese direkt hintereinander (= innerhalb von drei Sekunden) (a) zum Bildschirm hinschauten, (b) wegschauten oder (c) offensichtliche Anzeichen von Involvement zeigten (z.B. lachen, übers Programm reden, auf den Bildschirm deuten). Einige der Paare waren räumlich getrennt, so dass gleichzeitig auftretende Verhaltensweisen durch Stimuluselemente induziert sein mussten (Kontrollgruppe); die anderen Kinder sahen die Sendung zusammen (Experimentalgruppe). Erwartungsgemäß traten alle Typen synchroner Verhaltenswiesen in der Experimentalgruppe häufiger auf.

Erleben: Die Anwesenheit anderer und interpersonale Kommunikation verändern auch das Fernseherleben. Das lässt sich an dem empirisch gesicherten Befund ablesen, dass sich Rezipienten vom Gelächter und Applaus anderer Personen anstecken lassen (vgl. Bryant & Miron 2002: 574 mit Quellen).[152] Dass im sozialen Umfeld generell ein intensiveres Unterhaltungserleben möglich ist, bestätigen ferner zwei Beobachtungen: der Erfolg der ‚Public Viewings' bei der Fußball-Weltmeisterschaft 2006 sowie der bereits erwähnte Befund, dass sowohl Männer als auch Frauen Horrorfilme in Anwesenheit des jeweils anderen Geschlechts mehr genießen (Zillmann & Weaver 1996).

---

[152] Deshalb werden in Comedy-Formaten Applaus und Gelächter vom Band eingespielt, um ein gemeinsames Fernseherlebnis zu simulieren und Rezipienten zum Lachen zu stimulieren.

5.5.2 Mediensozialisation

Wenn von Mediensozialisation die Rede ist, geht es entweder um den langfristigen Einfluss, den Medien auf die Sozialisation von Kindern und Jugendlichen ausüben, oder um die Entwicklung Heranwachsender hin zu einem erfolgreichen und verantwortungsvollen Umgang mit Medien (Süss 2004: 65). Da Sozialisationseffekte *durch* Medien gemäß dem Zwiebelmodell Gegenstand der Wirkungsforschung sind, beschränken wir uns auf den zweiten Aspekt, nämlich auf die Frage, welche strukturellen Bedingungen eine erfolgreiche Mediensozialisation ermöglichen oder behindern.[153]

Das primäre Ziel einer erfolgreichen Mediensozialisation liegt im Aufbau umfassender *Medienkompetenz* (ausführlich Abschnitt 5.3.5). Medienwissen soll es dem Individuum ermöglichen, seine Bedürfnisse und sonstige Anforderungen mit Hilfe von Medien optimal zu erfüllen. Das ist nur möglich, wenn man lesen kann (,literacy'), die wesentlichen Stärken und Schwächen von Mediengattungen und -produkten kennt und weiß, wie man sie nutzt (,media literacy'). Das zweite Ziel ist die Erziehung zu einem *vernünftigen* und *verantwortungsvollen Medienumgang*: Mediennutzung soll zunächst dem eigenen Wohl dienen bzw. zumindest nicht abträglich sein. Wer beispielsweise jeden Tag viele Stunden unbeweglich vor dem Fernsehgerät sitzt, erweist der eigenen Gesundheit einen schlechten Dienst. Verantwortungsvolle Mediennutzer sollten ferner – so zumindest die normative Vorstellung – problematische Medienprodukte meiden und ethische Verstöße von Journalisten bzw. Medieninstitutionen durch ihre Konsumverweigerung sanktionieren (zur Publikumsethik vgl. Pürer 1992).[154] Aus medienpädagogischer Perspektive sollen Medienkompetenz, -vernunft und -verantwortung dem Einzelnen helfen, eine positive Identität[155] zu entwickeln, das eigene Entwicklungspotenzial auszuschöpfen und sich als mündiges Individuum in das soziale Umfeld und die Gesellschaft zu integrieren. Aus (bildungs)politischer Perspektive sollen sie dem gesamten Gemeinwesen zugute kommen (Baake 1998: 244) – in kultureller, sozialer und ökonomischer Hinsicht. Die Schlagworte dazu lauten politische Partizipation, soziale und kulturelle Verantwortung, Integration und volkswirtschaftliche Leistungsfähigkeit.

Prinzipiell erfasst die Perspektive der Mediensozialisation sämtliche Funktionen, Prozesse, Strukturen, kurzum: alle Mediennutzungs-Phänomene in ihrer *dynamischen Entwicklung*. Dabei steht zwar die persönliche Entwicklung von Individuen im Mittelpunkt, als Rahmenbedingungen sind jedoch immer medientechnische und -kulturelle Entwicklungen sowie soziale und gesellschaftliche Veränderungen zu berücksichtigen. Ein Kind, das in die heutige Informations-

---

[153] Die Unterscheidung ist natürlich analytischer Natur, denn eine erfolgreiche Mediensozialisation bedingt eine allgemein erfolgreiche Sozialisation und umgekehrt. Einen weiteren Aspekt der Mediensozialisation bilden entwicklungspsychologische (kognitive und affektive) Prozesse. Da auch nur eine grobe Darstellung den Rahmen des Bandes sprengen würde, sei auf den Überblick von Charlton (2004) verwiesen.

[154] Kontrovers diskutierte Beispiele sind Nachmittags-Talkshows (,Schmuddel-Talk') und Reality-Formate (z.B. ,Big Brother') beim Fernsehen, pornografische und rechtsextremistische Inhalte beim Internet. Umgekehrt gilt es für manche heimischen Medienprodukte wie Kinofilme und Musik als besonders wünschenswert, das Publikum zu ihrer Nutzung zu motivieren.

[155] Zur politischen Identitätsbildung vgl. Kuhn (2000).

und Mediengesellschaft hineinwächst, erlebt völlig andere Sozialisationsbedingungen als frühere Generationen (vgl. Süss 2004). Vergleichbares gilt für unterschiedliche nationale Kulturen und Mediensysteme (Livingstone & Bovill 2001). Deshalb kann es keine allgemeine Theorie zur Mediensozialisation geben.

Auch die normativen Erwartungen an die Mediensozialisation ändern sich: Standen vor einigen Jahren die ethischen Aspekte der Mediennutzung und deren Folgen im Zentrum des medienpädagogischen Interesses, scheint mittlerweile die Medienkompetenz an diese Stelle gerückt zu sein. Dafür lassen sich mindestens drei Ursachen anführen: Erstens ist in der Wissensgesellschaft die Bedeutung von Informationen bzw. Wissen generell gestiegen (Abschnitt 2.2.3). Zweitens hat in diesem Zuge die Bedeutung der Medien als Recherche- und Informationsmittel zugenommen. Drittens: Je leistungsfähiger Medien in dieser Hinsicht geworden sind, desto komplexer ist ihre Nutzung. Während Fernsehen nur wenig Nutzungskompetenz erfordert, kann man von den zahllosen Möglichkeiten des Internet nur profitieren, sofern man über die entsprechende Medienkompetenz verfügt.

Sozialisationsphasen und Sozialisatoren
Der Prozess der individuellen Mediensozialisation ist niemals abgeschlossen. Allein die rasante Entwicklung von Medientechniken und -inhalten zwingt Menschen zum lebenslangen ‚Medienlernen' und zur permanenten Anpassung an technische, soziale und kulturelle Gegebenheiten. Individuelle Mediensozialisation ist deshalb ein langfristiger Prozess, der von frühester Kindheit bis ins hohe Alter andauert (Süss & Bonfadelli 2001: 326). Dennoch gelten Kindheit und Jugend nicht nur in der Mediensozialisation als die wichtigsten und am stärksten prägenden Lebensphasen.

Sozialisation ist ein komplexer Interaktionsprozess zwischen dem Sozialisanden – einem Heranwachsenden oder Gruppenneuling (z.B. als Immigrant oder neuer Gefängnisinsasse) – und den Sozialisatoren bzw. Sozialisationsinstanzen, die ihn „mit den Normen, Werten, Erwartungen und Rollen dieser Gemeinschaft vertraut machen" (Süss 2004: 25). Dies geschieht nicht nur durch den beabsichtigten und unbeabsichtigten Einfluss der Sozialisatoren (Fremdsozialisation/Erziehung), sondern auch durch das Streben des Sozialisanden und sein aktives Verhalten (Selbstsozialisation, ebd.: 67ff.).

Hurrelmann (2002: 32ff.) unterscheidet primäre Sozialisationsinstanzen (Eltern, Geschwister und andere Verwandte), sekundäre Sozialisationsinstanzen (Kindergarten, Schule und sonstige Bildungseinrichtungen) und schließlich tertiäre Sozialisationsinstanzen (Gleichaltrige bzw. Peers, Freizeiteinrichtungen und die Medien).[156] Je nach Lebensphase beeinflussen die jeweiligen Instanzen den Entwicklungsprozess unterschiedlich stark, und die Rolle der Medien ändert sich (Süss 2004: 287).

---

[156] 42 Prozent aller deutschen Kinder (sechs bis dreizehn Jahre; inkl. EU-Ausländer) besaßen 2005 ein eigenes Fernsehgerät. 59 Prozent sahen an einem durchschnittlichen Tag fern; sie wiesen dabei eine Verweildauer von 147 Minuten auf. Sogar in der jüngsten Gruppe, bei den Drei-bis Fünfjährigen, sehen 54 Prozent pro Tag fern, ihre Verweildauer lag bei immerhin 123 Minuten pro Tag (Feierabend & Klingler 2006).

5.5 Mediennutzung im sozialen Umfeld

In der *frühen Kindheit* (Vorschulalter) prägen besonders die Eltern und das familiäre Umfeld die Mediensozialisation. Kleine Kinder können noch nicht selbst lesen oder Medienprodukte kaufen. Deshalb ist die Verfügbarkeit audiovisueller Medien (z.B. Fernseher, Bilderbücher, Computer) im elterlichen Haushalt von entscheidender Bedeutung, da nur so frühe Nutzungserfahrungen gemacht werden können. Eine besondere Rolle spielt das Fernsehen, da es selbst kleinsten Kindern die Möglichkeit eröffnet, das Verhalten von anderen Kindern und Erwachsenen in den verschiedensten sozialen Situationen zu beobachten – auch in Situationen, die Kindern unzugänglich sind (z.B. am Arbeitsplatz oder in einer Fantasy-Welt, vgl. Meyrowitz 1990a, 1990b). Es liefert damit die ideale Umgebung zum Beobachten, spielerischen Imitieren und Übernehmen positiver wie negativer Verhaltensvorbilder (vgl. die sozial-kognitive Lerntheorie von Bandura 2000). Bemerkenswert ist in diesem Zusammenhang, dass Kinder in dieser Lebensphase noch nicht in der Lage sind, beim Fernsehen zwischen Fiktion und Non-Fiktion zu unterscheiden; diese Fähigkeit ist erst im Alter von etwa zehn Jahren vollständig ausgebildet (Fitch et al. 1993). Neben dem Fernsehen haben Kassettenrecorder und Hörspiel-/Musik-Kassetten große Bedeutung, denn sie sind die einzigen Medien, die fast alle kleinen Kinder selbst bedienen können (Böcking et al. 2004: 283 sowie 292). Auch die Eltern dienen als Rollenvorbild. Ihr alltäglicher Umgang mit Medien wird nicht nur von kleinen Kindern als Verhaltensmodell beobachtet und übernommen. Neben ihrer – meist unbewussten – Vorbildfunktion nehmen viele Eltern auch bewusst Einfluss auf die Mediennutzung ihrer Kinder, indem sie beispielsweise darauf achten, dass ihre Kinder altersadäquate Fernsehsendungen sehen und nicht allzu lange vor dem TV-Gerät sitzen (Böcking et al. 2004: 290). Allerdings scheint eine aktive Medienerziehung in Familien mit niedrigerem sozioökonomischem Status kaum stattzufinden, wie u.a. Befunde von Baake et al. (1990) und Warren (2005) illustrieren.

In welchem Maß sich bereits bei Kleinkindern Schemata und Routinen der Mediennutzung entwickeln, die auch im späteren Medienumgang fortbestehen bzw. ihn prägen, ist ungeklärt. Dass jedoch bereits in dieser frühen Lebensphase die Grundlagen für die spätere Medienbindung gelegt werden, ist empirisch gut belegt (Oswald & Kuhn 1994: 35). Auf der Basis von zwei Berliner Eltern-Kind-Befragungen konnten Oswald & Kuhn zeigen, dass die Fernsehhäufigkeit der Eltern die Fernsehhäufigkeit ihrer Kinder – unabhängig von deren Alter, Geschlecht, besuchter Schulart und sozialer Schicht – entscheidend prägt. Peiser (1996) verglich anhand der Daten der Langzeitstudie Massenkommunikation Personen, die seit frühester Kindheit mit dem Fernsehen aufgewachsen sind („Fernsehgeneration'; geboren um 1960), mit früheren Generationen, deren Fernsehsozialisation erst später begonnen und die das Fernsehen noch als Innovation erlebt hat. Er fand heraus, dass die frühe Vertrautheit mit dem Medium nicht etwa – wie anzunehmen – zu einer festeren Bindung geführt hat, sondern im Gegenteil dessen Faszination verringert hat. Deshalb hat das Fernsehen für die Fernsehgeneration eine geringere Bedeutung und ein geringeres Prestige als für Ältere.

In der *mittleren Kindheit* (sechs bis zwölf Jahre) lernen Heranwachsende lesen. Dabei wächst die Bedeutung von Büchern und Zeitschriften in zweifacher Hinsicht: Einerseits ist die Lesefähigkeit die zentrale Voraussetzung für die intensive Nutzung von Printmedien, andererseits fördert regelmäßige Lektüre die Sprach- und Lesekompetenz – im Kontrast zum häufigen Fernsehen, das mit geringerer Sprachkompetenz einhergeht (Schiffer et al. 2002). Das Elternhaus prägt die Medienentwicklung auch in dieser Phase entscheidend. Verschiedene Studien bestätigten den Einfluss eines positiven Leseklimas in der Familie (viele Bücher vorhanden; Eltern lesen viel und fördern das Leseinteresse ihrer Kinder) auf das Leseverhalten in der Kindheit und darüber hinaus (z.B. Stiftung Lesen 2000; Jäckel & Wollscheid 2006). Burbaum et al. (2004) konnten für die Romanlektüre Erwachsener zeigen, dass nicht nur ihre Lesehäufigkeit oder -menge auf Sozialisationseinflüsse im Elternhaus zurückgehen, sondern auch die Art, wie gelesen wird (z.B. die Verarbeitungstiefe; Abschnitt 4.1.2).

In den vergangenen Jahren nahm in der mittleren Kindheit vor allem die Computer- und Internetnutzung zu[157]. 52 Prozent der Sechs- und Siebenjährigen nutzten zumindest selten einen Computer; bei den Zehn- und Elfjährigen waren es bereits 84 Prozent. Die Unterschiede zwischen Jungen und Mädchen waren minimal, der Rückstand von Hauptschülern gegenüber Gymnasiasten und Realschülern hingegen deutlich (79 versus 92 und 94 Prozent). Bei beiden Geschlechtern dominierten Computerspiele, das Suchen bzw. Surfen im Web sowie E-Mails. Trotzdem blieb das Fernsehen durchgehend das wichtigste und meistgenutzte Medium, auf das kaum ein Kind verzichten möchte. Je älter ein Kind wird, desto weniger überwachen die Eltern die Mediennutzung, desto mehr bestimmt es seine Medienauswahl selbst und desto bedeutender wird die Selbstsozialisation. Während beispielsweise 2005 acht Prozent der sechs- und siebenjährigen Computerspieler ihre Spiele selbst aussuchten, entschieden bei den Zehn- und Elfjährigen 26 Prozent ganz allein und 60 Prozent zusammen mit ihren Eltern, was sie spielen. Gleichzeitig gewinnen die Schule und besonders gleichaltrige Freunde und Mitschüler an Einfluss.

Die *Jugendzeit* (13 bis 18 Jahre) wird dominiert von der aktiven (selbstsozialisatorischen) Suche nach einer eigenen Identität, wobei neben Stars als Rollenvorbildern und fiktionalen Kino- und Fernsehfilmen weiterhin Bücher eine wichtige Rolle spielen. Hierin liegt wohl auch der Grund für die Tatsache, dass Jugendliche mehr Bücher lesen als Erwachsene (Schön 1998). Vor allem aber ist die Jugend die Zeit der Orientierung an Peers. Sander (1999) befragte Jugendliche aus 22 Mittelschicht-Familien nach ihren medienbiografischen Erfahrungen. Es zeigte sich, dass Medien und die dort gezeigten Stars ein zentraler Bestandteil der Gespräche zwischen gleichaltrigen Freunden und in Cliquen sind. Bei der kollektiven Selbstsozialisation erfüllen Medien mehrere Funktionen: Erstens bieten sie die thematische Basis für Freundschafts- und Gruppenbeziehungen – besonders Fangruppen sind hier von Bedeutung – und dienen der sozialen Integration. Zweitens können Jugendliche so ihre persönlichen Meinungen, Fragen und Interessen, aber auch ihre Ängste, Wünsche und Probleme thematisieren, ohne sich selbst allzu sehr ‚auszustellen'. Drittens können sich Heranwachsende anhand von Medieninhalten und -figuren über ihre ästhetischen Vorstellungen – auch in Abgrenzung zu den Eltern – austauschen und so einen eigenen Geschmack entwickeln. Nach Sanders Ansicht fördert die Auseinandersetzung mit Me-

---

[157] Die folgenden Daten stammen aus der KIM-Studie 2005, einer seit 1999 regelmäßig durchgeführten Repräsentativbefragung von Kindern zwischen sechs und dreizehn Jahren in Deutschland (Feierabend & Rathgeb 2006b).

dieninhalten in der Gruppe schließlich Toleranz und Kompromissfähigkeit und trägt zum sozialen Lernen bei. Allerdings kann die kollektive Selbstsozialisation auch zur Überforderung führen und negative Erscheinungen verstärken. Beispielsweise können sich in der Gruppe vorhandene Tendenzen zu Gewalt, Rassismus oder Sucht hochschaukeln (Dollase 1999).

Die starke Orientierung an Peers erklärt auch die immense Popularität von Mobiltelefonen (inkl. SMS), da diese in erster Linie der Kommunikation mit Gleichaltrigen dienen: 2005 hatten nicht nur 92 Prozent aller Jugendlichen in Deutschland ein eigenes Mobiltelefon; das Handy lieferte nach dem Fernsehen auch die häufigsten medienbezogenen Gesprächsthemen (Zubehör, Tarife, Netze usw.) männlicher und weiblicher Jugendlicher, noch vor Zeitschriften, Computerspielen, Zeitungsmeldungen und Webinhalten.[158] Der Anteil der (zumindest gelegentlichen) Internetnutzer unter deutschen Jugendlichen steigt seit Jahren nur noch leicht an und lag 2005 bei 86 Prozent. Auch hier sind mit E-Mail und Instant Messaging zwei interpersonale Kommunikationsmittel die meist genutzten Dienste. Ein Viertel aller Jugendlichen chattet täglich oder mehrmals pro Woche. Neben bisher meist lokalen Peergroups gewinnen damit auch virtuelle und nicht mehr lokal gebundene Gruppen als Kommunikations- und Orientierungsumfeld an Bedeutung.

Das Internet ist zweifellos eine Informationsquelle und ein Recherchemittel von unschätzbarem Wert. Trotzdem birgt es gerade für Kinder und Jugendliche Gefahren, zumal Eltern das Surfverhalten ihrer Kinder aufgrund mangelnden Problembewusstseins oder fehlender technischer Kompetenz nur selten kontrollieren (Schweiger 2003b: 195ff.): Immerhin 32 Prozent der Jugendlichen gaben in der JIM-Studie 2005 an, schon einmal auf pornografische, rechtsradikale oder gewalthaltige Webseiten gestoßen zu sein. Auch wenn es aus nachvollziehbaren Gründen keine verlässlichen Daten gibt: Es wäre ein Wunder, wenn der Explorationsdrang männlicher Jugendlicher vor pornografischen, gewalthaltigen oder extrem geschmacklosen Onlineinhalten zurückschrecken würde. Wie der Verfasser wiederum in Gruppendiskussionen erfahren hat, nutzen pubertierende Mädchen häufig Flirt-Chats, um dort – anonym und unter Vortäuschung eines höheren Alters – Erfahrungen im zwischengeschlechtlichen Balzverhalten zu machen. Welche Folgen diese und andere ‚virtuelle' Internet-Erfahrungen für Kinder und Jugendliche haben und wie sich dadurch die Gesellschaft langfristig verändern wird, ist derzeit unmöglich vorherzusehen.

5.6 Gesellschaftliche Bedingungen

Der letzte Bereich struktureller Bedingungen, die die Mediennutzung prägen, ist die Gesellschaftsebene. Hierbei können entweder Unterschiede innerhalb der Gesellschaft diskutiert werden (Abschnitt 5.6.1) oder aber Unterschiede zwischen Gesellschaften (Ländern, Weltregionen, Kulturen usw.; Abschnitt 5.6.2).

---

[158] Diese und die folgenden Angaben stammen aus der JIM-Studie 2005, einer seit 1998 jährlich durchgeführten Repräsentativbefragung 13-19-Jähriger in Deutschland(Feierabend & Rathgeb 2006a).

5.6.1 Unterschiede innerhalb der Gesellschaft:
       Individualisierung, Integration, Fragmentierung

Eine wesentliche gesellschaftliche Aufgabe der Massenmedien ist die politische Integration (vgl. ausführlich Vlasic 2004a). Dabei wird unterstellt, dass eine demokratische Gesellschaft nur funktionieren kann, wenn die Bürger über ein gewisses *Zusammengehörigkeitsgefühl*, einen *gemeinsamen Wissensstock* (Allgemeinbildung und aktuelle Themen), auf dessen Basis sie kommunizieren und entscheiden können, und zumindest einen Grundvorrat gemeinsamer *Werte* verfügen (z.B. christlich-abendländische Werte, freiheitlich-demokratische Grundordnung). Integration ist umso wichtiger, je stärker sich eine Gesellschaft ausdifferenziert. Luhmann (1970: 150ff., zit. n. Vlasic 2004: 19) unterscheidet drei Formen der Differenzierung: *segmentäre Differenzierung*, bei der vergleichbare Einheiten entstehen (Gemeinden, Staaten usw.), *stratifikatorische Differenzierung*, also die Aufteilung in hierarchische Schichten, und *funktionale Differenzierung*, bei der unterschiedliche Teilsysteme spezielle Funktionen für die Gesamtgesellschaft erfüllen (Arbeitsteilung und Rollenspezialisierung). Besonders letztere prägt moderne Gesellschaften. So hilfreich Differenzierung aus organisatorischer und ökonomischer Sicht ist, so sehr fördert sie ein Auseinanderdriften einer Gesellschaft, deren Mitglieder über unterschiedliche Interessen, Wissenshintergründe, Werte usw. verfügen.[159] In den letzten Jahrzehnten wurde das Problem durch den Trend zur Individualisierung und den Bedeutungsverlust traditioneller Werte, Bindungen und Bräuche drastisch verschärft (Abschnitt 2.2.3). Umso lauter wurde der Ruf nach einer Integration oder gar Homogenisierung der Bevölkerung durch Massenmedien (vgl. Saxer 1985).

Integrationsfunktion der Massenmedien

Die den Massenmedien und besonders dem reichweitenstarken Fernsehen zugesprochene Aufgabe besteht darin, möglichst alle Bürger mit gesellschaftsrelevanten Informationen zu versorgen, damit einen gemeinsamen Grundstock von Wissen, Bräuchen und Werten zu kultivieren und schließlich das Zusammengehörigkeitsgefühl zu vertiefen. Die politische Integrationsfunktion ist von sozialer Integration zu unterscheiden. Bei Letzterer handelt es sich um ein *individuelles Bedürfnis*, das als Mediennutzungsmotiv zum Tragen kommen kann (Abschnitt 3.4.1). Die politische Integrationsfunktion dagegen liegt im öffentlichen Interesse und ist normativ begründet. Von entscheidender Bedeutung ist dabei, dass sich die Integration auf die gesamte Bevölkerung bzw. die allgemeine Öffentlichkeit bezieht. Kleine Gesellschaftsgruppen oder Minderheiten, die sich gegen die restliche Gesellschaft abkapseln, ermöglichen ihren Mitgliedern zwar eine individuelle Integration innerhalb der Gruppe (Mikro- bzw. Mesoebene), der gesamtgesellschaftlich-politischen Integration (Makroebene) ist damit jedoch nicht gedient.

---

[159] Die Problematik wird beispielsweise in der Journalismusforschung unter dem Etikett ‚entfremdete Elite' debattiert: Wie können Journalisten die Bedürfnisse und Interessen ihres Publikums einlösen, wenn sie sich nur innerhalb einer elitären Gruppe bewegen und die Interessen, Wissenshintergründe und Werte der breiten Bevölkerung nicht teilen oder nicht einmal kennen (Rust 1986)?

Das bedeutet: Wann immer über die politische Integrationsfunktion der Massenmedien gesprochen wird, ist die gesamte Bevölkerung als Publikum gemeint. Die Integrationsleistung der Massenmedien besteht ja gerade darin, ein *allumfassendes Publikum* zu kreieren und mit gemeinsamen Themen, Informationen, Weltsichten und Werten zu versorgen.[160] Das kann nur gelingen, wenn die Bürger entweder identische oder zumindest ähnliche Medieninhalte rezipieren. Eine perfekte Integrationsleistung wäre nur möglich, wenn es überhaupt keine Auswahlmöglichkeit gäbe und jeder Bürger dieselben Medieninhalte rezipieren würde.[161]

Publikumsfragmentierung

Je mehr und unterschiedlichere Medien(inhalte) es gibt, und individuelle Rezipienten diese nach ihren persönlichen Interessen und Vorlieben auswählen, desto kleiner bzw. fragmentierter werden die jeweiligen Medienpublika. Publikumsfragmentierung bedeutet somit die „Zersplitterung des Publikums in viele Teilpublika, die Unterschiedliches nutzen und nur noch selten zu einem großen Publikum zusammenkommen" (Holtz-Bacha & Peiser 1999: 41). Publikumsfragmentierung ist also ein dynamischer Prozess, der sich im Zuge der gegenwärtigen Medienentwicklung fortsetzen wird:

- Neue Medientechniken wie Digitalisierung, Online- und Mobilkommunikation ermöglichen neue Angebotsformen, die von spezialisierten Teilpublika genutzt werden (Tewksbury 2005).
- In allen Mediengattungen nimmt die Anzahl der angebotenen Medienprodukte zu (Ausnahme: Zeitungsmarkt).
- Special-Interest-Angebote weisen überdurchschnittliche Wachstumsraten auf: Während beispielsweise die deutschen Tages- und Wochenzeitungen hinsichtlich Titelanzahl und Gesamtauflage in den letzten dreißig Jahren annähernd konstant geblieben sind, hat sich die Titelanzahl von (meist thematisch eingegrenzten bzw. nicht-universalen) Publikumszeitschriften beinahe vervierfacht und ihre Auflage verdoppelt (Media Perspektiven Basisdaten 2006). Dass Spezialinteressen jeder Art im Internet eine Heimat haben und Spartenkanäle im Zeitalter des digitalen Fernsehens an Bedeutung gewinnen werden, braucht wohl nicht weiter erläutert zu werden.
- Die gegenwärtigen Regeln der Werbeplanung verstärken die Publikumsfragmentierung zusätzlich: Je homogener das Publikum eines Medienangebots ist, desto besser lässt es sich auf dem Werbemarkt verkaufen. Werbetreibende können Streuverluste minimieren, indem sie ihre Werbung in Medienangeboten mit homogenen Publika schalten, die einzeln oder im Mediamix ihrer Produkt-Zielgruppe entsprechen. Dass gerade Special-Interest-Angebote homogene Publika liefern, verstärkt die Bedeutung der Zielgruppenorientierung zusätzlich.

---

[160] Wenn Rühl (1980: 319) die Primärfunktion des Journalismus als „Herstellung und Bereitstellung von Themen zur öffentlichen Kommunikation" beschreibt, denkt er die Integrationsfunktion gleichsam mit.

[161] Auf diese Weise versuchen bekanntlich Diktaturen die Bevölkerung gleichzuschalten. In pluralistischen Systemen ist deshalb die Balance zwischen extremer Individualisierung und daraus resultierender Desintegration einerseits und der Gleichschaltung von Medien und Bürgern andererseits zu wahren.

Diese und andere Entwicklungen werden auch künftig die Anzahl von Personen verringern, die jeweils denselben Medieninhalt rezipieren und sich darüber unterhalten können (vgl. auch Handel 2000). In den USA ist die Entwicklung beim Fernsehen weit stärker vorangeschritten als in den deutschsprachigen Ländern. Dazu zwei Beispiele: Hatten die drei großen, nationalen TV-Networks (CBS, NBC und ABC) dort 1984 noch einen gemeinsamen Marktanteil von knapp 70 Prozent, lag ihr Anteil in der Saison 2002/03 gerade einmal bei 29 Prozent (Webster 2005: 368). Brown & Pardun (2004) befragten knapp 3000 amerikanische Schüler nach ihrer Nutzung von 140 Fernsehsendungen. Die Überschneidungen zwischen weißen und schwarzen Mädchen sowie weißen und schwarzen Jungen waren minimal: Nur vier Sendungen wurden zumindest von jeweils einem Drittel der vier Segmente regelmäßig gesehen.

Individualisierung der Mediennutzung

Neben dem Trend zu kleineren Publika, der sich anhand einfacher Reichweitenzahlen überprüfen lässt, existieren noch andere Formen individualisierter Mediennutzung. Hasebrink (1999b: 71) schlägt drei Dimensionen und Analysestrategien auf der Mikroebene vor:

Intraindividuelle Varianz: Gehen Individuen vielfältig bzw. abwechslungsreich mit Medien um, d.h. nutzen sie ein breites Spektrum unterschiedlicher Medien(inhalte), oder bilden sie ein eingeengtes Repertoire favorisierter Themen und Inhalte aus und lehnen andere Inhalte ab? Webster & Phalen (1997: 110) bezeichnen dieses Phänomen als Publikumspolarisierung („audience polarization'). Das Publikum ist umso polarisierter, je weniger sich Rezipienten bei der Medienselektion von vorgegebenen Angebotsstrukturen der Medien leiten lassen und je stärker sie sich auf ihre persönlichen Vorlieben und Interessen beschränken. Ein drastisches Beispiel: Wenn sich jeder Mediennutzer nur noch für seine wichtigsten Hobbys interessieren und jeglichen ‚Blick über den Tellerrand' scheuen würde, würden alle Nachrichtenmedien enorm an Reichweite verlieren; der gemeinsame Wissensstock aller Bürger wäre kaum mehr aufrecht zu erhalten.[162]

Interindividuelle Varianz: Inwiefern unterscheiden sich Individuen in ihrer Mediennutzung voneinander? Der Reichweitenrückgang von Medienangeboten auf dem Aggregatniveau gibt hierzu keine Auskunft. Zwei idealtypische Konstellationen sind zu unterscheiden: (1) mittlere interindividuelle Varianz in der gesamten Bevölkerung und (2) geringe interindividuelle Varianz *innerhalb* von Teilgruppen bei hoher Varianz *zwischen* den Teilgruppen. In Konstellation 1 wählt jeder Rezipient – je nach Situation und Interessensgebiet – unterschiedliche Medienangebote aus und ist dadurch Mitglied ständig wechselnder Publika, was Hasebrink (1997) mit dem Bonmot „Ich bin viele Zielgruppen" umschreibt. Der Anteil gemeinsam rezipierter Medieninhalte geht zwar insgesamt zurück, die verbleibenden Überschneidungen verteilen sich aber gleichmäßig auf die gesamte Bevölkerung. In Konstellation 2 existieren homogene Bevölkerungsgruppen mit dauerhaft ähnlichen Medienpräferenzen und einer entsprechend starken grup-

---

[162] Diese Vorstellung liegt auch der Befürchtung zugrunde, dass vollständig personalisierbare Onlineangebote, die den Nutzer nicht mehr mit universellen Inhalten öffentlicher Relevanz konfrontieren (z.B. als ‚Daily Me'), den gesellschaftlichen Zerfall unterstützen (vgl. Quiring & Rauscher 2006).

5.6 Gesellschaftliche Bedingungen

peninternen Integration, deren Medienrepertoire sich kaum mit demjenigen anderer Gruppen überschneidet. Eine Annäherung der Teilgruppen ist unwahrscheinlich; es ist sogar zu befürchten, dass sich die Teilgruppen noch weiter voneinander entfernen. In diesem Zusammenhang ist der Medienumgang von Immigranten ein relevantes Thema, das in Deutschland – im Gegensatz zu den USA (vgl. Greenberg et al. 2002) – kaum beforscht, im Zuge der Debatte um die Integration von Einwanderern aber immerhin öffentlich diskutiert wird. Verschiedene Studien, wie beispielsweise Hübschs (2006) qualitative Befragung türkischer Migrantinnen in Deutschland oder die teilnehmende Beobachtung chinesischer Einwanderer in Silicon Valley von Hwang & He (1999), fanden ein einheitliches Muster: Immigranten, denen Sprache, Kultur und Gesellschaft ihres Gastlandes noch wenig vertraut ist, nutzen hauptsächlich heimatliche Medien bzw. Medien in ihrer Muttersprache. Damit entsteht tatsächlich eine Minderheitengruppe mit vergleichsweise homogenen Medienpräferenzen. Mit zunehmender Sprachbeherrschung und Vertrautheit mit den Verhältnissen des Gastgeberlandes gewinnen dann die dortigen Medien an Bedeutung und können zu einer vertieften Integration beitragen. Integration ist nicht nur eine Medienwirkung, sondern auch eine Determinante der Medienauswahl – Mediennutzung und politische Integration bedingen sich somit wechselseitig.

Als weiteren Indikator individualisierter Mediennutzung schlägt Hasebrink den Anteil *gemeinsamer Mediennutzung* vor. Die Entwicklung des Fernsehens illustriert ihren Rückgang im Zuge der Individualisierung: Anfangs sah man gemeinsam in Fernsehstuben fern, und später brachte der gemeinsame Fernsehabend die Familie zusammen, wenn auch meist schweigend und auf die Bildröhre starrend. Mittlerweile stehen in beinahe jedem zweiten deutschen Haushalt (inkl. Einpersonenhaushalte!) mindestens zwei Fernsehgeräte (Abschnitt 2.2.2), und 51 bzw. 38 Prozent der ost-/westdeutschen Kinder verfügen über einen eigenen TV-Empfänger (Feierabend & Rathgeb 2006b: 15). Dass dies nicht nur Folgen für die kindliche Sozialisation hat, sondern für die gesamte politische Integration, liegt auf der Hand. Die Hauptfunktion der Massenmedien im Rahmen der Integrationsdebatte besteht darin, den Bürgern Gesprächsstoff über gesellschaftliche Themen zu liefern (Holtz-Bacha & Peiser 1999: 42). Je weniger Menschen gemeinsam Medien nutzen und je seltener sie identische Inhalte rezipieren, desto weniger gemeinsame Gesprächsthemen haben sie. Deshalb schlägt Hasebrink als letzten Individualisierungsindikator auf der Mikroebene vor, das Ausmaß an *Anschlusskommunikation* zu messen.

Stufen der Publikumsfragmentierung

Eine Systematik des Fragmentierungsprozesses beim Fernsehen, in der sich einige der bisher angesprochenen Beobachtungen wiederfinden, stammt von McQuail (1997: 137ff.), der vier Stufen der Publikumsfragmentierung unterscheidet (Abbildung 28).

- In der Frühphase des Fernsehens in den 1950er- und 1960er-Jahren gab es nur wenige Kanäle, so dass fast alle zwangsläufig dasselbe sehen. Folglich existierte nur ein Publikum (*Unitary Model*).
- In den 1970er- und 1980er-Jahren, als sich die tägliche TV-Sendezeit verlängerte und neue (private) Sender hinzukamen, standen mehr unterschiedliche Nutzungsoptionen zur Verfü-

gung, so dass innerhalb des ‚klassischen' Publikums eine begrenzte Diversifizierung einsetzte (*Pluralism Model*).
- Die weiterhin zunehmenden Angebote und zusätzliche technische Möglichkeiten (Videorekorder, Satellitenfernsehen, digitales Fernsehen, Pay-TV) führen gegenwärtig zur Herausbildung kleiner spezifischer Publika, die sich in ihrem Nutzungsverhalten erheblich vom Mainstream-Publikum unterscheiden (*Core-Periphery Model*).
- In der letzten, bislang beim Fernsehen noch nicht eingetretenen Phase löst sich auch das bisherige Mainstream-Publikum auf – es kommt zur vollständigen Publikumsfragmentierung (*Breakup Model*). Die Konsequenz ist eine kaum mehr mögliche Beschreibung und Ansprache konkreter Publika bzw. Zielgruppen. Dieser Trend lässt sich im Onlinebereich mit seinen hunderttausenden von massenmedialen, privaten und organisationalen Websites gut beobachten. Gleichwohl existieren auch dort massenattraktive, publizistische Websites wie z.B. ‚spiegel.de', die durchaus eine geschlossene Publikumsbeschreibung im Sinne des Pluralism Model erlauben (vgl. Webster & Lin 2002).

Abbildung 28: Vier Phasen der Publikumsfragmentierung von McQuail

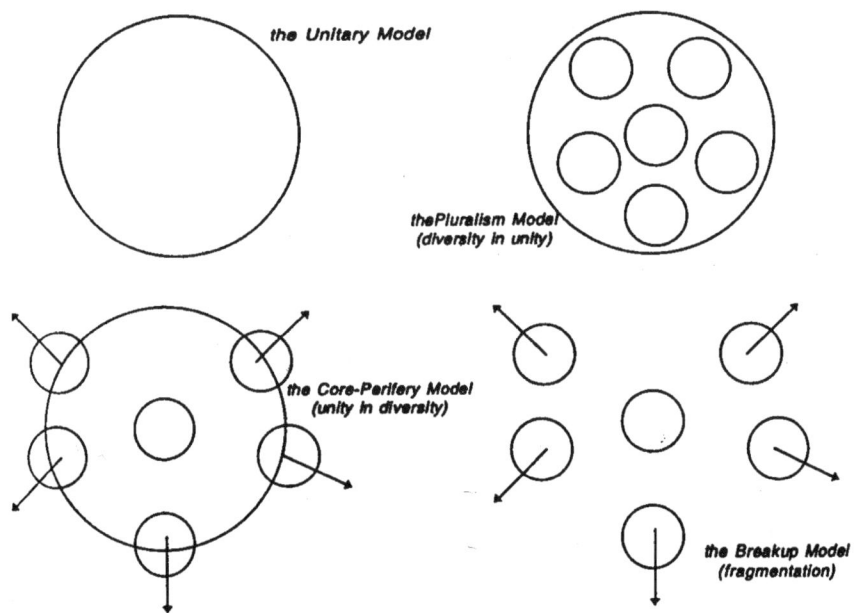

Quelle: McQuail (1997: 138).

Integration trotz Fragmentierung?

Ob die zunehmende Publikumsfragmentierung tatsächlich die Integrationsfunktion der Medien verringert und den Gesellschaftstrend zur Individualisierung verstärkt, ist fraglich. Entstehen wirklich ‚partikuläre Bewusstseinsghettos' (Bonfadelli 1994: 38), nur weil Menschen seltener dieselben Medieninhalte rezipieren? Überträgt man Gerbners Kultivierungsansatz auf die Integrationsfrage, kommt man zu einer realistischeren Antwort: Gerbner argumentiert, dass das Fernsehen inhalts- und genreübergreifend ein relativ einheitliches Weltbild zeichnet, um mit diesem ‚kleinsten gemeinsamen Nenner' ein weltweites Publikum anzusprechen. Ein Resultat dieser Uniformität ist das ‚Mainstreaming' von Vielsehern, die ursprünglich unterschiedliche Einstellungen haben (Gerbner et al. 1980). Auch wenn die Autoren das Mainstreaming als eine Art Gleichschaltung von Einstellungen, Werten und Weltsichten negativ beurteilen, ist damit – positiv gewendet – ein Integrationseffekt angesprochen, der auch bei fragmentierten Publika eintritt: Solange alle wesentlichen Medien die Werte eines demokratisch-pluralistischen Rechtsstaats (gleichsam als Frames) transportieren, tragen sie potenziell zur Integration der Bevölkerung bei.

Schließlich können auch punktuelle Großereignisse bzw. Medienevents die Integration fördern, wie die Fußball-Weltmeisterschaft 2006 in Deutschland demonstriert hat. Kaum ein Thema hat weite Teile der deutschen Bevölkerung jemals so sehr bewegt wie dieses. Und obwohl es ‚nur' um Fußball ging, hat kaum ein Ereignis den patriotischen Zusammenhalt der Deutschen derart gefördert – wie auch immer man das politisch bewerten mag.

5.6.2 Unterschiede zwischen Gesellschaften:
internationale Forschung und komparatistische Ansätze

Genauso wie Massenmedien auf nationaler Ebene einerseits zur Publikumsfragmentierung und andererseits zur gesellschaftlichen Integration beitragen können, verbinden sich auf internationaler Ebene Hoffnungen und Befürchtungen mit ihnen. In einer Zeit der politischen, kulturellen und wirtschaftlichen Annäherung von Weltregionen und Staaten (Globalisierung) und der voranschreitenden europäischen Einigung steigt auch das Interesse an internationalen und transnationalen Medienfragen (vgl. Livingstone 2003). Hier setzt die komparative Kommunikationsforschung an. Gemäß der Definition von Edelstein (1982: 14) vergleichen komparative Studien zwei oder mehr Staaten hinsichtlich einer gemeinsamen Aktivität. Im Gegensatz dazu befassen sich cross-nationale bzw. cross-kulturelle Ansätze mit Kommunikationsflüssen über Ländergrenzen hinweg, also beispielsweise mit den Effekten US-amerikanischer Filme oder Fernsehserien im Ausland (dazu weiter unten).

Gegenwärtig findet komparative Forschung hauptsächlich im Bereich Journalismus statt. In der Berufsfeldforschung werden die Berufsauffassungen und Arbeitsbedingungen von Journalisten in unterschiedlichen Ländern miteinander verglichen, und die Nachrichtenforschung analysiert internationale Nachrichtenströme, um Ungleichheiten in der Auslandsberichterstattung über die ‚Elite-Nationen' westlicher Prägung einerseits und die weniger beachteten Länder in Afrika, Süd-/Mittelamerika sowie Asien andererseits aufzudecken. (vgl. den Überblick bei Esser 2000). Die Mediennutzungsforschung hingegen hat komparatistische Methoden bislang kaum für sich erschlossen. Zwar gibt es eine Reihe öffentlich finanzierter und kommerzieller Vergleichsstudien zur Verbreitung und Nutzung von Massenmedien und sonstigen Informationstechniken, theoretisch sind diese jedoch wenig ergiebig (vgl. Wilke 2002: 30f.).

Kohn (1989; zit. n. Livingstone 2003) unterscheidet vier Typen komparatistischer Studiendesigns, die jeweils bestimmte Forschungsziele verfolgen. Wir wollen einige grundlegende Ansätze zur Mediennutzung anhand dieser Systematik diskutieren.

Länder als Untersuchungsobjekte

Beim ersten Typ gelten Länder als eigenständige Untersuchungsobjekte, deren Besonderheiten man im Vergleich mit anderen Ländern zu verstehen versucht. Es geht um die Deskription der dortigen Situation, weitergehende Schlüsse oder die Entwicklung von Theorien werden nicht angestrebt. In der Mediennutzungs- und Publikumsforschung existiert eine Reihe solcher deskriptiver Studien, die üblicherweise quantitative Daten zu verschiedenen Aspekten des Medienumgangs und der Publikumszusammensetzung umfassen. Die meisten Studien liefern systematische Vergleiche, d.h. sie erfassen – soweit dies möglich ist – für alle untersuchten Staaten dieselben Variablen. Beispiele sind das vom Hans-Bredow-Institut herausgegebene „Internationale Handbuch Medien", der jährliche Band „Television 200x. International Key Facts" der RTL Group/IP, die europäische Vergleichsuntersuchung „Media in Mind" sowie einzelne Beiträge (z.B. Levy 1978; McCain 1986; Hasebrink 1995; Krotz & Hasebrink 1998). Andere Studien erarbeiten einzelne, eigenständige Länderprofile mit unterschiedlichen Analyse- und Darstellungskriterien, die zwar keinen direkten Vergleich erlauben, dem Leser wohl aber einen Einblick in die unterschiedlichen nationalen Bedingungen erlauben. Beispiele sind der Sammelband von Becker & Schönbach (1989) mit Länderdarstellungen zum veränderten Publikumsverhalten in Zeiten der TV-Kanalvervielfachung oder verschiedene Bände mit nationalen Fallstudien zur Publikumsforschung (Zöllner 2002, 2005).

Oftmals steht hinter komparativen Studien die Idee eines Leistungsvergleichs zwischen Staaten. Japanische Forscher begannen bereits Ende der 1960er-Jahre, Japan und andere Länder hinsichtlich des dortigen Entwicklungsstadiums als Informationsgesellschaft quantitativ zu vergleichen (vgl. Ito 1981). Dabei wurden unterschiedliche Maße gebildet, wie beispielsweise die Informationsmenge (bestehend aus der Anzahl der Telefonate pro Person und Jahr, Zeitungsauflage, Buchveröffentlichungen, Bevölkerungsdichte als Maß für die interpersonale Kommunikation), die Verbreitung technischer Mediengeräte oder der Anteil informationsbezogener Ausgaben an den Haushalts-Gesamtausgaben (vgl. Edelstein 1982: 131ff.). Dass Japan aus den damaligen Befunden gelernt hat und sein Ziel, zu einer der führenden Informationsgesellschaften zu werden, erreicht hat, ist bekannt. Seither hat es unzählige Ländervergleiche zur Verfügbarkeit, Beherrschung und Nutzung des Internets und anderer Informationstechniken gegeben (z.B. Groebel & Gehrke 2003). Wie die nationale Digital Divide-Forschung (Abschnitt 5.4.1) geht auch ihre internationale Variante davon aus, dass der Umgang mit modernen Informationstechniken eine zentrale Voraussetzung für den beruflichen Erfolg und die persönliche Entwicklung des Einzelnen darstellt und damit letztlich die internationale Konkurrenzfähigkeit einer Volkswirtschaft und den Wohlstand der Bürger eines Staates bestimmt (vgl. z.B. Gunaratne 2001).[163]

---

[163] Zum International Digital Divide sei auf mehrere abrufbare Themenausgaben des E-Journals ‚IT&Society' verwiesen (http://www.ITandSociety.org; 29.09.2006).

5.6 Gesellschaftliche Bedingungen

Länder als Untersuchungskontexte

Der zweite Typ komparatistischer Studien nutzt Länder als Untersuchungskontexte, innerhalb derer die Kontextunabhängigkeit bzw. kulturelle Reichweite von Hypothesen oder Theorien getestet werden kann. Länderspezifika spielen keine Rolle, es geht lediglich um die Herstellung möglichst verschiedenartiger Testbedingungen. Tatsächlich wurden Theorien zur Mediennutzung – dies gilt besonders für funktionale und prozessuale Ansätze mit psychologischer Orientierung – in einem bestimmten Land (meist in den USA oder europäischen Ländern) entwickelt und nur dort empirisch überprüft. Es ist durchaus plausibel, dass einige Theorien nur für demokratische Informationsgesellschaften und die dortigen Mediensysteme gelten, nicht jedoch für andere Kulturen. Um ihre kulturübergreifende Allgemeingültigkeit bzw. ihren Anwendungsbereich zu prüfen, sind Vergleichsstudien oder zumindest Relikationsstudien in anderen Ländern nötig. Gurevitch & Blumler (1990: 308f.) bescheinigen der Komparatistik deshalb, ein Gegenmittel gegen unwissentlich-provinzlerische Beschränktheit (‚unwitting parochialism') und einen naiven Universalismus zu sein, der besonders in der westlichen Welt verbreitet ist. Hierin liegt allerdings gleichzeitig ein Problem komparativen Vorgehens, da jeder Forscher innerhalb einer bestimmten Kultur sozialisiert wurde und daher kaum zu einer vollständig neutralen Analyse in der Lage ist (vgl. Esser 2000: 142f.).

Es gibt in der Mediennutzungsforschung zwar viele Relikationsstudien – man denke nur an deutschsprachige Untersuchungen zu US-amerikanischen Ansätzen wie der Theorie der kognitiven Dissonanz oder der Mood-Management-Theorie –, aber nur sehr wenige theorieprüfende Vergleichsstudien. Trepte (2004b) überprüfte beispielsweise in einem Selective-Exposure-Experiment, inwiefern Geschlechterrollen und nationale Herkunft das Auswahlverhalten deutscher und US-amerikanischer Zuschauer beeinflussen, und fand nur geringe Unterschiede zwischen beiden Ländern. Knobloch et al. (2005) führten ein Selective-Exposure-Experiment mit Kindern in den USA, Deutschland und China zur geschlechtsspezifischen Auswahl von Kindersendungen durch. Kulturübergreifend bevorzugten Jungen aggressive Geschichten und Mädchen Filme mit friedlichem Inhalt. Auch die Vorliebe für Protagonisten des eigenen Geschlechts ließ sich in allen drei Ländern nachweisen, in den USA und China war sie besonders stark. Die Präferenz deutscher Kinder für männliche Hauptfiguren war schließlich in den anderen beiden Ländern weniger ausgeprägt. Das illustriert, dass grundlegende Theorien zum Medienumgang in ihren Grundzügen durchaus länder- und kulturübergreifend gelten können, dass man dabei allerdings genau auf kulturelle Abweichungen zu achten hat.

Ob eine Studie deskriptiv (Typ 1) oder theorieprüfend (Typ 2) ist, hängt nicht von der Art der erhobenen Daten ab, sondern von der Interpretation der Ergebnisse. Dazu ein Beispiel: Shanahan & Morgan (1992) verglichen familienbezogene Fernsehnutzungsdaten aus fünf Ländern. Sie stellten fest, dass in Argentinien und Korea die Kinder höher gebildeter Väter deutlich weniger fernsehen als die anderen Kinder. In den anderen Ländern (China, Taiwan und USA) korrelieren das väterliche Bildungsniveau und die Fernsehnutzungsdauer der Kinder nicht. Nun könnte man auf die Idee kommen, hinter diesen Unterschieden steckten Faktoren wie der durchschnittliche Bildungsstand in einem Land, bestimmte pädagogische Standards oder das generelle

Verhältnis zum Fernsehen. Auf diese Weise könnte man allgemeine Regelmäßigkeiten der Mediensozialisation bzw. die Bedeutung verschiedener Einflussfaktoren in unterschiedlichen Untersuchungskontexten überprüfen (Typ 2). Tatsächlich bleibt die Studie deskriptiv. Offensichtlich will der Vergleich ‚nur' Besonderheiten der jeweiligen Länder darstellen. Einen ähnlichen Charakter hat die Studie zur Zeitungsnutzung in westeuropäischen Ländern von Gustafsson & Weibull (1997). Häufig ist die Unterscheidung zwischen beiden Typen kaum möglich. Betrachtet man beispielsweise Vergleichsstudien zur Verbreitung des Internets oder anderer Informationstechniken, werden dort fast immer zumindest implizite Schlüsse zu den Ursachen der gefundenen Unterschiede gezogen. Der Zweck solcher Benchmarks liegt letztendlich *immer* in der Identifikation relevanter Einflussfaktoren, denn nur wenn man diese kennt, kann man die Situation in einem Land verbessern (Gurevitch & Blumler 1990: 315f.).

Hier liegt das größte Problem komparativer Forschung. Vergleicht man zwei oder mehr Staaten und findet dort Unterschiede in der Mediennutzung, muss man nach anderen Unterschieden zwischen diesen Staaten suchen, die als Ursache für erstere in Frage kommen. Gemäß der Experimentallogik zum Kausalnachweis bestünde der Idealfall darin, zwei Länder zu finden, die sich in einer einzigen Dimension unterscheiden, ansonsten aber völlig identisch sind. Abweichungen in der Mediennutzung der beiden Bevölkerungen wären dann eindeutig auf diese Dimension zurückzuführen. Tatsächlich aber unterscheiden sich Staaten hinsichtlich einer unendlichen Menge von Dimensionen. Ein Blick auf das in Abschnitt 5.1.3 vorgestellte Ordnungssystem zur Analyse von Publikumsstrukturen (S. 233) verdeutlicht das: Die Unterschiede liegen nicht nur auf der Länder- bzw. Gesellschaftsebene (vom Klima über politische, wirtschaftliche, soziale und kulturelle Bedingungen bis hin zur Sprache), sondern auch auf der Individuumsebene. Denn die Bevölkerungen bzw. nationalen Kulturen differieren nicht nur hinsichtlich soziologischer Merkmale, sondern weisen auch eigenständige Mentalitäten auf, die durchaus verhaltensrelevant sein können. Während beispielsweise die TV-Primetime in Deutschland zwischen 19 und 23 Uhr liegt, sehen Spanier – aus klimatischen, sicherlich aber auch aus kulturellen Gründen – hauptsächlich während der Siesta und zwischen 20:30 und 24 Uhr fern (Kronewald 2002: 27f.). Vor allem aber machen die unterschiedlichen Mediensysteme sowie die nationalen Formen der Medienkontrolle und -regulierung jeden Vergleich schwierig. Selbst innerhalb Europas hat ein Vergleich der Fernsehnutzung eine Fülle nationaler Besonderheiten zu berücksichtigen:

- In Deutschland existieren mehr Free-TV-Sender als in Großbritannien oder Frankreich; entsprechend erfolgreich sind dort Pay-TV-Angebote.
- In Österreich und der Schweiz gibt es nur wenige inländische TV-Kanäle; gleichzeitig kann ein umfangreiches deutschsprachiges Free-TV-Angebote aus Deutschland empfangen werden. Das führt zu einem vergleichsweise geringen Marktanteil der inländischen Sender.
- In Deutschland ist es üblich, ausländische Filme zu synchronisieren; in anderen Ländern (z.B. Skandinavien, Benelux-Länder, Schweiz) werden sie mit Untertiteln gezeigt. Das er-

5.6 Gesellschaftliche Bedingungen

höht die kommerziellen Erfolgsaussichten inländischer Produktionen, da diese ohne das mühsame und ablenkende Lesen von Untertiteln verfolgt werden können.[164]
Wenn nun in Deutschland mehr ferngesehen wird als in der Schweiz – liegt es am attraktiveren Fernsehprogramm, am schlechteren Wetter, an der höheren Arbeitslosigkeit, an den geringeren Freizeitmöglichkeiten oder an sonstigen kulturellen Besonderheiten? Man kann sich vorstellen, um wie viel schwieriger sich die Ursachensuche bei extrem unterschiedlichen kulturellen Hintergründen (z.B. Europa versus Asien), politischen Systemen (Demokratie versus Diktatur) oder Wirtschaftssystemen (freie Marktwirtschaft versus regulierte Systeme) gestaltet.

Länder als Untersuchungseinheiten

Der dritte Studientyp verwendet Länder als *Untersuchungseinheiten* und untersucht den Einfluss bestimmter Variablen im Rahmen von Hypothesen oder Theorien. Das Forschungsinteresse gilt nicht den Ländern selbst; sie gelten lediglich als Fälle mit bestimmten Eigenschaften. Dabei versucht man, einen Datensatz zu erstellen, der für jede Ausprägung der Einflussvariablen mehrere Länder mit ansonsten variierenden Bedingungen enthält.

Schweiger & Brosius (2003) überprüften beispielsweise die länderübergreifende Gültigkeit von Nachrichtenfaktoren als Selektionskriterien bei Televoting-Abstimmungen im Fernsehen. Sie untersuchten den Einfluss der Faktoren ‚Elite-Nation' und ‚geografische, kulturelle und sprachliche Nähe zwischen Ländern' auf die Punktevergabe bzw. Bewertung der Lieder beim ‚Eurovision Song Contest'. Tatsächlich gaben nationale Publika den Stücken ihrer Nachbarländer überdurchschnittlich viele Punkte; auch Länder mit einer gemeinsamen Sprache oder mit regem kulturellem Austausch bewerteten sich gegenseitig besser.

Eine gewisse Beachtung hat die Arbeit des Organisationspsychologen Hofstede (2001) gefunden, der auf der Basis von Interviews mit IBM-Mitarbeitern in 66 Ländern ein Ordnungssystem nationaler Mentalitäten mit vier Dimensionen entwickelt hat:

- *Machtdistanz* beschreibt die emotionale Distanz zwischen Personen auf unterschiedlichen Hierarchiestufen und die Bereitschaft zur Unterordnung gegenüber Hierarchiehöheren (ausgewählte Platzierungen von insgesamt untersuchten 53 Ländern: Malaysia 1, Frankreich 15/16, USA 38, Westdeutschland 42-44, Österreich 53);
- *Individualismus versus Kollektivismus* bezeichnet die Orientierung an persönlichen Freiheitsvorstellungen im Gegensatz zur Gruppenbindung und Betonung sozialer Gemeinsamkeiten und Solidarität (Individualismusindex: USA 1, Frankreich 10/11, Westdeutschland 15, Guatemala 53);
- *Unsicherheitsvermeidung* steht für den Grad, zu dem sich Personen durch ungewisse oder unbekannte Situationen bedroht fühlen und diese zu vermeiden versuchen (Griechenland 1, Frankreich 10-15, Deutschland 29, USA 43, Singapur 53);
- *Maskulinität versus Feminität* erfasst die generelle Bedeutung männlicher/weiblicher Wesenszüge und Verhaltensweisen in einem Land (Maskulinitätsindex: Japan 1, Deutschland 9/10, USA 15, Frankreich 35/36, Schweden 53).

---

[164] Vgl. Hasebrink (1995) und Meyen (2004b: 44f.) mit weiteren Beispielen.

Widua (2000) führte eine Befragung deutscher und italienischer Studierender zu ihrem Fernsehverhalten durch und konnte zeigen, dass Hofstedes Mentalitätsdimensionen tatsächlich Unterschiede in den Nutzungsmotiven und Genrepräferenzen erklären: Beispielsweise weisen Italiener nach Hofstede höhere Maskulinitätswerte auf als Deutsche; entsprechend bevorzugen sie leistungs- und erfolgsbezogene Genres wie Quizsendungen. Da bei Deutschen die Machtdistanz niedriger ist, sehen sie wiederum häufiger politische Diskussionen oder Satiresendungen, in denen die ‚Mächtigen' kritisiert oder veralbert werden. Vishwanath (2003) verglich das Verhalten von Japanern, US-Amerikanern und Deutschen bei eBay-Auktionen und damit in einem weltweit identischen Mediensetting. Auch er konnte den Einfluss nationaler Mentalitäten bestätigen: Aufgrund ihrer hohen Unsicherheitsvermeidung agieren Japaner in Auktionen, die sich durch eine beschränkte Menge verfügbarer Informationen und einen unklaren Entscheidungskontext auszeichnen, völlig anders als Deutsche oder Amerikaner. Auf den ersten Blick ging es beiden Studien darum, mehr über das Medienverhalten in den jeweiligen Ländern zu erfahren. Tatsächlich aber bestätigen sie, dass bestimmte psychische Mentalitäten, die weltweit ungleich stark vorhanden sind, die Mediennutzung maßgeblich prägen. So gesehen fungieren die einzelnen Staaten gemäß Kohns (1989) Systematik als Untersuchungseinheiten.

Länder als Teil eines internationalen bzw. transnationalen Systems

Der letzte Studientyp begreift *Länder als Teil eines internationalen bzw. transnationalen Systems*. Je nach Zugehörigkeit oder Nicht-Zugehörigkeit zu einem System oder einer Prozessstufe (z.B. Kapitalismus bzw. globalisierte Marktwirtschaft, Demokratie, Informationsgesellschaft, Schwellen- oder Entwicklungsländer) werden in den jeweiligen Staaten unterschiedliche Bedingungen erwartet und untersucht. Aus analytischer Sicht sind die Typen 3 und 4 identisch. Typ 4 weist allerdings eine normative Prägung auf und bedient sich oft qualitativer oder hermeneutischer Methoden. Zentrale Konzepte solcher Ländervergleiche, die sich häufig auf die Cultural Studies-Tradition (Abschnitt 5.7.3) berufen und als ‚Cross-Cultural Studies' bezeichnen, sind ‚kulturelle Abhängigkeit' oder ‚medialer Kulturimperialismus' (vgl. z.B. verschiedene Beiträge in Elasmar 2003).

In diesen Zusammenhang wird besonders die Dominanz US-amerikanischer Film- und Fernsehunterhaltung und die Entstehung einer transnationalen Medienkultur debattiert (z.B. McQuail 2000: 216ff.). Eine Folge weltweit einheitlicher Medieninhalte könnte zumindest in den kapitalistischen Ländern eine Homogenisierung der Mediennutzung und – der Mainstreaming-These der Kultivierungsforschung folgend – eine Annäherung nationaler Kulturen an die überwiegend amerikanisch geprägte Massenkultur der Unterhaltungsmedien sein (vgl. Weimann 1999). Es ist bereits von ‚transnationalen Publika' die Rede (McQuail 1997: 62ff.). Allerdings hat sich die US-amerikanische Unterhaltungsdominanz in den vergangenen Jahren zumindest quantitativ abgeschwächt. Ursache ist eine gestiegene Unterhaltungsproduktion in Indien, Südkorea, aber auch in einigen europäischen Ländern bei gleichzeitiger Zunahme inländischer Sendungen (McQuail 2000: 232). Trotzdem sind die mittlerweile auch ökonomisch international verflochtenen Massenmedien sicherlich ein wichtiger Agent einer kulturellen Globalisierung. Letztlich ist McQuails (2000: 236) Einschätzung zuzustimmen, dass die sprachlichen, kulturellen und religiösen Wurzeln in den einzelnen Ländern oder Weltregionen zu tief sind, als dass eine kulturelle Gleichschaltung durch die Massenmedien zu erwarten wäre. Ein Paradoxon bleibt allerdings (Livingstone 2003): Die wirtschaftliche und kulturelle Globalisierung erhöht zwar die Bedeutung und Notwendigkeit komparativer Forschung; gleichzeitig aber führt sie zu einem Bedeutungsverlust der bisherigen Nationalstaaten, so dass zukünftige Vergleichsstudien vielleicht mit anderen Untersuchungseinheiten operieren müssen.

5.7 Kontextbezogene Ansätze zur Mediennutzung

Wie bereits angesprochen, erweisen sich Mediensozialisation, sonstige Formen sozialer Mediennutzung und gesellschaftliche Einflüsse auf Mediennutzung bzw. Publika als komplexe Konstellationen, so dass es kaum mehr möglich ist, alle relevanten Variablen und ihre Interaktionen zu benennen und zu messen, geschweige denn in ein empirisch prüfbares Modell zu überführen. Einen Ausweg stellen ‚weichere' Ansätze dar, wie sie die verstehende Soziologie und verschiedene Kulturwissenschaften anbieten. Diese Ansätze sind meist qualitativ orientiert und fühlen sich nicht der Modellierung und Prüfung falsifizierbarer Hypothesen verpflichtet. Vielmehr analysieren sie menschliches Handeln in sozialen und kulturellen Kontexten durch die Beobachtung und Beschreibung typischer Individuen, Gruppen und Situationen. Im Folgenden seien drei Ansätze skizziert, die in der Mediennutzungsforschung einige Bedeutung haben und die wir nach Meyen (2004b: 31) kontextbezogene Ansätze nennen.

5.7.1 Handlungstheorie und symbolischer Interaktionismus

Die Handlungstheorie als Teil der verstehenden Soziologie versteht sich als Gegenentwurf zum ‚verhaltenstheoretischen Ansatz' (Behaviorismus), der ausschließlich von außen beobachtbares Verhalten analysiert, innere Vorgänge wie Gedanken, Intentionen oder Gefühle ignoriert und versucht, aus den beobachteten Zusammenhängen allgemeine Gesetzmäßigkeiten abzuleiten (Hunziker 1988: 72). Dem setzt die Handlungstheorie die Vorstellung eines Menschen entgegen, der nicht nur auf Umweltreize reagiert, sondern seine soziale Umwelt so gut wie möglich verstehen will, aktiv handelt, Probleme lösen möchte und dabei maßgeblich von situativen, sozialen und gesellschaftlichen Einflüssen geprägt ist.[165] Dem Symbolischen Interaktionismus (Mead 1934; Blumer 1969) folgend wird davon ausgegangen, dass Menschen in einer symbolhaften Welt leben, die sich nicht unmittelbar beobachten lässt, weil alle sozialen Situationen, Objekte und Handlungen zusätzliche symbolische Bedeutungen enthalten, deren eigentlichen Sinn man nur durch Interpretation rekonstruieren kann (‚sense making'). Deshalb können Me-

---

[165] Dass ein solcher naiver Behaviorismus auch in der empirischen Psychologie nicht mehr vertreten wird, seit dort ein vergleichbares Paradigma vom Menschen als Informationsverarbeiter und Problemlöser dominiert, wird von Handlungstheoretikern meist ignoriert. In der (Motivations-)Psychologie existiert außerdem ein ähnlicher Handlungsbegriff, der auch in der Medienpsychologie Beachtung findet (z.B. Vorderer 1992).

dieninhalte auch nicht direkt auf ein Individuum wirken; wirksam kann immer nur die situativ-subjektive Interpretation des Medieninhalts sein.

Eine Handlung ist nach Weber (1984) deshalb ein auf bewusster Interpretation basierender, sinnvoll-intentionaler Akt – auch Unterlassen oder passives Dulden gelten als Handlung –, den es vom unbewussten und reflexhaften ‚Sichverhalten' zu unterscheiden gilt. Ein Großteil der alltäglichen Situationen ist ‚unproblematisch', erfordert deshalb keine aufwändige Interpretation und kann mit Routinen bewältigt werden. Diese stammen entweder aus dem individuellen Wissensvorrat an persönlichen Erfahrungen oder aus dem gesellschaftlichen Wissensvorrat: Hierzu gehört die „gesellschaftliche Verteilung von Fertigkeiten, Rezeptwissen und Sonderwissen, darin inbegriffen die von Experten getragenen ‚höheren Wissensformen'. (...) die Struktur des gesamten Wissensvorrats ist bestimmt von den institutionellen Vorgängen der Wissensvermittlung (...)" (Luckmann 1992: 178; zit. n. Quandt 2005: 93). Das bedeutet: Routinemäßige Handlungen basieren nicht nur auf den persönlichen Erfahrungen eines Individuums, sondern sind genauso von kulturellen Bräuchen, gesellschaftlichen Strukturen, institutionellen Ressourcen und Regeln usw. geprägt. Nur wenn sich eine Situation nicht mit dem individuell und gesellschaftlich verfügbaren Wissensvorrat an Alltagsroutinen bewältigen lässt, gilt sie als ‚problematisch' und erfordert eine vollständige, interpretative Verarbeitung (Schütz 1974).[166]

Handlungsvorbereitung und externes Handeln

Schütz (1974) konzipiert Handeln in nicht-alltäglichen (problematischen) Situationen als motivational gesteuertes Verhalten. Die Handlungsvorbereitung beginnt mit einem Motiv: Entweder will der Handelnde ein bestimmtes Ziel erreichen (‚Um-zu-Motiv') oder frühere Situationen bzw. Handlungen erfordern eine bestimmte Handlung (‚Weil-Motiv') als logische Konsequenz. Auch persönliche Erfahrungen gelten als Weil-Motiv: Man handelt situativ so, wie man es schon immer gemacht und wie es sich bewährt hat. Nach der Bestimmung eines Motivs versucht man zu prognostizieren, welche Handlungsvarianten mit welcher Wahrscheinlichkeit zum erwünschten Ziel führen und entwickelt so einen Plan für die nachfolgende Handlung, einen ‚Handlungsentwurf'. Schließlich setzt der Handelnde den erfolgversprechendsten Handlungsentwurf in die Tat um (‚externes Handeln').

Symbolischer Interaktionismus

Der Symbolische Interaktionismus hebt in diesem Zusammenhang drei Konzepte hervor: Situationen, Rollen und Perspektiven (Krotz 2001). Jede Handlung erfolgt erstens in einer spezifischen *Situation*, durch die sie maßgeblich gerahmt wird (Goffman 1974; Esser 1996). Deshalb erscheint es kaum sinnvoll, Handlungen unter Loslösung von der jeweils geltenden Situation zu analysieren. Aufs Fernsehen bezogen: Es ist etwas anderes, ob man auf einem Flughafen einen Nachrichtenkanal verfolgt, im Drogeriemarkt das dortige Werbefernsehen sieht, zuhause im

---

[166] Hartmut Esser (1996, 1999) hat auf der Basis dieser handlungstheoretischen Grundlagen eine umfassende Konzeption vorgelegt, auf die sich beispielsweise Bilandzic (2004) beruft. Die Parallelen zu den kognitionspsychologischen Vorstellungen der menschlichen Informationsverarbeitung (siehe besonders die Abschnitte 4.1.1 und 4.4.2) sind trotz abweichender Terminologie offensichtlich.

5.7 Kontextbezogene Ansätze zur Mediennutzung

Kreis der Familie fernsieht oder allein im Hotelzimmer. In der letzten Konsequenz verbietet diese Vorstellung jede empirische Beobachtung von Handlungen mit dem Ziel der Verallgemeinerung. Einige handlungstheoretisch inspirierte Rezeptionsforscher plädieren deshalb dafür, anhand situativer Rahmungen klar umrissene und vergleichbare Handlungstypen zu bilden. Livingstone (1996) beispielsweise argumentiert, dass bestimmte Fernsehgenres, wie z.B. Seifenopern oder Talkshows, die Fernsehnutzung so stark rahmen, dass man diese durchaus allgemein und quantitativ analysieren könne. Höflich (1998a) hat das Rahmenkonzept auf die Computer- und Internetnutzung übertragen. Er warnt davor, Internetnutzung *allgemein* zu untersuchen – zu sehr unterscheiden sich E-Mail-Kommunikation, Chatten, Websurfen, E-Shopping, Musikhören oder Fernsehen – und schlägt stattdessen vor, empirische Analysen nur innerhalb der jeweiligen Computerrahmen durchzuführen.

Die Mahnung, nur tatsächlich vergleichbare Situationen bzw. Handlungsklassen miteinander zu vergleichen, ist zweifellos zutreffend. Tatsächlich wirft gerade die Publikumsforschung häufig disparate Phänomene in einen Topf: Was bedeutet beispielsweise die Glaubwürdigkeit von Mediengattungen aus der Sicht des Publikums, wenn es *innerhalb* der Gattungsgrenzen erhebliche Unterschiede gibt. Man denke an unterschiedliche Vertreter des Tageszeitungs-Segments wie die ‚Bild'-Zeitung, Lokalzeitungen und die überregionale Qualitätspresse. Was bedeutet die durchschnittliche Fernsehnutzungsdauer pro Tag, wenn man bedenkt, wie heterogen Fernsehgenres, Rezipientenpersönlichkeiten, Nutzungsformen (z.B. aufmerksam oder nebenbei) und Situationen (z.B. privat oder öffentlich, allein oder in einer Gruppe, tagsüber oder abends) sind. Allerdings ist immer nach dem konkreten Forschungsinteresse zu fragen: Wenn es darum geht, deskriptive Kenndaten zur allgemeinen Mediennutzung zu erheben, wie das die kontinuierliche Publikumsforschung tut (z.B. die Langzeitstudie Massenkommunikation, aus der die Beispiele stammen), sind solche Verallgemeinerungen durchaus hilfreich. In einer Beobachtungs- oder Experimentalstudie zu Mikro-Nutzungsprozessen dagegen würde man ohnehin die meisten Situationsvariablen konstant halten oder kontrollieren. Die Grenzen liegen letztlich weniger zwischen Handlungs- und Verhaltensperspektive, sondern zwischen guter und schlechter Forschung innerhalb der beiden Bereiche.

Der symbolische Interaktionismus geht zweitens davon aus, dass jeder Handelnde in einer konkreten Situation eine bestimmte *Rolle* einnimmt. Ein Hochschullehrer, der in einer Lehrveranstaltung zusammen mit Studierenden einen Fernsehfilm ansieht, befindet sich in einer anderen Rolle, als wenn er zusammen mit Freunden eine Fußballübertragung verfolgt, und wird sich entsprechend verhalten. Rollen sind nichts anderes als soziale Schemata und erleichtern den Umgang zwischen Menschen, da sie klare Hinweise zur Einordnung, Interpretation und Prognose des Verhaltens einer Person geben. Man muss sein Gegenüber deshalb nicht in seiner gesamten Persönlichkeit und Geschichte kennen; es genügt, wenn man dessen aktuelle Rolle kennt, aus der sich seine wesentlichen Interessen ableiten lassen. Dabei ist besonders die Rollenübernahme (‚role taking', Mead 1934) von Bedeutung: Der Handelnde versucht sich in die Rolle seines Interaktionspartners hineinzuversetzen, um vorherzusagen, welche Ziele dieser erreichen will und wie dieser auf das eigene Verhalten reagieren wird. Das Rollenkonzept lässt sich in der Mediennutzungsforschung immer dann anwenden, wenn man Mediennutzung im Zusammenhang mit interpersonaler Interaktion analysiert, wie es das Beispiel des Hochschullehrers illustriert. Es hilft auch, das Verhalten Jugendlicher, die gemeinsam ein Horrorvideo ansehen (z.B. Imponiergehabe oder Ängstlichkeit), oder Verhaltensmuster innerhalb von Fangruppen (z.B. Moser 1999) besser zu verstehen. Doch auch in parasozialen Beziehungen (Abschnitt 3.4.2) treten Rezipienten entweder in einen ‚inneren Dialog' mit einer Medienfigur, deren Verhalten sie anhand der unterstellten Rolle der Figur interpretieren und sich selbst entsprechend verhalten, oder aber sie vollziehen einen ‚imaginativen Rollentausch' (Krotz 2001: 83).

Perspektiven als drittes Element des symbolischen Interaktionismus stehen im direkten Zusammenhang mit Rollen. Die situativ eingenommene Rolle einer Person prägt nicht nur ihr Handeln, sondern auch die Perspektive, mit der sie eine Situation interpretiert. Krotz bezeichnet die Perspektive deshalb als eine „an die Rolle gebundene strukturierte Wahrnehmung" (ebd.). Aus kognitionspsychologischer Sicht sind Perspektiven nichts anderes als Schemata oder Frames, die Personen anwenden, um bestimmte Informationen schnell und einfach heuristisch) zu verarbeiten.

Soziologische Handlungstheorie und symbolischer Interaktionismus weisen eine Reihe heuristischer Stärken auf: Sie integrieren unterschiedliche Situationstypen (problematisch versus unproblematisch) und damit grundsätzlich unterschiedliche Modi der Mediennutzung in einem einheitlichen Ansatz. Auch der Hinweis auf die subjektive Interpretation medialer ‚Wirklichkeitsangebote' und eine permanente Prägung von Handlungsprozessen durch individuelle, soziale (echte und vorgestellte) sowie gesellschaftliche Merkmale kann nicht oft genug wiederholt werden. Die konsequente Berücksichtigung sozialer, kultureller und wirtschaftlicher Strukturen ist auch für die quantitative Forschung erstrebenswert. Allerdings wäre es naiv zu glauben, man könnte alle nur erdenklichen Einflussfaktoren empirisch untersuchen. Das ist sowohl theoretisch als auch methodisch nicht möglich, weshalb sich die quantitative Forschung mit der Aufklärung eines Ausschnittes der sozialen Realität zufrieden gibt. Das bedeutet aber noch lange nicht, dass die restlichen Einflussfaktoren prinzipiell vergessen werden. Allerdings ist zu konzedieren, dass die quantitative Forschungspraxis durchaus die Gefahr in sich birgt, nicht gemessene bzw. nicht messbare Faktoren zu übersehen.

Renckstorfs Nutzenansatz

In den 1970er-Jahren haben Teichert (1972, 1973) und Renckstorf (erstmals 1973) handlungstheoretische und symbolisch-interaktionistische Vorstellungen auf Massenkommunikation angewendet. Renckstorf (1989: 320) versteht seinen *Nutzenansatz* als Gegenentwurf zur Uses-and-Gratifications-Tradition, die er als ‚medienzentriert' und ‚dispositional' (d.h. die interpretative Willensfreiheit des Individuums ignorierend) kritisiert. Abbildung 29 gibt sein „Handlungstheoretisch fundierte(s) Referenzmodell zur Ermittlung von Folgen und Konsequenzen massenmedialer Kommunikationsprozesse" wieder.[167]

---

[167] Das Modell wurde wiederholte Male publiziert (zuletzt etwa in Renckstorf & Wester 2004: 57).

5.7 Kontextbezogene Ansätze zur Mediennutzung

Abbildung 29: Referenzmodell zu Renckstorfs Nutzenansatz

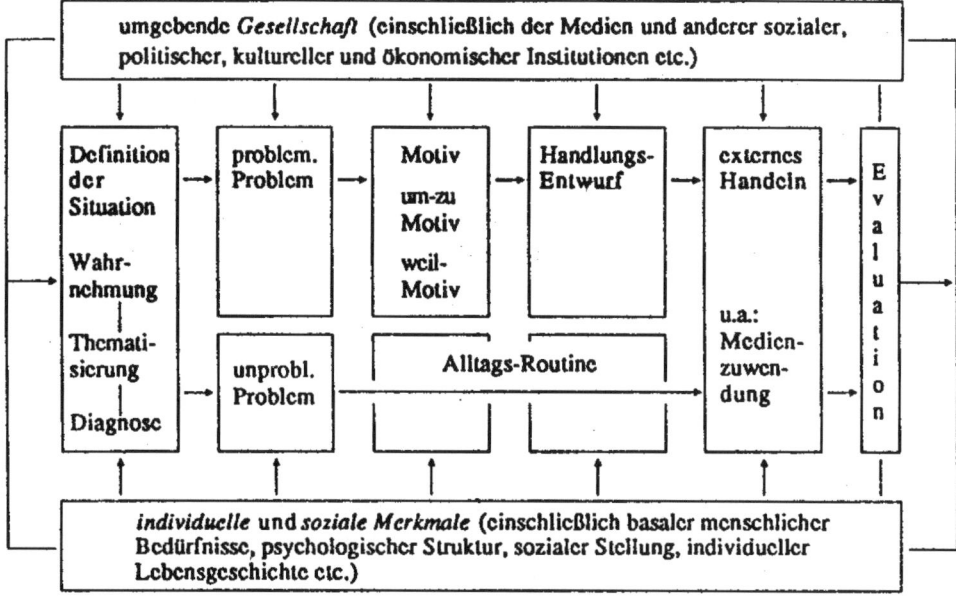

Quelle: Renckstorf (1989: 332).

Die Analyse der Medienzuwendung beginnt in einer bestimmten Situation, die eine Person verstehen möchte. Dies geschieht zum einen in Abhängigkeit von individuellen Merkmalen, zu denen neben persönlichen Erfahrungen und Gewohnheiten der Person (Biografie) auch ihre soziale Stellung (Beruf, Schicht, Milieu usw.) und ihr soziales Umfeld gehören. Zum anderen wird die Situation von der Gesellschaft mit ihren Nomen, Regeln und Institutionen geprägt. Individuelle und gesellschaftliche Merkmale beeinflussen nicht nur die anfängliche Situationsbestimmung, sondern auch alle nachfolgenden Schritte.

Befindet sich das Individuum in einer alltäglichen Situation, wendet es eine passende Routine an und handelt intuitiv, ohne über ihre Bedürfnisse oder deren Befriedigung weiter nachzudenken. Diese Variante entspricht der ritualisierten Mediennutzung, wie sie Rubin (1984) beschrieben hat. Renckstorf (1977) zufolge stellt Mediennutzung generell einen „üblichen Modus des Alltagshandelns" dar, so dass man wohl die meisten Formen der Medienzuwendung als unproblematisch und routinemäßig betrachten kann. Liegt tatsächlich eine ‚problematische' Situation vor, in der man etwa eine konkrete Information sucht (instrumentelle Mediennutzung) oder die üblichen Verhaltensroutinen nicht anwendbar sind, erfolgt eine elaborierte Handlungsvorbereitung. Wer beispielsweise während einer Zugfahrt ein laufendes Fußballländerspiel mitverfolgen will, aber kein tragbares Rundfunkgerät dabei hat, hat ein ‚problematisches Problem' (Renckstorf). Wenn der Person das Motiv wirklich wichtig ist, wird sie etwa erwägen, im Zug nach einem Mitreisenden zu suchen, der das Spiel auf seinem Notebook (mit TV-Karte) ansieht, und ihn zu bitten, mitsehen zu dürfen. Erweist sich dieser Handlungsentwurf als erfolgversprechend, beginnt die externe Handlung, die vielleicht tatsächlich zum Ansehen des Spiels führt.

Nach jeder Handlung – unabhängig davon, ob sie in einer problematischen oder unproblematischen Situation erfolgt ist – evaluiert die Person den Erfolg der Handlung. Das Ergebnis fügt sie in ihren persönlichen Wissensvorrat ein, der wiederum nachfolgende Situationswahrnehmungen und Handlungen prägt. Das Evaluationsergebnis kann aber auch Bestandteil des gesellschaftlichen Wissensvorrats werden, da sich dieser ja aus den individuellen Erfahrungen vieler herausbildet. Dazu ein (zugegebenermaßen konstruiertes) Beispiel: Wer erkennt, dass ihn Fernsehen süchtig macht, könnte einen Verein gegen das Fernsehen gründen, der vielleicht irgendwann so einflussreich wird, dass er die gesellschaftlichen Rahmenbedingungen der TV-Nutzung verändert.

Zumindest aus theoretischer Sicht behebt der Nutzenansatz einige Schwächen der Uses-and-Gratifications-Tradition wie deren medienzentrierte Perspektive bei gleichzeitiger Auslassung sozialer Belange. Allerdings bleiben wesentliche konzeptionelle Fragen offen, wie beispielsweise diese: Was unterscheidet problematische von unproblematischen Situationen, d.h. wann wenden Individuen Routinen an und wann nicht? Das Elaboration-Likelihood-Model liefert genauere Annahmen zur Anwendung der (analogen) zentralen versus peripheren Route der Informationsverarbeitung (Abschnitt 4.4.2). Wäre es nicht eher angebracht, die Dichotomie ‚problematisch – unproblematisch' als Kontinuum zu modellieren, wie das die psychologische Entscheidungstheorie tut (Abschnitt 4.3.2)? Wie hat man sich die Evaluation von Routineverhalten vorzustellen, wenn laut Modell die Schritte ‚Motiv' und ‚Handlungsentwurf' übersprungen werden, und was sind die Evaluationskriterien? Und muss nicht die Ablehnung eines bestimmten Handlungsentwurfs als unmöglich oder unrealistisch eine rekursive Veränderung des ursprünglichen Motivs zur Folge haben? Nach welchen Mechanismen wirken sich individuelle, soziale und gesellschaftliche Merkmale auf eine Handlung aus? Und was ist überhaupt eine Handlung im Zusammenhang mit Mediennutzung?

Strukturanalytische Rezeptionsforschung

Auch die *strukturanalytische Rezeptionsforschung* von Charlton und Kollegen (u.a. Charlton & Neumann-Braun 1992; Charlton 1997) basiert auf den Grundannahmen der Handlungstheorie und des symbolischen Interaktionismus. Sie begreift Mediennutzung als aktive und sinnhafte Auseinandersetzung von Kindern und Jugendlichen mit Medien, die sich nur im situativen und kulturellen Kontext verstehen lässt. Methodisch geschieht das meist in Form qualitativer Feldbeobachtungen, d.h. als Beobachtung des Medienumgangs Heranwachsender in ihrem natürlichen Umfeld. Medien gelten als wesentliches Mittel bei der Arbeit an den persönlichen ‚Entwicklungsaufgaben', die diese Lebensphase prägen. Das Hauptthema Jugendlicher ist die Entwicklung ihrer eigenen Individualität bzw. Identität einerseits und die Integration in das soziokulturelle Umfeld andererseits. Dafür liefern Medien ein ideales Erfahrungs- und Erprobungsfeld: „Im Mediengebrauch arbeiten die Rezipienten an ihrer Vermittlung zwischen ihrer individuell erlebten Einzigartigkeit (personale Identität) und allgemeinen, medial vermittelten Deutungsmustern (soziale Alterität)" (Charlton & Neumann-Braun 1992: 10). Deshalb rezipiert jedes Kind Medieninhalte (1) aus dem „Blickwinkel seiner eigenen Thematik", wobei (2) „Medienthemen die eigene Lebenssituation und die eigenen Handlungsmöglichkeiten reflektieren" und es (3) ermöglichen, die „neu erkannten Handlungsspielräume spielerisch [zu] erproben" (ebd.: 17).

Diese Sichtweise bringt es mit sich, dass Kinder und Jugendliche nicht als passive Opfer wirkungsmächtiger Medien gelten, sondern als aktiv handelnde Subjekte, die Medien – bewusst oder unbewusst – zur Arbeit an ihren persönlichen Lebensthemen einsetzen. Wenn ein Jugendlicher beispielsweise exzessiv gewalthaltige Videos oder Computerspiele nutzt, dienen ihm solche Inhalte als Mittel, um sich mit für ihn relevanten Themen wie Frustration, Aggression, Konflikt, Über-/Unterlegenheit oder Gewalt auseinanderzusetzen. Andere Jugendliche haben andere Probleme bzw. Themen und interessieren sich deshalb nicht für Mediengewalt. Auf den Punkt gebracht: Aus strukturanalytischer Perspektive übt die Nutzung bestimmter Medien weder positive noch negative Wirkungen auf Heranwachsende aus; sie ist vielmehr ein Symptom für vorhandene Themen, Defizite oder Probleme.

5.7.2 Medienaneignung

Die verstehende Tradition interessiert sich weniger für beobachtbares Handeln oder Verhalten als vielmehr für die sozio-strukturell bedingte Konstruktion von subjektivem Sinn, die Rezipienten in ihrer intellektuellen Auseinandersetzung mit Medieninhalten vollziehen. Dabei geht es einerseits darum, die ursprüngliche Bedeutung eines Medieninhalts – in literaturwissenschaftlicher Terminologie häufig ‚Text' genannt – in eine subjektive Interpretation des Inhaltes zu decodieren, was aufgrund der subjektiven und situativen Perspektive nicht ohne Bedeutungsverschiebungen oder -verzerrungen möglich ist (dazu mehr in Abschnitt 5.7.3). Diesen Vorgang nennt Mikos (2004b) *Rezeption*; das Ergebnis ist ein rezipierter Text. Andererseits stellen Mediennutzer verschiedenste Bezüge zwischen ihrem persönlichen Erfahrungshintergrund, ihrem Wissen usw. und dem rezipierten Text her. Sie machen ihn sich ‚zu eigen'; daher der Begriff *Aneignung*. Während die Rezeption nur während der kommunikativen Phase, also während des direkten Kontakts zwischen Rezipient und Medieninhalt stattfindet, kommen Aneignungsprozesse sowohl vor, während und nach der Mediennutzung vor.

Aneignung als Medialisierung des Alltags
Neben der interpretativen Aneignung umfasst das Aneignungskonstrukt die Bedeutung, die Medien im Alltag von Menschen und sozialen Gruppen haben. Es geht gleichsam um die ‚Durchdringung' des Alltags durch Medien und ihre Inhalte (‚Mediatisierung' bzw. korrekt: Medialisierung) und entsprechend um die Suche nach ‚Medienspuren' im Alltag. Medienaneignung ist das zentrale Konzept der meisten qualitativen Forscher, die sich auf die Handlungstheorie und/oder die Cultural Studies berufen. Aus handlungstheoretischer Sicht lassen sich sowohl Rezeptionsprozesse als auch Aneignungsprozesse nur unter Berücksichtigung des situativen Kon-

texts und der soziokulturellen Praxis verstehen. Abbildung 30 illustriert diesen Zusammenhang in Anlehnung an Mikos (2004b).

Abbildung 30: Von der Rezeption zur Aneignung

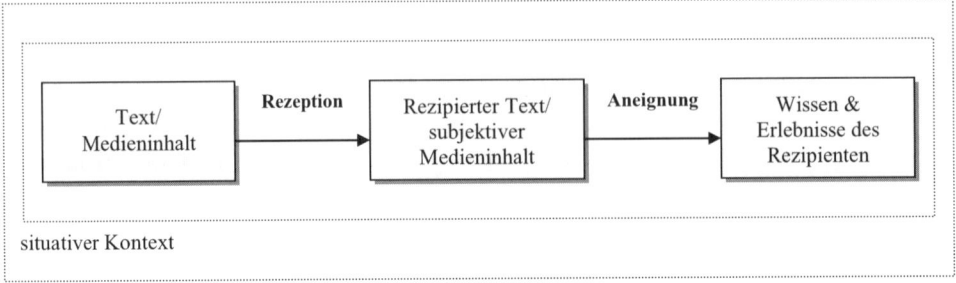

Eine detailliertere Darstellung liefert Krotz (2001: 88ff.) mit der ‚Rezeptionskaskade' (Abbildung 31): Der Rezipient verarbeitet einen ursprünglichen Medieninhalt bzw. Text zunächst in der Rezeptionssituation in subjektiven Sinn. Dabei erfolgen mehrere Interpretationsschritte, bei denen jeweils neue eigene und von anderen entweder direkt (interpersonale Kommunikation) oder gedanklich (Rollenübernahme) übernommene Perspektiven hinzukommen. Nach der eigentlichen Rezeption setzt sich der Interpretationsprozess fort. Im Alltag kommen neue Erlebnisse und damit neue Perspektiven hinzu, so dass sich die – psychologisch gesprochen – interne Repräsentation des ursprünglichen Medieninhalts ständig wandelt.

Die Rezeptionskaskade unterscheidet nicht zwischen Rezeption und Aneignung, sondern lediglich zwischen Rezeption innerhalb und außerhalb der eigentlichen Rezeptionssituation. Das erscheint sinnvoll, da sich Rezeption und Aneignung während des direkten Medienkontakts ohnehin nicht unterscheiden lassen: Bis zu welchem Grad an aktiver Interpretation bei der Informationsaufnahme kann man von Rezeption sprechen und wann setzt Aneignung ein? Tatsächlich unterscheidet die Aneignungsforschung in der Regel nicht zwischen beiden Konzepten, zumal sie interpretative Prozesse während und außerhalb der Medienzuwendung ohnehin nicht trennt. Während sich in der deutschsprachigen Literatur der Begriff ‚Aneignungsforschung' etabliert hat, ist in der englischsprachigen Literatur von ‚reception studies' die Rede (z.B. Jensen & Rosengren 1990; Charlton et al. 1997; Alasuutari 2002). Beide Begriffe meinen dasselbe.[168]

---

[168] Aus diesem Grund ist der im deutschsprachigen Raum verbreitete Begriff ‚Rezeptionsforschung' für sozialwissenschaftlich-empirische Mediennutzungsforschung auf internationaler Ebene irreführend.

5.7 Kontextbezogene Ansätze zur Mediennutzung

Abbildung 31: Die Rezeptionskaskade von Krotz

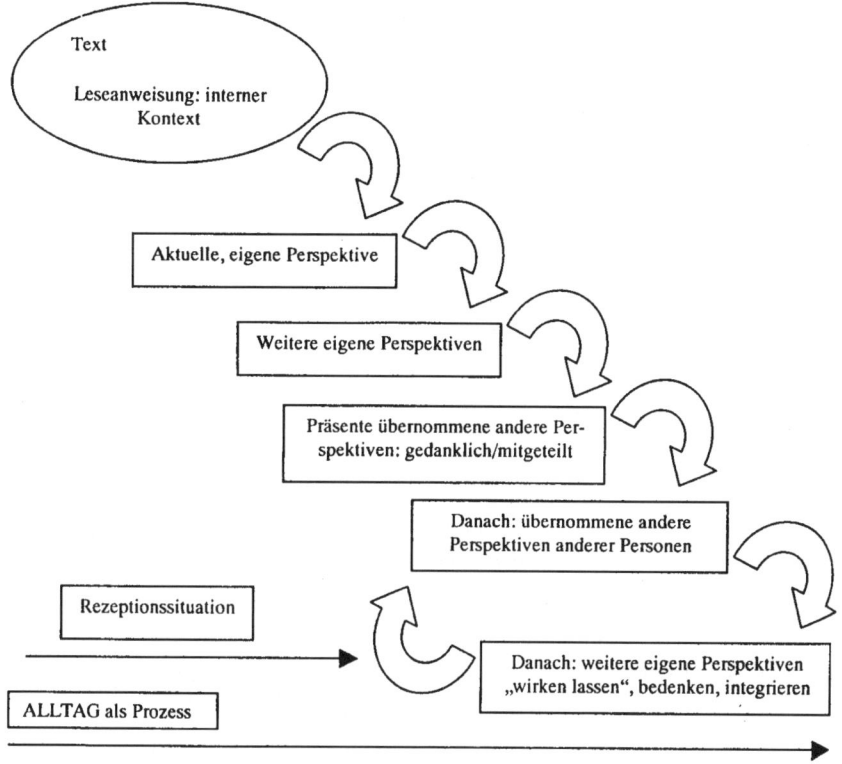

Quelle: Krotz (2001: 92).

Methoden und Untersuchungsobjekte

Die hauptsächlich aus der soziologischen, pädagogischen und ethnologischen Tradition stammende Aneignungsforschung hat eine Fülle von Studien hervorgebracht. Meist werden qualitativ-empirische Methoden angewandt, um die Rolle der Medien im Alltag der Menschen umfassend zu beleuchten. Dabei kommen ethnografische Beobachtungen, biografische Tiefeninterviews, Gruppendiskussionen, Nacherzählungen rezipierter Medieninhalte (narrative Interviews), gelegentlich auch Konversationsanalysen anhand von Audio- oder Videoaufzeichnungen und quantitative Befragungen zum Einsatz (vgl. Livingstone 1996: 166ff.). Untersucht werden die Rolle und der Alltagsgebrauch einzelner Mediengattungen, -genres oder -produkte[169]. Auch die

---

[169] Beispiele: Fernsehen (Gauntlett & Hill 1999; Holly et al. 2001), Radio (Weiß 1993), Science Fiction-Filme (Tulloch & Jenkins 1995), Seifenopern, Talkshows, ‚Big Brother' (Göttlich et al. 2001), Liebesromane (Radway 1997), Werbespots (Ayaß 2001), ‚Lindenstraße' (Jurga 1995).

Verbreitung neuer Medien und Technologien und ihre Einbindung in den häuslichen Alltag wird erforscht, wofür Silverstone das Label ‚Domestication' geprägt hat.[170]

Meist analysiert die Aneignungsforschung Familien und andere Kleingruppen als soziale Einheit, da „soziales Handeln eher aus dem Ineinandergreifen individueller Aktionen als aus ihrer je eigenen Existenz" besteht (Morley 1996: 41).[171] Auch Individuen kommen als Untersuchungsobjekte vor, deren sozialer Kontext dann im Interview rekonstruiert wird. Dies ist vor allem dann der Fall, wenn keine Kleingruppen im Mittelpunkt stehen, sondern soziale Schichten oder sonstige Gruppen mit vergleichbarem sozialen Hintergrund wie z.B. DDR-Bürger, türkische oder französische Immigranten, Hausmänner oder Lehrer (Meyen 2004a, 2006; Huber & Meyen 2006). Eine enge Verbindung existiert außerdem zur Genderforschung (z.B. Radway 1997; Klaus et al. 2001) und zur Pädagogik (z.B. Kutschera 2001; Feil et al. 2004).

Einordnung und Kritik

Wie unterscheiden sich handlungstheoretische Aneignungsforschung und die ebenfalls funktionalistische Uses-and-Gratifications-Tradition? Die Fokussierung auf strukturelle und situative Einflüsse auf Handlungen bringt nicht nur eine stärkere Beachtung unabhängiger bzw. intervenierender Variablen zur Erklärung von Mediennutzung mit sich, als dies in der Uses-and-Gratifications-Forschung üblich ist. Das Aneignungskonzept umfasst zudem weitaus mehr abhängige Variablen. Uses-and-Gratifications versucht in der Regel nur die Nutzungsdauer eines Mediums – keine Nutzung bis hin zu ständiger starker Nutzung – zu erklären. Unter Aneignung hingegen werden ganz unterschiedliche Nutzungskonstrukte im Zusammenspiel betrachtet, wie beispielsweise: Wie werden mp3-Player in der Öffentlichkeit genutzt, wie Fußballübertragungen in der Kneipe oder Nachrichtensender in Wartebereichen von Flughäfen oder Bahnhöfen? Wie häufig und warum sehen Familien gemeinsam fern? Worüber unterhalten sie sich dabei, was nervt sie am gemeinsamen Fernsehen, was schätzen sie? Wer entscheidet, welches Programm läuft? Wann und wie nutzen Kinder Medien? Welche Rolle spielen dabei Mitschüler, Lehrer oder Freunde? Was wissen die Eltern über den Medienkonsum ihrer Kinder? Sprechen sie mit ihren Kindern über jugendgefährdende oder gewalthaltige Medieninhalte? Haben die Kinder ein TV-Gerät in ihrem Zimmer? Wo steht der internetfähige Computer in der Wohnung? Wie prägen Medienerfahrungen (Mediensozialisation) das Leben der Menschen?

Die Beispiele illustrieren, dass das Aneignungskonzept in einigen Bereichen das Gebiet der Mediennutzungsforschung überschreitet. Was eine Person im Lauf ihres Lebens von einem einmal rezipierten Medieninhalt behält, wie sich ihre kognitive Struktur verändert und welche langfristigen Einstellungsveränderungen stattfinden, ist Gegenstand der Wirkungsforschung. Medienaneignung umfasst auch, welche Themen Rezipienten relevant finden und worüber sie

---

[170] Vgl. Silverstone & Hirsch (1992); Beispielstudien: Mobilfunk (Höflich & Rössler 2001); Internet (Hartmann 2004), Frauen im Internet (van Zoonen 2002), Jugendliche im Internet (McMillan & Morrison 2006), Medieninnovationen allgemein (Karnowski et al. 2006) sowie generell die britische Zeitschrift ‚New Media & Society'.
[171] Beispiele: Familien (Morley 1986), Jugend-Gangs (z.B. Hip-Hopper, Schneider 1997), Computerhacker und -spieler (Eckert et al. 1991), lokale Gruppen ethnischer Minderheiten (z.B. junge Inder in London, Gillespie 1995), Fangruppen (z.B. Fans des Schlager-Grand-Prix, Moser 1999).

sprechen. Damit sind Agenda-Setting-Effekte angesprochen, wie sie ebenfalls die Wirkungsforschung untersucht.

Die qualitative Beschäftigung mit wenigen Personen bzw. Gruppenmitgliedern, deren gesamtes soziales Leben um ihren Medienumgang herum intensiv analysiert und dokumentiert wird, trägt der Aneignungsforschung aus sozialwissenschaftlicher Perspektive häufig den Vorwurf ein, viel über bestimmte Individuen auszusagen, aber wenig Allgemeingültiges, geschweige denn überprüfbare Theorien hervorzubringen. Tatsächlich ist die Reichweite der Befunde häufig begrenzt. Viele Autoren lehnen es gar ab, ihre Einzelfallbeobachtungen hinsichtlich ihrer Übertragbarkeit auf andere Gruppenmitglieder, Medien oder Situationen zu diskutieren, da dies dem handlungstheoretischen Kontext-Paradigma zuwiderliefe. Damit stellt sich allerdings die Frage nach dem wissenschaftlichen Wert von Einzelfallbeobachtungen, die sich oftmals auch noch mit extremen Minderheiten befassen, die ein sehr spezifisches Sozialverhalten aufweisen. Was fängt man mit einem Wissen an, das man nicht auf andere soziale Einheiten oder Situationen überträgt oder in einen Gesamtzusammenhang stellt (vgl. Weiß 2001a: 348; Jäckel & Peter 1997: 64)? Eine Antwort auf diese Frage bieten die Cultural Studies: Ihnen geht es nicht um die Produktion wissenschaftlichen Wissens, sondern um die Veränderung der soziokulturellen und politischen Verhältnisse.

5.7.3 Cultural Studies

Die Cultural Studies (CS) haben ihren Ursprung in den britischen Literatur- und Kulturwissenschaften der 1960er-Jahre. Hatten sich diese bis dahin fast ausschließlich mit Hochkultur befasst, so setzten nun Forscher dem ursprünglich elitären Kulturbegriff ein betont offenes Kulturverständnis entgegen. Sie begriffen Populärkultur aus einer linken bzw. gesellschaftskritischen Perspektive als Artikulations- und Emanzipationsinstrument *aller* gesellschaftlichen Gruppen und Schichten. Der Begriff ‚Kultur' wurde so weit ausgedehnt, dass er alle sozialen und kulturellen Bräuche, alltäglichen Aneignungsprozesse sowie die öffentliche Meinung umfasste („a whole way of life", Williams 1977: 45).

Prinzipien

Rund um das ‚Centre of Contemporary Cultural Studies' (CCCS) an der Universität Birmingham als Keimzelle entstand ein kontroverses geisteswissenschaftliches Projekt, das auf fünf Prinzipien beruht (Hepp 1999: 16ff.; Schwer 2005: 6f.):

1. Wie soeben angerissen, sehen die CS ihre Aufgabe nicht darin, wertneutral intersubjektiv-nachvollziehbare, valide Befunde zum Wissensrepertoire einer Disziplin beizutragen, wie dies der kritische Rationalismus nach Popper verlangt. Stattdessen geht es um *politische Intervention*: CS-Analysen möchten ein klar positionierter, ideologischer Beitrag im kulturell-politischen Diskurs sein. Da es keine absolute Wahrheit gibt, der man sich durch wiederholtes Testen von Theorien und Hypothesen nähern könnte (Popper), entsteht soziale Realität aus dem Wettstreit unterschiedlicher Meinungen und Realitätsentwürfe. Wissenschaft soll also nicht nur Fakten produzieren, sondern argumentativ überzeugen und motivie-

ren. Die Tradition legt größeren Wert auf das richtige Gespür für gesellschaftlich relevante Themen als auf theoretische und methodische Perfektion (vgl. Ang 1999: 319). Das normative Ziel besteht darin, die Gesellschaft besser zu machen und Widerstand gegen wahrgenommene Mängel oder Fehlentwicklungen zu leisten (Winter 2005: 51ff.). Deshalb wenden sich die CS nicht nur an eine Wissenschaftsgemeinde, sondern an die breite Öffentlichkeit.

2. Dem *radikalen Kontextualismus* zufolge können kulturelle Praktiken nur unter Berücksichtigung gesellschaftlicher Machtstrukturen und sozialer Kontexte erklärt werden. Der konkrete Einzelfall darf zur Analyse nicht von seinem Hintergrund abgelöst werden.
3. Deshalb ist es auch nicht erlaubt, Theorien aus dem Kontext herauszulösen, in dem sie entwickelt wurden (*kontextuelles Theorieverständnis*). Beide Punkte zeigen die Nähe zur Handlungstheorie und stehen im Gegensatz zum sozialwissenschaftlichen Inferenzprinzip, das die Übertragbarkeit empirischer Befunde auf einen größeren Objektbereich geradezu fordert, soweit dies plausibel ist.
4. Wie in der qualitativen Forschung generell üblich, müssen Forschende ihre persönliche Auseinandersetzung mit dem Untersuchungsgegenstand offen legen und reflektieren (*Selbstreflexion*). Das umfasst besonders persönliche Neigungen (z.B. Sympathie für untersuchte Personen oder Gruppen), politische Werte und normative Interessen, die dem Forschungsprozess zugrunde liegen. Methodische Transparenz allein, die der kritische Rationalismus für ein ausreichendes Mittel zur wissenschaftlichen Qualitätssicherung hält, genügt nicht.
5. Das letzte Prinzip ist die *Interdisziplinarität*. CS-Forscher kommen aus der Semiotik, Literaturwissenschaft, verschiedenen Philologien, der Genderforschung, anderen Kulturwissenschaften, der Ethnologie, Soziologie, Pädagogik, Kommunikationswissenschaft und vielen anderen Disziplinen. Dabei erweist sich das offene Kulturkonzept als hilfreiche Klammer, denn welches geistes- und sozialwissenschaftliche Fach befasst sich nicht mit Fragestellungen, die sich darunter subsumieren lassen?

Strukturalismus und Kulturalismus

Die CS-Forschung lässt sich in zwei grundlegende Strömungen aufteilen: Strukturalismus und Kulturalismus (Schwer 2005: 12).

- Der Kulturalismus versteht unter Kultur jede Form sozialer Praxis („a whole way of life", siehe oben) und hebt die Fähigkeiten von Menschen im Umgang mit Medien und sonstigen Kultur-Artefakten hervor. Es geht also um die Decodierung von Medieninhalten in bestimmten sozialen Kontexten. Die qualitativ-empirische Medienaneignungsforschung gehört in diesen Bereich, sofern sie sich den normativen Idealen der CS verpflichtet fühlt.
- Der Strukturalismus setzt auf der Ebene des ‚sinnhaften Diskurses' an und begreift Kultur als abstraktes System des sozialen Diskurses, an dem gesellschaftliche Teilgruppen oder Schichten unterschiedlich großen Anteil haben; es geht somit um diskursive Machtverhältnisse. Aus einer Makroperspektive werden Themen wie Unterdrückung, Rassismus, Genderidentität oder Medienkultur bearbeitet. Man bedient sich häufig hermeneutischer und semiotischer Analysen von Medieninhalten. Dabei ist es durchaus legitim, diese gemäß dem

persönlichen normativen Forschungsinteresse auszuwählen (z.B. Extrembeispiele für rassistische Medieninhalte).

In der Kommunikationswissenschaft hat dieser Zweig – anders als in der stark literaturwissenschaftlich geprägten Medien- und Filmwissenschaft – bislang wenig Beachtung gefunden. Auch in der Mediennutzungs- und Publikumsforschung treten CS fast ausschließlich in ihrer kulturalistischen Variante als Aneignungsforschung auf. Tabelle 17 stellt beide Hauptströmungen gegenüber.

Tabelle 17: Hauptströmungen der Cultural Studies

	Medien- und Diskursanalyse	**Aneignungsforschung**
Kulturverständnis	Strukturalistisch: Kultur als Diskurs	Kulturalistisch: Kultur als soziale Praxis
Methoden	Hermeneutik, semiotische Diskursanalyse	Qualitativ-empirisch: ethnografische Beobachtung, biografische Interviews, Gruppendiskussionen, Nacherzählung rezipierter Medieninhalte
Analyseeinheit	Diskurs als gesamtgesellschaftlicher Text	Individuen oder soziale Gruppen
Analyseebene	Makroebene	Mikro-/Mesoebene
Fokus	Verhältnis von Encodierung & Decodierung	Decodierung: Nutzung, Interpretation & Wirkung von Medien/-inhalten
Soziale Einheiten	Klassen/Schichten (z.B. herrschende Klasse, Oppositionelle), Minderheiten, Subkulturen	Individuen und Kleingruppen, z.B. Familien/Haushalte, ethnische Minderheiten, Fangruppen
Bedeutung von Medien	Mediensystem als Diskursforum	Umgang mit bestimmten Mediengattungen, -genres oder -produkten
Herkunftsdisziplinen	Semiotik, Literaturwissenschaft, Philologien	Ethnologie, Soziologie, Pädagogik

In ihrer Nähe zum (Neo-)Marxismus sind die CS durchaus mit der Kritischen Theorie der Frankfurter Schule verwandt. Allerdings unterscheiden sich beide Traditionen in ihrem Kulturbegriff: Während die Frankfurter Schule populäre Kultur – in Abgrenzung zur Hochkultur – als verdummende und dadurch systemerhaltende Massenkultur ablehnt, kennen zumindest die kulturalistischen CS eine solche Abgrenzung nicht (Jäckel & Peter 1997: 47). Daraus resultieren unterschiedliche Publikumsvorstellungen: Während in der Kritischen Theorie das Bild einer passiven Masse dominiert, die von der kapitalistischen Populärkultur bedient und manipulierbar wird, gehen die CS von Individuen und sozialen Gemeinschaften aus, die aktiv am Prozess der Massenkommunikation teilnehmen, indem sie Medientexten durch Interpretation Sinn verleihen (Krotz 1995b: 248).

Medienaneignung wird als kreatives Vergnügen beschrieben (Hepp 1999: 75; Ayass 2000; Göttlich 2001). Das Publikum ist nicht das Opfer elitär-hegemonialer Kräfte, zu denen auch die Mainstream-Medien gehören, sondern emanzipiert sich gleichsam durch seinen autonomen Medienumgang von diesen. Finanzielle und kulturelle Ökonomie sind entkoppelt: Das Publikum nutzt und kauft zwar einerseits die finanziell aufwändig produzierten Angebote der Mainstream-Medien (Hollywood-Kino, TV-Unterhaltung, Radio-Pop usw.). Andererseits behalten Rezipienten kulturelle Deutungsmacht: Sie werden selbst zu den Produzenten von Sinn und Vergnügen, die aus vorgegebenen Medienangeboten ‚etwas Eigenes' machen (‚reader as writer', vgl. Jäckel & Peter 1997: 56ff.).

Encoding/Decoding

Hall (1980) systematisiert diese Überlegungen in seinem Encoding/Decoding-Ansatz. Dieser vereinigt nicht nur die strukturalistische und kulturalistische Perspektive, sondern versteht sich auch als Gegenentwurf zur Uses-and-Gratifications-Tradition, indem er den gesamten Prozess der Aussagenproduktion, -rezeption und -wirkung unter den gegebenen Machtverhältnissen beschreibt: Hall nimmt an, dass Medienproduzenten auf der Basis ihrer Wissensrahmen bzw. Weltbilder und mit Hilfe der zur Verfügung stehenden Produktionsverhältnisse und technischen Infrastruktur Medieninhalte erstellen; sie encodieren damit ihre Bedeutungsstrukturen und schaffen so ‚sinnhaften Diskurs'. Da die reichweitenstarken Massenmedien der dominant-hegemonialen Position[172], also der ‚herrschenden Klasse', angehören, orientierten sie sich meist an deren kulturellen Konventionen und Codes. Rezipienten wiederum decodieren Medieninhalte gemäß den kulturellen Konventionen und Codes der Schicht, Klasse oder sonstigen Gruppe, der sie angehören. Da Medieninhalte immer *polysem* sind, d.h. interpretierbar[173], wird ein und derselbe Text von Rezipienten in verschiedenen sozialen, kulturellen, zeitgeschichtlichen usw. Kontexten unterschiedlich verstanden.

Dabei unterscheidet Hall drei gesellschaftliche Positionen des Rezipienten, denen jeweils eine ‚Lesart' entspricht:

- Befindet sich der Rezipient ebenfalls in einer dominant-hegemonialen Position, gehört er also auch zum Establishment, wendet er die favorisierte bzw. Vorzugslesart an: Die Botschaft wird im Sinne des Referenzcodes, mit dem sie codiert wurde, decodiert, d.h. der Leser versteht sie so, wie sie vom Kommunikator gemeint war.
- Die ausgehandelte Lesart entspricht einer „Mischung aus adaptiven und oppositionellen Elementen" (Hepp 1999: 115). Der Leser versteht und akzeptiert die dominante Bedeutung des Textes, interpretiert sie aber teilweise entsprechend seinen eigenen Erfahrungen und Einstellungen um, so dass der rezipierte Text mehr oder weniger vom ursprünglichen abweicht. Hepp nennt als Beispiel einen Angehörigen der Mittelschicht, der einen Fernsehbeitrag über einen Streik zwar inhaltlich weitgehend nachvollziehen kann, den negativen Tenor des Beitrags wegen der drohenden Produktionsausfälle jedoch nicht teilt.

---

[172] „Hegemonie inne zu haben bedeutet (...) nicht nur, die ‚ökonomische Führung' zu besitzen, sondern auch bei intellektuellen und moralischen Fragen den ‚grundlegenden Rahmen' setzen zu können." (Hepp 1999: 51f.)

[173] Hall unterstellt keine beliebige Interpretierbarkeit von Medieninhalten. Auf der denotativen Ebene (konkret-faktischer Bedeutungen) existieren nur geringe Interpretationsmöglichkeiten. Es ist der konnotative Bereich (Nebenbedeutungen und Assoziationen), in dem „bereits codierte Zeichen sich mit den tiefensemantischen Codes einer Kultur kreuzen und eine weitere, ideologische Dimension gewinnen" (Hall 1980: 133).

5.7 Kontextbezogene Ansätze zur Mediennutzung

- Die oppositionelle Lesart könnte man auch fundamental-oppositionell nennen: Der Leser versteht die Vorzugslesart des Textes zwar, lehnt sie jedoch ab. Ist beispielsweise von ‚nationalen Interessen' die Rede, interpretiert er dies in ‚Interessen der herrschenden Klasse' um. Diese Lesart bereitet nicht nur Vergnügen (siehe oben), sie erlaubt oppositionellen Gesellschaftsgruppen auch eine soziokulturelle Abgrenzung gegenüber dem dominant-hegemonialen Establishment und dient ihrer Identitätsbildung und -stabilisierung.

Würdigung und Kritik

Eine Beurteilung der kultur- bzw. geisteswissenschaftlichen CS aus sozialwissenschaftlicher Perspektive ist schwierig. Wie Schwer (2005) herausarbeitet, stehen sich beide Paradigmen aus verschiedenen Gründen skeptisch gegenüber. Besonders die normative Prägung der CS und ihre Ablehnung der sozialwissenschaftlichen Qualitätskriterien Objektivität, Validität und Reliabilität erweisen sich als Hindernisse. Hier liegt auch das zentrale Abgrenzungskriterium zur handlungstheoretisch inspirierten Aneignungsforschung. Diese bewegt sich im Gegensatz zu den CS auf dem Boden der Sozialwissenschaften und erkennt wissenschaftliche Qualitätskriterien an, wie die Offenlegung des (qualitativen) Messinstrumentariums oder der Stichprobenbildung sowie die Unvoreingenommenheit des Forschers bei der Datenerhebung und -analyse.

Gerade der normative Impetus scheint eine Stärke zu sein, die man in weiten Teilen der Mediennutzungs- und Publikumsforschung vergeblich sucht. Dass Medien gesellschaftliche Macht haben, ist wohl weithin unumstritten, und dass sich diese Macht in erster Linie beim Publikum auswirkt, ist trivial. Ein kritischer Blick ist deshalb zweifellos nötig. Dieser kommt in der empirisch-analytischen Tradition mit ihrem Ideal des unvoreingenommenen Forschers häufig zu kurz bzw. wird schamvoll verdeckt. Dabei widersprechen sich objektive Analyse und politische Intervention keineswegs, solange die jeweiligen Ziele, Theorien und Methoden transparent gemacht werden. Dass die CS dies nicht für nötig halten, ist nicht nur mit den sozialwissenschaftlichen, sondern mit wissenschaftlichen Idealen allgemein schwer vereinbar.

Fraglich ist schließlich, in welchem Maß die CS dem selbstgesteckten Ziel, soziokulturelle und politische Missstände zu erkennen und zu beseitigen (politische Intervention), gerecht werden. Gerade der Verzicht auf methodische Objektivität und Transparenz macht Argumentationen auch in der Öffentlichkeit nicht glaubwürdiger. Als externer Beobachter kann man sich gelegentlich des Eindrucks nicht erwehren, es gerade bei den CS mit einer Gruppe akademischer ‚Gutmenschen' zu tun zu haben, die sich stärker nach innen orientiert als nach außen. Entgegen der geforderten interdisziplinären Offenheit und der Ablehnung wissenschaftlicher Institutionalisierung wirken besonders deutschsprachige CS-Texte manchmal so, als gehe es um die Schaffung eines geschlossenen Wissenschaftssystems – inklusive einer historisierend-verehrenden Darstellung des ‚Centre of Contemporary Cultural Studies', einem Kanon klassischer Autoren (Hoggart, Hall, Ang, Fiske usw.), einer Reihe festgelegter Prinzipien und einem erklärten Feindbild: der empirisch-analytischen Forschung – abschätzig ‚administrative research' genannt. Dies hat nach innen durchaus eine identitätsstabilisierende Funktion, führt nach außen jedoch zu Abgrenzungsversuchen, weshalb die positiven Impulse, die die CS sehr wohl in die wissenschaftliche und öffentliche Debatte einbringen können, an Ausstrahlung verlieren.

5.8 Mediengattungen zwischen Wettbewerb und Auflösung

Das Internet hat unsere Medienwelt in den vergangenen Jahren umgewälzt. Neue Formen der mobilen Kommunikation, dynamische Websites, Online-Filme und -Fernsehen sowie ein verstärkter Trend zu Gruppenkommunikation und privaten Webinhalten (Stichwort Web 2.0) kündigen weitere Veränderungen an. Der Wettbewerb ums Publikum, der zwischen Medienprodukten, aber auch zwischen Mediengattungen herrscht, hat sich verschärft. Der folgende Abschnitt trägt die wichtigsten theoretischen Konzepte zur Analyse dieses Medienwettbewerbes zusammen.

Die zentrale Voraussetzung für die Nutzung eines Mediums besteht bei Mediengattungen mit technischem Endgerät (Fernsehen, Radio, Computer, Mobiltelefon usw.) in der Entscheidung zur Anschaffung des Geräts. Bei neuen Printmedien, die kein technisches Endgerät brauchen, und bei Medienentwicklungen, die auf einer bereits vorhandenen Technik aufsetzen (z.B. Videotext oder internetbasierte Angebote), stehen Rezipienten immerhin vor der Entscheidung, ob sie das neue Medium ausprobieren wollen oder nicht. Besonders bei neuen Medientechniken sind diese Publikumsentscheidungen von existenzieller Bedeutung: Nur wenn innerhalb eines bestimmten Zeitraums eine ausreichende Stückzahl verkauft wird, kann sich eine Neuerung dauerhaft durchsetzen. In einigen Fällen ist das nicht gelungen (z.B. beim 3D-Kino). Welchen Bedingungen der individuelle Entscheidungs- bzw. Adoptionsprozess und die gesellschaftliche Verbreitung von Medieninnovationen unterliegt, untersucht die Diffusionsforschung (Abschnitt 5.8.1). Sobald eine neue Mediengattung massenhaft verbreitet ist, d.h. die erste Diffusionsphase abgeschlossen ist, gelten andere Regeln. So kam im Laufe der massenhaften Verbreitung des Internet in den 1990er-Jahren die Vermutung auf, es könnte die klassischen Massenmedien langfristig verdrängen. Umgekehrt wurde spekuliert, ob die Internetnutzung nicht auch zu einer verstärkten Nachfrage nach anderen Medien führen könne (Substitution und Komplementarität; Abschnitt 5.8.2).

In den vergangenen Jahren hat sich der Fokus verschoben. Seitdem werden verstärkt zwei Fragen debattiert: Erstens geht es darum, wie sich die unterschiedlichen Mediengattungen mit ihren jeweiligen Stärken und Schwächen so integrieren lassen, dass sowohl Nutzer als auch Anbieter größtmöglichen Nutzen daraus ziehen können (Crossmedia; Abschnitt 5.8.3). Zweitens liegt das Augenmerk auf der Beobachtung, dass die bisher relativ klar getrennten Mediengattungen bzw. Mediengeräte immer mehr zusammenwachsen und irgendwann einmal vielleicht sogar zu einem einzigen ‚Multimedium' verschmelzen (Medienintegration bzw. technische Konvergenz; Abschnitt 5.8.4).

5.8 Mediengattungen zwischen Wettbewerb und Auflösung

5.8.1 Diffusion von Medieninnovationen

Die Diffusionsforschung versucht den Prozess der individuellen Adoption und gesellschaftlichen Verbreitung neuer Ideen, Praktiken und Objekte zu erklären und lässt sich damit auch auf neue Medienentwicklungen anwenden. Der Forschungszweig nahm seinen Anfang mit der klassischen Iowa-Studie, in der die Akzeptanz eines neugezüchteten Saatguts unter Farmern untersucht wurde (Ryan & Gross 1943; vgl. Lowery & DeFleur 1995, 115ff.). Früh stellte sich heraus, dass die Diffusion erfolgreicher Innovationen zwar unterschiedlich schnell erfolgt, dabei aber immer S-förmig verläuft (Abbildung 32): Nach einer ersten Phase, in der die Neuheit nur von wenigen ‚Innovatoren' und ‚frühen Übernehmern' adoptiert wird, folgt die Take-Off-Phase. Nun gewinnt die Diffusion an Dynamik und breite Gesellschaftsgruppen – von Rogers (1995: 257ff.) als frühe und späte Mehrheit klassifiziert – stoßen hinzu. Zuletzt flacht die Kurve vor der Marktsättigung wieder ab; jetzt kommen die Nachzügler (‚laggards') hinzu. Vergleicht man die bisherige Verbreitung des Internet mit dieser – für viele Innovationen empirisch bestätigten – Kurve, fällt auf, dass sich das Internet offensichtlich in der letzten Diffusionsphase befindet. Nach der Anfangsphase mit mäßigen Zuwächsen setzte ab 1997 eine stürmische Diffusion mit deutlichen Zuwachsraten ein. Seit 2003 hat sich die Entwicklung verlangsamt: Der Bevölkerungsanteil gelegentlicher Onlinenutzer stieg seither von 53,5 auf 59,5 Prozent (van Eimeren & Frees 2006: 404). Die gesellschaftliche Verbreitung scheint weitgehend abgeschlossen zu sein und der Anteil an Nichtnutzern in etwa konstant zu bleiben, weshalb Gerhards & Mende (2006: 416) mittelfristig mit 20 Millionen Offlinern in Deutschland rechnen.

Abbildung 32: Diffusionskurve im Zeitverlauf

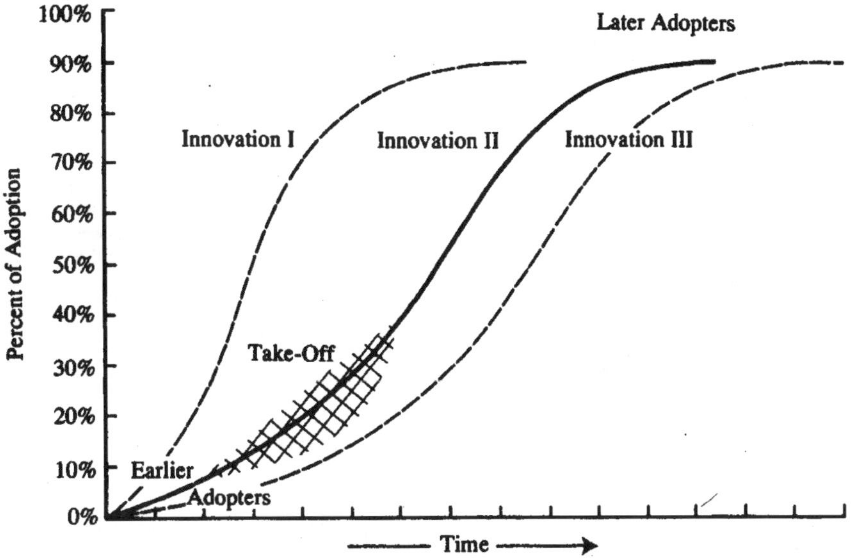

Quelle: Rogers (1995: 11).

Wenden wir den Blick der Mikroebene zu und fragen, unter welchen Bedingungen Individuen eine Medieninnovation übernehmen oder nicht.[174] Rogers (1995: 163) schlägt ein Stufenmodell des Innovations-Entscheidungsprozesses vor (Abbildung 33). Zunächst muss eine Person von der Existenz und Beschaffenheit einer Medieninnovation wissen (‚Knowledge'). Die wichtigsten Kommunikationskanäle sind hierbei die Medienberichterstattung[175], Produktwerbung, die Beobachtung anderer bei ihrem Umgang mit dem Medium sowie ihre Erzählungen und Empfehlungen. Gerade persönliche Beobachtungen und interpersonale Kommunikation können das Interesse einer Person wecken und ein aktives Suchverhalten nach entsprechenden Medieninformationen auslösen. Umgekehrt können Medienberichte oder Werbung zu einer verstärkten Wahrnehmung des Produkts im direkten Umfeld und zu interpersonaler Kommunikation führen: So manchem ist beispielsweise erst nach einem Bericht über den Erfolg des iPods aufgefallen, wie viele Menschen ein solches Gerät mit sich tragen. Diese und andere Wahrnehmungen können eine Person dann vom Nutzen der Innovation überzeugen (‚Persuasion'). Von großer Bedeutung ist dabei der Einfluss von Meinungsführern, deren Überzeugungskraft aufgrund ihrer Glaubwürdigkeit, Kompetenz und der Möglichkeit, auf Fragen und Zweifel ihrer Ansprechpartner direkt einzugehen, generell als sehr hoch einzuschätzen ist (Schenk 2002: 324f.). Entsprechend große Beachtung haben Überlegungen zum Zweistufenfluss der Kommunikation und zum Einfluss sozialer Netzwerke auf Persuasionsprozesse auch in der Diffusionsforschung gefunden (Rogers 1995: 281ff.).

Abbildung 33: Stufenmodell des Innovations-Entscheidungsprozesses

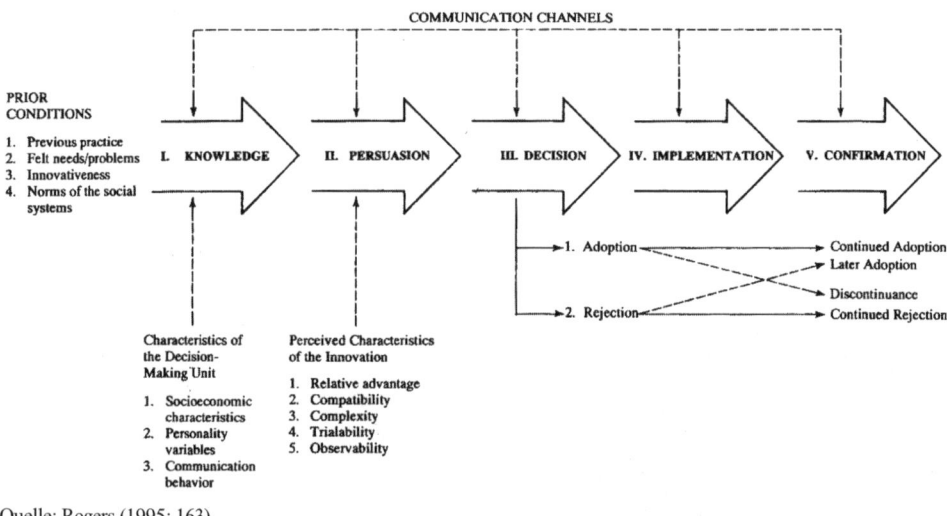

Quelle: Rogers (1995: 163).

---

[174] Die Diffusionsforschung befasst sich auch mit der Einführung von Innovationen in organisationalen Kontexten, also beispielsweise mit dem Einsatz von E-Mails oder sonstigen kollaborativen Software-Tools in Unternehmen und Institutionen. Wir beschränken uns im Folgenden auf die Verbreitung neuer Medientechniken im privaten Bereich.

[175] Medien können also sowohl Diffusionsobjekt (Innovation) als auch Diffusionsagent bzw. Kommunikationskanal sein.

Schließlich trifft man eine Anschaffungsentscheidung (‚Adoption') oder aber man lehnt die Innovation – vorerst – ab (‚Rejection'). Nach erfolgter Adoption beginnt die anfängliche Nutzung der Innovation (‚Implemenation'), während der man praktische Erfahrungen mit ihr macht. Sind sie überwiegend positiv, bestätigt das die ursprüngliche Adoption – die Medientechnik wird weitergenutzt. Sind die Erfahrungen eher negativ, ist ein Nutzungsabbruch möglich (‚Discontinuance'). Umgekehrt kann die anfängliche Ablehnung im Lauf der Zeit revidiert werden, wenn der ‚Persuasionsdruck' über die beschriebenen Kommunikationskanäle steigt. Auch hier passt das Beispiel iPod: Anfangs mögen viele Interessierte den Kauf des mp3-Players wegen seines hohen Preises abgelehnt haben. Als sie dann aber immer mehr iPods in ihrem Umfeld sahen und der soziale Druck stieg, das nützliche und prestigeträchtige Gerät ebenfalls zu besitzen, entschlossen sich viele Nachzügler doch zum Kauf.

Soweit die grundsätzliche Konzeption der Diffusionsforschung, wie sie vor allem von Everett M. Rogers vertreten und empirisch überprüft wurde.

Adoptionsformen

Karnowski et al. (2006: 57) kritisieren an Rogers' Konzeption die Annahme einer vermeintlich ‚binären Entscheidung', nämlich Adoption versus Nicht-Adoption. Ferner verweisen sie auf den simplen Innovationsbegriff der Diffusionstheorie, der Innovationen als gegeben und unveränderlich betrachtet, und den Einfluss von Käufern bzw. Nutzern auf ihre Weiterentwicklung ignoriert. Tatsächlich existieren mittlerweile mehrere Konzepte zur detaillierteren Beschreibung der Adoption. (vgl. Lin 2003: 356f.):

Bei der *Adaption* wird eine Medieninnovation adoptiert, aber nicht so genutzt, wie von ihren Entwicklern vorgesehen. Stattdessen wird der Gebrauch an die persönlichen und sozialen Umstände angepasst. Ein Beispiel ist die Frühzeit des Web. Das dortige Dateiformat HTML wurde ursprünglich für die einfache Erstellung und Distribution von Gebrauchstexten (z.B. wissenschaftliche Artikel, technische Dokumentationen) entwickelt, weshalb es zwar eine Tabellenfunktion gab, aber keine weitergehenden Layout-Möglichkeiten. Bald entstanden Webangebote mit ganz anderen Inhalten und Funktionen, wie z.B. Nachrichten- oder Firmen-Websites, die ihre Besucher auch grafisch überzeugen sollten. Schnell kamen Website-Anbieter auf die Idee, die vorhandene Tabellenfunktion als Layout-Mittel umzufunktionieren.

Eine stärkere Veränderung einer Innovation, bei der zusätzlich Entwickler bzw. Anbieter auf nutzerseitige Adaptionsprozesse reagieren, indem sie die Innovation entsprechend modifizieren, nennt Lin *Reinvention* (vgl. auch Karnowski et al. 2006: 58f.). Tatsächlich wurde das angesprochene HTML-Dateiformat bald um eine Layoutfunktion erweitert. Seither wurde HTML – obwohl im Kern unverändert – derart erweitert und ergänzt, dass man auf Websites praktisch alle denkbaren audiovisuellen Inhalte darstellen und interaktiv steuern kann. Auch die klassischen Massenmedien haben sich im Lauf der Jahrzehnte durch eine stetige Wechselbeziehung zwischen Inhaltsanbietern (Medieninstitutionen und -unternehmen) und den Entwicklern von

Medientechniken[176] einerseits und dem Publikum andererseits verändert.[177] Das heutige Fernsehprogramm und das Publikumsverhalten unterscheiden sich derart vom Fernsehen der 1950er-Jahre, dass man tatsächlich von einer langfristigen ‚Neuerfindung' sprechen kann.

Aus der qualitativ-kontextbezogenen Tradition (Abschnitt 5.7) stammt das *Domestication*-Konzept (Silverstone & Hirsch 1992; vgl. den Sammelband von Berker et al. 2005). Es beschreibt die individuelle, soziale und kulturelle Aneignung von Medieninnovationen und Anpassung an die persönlichen Lebensumstände, darunter den Umgang mit anderen Medien und Freizeitbeschäftigungen. Besondere Bedeutung misst der Ansatz der Selbstdarstellung durch die symbolisch-ostentative Nutzung einer neuen Medientechnik bei (Karnowski et al. 2006). Hierzu passt wieder das Beispiel des iPod mit seinem ‚coolen' Image, der sich in der Öffentlichkeit nutzen und deutlich sichtbar tragen lässt und sich somit bestens zur Selbstinszenierung eignet.

Ob sich eine Medieninnovation durchsetzt, hängt von einer Reihe von Faktoren auf der Mikro- und Makroebene ab, von denen die drei wichtigsten sind:

- *Rezipienteneigenschaften* wie Technikaffinität, Risikobereitschaft, Sensation-Seeking, das Bedürfnis nach Innovationen (‚Need for Innovativeness', Lin 1998a) oder ‚Self-Efficacy' im Sinne von Selbstvertrauen im Umgang mit neuen Techniken (vgl. Lin 2003: 350f.);[178]
- die *gesellschaftliche Situation* (öffentliche Medienkontrolle und -regulierung, Wirtschaftsförderung, Marktsituation, allgemeine Technikakzeptanz und -kultur, gesellschaftliche Werte usw.) und
- *Eigenschaften der Innovation*.

Charakteristika von Medieninnovationen

Rogers (1995, 15ff.) schlägt eine Systematik mit fünf Innovations-Charakteristika vor. Sie sind weniger als objektive Angebotseigenschaften zu verstehen, sondern als subjektive Wahrnehmungen oder Images bei den Übernehmern. Das ist deshalb von Bedeutung, weil potenzielle Adoptoren zum Zeitpunkt ihrer Übernahmeentscheidung oft keine eigenen Erfahrungen mit einer Innovation haben. Sie haben zwar aus der Medienberichterstattung, Werbung oder aus direkten sozialen Kontakten eine bestimmte Vorstellung davon, konkretes Erfahrungswissen fehlt ihnen jedoch. Die Charakteristika sind:

Relativer Vorteil (‚relative advantage'): Wie viel besser als ihre Vorgängertechnik – falls es eine solche gibt – ist eine Innovation und welche Nachteile müssen ihre Nutzer in Kauf nehmen? Der relative Vorteil ergibt sich aus einer vergleichenden Kosten/Nutzen-Abschätzung eines neuen Mediums mit bisherigen Medien. Eine vollständige Liste möglicher Vorteile existiert unseres Wissens nicht. Lin (2003) hebt im Zusammenhang mit interaktiven Medieninnovationen besonders die Fähigkeit hervor, Face-to-Face-Kommunikation zu simulieren und Nutzern

---

[176] Die Spanne reicht von Kamera- und Mikrofonherstellern über Entwickler von Schnittsoftware, Bildarchiven oder Redaktionssystemen bis hin zu Anbietern von Fernsehgeräten, Computern oder Handys.
[177] Der dynamisch-transaktionale Ansatz beschreibt die Bedeutung dieser Wechselwirkungen als Inter-Transaktion zwischen Kommunikator und Rezipient (Früh 1991, 2001a).
[178] Rogers (1995: 252ff.) beschreibt die eingangs angesprochenen fünf Adoptorentypen (Innovator, frühe Übernehmer, frühe und späte Mehrheit sowie Nachzügler) ausführlich anhand dieser und anderer psychologischer Variablen.

den Eindruck zu vermitteln, direkt dabei zu sein (Presence; Abschnitt 4.4.5). Eher technikbezogen ist das ‚Media-Richness'-Konzept. Es bezieht sich auf die sensorische Bandbreite und Qualität medial vermittelter Informationen – man kann auch von ‚Multimedialität' sprechen (erstmals Trevino et al. 1987). Bei jeder Kosten/Nutzen-Abschätzung sind auch Nutzungsmotive und -situationen zu berücksichtigen (Scherer & Berens 1998). Digitales Radio (DAB) weist beispielsweise gegenüber dem analogen Radio zwei Vorteile auf: eine bessere Klangqualität und die Möglichkeit, Textinformationen zu empfangen. Andererseits sind DAB-Empfänger vergleichsweise teuer. Nun wird Radio entweder zuhause oder im Auto genutzt. Im Auto sind Verkehrsinformationen zweifelsohne nützlich, die Klangqualität ist während der Fahrt jedoch kaum wahrzunehmen. Zuhause hingegen macht sich zwar die Klangqualität positiv bemerkbar, doch gibt es kaum Einsatzmöglichkeiten für Informationen auf einem kleinen Textdisplay. DAB kann somit in keiner Nutzungssituation alle Vorteile ausspielen, weshalb die geringe bisherige Diffusion kaum überrascht. Ein zweites Beispiel: Mobiler TV-Empfang über das Handy weist gegenüber dem herkömmlichen Fernsehen zwar den Nachteil eines kleinen Displays auf. Allerdings ermöglicht es eine umfassende räumliche Disponibilität, d.h. man kann damit überall fernsehen – ein Vorteil, der ausschließlich in einer bestimmten Nutzungssituation gilt, nämlich außer Haus, denn zuhause werden die meisten Fernsehzuschauer das große Gerät bevorzugen.

Kompatibilität (‚compatibility'): Inwiefern stimmt eine Innovation mit den bisherigen Werten, Erfahrungen und Bedürfnissen des Publikums überein? Und in welchem Maß sind bisherige Mediennutzungskompetenzen übertragbar? Beispiele für hochkompatible Medientechniken sind Kabelfernsehen, digitaler Rundfunk oder TV-Geräte mit Flachbildschirm. Das Web orientierte sich zumindest in den ersten Jahren stark am Erscheinungsbild von Printmedien, und auch die Navigation mittels Hyperlinks unterscheidet sich nicht wesentlich vom Umgang mit Inhaltsverzeichnissen, Querverweisen oder Registern, wie man sie aus der Printwelt kennt. Je weniger eine Medieninnovation mit Vorgängertechniken kompatibel ist, desto wichtiger sind Metaphern, die Nutzern als ‚mentale Modelle' (Johnson-Laird 1983) eine Vorstellung von der Funktionsweise des Mediums ermöglichen (‚es funktioniert so ähnlich wie...') und die Bedienung erleichtern. Das gilt besonders für computerbasierte Medien. Einschlägige Beispiele im Internet sind geografische und räumliche Metaphern (z.B. Chat-Room oder Shopping-Mall, Surfen, Navigieren, Cyberspace, Schweiger 2002b: 161). Generell ist zu beobachten, dass viele erfolgreiche Webangebote bisherige Mediengenres imitieren und mit Mehrwert versehen, wie z.B. Web-Nachrichtenangebote als hochaktuelles Pendant zu Zeitungen bzw. Printmagazinen oder Online-Kleinanzeigenmärkte mit Filter-/Suchfunktion und direkter Kommunikationsmöglichkeit. Sieht man von der technischen Konfiguration eines internetfähigen Computers ab, erweisen sich die meisten Onlinemedien als relativ kompatibel mit bisherigen Medien. Das erklärt den Erfolg des Internets zumindest teilweise.

Komplexität (‚complexity'): Ist eine Medieninnovation schwierig zu verstehen bzw. zu benutzen? Welcher zeitliche, kognitive und energetische Aufwand ist nötig, um den erfolgreichen Umgang mit ihr zu erlernen? Je weniger kompatibel ein Medium mit bisherigen Medien ist und je weniger technisches Selbstvertrauen eine Person hat (‚Self-Efficacy'), als desto komplexer nimmt sie es wahr. Davon unabhängig prägt besonders die *Nutzerfreundlichkeit* die objektive und subjektive Komplexität (vgl. Schweiger 2003a). Auch die Skalierbarkeit bzw. Anpassbarkeit der Leistungsfähigkeit und Komplexität einer Innovation an individuelle Nutzerbedürfnisse und -fähigkeiten spielt eine gewisse Rolle. Viele Nachrichten-Websites überfordern neue Besucher auf der Startseite mit Hunderten von Links in unzähligen Navigationsbereichen und schrecken sie damit von einer weiteren Nutzung ab.

Evaluation (‚trialability'): Wie gut kann man eine Medieninnovation ‚im Kleinen' und ohne Risiko ausprobieren, bevor man sie endgültig übernimmt? Im Gegensatz zu anderen technischen Innovationen sind Medien in der Handhabung eher wenig komplex und leicht zu verstehen. Deshalb können sich Interessierte durch die bloße Beobachtung der Mediennutzung anderer (z.B. Mit-Surfen) einen ersten Eindruck verschaffen. Zur erfolgreichen Diffusion des Fernsehens hat sicherlich auch der Umstand beigetragen, dass man seine Vorzüge in Fernsehstuben bzw. Gaststätten oder bei Freunden oder Nachbarn kennenlernen konnte, ohne sich gleich ein teures Gerät anzuschaffen. Hier ist wiederum die bisherige Diffusion von Bedeutung: Solange nur wenige Personen eine Medieninnovation adoptiert haben, gibt es für Interessierte kaum die Gelegenheit, sich mit Nutzern darüber auszutauschen oder das Medium in einer neutralen Situation, d.h. außerhalb einer Verkaufssituation im Laden, auszuprobieren.

Die *Beobachtbarkeit* (‚observability') des Nutzens einer Innovation ist im Bereich der Mediennutzung kaum relevant – im Gegensatz zu anderen Innovationen. Wenn beispielsweise ein Zeitungsverlag ein neues Redaktionssystem in der Hoffnung einführt, die Produktivität der Redakteure zu erhöhen und ihre Fehlerrate zu senken, lässt sich der Erfolg bzw. Nutzen der Innovation frühestens nach einigen Wochen messen. Rezipienten hingegen nutzen Massenmedien überwiegend zur Befriedigung situativer Bedürfnisse; selbst Nachrichten werden weniger zur Erreichung instrumenteller Ziele (wie z.B. langfristigem Wissenszuwachs) rezipiert als vielmehr aus Neugier oder zur kognitiven Stimulation (Abschnitt 3.2.2). Der Vorteil einer Medieninnovation *muss* deshalb direkt während der Nutzung offensichtlich sein, weil sonst keine Bedürfnisbefriedigung stattfände. Sicherlich wird der subjektive Nutzen bei einer komplexen und wenig kompatiblen Medieninnovation in der Kennenlernphase von Frustrationserlebnissen und Anstrengung überlagert; ein zumindest minimales Erfolgserlebnis erwarten Mediennutzer aber wohl von Anfang an. Wer zum ersten Mal im Web surfen möchte und – aus welchen Gründen auch immer – keine einzige Webseite zu Gesicht bekommt, wird die Medientechnik schnell aufgeben.

Interaktive Innovationen und kritische Masse
Interessant ist der Diffusionsverlauf interaktiver Innovationen (vgl. Rogers 1995, 313ff.): Medientechniken, die Interaktionen zwischen unterschiedlichen Partnern ermöglichen, wie beispielsweise Telefon, Fax, oder E-Mail, sind nur dann sinnvoll einzusetzen, wenn es auch ausreichend Kommunikationspartner gibt. Solange nur eine kleine Nutzergruppe existiert, ist der Nutzen einer solchen Innovation und damit der Übernahmeanreiz gering. Mit der Anzahl möglicher Interaktionspartner steigt auch ihr Nutzen. Deshalb muss erst eine ‚kritische Masse' an Über-

nehmern existieren, bevor die Verbreitung förmlich explodiert. Als Kennwert für die kritische Masse kann man zehn bis zwanzig Prozent der Gesamtbevölkerung veranschlagen (vgl. Morris & Ogan 1995) – ein Wert, den das Internet beispielsweise 1998 erreicht hat. Interaktive Medien weisen im Vergleich zu sonstigen Diffusionsverläufen anfangs eine eher flache Kurve und nach Erreichen der kritischen Masse einen deutlicheren Anstieg auf. Vergleichbares gilt für massenmediale Innovationen: Solange einer neuen Medienplattform attraktive Inhalte fehlen, gibt es für potenzielle Adoptoren kaum einen Anreiz zur Nutzung (Schweiger 2002b). Ein Klingelton-Anbieter mit einer Auswahl von zehn Klingeltönen, ein Nachrichten-Portal, das nur dpa-Kurzmeldungen und einige veraltete Artikel bietet, oder eine Kontaktbörse mit einer Hand voll Kontaktanzeigen (User-Generated Content) werden selbst bei perfekter technischer Umsetzung keinen Erfolg haben. Erst wenn Menge und Qualität der angebotenen Inhalte ein marktübliches Niveau erreichen, kann es zum Take-Off kommen.

5.8.2 *Substitution und Komplementarität*

Da Massenmedien auf dem Publikumsmarkt um knappe Ressourcen – Geld und Aufmerksamkeit – konkurrieren, führt jede erfolgreiche Medieninnovation zu einer Verschärfung des Wettbewerbs.[179] Das gilt sowohl für Mediengattungen als auch für Medienprodukte. Bereits die erfolgreiche Diffusion des Fernsehens löste Debatten darüber aus, ob dieses andere Freizeitbeschäftigungen verdrängen würde (Brown et al. 1974). Besonders Buchlektüre und Lesekompetenz galten als durch das Fernsehen gefährdet (Neuman 1995). Auch die Einführung von Fernsehwerbung hat in den 1960er-Jahren zu heftigen Protesten seitens der Zeitungsverleger geführt, die eine Verdrängung von Printanzeigen durch Fernsehwerbung befürchteten und ihre ökonomische Grundlage gefährdet sahen. Die eigens eingesetzte Michel-Kommission konnte die Befürchtung allerdings nicht bestätigen (Pürer 2003: 233f.). Es war abzusehen, dass die dynamische Zunahme an Internetnutzern eine vergleichbare Debatte mit sich bringen würde (vgl. Abschnitt 2.2.2 mit Nutzungsdaten).

Von Anfang an wurden zwei gegensätzliche Effekte diskutiert: Substitution und Komplementarität. Dem *Substitutionseffekt* liegt die Annahme zugrunde, dass jeder Mensch neben Schlafen, Arbeit und anderen Freizeitbeschäftigungen ein weitgehend konstantes Zeitbudget für Mediennutzung zur Verfügung hat. Bei einer täglichen Gesamtmediennutzung von zehn Stunden sind einem weiteren Anwachsen der Gesamtnutzungsdauer Grenzen gesetzt. Kommt also ein neues Medien hinzu, muss sich die Nutzungsdauer der anderen Medien verringern. Entsprechend führt ein *Komplementaritätseffekt*, bei dem ein Zuwachs der Nutzungsmenge zweier Medien stattfindet, zwangsläufig zum Nutzungsrückgang bei mindestens einem anderen Medium (Hagen 1998a: 108).

---

[179] Umgekehrt gefährdet eine Verringerung konkurrierender Anbieter, etwa durch Konzentrationsprozesse, die Funktionsfähigkeit des *gesamten* Marktes, was sich im Medienbereich besonders auf die publizistische Vielfalt bezieht (vgl. die Beiträge in Friedrichsen & Seufert 2004).

Theorien

Eine Reihe deskriptiver Zeitbudgetstudien untersuchte in den vergangenen Jahren, wie sich die Nutzungsmengen bei unterschiedlichen Medien verändert haben. Andere Studien konzentrierten sich auf die empirische Messung der Gründe etwaiger Veränderungen. Als Interpretationsgrundlage dient beinahe allen eine Kombination aus Nachfragetheorie (siehe oben) und Uses-and-Gratifications-Ansatz. Die grundlegende Annahme lautet: Bei zunehmender Konkurrenz zwischen Medien wächst die Nutzungsdauer derjenigen Medien, die Rezipienten bei minimalen Kosten den größten Nutzen liefern. Individueller Nutzen wurde meist in Form von erwarteten oder erhaltenen Gratifikationen operationalisiert; die Kostenseite blieb in kommunikationswissenschaftlichen Designs trotz ihrer theoretischen Relevanz empirisch häufig unberücksichtigt. Letztlich handelt es sich somit in vielen Fällen um nichts anderes als um Uses-and-Gratifications-Intermediavergleiche in einer veränderten Medienumgebung.

Abbildung 34: Modell natürlicher Lebenszyklen der Medienevolution

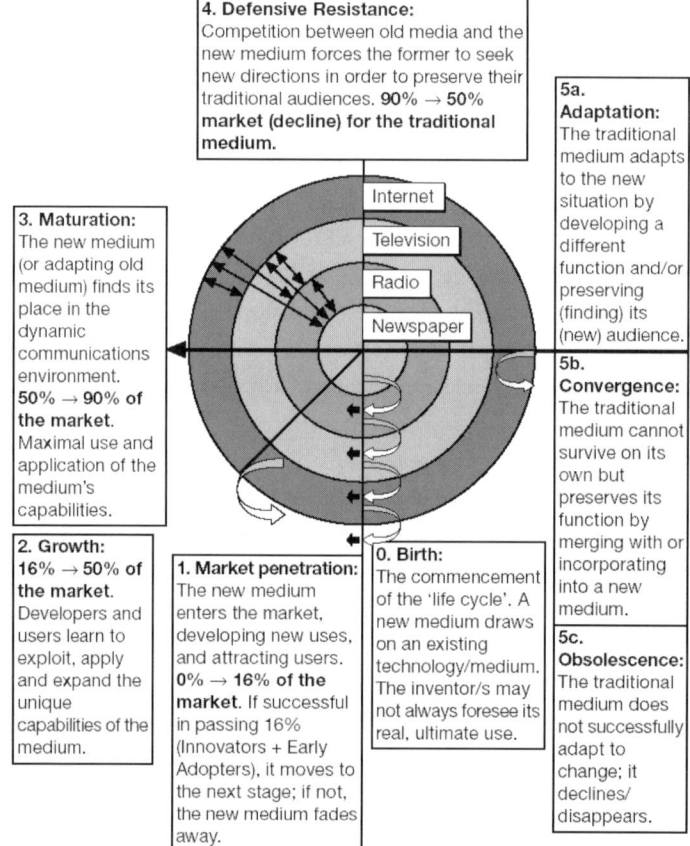

Quelle: Lehman-Wilzig & Cohen-Avigdor (2004: 712).

Neuman & de Sola Pool (1986) argumentieren in ihrem *Equilibrium-Model*, dass mit zunehmender Anzahl von Mediengattungen und -angeboten die durchschnittliche Nutzungsdauer und -intensität pro Medium zwangsläufig – gleichsam als menschheitsgeschichtliche Konstante – sinkt, da die individuelle Kapazität der Informationsaufnahme und der Appetit nach Mediennutzung („appetite for media exposure") begrenzt sind. Als eine weitere Folge prognostizieren die Autoren bereits 1986 einen wachsenden Widerstand gegen neue Medien („consumer resistance to new media"). Dimmick (2003) erweitert die Perspektive durch die *ökologische Nischentheorie*. Er nimmt an, dass jedes Medium eine Nische besetzt, deren Breite sich durch die Gratifikationen bestimmt, die es zu liefern in der Lage ist („gratification-opportunities'). Je stärker sich die Nischen verschiedener Medien überschneiden, je eher sie funktional äquivalent sind, desto größer ist ihre Substitutionskonkurrenz.

Lehman-Wilzig & Cohen-Avigdor (2004) schließlich schlagen ein *Modell natürlicher Lebenszyklen in der Medienevolution* („Natural life cycle model of new media evolution') vor, das Aspekte der Diffusionsforschung mit dem Verdrängungswettbewerb zwischen alten und neuen Mediengattungen verknüpft (Abbildung 34).

Analyseebene

Die meisten Studien stellen das Internet den bestehenden Mediengattungen gegenüber (z.B. Hagen 1998b; Stipp 1998; Althaus & Tewksbury 2000; Schmitt-Walter 2004; ARD/ZDF-Online-Studie, zuletzt van Eimeren & Frees 2006). Besonders das Verhältnis zwischen Internet und Fernsehen findet rege Aufmerksamkeit (z.B. Coffey & Stipp 1997; Ferguson & Perse 2000; van Eimeren 2003; Scherer & Schlütz 2004). Meist wird ignoriert, dass das Internet keine Mediengattung, sondern eine extrem vielseitige technische Infrastruktur ist, die unterschiedliche Kommunikationsmodi und viele andere Aktivitäten ermöglicht (vgl. Rössler 1998). Entsprechend vergleicht man auf der Mediengeräte-Ebene so unterschiedliche Tätigkeiten wie Online-Banking und das Ansehen eines Spielfilms miteinander (Trepte & Baumann 2004: 173). Einige Autoren beschränken sich deshalb entweder auf die Konkurrenz innerhalb bestimmter Mediengenres, -produkte oder Nutzungsmotive. Dimmick et al. (2004) oder Dutta-Bergman (2004) thematisieren beispielsweise Substitutions- und Komplementaritätseffekte für Nachrichten im Web, Fernsehen, Radio und in Tageszeitungen; Dimmick et al. (2000) untersuchen die Konkurrenz zwischen Telefon und E-Mail als interpersonale Kommunikationsmittel, und Trepte & Baumann (2004) berichten von zwei Studien zur Nutzung konkreter TV-Formate und ihrer Web-Ausgaben.

Forschungsstand und methodische Probleme

Der Forschungsstand ist uneinheitlich (Scherer & Schlütz 2004: 10). Das E-Journal ‚IT & Society' veröffentlichte 2002 (Ausgabe 2)[180] insgesamt zehn empirische Beiträge zur Verdrängung anderer Mediengattungen und Freizeitbeschäftigungen bis hin zur Schlafdauer durch das Internet, die allesamt auf repräsentativen, meist US-amerikanischen Bevölkerungsumfragen basier-

---

[180] Verfügbar unter http://www.ITandSociety.org (28.01.2007).

ten. Auch hier waren die Ergebnisse uneinheitlich. Somit sind bisher keine validen Aussagen zur Verdrängung der etablierten Mediengattungen durch Onlinemedien möglich. Die Gründe sind vielfältig.

Erstens erschweren methodische Probleme die Messung von Veränderungen. Am gebräuchlichsten sind Befragungen mit Selbstauskunft. Doch geben die Teilnehmer entweder ihre allgemeine Nutzungsdauer unterschiedlicher Medien an oder sie beschreiben ihre Mediennutzung an einem Stichtag (oft als Tagebuchstudien). Auf diese Weise kann man (a) den allgemeinen Medienumgang von Onlinern im Gegensatz zu Offlinern oder (b) die Nutzungsentwicklung innerhalb der Onlinegruppe im Zeitverlauf vergleichen. In der ARD/ZDF-Online-Studie 2006 (van Eimeren & Frees 2006: 414) ergab sich beispielsweise bei den Onlinern zwischen 1997 und 2006 kein Rückgang der Fernseh-, Radio- und Tageszeitungsnutzung. Eine andere Variante besteht darin, Befragungsteilnehmer selbst beurteilen zu lassen, ob sich ihr Medienverhalten verändert hat, seitdem sie online sind. So gefragt, zeigen sich dann durchaus Substitutionseffekte: Ebenfalls in der ARD/ZDF-Online-Studie 2006 gaben 31 Prozent der befragten Onliner an, weniger fernzusehen, 23 Prozent meinten, weniger Zeitungen oder Zeitschriften zu lesen, und 20 Prozent stellten eine verringerte Radionutzung fest (ebd.). Es ist allerdings fraglich, ob Rezipienten wirklich ihre früheren Nutzungsbudgets retrospektiv einschätzen können. Außerdem ist zumindest eine Reduktion der Fernsehnutzung ein sozial erwünschtes Verhalten, so dass insgesamt von einem Methodenartefakt auszugehen ist (Trepte & Baumann 2004: 179). Ein weiteres Problem liegt darin, dass viele Studien medienspezifische Nutzungsveränderungen auf dem Aggregatniveau analysieren. Das bringt die Gefahr eines ökologischen Fehlschlusses mit sich: Eine *allgemein* gemessene Verdrängung stellt sich in bestimmten Bevölkerungsgruppen ganz anders dar (Peiser 1998).

Zweitens ist der Wettbewerb zwischen Medien – auf welcher Ebene auch immer – nicht einfach ein Nullsummenspiel von Zeitbudgets und Gratifikationen, sondern ein komplexer Prozess mit vielen Besonderheiten und Unklarheiten:

Substitutions-Kausalität: Die gleichzeitige Veränderung der Nutzung unterschiedlicher Medien muss nicht in direktem Zusammenhang stehen. Die vermeintliche Substitution eines Mediums durch ein anderes kann auch durch Drittvariablen erklärt werden. Beispielsweise kann sich der Befund einer verringerten Zeitungslektüre bei Internetnutzern durch die Altersstruktur ergeben: Jüngere Personen sind häufiger online und lesen weniger Zeitung. Bislang konnte keine eindeutig kausale Verdrängung nachgewiesen werden.

Fehlende Theorien für Komplementaritätseffekte: Auch wenn fast immer Substitution und Komplementarität gleichzeitig thematisiert werden, so ging der Forschungsertrag bei Letzterer nicht über empirische Befunde hinaus. Hagen (1998a) fand beispielsweise in seiner Sekundäranalyse der kontinuierlichen Mediennutzungsbefragungen ‚Langzeitstudie Massenkommunikation' und ‚Typologie der Wünsche', dass Onlinenutzer häufiger EDV-Zeitschriften als Offliner lasen. Neue Medien können also neue (Informations-)Bedürfnisse verursachen, die wiederum andere Medien – darunter auch etablierte – befriedigen. Welche Mechanismen und Regel-

5.8 Mediengattungen zwischen Wettbewerb und Auflösung

mäßigkeiten sich hinter diesem und anderen Befunden verbergen, wurde allerdings nicht untersucht.

Der ‚*The-more-the-more'-Effekt* (Kiefer 1989: 344): Viele Studien stellen fest, dass bestimmte – meist höher gebildete – Nutzergruppen bei zunehmender Onlinenutzung auch andere Mediengattungen stärker nutzen (z.B. Stipp 2000; Adoni & Nossek 2001). Ob es sich dabei um einen ‚echten' Komplementaritätseffekt handelt oder ob in diesen Gruppen schlichtweg die Bedeutung von Medienwissen (als Drittvariable) gewachsen ist, muss offen bleiben.

Onlinenutzung spart Zeit: Das Internet ermöglicht die Beschleunigung mancher Tätigkeiten (z.B. E-Banking oder E-Commerce). Deshalb gewinnen Onlinenutzer Zeit, die sie für andere Medien einsetzen können (Trepte & Baumann 2004: 179).

Parallele Mediennutzung: Da manche Medien gleichzeitig genutzt werden, verlängert sich die medienspezifische Nutzungsdauer bei konstanter Gesamtnutzungsdauer. Hagen (1998b) stellte fest, dass Onlinenutzer länger Radio hören als Offliner. Er erklärt den Komplementaritätseffekt durch die Möglichkeit, sich neben dem Surfen im Web beim damals noch langsamen Seitenaufbau mit dem Radio zu unterhalten. Engel & Best (2007) zeigten, dass Personen mit hoher Affinität zu moderner Medientechnik besonders die Medienpaare TV & Internet und Radio & Internet parallel nutzen. Im Publikumsdurchschnitt dominiert die Parallelnutzung von Radio und Tageszeitung – meistens wohl am Frühstückstisch.

Neuigkeits- bzw. Adaptionseffekte: Schmitt-Walter (2004: 176) ermittelte für das Internet einen Effekt, der analog bereits bei der Einführung des Fernsehens auftauchte (Peiser 1998): Onlinenutzer, die erst kurze Zeit online sind, nutzen das Internet zunächst sehr extensiv, was zu einer deutlichen Verdrängung anderer Medien führt. Nach einer gewissen Zeit, wenn der ‚Neuigkeitswert' der Anschaffung und damit die Neugier der Rezipienten nachlässt (Abschnitt 3.2.2), legt sich der Effekt wieder. Es ist also denkbar, dass selbst die wenigen gefundenen Substitutionseffekte langfristig wieder verschwinden.

Funktionale Anpassung: Bereits 1913 formulierte Wolfgang Riepl ein Gesetz zur Nachrichtenevolution, das besagt, dass alte Medien der Konkurrenz neuer, leistungsfähigerer Medien durch die Übernahme neuer Funktionen begegnen.[181] Neuman & de Sola Pool (1986) illustrieren den Funktionswandel am Beispiel Radio, das sich vom abendlichen Primetime-Medium mit voller Aufmerksamkeit zum alltäglichen Hintergrundmedium verändert hat.

Dennoch hat die Substitutionsforschung die Dynamik von Medienfunktionen und Nutzungsmotiven weitgehend übersehen. Eine Reihe von Autoren versuchte Ende der 1990er-Jahre, das Verdrängungspotenzial des Internet anhand von Funktionsanalysen zu bestimmen (Vorderer 1995; Schönbach 1997; Brosius 1997; Groebel 1998). Alle kamen zu dem Schluss, dass das Internet als Informations-, Selektions- und Transaktionsmedium (‚laid-forward') nur einen Teil der menschlichen Medienbedürfnisse befriedige. Die konventionellen Medien, allen voran das

---

[181] Das Riepl'sche Gesetz besagt, dass „die einfachsten Mittel, Formen und Methoden, wenn sie nur einmal eingebürgert und brauchbar befunden worden sind, auch von den vollkommensten und höchst entwickelten niemals wieder gänzlich und dauernd verdrängt und außer Kraft gesetzt werden können, sondern sich neben diesen erhalten, nur daß sie genötigt werden, andere Aufgaben und Verwertungsgebiete aufzusuchen" (Riepl 1913: 5).

Fernsehen, würden eher Unterhaltungsmotiven und dem Bedürfnis nach Passivität dienen ('laid-back'). Aus diesen Funktionsunterschieden leiteten die Autoren die Prognose ab, dass es bis auf weiteres keine Substitution etablierter Medien durch das Internet gebe würde. Betrachtet man den heutigen Medienmarkt und die Vielzahl auch passiv zu nutzender Unterhaltungsmöglichkeiten im Internet und in mobilen Netzen (z.B. Videos, Live-Streams, mp3-Musik), kommt man zu dem Schluss, dass sich die damaligen Prognosen bereits zehn Jahre später überlebt haben. Offensichtlich haben viele Prognosen den dynamischen Funktionswandel von Onlinemedien übersehen.

Weitere Gründe für Nutzungsveränderungen

Generell erscheint das Festhalten der kommunikationswissenschaftlichen Forschung an üblicherweise recht groben Nutzungsmotiv-Kategorien wie Unterhaltung, Information und sozialer Interaktion wenig hilfreich. Daran ändert auch die weitere Verfeinerung des Gratifikationskonzepts wenig.[182] Sinnvoller wäre nach dem Vorbild der Diffusionsforschung eine stärkere Berücksichtigung weiterer Mediencharakteristika, die das Kosten/Nutzen-Kalkül der Rezipienten bestimmen, wie beispielsweise der monetäre Preis von Medien und die Preisbildung (Grundgebühren, Flat-Rates, Abonnements; Abschnitt 4.3.1); die öffentliche Bekanntheit von Medien, ihr Image sowie die Vertrautheit der Rezipienten mit ihnen (Abschnitt 5.3) sowie Menge und Vielfalt verfügbarer Produkte innerhalb einer Mediengattung (z.B. Rossmann et al. 2003). Uns ist keine Studie bekannt, die versucht hat, eine große Bandbreite relevanter Parameter für unterschiedliche Mediengattungen zu messen und mit Hilfe eines Regressionsmodells zur Prognose von Nutzungswahrscheinlichkeiten zu verwenden.

5.8.3 Crossmedia

In den letzten Jahren hat die Frage nach Crossmedia-Effekten an Beachtung gewonnen. Dabei geht es um gesteuerte Komplementaritätseffekte, mit denen Medienunternehmen – allein oder in Kooperation mit anderen – versuchen, ihre Produkte in unterschiedlichen Mediengattungen aufeinander abzustimmen und so besser auf dem Publikumsmarkt zu platzieren. Crossmedia wird deshalb überwiegend für konkrete Medienprodukte diskutiert; von allgemeinen Effekten auf der Mediengattungsebene ist nicht die Rede. Die Grundidee des Crossmedia-Konzepts besteht darin, einen ‚Medienverbund' (Hack 2001) zu schaffen, der unter einer Dachmarke aufeinander abgestimmte Einzelmedien umfasst und Rezipienten ein thematisch integriertes mediales Gesamtangebot bietet. Medienmarken spielen eine wesentliche Rolle, da im Imagetransfer von etablierten und bekannten Angeboten ein probates Mittel gesehen wird, die Akzeptanz neuer Produkte zu erhöhen (‚Markenerweiterung', vgl. etwa Siegert 2000).

Als Grund für die Idee, diverse Mediengattungen zu kombinieren, gilt die Feststellung, dass jede Mediengattung unterschiedliche Stärken und Schwächen hat und dass man durch eine sinnvolle Kombination ein Verbundangebot schaffen kann, das jeden Inhalt in der idealen Medien-

---

[182] Scherer & Schlütz (2004) unterscheiden beispielsweise (1) allgemeine Gratifikationserwartungen, (2) situativ gesuchte und (3) situativ erhaltene Gratifikationen.

form präsentiert. Auf diese Weise sollen optimale Produktionsbedingungen bei minimalen Kosten auf der Anbieterseite (Synergieeffekte) mit optimalem Nutzen für die Rezipienten verbunden werden. Die Kombination verschiedener Mediengattungen zusammen mit Merchandising-Angeboten, die wiederum über Massenmedien beworben und das Internet vertrieben werden, soll Rezipienten so einen ‚Mehrwert' im Vergleich zu einzelnen Medienangeboten bieten (Schweiger 2002a). In dieser Publikumsorientierung liegt auch die Bedeutung des ansonsten medienökonomisch, strategisch und -organisatorisch ausgerichteten Crossmedia-Ansatzes[183] für die Mediennutzungsforschung.

Crossmedia-Umsetzungen

Als besonders erfolgreiche Crossmedia-Umsetzungen haben sich in den vergangenen Jahren große Medienevents wie ‚Big Brother' oder ‚Deutschland sucht den Superstar' herausgestellt. Bei ‚Big Brother' wurden u.a. folgende Mediengattungen integriert (vgl. Hack 2001; Trepte et al. 2000):

- Die Fernsehsendung fungierte als reichweitenstarkes ‚Lead-Medium' (Gleich 2003) und lieferte eine tägliche Zusammenfassung der wichtigsten Szenen im ‚Big Brother'-Haus mit ausgeprägtem Show- und Eventcharakter;
- die Website bot multimediale Hintergrundinformationen und ermöglichte mit Hilfe diverser Kameras den permanenten Blick in das Haus; außerdem gab es hier Spiele und eine Reihe interaktiver Angebote wie Abstimmungen oder Gewinnspiele;
- ein (zeitlich und räumlich permanent verfügbares) Printmagazin lieferte weitere Hintergrundinformationen und optisch ansprechende Beiträge;
- auf CDs waren verschiedene Musikstücke (Titelmusik, Stücke von Gastbands und den Bewohnern im Haus) käuflich zu erwerben (Merchandising);
- über Telefon konnten die Fernsehzuschauer schließlich weitere interaktive Angebote nutzen.

Als eine wichtige Komponente eines erfolgreichen Medienverbunds hat Hack (2003) die zeitliche Synchronisation der jeweiligen Angebote beschrieben und am Beispiel ‚Big Brother' empirisch untersucht. Er konnte zeigen, wie ausgeklügelt die chronologische Orchestrierung von ‚Ereignissen' in den jeweiligen Medienprodukten erfolgte.

Auch im Printsektor gibt es erfolgreiche Crossmedia-Beispiele. Brüggemann (2002) verglich die Crossmedia-Strategien sechs deutscher und US-amerikanischer Nachrichtenanbieter in einer qualitativen Analyse und fand, dass 2002 besonders die ‚Financial Times Deutschland' dem Publikum ein inhaltlich und funktional komplementäres Verbundangebot bot, in dem die medialen Charakteristika optimal genutzt wurden: „Aktualität und Service gibt es online. Print bietet Überblick und Einordnung" (S. 136). In den vergangenen Jahren hat neben neuen Printprodukten unter etablierten Markennamen (z.B. ‚Zeit Wissen') besonders die Verwertung von

---

[183] In der Praxis- und Forschungsliteratur taucht ‚Crossmedia' in unterschiedlichen Zusammenhängen auf. Häufig geht es um technische Fragen des Crossmedia-Publishing (z.B. Bruck et al. 2005) und sog. Crossmedia-Promotion, also um den idealen ‚Media-Mix' in der Werbekommunikation (Gleich 2003). In der Journalismusforschung werden hauptsächlich strategisch-organisatorische Fragen einer medienübergreifenden Zusammenarbeit von Redaktionen diskutiert (z.B. Loosen 2001).

Musik, Büchern und Filmen erhebliche Bedeutung gewonnen, wie die vielen erfolgreichen ‚Sonder-Editionen' zeigen (z.B. ‚SZ-Bibliothek', ‚SZ-Kino').

Das zweite Standbein des Crossmedia-Konzepts sind *Verweise* von Produkt zu Produkt bzw. von Mediengattung zu Mediengattung. Ein Medienverbund kann seinen Nutzern nur dann inhaltlichen Mehrwert ermöglichen, wenn diese überhaupt von den Angeboten wissen. Crossmedia-Verweise auf andere Medienangebote (z.B. TV-Trailer oder Texteinblendungen für die Website zur Sendung, Web-Vorschau auf eine kommende TV-Sendung) erfüllen im Idealfall zwei Funktionen gleichzeitig: Sie ermöglichen Anbietern Werbung bzw. Promotion für ihre Medienprodukte und bieten den Rezipienten Orientierung im Medienverbund. Dabei ist davon auszugehen, dass eine direkte Themen-, Programm- und Genreanbindung Rezipienten den größten Nutzen bringt und entsprechend häufiger genutzt wird: Wer in einer TV-Nachrichtensendung einen allgemeinen Hinweis auf die Sender-Website bekommt, wird diesen weniger nutzen, als wenn während eines bestimmten Beitrags ein themenspezifischer Hinweis auf eine konkrete Webseite erscheint (Schweiger 2002a). Eine Zusammenfassung aller genannten Crossmedia-Funktionen (Mehrwert, Orientierung, Promotion und Synergieeffekte) bietet die MOPS-Matrix (Tabelle 18).

Tabelle 18: MOPS-Matrix der Crossmedia-Funktionen

	Inhalt	Verweise
Publikum	*Mehrwert* Erweiterte Nutzungsmöglichkeiten von Inhalten, komplementäre Gratifikationen durch medienadäquate Inhalte	*Orientierung* Verweise auf andere Medienangebote mit Themen-, Programm- und Genre-anbindung
Anbieter	*Synergieeffekte* Mehrfachverwertung von Inhalten und von Ressourcen auf allen Produktionsstufen	*Promotion* Verweise auf andere Medienangebote

Quelle: Schweiger (2002a: 126).

Empirischer Forschungsstand

Mittlerweile gibt es einige empirische Nutzungsstudien zur Wirkung von Crossmedia-Verweisen und zur Parallelnutzung von Medien. Coffey & Stipp (1997) fanden einen direkten Effekt von TV-Promotion im NBC-Programm für die NBC-Website. Schweiger & Schmitt-Walter (2002) untersuchten denselben Effekt mit Hilfe einer minutengenauen Analyse von TV-GfK-Daten und Logfiledaten. Sie stellten fest, dass ein Verweis in einer Fernsehsendung auf die Sendungs-Website innerhalb einer Minute zur Verdopplung der dortigen Zugriffe führen kann. Das ist als Hinweis auf die häufige Parallelnutzung von Fernsehen und Web zu verstehen. Auch die bereits erwähnte Onlinebefragung zur crossmedialen ‚Big Brother'-Nutzung (Trepte et al. 2000) ermittelte, dass 23 Prozent der Befragten die Fernsehsendung und ihre Website gleichzeitig nutzten. Insgesamt jedoch wissen wir wenig über das „Mediennutzungsverhalten im Medienensemble" (Beck 2002: 147) und den Umgang von Rezipienten mit den Möglichkeiten, die Crossmedia bietet.

5.8.4 Medienintegration und Medienkonvergenz

Im Internet verwischen nicht nur die Grenzen zwischen Individual- und Massenkommunikation. Auch die bislang relativ eindeutigen Grenzen zwischen Mediengattungen verschwimmen. Das gilt zumindest, solange man einen technischen Medienbegriff zugrunde legt: Wenn eine Zeitung auf ihrer Website ein ePaper anbietet, also eine Kopie des gedruckten Originals, die sich nur hinsichtlich Trägermedium und Distribution von jenem unterscheidet, ist das neue Produkt dann ein Teil der Zeitung, ist es Teil der Nachrichten-Website oder ein neues Medium? Die Entscheidung der IVW[184], die Auflagenzahlen von ePapers (wenn auch nur als separat ausgewiesenen Posten) den jeweiligen Printauflagen hinzuzufügen, zeigt, dass die Medienwirtschaft in diesem Fall von zwei Varianten ein und desselben Mediums ausgeht. Auf der anderen Seite gilt die Fernseh- oder Radioübertragung im Internet (Streaming) nicht als Rundfunk; zumindest müssen die Eigentümer internetfähiger Computer in Deutschland (noch) keine Rundfunkgebühren entrichten.

1997 legte die Europäische Kommission ihr „Grünbuch zur Konvergenz der Branchen Telekommunikation, Medien und Informationstechnologie und ihren ordnungspolitischen Auswirkungen" (KOM-(97) 623) vor. In der darauf einsetzenden Debatte wurden unterschiedliche Dimensionen von Konvergenz unterschieden: (1) technische Konvergenz, Konvergenz der (2) Branchen, (3) Angebote und (4) Nutzung (Hasebrink 2002: 94); Meier (1999: 33) fügt (5) eine räumliche und (6) eine regulatorische, d.h. medienrechtliche Konvergenzdimension hinzu. Neue Begriffe wie ‚TIME' (Telekommunikation, Informationstechnologie, Medien, Entertainment) oder ‚Mediamatik' (Latzer 1997) sollten die Verschmelzung ehemals getrennter Bereiche signalisieren. Spätestens die – mittlerweile wieder rückgängig gemachte – Fusion des US-Medienmultis Time Warner durch den Onlineanbieter AOL auf dem Höhepunkt der New Economy-Welle im Jahr 2000 schien die Marktkonvergenz zu besiegeln.

Wir wollen uns auf die Konvergenz von Mediengeräten und die Nutzungskonvergenz beschränken, zumal die Konvergenz von Medienangeboten im Wesentlichen der soeben beschriebenen Crossmedia-Entwicklung entspricht. So schwierig es ist, die Konkurrenzsituation klar getrennter Mediengattungen theoretisch und empirisch zu fassen, so wenig verwundert es, dass die Kommunikationswissenschaft bislang nur wenig substanzielle Ansätze zur Medien- und Nutzungskonvergenz hervorgebracht hat. Denn wir befinden uns laut Hasebrink (2002: 96) in einer „Phase der Domestizierung der neuen Techniken und Dienste", in der die Forschung und erst recht die Theoriebildung der dynamischen Entwicklung kaum hinterher kommt (vgl. auch Beck 2002: 147).

---

[184] Die IVW (Informationsgemeinschaft zur Feststellung der Verbreitung von Werbeträgern e. V.) ist ein Zusammenschluss von Medienunternehmen, Werbungtreibenden, Agenturen und sonstigen Unternehmen, der objektiv vergleichbare Auflagenzahlen im Print- und Onlinebereich sicher stellen soll (www.ivw.de).

Gerätekonvergenz

Dass mittlerweile jedoch ein unübersehbarer Prozess der technischen Konvergenz hin zu integrierten Mediengeräten eingesetzt hat, bekommen auch Konsumenten zu spüren, etwa wenn sie vor der Frage stehen, ob sie ein neues Fernsehgerät kaufen oder sich für einen Entertainment-PC mit TV-Karte, Flachbildschirm oder Beamer entscheiden sollen. Dennoch ist die Nutzung konvergenter Medienanwendungen im Internet rein quantitativ seit Jahren eine Randerscheinung: In der ARD/ZDF-Online-Studie 2006 (van Eimeren & Frees 2006: 408) gaben lediglich 11 Prozent der Onliner an, mindestens einmal wöchentlich über das Internet Radio zu hören – 2003 waren es bereits sieben Prozent – und wie im Jahr 2003 sahen auch 2006 gerade einmal zwei Prozent über das Internet fern.

Auch wenn kaum vorherzusehen ist, in welcher Weise Mediengeräte in den kommenden Jahren konkret konvergieren werden, so ist wohl unstrittig, dass sich die derzeitige Entwicklung fortsetzen wird. Deshalb muss auch die Frage offen bleiben, ob Rezipienten weiterhin separate Mediengeräte für unterschiedliche mediale Inhalte oder Anwendungen bevorzugen oder ob nicht doch am Ende der Entwicklung ein einziges Multimedium stehen wird.

Beck et al. (2000) erwarten auf der Basis ihrer internationalen Delphi-Befragung unter Medienexperten keinen monotonen Konvergenz-Prozess und kein einheitliches, universelles Endgerät. Stattdessen gehen sie davon aus, dass auch zukünftig ein ausdifferenziertes Medienensemble bestehen bleibt. Da es gleichzeitig eine „zielgruppenspezifische Ausdifferenzierung im Sinne eines ‚narrow-casting' oder gar ‚point-casting'" versus klassische Fernsehevents wie Sportübertragungen, Unterhaltungsshows oder Spielfilme (Beck 2000: 176) geben werde, entstehe eine „Dialektik zwischen Differenzierungs- und Entdifferenzierungsprozessen" (Beck 2002: 143). Was man sich jedoch konkret unter dieser Beschreibung vorzustellen hat, bleibt offen. Da jeder aktuelle Beschreibungsversuch angesichts der dynamischen medientechnischen Entwicklung ohnehin nach kurzer Zeit veraltet ist, belassen wir es bei diesen recht abstrakten Ausführungen.

Kommunikationsmodi und Medienrahmen

Ein Problem liegt in der zunehmenden „Entkoppelung von technischen Geräten und kommunikativen Anwendungen" (Hasebrink 2004: 68): Bisher wurde die Nutzung bestimmter Mediengattungen immer in Abhängigkeit vom verwendeten technischen Medium bezeichnet: Fernsehen bedeutet beispielsweise die Nutzung eines Fernsehgerätes. Was aber, wenn Rezipienten am Computer über das Internet eine TV-Übertragung verfolgen? Sehen sie dann fern oder nutzen sie das Internet? Daraus ergeben sich handfeste Probleme bei der Erhebung der Nutzungsdauer von Mediengattungen und -produkten: Was z.B. sind die telemetrischen GfK-Daten zur Fernsehnutzung wert, wenn ein nennenswerter Publikumsanteil zukünftig nicht am TV-Gerät fernsieht?

Hasebrink (2004) schlägt deshalb vor, die gerätebezogene Definition der Mediengattungsnutzung durch das Konzept des ‚Kommunikationsmodus' zu erweitern. Dieser „stellt ein spezifisches Muster von Erwartungen und Handlungsweisen dar, mit denen die Nutzer versuchen, ei-

5.8 Mediengattungen zwischen Wettbewerb und Auflösung

ne bestimmte kommunikative Funktion zu realisieren" (S. 73). Entsprechend sind Kommunikationsmodi „verwandt mit Medien-, Gattungs- und Genreschemata oder auch mit Mediendispositiven" (S. 75). Auf den Punkt gebracht: Fernsehen ist, wenn Menschen fernsehen. Ähnlich wie Höflichs ‚Computerrahmen' (1998a) ist ein Kommunikationsmodus eine verfestigte Konstellation verschiedener salienter Eigenschaften, die erst im Zusammenspiel – Hasebrink spricht von ‚gestalthaft' (2004: 74) – eine Mediennutzungsform beschreibt. Zum Kommunikationsmodus ‚Fernsehen' gehört deshalb mehr als das Ansehen bewegter Bilder auf einem Bildschirm. Saliente Eigenschaften des Fernsehens sind beispielsweise

- die Existenz einschlägiger Angebotsformen wie Nachrichten, Sportübertragungen oder Reality-TV,
- das Wissen der Rezipienten um ein großes, disperses Publikum (vgl. Hartmann & Dohle 2005),
- der Eventcharakter bzw. die Ereignishaftigkeit großer Fernsehübertragungen oder
- das regelmäßige Auftreten bekannter Personen, mit denen Zuschauer parasoziale Beziehungen eingehen (können).

Entsprechend ist der Kommunikationsmodus ‚Fernsehen' bereits heute an einem PC oder mit einem Mobiltelefon möglich. Fraglich ist allerdings, ob das Rezeptionserleben mit einem kleinen Handy-Display nicht wiederum als ein anderes Dispsositiv zu gelten hat. Umgekehrt könnte man ‚Homeshopping' als eigenständigen Kommunikationsmodus bezeichnen, bei dem Personen mit Hilfe des TV-Geräts einen Überblick über Produktangebote suchen und einkaufen. Natürlich funktioniert das Konzept nur so lange, wie es tatsächlich eine überschaubare Anzahl unterschiedlicher Formen der Mediennutzung gibt, die sich zumindest mittelfristig nicht wesentlich verändern. Theoretisch könnte die Medienkonvergenz in Verbindung mit gesellschaftlichen Individualisierungstendenzen bzw. einer Publikumsfragmentierung zur völligen Auflösung solcher Modi führen. Allerdings ist das nach allen bisherigen Erfahrungen unwahrscheinlich. Fernsehen wird deshalb weiterhin Fernsehen bleiben – egal mit welchen technischen Geräten es geschieht. Allerdings bleibt die Frage offen, ob beispielsweise der Kommunikationsmodus ‚Zeitung lesen' nur gedruckte Zeitungen oder nicht doch auch Online-Nachrichten oder ePapers umfasst. Es wird eine wesentliche Aufgabe der Kommunikationswissenschaft sein, eine tragfähige Systematik von Kommunikationsmodi zu entwickeln, auf deren Basis sich Mediennutzung untersuchen lässt.

Nutzungskonvergenz

So plausibel die Gerätekonvergenz erscheint, so schwierig ist die Konvergenz der Mediennutzung zu beschreiben. Etwas zynisch gesehen ist folgende Skizze von Hasebrink (2002: 97f.) ein Symptom für die gegenwärtige Hilflosigkeit der Forschung. Er beschreibt Nutzungskonvergenz anhand von fünf Punkten:

1. Rezipienten integrieren in ihrem Alltag mediengattungsunabhängige Medienmenüs, wobei einzelne Medienangebote komplementäre Funktionen erfüllen;

2. sie suchen Inhalte zu den sie interessierenden Themen in allen verfügbaren Mediengattungen;
3. sie nutzen Mediengattungen parallel;
4. sie nutzen Angebote mit intertextuellen Bezügen, die einen kulturellen Gesamtzusammenhang ergeben und
5. sie nutzen konvergente Medienangebote.

Die ersten drei Punkte beschreiben die komplementäre Nutzung distinkter Mediengattungen, wie man sie seit Jahrzehnten kennt. Der vierte Punkt weist auf die kulturelle Verflechtung aller Mediengattungen hin, die ebenfalls seit jeher existiert, in einer zunehmend crossmedialen Medienumgebung jedoch sicherlich an Bedeutung gewinnt. Der fünfte Punkt schließlich sagt nicht mehr, als dass Rezipienten auch konvergierende Geräte nutzen und man das als Nutzungskonvergenz bezeichnen kann. Alles in allem scheint das die Vermutung von Meier (1999: 32) zu bestätigen, dass der Begriff ‚Konvergenz' wegen seiner Vieldeutigkeit – ähnlich dem der Informationsgesellschaft – zu einem „eher inhaltsleeren Allerweltsbegriff mutiert".

Unstrittig ist, dass auch die Nutzung bestehender Mediengattungen in einem sich ändernden Medienensemble eine neue Qualität bekommen kann, die über eine bloße Verdrängung hinausgeht. Suchte man früher nach hochaktuellen Nachrichten, musste man auf die nächste Nachrichtensendung im Fernsehen oder Radio warten. Seitdem es minutenaktuelle Online-Nachrichten gibt, ist das nicht mehr nötig. Die Rolle des Fernsehens hat sich somit geändert und damit auch die medienspezifischen Nutzungsmotive, die man damit verbindet. Folgt man einer Prognose von Berghaus aus dem Jahr 1997 (S. 75), haben noch weitere Funktionsverschiebungen stattgefunden: „Multimedia verdrängt nicht das Fernsehen und die anderen ‚alten' Medien. Die ‚alten' werden zu einer Steuerungs-, Orientierungs- und Zulieferungsinstanz für die ‚neuen' Medien. (...) Das bedeutet, daß beim Eintritt in ein neues Kommunikationsstadium das jeweils bereits bestehende (...) als Reflexions- und Selektionsinstanz für das jüngere, neue fungiert".

6 Ausblick

Unsere Zeit ist geprägt von medientechnischen Veränderungen. Alle paar Wochen tauchen neue Begriffe auf wie ‚Web 2.0', ‚Social Software', ‚Blog' oder ‚Triple Play'. Am 14.08.2006 meldete der IT-Branchendienst ‚ZDNet Deutschland' gar: „Internet löst klassische Medien ab".[185] Vielleicht besitzen wir alle in zehn oder zwanzig Jahren nur noch ein einziges Multimedium, das wir sowohl unterwegs als auch zuhause verwenden: Es ist handlich und transportabel, hat trotzdem ein großes Display und komfortable Eingabe- bzw. Selektionsmöglichkeiten; es ist ständig online und kann Zeitungsmeldungen, Fernsehen, Radio, Musik oder Filmkonserven wiedergeben; man kann mit ihm telefonieren und E-Mails, SMS/MMS empfangen und verschicken. Ob es dieses Multimedium jemals geben wird, lässt sich nicht vorhersagen. Dass sich die zukünftige Medienwelt jedoch deutlich von der heutigen unterscheiden wird, ist sehr wahrscheinlich.

Nicht nur Medientechniken verändern sich oder konvergieren; auch Mediengenres und -inhalte sind ständigen Entwicklungen unterworfen. Reality-TV-Formate sahen in den 1990er-Jahren ganz anders aus als zehn Jahre später: Ursprünglich standen Ärzteteams, Rettungshubschrauber und sonstige ‚dramatischen' Einsätze im Zentrum des Interesses; zwischenzeitlich hat sich Reality-TV mit anderen TV-Genres wie Talkshows, Eventshows oder Seifenopern vermischt und wird crossmedial vermarktet (Beispiel ‚Big Brother'). Auch Fußballübertragungen, deren eigentlicher Inhalt seit Jahrzehnten derselbe ist, überraschen ihre Zuschauer – und Mediennutzungsforscher – ständig mit neuen Vorberichts-Formaten, Moderatoren-Konstellationen und -Locations, Statistiken, Einblendungen und Werbeformen. Selbst die ‚Tagesschau' verändert sich: 1975 dauerte ein durchschnittlicher Original-Ton 26 Sekunden, zwanzig Jahre später blieben nur noch zwölf Sekunden Zeit für ein Statement (Zubayr & Fahr 1999: 643). Auch der massenmediale *Rund*funk-Charakter des Fernsehens ist keine Selbstverständlichkeit mehr: Bereits heute generieren einige Fernsehsender ihre Umsätze hauptsächlich über kostenpflichtige Telefon-Gewinnspiele, Kartenlegen und Homeshopping. Wie schließlich das internetbasierte oder mobil empfangbare Fernsehen aussehen wird, weiß gegenwärtig niemand.

Gleichzeitig wandelt sich die Gesellschaft. Das hat Auswirkungen auf die individuellen Lebensumstände und damit auch auf die Mediennutzung. Die Trends zu Kleinfamilie und Singlehaushalt führen beispielsweise zu einem geringeren Anteil gemeinsamer privater Mediennutzung. Ein anderes Beispiel: Je höher der Bildungsstandard in einer Gesellschaft ist, desto mehr Personen nutzen Informationsmedien und das Internet. Ältere Menschen sind nicht etwa wegen ihres Alters seltener online als Jüngere, sondern weil sie im Durchschnitt eine geringere Bildung aufweisen und ein größerer Anteil von ihnen in ‚informationsfernen' Handwerks- und Industrieberufen gearbeitet hat. Sie ‚brauchen' die meisten Inhalte im Internet deshalb gar nicht. Somit zeigt sich gerade an den Älteren, wie unmittelbar der Strukturwandel von der Industrie- zur Dienstleistungs- und Informationsgesellschaft auch die individuelle Mediennutzung prägt.

---

[185] Verfügbar unter http://www.zdnet.de/news/tkomm/0,39023151,39146222,00.htm (28.01.2007).

Medien und Mediennutzung werden sich auch weiterhin verändern. Besonders das Internet bietet als technische Infrastruktur zur Übertragung digitaler Inhalte Möglichkeiten, von denen bisher vermutlich nur ein Teil umgesetzt wurde. Websites können nicht nur als Massenmedien einem dispersen Publikum allgemeine Inhalte anzeigen. Sie bieten auch personalisierte (d.h. individuell anpassbare) und interaktive (d.h. unmittelbar auf Nutzereingaben reagierende) Inhalte und ermöglichen innerhalb derselben Medienumgebung interpersonale Kommunikation bis hin zu Onlinespielen. Schließlich kann jeder Onlinenutzer im Web mit geringen Vorkenntnissen eigene Inhalte schnell, einfach und preiswert veröffentlichen. Die Folgen wurden oft genug beschrieben und betreffen die deutschsprachige Kommunikationswissenschaft mit ihren bisherigen Schwerpunkten ‚öffentliche Kommunikation' und ‚Journalismus' unmittelbar: das Verschwinden der gewohnten Grenzen zwischen Kommunikatoren und Rezipienten und zwischen Massen- und Individualkommunikation.

Trotzdem sind die Grundkoordinaten der Mediennutzung erstaunlich konstant. Das Fernsehen ist und bleibt die meistgenutzte ‚Droge im Wohnzimmer' (Winn 1979) und dominiert weiterhin die Abendgestaltung der meisten. Auch die Behauptung, die Gruppe der Jugendlichen würde sich mit ihrem ‚Online-Lifestyle' vom Fernsehen abwenden und dies sei ein Indikator für den zukünftigen Bedeutungsverlust der klassischen Medien (wieder ZDNet Deutschland), lässt sich empirisch nicht bestätigen: 2005 sahen die 14- bis 29-Jährigen laut Media-Analyse zwar gute 40 Minuten weniger pro Tag fern als der bundesdeutsche Durchschnitt, doch das hat diese Altersgruppe im Jahr 1995 auch schon getan, obwohl das Internet damals noch kaum eine Rolle spielte. Auch die Nutzungsdaten der anderen klassischen Massenmedien (Radio, Zeitschrift, mit Einschränkungen: Zeitung) sind vergleichsweise konstant oder steigen weiterhin an.

Trotzdem ändert sich die Art, wie Massenmedien genutzt werden. Hier fällt besonders der Trend zu einem schnelleren, eher häppchenweisen und stärker selektionsorientierten Medienumgang auf, wie ihn Opaschowski (2001: 126) in drastischen Worten beschreibt: „Die Entwicklung neuer Technologien und die Verbreitung der elektronischen Medien haben viele Freizeitbeschäftigungen attraktiver gemacht, den Konsumenten aber zugleich Stress und Hektik beschert. (...) In genauso viel Zeit werden immer mehr Aktivitäten hineingepackt und untergebracht, schnell ausgeübt oder zeitgleich erledigt. Mehr, schneller, weniger intensiv: Die Schnelllebigkeit hat Oberflächlichkeit zur Folge. Der Medienkonsum ist davon am meisten betroffen. Und die Medien sind Opfer und Motor zugleich. Sie leiden einerseits unter den Hopping-Gewohnheiten des unsteten Konsumenten und treiben ihn andererseits zum Fast-food-Konsum an. Ein Teufelskreis."

Manchmal kann man sich des Eindrucks nicht erwehren, dass sich Medienwelt, Gesellschaft und Mediennutzung mit einer derartigen Dynamik verändern, dass Wissenschaftler den neuen Entwicklungen bestenfalls hinterherlaufen, aber kaum mehr wirklich Schritt halten können. Was bedeutet es, wenn die Grenzen zwischen Kommunikatoren und Rezipienten und zwischen Massen- und Individualkommunikation verschwinden? Lohnt es sich überhaupt noch, das Verhältnis zwischen Rezipienten und Massenmedien zu untersuchen? Was sind frühere und heutige Theorien, Ansätze, Modelle und Systematiken wert, wenn sich die Bedingungen laufend ändern?

Diese Frage betrifft die Kommunikationswissenschaft als vergleichsweise angewandte Disziplin mit einer großen ‚Lebensnähe' stärker als beispielsweise die psychologische Grundlagenforschung. Diese untersucht etwa Aufmerksamkeitsphänomene anhand von neutralen Bildeinblendungen oder akustischen Signalen und damit mit zeitlosen und allgemeingültigen Stimuli. Unsere Disziplin hingegen kann Mediennutzungsphänomene immer nur an real existierenden oder – zum Zeitpunkt der Studiendurchführung – realistischen Medienangeboten untersuchen. Bei jeder älteren Studie steht deshalb die Frage im Raum, inwiefern die verwendeten Theorien und die präsentierten Befunde auch auf aktuelle Medienangebote, das gegenwärtige Medienensemble und die heutige Gesellschaft anwendbar sind.

Hierzu einige skizzenhafte Anmerkungen: Die Befunde *deskriptiver Studien*, deren Erkenntnisinteresse auf die konkrete Beschreibung der aktuellen Beschaffenheit eines Phänomens abzielt, veralten mit derselben Geschwindigkeit, wie sich das untersuchte Phänomen wandelt. Danach sind solche Ergebnisse allenfalls von historischem Interesse. Die ARD/ZDF-Online-Studie wird beispielsweise jährlich durchgeführt, weil sich die Daten zur Nutzung von Onlinemedien innerhalb dieser Frist erheblich ändern. *Theorien*, die sich auf allgemeine *Gesetzmäßigkeiten* menschlichen und sozialen Verhaltens im Umgang mit Medien beziehen, sind so lange gültig, wie sich die untersuchten Bedingungen nicht *grundlegend* ändern. Empirische Tests einer Theorie mögen zwar im Lauf der Zeit veränderte Einzelbefunde erbringen. Solange sie jedoch mehrheitlich die Hypothesen der Theorie – auch unter unterschiedlichen medialen und gesellschaftlichen Bedingungen – bestätigen, bleibt die Theorie unwiderlegt und damit gültig.

Wie stark die medialen und gesellschaftlichen Bedingungen die Gültigkeit einer Theorie beeinflussen, hängt von ihrer *Abstraktheit* bzw. *Spezifität* ab: Je stärker der Zusammenhang zwischen dem Formalobjekt, also dem wissenschaftlichen Konzept, das eine Theorie zum Gegenstand hat (z.B. Glaubwürdigkeit, Nachrichtenqualität, Selektion, Unterhaltungserleben, institutionelle Medien), und dem konkreten Materialobjekt (z.B. Computer, Film, Zeitungsartikel, Nachrichtensprecher, Rezipient, Journalist) ist, desto spezifischer ist eine Theorie. Eine Theorie kann beispielsweise das unspezifische Konstrukt ‚Mediennutzung' enthalten. Dessen empirische Operationalisierung könnte dann über eine Messung der täglichen Dauer erfolgen, die eine bestimmte Anzahl von Personen mit allen einschlägigen Mediengattungen verbringt. Bezieht sich die Theorie hingegen auf die ‚Fernsehnutzung', nähern sich das Konstrukt bzw. Formalobjekt und das Materialobjekt bzw. die Operationalisierung des Konstrukts (vor dem Fernsehgerät verbrachte Zeit) an. Gehen wir noch einen Schritt weiter und denken uns eine Theorie mit dem Konstrukt ‚TV-Umschalthäufigkeit'. Formal- und Materialobjekt sind nahezu identisch; das Konstrukt lässt sich direkt operationalisieren und ist nur unter konkreten materiellen Bedingungen denkbar. Sobald sich die materiellen Bedingungen ändern, ändert sich auch das Konstrukt, und die Gültigkeit der gesamten Theorie ist in Frage gestellt.

Das bedeutet: Je spezifischer eine Theorie ist, desto abhängiger ist sie von materiellen Bedingungen und desto schneller wird sie unter veränderten Bedingungen ungültig. Umgekehrt gilt: Je abstrakter die Konstrukte einer Theorie sind, desto größer ist die Wahrscheinlichkeit, dass die Theorie auch unter veränderten Bedingungen gültig ist bzw. angepasst werden kann.

Ein Beispiel für einen *spezifischen* Forschungsansatz sind Experimente zum Einfluss der Bildschirmgröße auf das Presence-Erleben (Abschnitt 4.4.5). Die zugrundeliegende Hypothese lautet, dass Fernsehen mit zunehmender Bildschirmgröße Rezipienten ein stärkeres Presence- bzw. Unterhaltungserleben ermöglicht. Eines der beiden Konstrukte, nämlich die Bildschirmgröße, bezieht sich direkt auf die technische Beschaffenheit eines Mediengeräts. Die theoretischen Annahmen behalten deshalb solange ihre Gültigkeit, wie sich Größe und Beschaffenheit marktüblicher TV-Displays nicht signifikant verändern. Genau das ist aber derzeit der Fall: Seit einiger Zeit sind bezahlbare LCD- und Plasma-Fernseher mit riesigen Displays auf dem Markt, und mit Hilfe von TV-Beamern kann man sogar die gesamte Wohnzimmerwand als Projektionsfläche nutzen. Da die in den ursprünglichen Experimenten eingesetzten Bildschirme viel kleiner waren, stellt sich die Frage, ob der postulierte lineare Zusammenhang zwischen Bildschirmgröße und Presence-Erleben auch bei den neuen Anzeigegrößen noch gilt.

Auf der anderen Seite stehen *abstrakte* Theorien, die sich mit allgemeingültigen Gesetzmäßigkeiten des menschlichen Umgangs mit Massenmedien befassen. Die Mood-Management-Theorie (Abschnitt 3.3.4) beispielsweise bezog sich zwar ursprünglich auf das Fernsehen und wurde anfangs in diesen Zusammenhang empirisch überprüft. Allerdings sind ihre Annahmen so allgemein[186], dass man sie auf die verschiedensten Medienformen und sozialen Kontexte übertragen kann. Die Theorie bleibt solange gültig, wie Menschen ihre Stimmung regulieren wollen und es Massenmedien mit unterhaltenden Inhalten gibt. Weitere Beispiele für abstrakte Theorien sind verschiedene Varianten des Uses-and-Gratifications-Ansatzes, entscheidungstheoretische Überlegungen zur Medienselektion, Dual-Process-Theorien zur Involvementabhängigkeit der Informationsverarbeitung, Theorien zum Unterhaltungserleben oder Theorien zur gesellschaftlichen Bedeutung der Mediennutzung.

Beobachtet man die internationale Mediennutzungsforschung und Medienpsychologie, gewinnt man den Eindruck, dass gegenwärtig kaum neue abstrakte und allgemeingültige Theorien entwickelt werden. Nicht umsonst sind viele der in diesem Band vorgestellten Ansätze mehr als zehn Jahre alt. (Eine der wenigen größeren Ausnahmen ist Frühs triadisch-dynamische Unterhaltungstheorie) Das liegt sicherlich auch daran, dass neue Theorien erst einmal eine gewisse Zeit brauchen, bis sie im Fach diffundieren, d.h. rezipiert, zitiert, empirisch überprüft und weiterentwickelt werden. Trotzdem fiel dem Verfasser bei den unzähligen Datenbankrecherchen immer wieder auf, dass nur ganz wenige der jüngeren Aufsatzpublikationen im Titel oder Abstract eine neue Theorie versprechen.

Stattdessen befasst sich eine zunehmende Zahl von Studien mit spezifischen Fragestellungen und dringt dabei teilweise bis ins letzte technische oder methodische Detail vor. Besonders die US-amerikanische Forschung hat sich in den letzten zehn Jahren auffallend spezialisiert, wie sich an Aufsatztiteln wie den Folgenden ablesen lässt: ‚The emotional significance of color in television presentations' (Detenber et al. 2000), ‚The Role of Mood in the Processing of Media

---

[186] Sie lauten: (1) Menschen versuchen ihre aktuelle Stimmung zu regulieren. (2) Dazu nutzen sie (auch) geeignete Medieninhalte. (3) Im Lauf der Mediensozialisation lernen sie, die entsprechende Eignung von Medieninhalten einzuschätzen.

Messages From a Small Screen: Effects on Subjective and Physiological Responses' (Ravaja et al. 2006), ‚Exposure Increases the Believability of Unbelievable News Headlines via Elaborate Cognitive Processing' (Gibbons et al. 2005) oder ‚Effects of Visual Intensity and Audiovisual Redundancy in Bad News' (Zhou 2004).

Das überrascht, da spezifische Theorien und empirische Befunde ihre Gültigkeit so schnell verlieren, wie sich die Medientechniken, -gattungen, -genres, -figuren und -inhalte verändern, auf die sie sich beziehen. Andererseits bieten gerade die gegenwärtigen Medieninnovationen genug Material für neue spezifische Fragestellungen; häufig in Verbindung mit großzügigen Drittmitteln für wissenschaftliche Evaluationsprojekte. Solche spezifischen Themen werden dann entweder zur Entwicklung ebenfalls spezifischer und kleinteiliger Theorien genutzt oder aber unter einem – manchmal alibiartigen und konzeptionell unnötigen – Rückgriff auf bestehende allgemeine Theorien mit hohem methodischen Aufwand empirisch bearbeitet.

Gerade in einer Zeit des medialen und gesellschaftlichen Wandels sollte das Interesse an abstrakten und robusten Theorien groß sein. Denn allgemeingültige Theorien, Ansätze und Systematiken behalten auch in einer veränderten Medienwelt ihre grundsätzliche Gültigkeit und Relevanz. Natürlich muss man sie ständig in Frage stellen und den veränderten Bedingungen anpassen. Doch selbst wenn eine Theorie nicht mehr im Einzelnen auf alle aktuellen Bedingungen zutrifft oder eine Systematik nicht mehr alle relevanten Elemente oder Dimensionen enthält, so bleibt sie weiterhin ein ‚Denkwerkzeug', mit dem auch zukünftige Forscher bestehende und neue Phänomene einordnen und besser verstehen können.

Es war das Bestreben des vorliegenden Bandes, einen Überblick über solche Denkwerkzeuge zu geben. Die meisten vorgestellten Theorien, Ansätze und Systematiken behalten ihre Relevanz und Gültigkeit, solange es öffentliche Kommunikation gibt – über technische, institutionelle und inhaltliche Medienveränderungen hinweg.

Literatur

Abele-Brehm, A. & Brehm, W. (1986). Zur Konzeptualisierung und Messung von Befindlichkeit: Die Entwicklung der "Befindlichkeitsskalen" (BFS). *Diagnostica, 32*: 209-228.
Abelman, R. (1987). Religious Television Uses and Gratifications. *Journal of Broadcasting & Electronic Media, 31*: 293-307.
Abelman, R. & Atkin, D. (2000). What Children Watch When They Watch TV: Putting Theory Into Practice. *Journal of Broadcasting & Electronic Media, 44*: 143-154.
Adamic, L. & Glance, N. (2005). The Political Blogosphere and the 2004 U.S. Election: Divided They Blog. Verfügbar unter: http://www.blogpulse.com/papers/2005/AdamicGlanceBlogWWW.pdf (18.10.2006).
Adams, W.J. (2000). How people watch television as investigated using focus group techniques. *Journal of Broadcasting & Electronic Media, 44*: 78-93.
Adoni, H. & Nossek, H. (2001). The new media consumers. Media convergence and the displacement effect. *Communications, 26*: 59-83.
Afifi, W.A. & Weiner, J.L. (2004). Toward a Theory of Motivated Information Management. *Communication Theory, 14*: 167-190.
Alasuutari, P. (2002). Three Phases of Reception Studies. In McQuail, D. (Hrsg.), *McQuail's Reader in Mass Communication Theory* (S. 325-333). London, Thousand Oaks, CA, New Delhi: Sage.
Altenloh, E. (1914). *Zur Soziologie des Kino. Die Kino-Unternehmung und die sozialen Schichten ihrer Besucher.* Jena: Eugen Diederichs.
Althaus, S.L. & Tewksbury, D. (2000). Patterns of Internet and Traditional News Media Use in a Networked Community. *Political Communication, 17*: 21-45.
Altmeppen, K.-D. (2000). Funktionale Autonomie und organisationale Abhängigkeit. In Löffelholz, M. (Hrsg.), *Theorien des Journalismus. Ein diskursives Handbuch* (S. 225-239). Opladen: Westdeutscher Verlag.
Amiela, T. & Sargent, S.L. (2004). Individual differences in Internet usage motives. *Computers in Human Behavior, 20*: 711-726.
Anderson, D.R., Collins, P.A., Schmitt, K.L. & Jacobvitz, R.S. (1996). Stressful Life Events and Television Viewing. *Communication Research, 23*: 243-260.
Anderson, D.R., Lorch, E.P., Smith, R., Bradford, R. & Levin, S.R. (1981). Effects of Peer Presence on Preschool Children's Television Viewing Behavior. *Developmental Psychology, 17*: 446-453.
Anderson, J.R. (1996). *Kognitive Psychologie. 2. Auflage.* Heidelberg, Berlin, Oxford: Spektrum Akademischer Verlag.
Andresen, B. (2002). *Hamburger Persönlichkeitsinventar. Manual.* Göttingen, Bern, Toronto, Seattle: Hogrefe.
Ang, I. (1991). *Desperately Seeking the Audience.* London: Routledge.
Ang, I. (1999). Kultur und Kommunikation. Auf dem Weg zu einer ethnographischen Kritik des Medienkonsums im transnationalen Mediensystem. In Bromley, R., Göttlich, U. & Winter, C. (Hrsg.), *Cultural Studies. Grundlagentexte zur Einführung* (S. 317-340). Lüneburg: zu Klampen.
Appel, M., Koch, E., Schreier, M. & Groeben, N. (2002). Aspekte des Leseerlebens: Skalenentwicklung. *Zeitschrift für Medienpsychologie, 14*: 149-154.
Arnhold, K. (2003). *Digital Divide. Zugangs- oder Wissenskluft?* München: Reinhard Fischer.
Arpan, L.M. & Raney, A.A. (2003). An Experimental Investigation of News Source and the Hostile Media Effect. *Journalism & Mass Communication Quarterly, 80*: 265-281.
Ashe, D.D. & McCutcheon, L.E. (2001). Shyness, Loneliness, and Attitude toward Celebrities. *Current Research in Social Psychology, 6*. Verfügbar unter: http://www.uiowa.edu/~grpproc/crisp/crisp.6.9.htm (29.07.2005).
Atkin, C. (1973). Instrumental Utilities and Information Seeking. In Clarke, P. (Hrsg.), *New Models for Mass Communication* (S. 205-242). Beverly Hills: Sage.
Atkin, C. (1985). Informational Utility and Selective Exposure to Entertainment Media. In Zillmann, D. & Bryant, J. (Hrsg.), *Selective Exposure to Communication* (S. 63-91). Hillsdale, NJ: Erlbaum.
Atkin, C.K., Greenberg, B.S., Korzenny, F. & McDermott (1979). Selective Exposure to Televised Violence. *Journal of Broadcasting, 23*: 5-13.
Atkinson, R.C. & Shiffrin, R.M. (1968). Human Memory: A Proposed System and its Control Processes. In Spence, K. W. & Spence, J. T. (Hrsg.), *The Psychology of Learning and Motivation. Advances in Research and Theory, Vol. 2* (S. 89-195). New York: Academic Press.
Aufenanger, S. (2002). Medienerziehung und Medienkompetenz. In Gruber, T. (Hrsg.), *Was bieten die Medien? Was braucht die Gesellschaft. Chancen und Risiken moderner Kommunikation* (S. 119-123). München
Ayaß, R. (2001). Werbespots. In Holly, W., Püschel, U. & Bergmann, J. (Hrsg.), *Der sprechende Zuschauer. Wie wir uns Fernsehen kommunikativ aneignen* (S. 201-225). Opladen: Westdeutscher Verlag.
Ayass, R. (2000). Das Vergnügen der Aneignung. Lachen und Gelächter in der Fernsehrezeption. In Göttlich, U. & Winter, R. (Hrsg.), *Politik des Vergnügens. Zur Diskussion der Populärkultur in den Cultural Studies* (S. 146-165). Köln: von Halem.
Baake, D. (1998). Politische Kommunikation - Pädagogische Perspektiven. In Jarren, O., Sarcinelli, U. & Saxer, U. (Hrsg.), *Politische Kommunikation in der demokratischen Gesellschaft. Ein Handbuch* (S. 236-250). Opladen: Westdeutscher Verlag.
Baake, D., Sander, E. & Vollbrecht, R. (1990). Medienwelten Jugendlicher. Ergebnisse eines sozialökologischen Forschungsprojektes. *Media Perspektiven,* Heft 5: 323-336.
Babrow, A.S. (1989). An Expectancy-Value Analysis of the Student Soap Opera Audience. *Communication Research, 16*: 155-178.

Ball-Rokeach, S. & DeFleur, M.L. (1976). A dependency model of mass media effects. *Communication Research, 3*: 3-21.
Ball-Rokeach, S.J., Grube, J.W. & Rokeach, M. (1981). 'Roots: The Next Generation' - Who Watched and with What Effect? *Public Opinion Quarterly, 45*: 58-68.
Ballstaedt, S.-P. (1990). Integrative Verarbeitung bei audiovisuellen Medien. In Böhme-Dürr, K., Emig, J. & Seel, N. (Hrsg.), *Wissensveränderung durch Medien* (S. 185-196). München: Saur.
Ballstaedt, S.-P. (1997). *Wissensvermittlung. Die Gestaltung von Lernmaterial.* Weinheim: PsychologieVerlagsUnion.
Ballstaedt, S.-P., Mandl, H., Schnotz, W. & Tergan, S.-O. (1981). *Texte verstehen, Texte gestalten.* München, Wien, Baltimore: Urban & Schwarzenberg.
Bandura, A. (2000). Die Sozial-Kognitive Theorie der Massenkommunikation. In Schorr, A. (Hrsg.), *Publikums- und Wirkungsforschung. Ein Reader* (S. 153-180). Opladen: Westdeutscher Verlag.
Bartlett, F.C. (1932). *Remembering. A study in experimental and social psychology.* Cambridge: Cambridge University Press.
Barwise, T.P. (1986). Repeat-Viewing of Prime-Time TV Series. *Journal of Advertising Research, 26* (4): 9-14.
Barwise, T.P., Ehrenberg, A.S.C. & Goodhardt, G.J. (1982). Glued to the Box? Patterns of Repeat-Viewing. *Journal of Communication, 32*: 22-29.
Basil, M.D. (1994). Multiple resource theory I: Application to television viewing. *Communication Research, 21*: 177-207.
Basil, M.D. & Brown, W.J. (1994). Interpersonal Communication in News Diffusion: A Study of 'Magic' Johnson's Announcement. *Journalism Quarterly, 71*: 305-320.
Bauer, R.A. (1964). The Obstinate Audience: The Influence Process from the Point of View of Social Communication. *American Psychologist, 19*: 319-328.
Bauer, R.A. (1973). The Audience. In de Sola Pool, I. & Schramm, W. (Hrsg.), *Handbook of Communication* (S. 141-152). Chicago: Rand McNally.
Beck, K. (1994). *Medien und die soziale Konstruktion von Zeit. Über die Vermittlung von gesellschaftlicher Zeitordnung und sozialem Zeitbewußtsein.* Opladen: Westdeutscher Verlag.
Beck, K. (1999). Zwischen Zeitnot und Langeweile. Über die Vielfalt der Medienzeiten und die Zeitgestaltung der Mediennutzer. In Schneider, M. & Geißler, K. A. (Hrsg.), *Flimmernde Zeiten. Vom Tempo der Medien* (S. 75-90). Stuttgart, Leipzig: Hirzel.
Beck, K. (2000). Entgrenzung durch Computernetze? Medienintegration und Mediendifferenzierung an der Schwelle zum 21. Jahrhundert. In Brosius, H.-B. (Hrsg.), *Kommunikation über Grenzen und Kulturen* (S. 173-186). Konstanz: UVK Medien.
Beck, K. (2002). Aufmerksamkeitsökonomie im Medienensemble. In Theunert, H. & Wagner, U. (Hrsg.), *Medienkonvergenz: Angebot und Nutzung. Eine Fachdiskussion veranstaltet von BLM und ZDF* (S. 137-149). München: Reinhard Fischer.
Beck, K., Glotz, P. & Vogelsang, G. (2000). *Die Zukunft des Internet. Internationale Delphi-Befragung zur Entwicklung der Online-Kommunikation.* Konstanz: UVK Medien.
Beck, K. & Schweiger, W. (Hrsg.) (2001). *Attention please! Online-Kommunikation und Aufmerksamkeit.* München: Reinhard Fischer.
Beck, U. (1986). *Risikogesellschaft. Auf dem Weg in eine andere Moderne.* Frankfurt am Main: Suhrkamp.
Beck, U. (1999). *Schöne neue Arbeitswelt. Vision: Weltbürgerschaft.* Frankfurt am Main, New York: Campus.
Becker, L.B. & Schönbach, K. (1989). *Audience Responses to Media Diversification - Coping with Plenty.* Hillsdale, NJ: Erlbaum.
Beisch, N. & Engel, B. (2006). Wie viele Programme nutzen die Fernsehzuschauer? Analysen zum Relevant-Set. *Media Perspektiven,* Heft 7: 374-379.
Bente, G. (2004). Erfassung und Analyse des Blickverhaltens. In Mangold, R., Vorderer, P. & Bente, G. (Hrsg.), *Lehrbuch der Medienpsychologie* (S. 297-324). Göttingen, Bern, Toronto, Seattle: Hogrefe.
Bente, G. & Fromm, B. (Hrsg.) (1997). *Affektfernsehen. Motive, Angebotsweisen und Wirkungen.* Opladen: Leske+Budrich.
Bente, G. & Fromm, B. (1998). Tabubruch als Programm? Angebotsweisen, Nutzungsmuster und Wirkungen des Affekt-Fernsehens. In Klingler, W., Roters, G. & Zöllner, O. (Hrsg.), *Fernsehforschung in Deutschland* (S. 613-639). Baden-Baden: Nomos.
Bentele, G. (1988). Der Faktor Glaubwürdigkeit. Forschungsergebnisse und Fragen für die Sozialisationsperspektive. *Publizistik, 33* (2-3): 406-426.
Bentele, G., Brosius, H.-B. & Jarren, O. (2006). *Lexikon Kommunikations- und Medienwissenschaft.* Wiesbaden: VS.
Berelson, B. (1949). What Missing the Newspaper Means. In Lazarsfeld, P. F. & Stanton, N. A. (Hrsg.), *Communication Research 1948-1949* (S. 111-129). New York: Duell, Sloan & Pearce.
Berelson, B. (1952). *Content Analysis Communications Research.* Glencoe, Illinois: The Free Press.
Berens, H., Kiefer, M.L. & Meder, A. (1997). Spezialisierung der Mediennutzung im dualen Rundfunksystem. Sonderauswertung der Langzeitstudie Massenkommunikation. *Media Perspektiven,* Heft 2: 80-91.
Berg, K. & Kiefer, M.L. (1996). *Massenkommunikation V. Eine Langzeitstudie zur Mediennutzung und Medienbewertung 1964-1995.* Baden-Baden: Nomos.
Berg, K. & Ridder, C.-M. (Hrsg.) (2002). *Massenkommunikation VI. Eine Langzeitstudie zur Mediennutzung und Medienbewertung 1964-2000.* Baden-Baden: Nomos.
Berghaus, M. (1994). Wohlgefallen am Fernsehen. Eine Theorie des Gefallens in Anlehnung an Immanuel Kant. *Publizistik, 39*: 141-160.
Berghaus, M. (1997). Was macht Multimedia mit Menschen, machen Menschen mit Multimedia? Sieben Thesen und ein Fazit. In Ludes, P. & Werner, A. (Hrsg.), *Multimedia-Kommunikation. Theorien, Trends und Praxis* (S. 73-85). Opladen: Westdeutscher Verlag.
Berker, T., Hartmann, M., Punie, Y. & Ward, K. (2005). *Domestication of Media and Technology.* New York u.a.: McGraw-Hill.

Berlyne, D.E. (1960). *Conflict, Arousal and Curiosity*. New York: McGraw-Hill.
Berlyne, D.E. (1971). *Aesthetics and Psychobiology*. New York: Appleton-Century-Crofts.
Berry, C. & Clifford, B.R. (1986). *Learning from Television News. Effects of Presentation and Knowledge on Comprehension and Memory*. North East London Polytechnic.
Bilandzic, H. (1999). Psychische Prozesse bei der selektiven Fernsehnutzung. Beschreibung und Erklärung von Programmentscheidungen mit der Methode des lauten Denkens. In Hasebrink, U. & Rössler, P. (Hrsg.), *Publikumsbindungen. Medienrezeption zwischen Individualisierung und Integration* (S. 89-110). München: Reinhard Fischer.
Bilandzic, H. (2004). *Synchrone Programmwahl. Der Einfluss formaler und inhaltlicher Merkmale der Fernsehbotschaft auf die Fernsehnutzung*. München: Reinhard Fischer.
Biocca, F. & Delaney, B. (1995). Immersive Virtual Reality Technology. In Biocca, F. & Levy, M. R. (Hrsg.), *Communication in the Age of Virtual Reality* (S. 57-114). Hillsdale, NJ: Erlbaum.
Biocca, F.A. (1988). Opposing Conceptions of the Audience: The Active and Passive Hemispheres of Mass Communication Theory. In Anderson, J. A. (Hrsg.), *Communication Yearbook 11* (S. 51-80). Newbury Park: Sage.
Bird, S.E. (2003). *The Audience in Everyday Life: Living in a Media World*. London: Routledge.
Bledjian, F. & Stosberg, K. (1972). *Analyse der Massenkommunikation: Wirkungen*. Düsseldorf: Bertelsmann.
Blödorn, S. & Gerhards, M. (2005). Veränderungen der Medienzuwendung mit dem Älterwerden. Daten zur Nutzung elektronischer Medien 2004. *Media Perspektiven*, Heft 6: 271-283.
Blumer, H. (1969). *Symbolic Interactionism. Perspective and Method*. Englewood Cliffs, NJ: Prentice Hall.
Blumler, J.G. (1979). The Role of Theory in Uses and Gratifications Studies. *Communication Research, 6*: 9-36.
Blumler, J.G. (1985). The Social Character of Media Gratifications. In Rosengren, K. E., Wenner, L. A. & Palmgreen, P. (Hrsg.), *Media Gratifications Research. Current Perspectives* (S. 41-59). Beverly Hills, London, New Delhi: Sage.
Blumler, J.G. & Katz, E. (1974). Foreword. In Blumler, J. G. & Katz, E. (Hrsg.), *The Uses of Mass Communications. Current Perspectives on Gratifications Research* (S. 13-16). Beverly Hills, London: Sage.
Blumler, J.G. & McQuail, D. (1969). *Television in Politics*. Chicago: University of Chicago Press.
Böcking, S., Klimmt, C. & Vorderer, P. (2004). Die drei Klassiker: Medienrepertoires von Vorschulkindern in konvergierenden Medienumgebungen. In Hasebrink, U., Mikos, L. & Prommer, E. (Hrsg.), *Mediennutzung in konvergierenden Medienumgebungen* (S. 271-296). München: Reinhard Fischer.
Böcking, S., Wirth, W. & Risch, C. (2005). Suspension of Disbelief: Historie und Konzeptualisierung für die Kommunikationswissenschaft. In Gehrau, V., Bilandzic, H. & Woelke, J. (Hrsg.), *Rezeptionsstrategien und Rezeptionsmodalitäten* (S. 39-57). München: Reinhard Fischer.
Boeckmann, K. & Hipfl, B. (1989). *Fernsehen. Sucht oder Bereicherung? Untersuchungen zum kindlichen Fernsehverhalten im Kabelzeitalter*. Wien: Braumüller.
Bogart, L. (1965). The Mass-Media and the Blue-Collar Worker. In Bennet, A. & Gombert, W. (Hrsg.), *The Blue Collar World* (S. 416-428). Englewood Cliffs, NJ: Prentice Hall.
Bommert, H., Dirksmeier, C. & Kleyböcker, R. (2000). *Differentielle Medienrezeption*. Münster: Lit.
Bommert, H., Weich, K.W. & Dirksmeier, C. (1995). *Rezipientenpersönlichkeit und Medienwirkung. Der persönlichkeits-orientierte Ansatz der Medienwirkungsforschung*. Münster u.a.: Lit.
Bonfadelli, H. (1994). *Die Wissenskluftperspektive. Massenmedien und gesellschaftliche Information*. Konstanz: Ölschläger.
Bonfadelli, H. (1999). *Medienwirkungsforschung I. Grundlagen und theoretische Perspektiven*. Konstanz: UVK Medien.
Bonfadelli, H. (2000). *Medienwirkungsforschung II. Anwendungen in Politik, Wirtschaft und Kultur*. Konstanz: UVK Medien.
Boorstin, D.J. (1987). *Das Image. Der amerikanische Traum (zuerst 1961)*. Reinbek bei Hamburg: Rowohlt.
Borkenau, P. & Ostendorf, F. (1993). *NEO-Fünf-Faktoren Inventar (NEO-FFI) nach Costa und McCrae. Handanweisung*. Göttingen: Hogrefe.
Bösch, F. (2004). Zeitungsberichte im Alltagsgespräch. Mediennutzung, Medienwirkung und Kommunikation im Kaiserreich. *Publizistik, 49*: 319-336.
Bosshart, L. (1979). *Dynamik der Fernseh-Unterhaltung. Eine kommunikationswissenschaftliche Analyse und Synthese*. Freiburg (Schweiz): Universitätsverlag.
Bosshart, L. (2003). Unterhaltung aus anthropologischer Sicht. In Früh, W. & Stiehler, H.-J. (Hrsg.), *Theorie der Unterhaltung. Ein interdisziplinärer Diskurs* (S. 274-284). Köln: von Halem.
Boulding, K.E. (1969). *The Image. Knowledge in Life and Society. 7th Printing*. Ann Arbor: The University of Michigan Press.
Bourdieu, P. (1987). *Die feinen Unterschiede (zuerst 1979)*. Frankfurt am Main: Suhrkamp Taschenbuch.
Bousfield, P. (1999). *Pleasure and pain: A theory of the energic foundation of feeling (zuerst 1926)*. London: Routledge.
Bowen, L. & Chaffee, S.H. (1974). Product Involvement and Pertinent Advertising Appeals. *Journalism Quarterly, 51*: 613-622.
Boyanowsky, E.O., Newtson, D. & Walster, E. (1974). Film preferences following a murder. *Communication Research, 1*: 32-43.
Boyle, M.P., Schmierbach, M., Armstrong, C.L., McLeod, D.M., Shah, D.V. & Zhongdang, P. (2004). Information Seeking and Emotional Reactions to the September 11 Terrorist Attacks. *Journalism & Mass Communication Quarterly, 81*: 155-167.
Bracken, C. (2005). Presence and Image Quality: The Case of High-Definition Television. *Media Psychology, 7*: 191-205.
Bradac, J.J. (2001). Theory Comparison: Uncertainty Reduction, Problematic Integration, Uncertainty Management, and Other Curious Constructs. *Journal of Communication, 51*: 456-476.
Brenner, K. (1998). *Auf der Jagd nach neuen Reizen: Sensation Seeking als personale Determinante des Zappings*. Unveröffentlichte Diplomarbeit an der Universität Mannheim.

Breunig, C. (2001). Radiomarkt in Deutschland: Entwicklung und Perspektiven. *Media Perspektiven*, Heft 9: 434-449.
Broadbent, D.E. (1958). *Perception and Communication*. New York: Pergamon.
Brosius, H.-B. (1991). Schema-Theorie - ein brauchbarer Ansatz in der Wirkungsforschung? *Publizistik, 36*: 285-297.
Brosius, H.-B. (1995). *Alltagsrationalität in der Nachrichtenrezeption. Ein Modell zur Wahrnehmung und Verarbeitung von Nachrichteninhalten*. Opladen: Westdeutscher Verlag.
Brosius, H.-B. (1997). Multimedia und digitales Fernsehen: Ist eine Neuausrichtung kommunikationswissenschaftlicher Forschung notwendig? *Publizistik, 42*: 37-45.
Brosius, H.-B. (1998a). Informationsrezeption - gestern, heute, morgen. In Klingler, W., Roters, G. & Gerhards, M. (Hrsg.), *Medienrezeption seit 1945. Forschungsbilanz und Forschungsperspektiven* (S. 223-235). Baden-Baden: Nomos.
Brosius, H.-B. (1998b). Visualisierung von Fernsehnachrichten. Text-Bild-Beziehungen und ihre Bedeutung für die Informationsleistung. In Kamps, K. & Meckel, M. (Hrsg.), *Fernsehnachrichten* (S. 213-224). Opladen: Westdeutscher Verlag.
Brosius, H.-B. (2002). Rezipienten und Rezeption. Ein medienpsychologischer Zugang. In Nawratil, U., Schönhagen, P. & Starkulla, H. J. (Hrsg.), *Medien und Mittler sozialer Kommunikation. Beiträge zu Theorie, Geschichte, und Publizistik. Festschrift für Hans Wagner* (S. 379-417). Leipzig: Leipziger Universitätsverlag.
Brosius, H.-B. (2003). Unterhaltung als isoliertes Medienverhalten? Psychologische und kommunikationswissenschaftliche Perspektiven. In Früh, W. & Stiehler, H.-J. (Hrsg.), *Theorie der Unterhaltung. Ein interdisziplinärer Diskurs* (S. 74-88). Köln: von Halem.
Brosius, H.-B. & Birk, M. (1994). Text-Bild-Korrespondenz und Informationsvermittlung von Fernsehnachrichten. *Rundfunk und Fernsehen, 1994*: 171-183.
Brosius, H.-B. & Esser, F. (1998). Mythen in der Wirkungsforschung: Auf der Suche nach dem Stimulus-Response-Modell. *Publizistik, 43*: 341-361.
Brosius, H.-B., Rossmann, R. & Elnain, A. (1999). Alltagsbelastung und Fernsehnutzung. Wie beeinflußt der Tagesablauf von Rezipienten den Umgang mit Fernsehen? In Hasebrink, U. & Rössler, P. (Hrsg.), *Publikumsbindungen. Medienrezeption zwischen Individualisierung und Integration* (S. 167-186). München: Reinhard Fischer.
Brosius, H.-B. & Steger, B. (1997). Programmhinweise in Programmzeitschriften und Sehbeteiligung: Gibt es einen Zusammenhang? *Rundfunk und Fernsehen, 45*: 307-323.
Brosius, H.-B. & Weaver, J.B. (1994). Der Einfluß der Persönlichkeitsstruktur von Rezipienten auf Film- und Fernsehpräferenzen in Deutschland und den USA. In Bosshart, L. & Hoffmann-Riem, W. (Hrsg.), *Medienlust und Mediennutz. Unterhaltung als öffentliche Kommunikation* (S. 284-300). München: Ölschläger.
Brosius, H.-B., Wober, M. & Weimann, G. (1992). The loyalty of television viewing: How consistent is TV viewing behavior? *Journal of Broadcasting & Electronic Media, 36*: 321-335.
Brown, J.D. & Pardun, C.J. (2004). Little in Common: Racial and Gender Differences in Adolescents' Television Diets. *Journal of Broadcasting & Electronic Media, 48*: 266-278.
Brown, J.R., Cramond, J.K. & Wilde, R.J. (1974). Displacement Effects of Television and the Child's Functional Orientation to Media. In Blumler, J. G. & Katz, E. (Hrsg.), *The Uses of Mass Communications. Current Perspectives on Gratifications Research* (S. 93-112). Beverly Hills, London: Sage.
Bruck, P.A., Buchholz, A., Karssen, Z. & Zerfass, A. (2005). *E-Content. Technologies and Perspectives for the European Market*. Berlin, Heidelberg, New York: Springer.
Brüggemann, M. (2002). *The Missing Link. Crossmediale Vernetzung von Print und Online. Fallstudien führender Printmedien in Deutschland und den USA*. München: Reinhard Fischer.
Brüggemann, M. (2004). Jetzt erst recht. Crossmedia-Strategien können die journalistische Qualität verbessern. In Beck, K., Schweiger, W. & Wirth, W. (Hrsg.), *Gute Seiten - schlechte Seiten. Qualität in der Onlinekommunikation* (S. 222-232). München: Reinhard Fischer.
Bryant, J. & Miron, D. (2002). Entertainment as Media Effect. In Bryant, J. & Zillmann, D. (Hrsg.), *Media Effects. Advances in Theory and Research. Second Edition* (S. 549-582). Mahwah, NJ: Erlbaum.
Bryant, J. & Miron, D. (2004). Theory and Research in Mass Communication. *Journal of Communication, 54*: 662-704.
Bryant, J. & Zillmann, D. (1984). Using Television to Alleviate Boredom and Stress: Selective Exposure as a Function of Induced Excitational States. *Journal of Broadcasting & Electronic Media, 28*: 1-20.
Bryant, J. & Zillmann, D. (Hrsg.) (1991). *Responding to the Screen. Reception and Reaction Processes*. Hillsdale, NJ u.a.: Erlbaum.
Bryant, J. & Zillmann, D. (Hrsg.) (2002). *Media Effects. Advances in Theory and Research. Second Edition*. Mahwah, NJ, London: Erlbaum.
Bucher, H.-J. & Barth, C. (1998). Rezeptionsmuster der Onlinekommunikation. *Media Perspektiven*, Heft 10: 517-523.
Buchmann, M. & Eisner, M. (1999). Freizeit als Element des Lebensstils und Mittel kultureller Distinktion, 1900-1996. In Honegger, C. & Schwengel, H. (Hrsg.), *Grenzenlose Gesellschaft? Verhandlungen des 29. Kongresses der Deutschen Gesellschaft für Soziologie, des 16. Kongresses der Österreichischen Gesellschaft für Soziologie, des 11. Kongresses der Schweizerischen Gesellschaft für Soziologie in Freiburg i.Br. 1998* (S. 590-608). Opladen: Leske+Budrich.
Burbaum, C., Charlton, M. & Schweizer, K. (2004). Wie und warum liest man Romane? Ergebnisse einer Telefonbefragung zur literarischen Lesekompetenz und zu den Lesestrategien von Erwachsenen. *Zeitschrift für Medienpsychologie, 16*: 57-67.
Burkart, R. (1998). *Kommunikationswissenschaft. Grundlagen und Problemfelder; Umrisse einer interdisziplinären Sozialwissenschaft*. Wien, Köln, Weimar: Böhlau.

Burst, M. (1999). Zuschauerpersönlichkeit als Voraussetzung für Fernsehmotive und Programmpräferenzen. *Medienpsychologie, 11*: 157-181.

Buß, M. (1997). Fernsehen in Deutschland: Vielseher 1979/1980 und 1995 im Vergleich. In Fünfgeld, H. & Mast, C. (Hrsg.), *Massenkommunikation. Ergebnisse und Perspektiven* (S. 125-154). Opladen: Westdeutscher Verlag.

Busselle, R.W. & Greenberg, B.S. (2000). The nature of television realism judgments: A reevaluation of their conceptualization and measurement. *Mass Communication & Society, 3* (2 & 3): 249-268.

Bybee, C.R. (1978). Testing a Process Model of Involvement. *Communication Research, 5*: 413-435.

Bybee, C.R. (1980). Facilitating Decision-Making Through News Story Organization. *Journalism Quarterly, 57*: 624-630.

Bybee, C.R. (1981). Fitting Information Presentation Formats to Decision-Making. A Study in Strategies to Facilitate Decision-Making. *Communication Research, 8*: 343-370.

Byrne, D. (1961). The Repression-Sensitization-Scale: Rationale, reliability and validity. *Journal of Personality, 29*: 334-349.

Cacioppo, J.T. & Petty, R.E. (1982). The Need for Cognition. *Journal of Personality and Social Psychology, 42*: 116-131.

Canon, L.K. (1964). Self-Confidence and Selective Exposure to Information. In Festinger, L. (Hrsg.), *Conflict, Decision, and Dissonance* (S. 83-95). Stanford, CA: Stanford University Press.

Cantril, H. (1985). Die Invasion vom Mars. In Prokop, D. (Hrsg.), *Medienforschung. Band 2. Wünsche. Zielgruppen. Wirkungen* (S. 14-28). Frankfurt am Main: Fischer Taschenbuch.

Cantril, H. & Allport, G.W. (1935). *The Psychology of Radio*. London: Harper.

Chaiken, S. (1980). Heuristic versus systematic information processing and the use of source versus message cues in persuasion. *Journal of Personality and Social Psychology, 39*: 752-766.

Chaiken, S. & Trope, Y. (Hrsg.) (1999). *Dual-process theories in social psychology*. New York: Guilford.

Chalaby, J.K. & Segell, G. (1999). The broadcasting media in the age of risk. *New Media & Society, 1*: 351-368.

Charlton, M. (1997). Rezeptionsforschung als Aufgabe einer interdisziplinären Medienwissenschaft. In Charlton, M. & Schneider, S. (Hrsg.), *Rezipientenforschung. Theorien und Untersuchungen zum Umgang mit Massenmedien* (S. 16-39). Opladen: Westdeutscher Verlag.

Charlton, M. (2004). Entwicklungspsychologische Grundlagen. In Mangold, R., Vorderer, P. & Bente, G. (Hrsg.), *Lehrbuch der Medienpsychologie* (S. 129-150). Göttingen, Bern, Toronto, Seattle: Hogrefe.

Charlton, M., Goetsch, P., Hömberg, W., Holly, W., Neumann-Braun, K. & Viehoff, R. (1997). A Programmatic Outline of Interdisciplinary Reception Studies. *Communications, 22*: 205-222.

Charlton, M. & Neumann-Braun, K. (1992). Medienthemen und Rezipiententhemen. Einige Ergebnisse der Freiburger Längsschnittuntersuchung zur Medienrezeption von Kindern. In Schulz, W. (Hrsg.), *Medienwirkungen. Einflüsse von Presse, Radio und Fernsehen auf Individuum und Gesellschaft* (S. 9-23).

Charlton, M. & Schneider, S. (Hrsg.) (1997). *Rezipientenforschung. Theorien und Untersuchungen zum Umgang mit Massenmedien*. Opladen: Westdeutscher Verlag.

Charters, W.W. (1970). *Motion Pictures and Youth (zuerst 1933)*. New York: MacMillan.

Chen, C. & Rada, R. (1996). Interacting With Hypertext: A Meta-Analysis of Experimental Studies. *Human-Computer Interaction, 11*: 125-156.

Cherry, E.C. (1953). Some experiments on the recognition of speech, with one and with two ears. *Journal of the Acoustical Society of America, 25*: 975-979.

Chory-Assad, R.M. & Yanen, A. (2005). Hopelessness and Loneliness as Predictors of Older Adults' Involvement With Favorite Television Performers. *Journal of Broadcasting & Electronic Media, 49*: 182-201.

Christmann, U. (2004). Lesen. In Mangold, R., Vorderer, P. & Bente, G. (Hrsg.), *Lehrbuch der Medienpsychologie* (S. 419-442). Göttingen, Bern, Toronto, Seattle: Hogrefe.

Coffey, S. & Stipp, H. (1997). The interactions between computer and television usage. *Journal of Advertising Research, 37* (2): 61-67.

Cohen, A.A. & Levy, M.R. (1988). Children's Uses and Gratifications of Home VCRs. *Communication Research, 15*: 772-781.

Coleman, J.S. (1990). *Foundations of Social Theory*. Cambridge, MA, London: The Belknap Press of Harvard University Press.

Collins, A., Brown, J.S. & Larkin, K.M. (1980). Inference in Text Understanding. In Spiro, R. J., Bruce, B. C. & Brewer, W. F. (Hrsg.), *Theoretical Issues in Reading Comprehension* (S. 385-407). Hillsdale, NJ: Erlbaum.

Collins, A.M. & Loftus, E.F. (1975). A Spreading-Activation Theory of Semantic Processing. *Psychological Review, 82*: 407-428.

Condra, M.B. (1992). The link between need for cognition and political interest, involvement, and media usage. *Psychology: A Journal of Human Behavior, 29* (3-4): 35-43.

Condry, J. (1989). *The Psychology of Television*. Hillsdale, NJ.

Conway, J.C. & Rubin, A.M. (1991). Psychological Predictors of Television Viewing Motivation. *Communication Research, 18*: 443-463.

Cooper, R. (1996). The Status and Future of Audience Duplication Research: An Assessment of Ratings-Based Theories of Audience. *Journal of Broadcasting & Electronic Media, 40*: 96-111.

Cotton, J.L. (1985). Cognitive Dissonance in Selective Exposure. In Zillmann, D. & Bryant, J. (Hrsg.), *Selective Exposure to Communication* (S. 11-33). Hillsdale, NJ: Erlbaum.

Craik, F.I.M. & Lockhart, R.S. (1972). Levels of Processing. A Framework for Memory Research. *Journal of Verbal Learning and Verbal Behavior, 11*: 671-684.

Csikszentmihalyi, M. (2000). *Das Flow-Erlebnis: Jenseits von Angst und Langeweile: im Tun aufgehen*. Stuttgart: Klett-Cotta.

Cutler, N.E. & Danowski, J.A. (1980). Process Gratification in Aging Cohorts. *Journalism Quarterly, 57*: 269-277.
D'Alessio, D. & Allen, M. (2002). Selective exposure and dissonance after decisions. *Psychological Reports, 91*: 527-532.
Dahinden, U., Kaminski, P. & Niederreuther, R. (2004). 'Content is King' - Gemeinsamkeiten und Unterschiede bei der Qualitätsbeurteilung aus Angebots- und Rezipientenperspektive. In Beck, K., Schweiger, W. & Wirth, W. (Hrsg.), *Gute Seiten - schlechte Seiten. Qualität in der Onlinekommunikation* (S. 103-126). München: Reinhard Fischer.
Dalton, R.J., Beck, P.A. & Huckfeldt, R. (1998). Partisan cues and the media: information flows in the 1992 presidential election. *American Political Science Review, 92*: 111-126.
Dammer, I. & Szymkowiak, F. (1998). *Die Gruppendiskussion in der Marktforschung. Grundlagen - Moderation - Auswertung. Ein Praxisleitfaden.* Opladen: Westdeutscher Verlag.
Darschin, W. & Zubayr, C. (2000). Warum sehen die Ostdeutschen anders fern als die Westdeutschen? Demoskopische Erklärungsversuche aus den Ergebnissen des ARD/ZDF-Trends und der GfK Fernsehforschung. *Media Perspektiven*, Heft 6: 249-257.
Daschmann, G. (2001). *Der Einfluß von Fallbeispielen auf Leserurteile. Experimentelle Untersuchungen zur Medienwirkung.* Konstanz: UVK Medien.
Davison, W.P. (1983). The Third-Person-Effect in Communication. *Public Opinion Quarterly, 47*: 1-15.
Dayan, D. & Katz, E. (1992). *Media Events.* Cambridge, MA: Harvard University Press.
Deci, E.L. & Ryan, R.M. (1985). *Intrinsic motivation and self-determination in human behavior.* New York: Plenum.
Degenhardt, W. (1986). *Akzeptanzforschung zu Bildschirmtext. Methoden und Ergebnisse.* München: Reinhard Fischer.
Dehm, U., Kochhan, C., Beeske, S. & Storll, D. (2005a). Bücher - "Medienklassiker" mit hoher Erlebnisqualität. *Media Perspektiven*, Heft 10: 521-534.
Dehm, U. & Storll, D. (2003). TV-Erlebnisfaktoren. Ein ganzheitlicher Forschungsansatz zur Rezeption unterhaltender und informierender Fernsehangebote. *Media Perspektiven*, Heft 9: 425-433.
Dehm, U., Storll, D. & Beeske, S. (2005b). Die Erlebnisqualität von Fernsehsendungen. Eine Anwendung der TV-Erlebnisfaktoren. *Media Perspektiven*, Heft 2: 50-60.
Dehm, U., Storll, D. & Beeske, S. (2006). Das Internet: Erlebnisweisen und Erlebnistypen. *Media Perspektiven*, Heft 2: 91-101.
Deimling, S., Bortz, J. & Gmel, G. (1993). Zur Glaubwürdigkeit von Fernsehanstalten. *Medienpsychologie, 5*: 203-219.
Dervin, B., Nilan, M.S. & Jacobson, T.L. (1982). Improving Predictions of Information Use: A Comparison of Predictor Types in a Health Communication Setting. In Burgoon, M. (Hrsg.), *Communication Yearbook 5* (S. 807-830). Beverly Hills: Sage.
Detenber, B.H., Simons, R.F. & Reiss, J.E. (2000). The emotional significance of color in television presentations. *Media Psychology, 2*: 331-335.
DGPuK (2001). Die Mediengesellschaft und ihre Wissenschaft. Herausforderungen für die Kommunikations- und Medienwissenschaft als akademische Disziplin. Selbstverständnispapier der Deutschen Gesellschaft für Publizistik- und Kommunikationswissenschaft (DGPuK) vom Januar 2001. Verfügbar unter: http://www.dgpuk.de/allgemein/selbstverstaendnis.htm (09.06.2005).
Diao, F. & Sundar, S.S. (2004). Orienting Response and Memory for Web Advertisements: Exploring Effects of Pop-Up Window and Animation. *Communication Research, 31*: 537-567.
Dimmick, J., Kline, S. & Stafford, L. (2000). The Gratification Niches of Personal E-mail and the Telephone: Competition, Displacement, and Complementarity. *Communication Research, 27*: 227-248.
Dimmick, J., Yan, C. & Zhan, L. (2004). Competition Between the Internet and Traditional News Media: The Gratification-Opportunities Niche Dimension. *Journal of Media Economics, 17*: 19-33.
Dimmick, J.W. (2003). *Media Competition and Coexistence – the Theory of the Niche.* Mahwah, NJ, London: Erlbaum.
Dimmick, J.W., McCain, T.A. & Bolton, W.T. (1981). Media Use and the Life Span. In Wilhoit, G. C. & de Bock, H. (Hrsg.), *Mass Communication Review Yearbook, Volume 2* (S. 283-307). Beverly Hills, London: Sage.
Dobos, J. & Dimmick, J. (1988). Factor Analysis and Gratification Constructs. *Journal of Broadcasting & Electronic Media, 32*: 335-350.
Doll, J. & Hasebrink, U. (1989). Zum Einfluß von Einstellungen auf die Auswahl von Fernsehsendungen. In Groebel, J. & Winterhoff-Spurk, P. (Hrsg.), *Empirische Medienpsychologie* (S. 45-63). München: PsychologieVerlagsUnion.
Doll, J. & Hasebrink, U. (1990). Zur Programmauswahl von Fernsehzuschauern. Die Bedeutung von Einstellungen gegenüber Sendungstypen. *Rundfunk und Fernsehen, 38*: 21-36.
Dollase, R. (1999). Selbstsozialisation und problematische Folgen. In Fromme, J., Kommer, S., Mansel, J. & Treumann, K.-P. (Hrsg.), *Selbstsozialisation, Kinderkultur und Mediennutzung* (S. 23-42). Opladen: Westdeutscher Verlag.
Domzal, T.J. & Kernan, J.B. (1983). Television Audience Segmentation According to Need Gratification. *Journal of Advertising Research, 23* (5): 37-47.
Donnerstag, J. (1996). *Der engagierte Mediennutzer. Das Involvement-Konzept in der Massenkommunikationsforschung.* München: Reinhard Fischer.
Donohew, L., Palmgreen, P. & Rayburn, J.D., II (1987). Social and Psychological Origins of Media Use: A Lifestyle Analysis. *Journal of Broadcasting & Electronic Media, 31*: 255-278.
Donohew, L., Parker, J.M. & McDermott, V. (1972). Psychophysiological measurement of information selection: Two studies. *Journal of Communication, 22*: 54-63.

Donohew, L.A., Helm, D., Lawrence, P. & Shatzer, M. (1990). Sensation seeking, marijuana use, and responses to drug abuse prevention messages. In Watson, R. (Hrsg.), *Prevention and treatment of drug and alcohol abuse* (S. 73-93). Clifton, NJ: Humana.

Donohew, L.A. & Tipton, L. (1973). A Conceptual Model of Information Seeking, Avoiding, and Processing. In Clarke, P. (Hrsg.), *New Models for Mass Communication Research* (S. 243-268). Beverly Hills: Sage.

Donohew, L.A., Tipton, L. & Haney, R. (1978). Analysis of Information Seeking Strategies. *Journalism Quarterly, 55*: 25-31.

Donsbach, W. (1987). Journalismusforschung in der Bundesrepublik: Offene Fragen trotz 'Forschungsboom'. In Wilke, J. (Hrsg.), *Zwischenbilanz der Journalistenausbildung* (S. 105-142). München: UVK Medien.

Donsbach, W. (1989). Selektive Zuwendung zu Medieninhalten. Einflußfaktoren auf die Auswahlentscheidung der Rezipienten. *Kölner Zeitschrift für Soziologie und Sozialpsychologie, Sonderheft 30: Massenkommunikation*: 392-405.

Donsbach, W. (1991). *Medienwirkung trotz Selektion. Einflußfaktoren auf die Zuwendung zu Zeitungsinhalten*. Köln, Weimar: Böhlau.

Donsbach, W. (1998). Mediennutzung in der Informationsgesellschaft. In Mahle, W. A. (Hrsg.), *Kultur in der Informationsgesellschaft* (S. 25-35). Konstanz: UVK Medien.

Donsbach, W., Laub, T., Haas, A. & Brosius, H.-B. (2005). Anpassungsprozesse in der Kommunikationswissenschaft. Themen und Herkunft der Forschung in den Fachzeitschriften "Publizistik" und "Medien & Kommunikationswissenschaft". *Medien & Kommunikationswissenschaft, 53*: 46-72.

Donsbach, W. & Tasche, K. (1999). When mood management fails: A field study on the relationship between daily events, mood, and television viewing. Paper presented to the annual conference of the International Communication Association, San Francisco.

Döring, N. (1996). Führen Computernetze in die Vereinsamung? Öffentliche Diskussion und empirische Daten. *Gruppendynamik, 27*: 289-307.

Döring, N. (2002a). "1x Brot, Wurst, 5Sack Äpfel I.L.D." - Kommunikative Funktionen von Kurzmitteilungen (SMS). *Zeitschrift für Medienpsychologie, 14*: 118-128.

Döring, N. (2002b). *Sozialpsychologie des Internet. Die Bedeutung des Internet für Kommunikationsprozesse, Identitäten, soziale Beziehungen und Gruppen. 2. vollst. überarb. und erweiterte Auflage*. Göttingen, Bern, Toronto, Seattle: Hogrefe.

Dreyfus, H.L. & Dreyfus, S.E. (1987). *Künstliche Intelligenz. Von den Grenzen der Denkmaschine und dem Wert der Intuition*. Reinbek bei Hamburg: Rowohlt.

Duck, J.M. (1990). Children's ideals: The role of real-life versus media figures. *Australian Journal of Psychology, 42*: 19-29.

Duck, J.M. (1995). Helden und Heldinnen in Wirklichkeit und Phantasie: Wie Kinder sich mit Medienfiguren auseinandersetzen. In Franzmann, B., Fröhlich, W. D., Hoffmann, H., Spörri, B. & Zitzlsperger, R. (Hrsg.), *Auf den Schultern von Gutenberg. Medienökologische Perspektiven der Fernsehgesellschaft* (S. 165-180). Berlin, München: Quintessenz.

Dussel, K. (1999). *Deutsche Rundfunkgeschichte. Eine Einführung*. Konstanz: UVK Medien.

Dutta-Bergman, M.J. (2004). Complementarity in Consumption of News Types Across Traditional and New Media. *Journal of Broadcasting & Electronic Media, 48*: 41-60.

Ecke, J.-O. (1991). Motive der Hörfunknutzung. Eine empirische Untersuchung in der Tradition des "Uses-and-Gratifications-Ansatzes". 171.

Eckert, R., Vogelsang, W., Wetzstein, T.A. & Winter, R. (1991). *Auf digitalen Pfaden. Die Kulturen von Hackern, Programmierern, Crackern und Spielern*. Opladen: Westdeutscher Verlag.

Edelstein, A.S. (1982). *Comparative Communication Research*. Beverly Hills: Sage.

Edenharder, M. (2000). Ein Experiment zum Einfluß der Gestaltung von Suchergebnissen in Suchmaschinen auf die Rezeption und Selektion. Unveröffentlichte Magisterarbeit am Institut für Kommunikationswissenschaft und Medienforschung der Universität München.

Edgar, P. (1977). Families Without Television. *Journal of Communication, 27*: 73-77.

Ehrenberg, A.S.C. & Wakshlag, J. (1987). Repeat-Viewing with People Meters. *Journal of Advertising Research, 27* (1): 9-13.

Eighmey, J. & McCord, L. (1998). Adding value in the information age: Uses and gratifications of sites on the World Wide Web. *Journal of Business Research, 41*: 187-194.

Eilders, C. (1997). *Nachrichtenfaktoren und Rezeption. Eine empirische Analyse zur Auswahl und Verarbeitung politischer Information*. Opladen: Westdeutscher Verlag.

Eilders, C. & Wirth, W. (1999). Die Nachrichtenwertforschung auf dem Weg zum Publikum: Eine experimentelle Überprüfung des Einflusses von Nachrichtenfaktoren bei der Rezeption. *Publizistik, 44*: 35-57.

Elasmar, M.G. (Hrsg.) (2003). *The Impact of International Television. A Paradigm Shift*. Mahwah, NJ, London: Erlbaum.

Elliott, P. (1974). Uses and Gratifications Research: A Critique and a Sociological Alternative. In Blumler, J. G. & Katz, E. (Hrsg.), *The Uses of Mass Communications. Current Perspectives on Gratifications Research* (S. 249-268). Beverly Hills, London: Sage.

Elliott, W.R. & Rosenberg, W.L. (1987). The 1985 Philadelphia Newspaper Strike: A Uses and Gratifications Study. *Journalism Quarterly, 64*: 679-685.

Emmer, M., Christoph, K., Gerhard, V. & Wolling, J. (2002). Der 11. September - Informationsverbreitung, Medienwahl, Anschlusskommunikation. *Media Perspektiven*, Heft 4: 166-177.

Engel, B. & Best, S. (2001). Mediennutzung und Medienbewertung im Kohortenvergleich. Ergebnisse der ARD/ZDF-Langzeitstudie. *Media Perspektiven*, Heft 11: 554-563.

Engel, B. & Best, S. (2007). Qualitäten der Mediennutzung. Ergebnisse auf Basis der ARD-/ZDF-Studie Massenkommunikation. *Media Perspektiven*, Heft 1: 20-36.

Engelkamp, J. (1991). *Das menschliche Gedächtnis. Das Erinnern von Sprache, Bildern und Handlungen. 2. Auflage*. Göttingen u.a.: Verlag für Psychologie, Hogrefe.
Entwistle, N. (1988). *Styles of Learning. An Integrated Outline of Educational Psychology*. London: David Fulton.
Erbring, L., N., G.E. & Miller, A.H. (1980). Front Page News and Real-World Cues. A New Look at Agenda-Setting by the Media. *American Journal of Political Science, 24*: 16-49.
Espe, H. & Seiwert, M. (1986). European Television-Viewer Types: a Six-Nation Classification by Programme Interests. *European Journal of Communication, 1*: 301-325.
Esser, F. (1998). *Die Kräfte hinter den Schlagzeilen. Englischer und deutscher Journalismus im Vergleich*. Freiburg, München: Alber.
Esser, F. (2000). Journalismus vergleichen. Journalismustheorie und komparative Forschung. In Löffelholz, M. (Hrsg.), *Theorien des Journalismus. Ein diskursives Handbuch* (S. 123-145). Opladen: Westdeutscher Verlag.
Esser, H. (1990). "Habits", "Frames" und "Rational Choice": Die Reichweite von Theorien der rationalen Wahl (am Beispiel der Erklärung des Befragtenverhaltens). *Zeitschrift für Soziologie, 19*: 231-247.
Esser, H. (1996). Die Definition der Situation. *Zeitschrift für Soziologie und Sozialpsychologie, 48*: 1-34.
Esser, H. (1999). *Soziologie. Spezielle Grundlagen. Band 1: Situationslogik und Handeln*. Frankfurt am Main, New York: Campus.
Ettema, J.S. & Kline, G.F. (1977). Deficits, Differences, and Ceilings. Contingent Conditions for Understanding the Knowledge Gap. *Communication Research, 2*: 179-202.
Ettema, J.S. & Whitney, D.C. (Hrsg.) (1994). *Audiencemaking. How the Media Create the Audience*. Thousand Oaks u.a.: Sage.
Ettenhuber, A. (2005). Die Beschleunigung des Fernsehens. Eine Sekundäranalyse von Daten aus dem GfK-Fernsehpanel 1995 bis 2005. Unveröffentlichte Magisterarbeit am Institut für Kommunikationswissenschaft und Medienforschung der Universität München.
Eysenck, H.J. (1947). *Dimensions of personality*. London: Routledge & Kegan Paul.
Fabian, T. (1993). *Fernsehen und Einsamkeit im Alter. Eine empirische Untersuchung zu interpersonaler Interaktion*. Münster: Lit.
Fabris, H.H. (2000). Vielfältige Qualität. Theoretische Ansätze und Perspektiven der Diskussion um Qualität im Journalismus. In Löffelholz, M. (Hrsg.), *Theorien des Journalismus. Ein diskursives Handbuch* (S. 363-374). Opladen: Westdeutscher Verlag.
Fahr, A. (2001). *Katastrophale Nachrichten? Eine Analyse der Qualität von Fernsehnachrichten*. München: Reinhard Fischer.
Fahr, A. & Böcking, T. (2005). Nichts wie weg? Ursachen der Programmflucht. *Medien & Kommunikationswissenschaft, 53*: 5-25.
Fahr, A. & Zubayr, C. (1999). *Fernsehbeziehungen: Vorbilder oder Trugbilder für Jugendliche?*. München: Reinhard Fischer.
Fahrenberg, J., Hampel, R. & Selg, H. (2001). *Freiburger Persönlichkeitsinventar. 7., überarbeitete und neu normierte Auflage*. Göttingen: Hogrefe.
Fedler, F. & Taylor, P. (1978). Broadcasting's Impact on Selection of News Stories by Readers. *Journalism Quarterly, 55*: 301-305.
Feierabend, S. & Klingler, W. (2006). Was Kinder sehen. Eine Analyse der Fernsehnutzung Drei- bis Dreizehnjähriger 2005. *Media Perspektiven*, Heft 3: 138-153.
Feierabend, S. & Rathgeb, T. (2006a). JIM-Studie 2005. Jugend, Information, (Multi-)Media. Basisuntersuchung zum Medienumgang 12- bis 19-Jähriger. Verfügbar unter: http://www.mpfs.de/fileadmin/Studien/JIM2005.pdf (17.01.2007).
Feierabend, S. & Rathgeb, T. (2006b). KIM-Studie 2005. Kinder und Medien, Computer und Internet. Basisuntersuchung zum Medienumgang 6- bis 13-Jähriger in Deutschland. Verfügbar unter: http://www.mpfs.de/fileadmin/Studien/KIM05.pdf (17.07.2006).
Feil, C., Regina, D. & Gieger, C. (2004). *Wie entdecken Kinder das Internet? Beobachtungen bei 5- bis 12-jährigen Kindern*. Wiesbaden: VS.
Fengler, S. & Ruß-Mohl, S. (2005). *Der Journalist als "Homo oeconomicus"*. Konstanz: UVK.
Fenigstein, A. (1979). Does aggression cause a preference for viewing media violence? *Journal of Personality & Social Psychology, 37* (12): 2307-2317.
Ferguson, D.A. (1992). Channel repertoire in the presence of remote control devices, VCRs and cable television. *Journal of Broadcasting & Electronic Media, 36*: 83-91.
Ferguson, D.A. & Perse, E.M. (2000). The World Wide Web as a Functional Alternative to Television. *Journal of Broadcasting & Electronic Media, 44*: 155-174.
Festinger, L. (1954). A Theory of Social Comparison Processes. *Human Relations, 7*: 117-140.
Festinger, L. (1957). *A Theory of Cognitive Dissonance*. Stanford: Stanford University Press.
Findahl, O. & Höijer, B. (1975). *Man as Receiver of Information. An Analysis of Errors in the Recollection of a News Programme*. Stockholm: Sverige Radio Department.
Findahl, O. & Höijer, B. (1985). Some Characteristics on News Memory and Comprehension. *Journal of Broadcasting & Electronic Media, 29*: 379-396.
Finn, S. (1992). Television "Addiction"? An Evaluation of Four Competing Media-Use Models. *Journalism Quarterly, 69*: 422-435.
Finn, S. (1997). Origins of Media Exposure. Linking Personality Traits to TV, Radio, Print, and Film Use. *Communication Research, 24*: 507-529.
Fisch, M. (2004). *Nutzungsmessung im Internet. Erhebung von Akzeptanzdaten deutscher Online-Angebote in der Marktforschung*. München: Reinhard Fischer.
Fishbein, M. (1963). An Investigation of the Relationships Between Beliefs About an Object and the Attitude Toward That Object. *Human Relations, 16*: 233-240.
Fishbein, M. & Aijzen, I. (1975). *Belief, Attitude, Intention and Behavior*. Reading, MA: Addison Wesley.

Fiske, D.W. & Maddi, S.R. (1961). *Functions of Varied Experience*. Homewood, Ill: Dorsey.
Fiske, J. (1990). *Understanding Popular Culture*. London u.a.: Routledge.
Fiske, S.T. & Taylor, S.E. (1991). *Social Cognition*. New York u.a.: McGraw-Hill.
Fitch, M., Huston, A.C. & Wright, J.C. (1993). From Television Forms to Genre Schemata: Children's Perceptions of Television Reality. In Berry, G. L. & Asamen, J. K. (Hrsg.), *Children and Television: Images in a Changing Sociocultural World* (S. 38-52). Newbury Park, CA, London, New Delhi: Sage.
Flaherty, L.M., Pearce, K.J. & Rubin, R.B. (1998). Internet and Face-to-Face Communication: Not Functional Alternatives. *Communication Quarterly, 46*: 250-268.
Flick, U. (2000). *Qualitative Forschung. Theorie, Methoden, Anwendung in Psychologie und Sozialwissenschaften (5. Auflage)*. Reinbek bei Hamburg: Rowohlt.
Franck, G. (1998). *Ökonomie der Aufmerksamkeit. Ein Entwurf*. München, Wien: Edition Hanser.
Franz, G. (2003). Digitales Fernsehen: Herausforderungen für TV-Forschung und TV-Werbung. *Media Perspektiven*, Heft 10: 463-469.
Franzmann, B. (2001). Lesezapping und Portionslektüre. Veränderungen des Leseverhaltens, besonders bei Jugendlichen. *Media Perspektiven*, Heft 2: 90-98.
Freedman, J.L. (1965). Confidence, utility, and selective exposure: A partial replication. *Journal of Personality and Social Psychology, 2*: 778-780.
Freedman, J.L. & Sears, D.O. (1965). Selective Exposure. In Berkowitz, L. (Hrsg.), *Advances in Experimental Social Psychology. Volume 2* (S. 58-98). New York: Academic Press.
Friedrichs, J. (1973). *Methoden empirischer Sozialforschung*. Hamburg: Rowohlt Taschenbuch-Verlag.
Friedrichsen, M. & Seufert, W. (Hrsg.) (2004). *Effiziente Medienregulierung. Marktdefizite oder Regulierungsdefizite*. Baden-Baden: Nomos.
Frijda, N.H. (1988). The Laws of Emotion. *American Psychologist, 43*: 349-358.
Fritz, I. & Klingler, W. (2003). Zeitbudgets und Tagesablaufverhalten in Deutschland: Die Position der Massenmedien. Ergebnisse auf Basis der ARD/ZDF-Studie Massenkommunikation 2000. *Media Perspektiven*, Heft 1: 12-23.
Früh, W. (1980). *Lesen, Verstehen, Urteilen. Untersuchungen über den Zusammenhang von Textgestaltung und Textwirkung*. Freiburg, München: Alber.
Früh, W. (1991). *Medienwirkungen. Das dynamisch-transaktionale Modell*. Opladen: Westdeutscher Verlag.
Früh, W. (2001a). Der dynamisch-transaktionale Ansatz. Ein integratives Paradigma für Medienrezeption und Medienwirkungen. In Rössler, P., Hasebrink, U. & Jäckel, M. (Hrsg.), *Theoretische Perspektiven der Rezeptionsforschung* (S. 11-34). München: Reinhard Fischer.
Früh, W. (2001b). *Inhaltsanalyse, 5. Auflage*. Konstanz: UVK.
Früh, W. (2002). Theorie der Fernsehunterhaltung. Unterhaltung als Handlung, Rezeptionsprozess und emotionales Erleben. In Früh, W. (Hrsg.), *Unterhaltung durch Fernsehen. Eine molare Theorie* (S. 67-240). Konstanz: UVK Medien.
Früh, W. (2003a). Theorien, theoretische Modelle und Rahmentheorien. Eine Einleitung. In Früh, W. & Stiehler, H.-J. (Hrsg.), *Theorie der Unterhaltung. Ein interdisziplinärer Diskurs* (S. 9-26). Köln: von Halem.
Früh, W. (2003b). Triadisch-dynamische Unterhaltungstheorie (TDU). In Früh, W. & Stiehler, H.-J. (Hrsg.), *Theorie der Unterhaltung. Ein interdisziplinärer Diskurs* (S. 27-56). Köln: von Halem.
Früh, W. & Wirth, W. (1997). Positives und negatives Infotainment. Zur Rezeption unterhaltsam aufbereiteter TV-Information. In Bentele, G. & Haller, M. (Hrsg.), *Aktuelle Entstehung von Öffentlichkeit. Akteure - Strukturen - Veränderungen* (S. 367-381). Konstanz: UVK Medien.
Früh, W., Wünsch, C. & Klopp, P. (2004). TDU-Unterhaltungsindex. Ein Instrument zur empirischen Ermittlung von Unterhaltungserleben. *Medien & Kommunikationswissenschaft, 52*: 515-544.
Furno-Lamude, D. & Anderson, J. (1992). The uses and gratifications of rerun viewing. *Journalism Quarterly, 69*: 362-372.
Galloway, J.J. & Meek, F.L. (1981). Audience Uses and Gratifications. An Expectancy Model. *Communication Research, 8*: 435-449.
Gan, S., Tuggle, C.A., Mitrook, M.A., Coussement, S.H. & Zillmann, D. (1987). The Thrill of a Close Game: Who Enjoys It and Who Doesn't? *Journal of Sport & Social Issues, 21*: 53-64.
Gans, H.J. (1980). The Audience for Television - and in Television Research. In Withey, S. B. & Abeles, R. P. (Hrsg.), *Television and Social behavior. Beyond Violence and Children. A Report* (S. 55-82). Hillsdale, NJ: Erlbaum.
Gantz, W. (1979). How Uses and Gratifications Affect Recall of Television News. *Journalism Quarterly, 56*: 115-123.
Garramone, G.M., Harris, A.C. & Anderson, R. (1986). Uses of Political Computer Bulletin Boards. *Journal of Broadcasting & Electronic Media, 30*: 325-339.
Gauntlett, D. & Hill, A. (1999). *TV Living: Television, Culture and Everyday Life*. London: Routledge
Gehrau, V. (2001). *Fernsehgenres und Fernsehgattungen. Ansätze und Daten zur Rezeption, Klassifikation und Bezeichnung von Fernsehprogrammen*. München: Reinhard Fischer.
Gehrau, V. (2002). Eine Skizze der Rezeptionsforschung in Deutschland. In Rössler, P., Kubisch, S. & Gehrau, V. (Hrsg.), *Empirische Perspektiven der Rezeptionsforschung* (S. 9-47). München: Reinhard Fischer.
Gehrau, V. (2003). (Film-) Genres und die Reduktion von Unsicherheit. *Medien & Kommunikationswissenschaft, 51*: 213-231.
Gerbner, G., Gross, L., Morgan, M. & Signorielli, N. (1980). The "Mainstreaming" of America: Violence Profile No. 11. *Journal of Communication, 30*: 10-29.

Gerdes, H. (1997). *Lernen mit Text und Hypertext.* Lengerich, Berlin, Düsseldorf, Leipzig, Riga, Scottsdale, Wien, Zagreb: Pabst.
Gerecke, U. (1998). *Soziale Ordnung in der modernen Gesellschaft. Ökonomie - Systemtheorie - Ethik.* Tübingen: Mohr Siebeck.
Gerhards, M. & Mende, A. (2005). Die Offliner - eine homogene Gruppe der Internetverweigerer. *Media Perspektiven,* Heft 3: 115-124.
Gerhards, M. & Mende, A. (2006). Offliner: Vorbehalte und Einstiegsbarrieren gegenüber dem Internet bleiben bestehen. *Media Perspektiven,* Heft 8: 416-430.
Gibbons, J.A., Lukowski, A.F. & Walker, W.R. (2005). Exposure Increases the Believability of Unbelievable News Headlines via Elaborate Cognitive Processing. *Media Psychology,* 7: 273-300.
Gigerenzer, G. & Goldstein, D.G. (1999). Betting on One Good Reason. The Take the Best Heuristic. In Gigerenzer, G., Todd, P. M. & Group, T. A. R. (Hrsg.), *Simple Heuristics That Make Us Smart* (S. 75-95). New York, Oxford: Oxford University Press.
Gigerenzer, G. & Todd, P.M. (1999). Fast and Frugal Heuristics. The Adaptive Toolbox. In Gigerenzer, G., Todd, P. M. & Group, T. A. R. (Hrsg.), *Simple Heuristics That Make Us Smart* (S. 3-34). New York, Oxford: Oxford University Press.
Giles, D.C. (2002). Parasocial interaction: A review of the literature and a model for future research. *Media Psychology,* 4: 279-305.
Gillespie, M. (1995). *Ethnicity, Television and Cultural Change.* London: Routledge.
Giner-Sorolla, R. & Chaiken, S. (1994). The Causes of Hostile Media Judgments. *Journal of Experimental Social Psychology,* 30: 165-180.
Gleich, U. (1995). Die Beziehung von Fernsehzuschauern zu Medienpersonen - eine explorative Untersuchung. In Arbinger, R. & Jäger, R. S. (Hrsg.), *Zukunftsperspektiven empirisch-pädagogischer Forschung* (S. 363-381). Landau.
Gleich, U. (1996). ARD-Forschungsdienst: Neuere Ansätze zur Erklärung von Publikumsverhalten. Befunde, Defizite und Chancen der Publikumsforschung. *Media Perspektiven,* Heft 11: 598-606.
Gleich, U. (1997a). ARD-Forschungsdienst: Zielgruppenforschung. *Media Perspektiven,* Heft 11: 627-632.
Gleich, U. (1997b). *Parasoziale Interaktionen und Beziehungen von Fernsehzuschauern mit Personen auf dem Bildschirm. Ein theoretischer und empirischer Beitrag zum Konzept des Aktiven Rezipienten.* Landau: VEP.
Gleich, U. (1998). ARD-Forschungsdienst: Rezeption und Wirkung von Nachrichten. *Media Perspektiven,* Heft 10: 524-529.
Gleich, U. (1999). Über 50jährige als Zielgruppe für Marketing und Werbung. Argumente für eine differenzierte Ansprache einer vernachlässigten Altersgruppe. *Media Perspektiven,* Heft 6: 301-311.
Gleich, U. (2003). ARD-Forschungsdienst: Crossmedia - Schlüssel zum Erfolg? Verknüpfung von Medien in der Werbekommunikation. *Media Perspektiven,* Heft 11: 510-516.
Gleich, U. (2004). ARD-Forschungsdienst: Medien- und Programmqualität aus Zuschauersicht. *Media Perspektiven,* Heft 12: 594-598.
Gleich, U., Kreisel, E., Thiele, L., Vieling, M. & Walter, S. (1998). Sensation Seeking, Fernsehverhalten und Freizeitaktivitäten. . In Klingler, W., Roters, G. & Zöllner, O. (Hrsg.), *Fernsehforschung in Deutschland. Themen - Akteure - Methoden. 2 Bände* (S. 661-688). Baden-Baden: Nomos.
Glogner, P. (2002). Altersspezifische Umgehensweisen mit Filmen. Teilergebnisse einer empirischen Untersuchung zur kultursoziologischen Differenzierung von Kinobesuchern. In Müller, R., Glogner, P., Rhein, S. & Heim, J. (Hrsg.), *Wozu Jugendliche Musik und Medien gebrauchen* (S. 98-111). Weinheim: Juventa.
Goertz, L. (1997). Perspektiven der Rezeptionsforschung. In Scherer, H. & Brosius, H.-B. (Hrsg.), *Zielgruppen, Publikumssegmente, Nutzergruppen. Beiträge aus der Rezeptionsforschung* (S. 9-28). München: Reinhard Fischer.
Goertz, L. & Schönbach, K. (1998). Zwischen Attraktivität und Verständlichkeit. Balanceakt der Informationsvermittlung. In Kamps, K. & Meckel, M. (Hrsg.), *Fernsehnachrichten. Prozesse, Strukturen, Funktionen* (S. 111-126). Opladen: Westdeutscher Verlag.
Goffman, E. (1974). *Frame analysis: An essay on the organization of experience.* Cambridge, MA: Harvard University Press.
Goldstein, D.G. & Gigerenzer, G. (1999). The Recognition Heuristic. How Ignorance Makes Us Smart. In Gigerenzer, G., Todd, P. M. & Group, T. A. R. (Hrsg.), *Simple Heuristics That Make Us Smart* (S. 37-58). New York, Oxford: Oxford University Press.
Goodhardt, G.J., Ehrenberg, A.S.C. & Collins, M.A. (1987). *The Television Audience: Patterns of Viewing. An Update. 2nd Edition.* Altershot, Brookfield: Gower.
Gorgs, C. & Meyer, P. (1999). *Fernsehen und Lebensstile. Eine empirische Studie über den Medienkonsum am Beispiel des Großraums Augsburg.* München, Mering: Hampp.
Göttlich, U. (2001). Zur Kreativität der Medienrezeption. Eine theoretische Skizze zu Aspekten und Problemen einer handlungstheoretischen Modellierung der Medienkommunikation. In Rössler, P., Hasebrink, U. & Jäckel, M. (Hrsg.), *Theoretische Perspektiven der Rezeptionsforschung* (S. 121-135). München: Reinhard Fischer.
Göttlich, U., Krotz, F. & Paus-Haase, I. (Hrsg.) (2001). *Daily Soaps und Daily Talks im Alltag von Jugendlichen.* Opladen: Leske+Budrich.
Gottschlich, M. & Karmasin, F. (1979). *Beruf Journalist. Eine Imageanalyse - Bevölkerung, Politiker, Journalisten urteilen.* Wien: Institut für Publizistik- und Kommunikationswissenschaft.
Grabe, M.E., Lang, A. & Zhao, X. (2003). News Content and Form. *Communication Research,* 30: 387-413.
Graber, D.A. (1988). *Processing the News. How People Tame the Information Tide. Second Edition.* New York, London: Longman.

Green, K., Krcmar, M., Rubin, D.L., Henley Walters, L. & Hale, J.L. (2002). Elaboration in processing adolescent health messages: The impact of egocentrism and sensation seeking on message processing. *Journal of Communication, 52*: 812-831.

Green, M.C., Brock, T.C. & Kaufman, G.F. (2004). Understanding Media Enjoyment: The Role of Transportation Into Narrative Worlds. *Communication Theory, 14*: 311-327.

Greenberg, B., Neuendorf, K., Buerkel-Rothfuss, N.L. & L., H. (1982). The soaps: What's on and who cares? *Journal of Broadcasting, 26*: 519-536.

Greenberg, B.S. (1974). Gratifications Television Viewing and Their Correlates for British Children. In Blumler, J. G. & Katz, E. (Hrsg.), *The Uses of Mass Communications. Current Perspectives on Gratifications Research* (S. 71-92). Beverly Hills, London: Sage.

Greenberg, B.S., Heeter, C., D'Alessio, D. & Sipes, S. (1988). Cable and Noncable Viewing Style Comparisons. In Heeter, C. & Greenberg, B. S. (Hrsg.), *Cableviewing* (S. 207-225). Norwood, NJ: Ablex.

Greenberg, B.S., Mastro, D. & Brand, J.E. (2002). Minorities and the Mass Media: Television Into the 21st Century. In Bryant, J. & Zillmann, D. (Hrsg.), *Media Effects. Advances in Theory and Research. Second Edition* (S. 333-351). Hillsdale, NJ: Erlbaum.

Greene, K. & Krcmar, M. (2005). Predicting Exposure to and Liking of Media Violence: A Uses and Gratifications Approach. *Communication Studies, 56*: 71-93.

Gregory, R., Lichtenstein, S. & Slovic, P. (1993). Valuing Environmental Resources: A Constructive Approach. *Journal of Risk and Uncertainty, 7*: 177-197.

Grimm, J. (1997). Physiologische und psychosoziale Aspekte der Fernsehgewalt-Rezeption. *Medienpsychologie, 9*: 127-166.

Groebel, J. (1981). Vielseher und Angst. Theoretische Überlegungen und einige Längsschnittergebnisse. *Fernsehen und Bildung, 15* (1-3): 114-136.

Groebel, J. (1989). Erlebnisse durch Medien. Reizsuche in der Realität und in der Fiktion. In Kaase, M. & Schulz, W. (Hrsg.), *Massenkommunikation. Theorien, Methoden, Befunde* (S. 351-363). Opladen: Westdeutscher Verlag.

Groebel, J. (1997). Medienkompetenz und Kommunikationsbildung. Anmerkungen zur Rolle von Politik, Produzenten, Pädagogik und Prosumenten. *Medienpsychologie, 9*: 235-241.

Groebel, J. (1998). Rezeptionsaktivitäten im Wandel der Zeit. In Klingler, W., Roters, G. & Gerhards, M. (Hrsg.), *Medienrezeption seit 1945. Forschungsbilanz und Forschungsperspektiven* (S. 35-46). Baden-Baden: Nomos.

Groebel, J. & Gehrke, G. (Hrsg.) (2003). *Internet 2002: Deutschland und die digitale Welt. Internetnutzung und Medieneinschätzung in Deutschland und Nordrhein-Westfalen im internationalen Vergleich.* Opladen: Leske+Budrich.

Groeben, N. (1982). *Leserpsychologie: Textverständnis - Textverständlichkeit.* Münster: Aschendorff.

Groeben, N. (2004). Medienkompetenz. In Mangold, R., Vorderer, P. & Bente, G. (Hrsg.), *Lehrbuch der Medienpsychologie* (S. 27-49). Göttingen: Hogrefe.

Groeben, N. & Hurrelmann, B. (Hrsg.) (2002a). *Lesekompetenz. Bedingungen, Dimensionen, Funktionen.* Weinheim: Juventa.

Groeben, N. & Hurrelmann, B. (Hrsg.) (2002b). *Medienkompetenz. Voraussetzungen, Dimensionen, Funktionen.* Weinheim: Juventa.

Groeben, N. & Vorderer, P. (1988). *Leserpsychologie: Lesemotivation - Lektürewirkung.* Münster: Aschendorff.

Groner, R. (1995). Vom Wörterstrom zur Bilderflut. Gedanken zur Interaktion von Print- und Bildmedien aus der interdisziplinären Perspektive der Sehwissenschaften. In Franzmann, B., Fröhlich, W. D., Hoffmann, H., Spörri, B. & Zitzlsperger, R. (Hrsg.), *Auf den Schultern von Gutenberg. Medienökologische Perspektiven der Fernsehgesellschaft* (S. 64-73). Berlin, München: Quintessenz.

Grüne, H. & Urlings, S. (1996). Motive der Onlinenutzung. Ergebnisse der psychologischen Studie "Die Seele im Netz". *Media Perspektiven*, Heft 9: 493-498.

Grüne, H. & Urlings, S. (1997). "Die Seele im Netz" - Was ist dran am Online-Run? Psychologische Bestandsaufnahme eines neuen Mediums. In Bentele, G. & Haller, M. (Hrsg.), *Aktuelle Entstehung von Öffentlichkeit. Akteure - Strukturen* (S. 491-507). Konstanz: UVK Medien.

Gruner + Jahr, A.G. & Co (Hrsg.) (1981). *Media-Planung. Grundlagen, Prinzipien, Probleme, Techniken. Ein Lehrprogramm. Band 5: Media-Forschung.*

Guilford, J.P. (1967). *The Nature of Human Intelligence.* New York: McGraw-Hill.

Gunaratne, S.A. (2001). Convergence: Informatization, World System, and Developing Countries. In Gudykunst, B. (Hrsg.), *Communication Yearbook 25* (S. 153-199). Erlbaum.

Gunter, B. (1983). Do aggressive people prefer violent television? *Bulletin of the British Psychological Society, 36*: 166-168.

Gunter, B. (1985). Determinants of Television Viewing Preferences. In Zillmann, D. & Bryant, J. (Hrsg.), *Selective Exposure to Communication* (S. 93-112). Hillsdale, NJ: Erlbaum.

Gunter, B. (1991). Responding to News and Public Affairs. In Bryant, J. & Zillmann, D. (Hrsg.), *Responding to the Screen. Reception and Reaction Processes* (S. 229-260). Hillsdale, NJ u.a.: Erlbaum.

Gunter, B. (1997). An Audience-Based Approach to Assessing Programme Quality. In Winterhoff-Spurk, P. & van der Voort, T. H. A. (Hrsg.), *New Horizons in Media Psychology* (S. 11-34). Opladen: Westdeutscher Verlag.

Gunther, A.C. (1992). Biased press or biased public? Attitudes towards media coverage of social groups. *Public Opinion Quarterly, 56*: 147-167.

Gunther, A.C. & Chia, S.C. (2001). Predicting pluralistic ignorance: The hostile media perception and its consequences. *Journalism & Mass Communication Quarterly, 78*: 688-701.

Gunther, A.C. & Schmitt, K.L. (2004). Mapping boundaries of the hostile media effect. *Journal of Communication, 54*: 55-70.

Gurevitch, M. & Blumler, J.G. (1990). Comparative Research. The Extending Frontier. In Swanson, D. L. & Nimmo, D. D. (Hrsg.), *New Directions in Political Communication. A Resource Book* (S. 305-325). Newbury Park: Sage.
Gustafsson, K.E. & Weibull, L. (1997). European Newspaper Readership. Structure and Development. *Communications, 22*: 249-273.
Haas, A. (2007). *Medienmenüs. Der Zusammenhang zwischen Mediennutzung, SINUS-Milieus und Soziodemographie.* München: Reinhard Fischer.
Haas, A. & Brosius, H.-B. (2006). Typen gibt's! Zur Brauchbarkeit von Typologien in der Mediaforschung. In Koschnick, W. J. (Hrsg.), *FOCUS-Jahrbuch 2006. Schwerpunkt: Lifestyle-Forschung* (S. 159-179). München: Focus Magazin Verlag.
Habermas, J. (2001). *Strukturwandel der Öffentlichkeit (zuerst 1962)*. Frankfurt am Main: Suhrkamp.
Hack, G. (2001). Big Brother - Aufmerksamkeitslenkung im Medienverbund. In Beck, K. & Schweiger, W. (Hrsg.), *Attention please! Online-Kommunikation und Aufmerksamkeit* (S. 249-265). München: Reinhard Fischer.
Hack, G. (2003). *Synchronisierte Verbundformate. Taktgeber Internet: verteilte Medienprodukte am Beispiel "Big Brother".* München: Reinhard Fischer.
Hackenbruch, T. & Steinmann, M. (2006). Menschen im medialen Wirklichkeitstransfer. In Koschnick, W. J. (Hrsg.), *FOCUS-Jahrbuch 2006. Schwerpunkt: Lifestyle-Forschung* (S. 405-429). München: Focus Magazin Verlag.
Hackl, C. (2001). *Fernsehen im Lebenslauf. Eine medienbiografische Studie.* Konstanz: UVK Medien.
Hagen, L.M. (Hrsg.) (1998a). *Online-Medien als Quellen politischer Information. Empirische Untersuchungen zur Nutzung von Internet und Online-Diensten.* Opladen: Westdeutscher Verlag.
Hagen, L.M. (1998b). Online-Nutzung und Nutzung von Massenmedien. Eine Analyse von Substitutions- und Komplementärbeziehungen. In Rössler, P. (Hrsg.), *Online-Kommunikation. Beiträge zu Nutzung und Wirkung* (S. 105-122). Opladen: Westdeutscher Verlag.
Hall, S. (1980). Encoding/Decoding. In Hall, S., Hobson, D., Lowe, A. & Willis, P. (Hrsg.), *Culture, Media, Language* (S. 128-138). London: Hutchinson University Library.
Handel, U. (2000). *Die Fragmentierung des Medienpublikums. Bestandsaufnahme und empirische Untersuchung eines Phänomens der Mediennutzung und seiner Determinanten.* Opladen: Westdeutscher Verlag.
Hannover, B., Mauch, M. & Leffelsend, S. (2004). Sozialpsychologische Grundlagen. In Mangold, R., Vorderer, P. & Bente, G. (Hrsg.), *Lehrbuch der Medienpsychologie* (S. 175-197). Göttingen, Bern, Toronto, Seattle: Hogrefe.
Haridakis, P.M. (2002). Viewer Characteristics, Exposure to Television Violence, and Aggression. *Media Psychology, 4*: 323-352.
Haridakis, P.M. & Rubin, A.M. (2003). Motivation for Watching Television Violence and Viewer Aggression. *Mass Communication & Society, 6*: 29-56.
Harris, R.J. (1989). *A Cognitive Psychology of Mass Communication.* Hillsdale, NJ: Erlbaum.
Hartmann, M. (2004). *Technologies and Utopias. The cyberflaneur and the experience of 'being online'.* München: Reinhard Fischer.
Hartmann, T., Böcking, S., Schramm, H., Wirth, W., Klimmt, C. & Vorderer, P. (2005). Räumliche Präsenz als Rezeptionsmodalität: Ein theoretisches Modell zur Entstehung von Präsenzerleben. In Gehrau, V., Bilandzic, H. & Woelke, J. (Hrsg.), *Rezeptionsstrategien und Rezeptionsmodalitäten* (S. 21-37). München: Reinhard Fischer.
Hartmann, T. & Dohle, M. (2005). Publikumsvorstellungen im Rezeptionsprozess. *Publizistik, 50*: 287-303.
Hartmann, T. & Klimmt, C. (2005). Ursachen und Effekte Parasozialer Interaktionen im Rezeptionsprozess. Eine Fragebogenstudie auf der Basis des PSI-Zwei-Ebenen-Modells. *Zeitschrift für Medienpsychologie, 17*: 88-98.
Hartmann, T., Klimmt, C. & Vorderer, P. (2001). Avatare: parasoziale Beziehungen zu virtuellen Akteuren. *Medien & Kommunikationswissenschaft, 49*: 350-368.
Hartmann, T., Schramm, H. & Klimmt, C. (2004). Personenorientierte Medienrezeption: Ein Zwei-Ebenen-Modell parasozialer Interaktionen. *Publizistik, 49*: 25-47.
Hasebrink, U. (1995). Vergleichende Betrachtungen zur Fernsehnutzung in Europa. In Erbring, L. (Hrsg.), *Kommunikationsraum Europa* (S. 190-202). Konstanz: UVK.
Hasebrink, U. (1997). "Ich bin viele Zielgruppen". Anmerkungen zur Debatte um die Fragmentierung des Publikums aus kommunikationswissenschaftlicher Sicht. In Scherer, H. & Brosius, H.-B. (Hrsg.), *Zielgruppen, Publikumssegmente, Nutzergruppen. Beiträge aus der Rezeptionsforschung* (S. 262-280). München: Reinhard Fischer.
Hasebrink, U. (1998). Fenster zu den Nachbarn? Nutzung und Bedeutung fremdsprachiger Medien in Deutschland. In Quandt, S. & Gast, W. (Hrsg.), *Deutschland im Dialog der Kulturen. Medien, Images, Verständigung* (S. 251-269). Konstanz: UVK.
Hasebrink, U. (1999a). Beyond Ratings and Shares. In Brosius, H.-B. & Holtz-Bacha, C. (Hrsg.), *German Communication Yearbook* (S. 101-126). Cresskill, NJ: Hampton.
Hasebrink, U. (1999b). Woran lassen sich Individualisierung und Integration in der Medienrezeption erkennen? In Hasebrink, U. & Rössler, P. (Hrsg.), *Publikumsbindungen. Medienrezeption zwischen Individualisierung und Integration* (S. 57-72). München: Reinhard Fischer.
Hasebrink, U. (2000). Vom aktiven zum überforderten Publikum? Überlegungen zur Mediennutzung in der Informationsgesellschaft. In Mahle, W. A. (Hrsg.), *Orientierung in der Informationsgesellschaft* (S. 113-130). Konstanz: UVK Medien.
Hasebrink, U. (2002). Konvergenz aus medienpolitischer Perspektive. In Theunert, H. & Wagner, U. (Hrsg.), *Medienkonvergenz: Angebot und Nutzung. Eine Fachdiskussion veranstaltet von BLM und ZDF* (S. 91-101). München: Reinhard Fischer.
Hasebrink, U. (2003). Nutzungsforschung. In Bentele, G., Brosius, H.-B. & Jarren, O. (Hrsg.), *Öffentliche Kommunikation. Handbuch Kommunikations- und Medienwissenschaft* (S. 101-127).

Hasebrink, U. (2004). Konvergenz aus Nutzerperspektive. Das Konzept der Kommunikationsmodi. In Hasebrink, U., Mikos, L. & Prommer, E. (Hrsg.), *Mediennutzung in konvergierenden Medienumgebungen* (S. 67-85). München: Reinhard Fischer.

Hasebrink, U. & Krotz, F. (1991). Das Konzept der Publikumsaktivität in der Kommunikationswissenschaft. *Siegener Periodicum für Internationale Empirische Literaturwissenschaft, 10*: 115-139.

Hasebrink, U. & Krotz, F. (1993). Wie nutzen Zuschauer das Fernsehen? Konzept zur Analyse individuellen Nutzungsverhaltens anhand technischer Daten. *Media Perspektiven*, Heft 11/12: 515-527.

Hasebrink, U. & Krotz, F. (Hrsg.) (1996a). *Die Zuschauer als Fernsehregisseure? Zum Verhältnis individueller Nutzungs- und Rezeptionsmuster.* Baden-Baden: Nomos.

Hasebrink, U. & Krotz, F. (1996b). Individuelle Nutzungsmuster von Fernsehzuschauern. In Hasebrink, U. & Krotz, F. (Hrsg.), *Die Zuschauer als Fernsehregisseure? Zum Verhältnis individueller Nutzungs- und Rezeptionsmuster* (S. 116-137). Baden-Baden: Nomos.

Hawkins, R.P. & Pingree, S. (1996). Die Perspektive individueller Aktivität bei der Fernsehnutzung. In Hasebrink, U. & Krotz, F. (Hrsg.), *Die Zuschauer als Fernsehregisseure? Zum Verhältnis individueller Nutzungs- und Rezeptionsmuster* (S. 97-115). Baden-Baden: Nomos.

Hawkins, R.P., Pingree, S., Bruce, L. & Tapper, J. (1997). Strategy and Style in Attention to Television. *Journal of Broadcasting & Electronic Media, 41*: 245-264.

Hawkins, R.P., Pingree, S., Hitchon, J., Gorham, B.W., Kannaovakun, P., Gilligan, E., Radler, B., Kolbeins, G.H. & Schmidt, T. (2001). Predicting Selection and Activity in Television Genre Viewing. *Media Psychology, 3*: 237-263.

Hawkins, R.P., Reynolds, N. & Pingree, S. (1991). In Search of Television Viewing Styles. *Journal of Broadcasting & Electronic Media, 35*: 375-383.

Heeter, C. (1988a). The Choice Process Model. In Heeter, C. & Greenberg, B. S. (Hrsg.), *Cableviewing* (S. 11-32). Norwood, NJ: Ablex.

Heeter, C. (1988b). Gender Differences in Viewing Styles. In Heeter, C. & Greenberg, B. S. (Hrsg.), *Cableviewing* (S. 151-166). Norwood, NJ: Ablex.

Heeter, C. (1992). Being There: The subjective experience of presence. *Presence, 1*: 262-271.

Heeter, C., D'Alessio, D., Greenberg, B.S. & McVoy, D.S. (1988). Cableviewing Behaviors: An Electronic Assessment. In Heeter, C. & Greenberg, B. S. (Hrsg.), *Cableviewing* (S. 51-66). Norwood, NJ: Ablex.

Heeter, C. & Greenberg, B.S. (Hrsg.) (1988). *Cableviewing.* Norwood, NJ: Ablex.

Heider, F. (1958). *The Psychology of Interpersonal Relations.* New York: Wiley.

Heijnk, S. (1997). *Textoptimierung für Printmedien. Theorie und Praxis journalistischer Textproduktion.* Opladen: Westdeutscher Verlag.

Heinrich, J. (1999). *Medienökonomie. Band 2: Hörfunk und Fernsehen.* Opladen: Westdeutscher Verlag.

Helregel, B.K. & Weaver, J.B. (1989). Mood-Management During Pregnancy Through Selective Exposure to Television. *Journal of Broadcasting & Electronic Media, 33*: 15-33.

Henning, B. & Vorderer, P. (2001). Psychological Escapism: Predicting the Amount of Television Viewing by Need for Cognition. *Journal of Communication, 51*: 100-120.

Hepp, A. (1999). *Cultural Studies und Medienanalyse. Eine Einführung.* Opladen: Westdeutscher Verlag.

Herrmann, G. (1994). *Rundfunkrecht. Fernsehen und Hörfunk mit neuen Medien.* München: C.H. Beck.

Herzog, H. (1940). Professor Quiz. A Gratification Study. In Lazarsfeld, P. F. & Stanton, F. (Hrsg.), *Radio and the Printed Page. An Introduction to the Study of Radio and Its Role in the Communication of Ideas* (S. 64-93). New York: Duell, Sloan & Pearce.

Herzog, H. (1941). On Borrowed Experience. An Analysis of Listening to Daytime Sketches. *Studies of Philosophy and Social Science, 9*: 65-95.

Herzog, H. (1944). What Do We Really Know About Daytime Serial Listening? In Lazarsfeld, P. F. & Stanton, F. N. (Hrsg.), *Radio Research* (S. 3-33). New York: Duell, Sloan & Pearce.

Hesse, K.R. & Gelzleichter, A. (1993). Images und Fernsehen. In Bentele, G. & Rühl, M. (Hrsg.), *Theorien öffentlicher Kommunikation* (S. 409-434). München: Ölschläger.

Himmelweit, H.T., Oppenheim, A.N. & Vince, P. (1958). *Television and the Child.* London: Oxford University Press.

Hirschburg, P.L., Dillman, D.A. & Ball-Rokeach, S. (1986). Media system dependency theory: Responses to the eruption of Mount St. Helens. In Ball-Rokeach, S. & Cantor, J. (Hrsg.), *Media, audience, and social structure* (S. 117-126). Newbury Park, CA: Sage.

Hoffmann, J. (2003). *Verbrechensbezogene TV-Genres aus Sicht der Zuschauer.* München: Reinhard Fischer.

Hoffner, C. (1996). Children's Wishful Identification and Parasocial Interaction with Favorite Television Characters. *Journal of Broadcasting & Electronic Media, 40*: 389-402.

Hoffner, C.A. & Levine, K.J. (2005). Enjoyment of Mediated Fright and Violence: A Meta-Analysis. *Media Psychology, 7*: 207-237.

Höflich, J.R. (1996). *Technisch vermittelte interpersonale Kommunikation. Grundlagen, organisatorische Medienverwendung, Konstitution 'elektronischer Gemeinschaften'.* Opladen: Westdeutscher Verlag.

Höflich, J.R. (1997). Zwischen massenmedialer und technisch vermittelter interpersonaler Interaktion - der Computer als Hybridmedium und was die Menschen damit machen. In Beck, K. & Vowe, G. (Hrsg.), *Computernetze - ein Medium* (S. 85-104). Berlin: Spiess.

Höflich, J.R. (1998a). Computerrahmen und die undifferenzierte Wirkungsfrage - oder: Warum erst einmal geklärt werden muß, was die Menschen mit dem Computer machen. In Rössler, P. (Hrsg.), *Online-Kommunikation. Beiträge zu Nutzung und Wirkung* (S. 47-64). Opladen: Westdeutscher Verlag.

Höflich, J.R. (1998b). http://www.zeitung.de. Perspektiven der Online-Aktivitäten lokaler Tageszeitungen - oder: Das Wagnis Internet und der Verlust des Lokalen? *Publizistik, 43*: 111-129.

Höflich, J.R. & Rössler, P. (2001). Mobile schriftliche Kommunikation - oder: E-Mail für das Handy. Die Bedeutung elektronischer Kurznachrichten (Short Message Service) am Beispiel jugendlicher Handynutzer. *Medien & Kommunikationswissenschaft, 49*: 437-461.

Hofstätter, P.R. (1973). *Sozialpsychologie*. Berlin: de Gruyter.

Hofstede, G. (2001). *Lokales Denken, globales Handeln. Interkulturelle Zusammenarbeit und globales Management. 2. Auflage*. München: Beck/DTV.

Holly, W., Püschel, U. & Bergmann, J. (Hrsg.) (2001). *Der sprechende Zuschauer. Wie wir uns Fernsehen kommunikativ aneignen*. Opladen: Westdeutscher Verlag.

Holtz-Bacha, C. (1990). *Ablenkung oder Abkehr von der Politik? Mediennutzung im Geflecht politischer Orientierungen*. Opladen: Westdeutscher Verlag.

Holtz-Bacha, C. (1995). Rezeption und Wirkungen - gibt es Unterschiede zwischen Frauen und Männern? In Fröhlich, R. & Holtz-Bacha, C. (Hrsg.), *Frauen und Medien. Eine Synopse der deutschen Forschung* (S. 254-286). Opladen: Westdeutscher Verlag.

Holtz-Bacha, C. & Peiser, W. (1999). Verlieren die Massenmedien ihre Integrationsfunktion? Eine empirische Analyse zu den Folgen der Fragmentierung des Medienpublikums. In Hasebrink, U. & Rössler, P. (Hrsg.), *Publikumsbindungen. Medienrezeption zwischen Individualisierung und Integration* (S. 41-53). München: Reinhard Fischer.

Homans, G.C. (1950). *The Human Group*. London: Routledge and Kegan Paul.

Hömberg, W. & Schmolke, M. (1992). *Raum. Zeit. Kommunikation*. München: Ölschläger.

Horkheimer, M. & Adorno, T.W. (1988). *Dialektik der Aufklärung. Philosophische Fragmente (zuerst 1944)*. Frankfurt am Main: Fischer.

Horton, D. & Strauss, A. (1957). Interaction in audience-participation shows. *American Journal of Sociology, 62*: 579-587.

Horton, D. & Wohl, R.R. (1956). Mass Communication and Para-social Interaction: Observations on Intimacy at a Distance. *Psychiatry, 19*: 215-229.

Horvath, C.W. (2004). Measuring Television Addiction. *Journal of Broadcasting & Electronic Media, 48*: 378-398.

Hovland, C.I., Janis, I.L. & Kelly, H.H. (1982). *Communication und Persuasion. Psychological Studies of Opinion Change. 10. Auflage*. Westport, Connecticut: Greenwood.

Hovland, C.I., Lumsdaine, A.A. & Sheffield, F.D. (1949). *Experiments on Mass Communication*. Princeton: Princeton University Press.

Hovland, C.I. & Weiss, W. (1951). The Influence of Source Credibility on Communication Effectiveness. *Public Opinion Quarterly, 15*: 635-650.

Hradil, S. (1995). *Die "Single-Gesellschaft"*. München: Beck.

Huber, N. & Meyen, M. (Hrsg.) (2006). *Medien im Alltag. Qualitative Studien zu Nutzungsmotiven und zur Bedeutung von Medienangeboten*. Münster: Lit.

Hübsch, S. (2006). "Schröder ist wichtiger als das, was in der Türkei passiert". Mediennutzung türkischer Migrantinnen in Deutschland In Huber, N. & Meyen, M. (Hrsg.), *Medien im Alltag. Qualitative Studien zu Nutzungsmotiven und zur Bedeutung von Medienangeboten* (S. 95-110). Münster: Lit.

Huesmann, L.R., Moise-Titus, J., Podolski, C.-L. & Eron, L.D. (2003). Longitudinal Relations Between Children's Exposure to TV Violence and Their Aggressive and Violent Behavior in Young Adulthood: 1977-1992. *Developmental Psychology, 39*: 201-121.

Hunziker, P. (1988). *Medien, Kommunikation und Gesellschaft. Einführung in die Soziologie der Massenkommunikation*. Darmstadt: Wissenschaftliche Buchgesellschaft.

Hurrelmann, K. (2002). *Einführung in die Sozialisationstheorie (8., vollständig überarbeitete Auflage)*. Weinheim: Beltz.

Hwang, B.-h. & He, Z. (1999). Media Uses and Acculturation Among Chinese Immigrants in the USA: A Uses and Gratifications Approach. *Gazette, 61*: 5-22.

Infratest (1975). *Kommunikationsverhalten und Kommunikationsnutzen*. München: o.V.

Ito, Y. (1981). The johoka shakai approach to the study of communication in Japan. In Wilhoit, G. C. & de Bock, H. (Hrsg.), *Mass Communication Review Yearbook, Volume 2* (S. 671-698). Beverly Hills, London: Sage.

Iyengar, S. (1991). *Is Anyone Responsible? How Television Frames Political Issues*. Chicago, London: University of Chicago Press.

Iyengar, S. & Simon, A. (1993). News Coverage of the Gulf Crisis and Public Opinion: A Study of Agenda-Setting, Priming, and Framing. *Communication Research, 20*: 365-383.

Jäckel, M. (1992). Mediennutzung als Niedrigkostensituation. Anmerkungen zum Nutzen- und Belohnungsansatz. *Medienpsychologie, 4*: 246-266.

Jäckel, M. (1993). *Fernsehwanderungen: Eine empirische Untersuchung zum Zapping*. München: Reinhard Fischer.

Jäckel, M. (2002). *Medienwirkungen. Ein Studienbuch zur Einführung. 2. vollständig überarbeitete und erweiterte Auflage*. Opladen: Westdeutscher Verlag.

Jäckel, M. & Peter, J. (1997). Cultural Studies aus kommunikationswissenschaftlicher Perspektive. Grundlagen und grundlegende Probleme. *Rundfunk und Fernsehen, 45*: 46-68.

Jäckel, M. & Reinhold, A. (1996). Wer meidet Information? Fallanalysen politischen Informationsverhaltens im Fernsehen. In Jäckel, M. & Winterhoff-Spurk, P. (Hrsg.), *Mediale Klassengesellschaft. Politische und soziale Folgen der Medienwirkung* (S. 31-56). München: Reinhard Fischer.

Jäckel, M. & Wollscheid, S. (2006). Mediennutzung von Kindern und Jugendlichen im familialen Kontext. *Media Perspektiven*, Heft 11: 585-594.

Jackson-Beeck, M. (1977). The nonviewers. Who are they? *Journal of Communication*, 27: 65-72.

Jarren, O. & Bonfadelli, H. (Hrsg.) (2001). *Einführung in die Publizistikwissenschaft*. Stuttgart: UTB.

Jensen, K.B. & Rosengren, K.E. (1990). Five Traditions in Search of the Audience. *European Journal of Communication*, 5: 207-239.

Johansson, T. & Miegel, F. (1992). *Do the right Thing. Lifestyle and Identity in Contemporary Youth Culture*. Stockholm: Almquist & Wiksell International.

Johnson-Laird, P.N. (1983). *Mental Models. Towards a Cognitive Science of Language, Inference and Consciousness*. Cambridge, London, New York, New Rochelle, Melbourne, Sydney: Cambridge University Press.

Johnson, T.J. & Kaye, B.K. (2003). Around the World Wide Web in 80 Ways: How Motives for Going Online are Linked to Internet Activities among Politically Interested Internet Users. *Social Science Computer Review*, 21: 304-325.

Jungermann, H., Pfister, H.-R. & Fischer, K. (1998). *Die Psychologie der Entscheidung. Eine Einführung*. Heidelberg, Berlin: Spektrum Akademischer Verlag.

Jurga, M. (Hrsg.) (1995). *Lindenstraße. Produktion und Rezeption einer Erfolgsserie*. Opladen: Westdeutscher Verlag.

Just, M.A. & Carpenter, P.A. (1987). *The Psychology of Reading and Language Comprehension*. Boston u.a.: Allyn and Bacon.

Kahneman, D. (1973). *Attention and Effort*. New Jersey: Prentice Hall.

Kahneman, D. & Shnell, J. (1992). Predicting a Changing Taste. Do People Know What They Will Like? *Journal of Behavioral Decision Making*, 5: 187-200.

Kahneman, D., Slovic, P. & Tversky, A. (Hrsg.) (1982). *Judgment under Uncertainty. Heuristics and Biases*. Cambridge u.a.: Cambridge University Press.

Kaltenhäuser, B. (2005). *Abstimmung am Kiosk. Der Einfluss der Titelseitengestaltung politischer Publikumszeitschriften auf die Einzelverkaufsauflage* Wiesbaden: Deutscher Universitäts-Verlag.

Karmasin, M. (1996). Qualität im Journalismus. Ein medienökonomisches und medienethisches Problem. *Medien Journal*, Heft 2: 17-26.

Karnowski, V. (2003). *Von den Simpsons zur Rundschau. Wie sich Fernsehnutzung im Laufe des Lebens verändert*. München: Reinhard Fischer.

Karnowski, V., von Pape, T. & Wirth, W. (2006). Zur Diffusion Neuer Medien: Kritische Bestandsaufnahme aktueller Ansätze und Überlegungen zu einer integrativen Diffusions- und Aneignungstheorie Neuer Medien. *Medien & Kommunikationswissenschaft*, 54: 56-74.

Katz, E., Blumler, J.G. & Gurevitch, M. (1974). Utilization of Mass Communication by the Individual. In Blumler, J. G. & Katz, E. (Hrsg.), *The Uses of Mass Communications. Current Perspectives on Gratifications Research* (S. 19-32). Beverly Hills, London: Sage.

Katz, E. & Foulkes, D. (1962). On the Uses of the Mass Media as 'Escape'. Clarification of a Concept. *Public Opinion Quarterly*, 26: 377-388.

Katz, E. & Gurevitch, M. (1976). *The Secularization of Leisure. Culture and Communication in Israel*. Cambridge, Mass: Harvard University Press.

Katz, E., Gurevitch, M. & Haas, H. (1973). On the Use of Mass Media for Important Things. *American Sociological Review*, 38: 164-181.

Kaye, B.K. (1998). Uses and Gratifications of the World Wide Web: From Couch Potato to Web Potato. *New Jersey Journal of Communication*, 6: 21-40.

Kaye, B.K. & Sapolsky, B.S. (1997). Electronic Monitoring of In-Home Television RCD Usage. *Journal of Broadcasting and Electronic Media*, 41: 214-228.

Kepplinger, H.M. (1982). Die Grenzen des Wirkungsbegriffs. *Publizistik*, 27 (1-2): 98-113.

Kepplinger, H.M. & Tullius, C. (1995). Fernsehunterhaltung als Brücke zur Realität. Wie die Zuschauer mit der Lindenstraße und dem Alten umgehen. *Rundfunk und Fernsehen*, 43: 139-157.

Kerber, B. (2000). Leben ohne Fernseher – wie geht das? *Psychologie Heute*, 27 (4): 62-68.

Keupp, H. (1988). Auf dem Weg zur Patchwork-Identität? *Verhaltenstherapie und Psychosoziale Praxis*: 425-438.

Kiefer, M.-L. (1996). Schwindende Chancen für anspruchsvolle Medien? Langzeitstudie Massenkommunikation: Generationenspezifisch veränderte Mediennutzung. *Media Perspektiven*, Heft 11: 589-597.

Kiefer, M.-L. (2000). Das überforderte Individuum als Nutzer in der Informationsgesellschaft. In Mahle, W. A. (Hrsg.), *Orientierung in der Informationsgesellschaft* (S. 103-112). Konstanz: UVK Medien.

Kiefer, M.L. (1989). Medienkomplementarität und Medienkonkurrenz. Notizen zum weitgehend ungeklärten 'Wettbewerbsverhältnis' der Medien. In Kaase, M. & Schulz, W. (Hrsg.), *Massenkommunikation. Theorien, Methoden, Befunde* (S. 337-350). Opladen: Westdeutscher Verlag.

Kiefer, M.L. (2001). *Medienökonomik*. München, Wien: Oldenbourg.

Kiessling, B. (1996). Hörerbindung durch Hörerbeteiligung. Wirkungsmechanismen von Kommunikationsformaten im kommerziellen Hörfunk. *merz - Zeitschrift für Medienpädagogik*, 40: 235-241.

Kim, K. & Barnett, G.A. (1996). The Determinants of International News Flow. A Network Analysis. *Communication Research*, *23*: 332-352.

Kim, T. & Biocca, F. (1997). Telepresence via Television: Two Dimensions of Telepresence May Have Different Connections to Memory and Persuasion. *Journal of Computer-Mediated Communication, 3*. Verfügbar unter: http://jcmc.indiana.edu/vol3/issue2/kim.html (08.06.2006).

Kintsch, W. (1974). *The Representation of Meaning in Memory*. Hillsdale, NJ: Erlbaum.

Kintsch, W. & van Dijk, T.A. (1978). Toward a Model of Text Comprehension and Production. *Psychological Review, 85*: 363-394.

Klapper, J.T. (1960). *The Effects of Mass Communication*. New York: The Free Press.

Klaus, E. (1996). Der Gegensatz von Information ist Desinformation, der Gegensatz von Unterhaltung ist Langeweile. *Rundfunk und Fernsehen, 44*: 402-417.

Klaus, E. (1997). Konstruktion der Zuschauerschaft: vom Publikum in der Einzahl zu den Publika in der Mehrzahl. *Rundfunk und Fernsehen, 45*: 456-474.

Klaus, E., Röser, J. & Wischermann, U. (Hrsg.) (2001). *Kommunikationswissenschaft und Gender Studies*. Opladen: Westdeutscher Verlag.

Klemm, M. (2000). *Zuschauerkommunikation. Formen und Funktionen der alltäglichen kommunikativen Fernsehaneignung*. Frankfurt am Main: Lang.

Kleyböcker, R. (1999). *Multimodale Rezipienten-Typen und Differentielle Medienwirkung*. Münster: Lit.

Kliment, T. (1997). Mediennutzung im Dickicht der Lebenswelt. Zum Verhältnis von Rezeptionsmustern und Publikumstypen. In Scherer, H. & Brosius, H.-B. (Hrsg.), *Zielgruppen, Publikumssegmente, Nutzergruppen. Beiträge aus der Rezeptionsforschung* (S. 206-238). München: Reinhard Fischer.

Klimmt, C. (2004). Computer- und Videospiele. In Mangold, R., Vorderer, P. & Bente, G. (Hrsg.), *Lehrbuch der Medienpsychologie* (S. 695-716). Göttingen, Bern, Toronto, Seattle: Hogrefe.

Klimmt, C., Hartmann, T. & Vorderer, P. (2005). Macht der Neuen Medien? "Überwältigung" und kritische Rezeptionshaltung in virtuellen Medienumgebungen. *Publizistik, 50*: 422-437

Klimmt, C. & Vorderer, P. (2002a). "Lara ist mein Medium". Parasoziale Interaktionen mit Lara Croft im Vergleich zur Lieblingsfigur aus Film und Fernsehen. In Rössler, P., Kubisch, S. & Gehrau, V. (Hrsg.), *Empirische Perspektiven der Rezeptionsforschung* (S. 177-192). München: Reinhard Fischer.

Klimmt, C. & Vorderer, P. (2002b). Wann wird aus Spiel Ernst? Hochinteraktive Medien, "Perceived Reality" und das Unterhaltungserleben der Nutzer/innen. In Baum, A. & Schmidt, S. J. (Hrsg.), *Fakten und Fiktionen. Über den Umgang mit Medienwirklichkeiten* (S. 314-324). Konstanz: UVK.

Klingemann, H.-D. & Klingemann, U. (1983). 'Bild' im Urteil der Bevölkerung. Materialien zu einer vernachlässigten Perspektive. *Publizistik, 28*: 239-259.

Klingler, W. (1998). Hörfunk und Hörfunknutzung seit 1945. In Klingler, W., Roters, G. & Gerhards, M. (Hrsg.), *Medienrezeption seit 1945. Forschungsbilanz und Forschungsperspektiven* (S. 113-124). Baden-Baden: Nomos.

Klövekorn, N. (2002). *Sehen wir was wir wollen? Die Fernsehprogrammauswahl unter Berücksichtigung langfristiger Zuschauerpräferenzen und Programmierungsstrategien der Fernsehsender*. München: Reinhard Fischer.

Knijn, E.A. & Hoorn, J.F. (2005). Some Like It Bad: Testing a Model for Perceiving and Experiencing Fictional Characters. *Media Psychology, 7*: 107-144.

Knobloch-Westerwick, S., Hastall, M.R., Grimmer, D. & Brück, J. (2005). "Informational Utility". Der Einfluss der Selbstwirksamkeit auf die selektive Zuwendung zu Nachrichten. *Publizistik, 50*: 462-474.

Knobloch, S. (2000). *Schicksal spielen. Interaktive Unterhaltung aus persönlichkeitspsychologischer und handlungstheoretischer Sicht*. München: Reinhard Fischer.

Knobloch, S. (2002). "Unterhaltungsslalom" bei der WWW-Nutzung: Ein Feldexperiment. *Publizistik, 47*: 309-318.

Knobloch, S. (2003). Mood Adjustment via Mass Communication. *Journal of Communication, 53*: 233-250.

Knobloch, S., Callison, C., Lei, C., Fritzsche, A. & Zillmann, D. (2005). Children's Sex-Stereotyped Self-Socialization Through Selective Exposure to Entertainment Cross-Cultural Experiments in Germany, China, and the United States. *Journal of Communication, 55*: 122-138.

Knobloch, S., Carpentier, F.D. & Zillmann, D. (2003a). Effects of Salience Dimensions of Informational Utility on Selective Exposure to Online News. *Journalism & Mass Communication Quarterly, 80*: 91-108.

Knobloch, S. & Fritzsche, A. (2004). Cowboy und Prinzessin seit Adam und Eva: Geschlechtsstereotype Unterhaltungspräferenzen von Vorschulkindern. *Zeitschrift für Medienpsychologie, 16*: 68-77.

Knobloch, S., Hastall, M., Zillmann, D. & Callison, C. (2003b). Imagery effects on the selective reading of Internet newsmagazines. *Communication Research, 30*: 3-29.

Knobloch, S., Van Nguyen-Blass, L. & Hastall, M. (2004a). Mitfühlen oder Mitspielen. Wahrnehmung von Medienfiguren in Trickfilm und PC-Spiel bei Grundschulkindern. In Hasebrink, U., Mikos, L. & Prommer, E. (Hrsg.), *Mediennutzung in konvergierenden Medienumgebungen* (S. 321-346). München: Reinhard Fischer.

Knobloch, S., Weisbach, K. & Zillmann, D. (2004b). Love Lamentation in Pop Songs: Music for Unhappy Lovers? *Zeitschrift für Medienpsychologie, 16*: 116-124.

Kohn, M.K. (1989). Introduction: Types of Cross-National Research. In Kohn, M. K. (Hrsg.), *Cross-national Research in Sociology* (S. 20-24). Newbury Park, CA: Sage.

Kohring, M. (2002). Fakten ins Töpfchen, Fiktionen ins Kröpfchen? Warum Vertrauen im Journalismus mehr ist als Glaubwürdigkeit. In Baum, A. & Schmidt, S. J. (Hrsg.), *Fakten und Fiktionen. Über den Umgang mit Medienwirklichkeiten* (S. 90-100). Konstanz: UVK.

Kohring, M. (2004). *Vertrauen in Journalismus. Theorie und Empirie*. Konstanz: UVK.

Kolb, D.A., Rubin, I.M. & McIntyre, J.M. (1984). *Organizational Psychology. An Experiential Approach to Organizational Behavior*. Englewood Cliffs, NJ: Prentice Hall.

Kolb, S. (2006). *Mediale Thematisierung in Zyklen. Theoretischer Entwurf und empirische Anwendung*. Köln: von Halem.

Königshausen, G. (1993). Btx - ursprüngliches Konzept gescheitert. *Media Perspektiven*, Heft 8: 388-393.

Koschnick, W.J. (2006). Von der Poesie der schönen Namensgebung ... Glanz und Elend von Lifestyle-Typologien. In Koschnick, W. J. (Hrsg.), *FOCUS-Jahrbuch 2006. Schwerpunkt: Lifestyle-Forschung* (S. 43-96). München: Focus Magazin Verlag.

Koschnick, W.J. (o.J). FOCUS-Lexikon. Werbeplanung - Mediaplanung - Marktforschung - Kommunikationsforschung - Mediaforschung. Verfügbar unter: http://medialine.focus.de (03.08.2006).

Kosicki, G.M. & McLeod, J.M. (1990). Learning From Political News: Effects of Media Images and Information-Processing Strategies. In Kraus, S. (Hrsg.), *Mass Communication and Political Information Processing* (S. 69-84). Hillsdale, NJ: Erlbaum.

Krcmar, M. (1996). Family Communication Patterns, Discourse Behavior, and Child Television Viewing. *Human Communication Research, 23*: 251-277.

Krcmar, M. & Greene, K. (1999). Predicting Exposure to and Uses of Television Violence. *Journal of Communication, 49*: 24-45.

Kroeber-Riel, W. & Weinberg, P. (2003). *Konsumentenverhalten. 8. Auflage*. München: Vahlen.

Kronewald, E. (2002). *Big Brother in Deutschland - Gran Hermano in Spanien. Presseberichterstattung im Vergleich*. München: Reinhard Fischer.

Krotz, F. (1992). Kommunikation als Teilhabe. Der „Cultural Studies Approach". *Rundfunk und Fernsehen, 40*: 412-431.

Krotz, F. (1994). Alleinseher im "Fernsehfluß". Rezeptionsmuster aus dem Blickwinkel individueller Fernsehnutzung. *Media Perspektiven*, Heft 10: 505-516.

Krotz, F. (1995a). Elektronisch mediatisierte Kommunikation. Überlegungen zur Konzeption einiger zukünftiger Forschungsfelder der Kommunikationswissenschaft. *Rundfunk und Fernsehen, 43*: 445-462.

Krotz, F. (1995b). Fernsehrezeption kultursoziologisch betrachtet. *Soziale Welt* (46): 242-265.

Krotz, F. (1996). Parasoziale Interaktion und Identität im elektronisch mediatisierten Kommunikationsraum. In Vorderer, P. (Hrsg.), *Fernsehen als "Beziehungskiste". Parasoziale Beziehungen und Interaktionen mit TV-Personen* (S. 73-90). Opladen: Westdeutscher Verlag.

Krotz, F. (2001). Der Symbolische Interaktionismus und die Kommunikationsforschung. Zum hoffnungsvollen Stand einer schwierigen Beziehung. In Rössler, P., Hasebrink, U. & Jäckel, M. (Hrsg.), *Theoretische Perspektiven der Rezeptionsforschung* (S. 73-95). München: Reinhard Fischer.

Krotz, F. & Eastman, S.K. (1999). Orientations Toward Television Outside the Home in Hamburg and Indianapolis. *Journal of Communication, 49*: 5-27.

Krotz, F. & Hasebrink, U. (1998). The Analysis of People-Meter Data: Individual Patterns of Viewing Behavior and Viewers' Cultural Backgrounds. *Communications, 23*: 151-174.

Krüger, U.M. (2005). Sparten, Sendungsformen und Inhalte im deutschen Fernsehangebot. Programmanalyse 2004 von ARD/Das Erste, ZDF, RTL, SAT.1 und ProSieben. *Media Perspektiven*, Heft 5: 190-204.

Krüger, U.M. & Zapf-Schramm, T. (2001). Die Boulevardisierungskluft im deutschen Fernsehen. Programmanalyse 2000: ARD, ZDF, RTL, SAT.1 und ProSieben im Vergleich. *Media Perspektiven*, Heft 7: 326-344.

Krugman, H.E. (1965). The Impact of Television Advertising. Learning Without Involvement. *Public Opinion Quarterly, 30*: 349-365.

Krugman, H.E. (1971). Brain Wave Measures of Media Involvement. *Journal of Advertising Research, 11* (1): 3-9.

Kubey, R. & Csikszentmihalyi, M. (1990). *Television and the Quality of Life. How Viewing Shapes Everyday Experience*. Hillsdale, NJ: Erlbaum.

Kubey, R.W. & Peluso, T. (1990). Emotional Response as a Cause of Interpersonal News Diffusion: The Case of the Space Shuttle Tragedy. *Journal of Broadcasting & Electronic Media, 34*: 69-76.

Kubicek, H. & Welling, S. (2000). Vor einer digitalen Spaltung in Deutschland? Annäherung an ein verdecktes Problem von wirtschafts- und gesellschaftspolitischer Brisanz. *Medien & Kommunikationswissenschaft, 48*: 497-517,.

Kubitschke, L. & Trebbe, J. (1992). Zur Ermittlung einer medienübergreifenden Nutzungstypologie. *Media Perspektiven*, Heft 3: 199-212.

Kuhlmann, C. & Wolling, J. (2004). Fernsehen als Nebenbeimedium. Befragungsdaten und Tagebuchdaten im Vergleich. *Medien & Kommunikationswissenschaft, 52*: 386–411.

Kuhn, H.-P. (2000). *Mediennutzung und politische Sozialisation. Eine empirische Studie zum Zusammenhang zwischen Mediennutzung und politischer Identitätsbildung im Jugendalter*. Opladen: Leske+Budrich.

Kulmus, S. (2003). Auf Knopfdruck da - Fernsehpersonen als fiktive Interaktionspartner. Eine empirische Studie zu parasozialen Beziehungen älterer Menschen. Unveröffentlichte Magisterarbeit am Institut für Kommunikationswissenschaft und Medienforschung der Universität München.

Kunczik, M. (2002). *Public Relations. Konzepte und Theorien. 4. Auflage*. Köln, Weimar, Wien: Böhlau.

Kunczik, M. & Zipfel, A. (2001). *Publizistik*. Köln, Weimar, Wien: UTB/Böhlau.

Kutschera, N. (2001). *Fernsehen im Kontext jugendlicher Lebenswelten. Eine Studie zur Medienrezeption Jugendlicher auf der Grundlage des Ansatzes der kontextuellen Mediatisation.* München: KoPäd.

Läge, D. & Kälin, S. (2004). Imageforschung mit Kognitiven Karten: Die Landschaft der Fernsehsender in der Wahrnehmung der Zuschauer/innen: Teil 1: Die Strukturierung der Senderlandschaft. *Zeitschrift für Medienpsychologie, 16*: 155-162.

Lamnek, S. (1995a). *Qualitative Sozialforschung. Band 1: Methodologie. 3. korrigierte Auflage.* Weinheim: PsychologieVerlagsUnion.

Lamnek, S. (1995b). *Qualitative Sozialforschung. Band 2: Methoden und Techniken. 3. korrigierte Auflage.* Weinheim: PsychologieVerlagsUnion.

Landwehrmann, F., Jäckel, M. & Topfmeier, A. (1988). *Nutzung und Konsequenzen eines erweiterten Fernsehprogrammangebots: Ergebnisse aus dem Ersten Kabelpilotprojekt in der Region Ludwigshafen/Vorderpfalz. Wiss. Begleitkommission zum Versuch mit Breitbandkabel in der Region Ludwigshafen/Vorderpfalz.* Berlin: VDE-Verlag.

Lang, A. (1995). Defining Audio/Video Redundancy From a Limited-Capacity Information Processing Perspective. *Communication Research, 22*: 86-115.

Lang, A. (2000). The Limited Capacity Model of Mediated Message Processing. *Journal of Communication, 50*: 46-70.

Lang, A., Bradley, S.D., Chung, Y. & Lee, S. (2003). Where the Mind Meets the Message: Reflections on Ten Years of Measuring Psychological Responses to Media. *Journal of Broadcasting & Electronic Media, 47*: 650-655.

Latzer, M. (1997). *Mediamatik - Die Konvergenz von Telekommunikation, Computer und Rundfunk.* Opladen: Westdeutscher Verlag.

Lazarsfeld, P.F., Berelson, B. & Gaudet, H. (1944). *The People's Choice. How the Voter Makes up his Mind in a Presidential Campaign.* New York: Columbia University Press.

Lazarsfeld, P.F. & Katz, E. (1955). *Personal Influence: The Part Played by People in the Flow of Mass Communications.* New York: Free Press.

Lazarsfeld, P.F. & Stanton, F. (1940). *Radio and the Printed Page. An Introduction to the Study of Radio and Its Role in the Communication of Ideas.* New York: Duell, Sloan & Pearce.

Lazarsfeld, P.F. & Stanton, F.N. (Hrsg.) (1942). *Radio Research, 1941.* New York: Duell, Sloan & Pearce.

Lazarsfeld, P.F. & Stanton, F.N. (Hrsg.) (1944). *Radio Research, 1942-3.* New York: Duell, Sloan & Pearce.

Lazarsfeld, P.F. & Stanton, F.N. (Hrsg.) (1949). *Communications Research, 1948-9.* New York: Harper.

Lazarus, R.S. & Folkman, S. (1987). Transactional theory and research on emotions and coping. *European Journal of Personality, 1*: 141-169.

Le Bon, G. (1982). *Psychologie der Massen. 15. Auflage (zuerst 1911).* Stuttgart: Kröner.

Lee, K.M. (2004). Presence, Explicated. *Communication Theory, 14*: 27-50.

Lee, R.S.H. (1978). Credibility of Newspapers and TV News. *Journalism Quarterly, 55*: 282-287.

Lehman-Wilzig, S. & Cohen-Avigdor, N. (2004). The natural life cycle of new media evolution. *New Media & Society, 6*: 707-730.

Leung, L. (2001). College student motives for chatting on ICQ. *New Media & Society, 3*: 483-500.

Levy, M.R. (1978). Television News Uses: A Cross-National Comparison. *Journalism Quarterly, 55*: 334-337.

Levy, M.R. & Windahl, S. (1984). Audience Activity and Gratifications. A Conceptual Clarification and Exploration. *Communication Research, 11*: 51-78.

Levy, M.R. & Windahl, S. (1985). The Concept of Audience Activity. In Rosengren, K. E., Wenner, L. A. & Palmgreen, P. (Hrsg.), *Media Gratifications Research. Current Perspectives* (S. 109-122). Beverly Hills, London, New Delhi: Sage.

Lichtenstein, A. & Rosenfeld, L. (1983). Uses and misuses of gratifications research. An explication of media functions. *Communication Research, 10*: 97-109.

Lin, C.A. (1998a). Exploring personal computer adoption dynamics. *Journal of Broadcasting & Electronic Media, 42*: 95-112.

Lin, C.A. (1998b). Modeling the Gratification-Seeking Process of Television Viewing. *Human Communication Research, 20*: 224-244.

Lin, C.A. (2002). Perceived gratifications of online media service use among potential users. *Telematics and Informatics, 19*: 3-19.

Lin, C.A. (2003). Interactive Communication Technology Adoption Model. *Communication Theory, 13*: 345-365.

Lindlof, T. (1988). Media audiences as interpretative communities. In Anderson, J. A. (Hrsg.), *Communication Yearbook 11* (S. 81-107). Newbury Park, Beverly Hills: Sage.

Linek, S. (2003). Der Einfluss von Traurigkeit als State und Depressivität als Trait auf das Fernsehverhalten. *Zeitschrift für Medienpsychologie, 15*: 90-97.

Lippmann, W. (1922). *Public Opinion.* New York: Free Press.

Litman, B.R. & Kohl, L.S. (1992). Network rerun viewing in the age of new programming services. *Journalism Quarterly, 69*: 383-391.

Livingstone, S.M. (1996). Die Rezeption von Unterhaltungsangeboten: Zum Stand der Publikumsforschung. In Hasebrink, U. & Krotz, F. (Hrsg.), *Die Zuschauer als Fernsehregisseure? Zum Verhältnis individueller Nutzungs- und Rezeptionsmuster* (S. 163-177). Baden-Baden: Nomos.

Livingstone, S.M. (2003). On the Challenges of Cross-National Comparative Media Research. *European Journal of Communication, 18*: 477-500.

Livingstone, S.M. & Bovill, M. (Hrsg.) (2001). *Children and their changing media environment. A European comparative study.* London: Erlbaum.

Lombard, M. & Ditton, T. (1997). At the Heart of It All: The Concept of Presence. *Journal of Computer-Mediated Communication, 3*.

Lombard, M., Reich, R.D., Grabe, M.E., Bracken, C. & Ditton, T. (2000). Presence and television: The role of screen size. *Human Communication Research*, *26*: 75-98.
Lometti, G.E., Reeves, B. & Bybee, C.R. (1977). Investigating the Assumption of Uses and Gratifications Research. *Communication Research*, *4*: 321-338.
Lonial, S.C. & Van Auken, S. (1986). Wishful identification with fictional characters: an assessment of the implications of gender in message dissemination to children. *Journal of Advertising*, *15* (4): 4-11.
Loosen, W. (2001). Mediale Synergien - Crossmedia-Markenstrategien und Konsequenzen für den Journalismus. In Beck, K. & Schweiger, W. (Hrsg.), *Attention please! Online-Kommunikation und Aufmerksamkeit* (S. 237-248). München: Reinhard Fischer.
Lowrey, W. (2004). Media Dependency During a Large-Scale Social Disruption: The Case of September 11. *Mass Communication & Society*, *7*: 339-357.
Luckmann, T. (1992). *Theorie des sozialen Handelns*. Berlin, New York: de Gruyter.
Luger, K. (1992). Freizeitmuster und Lebensstile. Medien als Kompositeure, Segmenteure und Kolporteure. *Publizistik*, *37*: 427-443.
Luhmann, N. (2000). *Vertrauen. Ein Mechanismus der Reduktion sozialer Komplexität. 4. Auflage*. Stuttgart: Lucius & Lucius.
Lull, J. (1980). The Social Uses of Television. *Human Communication Research*, *6*: 197-209.
Lynn, R., Hampson, S. & Agahi, E. (1989). Television violence and aggression: A genotype-environment, correlation and interaction theory. *Social Behaviour and Personality*, *17*: 143-164.
Maccoby, E.E. (1954). Why Do Children Watch TV? *Public Opinion Quarterly*, *18*: 239-244.
Maccoby, E.E. & Wilson, W.C. (1957). Identification and observational learning from films. *Journal of Abnormal and Social Psychology*, *55* (76-87).
Mahle, W.A. (Hrsg.) (1998). *Kultur in der Informationsgesellschaft*. Konstanz: UVK Medien.
Mahle, W.A. (Hrsg.) (2000). *Orientierung in der Informationsgesellschaft*. Konstanz: UVK Medien.
Maier, J.H. (2005). Bestehen parasoziale Beziehungen zu Politikern? Eine empirische Exploration mit der Repertory Grid Technik. *Zeitschrift für Medienpsychologie*, *17*: 99-109.
Maier, M. (2002). *Zur Konvergenz des Fernsehens in Deutschland. Ergebnisse qualitativer und repräsentativer Zuschauerbefragungen*. Konstanz: UVK.
Maletzke, G. (1963). *Psychologie der Massenkommunikation*. Hamburg: Hans-Bredow-Institut.
Mander, J. (1981). *Schafft das Fernsehen ab!* Reinbek bei Hamburg: Rowohlt.
Mandl, H. & Ballstaedt, S.-P. (1982). Effects of Elaboration on Recall of Texts. In Flammer, A. & Kintsch, W. (Hrsg.), *Discourse Processing* (S. 482-494). Amsterdam, New York: North-Holland.
Mangold, R. (2000). Der abendliche Horror. Unterhaltung und Emotionen bei Fernsehnachrichten. In Roters, G., Klinger, W. & Gerhards, M. (Hrsg.), *Unterhaltung und Unterhaltungsrezeption* (S. 119-140). Baden-Baden: Nomos.
Mangold, R. (2004). Infotainment und Edutainment. In Mangold, R., Vorderer, P. & Bente, G. (Hrsg.), *Lehrbuch der Medienpsychologie* (S. 527-542). Göttingen, Bern, Toronto, Seattle: Hogrefe.
Mangold, R. & Brenner, K. (1999). Information auf allen Kanälen? Zum Einfluss des Kognitionsbedürfnisses auf die Tendenz zum Umschalten. *Rundfunk und Fernsehen*, *47*: 499-514.
Manstead, A.S.R. & Hewstone, M. (Hrsg.) (1996). *The Blackwell Encyclopedia of Social Psychology*. Malden, MA, Oxford, UK, Victoria, Australia: Blackwell.
Mares, M.-L. & Cantor, J. (1992). Elderly viewers' responses to televised portrayals of old age. Empathy and mood management versus social comparison. *Communication Research*, *19*: 459-478.
Maslow, A.H. (1943). A Theory of Human Motivation. *Psychological Review*, *50*: 370-396.
Maslow, A.H. (1970). *Motivation and Personality. 2nd Edition*. Englewood Cliffs, NJ: Prentice Hall.
Massad, V.J. & Reardon, J. (1996). Channel surfing, brand loyalty and risk propensity: A segmentation approach to modeling consumer switching behaviors in the USA. *International Journal of Advertising*, *15*: 250-261.
Mastro, D.E., Eastin, M.S. & Tamborini, R. (2002). Internet Search Behaviors and Mood Alterations: A Selective Exposure Approach. *Media Psychology* *4*(2): 157-172
Mathes, R. (1995). Konzepte zur Nutzung und Bewertung von Tageszeitungen. In Böhme-Dürr, K. & Graf, G. (Hrsg.), *Auf der Suche nach dem Publikum. Medienforschung für die Praxis* (S. 69-87). Konstanz: UVK Medien.
Matthes, J. (2006). The Need for Orientation Towards News Media: Revising and Validating a Classic Concept. *International Journal of Public Opinion Research*, *18*: 422-444.
Matthes, J. & Kohring, M. (2003). Operationalisierung von Vertrauen in Journalismus. *Medien & Kommunikationswissenschaft*, *52*: 5-23.
Matzen, C. (2004). Chronik der Medienentwicklung in Deutschland 2003. *Medien & Kommunikationswissenschaft*, *52*: 694-720.
Mayerhofer, W. (1995). *Imagetransfer. Die Nutzung von Erlebniswelten für die Positionierung von Ländern, Produktgruppen und Marken*. Wien: Service Fachverlag.
Mayring, P. (2002). *Einführung in die Qualitative Sozialforschung (5. Auflage)*. Weinheim, Basel: Beltz.
McCain, T. (1986). Patterns of Media Use in Europe: Identifying Country Clusters. *European Journal of Communication*, *1*: 231-250.
McClelland, J.L. & O'Regan, J.K. (1981). Expectations Increase the Benefit Derived from Parafoveal Visual Information in Reading Words Aloud. *Journal of Experimental Psychology: Human Perception and Performance*, *7*: 634-644.

McCombs, M.E. & Poindexter, P.M. (1983). The Duty to Keep Informed: News Exposure and Civic Obligation. *Journal of Communication, 33*: 88-96.

McCrae, R. & Costa, P. (1987). Validation of the five factor model of personality across instruments and observers. *Journal of Personality and Social Psychology, 52*: 81-90.

McDaniel, S.R. (2004). Sensation Seeking and the Consumption of Televised Sport. In Shrum, L. J. (Hrsg.), *The Psychology of Entertainment Media. Blurring the Lines Between Entertainment and Persuasion* (S. 323-335). Mahwah, NJ, London: Erlbaum.

McDonald, D.G. (1983). Investigating Assumptions of Media Dependency Research. *Communication Research, 10*: 509-528.

McDonald, D.G. & Glynn, C.J. (1984). The Stability of Media Gratifications. *Journalism Quarterly, 61*: 542-550.

McDowell, W. & Sutherland, J. (2000). Choice Versus Chance: Using Brand Equity Theory to Explore TV Audience Lead-in Effects, A Case Study. *Journal of Media Economics, 13*: 233-247.

McFarland, S.G. (1996). Keeping the Faith: The Roles of Selective Exposure and Avoidance in Maintaining Religious Beliefs. *Religion & Mass Media: Audiences & Adaptations, o. Jg.*: 169-182.

McGuire, W.J. (1967). The Current Status of Cognitive Consistency Theories. In Fishbein, M. (Hrsg.), *Readings in Attitude Theory and Measurement* (S. 401-421). New York u.a.: Wiley.

McGuire, W.J. (1974). Psychological Motives and Communication Gratification. In Blumler, J. G. & Katz, E. (Hrsg.), *The Uses of Mass Communications. Current Perspectives on Gratifications Research* (S. 167-196). Beverly Hills, London: Sage.

McIlwraith, R.D. (1998). "I'm Addicted to Television": The Personality, Imagination, and TV Watching Patterns of Self-Identified TV Addicts. *Journal of Broadcasting & Electronic Media, 42*: 371-386.

McIlwraith, R.D. & Schallow, J. (1983). Adult fantasy life and patterns of media use. *Journal of Communication, 33*: 78-91.

McLeod, J.M. & Becker, L.B. (1974). Testing the Validity of Gratification Measures Through Political Effect Analysis. In Blumler, J. G. & Katz, E. (Hrsg.), *The Uses of Mass Communications. Current Perspectives on Gratifications Research* (S. 137-164). Beverly Hills, CA, London: Sage.

McLeod, J.M. & Becker, L.B. (1981). The Uses and Gratifications Approach. In Nimmo, D. D. & Sanders, K. R. (Hrsg.), *Handbook of Political Communication* (S. 67-99). Beverly Hills, CA: Sage.

McMillan, S. & Morrison, M. (2006). Coming of age with the internet: A qualitative exploration of how the internet has become an integral part of young people's lives. *New Media & Society, 8*: 73-95.

McQuail, D. (1969). *Towards a Sociology of Mass Communication*. London: Collier-Macmillan.

McQuail, D. (1985). Gratifications Research and Media Theory. Many Models or One? In Rosengren, K. E., Wenner, L. A. & Palmgreen, P. (Hrsg.), *Media Gratifications Research. Current Perspectives* (S. 149-167). Beverly Hills, London, New Delhi: Sage.

McQuail, D. (1997). *Audience Analysis*. London, Thousand Oaks, New Delhi: Sage.

McQuail, D. (2000). *McQuail's Mass Communication Theory. 4th Edition*. London, Thousand Oaks, New Delhi: Sage.

McQuail, D., Blumler, J.G. & Brown, J.R. (1972). The Television Audience: A Revised Perspective. In McQuail, D. (Hrsg.), *Sociology of Mass Communications* (S. 135-165). Harmondsworth: Penguin.

McQuail, D. & Gurevitch, M. (1974). Explaining Audience Behavior: Three Approaches Considered. In Blumler, J. G. & Katz, E. (Hrsg.), *The Uses of Mass Communications. Current Perspectives on Gratifications Research* (S. 287-301). Beverly Hills, London: Sage.

Mead, G.H. (1934). *Mind, Self, and Society. From the Standpoint of a Social Behaviorist*. Chicago, IL: University of Chicago Press.

Meadowcroft, J.M. & Zillmann, D. (1987). Women's comedy preference during the menstrual cycle. *Communication Research, 14*: 204-218.

Mehling, G. (2001). Fernsehen ist kein "Problem". Zu den handlungstheoretischen Vorstellungen des Uses-and-Gratifications Approach. In Rössler, P., Hasebrink, U. & Jäckel, M. (Hrsg.), *Theoretische Perspektiven der Rezeptionsforschung* (S. 97-119). München: Reinhard Fischer.

Meier, W.A. (1999). Was macht die Publizistik und Kommunikationswissenschaft mit der Konvergenz? In Latzer, M., Maier-Rabler, U., Siegert, G. & Steinmaurer, T. (Hrsg.), *Die Zukunft der Kommunikation. Phänomene und Trends der Informationsgesellschaft* (S. 29-42). Innsbruck: StudienVerlag.

Mendelson, A.L. & Thorson, E. (2004). How Verbalizers and Visualizers Process the Newspaper Environment. *Journal of Communication, 54*: 474-491.

Mendelson, H. (1964). Listening to Radio. In Dexter, L. A. & White, D. M. (Hrsg.), *People, Society, and Mass Communications* (S. 239-248). New York: Free Press.

Merten, K. (1984). Vom Nutzen des "Uses and Gratifications Approach". Anmerkungen zu Palmgreen. *Rundfunk und Fernsehen, 32*: 66-72.

Merton, R.K. (1946). *Mass Persuasion. The Social Psychology of a War Bond Drive*. New York, London: Harper & Brothers.

Merton, R.K. (1949). *Social Theory and Social Structure. Toward the Codification of Theory and Research*. Glencoe, IL: Free Press.

Meyen, M. (2000). Die Quelle Meinungsforschung: Historische Datenanalyse als Weg zu einer Geschichte der Mediennutzung. *ZA-Information, 46*: 39-57.

Meyen, M. (2003). *Denver Clan und Neues Deutschland. Mediennutzung in der DDR*. Berlin: Chr. Links.

Meyen, M. (2004a). Mediennutzer in der späten DDR. Eine Typologie auf der Basis biografischer Interviews. *Medien & Kommunikationswissenschaft, 52*: 95-112.

Meyen, M. (2004b). *Mediennutzung. Mediaforschung, Medienfunktionen, Nutzungsmuster. 2., überarbeitete Auflage*. Konstanz: UVK Medien.

Meyen, M. (2006). *Wir Mediensklaven. Warum die Deutschen ihr halbes Leben auf Empfang sind*. Hamburg: merus.

Meyen, M. & Pfaff, S. (2006). Rezeption von Geschichte im Fernsehen. Eine qualitative Studie zu Nutzungsmotiven, Zuschauererwartungen und zur Bewertung einzelner Darstellungsformen. *Media Perspektiven*, Heft 2: 102-106.

Meyrowitz, J. (1990a). *Überall und nirgends. Die Fernsehgesellschaft I (Original: No Sense of Place)*. Weinheim, Basel: Beltz.

Meyrowitz, J. (1990b). *Überall und nirgends. Die Fernsehgesellschaft II (Original: No Sense of Place)*. Weinheim, Basel: Beltz.

Mikos, L. (2004a). Fernsehen, Kult und junge Zuschauer. *Televizion*, 17 (2): 38-41.

Mikos, L. (2004b). Medienhandeln im Alltag - Alltagshandeln mit Medienbezug. In Hasebrink, U., Mikos, L. & Prommer, E. (Hrsg.), *Mediennutzung in konvergierenden Medienumgebungen* (S. 21-40). München: Reinhard Fischer.

Miller, G.A. (1956). The magical number seven plus or minus two: Some limits on our capacity for processing information. *The Psychological Review*, 63: 81-97.

Mills, J. (1968). Interest in supporting and discrepant information. In Abelson, R. P., Aronson, E., McGuire, W. J., Newcomb, T. M., Rosenberg, M. J. & Tannenbaum, P. H. (Hrsg.), *Theories of cognitive consistency: A sourcebook* (S. 771-776). Chicago: Rand McNally.

Minnebo, J. (2000). Fear of Crime and Television Use: A Uses and Gratifications Approach. *Communications*, 25: 123-142.

Minsky, M. (1975). A Framework for Representing Knowledge. In Winston, W. (Hrsg.), *The Psychology of Computer Vision* (S. 211-277). New York: McGraw-Hill.

Miraldi, P.N. (2004). The Biological Origins of Communication Motives. Paper presented to the annual conference of the International Communication Association, New Orleans.

Mitchell, A.A. (1979). Involvement: A Potentially Important Mediator of Consumer Behavior. *Advances in Consumer Research*, 6: 191-195.

Morgan, M. (1984). Heavy Television Viewing and Perceived Quality of Life. *Journalism Quarterly*, 61: 499-504.

Morhart, F. (2004). *Der homosexuelle Rezipient. Eine Lebensstil-Analyse zum Fernsehverhalten Homosexueller*. München: Reinhard Fischer.

Morley, D. (1986). *Family Television: Cultural Power and Domestic Leisure*. London: Comedia.

Morley, D. (1996). Medienpublika aus der Sicht der Cultural Studies. In Hasebrink, U. & Krotz, F. (Hrsg.), *Die Zuschauer als Fernsehregisseure? Zum Verhältnis individueller Nutzungs- und Rezeptionsmuster* (S. 37-51). Baden-Baden: Nomos.

Morris, M. & Ogan, C. (1995). The Internet as Mass Medium. *Journal of Communication*, 46: 39-50.

Moser, H. (1999). *Twelve Points. Grand Prix Eurovision - Analyse einer Fankultur*. Zürich: Verlag Pestalozzianum.

Moy, P., Scheufele, D.A. & Holbert, R.L. (1999). Television Use and Social Capital: Testing Putnam's Time Displacement Hypothesis. *Mass Communication & Society*, 2 (1/2): 27-45.

Müller, H.P. (1989). Lebensstile. Ein neues Paradigma der Differenzierungs- und Ungleichheitsforschung? *Kölner Zeitschrift für Soziologie und Sozialpsychologie*, 41: 53-71.

Nawratil, U. (1997). *Glaubwürdigkeit in der sozialen Kommunikation*. Opladen: Westdeutscher Verlag.

Neisser, U. (1974). *Kognitive Psychologie (Original: "Cognitive Psychology" 1967)*. Stuttgart: Klett.

Neisser, U. (1979). *Kognition und Wirklichkeit. Prinzipien und Implikationen der kognitiven Psychologie*. Stuttgart: Klett-Cotta.

Nelson, D.L., S., R.V. & Walling, J.R. (1976). Pictorial Superiority Effect. *Journal of Experimental Psychology: Human Learning and Memory*, 2: 523-528.

Neuberger, C. (2004). Qualität im Onlinejournalismus. In Beck, K., Schweiger, W. & Wirth, W. (Hrsg.), *Gute Seiten - schlechte Seiten. Qualität in der Onlinekommunikation* (S. 32-57). München: Reinhard Fischer.

Neuendorf, K.A., Atkin, D.J. & Jeffres, L.W. (2001). Reconceptualizing Channel Repertoire in the Urban Cable Environment. *Journal of Broadcasting & Electronic Media*, 45: 464-482.

Neuman, S.B. (1995). *Literacy in the Television Age: The Myth of the TV Effect. 2. Auflage*. New York, Westport, Connecticut, London: Greenwood.

Neuman, W.R. & De Sola Pool, I. (1986). The flow of communications into the home. In Ball-Rokeach, S. & Cantor, J. (Hrsg.), *Media, audience, and social structure* (S. 71-86). Newbury Park, CA: Sage.

Neumann-Braun, K. & Schneider, S. (1993). Biographische Dimensionen in der Medienaneignung. In Holly, W. & Püschel, U. (Hrsg.), *Medienrezeption als Aneignung. Methoden und Perspektiven qualitativer Medienforschung* (S. 193-210). Opladen: Westdeutscher Verlag.

Neverla, I. (1992). *Fernseh-Zeit. Zuschauer zwischen Zeitkalkül und Zeitvertreib*. München: Ölschläger.

Newcomb, T.M. (1953). An Approach to the Study of Communicative Acts. *Psychological Review*, 60: 393-404.

Newell, A. & Simon, H.A. (1972). *Human Problem Solving*. Englewood Cliffs, NJ: Prentice Hall.

Nielsen, J. (1992). Evaluating the Thinking-Aloud Technique for Use by Computer Scientists. In Hartson, H. R. & Hix, D. (Hrsg.), *Advances in Human-Computer Interaction, Volume 3* (S. 69-82). Norwood, NJ: Ablex.

Nisbett, R.E. & Ross, L. (1980). *Human Inference: Strategies and Shortcomings of Social Judgment*. Englewood Cliffs: Prentice Hall.

Noelle-Neumann, E. (1991). *Die Schweigespirale. Öffentliche Meinung - unsere soziale Haut. 3. Auflage*. Frankfurt am Main, Wien, Berlin: Ullstein.

Nolan, L.L. & Patterson, S.J. (1990). The active audience: Personality type as an indicator of TV program preference. *Journal of Social Behavior and Personality*, 5: 697-710.

Oehmichen, E. (2001). Aufmerksamkeit und Zuwendung beim Radio hören. Ergebnisse einer Repräsentativbefragung in Hessen. *Media Perspektiven*, Heft 3: 133-141.

Oehmichen, E. & Ridder, C.-M. (Hrsg.) (2003). *Die MedienNutzerTypologie. Ein neuer Ansatz der Publikumsanalyse*. Baden-Baden: Nomos.

Oehmichen, E. & Schröter, C. (2005). Junge Nutzertypen: Aktiv-dynamischer Umgang mit dem Internet. *Media Perspektiven*, Heft 8: 396-406.
Oehmichen, E. & Simon, E. (1996). Fernsehnutzung, politisches Interesse und Wahlverhalten. *Media Perspektiven*, Heft 11: 562-571.
Oerter, R. (1999). *Psychologie des Spiels*. Weinheim, Basel: Beltz.
Ognianova, E. (1997). Audience Criteria for Evaluation of News Sources on the World Wide Web: An Exploratory Study. Paper presented to the annual conference of the International Communication Association.
Oliver, M.B. (1993). Exploring the Paradox of the Enjoyment of Sad Films. *Human Communication Research, 19*: 315-342.
Oliver, M.B. (1996). Influences of Authoritarianism and Portrayals of Race on Caucasian Viewers' Responses to Reality-Based Crime Dramas. *Communication Reports, 9*: 141-150.
Oliver, M.B. (2002). Individual differences in media effects. In Bryant, J. & Zillmann, D. (Hrsg.), *Media effects. Advances in Theory and research. Second Edition* (S. 507-524). Mahwah, NJ, London: Erlbaum.
Oliver, M.B. (2003). Mood management and selective exposure. In Bryant, J., Roskos Ewoldsen, D. & Cantor, J. (Hrsg.), *Communication and Emotion. Essays in Honor of Dolf Zillmann* (S. 85-106). Mahwah, NJ: Erlbaum.
Olson, J.M. & Zanna, M.P. (1979). A new look at selective exposure. *Journal of Experimental Social Psychology, 15*: 1-15.
Opaschowski, H. (2001). *Deutschland 2010. Wie wir morgen arbeiten und leben - Voraussagen der Wissenschaft zur Zukunft unserer Gesellschaft*. Hamburg: B.A.T. Freizeit-Forschungsinstitut.
Orians, W. (1991). *Hörerbeteiligung im Radio. Eine Fallstudie zu Motivation, Erwartung und Zufriedenheit von Anrufern*. München: Reinhard Fischer.
Osgood, C.E. & Tannenbaum, P.H. (1967). The Principle of Congruity in the Prediction of Attitude Change. In Fishbein, M. (Hrsg.), *Readings in Attitude Theory and Measurement* (S. 301-311). New York u.a.: Wiley.
Östgaard, E. (1965). Factors Influencing the Flow of News. *Journal of Peace Research, 2*: 39-63.
Oswald, H. & Kuhn, H.-P. (1994). Fernsehhäufigkeit von Jugendlichen. *Media Perspektiven*, Heft 1: 35-41.
Otte, G. (2006). Hat die Lebensstilforschung eine Zukunft? Eine Auseinandersetzung mit aktuellen Bilanzierungsversuchen. In Koschnick, W. J. (Hrsg.), *FOCUS-Jahrbuch 2006. Schwerpunkt: Lifestyle-Forschung* (S. 97-136). München: Focus Magazin Verlag.
Ottler, S. (1998). *Zapping. Zum selektiven Umgang mit Fernsehwerbung und dessen Bedeutung für die Vermarktung von Fernsehwerbezeit*. Opladen: Westdeutscher Verlag.
Otto, J.H., Euler, H.A. & Mandl, H. (2000). *Emotionspsychologie. Ein Handbuch*. Weinheim: Beltz.
Paivio, A. (1971). *Imagery and verbal processes*. New York: Holt, Rinehart and Winston.
Palmgreen, P. (1984). Der "Uses and Gratifications Approach". Theoretische Perspektiven und praktische Relevanz. *Rundfunk und Fernsehen, 32*: 51-62.
Palmgreen, P., Acker, T. & Rayburn, J.D., II (1984). Media Gratifications and Choosing a Morning News Program. *Journalism Quarterly, 61*: 149-156.
Palmgreen, P., Cook, P.L., Harvill, J.G. & Helm, D.M. (1988). The Motivational Framework of Moviegoing: Uses and Avoidances of Theatrical Films. In Austin, B. A. (Hrsg.), *Current Research in Film: Audiences, Economics, and Law (Volume 4)* (S. 1-23). Norwood, NJ: Ablex.
Palmgreen, P., Donohew, L., Lorch, E.P. & Rogus, M. (1991). Sensation seeking, message sensation value, and drug use as mediators of PSA effectiveness. *Health Communication, 3*: 217-227.
Palmgreen, P. & Rayburn II, J.D. (1979). Uses and Gratifications and Exposure to Public Television: A Discrepancy Approach. *Communication Research, 6*: 155-180.
Palmgreen, P. & Rayburn II, J.D. (1982). Gratifications Sought and Media Exposure: An Expectancy Value Model. *Communication Research, 9*: 561-580.
Palmgreen, P. & Rayburn II, J.D. (1985). A Comparison of Gratification Models of Media Satisfaction. *Communication Monographs, 52*: 334-346.
Palmgreen, P., Wenner, L.A. & Rayburn II, J.D. (1981). Gratification Discrepancies and News Program Choice. *Communication Research, 8*: 451-478.
Palmgreen, P., Wenner, L.A. & Rosengren, K.E. (1985). Uses and Gratifications Research. The Past Ten Years. In Rosengren, K. E., Wenner, L. A. & Palmgreen, P. (Hrsg.), *Media Gratifications Research. Current Perspectives* (S. 11-37). Beverly Hills, London, New Delhi: Sage.
Pan, Z., Ostman, R.E., Moy, P. & Reynolds, P. (1994). News media exposure and its learning effects during the Persian Gulf War. *Journalism Quarterly, 71*: 7-19.
Papacharissi, Z. & Rubin, A.M. (2000). Predictors of Internet Use. *Journal of Broadcasting & Electronic Media, 44*: 175-196.
Parkinson, B., Totterdell, P., Briner, R.B. & Reynolds, S. (2000). *Stimmungen. Struktur, Dynamik und Beeinflussungsmöglichkeiten eines psychologischen Phänomens*. Stuttgart: Klett-Cotta.
Pask, G. (1976). Styles and Strategies of Learning. *The British Journal of Educational Psychology, 46*: 128-148.
Paulson, E.J. & Goodman, K.S. (1999). Influential Studies in Eye-Movement Research. Verfügbar unter: http://www.reading-online.org/research/eyemove.html (14.02.2007).
Payne, G.A., Severn, J.J.H. & Dozier, D.M. (1988). Uses and Gratifications Motives as Indicators of Magazine Readership. *Journalism Quarterly, 65*: 909-913.
Payne, J.W., Bettman, J.R. & Johnson, E.J. (1993). *The Adaptive Decision Maker*. Cambridge u.a.: Cambridge University Press.

Pearlin, L. (1959). Social and Personal Stress and Escape Television Viewing. *Public Opinion Quarterly, 23*: 255-259.
Peiser, W. (1996). *Die Fernsehgeneration. Eine empirische Untersuchung ihrer Mediennutzung und Medienbewertung*. Opladen: Westdeutscher Verlag.
Peiser, W. (1998). Adaptionseffekte bei der Einführung des Fernsehens. In Klingler, W., Roters, G. & Gerhards, M. (Hrsg.), *Medienrezeption seit 1945. Forschungsbilanz und Forschungsperspektiven* (S. 157-186). Baden-Baden: Nomos.
Peiser, W. & Peter, J. (2000). Third-Person Perception of Television-Viewing Behavior. *Journal of Communication, 50*: 25-45.
Perloff, R.M. (1993). Third-Person Effect Research, 1983-1992. A Review and Synthesis. *International Journal of Public Opinion Research, 5*: 167-184.
Perse, E.M. (1990). Audience Selectivity and Involvement in the Newer Media Environment. *Communication Research, 17*: 675-697.
Perse, E.M. (1992). Predicting Attention to Local Television News: Need for Cognition and Motives of Viewing. *Communication Reports, 5*: 40-49.
Perse, E.M. (1996). Sensation Seeking and the Use of Television for Arousal. *Communication Reports, 9*: 37-48.
Perse, E.M. (1998). Implications of Cognitive and Affective Involvement for Channel Changing. *Journal of Communication, 48*: 49-68.
Perse, E.M. & Greenberg Dunn, D. (1998). The utility of home computers and media use: Implications of multimedia and connectivity. *Journal of Broadcasting & Electronic Media 42*: 435-456.
Perse, E.M. & Rubin, A.M. (1988). Audience Activity and Satisfaction With Favorite Television Soap Opera. *Journalism Quarterly, 65* (2/3): 368-375.
Peters, H.P. (1999). Rezeption und Wirkung der Gentechnikberichterstattung. Kognitive Reaktionen und Einstellungsänderungen. Arbeiten zur Risiko-Kommunikation, Heft 71. Programmgruppe Mensch, U., Technik (MUT), Forschungszentrum Jülich. Jülich.
Peterson, R.A., Bates, D. & Ryan, J. (1986). Selective versus Passive Television Viewing. *Communications, 12* (3): 81-95.
Petty, R.E. & Cacioppo, J.T. (1986). *Communication and Persuasion. Central and Peripheral Routes to Attitude Change*. New York: Springer.
Petty, R.E., Priester, J.R. & Brinol, P. (2002). Mass Media Attitude Change: Implications of the Elaboration Likelihood Model of Persuasion. In Bryant, J. & Zillmann, D. (Hrsg.), *Media Effects. Advances in Theory and Research. Second Edition* (S. 155-198). Mahwah, NJ: Erlbaum.
Pietraß, M. (2002). Gestaltungsmittel als Interpretationshinweise. Eine rahmenanalytische Betrachtung des Infotainment nach E. Goffman. *Medien & Kommunikationswissenschaft, 50*: 498-509.
Plutchik, R. (1980). *Emotion: A Psychoevolutionary Synthesis*. New York: Harper & Row.
Popper, K.R. (2001). *Logik der Forschung. 10. Auflage (zuerst 1935)*. Tübingen: Mohr Siebeck.
Postman, N. (1988). *Wir amüsieren uns zu Tode*. Frankfurt am Main: Fischer Taschenbuch.
Potter, W.J. (2001). *Media literacy*. London: Sage.
Potts, R., Dedmon, A. & Halford, J. (1996). Sensation seeking, television viewing motives, and home television viewing patterns. *Personality and Individual Differences, 21*: 1081-1084.
Power, P., Kubey, R. & Kiousis, S. (2002). Audience Activity and Passivity: An Historical Taxonomy. In Gudykunst, B. (Hrsg.), *Communication Yearbook 26* (S. 116-159). Beverly Hills: Sage.
Priester, J.R. & Petty, R.E. (2003). The Influence of Spokesperson Trustworthiness on Message Elaboration, Attitude Strength, and Advertising Effectiveness. *Journal of Consumer Psychology, 13*: 408-421.
Prommer, E. (1999). *Kinobesuch im Lebenslauf. Eine historische und medienbiographische Studie*. Konstanz: UVK Medien.
Prommer, E. (2004). Filmauswahl unter crossmedialen Bedingungen: Der Einfluss von Trailer, Werbung, Kritiken und Film-Websites auf die Filmauswahl. In Hasebrink, U., Mikos, L. & Prommer, E. (Hrsg.), *Mediennutzung in konvergierenden Medienumgebungen* (S. 221-242). München: Reinhard Fischer.
Pürer, H. (1992). Ethik in Journalistik und Massenkommunikation. Versuch einer Theoriesynopse. *Publizistik, 37*: 304-321.
Pürer, H. (2003). *Publizistik- und Kommunikationswissenschaft. Ein Handbuch*. Konstanz: UVK.
Putnam, R.D. (1995). Bowling alone: America's declining social capital. *Journal of Democracy, 6*: 65-78.
Quandt, T. (2005). *Journalisten im Netz. Eine Untersuchung journalistischen Handelns in Online-Redaktionen*. Wiesbaden: VS.
Quiring, O. & Schweiger, W. (2006). Interaktivität – ten years after. Bestandsaufnahme und Analyserahmen. *Medien & Kommunikationswissenschaft, 54*: 5-24.
Rademacher, P. (2006). "Content is King – aber wer zahlt dafür?". Die Bedeutung von Kaufpreis und Micropaymentsystemen für den Onlineverkauf redaktioneller Inhalte. In Friedrichsen, M., Mühl-Benninghaus, W. & Schweiger, W. (Hrsg.), *Neue Technik, neue Medien, neue Gesellschaft? Ökonomische Herausforderungen der Onlinekommunikation* (S. 69-95). München: Reinhard Fischer.
Radway, J.A. (1997). *Reading the romance. Women, patriarchy, and popular literature*. Chapel Hill, London: University of North Carolina Press.
Rafaeli, S. (1986). The Electronic Bulletin Board: A Computer-Driven Mass Medium. *Computers and the Social Sciences, 2*: 123-136.
Rammstedt, B., Koch, K., Borg, I. & Reitz, T. (2004). Entwicklung und Validierung einer Kurzskala für die Messung der Big-Five-Persönlichkeitsdimensionen in Umfragen. *ZUMA-Nachrichten, 28* (44): 5-28.

Raney, A.A. (2004). Expanding Disposition Theory: Reconsidering Character Liking, Moral Evaluations, and Enjoyment. *Communication Theory, 14*: 348-369.
Ransom, J. (1989). *Pudel. Alles Wissenswerte über Pudel, Haltung, Zucht, Erziehung, Ausstellung, Gesundheitsfürsorge. Groß-, Klein-, Zwerg- und Toy-Pudel*. Mürlenbach, Eifel: Kynos.
Ravaja, N., Saari, T., Kallinen, K. & Laarni, J. (2006). The Role of Mood in the Processing of Media Messages From a Small Screen: Effects on Subjective and Physiological Responses. *Media Psychology, 8*: 239-265.
Rayburn II, J.D. & Palmgreen, P. (1984). Merging Uses and Gratifications and Expectancy-Value Theory. *Communication Research, 11*: 537-562.
Reeves, B., Lang, A., Kim, E.Y. & Tatar, D. (1999). The Effects of Screen Size and Message Content on Attention and Arousal. *Media Psychology, 1*: 49-68.
Reeves, B. & Thorson, E. (1986). Watching television: Experiments on the viewing process. *Communication Research, 13*: 343-361.
Reigber, D. (1997). Der Einsatz von Zielgruppenmodellen als Instrument für das Anzeigenmarketing. In Scherer, H. & Brosius, H.-B. (Hrsg.), *Zielgruppen, Publikumssegmente, Nutzergruppen. Beiträge aus der Rezeptionsforschung* (S. 114-140). München: Reinhard Fischer.
Reiss, S. & Wiltz, J. (2004). Why People Watch Reality TV. *Media Psychology, 6*: 363-379.
Renckstorf, K. (1973). Alternative Ansätze der Massenkommunikationsforschung: Wirkungs- vs. Nutzenansatz. *Rundfunk und Fernsehen, 21*: 183-197.
Renckstorf, K. (1977). *Neue Perspektiven in der Massenkommunikationsforschung. Beiträge zur Begründung eines alternativen Forschungsansatzes*. Berlin: Spiess.
Renckstorf, K. (1989). Mediennutzung als soziales Handeln. Zur Entwicklung einer handlungstheoretischen Perspektive der empirischen (Massen-) Kommunikationsforschung. In Kaase, M. & Schulz, W. (Hrsg.), *Massenkommunikation. Theorien, Methoden, Befunde* (S. 314-336). Opladen: Westdeutscher Verlag.
Renckstorf, K. & Wester, F. (2004). The 'media use as social action' approach: Theory, methodology, and research evidence so far. In Renckstorf, K., McQuail, D., Rosenbaum, J. E. & Schaap, G. (Hrsg.), *Action Theory and Communication Research. Recent Developments in Europe* (S. 51-83). Berlin, New York: Mouton de Gruyter.
Reuband, K.-H. & Mishkis, A. (2005). Unterhaltung versus Intellektuelles Erleben. Soziale und kulturelle Differenzierungen innerhalb des Theaterpublikums. In Wagner, B. (Hrsg.), *Jahrbuch für Kulturpolitik 2005: Thema Kulturpublikum (Institut für Kulturpolitik der Kulturpolitischen Gesellschaft)* (S. 235-249). Essen: Klartext.
Ridder, C.-M. & Engel, B. (2005). Massenkommunikation 2005: Images und Funktionen der Massenmedien im Vergleich. *Media Perspektiven*, Heft 9: 422-448.
Riehm, U. & Krings, B.-J. (2006). Abschied vom "Internet für alle"? Der "blinde Fleck" in der Diskussion zur digitalen Spaltung. *Medien & Kommunikationswissenschaft, 54*: 75-94.
Riepl, W. (1913). *Das Nachrichtenwesen des Altertums mit besonderer Rücksicht auf die Römer*. Leipzig u.a.: Teubner.
Rieskamp, J. & Hoffrage, U. (1999). When Do People Use Simple Heuristics, and How Can We Tell? In Gigerenzer, G., Todd, P. M. & Group, T. A. R. (Hrsg.), *Simple Heuristics That Make Us Smart* (S. 141-167). New York, Oxford: Oxford University Press.
Riesman, D. (2001). *The Lonely Crowd (zuerst 1950)*. New Haven: Yale University Press.
Riley, M.W. & Riley, J.W. (1951). A Sociological Approach to Communication Research. *Public Opinion Quarterly, 15*: 444-450.
Robinson, M.J. (1976). Public Affairs, Television, and the Growth of Political Malaise: The Case of 'The Selling of the Pentagon'. *American Political Science Review, 70*: 409-432.
Rogers, E.M. (1995). *Diffusion of Innovations. Fourth Edition*. New York, London, Toronto, Sydney, Tokyo, Singapore: The Free Press.
Rokeach, M. (1973). *Nature of Human Values*. New York: Free Press.
Ronge, V. (1984). Massenmedienkonsum und seine Erforschung - eine Polemik gegen "Uses and Gratifications". *Rundfunk und Fernsehen, 32*: 73-82.
Ronneberger, F. (1974). Die politischen Funktionen der Massenkommunikation. In Langenbucher, W. (Hrsg.), *Zur Theorie der politischen Kommunikation* (S. 193-205). München.
Rosch, E. (1973). On the Internal Structure of Perceptual and Semantic Categories. In Moore, T. E. (Hrsg.), *Cognitive Development and the Acquisition of Language* (S. 111-144). New York: Academic Press.
Rosengren, K.E. (1974). Uses and Gratifications. A Paradigm Outlined. In Blumler, J. G. & Katz, E. (Hrsg.), *The Uses of Mass Communications. Current Perspectives on Gratifications Research* (S. 269-286). Beverly Hills, London: Sage.
Rosengren, K.E. (1996). Inhaltliche Theorien und formale Modelle in der Forschung über individuelle Mediennutzung. In Hasebrink, U. & Krotz, F. (Hrsg.), *Die Zuschauer als Fernsehregisseure? Zum Verhältnis individueller Nutzungs- und Rezeptionsmuster* (S. 13-36). Baden-Baden: Nomos.
Rosengren, K.E. & Windahl, S. (1972). Mass Media Consumption as a Functional Alternative. In McQuail, D. (Hrsg.), *Sociology of Mass Communication* (S. 166-194). Harmondsworth: Penguin.
Rosenstein, A.W. & Grant, A.E. (1997). Reconceptualizing the Role of Habit: A New Model of Television Audience Activity. *Journal of Broadcasting & Electronic Media, 41*: 324-344.
Rosenstiel, T., Gottlieb, C. & Brady, L.A. (1999). Local TV News. What Works, What Flops, and Why. *Columbia Journalism Review, 37* (5): 65-73.

Rössler, P. (1988). *Dallas und Schwarzwaldklinik. Eine Programmstudie über Seifenopern im deutschen Fernsehen.* München: Reinhard Fischer.

Rössler, P. (1997). Service statt Kritik? Die Zielgruppe Kinopublikum und die Filmberichterstattung in der deutschen Tagespresse. In Scherer, H. & Brosius, H.-B. (Hrsg.), *Zielgruppen, Publikumssegmente, Nutzergruppen. Beiträge aus der Rezeptionsforschung* (S. 29-57). München: Reinhard Fischer.

Rössler, P. (1998). Wirkungsmodelle: die digitale Herausforderung. In Rössler, P. (Hrsg.), *Online-Kommunikation. Beiträge zu Nutzung und Wirkung* (S. 17-46). Opladen: Westdeutscher Verlag.

Rössler, P. (2004). Qualität aus transaktionaler Perspektive. Zur gemeinsamen Modellierung von 'User Quality' and 'Sender Quality': Kriterien für Onlinezeitungen. In Beck, K., Schweiger, W. & Wirth, W. (Hrsg.), *Gute Seiten - schlechte Seiten. Qualität in der Onlinekommunikation* (S. 127-145). München: Reinhard Fischer.

Rössler, P. & Eichhorn, W. (1999). Agenda Setting. In Brosius, H.-B. & Holtz-Bacha, C. (Hrsg.), *German Communication Yearbook* (S. 277-304). Cresskill, NJ: Hampton.

Rössler, P. & Veigel, A. (2005). Was interessiert an Stars und Sternchen? Entwicklung und Anwendung einer Skala zur Messung der Gratifikationsleistung von People-Magazinen: eine qualitativ-quantitative Pilotstudie. *Publizistik, 50*: 438-461.

Rossmann, C., Brandl, A. & Brosius, H.-B. (2003). Der Vielfalt eine zweite Chance. Eine Analyse der Angebotsstruktur öffentlich-rechtlicher und privater Fernsehsender in den Jahren 1995, 1998 und 2001. *Publizistik 48*: 427-453.

Rossmann, R. (2000). *Selektive Nutzung von Fernsehwerbung.* München: Reinhard Fischer.

Rothmund, J., Margrit, S. & Groeben, N. (2001). Fernsehen und erlebte Wirklichkeit II: Ein integratives Modell zu Realitäts-Fiktions-Unterscheidungen bei der (kompetenten) Mediennutzung. *Zeitschrift für Medienpsychologie, 13*: 85-95.

Rott, A. & Schmitt, S. (2000). Wochenend und Sonnenschein... Determinanten der Zuschauernachfrage auf dem deutschen Fernsehmarkt. *Medien & Kommunikationswissenschaft, 48*: 537-553.

Rotter, J.B. (1966). Generalized expectancies for internal versus external control of reinforcement. *Psychological Monographs, 80*: 1–28.

Rotter, J.B. (1967). A new scale for the measurement of interpersonal trust. *Journal of Personality, 35*: 651-665.

Rowland, G., Fouts, G. & Heatherton, T. (1989). Television viewing and sensation seeking: uses, preferences and attitudes. *Personality and Individual Differences, 10*: 1003-1006.

Rubin, A.M. (1984). Ritualized and Instrumental Television Viewing. *Journal of Communication, 34*: 67-77.

Rubin, A.M. (1993). The Effect of Locus of Control on Communication Motivation, Anxiety, and Satisfaction. *Communication Quarterly, 41*: 161-171.

Rubin, A.M. (2000). Die Uses-And-Gratifications-Perspektive der Medienwirkung. In Schorr, A. (Hrsg.), *Publikums- und Wirkungsforschung. Ein Reader* (S. 137-152). Opladen: Westdeutscher Verlag.

Rubin, A.M. (2002). The Uses-and-Gratifications Perspective of Media Effects. In Bryant, J. & Zillmann, D. (Hrsg.), *Media Effects. Advances in Theory and Research. Second Edition* (S. 525-548). Hillsdale, NJ: Erlbaum.

Rubin, A.M., Haridakis, P.M. & Eyal, K. (2003). Viewer Aggression and Attraction to Television Talk Shows. *Media Psychology, 5*: 331.

Rubin, A.M. & Perse, E.M. (1987a). Audience Activity and Soap Opera Involvement: A Uses and Effects Investigation. *Human Communication Research, 14*: 246-268.

Rubin, A.M. & Perse, E.M. (1987b). Audience Activity and Television News Gratifications. *Communication Research, 14*: 58-84.

Rubin, A.M., Perse, E.M. & Powell, R.A. (1985). Loneliness, Parasocial Interaction, and Local Television News Viewing. *Human Communication Research, 12*: 155-180.

Rubin, A.M. & Rubin, R.B. (1982). Contextual Age and Television Use. *Human Communication Research, 8*: 228-244.

Rubin, A.M. & Rubin, R.B. (1989). Social and Psychological Antecedents of VCR Use. In Levy, M. R. (Hrsg.), *The VCR Age. Home Video Recorders and the Mass Communication Process* (S. 91-111). Newbury Park, CA.

Rubin, A.M. & Step, M.M. (2000). Impact of motivation, attraction, and parasocial interaction on talk-radio listening. *Journal of Broadcasting & Electronic Media, 44*: 635-654.

Rühl, M. (1980). *Journalismus und Gesellschaft. Bestandsaufnahme und Theorieentwurf.* Main: von Hase +Koehler.

Ruhrmann, G. (1989). *Rezipient und Nachricht. Struktur und Prozeß der Nachrichtenrekonstruktion.* Opladen: Westdeutscher Verlag.

Ruhrmann, G., Woelke, J., Maier, M. & Diehlmann, N. (2003). *Der Wert von Nachrichten im deutschen Fernsehen. Ein Modell zur Validierung von Nachrichtenfaktoren.* Opladen: Leske+Budrich.

Rumelhart, D.E. (1975). Notes on a Schema for Stories. In Bobrow, D. G. & Collins, A. (Hrsg.), *Representation and Understanding* (S. 211-236). New York: Academic Press.

Ruß-Mohl, S. (1992). "Am eigenen Schopfe ..." Qualitätssicherung im Journalismus - Grundfragen, Ansätze, Näherungsversuche. *Publizistik, 37*: 83-96.

Russo, J.E. & Schoemaker, P.J.H. (1989). *Decision Traps: Ten Barriers to Brilliant Decision-Making and How to Overcome Them.* New York: Doubleday / Currency.

Rust, H. (1986). *Entfremdete Elite? Journalisten im Kreuzfeuer der Kritik.* Wien: Literas.

Ryan, B. & Gross, N.C. (1943). The Diffusion of Hybrid Seed Corn in Two Iowa Communities. *Rural Sociology, 8*: 15-24.

Ryan, R.M. & Deci, E.L. (2000). Self-Determination Theory and the Faciliation of Intrinsic Motivations, Social Development, and Well-Being. *American Psychologist, 55*: 68-78.

Salomon, G. (1983). Television Watching and Metal Effort. A Social Psychological View. In Bryant, J. & Anderson, D. R. (Hrsg.), *Children's Understanding of Television. Research on Attention and Comprehension* (S. 181-198). New York: Academic Press.

Salomon, G. (1984). Television is 'easy' and Print is 'tough'. The Differential Investment of Mental Effort in Learning as a Function of Perceptions and Attributions. *Journal of Educational Psychology, 76*: 647-658.

Sander, E. (1999). Medienerfahrungen von Jugendlichen in Familie und Peergroups. In Schell, F., Stolzenburg, E. & Theunert, H. (Hrsg.), *Medienkompetenz. Grundlagen und pädagogisches Handeln* (S. 220-236). München: KoPäd.

Sanford, A.J. & Garrod, S.C. (1981). *Understanding Written Language. Exploration of Comprehension Beyond the Sentence.* New York: Wiley.

Saphir, M.N. & Chaffee, S.H. (2002). Adolescents' Contributions to Family Communication Patterns. *Human Communication Research, 28*: 86-108.

Saxer, U. (Hrsg.) (1985). *Gleichheit oder Ungleichheit durch Massenmedien? Homogenisierung - Differenzierung der Gesellschaft durch Massenkommunikation.* München: Ölschläger.

Saxer, U. (1987). Kommunikationsinstitutionen als Gegenstand von Kommunikationsgeschichte. In Bobrowsky, M. & Langenbucher, W. (Hrsg.), *Wege zur Kommunikationsgeschichte. Internationales Symposium "Wege zur Kommunikationsgeschichte" 8. bis 10. Mai 1986 in Wien, Palais Auersperg* (S. 71-78). München: Ölschläger.

Saxer, U. (1995). Von wissenschaftlichen Gegenständen und Disziplinen und den Kardinalsünden der Zeitungs-, Publizistik-, Medien-, Kommunikationswissenschaft. In Schneider, B., Reumann, K. & Schiwy, P. (Hrsg.), *Beiträge zur Medienentwicklung. Festschrift für Walter J. Schütz* (S. 39-55).

Saxer, U. (1998). Medien, Rezeption und Geschichte. In Klingler, W., Roters, G. & Gerhards, M. (Hrsg.), *Medienrezeption seit 1945. Forschungsbilanz und Forschungsperspektiven* (S. 25-33). Baden-Baden: Nomos.

Saxer, U. (2000). Schwerpunkte der Rezeptionsgeschichte seit dem Zweiten Weltkrieg. In Schorr, A. (Hrsg.), *Publikums- und Wirkungsforschung. Ein Reader* (S. 45-53). Opladen: Westdeutscher Verlag.

Saxer, U., Bonfadelli, H. & Hättenschwiler, W. (1980). *Die Massenmedien im Leben der Kinder und Jugendlichen.* Zug: Klett und Balmer.

Schachter, S. & Singer, J. (1962). Cognitive, social and physiological determinants of emotional state. *Psychological Review, 69*: 379-407.

Schäfers, B. (1993). Die soziale Gruppe. In Korte, H. & Schäfers, B. (Hrsg.), *Einführung in die Hauptbegriffe der Soziologie. 2. Auflage* (S. 79-94). Opladen: Leske+Budrich.

Schank, R.C. & Abelson, R. (1977). *Scripts, Plans, Goals, and Understanding.* Hillsdale, NJ: Erlbaum.

Schatz, H., Immer, N. & Marcinkowski, F. (1989). Der Vielfalt eine Chance? Empirische Befunde zu einem zentralen Argument für die "Dualisierung" des Rundfunks in der Bundesrepublik Deutschland. *Rundfunk und Fernsehen, 37*: 5-24.

Schatz, H. & Schulz, W. (1992). Qualität von Fernsehprogrammen. Kriterien und Methoden zur Beurteilung von Programmqualität im dualen Fernsehsystem. *Media Perspektiven*, Heft 11: 690-712.

Schaumburg, H. & Issing, L.J. (2004). Interaktives Lernen mit Multimedia. In Mangold, R., Vorderer, P. & Bente, G. (Hrsg.), *Lehrbuch der Medienpsychologie* (S. 717-742). Göttingen, Bern, Toronto, Seattle: Hogrefe.

Schell, F., Stolzenburg, E. & Theunert, H. (Hrsg.) (1999). *Medienkompetenz. Grundlagen und pädagogisches Handeln.* München: KoPäd.

Schemer, C. (2006). Soziale Vergleiche als Nutzungsmotiv? Überlegungen zur Nutzung von Unterhaltungsangeboten auf der Grundlage der Theorie sozialer Vergleichsprozesse. In Wirth, W., Schramm, H. & Gehrau, V. (Hrsg.), *Unterhaltung durch Medien. Theorie und Messung* (S. 80-101). Köln: von Halem.

Schenk, M. (2000). Schlüsselkonzepte der Medienwirkungsforschung. In Schorr, A. (Hrsg.), *Publikums- und Wirkungsforschung* (S. 71-84). Opladen: Westdeutscher Verlag.

Schenk, M. (2002). *Medienwirkungsforschung. 2. Auflage.* Tübingen: Mohr Siebeck.

Schenk, M. & Rössler, P. (1997). The Rediscovery of Opinion Leaders. An Application of the Personal Strength Scale. *Communications, 22*: 5-30.

Scherer, H., Baumann, E. & Schlütz, D. (2005). Wenn zwei das Gleiche fernsehen, tun sie noch lange nicht dasselbe. Eine Analyse von Rezeptionsmodalitäten am Beispiel der Nutzung von Krankenhausserien durch Krankenhauspersonal. In Gehrau, V., Bilandzic, H. & Woelke, J. (Hrsg.), *Rezeptionsstrategien und Rezeptionsmodalitäten* (S. 219-234). München: Reinhard Fischer.

Scherer, H. & Berens, H. (1998). Kommunikative Innovatoren oder introvertierte Technikfans? Die Nutzer von Online-Medien diffusions- und nutzentheoretisch betrachtet. In Hagen, L. M. (Hrsg.), *Online-Medien als Quellen politischer Information. Empirische Untersuchungen zur Nutzung von Internet und Online-Diensten* (S. 54-93). Opladen u.a.: Westdeutscher Verlag.

Scherer, H. & Schlütz, D. (2002). Gratifikation à la minute: Die zeitnahe Erfassung von Gratifikationen. In Rössler, P., Kubisch, S. & Gehrau, V. (Hrsg.), *Empirische Perspektiven der Rezeptionsforschung* (S. 133-151). München: Reinhard Fischer.

Scherer, H. & Schlütz, D. (2004). Das neue Medien-Menü: Fernsehen und WWW als funktionale Alternativen? *Publizistik, 49*: 6-24.

Scherer, H. & Wirth, W. (2002). Ich chatte - wer bin ich? Identität und Selbstdarstellung in virtuellen Kommunikationssituationen. *Medien & Kommunikationswissenschaft, 50*: 337-358.

Scherer, K.R. (1987). Toward a dynamic theory of emotion: The component process model of affective states. Unpublished manuscript. Verfügbar unter: http://www.unige.ch/fapse/emotion/publications/pdf/tdte_1987.pdf (09.12.2005).

Scherer, K.R. (2001). Appraisal considered as a process of multilevel sequential checking. In Scherer, K. R., Schorr, A. & Johnstone, T. (Hrsg.), *Appraisal processes in emotion: Theory, methods, research* (S. New York: Oxford University Press.

Scheufele, B. (1999). Mediendiskurs, Medienpräsenz und World Wide Web. Wie 'traditionelle Medien' die Einschätzung der Glaubwürdigkeit und andere Vorstellungen von World Wide Web und Online-Kommunikation prägen können. In Rössler, P. & Wirth, W. (Hrsg.), *Glaubwürdigkeit im Internet. Fragestellungen, Modelle, empirische Befunde* (S. 69-88). München: Reinhard Fischer.

Scheufele, B. (2003). *Frames - Framing - Framing-Effekte*. Wiesbaden: VS.

Schierman, M.J. & Rowland, G.L. (1985). Sensation Seeking and Selection of Entertainment. *Personality and Individual Differences, 6*: 599-603.

Schiffer, K., Ennemoser, M. & Schneider, W. (2002). Die Beziehung zwischen dem Fernsehkonsum und der Entwicklung von Sprach- und Lesekompetenzen im Grundschulalter in Abhängigkeit von der Intelligenz. *Zeitschrift für Medienpsychologie, 14*: 2-13.

Schlütz, D. (2002). *Bildschirmspiele und ihre Faszination. Zuwendungsmotive, Gratifikationen und Erleben interaktiver Medienangebote*. München: Reinhard Fischer.

Schmeck, R.R. (Hrsg.) (1988). *Learning Strategies and Learning Styles. Perspectives on Individual Differences*. New York: Plenum.

Schmid, U. & Kubicek, H. (1994). Von den "alten" Medien lernen. Organisatorischer und institutioneller Gestaltungsbedarf interaktiver Medien. *Media Perspektiven*, Heft 8: 401-408.

Schmidt-Atzert, L. (1996). *Lehrbuch der Emotionspsychologie*. Stuttgart, Berlin, Köln: Kohlhammer.

Schmitt-Walter, N. (1998). Der Einfluß von Programmankündigungen auf Selektion und Bewertung von Fernsehinhalten. Eine experimentelle Untersuchung. Unveröffentlichte Magisterarbeit am Institut für Kommunikationswissenschaft der Universität München.

Schmitt-Walter, N. (2004). *Online-Medien als funktionale Alternative? Über die Konkurrenz zwischen den Mediengattungen*. München: Reinhard Fischer.

Schmitt, M. (2004). Persönlichkeitspsychologische Grundlagen. In Mangold, R., Vorderer, P. & Bente, G. (Hrsg.), *Lehrbuch der Medienpsychologie* (S. 151-173). Göttingen, Bern, Toronto, Seattle: Hogrefe.

Schmitz, B., Alsdorf, C., Sang, F. & Tasche, K. (1993). Der Einfluß psychologischer und familialer Rezipientenmerkmale auf die Fernsehmotivation. *Rundfunk und Fernsehen, 41*: 6-19.

Schmitz, B. & Lewandrowski, U. (1993). Trägt das Fernsehen zur Regulierung von Stimmungen bei? Intraindividuelle Analysen zur 'Mood Management'-Hypothese auf der Grundlage eines dynamisch-transaktionalen Modells. *Medienpsychologie, 5*: 64-84.

Schneider, S. (1997). Gewaltrhetorik in der Selbstpräsentation jugendlicher Hip Hopper. In Charlton, M. & Schneider, S. (Hrsg.), *Rezipientenforschung. Theorien und Untersuchungen zum Umgang mit Massenmedien* (S. 268-285). Opladen: Westdeutscher Verlag.

Schneiderbauer, C. (1991). *Faktoren der Fernsehprogrammauswahl. Eine Analyse des Programminformationsverhaltens der Fernsehzuschauer*. Nürnberg: Verlag der kommunikationswissenschaftlichen Forschungsvereinigung.

Schnell, R., Hill, P.B. & Esser, E. (1992). *Methoden der empirischen Sozialforschung, 3. Auflage*. München: Oldenbourg.

Schnotz, W. (1987). *Mentale Kohärenzbildung beim Textverstehen: Einflüsse der Textsequenzierung auf die Verstehensstrategien und die subjektiven Verstehenskriterien*. Universität Tübingen. Deutsches Institut für Fernstudien (DIFF). Tübingen.

Schnotz, W. (1994). *Aufbau von Wissensstrukturen. Untersuchungen zur Kohärenzbildung bei Wissenserwerb mit Texten*. Weinheim: PsychologieVerlagsUnion.

Schnotz, W., Ballstaedt, S.-P. & Mandl, H. (1981). Lernen mit Texten aus handlungstheoretischer Sicht. In Mandl, H. (Hrsg.), *Zur Psychologie der Textverarbeitung. Ansätze, Befunde, Probleme* (S. 537-571). München, Wien, Baltimore: Urban und Schwarzenberg.

Schön, E. (1998). Bücherlesen im Medienzeitalter. Forschungsansätze, Ergebnisse, Perspektiven der Entwicklung des Lesens. In Klingler, W., Roters, G. & Gerhards, M. (Hrsg.), *Medienrezeption seit 1945. Forschungsbilanz und Forschungsperspektiven* (S. 205-222). Baden-Baden: Nomos.

Schönbach, K. (1983). *Das unterschätzte Medium. Politische Wirkungen von Fernsehen und Presse im Vergleich*. München, New York, London, Paris: Saur.

Schönbach, K. (1984). Ein integratives Modell. Anmerkungen zu Palmgreen. *Rundfunk und Fernsehen, 32*: 63-65.

Schönbach, K. (1997). Das hyperaktive Publikum - Essay über eine Illusion. *Publizistik, 42*: 279-286.

Schönbach, K. (2000). Selektiv - aber auch passiv: Anmerkungen zum Medienpublikum des nächsten Jahrtausends. In Mahle, W. A. (Hrsg.), *Orientierung in der Informationsgesellschaft* (S. 97-102). Konstanz: UVK Medien.

Schönbach, K., Lauf, E. & Peiser, W. (1999). Wer liest wirklich Zeitung? Eine explorative Untersuchung. *Publizistik, 44*: 131-148.

Schramm, H. (2005). *Mood Management durch Musik. Die alltägliche Nutzung von Musik zur Regulierung von Stimmungen*. Köln: von Halem.

Schramm, H., Hartmann, T. & Klimmt, C. (2002). Desiderata und Perspektiven der Forschung über parasoziale Interaktionen und Beziehungen zu Medienfiguren. *Publizistik, 47*: 436-459.

Schramm, H., Hartmann, T. & Klimmt, C. (2004). Parasoziale Interaktionen und Beziehungen mit Medienfiguren in interaktiven und konvergierenden Medienumgebungen. Empirische Befunde und theoretische Überlegungen. In Hasebrink, U., Mikos, L. & Prommer, E. (Hrsg.), *Mediennutzung in konvergierenden Medienumgebungen* (S. 299-320). München: Reinhard Fischer.

Schramm, H. & Klimmt, C. (2003). "Nach dem Spiel ist vor dem Spiel". Die Rezeption der Fußball-Weltmeisterschaft 2002 im Fernsehen: Eine Panel-Studie zur Entwicklung von Rezeptionsmotiven im Turnierverlauf. *Medien & Kommunikationswissenschaft, 51*: 55-81.

Schramm, H. & Wirth, W. (2006). Medien und Emotionen. Bestandsaufnahme eines vernachlässigten Forschungsfeldes aus medienpsychologischer Perspektive. *Medien & Kommunikationswissenschaft, 54*: 25-55.

Schramm, W. (1949). The Nature of News. *Journalism Quarterly, 26*: 259-269.

Schramm, W., Lyle, J. & Parker, E.B. (1961). *Television in the Lives of Our Children*. Chicago: Chicago University Press.

Schreier, M., Groeben, N., Rothmund, J. & Nickel-Bacon, I. (2001). Im Spannungsfeld von Realität, Fiktion und Täuschung: Möglichkeiten kontra-intentionaler Rezeption von Medieninhalten. In Schweer, M. K. W. (Hrsg.), *Der Einfluss der Medien. Vertrauen und soziale Verantwortung* (S. 35-54). Opladen: Leske+Budrich.

Schultheiss, B.M. & Jenzowsky, S.A. (2000). Infotainment: Der Einfluss emotionalisierend-affektorientierter Darstellung auf die Glaubwürdigkeit. *Medien & Kommunikationswissenschaft, 48*: 63-84.

Schulz, R. (2000). Mediaforschung. In Noelle-Neumann, E., Schulz, W. & Wilke, J. (Hrsg.), *Publizistik. Massenkommunikation. Fischer Lexikon. 7. Auflage, aktualisierte, vollständig überarbeitete Neuausgabe* (S. 187-218). Frankfurt am Main: Fischer Taschenbuch.

Schulz, W. (1982). Ausblick am Ende des Holzwegs. Eine Übersicht über die Ansätze der neuen Wirkungsforschung. *Publizistik, 37* (1-2): 49-73.

Schulz, W. (1986). Das Vielseher-Syndrom. Determinanten der Fernsehnutzung. *Media Perspektiven*, Heft 12: 762-775.

Schulz, W. (1987). Determinanten und Folgen der Fernsehnutzung: Daten zur Vielseher-Problematik. In Grewe-Partsch, M. & Groebel, J. (Hrsg.), *Mensch und Medien: Zum Stand von Wissenschaft und Praxis in nationaler und internationaler Perspektive. Zu Ehren von Herta Sturm* (S. 9-32). München: Saur.

Schulz, W. (1990). *Die Konstruktion von Realität in den Nachrichtenmedien. Analyse der aktuellen Berichterstattung. 2., unveränderte Auflage*. Freiburg, München: Alber.

Schulz, W. (1997). Vielseher im dualen Rundfunksystem. Sekundäranalyse zur Langzeitstudie Massenkommunikation. *Media Perspektiven*, Heft 2: 92-102.

Schulz, W. (2000). Kommunikationsprozeß. In Noelle-Neumann, E., Schulz, W. & Wilke, J. (Hrsg.), *Publizistik. Massenkommunikation. Fischer Lexikon. 7. Auflage, aktualisierte, vollständig überarbeitete Neuausgabe* (S. 140-171). Frankfurt am Main: Fischer Taschenbuch.

Schulze, G. (2000). *Die Erlebnisgesellschaft. Kultursoziologie der Gegenwart (zuerst 1992)*. Frankfurt am Main, New York: Campus.

Schütz, A. (1972). Der gut informierte Bürger. Ein Versuch über die soziale Verteilung des Wissens. In Schütz, A. (Hrsg.), *Gesammelte Aufsätze. Band 2* (S. 85-101). Den Haag: Nijhoff.

Schütz, A. (1974). *Der sinnhafte Aufbau der sozialen Welt. Eine Einleitung in die verstehende Soziologie (zuerst 1932)*. Frankfurt am Main: Suhrkamp.

Schwab, F. (2001). Unterhaltungsrezeption als Gegenstand medienpsychologischer Emotionsforschung. *Zeitschrift für Medienpsychologie, 13*: 62-72.

Schweiger, W. (1996). Gebrauchstexte im Hypertext- und Papierformat. Ein Vergleich der Nutzerfreundlichkeit. *Publizistik, 41*: 327-345.

Schweiger, W. (1998). Wer glaubt dem World Wide Web? Ein Experiment zur Glaubwürdigkeit von Nachrichten in Tageszeitungen und im World Wide Web. In Rössler, P. (Hrsg.), *Online-Kommunikation. Beiträge zu Nutzung und Wirkung* (S. 123-145). Opladen: Westdeutscher Verlag.

Schweiger, W. (1999). Medienglaubwürdigkeit - Nutzungserfahrung oder Medienimage? Eine Befragung zur Glaubwürdigkeit des World Wide Web im Vergleich mit anderen Medien. In Rössler, P. & Wirth, W. (Hrsg.), *Glaubwürdigkeit im Internet. Fragestellungen, Modelle, empirische Befunde* (S. 89-110). München: Reinhard Fischer.

Schweiger, W. (2001). *Hypermedien im Internet. Nutzung und ausgewählte Effekte der Linkgestaltung*. München: Reinhard Fischer.

Schweiger, W. (2002a). Crossmedia zwischen Fernsehen und Web. Versuch einer theoretischen Fundierung des Crossmedia-Konzepts. In Theunert, H. & Wagner, U. (Hrsg.), *Medienkonvergenz: Angebot und Nutzung. Eine Fachdiskussion veranstaltet von BLM und ZDF* (S. 123-135). München: Reinhard Fischer.

Schweiger, W. (2002b). Das hyperaktive Publikum als Dukatenesel? Überlegungen zur Akzeptanz mobiler Mehrwertdienste am Beispiel UMTS. In Karmasin, M. & Winter, C. (Hrsg.), *Mediale Mehrwertdienste und die Zukunft der Kommunikation. Eine fächerübergreifende Orientierung* (S. 157-175). Opladen: Westdeutscher Verlag.

Schweiger, W. (2002c). Nutzung informationsorientierter Hypermedien. Theoretische Überlegungen zu Selektions- und Rezeptionsprozessen und empirischer Gehalt. In Rössler, P., Kubisch, S. & Gehrau, V. (Hrsg.), *Empirische Perspektiven der Rezeptionsforschung* (S. 49-73). München: Reinhard Fischer.

Schweiger, W. (2003a). Die nutzerfreundliche Online-Zeitung. Plädoyer für den Usability-Ansatz und ein Forschungsüberblick. In Tonnemacher, J. & Neuberger, C. (Hrsg.), *Online - Die Zukunft der Zeitung? 2., völlig überarbeitete Auflage* (S. 292-309). Opladen: Westdeutscher Verlag.

Schweiger, W. (2003b). Suchmaschinen aus Nutzersicht. In Machill, M. & Welp, C. (Hrsg.), *Wegweiser im Netz. Qualität und Nutzung von Suchmaschinen* (S. 133-208 und 376-389). Gütersloh: Bertelsmann Stiftung.

Schweiger, W. (2004a). Mythen der Internetnutzung - Ursachen und Folgen. In Hasebrink, U., Mikos, L. & Prommer, E. (Hrsg.), *Mediennutzung in konvergierenden Medienumgebungen* (S. 89-113). München: Reinhard Fischer.

Schweiger, W. (2004b). Was nutzt das Internet älteren Menschen? *merz - Zeitschrift für Medienpädagogik, 48* (4): 43-46.

Schweiger, W. (2005). Gibt es einen transmedialen Nutzungsstil? Theoretische Überlegungen und empirische Hinweise. *Publizistik, 50*: 173-200.

Schweiger, W. (2006). Transmedialer Nutzungsstil und Rezipientenpersönlichkeit. Theoretische Überlegungen und empirische Hinweise. *Publizistik, 51*: 290–312.

Schweiger, W. & Brosius, H.-B. (2003). Eurovision Song Contest - beeinflussen Nachrichtenfaktoren die Punktvergabe durch das Publikum? *Medien und Kommunikationswissenschaft, 51*: 271-294.

Schweiger, W. & Schmitt-Walter, N. (2002). Erfolgskontrolle von Crossmedia-Kampagnen am Beispiel dreier ProSieben-Formate. Vortrag auf der GOR-Tagung 2002 in Hohenheim, 11.10.2002.

Schwer, K. (2005). Typisch deutsch? Zur zögerlichen Rezeption der Cultural Studies in der deutschen Kommunikationswissenschaft. Verfügbar unter: http://epub.ub.uni-muenchen.de/archive/00000521/01/mbk_2.pdf (24.02.2006).

Seibold, B. (2002). *Klick-Magnete. Welche Faktoren bei Online-Nachrichten Aufmerksamkeit erzeugen*. München: Reinhard Fischer.

Severin, W.J. (1967). The Effectiveness of Relevant Pictures in Multiple-Channel Communications. *AV Communication Review, 15*: 386-401.

Shanahan, J. & Morgan, M. (1992). Adolescents, families and television in five countries. *Journal of Educational Television, 18*: 35-55.

Shanahan, J. & Morgan, M. (1999). *Television and Its Viewers. Cultivation Theory and Research*. Cambridge UK: Cambridge University Press.

Sherif, M. & Cantril, H. (1947). *The psychology of ego-involvements, social attitudes & identifications*. New York, London: Wiley.

Sherif, M. & Hovland, C.I. (1961). *Social Judgement*. New Haven: Yale University Press.

Sherry, J.L. (2004). Flow and Media Enjoyment. *Communication Theory, 14*: 328-347.

Shoemaker, P.J. & Reese, S.D. (1995). *Mediating the Message: Theories of Influence on Mass Media Content (2. Auflage)*. New York: Longman.

Sicking, P. (2000). *Leben ohne Fernsehen. Eine qualitative Nichtseherstudie (2., aktualisierte Auflage)*. Wiesbaden: Deutscher Universitäts-Verlag.

Siegert, G. (1993). *Marktmacht Medienforschung: die Bedeutung der empirischen Medien- und Publikumsforschung im*. München: Reinhard Fischer.

Siegert, G. (2000). Branding - Medienstrategie für globale Märkte? In Brosius, H.-B. (Hrsg.), *Kommunikation über Grenzen und Kulturen* (S. 75-91). Konstanz: UVK Medien.

Silvermann, A. & Krüger, U.M. (1973). *Soziologie der Massenkommunikation*. Stuttgart, Berlin, Köln, Mainz: Kohlhammer.

Silverstone, R. & Hirsch, E. (Hrsg.) (1992). *Consuming Technologies: Media and Information in Domestic Spaces*. London, New York: Routledge.

Simon, H.A. (1955). A Behavioral Model of Rational Choice. *Quarterly Journal of Economics, 69*: 99-118.

Singer, J. (1980). The power and limitations of television: A cognitive-affective analysis. In Tannenbaum, P. H. (Hrsg.), *The entertainment functions of television* (S. 31-65). Hillsdale, NJ: Erlbaum.

Skumanich, S.A. & Kintsfather, D.P. (1998). Media Dependency Relations within Television Shopping Programming: A Causal Model Revisited and Revised. *Communication Research, 25*: 200-219.

Slater, M.D. (2003). Alienation, aggression, and sensation seeking as predictors of adolescent use of violent film, computer, and website. *Journal of Communication, 53*: 105-121.

Slater, M.D., Henry, K.L., Swaim, R.C. & Anderson, L.L. (2003). Violent Media Content and Aggressiveness in Adolescents: A Downward Spiral Model. *Communication Research, 30*: 713.

Smith, M.E. & Gevins, A. (2004). Attention and Brain Activity While Watching Television: Components of Viewer Engagement. *Media Psychology, 6*: 285-305.

Smith, R. (1986). Television Addiction. In Bryant, J. & Zillmann, D. (Hrsg.), *Perspectives on Media Effects* (S. 109-128). Hillsdale, NJ: Erlbaum.

Soong, R. (1988). The Statistical Reliability of People Meter Ratings. *Journal of Advertising Research, 28* (1): 50-56.

Sreberny-Mohammadi, A. (1984). The "World of the News" Study. Results of International Cooperation. *Journal of Communication, 34*: 121-134.

Staab, J.F. & Hocker, U. (1994). Fernsehen im Blick der Zuschauer. Ergebnisse einer qualitativen Pilotstudie zur Analyse von Rezeptionsmustern. *Publizistik, 39*: 160-174.

Standing, L. (1973). Learning 10,000 pictures. *Quarterly Journal of Experimental Psychology, 25*: 207-222.

Steuer, J.S. (1992). Defining Virtual Reality: Dimensions Determining Telepresence. *Journal of Communication, 42*: 73-93.

Stevenson, R.L. (1994). *Global Communication in the Twenty-First Century*. New York, London: Longman.

Stieler, K. (1695). *Zeitungs Lust und Nutz (Nachdruck: 1969)*. Bremen: Schünemann.

Stiftung Lesen (Hrsg.) (2000). *Leseverhalten in Deutschland im neuen Jahrtausend (Kurzfassung)*. Mainz: Stiftung Lesen.

Stipp, H. (1998). Wird der Computer die traditionellen Medien ersetzen? *Media Perspektiven*, Heft 2: 76-82.

Stipp, H. (2000). Nutzung alter und neuer Medien in den USA. Neue Erkenntnisse über die Wechselwirkung zwischen Online- und Fernsehkonsum. *Media Perspektiven*, Heft 3: 127-134.

Strittmatter, P. & Niegemann, H. (2000). *Lehren und Lernen mit Medien. Eine Einführung*. Darmstadt: Wissenschaftliche Buchgesellschaft.

Sturm, H. (1982). Der rezipienten-orientierte Ansatz in der Medienforschung. *Publizistik, 37* (1-2): 89-97.

Sturm, H. (2000). *Der gestreßte Zuschauer. Folgerungen für eine rezipientenorientierte Dramaturgie*. Stuttgart: Klett-Cotta.

Suckfüll, M. (2004). *Rezeptionsmodalitäten. Ein integratives Konstrukt für die Medienwirkungsforschung.* München: Reinhard Fischer.
Suckfüll, M., Matthes, J. & Markert, D. (2002). Rezeptionsmodalitäten. Definition und Operationalisierung individueller Strategien bei der Rezeption von Filmen. In Rössler, P., Kubisch, S. & Gehrau, V. (Hrsg.), *Empirische Perspektiven der Rezeptionsforschung* (S. 193-211). München: Reinhard Fischer.
Süss, D. (2004). *Mediensozialisation von Heranwachsenden. Dimensionen - Konstanten - Wandel.* Wiesbaden: VS.
Süss, D. & Bonfadelli, H. (2001). Mediennutzungsforschung. In Jarren, O. & Bonfadelli, H. (Hrsg.), *Einführung in die Publizistikwissenschaft* (S. 311-336). Stuttgart: UTB.
Swanson, D.L. (1977). The Uses and Misuses of Uses and Gratifications. *Human Communication Research, 3*: 214-221.
Swanson, D.L. (1979). The Uses and Gratifications Approach to Mass Communications Research. *Special Issue of Communication Research, 6* (1).
Swanson, D.L. & Babrow, A.S. (1989). Uses and Gratifications: The Influence of Gratification-Seeking and Expectancy-Value Judgments on the Viewing of Television News. In Dervin, B., Grossberg, L., O'Keefe, B. J. & Wartella, E. (Hrsg.), *Rethinking Communication. Volume 2: Paradigm Exemplars* (S. 361-375). Newbury Park, London, New Delhi: Sage.
Tagg, P. (1981). The Analysis of Title Music as a Method of Decoding Implicit Ideological Message on TV. In Andrén, G. & Strand, H. (Hrsg.), *Mass Communications & Culture* (S. 90-105). Stockholm: Akademi Litteratur.
Tamborini, R. & Stiff, J. (1987). Predictors of horror film attendance and appeal: An analysis of the audience for frightening films. *Communication Research, 14*: 415-436.
Tan, A.S. (1975). Exposure to Discrepant Information and Effect of Three Coping Modes. *Journalism Quarterly, 52*: 678-684.
Tannenbaum, P. (1985). 'Play It Again, Sam': Repeated Exposure to Television Programs. In Zillmann, D. & Bryant, J. (Hrsg.), *Selective Exposure to Communication* (S. 225-241). Hillsdale, NJ: Erlbaum.
Tate, E.D. & Surlin, S.H. (1976). Agreement with Opinionated TV Characters Across Cultures. *Journalism Quarterly, 53*: 199-210.
Teichert, W. (1972). Fernsehen als soziales Handeln. *Rundfunk und Fernsehen, 20*: 421-439.
Teichert, W. (1973). Fernsehen als soziales Handeln (2). *Rundfunk und Fernsehen, 21*: 356-382.
Tewksbury, D. (2005). The Seeds of Audience Fragmentation: Specialization in the Use of Online News Sites. *Journal of Broadcasting & Electronic Media, 49*: 332-348.
Thallmair, A. & Rössler, P. (2001). Parasoziale Interaktion bei der Rezeption von Daily Talkshows. Eine Befragung von älteren Talk-Zuschauern. In Schneiderbauer, C. (Hrsg.), *Daily Talkshows unter der Lupe: wissenschaftliche Beiträge aus Forschung und Praxis* (S. 179-207). München: Reinhard Fischer.
Theilmann, R. (1999). Individuell, aber unverständlich? Eine Untersuchung zur Rezeption von Onlinenachrichten. In Wirth, W. & Schweiger, W. (Hrsg.), *Selektion im Internet. Empirische Analysen zu einem Schlüsselkonzept* (S. 199-217). Opladen: Westdeutscher Verlag.
Thorndyke, P.W. (1977). Cognitive Structures in Comprehension and Memory of Narrative Discourse. *Cognitive Psychology, 9*: 77-110.
Tichenor, P.J., Donohue, G.A. & Olien, C.N. (1970). Mass Media Flow and Differential Growth in Knowledge. *Public Opinion Quarterly, 34*: 159-170.
Trepte, S. (2002). *Der private Fernsehauftritt als Selbstverwirklichung. Die Option des Auftritts als Rezeptionsphänomen und zur Konstruktion des Selbst.* München: Reinhard Fischer.
Trepte, S. (2004a). Die Bewertung von Qualitätsindikatoren der Internetwirtschaft: E-Brands. In Beck, K., Schweiger, W. & Wirth, W. (Hrsg.), *Gute Seiten - schlechte Seiten. Qualität in der Onlinekommunikation* (S. 146-167). München: Reinhard Fischer.
Trepte, S. (2004b). Soziale Identität und Medienwahl. Eine binationale Studie zum Einfluss von Gender-Identität und nationaler Identität auf die Selektion unterhaltender Medieninhalte. *Medien & Kommunikationswissenschaft, 52*: 230-249.
Trepte, S. & Baumann, E. (2004). '"More and More" oder Kannibalisierung? Eine empirische Analyse der Nutzungskonvergenz von Nachrichten- und Unterhaltungsangeboten. In Hasebrink, U., Mikos, L. & Prommer, E. (Hrsg.), *Mediennutzung in konvergierenden Medienumgebungen* (S. 173-197). München: Reinhard Fischer.
Trepte, S., Baumann, E. & Borges, K. (2000). "Big Brother": Unterschiedliche Nutzungsmotive des Fernseh- und Webangebots? *Media Perspektiven, Heft 12*: 550-561.
Trepte, S., Baumann, E., Hautzinger, N. & Siegert, G. (2005). Qualität gesundheitsbezogener Online-Angebote aus Sicht von Usern und Experten. *Medien & Kommunikationswissenschaft, 53*: 486-506.
Trepte, S., Ranné, N. & Becker, M. (2003). "Personal Digital Assistants" - Patterns of User Gratifications. *Communications, 8*: 457-473.
Trevino, L.K., Lengel, R.H. & Daft, R.L. (1987). Media symbolism, media richness, and media choice in organizations. *Communication Research, 14*: 553-574.
Trimborn, C. (2005). Deutschland sucht den Superstar - Spanien auch. Eine Cross-Cultural-Studie zur Nutzungsmotivation und Nutzungsform von Castingshows in Spanien und Deutschland. Eine Befragung unter Studenten. Unveröffentlichte Magisterarbeit am Institut für Kommunikationswissenschaft und Medienforschung der Universität München.
Tsfati, Y. & Cappella, J.N. (2003). Do People Watch What They Do Not Trust? Exploring the Association Between News Media Skepticism and Exposure. *Communication Research, 30*: 504-529.
Tuchman, G. (1980). Die Verbannung der Frauen in die symbolische Nichtexistenz durch die Massenmedien. *Fernsehen und Bildung, 14* (1-2): 10-42.
Tulloch, J. & Jenkins, H. (1995). *Science Fiction Audiences. Watching Dr. Who and Star Trek.* London, New York: Routledge.

Tulving, E. (1972). Episodic and Semantic Memory. In Tulving, E. & Donaldson, W. (Hrsg.), *Organization of memory* (S. 382-403). New York: Academic Press.

Tversky, A. & Kahneman, D. (1973). Availability. A Heuristic for Judging Frequency and Probability. *Cognitive Psychology, 5*: 207-232.

Unz, D. & Schwab, F. (2003). "Powered by Emotions"? Die Rolle von Motiven und Emotionen bei der Nachrichtennutzung. In Donsbach, W. & Jandura, O. (Hrsg.), *Chancen und Gefahren der Mediendemokratie* (S. Konstanz: UVK.

Unz, D. & Schwab, F. (2004). Nachrichten. In Mangold, R., Vorderer, P. & Bente, G. (Hrsg.), *Lehrbuch der Medienpsychologie* (S. 493-525). Göttingen, Bern, Toronto, Seattle: Hogrefe.

Vallone, R.P., Ross, L. & Lepper, M.R. (1985). The hostile media phenomenon: Biased perception and perceptions of media bias in coverage of the Beirut massacre. *Journal of Personality and Social Psychology, 49*: 577-585.

Van den Bulck, J. (1995). The selective viewer: defining (flemish) viewer types. *European Journal of Communication, 10*: 147-177.

Van den Bulck, J. (2001). News Avoidance. The Paradox of Viewer Selectivity. In Renckstorf, K., McQuail, D. & Jankowski, N. (Hrsg.), *Television News Research: Recent European Approaches and Findings* (S. 173-184).

van Dijk, T.A. (1980). *Macrostructures*. Hillsdale, NJ: Erlbaum.

van Eimeren, B. (2003). Online oder "On air"? Verdrängt das Internet den klassischen Rundfunk? In Tonnemacher, J. & Neuberger, C. (Hrsg.), *Online - Die Zukunft der Zeitung? 2., völlig überarbeitete Auflage* (S. 310-337). Opladen: Westdeutscher Verlag.

van Eimeren, B. & Frees, B. (2006). ARD/ZDF-Online-Studie 2006. Schnelle Zugänge, neue Anwendungen, neue Nutzer? *Media Perspektiven*, Heft 8: 402-415.

van Eimeren, B. & Ridder, C.-M. (2005). Trends in der Nutzung und Bewertung der Medien 1970 bis 2005. Ergebnisse der ARD/ZDF-Langzeitstudie Massenkommunikation. *Media Perspektiven*, Heft 10: 490-504.

van Leuven, J. (1981). Expectancy Theory in Media and Message Selection. *Communication Research, 8*: 425-434.

van Zoonen, L. (2002). Gendering the Internet. Claims, controversies and cultures. *European Journal of Communication, 17*: 5-23.

Varey, C. & Kahneman, D. (1992). Experiences Extended Across Time. Evaluation of Moments and Episodes. *Journal of Behavioral Decision Making, 5*: 169-185.

Verheij, J., Stoutjesdijk, E. & Beishuizen, J. (1996). Search and Study Strategies in Hypertext. *Computers in Human Behavior, 12*: 1-15.

Vidmar, N. & Rokeach, M. (1974). Archie Bunker's Bigotry: A Study in Selective Perception and Exposure. *Journal of Communication, 24*: p36-47.

Vincent, R.C. & Basil, M.D. (1997). College students' news gratifications, media use, and current events knowledge. *Journal of Broadcasting & Electronic Media, 41*: 380-392.

Vishwanath, A. (2003). Comparing Online Information Effects: A Cross-Cultural Comparison of Online Information and Uncertainty Avoidance. *Communication Research, 30*: 579-598.

Vitouch, P. (1995). Die "Emotionale Kluft" - Schlüsselvariable für die Programmselektion. In Franzmann, B., Fröhlich, W. D., Hoffmann, H., Spörri, B. & Zitzlsperger, R. (Hrsg.), *Auf den Schultern von Gutenberg. Medienökologische Perspektiven der Fernsehgesellschaft* (S. 138-149). Berlin, München: Quintessenz.

Vitouch, P. (2000). *Fernsehen und Angstbewältigung. Zur Typologie des Zuschauerverhaltens. 2. Auflage*. Opladen: Westdeutscher Verlag.

Vlasic, A. (2004a). *Die Integrationsfunktion der Massenmedien. Begriffsgeschichte, Modelle und Operationalisierung*. Wiesbaden: VS.

Vlasic, A. (2004b). Über Geschmack lässt sich nicht streiten - über Qualität schon? Zum Problem der Definition von Maßstäben für publizistische Qualität In Beck, K., Schweiger, W. & Wirth, W. (Hrsg.), *Gute Seiten - schlechte Seiten. Qualität in der Onlinekommunikation* (S. 15-31). München: Reinhard Fischer.

Vlasic, A. & Schweiger, W. (1998). Bilder im World Wide Web. Ein Experiment zum Einfluß der Bebilderung in Online-Nachrichtenangeboten auf die Rezeption. In Prommer, E. & Vowe, G. (Hrsg.), *Computervermittelte Kommunikation. Öffentlichkeit im Wandel* (S. 39-65). Konstanz: UVK Medien.

von Feilitzen, C. & Linne, O. (1975). Identifying with television characters. *Journal of Communication, 25* (4): 51-55.

von Rosenstiel, L. & Neumann, P. (2002). *Marktpsychologie. Ein Handbuch für Studium und Praxis*. Darmstadt: Primus.

Vorderer, P. (1992). *Fernsehen als Handlung. Fernsehfilmrezeption aus motivationspsychologischer Perspektive*. Berlin: edition sigma.

Vorderer, P. (1994). "Spannend ist's, wenn's spannend ist": Zum Stand der (psychologischen) Spannungsforschung. *Rundfunk und Fernsehen, 42*: 190-207.

Vorderer, P. (1995). Will das Publikum neue Medien(angebote)? Medienpsychologische Thesen über die Motivation zur Nutzung neuer Medien. *Rundfunk und Fernsehen, 43*: 494-505.

Vorderer, P. (1996a). Picard, Brinkmann, Derrick & Co. als Freunde der Zuschauer: Eine explorative Studie über parasoziale Beziehungen zu Serienfiguren. In Vorderer, P. (Hrsg.), *Fernsehen als "Beziehungskiste". Parasoziale Beziehungen und Interaktionen mit TV-Personen* (S. 153-172). Opladen: Westdeutscher Verlag.

Vorderer, P. (1996b). Rezeptionsmotivation: Warum nutzen Rezipienten mediale Unterhaltungsangebote? *Publizistik, 41*: 310-326.

Vorderer, P. (1998). Unterhaltung durch Fernsehen: Welche Rolle spielen parasoziale Beziehungen zwischen Zuschauern und Fernsehakteuren? In Zöllner, O., Roters, G. & Klingler, W. (Hrsg.), *Fernsehforschung in Deutschland* (S. 689-707). Baden-Baden: Nomos.

Vorderer, P. (2000). Interactive entertainment and beyond. In Zillmann, D. & Vorderer, P. (Hrsg.), *Media entertainment: The psychology of its appeal* (S. 21-36). Mahwah, NJ, London: Erlbaum.

Vorderer, P. (2001). Was wissen wir über Unterhaltung? In Schmidt, S. J., Westerbarkey, J. & Zurstiege, G. (Hrsg.), *a/effektive Kommunikation: Unterhaltung und Werbung: Beiträge zur Kommunikationstheorie* (S. 111-132). Münster: Lit.

Vorderer, P. (2004). Unterhaltung. In Mangold, R., Vorderer, P. & Bente, G. (Hrsg.), *Lehrbuch der Medienpsychologie* (S. 543-564). Göttingen, Bern, Toronto, Seattle: Hogrefe.

Vorderer, P. (2006). Kommunikationswissenschaftliche Unterhaltungsforschung: Quo Vadis? In Wirth, W., Schramm, H. & Gehrau, V. (Hrsg.), *Unterhaltung durch Medien. Theorie und Messung* (S. 47-58). Köln: von Halem.

Vorderer, P. & Knobloch, S. (1996). Parasoziale Beziehungen zu Serienfiguren: Ergänzung oder Ersatz? *Medienpsychologie, 8*: 210-216.

Vyncke, P. (2002). Lifestyle Segmentation: From Attitudes, Interests and Opinions, to Values, Aesthetic Styles, Life Visions and Media Preferences. *European Journal of Communication, 17*: 445-463.

Wakshlag, J., Vial, V. & Tamborini, R. (1983). Selecting crime drama and apprehension about crime. *Human Communication Research, 10*: 227-242.

Walker, J.R. & Bellamy, R.V. (1991). Gratifications of Grazing: An Exploratory Study of Remote Control Use. *Journalism Quarterly, 68*: 422-431.

Walker, J.R. & Bellamy, R.V. (2001). Remote control devices and family viewing. In Bryant, J. & Bryant, J. A. (Hrsg.), *Television and the American family* (S. 75-89).

Waller, R.H. (1979). Typographic Access Structures for Educational Texts. In Kolers, P. A., Wrolstad, H. E. & Bourma, H. (Hrsg.), *Processing of Visible Language* (S. 175-203). New York, London: Plenum.

Wandke, H. (2004). Usability-Testing. In Mangold, R., Vorderer, P. & Bente, G. (Hrsg.), *Lehrbuch der Medienpsychologie* (S. 325-354). Göttingen, Bern, Toronto, Seattle: Hogrefe.

Wanner, H.E. (1968). *On Remembering, Forgetting, and Understanding Sentences. A Study on the Deep Structure Hypothesis.* Unveröffentlichte Dissertation. Harvard University.

Warner, W.L. & Henry, W.E. (1948). The Radio Daytime Serial: A Symbolic Analysis. *Genetic Psychology Monographs, 37*: 3-71.

Warren, R. (2005). *Parental Mediation of Children's Television Viewing in Low-Income Families.*

Wartella, E. & Reeves, B. (1985). Historical Trends in Research on Children and the Media: 1900-1960. *Communication Research, 35*: 118-133.

Watts, M.D., Domke, D., Shah, D.V. & Fan, D.P. (1999). Elite cues and media bias in presidential campaigns: Explaining public perceptions of a liberal press. *Communication Research, 26*: 144-175.

Weaver, D.H. (1980). Audience need for orientation and media effects. *Communication Research, 3*: 361–376.

Weaver, J.B., III (2000). Personality and entertainment preferences. In Zillmann, D. & Vorderer, P. (Hrsg.), *Media entertainment: The psychology of its appeal* (S. 235-248). Mahwah, NJ, London: Erlbaum.

Weaver, J.B., III & Laird, E.A. (1995). Mood management during the menstrual cycle through selective exposure to television. *Journalism & Mass Communication Quarterly, 72*: 139-146.

Weber, C. & Groner, R. (1999). Suchstrategien im WWW bei Laien und Experten. In Wirth, W. & Schweiger, W. (Hrsg.), *Selektion im Internet. Empirische Analysen zu einem Schlüsselkonzept* (S. 181-198). Opladen: Westdeutscher Verlag.

Weber, M. (1984). *Soziologische Grundbegriffe (zuerst 1928)*. Tübingen: UTB.

Webster, J.G. (1998). The Audience. *Journal of Broadcasting & Electronic Media, 42*: 190-207.

Webster, J.G. (2005). Beneath the Veneer of Fragmentation: Television Audience Polarization in a Multichannel World. *Journal of Communication, 55*: 366-382.

Webster, J.G. & Lin, S.-F. (2002). The Internet Audience: Web Use as Mass Behavior. *Journal of Broadcasting & Electronic Media, 46*: 1-12.

Webster, J.G. & Phalen, P.F. (1994). Victim, Consumer, or Commodity? Audience Models in Communication Policy. In Ettema, J. S. & Whitney, D. C. (Hrsg.), *Audiencemaking. How the Media Create the Audience* (S. 19-37).

Webster, J.G. & Phalen, P.F. (1997). *The mass audience. Rediscovering the dominant model.* Mahwah, NJ: Erlbaum.

Webster, J.G., Phalen, P.F. & Lichty, L.W. (2000). *Ratings analysis. The Theory and Practice of Audience Research (2. Auflage)*. Mahwah, NJ u.a.: Erlbaum.

Webster, J.G. & Wakshlag, J.J. (1983). A Theory of Television Program Choice. *Communication Research, 10*: 430-446.

Weibull, L. (1985). Structural Factors in Gratifications Research. In Rosengren, K. E., Wenner, L. A. & Palmgreen, P. (Hrsg.), *Media Gratifications Research. Current Perspectives* (S. 123-147). Beverly Hills, London, New Delhi: Sage.

Weidenmann, B. (1989). Der mentale Aufwand beim Fernsehen. In Groebel, J. & Winterhoff-Spurk, P. (Hrsg.), *Empirische Medienpsychologie* (S. 134-149). München: PsychologieVerlagsUnion.

Weidenmann, B. (1997a). Abbilder in Multimedia-Anwendungen. In Issing, L. J. & Klimsa, P. (Hrsg.), *Information und Lernen mit Multimedia. 2., überarbeitete Auflage* (S. 106-121). Weinheim: PsychologieVerlagsUnion.

Weidenmann, B. (1997b). Multicodierung und Multimodalität im Lernprozeß. In Issing, L. J. & Klimsa, P. (Hrsg.), *Information und Lernen mit Multimedia. 2., überarbeitete Auflage* (S. 64-84). Weinheim: PsychologieVerlagsUnion.

Weimann, G. (1992). Persönlichkeitsstärke. Rückkehr zum Meinungsführer-Konzept? In Wilke, J. (Hrsg.), *Öffentliche Meinung: Theorien, Methoden und Befunde* (S. 87-102). Freiburg: Alber.

Weimann, G. (1999). *Communicating Unreality. Modern Media and the Reconstruction of Reality.* Thousand Oaks u.a.: Sage.

Weimann, G., Brosius, H.-B. & Wober, M. (1992). TV diets: Toward a typology of TV viewership. *European Journal of Communication, 7*: 491-515.

Weinreich, F. (1998). Nutzen - und Belohnungsstrukturen computergestützter Kommunikationsformen. Zur Anwendung des Uses and Gratifications Approach in einem neuen Forschungsfeld. *Publizistik, 43*: 130-142.

Weisbach, K. (2005). Heuristic-Systematic Processing and Hostile Media Perceptions. Paper presented to the annual conference of the International Communication Association, New York.

Weischenberg, S. (1998). *Journalistik. Band 1: Mediensysteme. Medienethik. Medieninstitutionen. 2. überarbeitete und aktualisierte Auflage.* Opladen: Westdeutscher Verlag.

Weiß, H.-J., Büning, W., Fingerling, M., Kubitschke, L. & Trebbe, J. (1991). *Programmbindung und Radionutzung. Eine Studie zur Ermittlung von Hörertypologien an sechs Standorten lokaler Radios in Bayern.* München: Reinhard Fischer.

Weiß, R. (1993). Das Radio als Forum der Alltagskultur. Anschauliche Praxisformen in der Radio-Unterhaltung. *Rundfunk und Fernsehen, 41*: 165-187.

Weiß, R. (1999). "Praktischer Sinn", soziale Identität und Medienrezeption. In Hasebrink, U. & Rössler, P. (Hrsg.), *Publikumsbindungen. Medienrezeption zwischen Individualisierung und Integration* (S. 113-136).

Weiß, R. (2000). "Praktischer Sinn", soziale Identität und Fern-Sehen. Ein Konzept für die Analyse der Einbettung kulturellen Handelns in die Alltagswelt. *Medien & Kommunikationswissenschaft, 48*: 42-62.

Weiß, R. (2001a). Der praktische Sinn des Mediengebrauchs im Alltag. In Maier-Rabler, U. & Latzer, M. (Hrsg.), *Kommunikationskulturen zwischen Kontinuität und Wandel* (S. 347-369). Konstanz: UVK.

Weiß, R. (2001b). *Fern-Sehen im Alltag. Zur Sozialpsychologie der Medienrezeption.* Opladen: Westdeutscher Verlag.

Welker, M. (2001). *Determinanten der Internet-Nutzung. Eine explorative Anwendung der Theorie des geplanten Verhaltens zur Erklärung der Medienwahl.* München: Reinhard Fischer.

Wember, B. (1983). *Wie informiert das Fernsehen? Ein Indizienbeweis. 3., erweiterte Auflage.* München: List.

Wenner, L.A. (1983). Political News on Television: A Reconsideration of Audience Orientations. *Western Journal of Speech Communication, 47*: 380-395.

Wenner, L.A. (1985). The Nature of News Gratifications. In Rosengren, K. E., Wenner, L. A. & Palmgreen, P. (Hrsg.), *Media Gratifications Research. Current Perspectives* (S. 171-191). Beverly Hills, London, New Delhi: Sage.

Wenner, L.A. & Dennehy, M.O. (1993). Is the remote control a device or a toy? Exploring the need for activation, desire for control, and technological affinity in the dynamic of RCD use. In Walker, J. R. & Bellamy, R. V. (Hrsg.), *The remote control in the new age of television* (S. 113-134). Westport, Connecticut: Praeger.

Werle, R. (1999). Zwischen Selbstorganisation und Steuerung. Geschichte und aktuelle Probleme des Internet. In Wilke, J. (Hrsg.), *Massenmedien und Zeitgeschichte. Schriftenreihe der Deutschen Gesellschaft für Publizistik- und Kommunikationswissenschaft. Band 26* (S. 499-517). Konstanz: UVK Medien.

Widua, S. (2000). Fernsehen auf Italienisch - Fernsehen auf Deutsch. Cross-cultural Studie zu Aspekten der Fernsehnutzung in Italien und Deutschland. Unveröffentlichte Magisterarbeit am Institut für Kommunikationswissenschaft und Medienforschung der Universität München.

Wilke, J. (1984). *Nachrichtenauswahl und Medienrealität in vier Jahrhunderten. Eine Modellstudie zur Verbindung von historischer und empirischer Publizistikwissenschaft.* Berlin, New York: de Gruyter.

Wilke, J. (Hrsg.) (1999). *Mediengeschichte der Bundesrepublik Deutschland.* Bonn: Bundeszentrale für politische Bildung.

Wilke, J. (2002). Internationale Kommunikationsforschung. Entwicklungen, Forschungsfelder, Perspektiven. In Hafez, K. (Hrsg.), *Die Zukunft der internationalen Kommunikationswissenschaft in Deutschland* (S. 13-38). Hamburg: Deutsches Übersee-Institut Hamburg.

Willberg, H.P. & Forssman, F. (1997). *Lesetypographie.* Mainz: Schmidt.

Williams, R. (1977). *Innovationen. Über den Prozeßcharakter von Literatur und Kultur.* Frankfurt am Main: Syndikat.

Wills, T.A. (1981). Downward comparison principals in social psychology. *Psychological Bulletin, 90*: 245-271.

Windahl, S. (1981). Uses and Gratifications at the Crossroads. In Wilhoit, G. C. & de Bock, H. (Hrsg.), *Mass Communication Review Yearbook, Volume 2* (S. 174-185). Beverly Hills, London: Sage.

Winn, M. (1979). *Die Droge im Wohnzimmer.* Reinbek bei Hamburg: Rowohlt.

Winter, R. (2005). Cultural Studies. In Mikos, L. & Wegener, C. (Hrsg.), *Qualitative Medienforschung. Ein Handbuch* (S. 50-57). Konstanz: UVK.

Winterhoff-Spurk, P. (1983). Fiktionen der Fernsehnachrichtenforschung. Von der Text-Bild-Schere, der Überlegenheit des Fernsehens und vom ungestörten Zuschauer. *Media Perspektiven,* Heft 10: 722-727.

Winterhoff-Spurk, P. (1997). Medienkompetenz: Schlüsselqualifikation der Informationsgesellschaft? *Medienpsychologie, 9*: 182-190.

Winterhoff-Spurk, P. (1999). *Medienpsychologie. Eine Einführung.* Stuttgart, Berlin, Köln: Kohlhammer.

Winterhoff-Spurk, P. (2000). Der Ekel vor dem Leichten. Unterhaltungsrezeption aus medienpsychologischer Perspektive. In Roters, G., Klinger, W. & Gerhards, M. (Hrsg.), *Unterhaltung und Unterhaltungsrezeption* (S. 77-98). Baden-Baden: Nomos.

Wirth, T. (2004). *Missing Links. Über gutes Webdesign.* München, Wien: Hanser.

Wirth, W. (1997). *Von der Information zum Wissen. Die Rolle der Rezeption für die Entstehung von Wissensunterschieden.* Opladen: Westdeutscher Verlag.

Wirth, W. (1999). Methodologische und konzeptionelle Aspekte der Glaubwürdigkeitsforschung. In Rössler, P. & Wirth, W. (Hrsg.), *Glaubwürdigkeit im Internet. Fragestellungen, Modelle, empirische Befunde* (S. 47-66). München: Reinhard Fischer.

Wirth, W. (2001). Aufmerksamkeit: ein Konzept- und Theorieüberblick aus psychologischer Perspektive mit Implikationen für die Kommunikationswissenschaft. In Beck, K. & Schweiger, W. (Hrsg.), *Attention please! Online-Kommunikation und Aufmerksamkeit* (S. 69-89). München: Reinhard Fischer.
Wirth, W. (2003). Selektion und Navigation mit Suchmaschinen. In Machill, M. & Welp, C. (Hrsg.), *Wegweiser im Netz. Qualität und Nutzung von Suchmaschinen* (S. 209-347 und 389-436). Gütersloh: Bertelsmann Stiftung.
Wirth, W. & Brecht, M. (1998). Medial und personal induzierte Selektionsentscheidungen bei der Nutzung des World Wide Web. In Rössler, P. (Hrsg.), *Online-Kommunikation. Beiträge zu Nutzung und Wirkung* (S. 147-168). Opladen: Westdeutscher Verlag.
Wirth, W. & Brecht, M. (1999). Selektion und Rezeption im WWW: Eine Typologie. In Wirth, W. & Schweiger, W. (Hrsg.), *Selektion im Internet. Empirische Analysen zu einem Schlüsselkonzept* (S. 149-178). Opladen: Westdeutscher Verlag.
Wirth, W. & Schramm, H. (2006). Hedonismus als zentrales Motiv zur Stimmungsregulierung durch Medien? Eine Reflexion der Mood-Management-Theorie Zillmanns. In Wirth, W., Schramm, H. & Gehrau, V. (Hrsg.), *Unterhaltung durch Medien. Theorie und Messung* (S. 59-78). Köln: von Halem.
Wirth, W., Schramm, H. & Gehrau, V. (2006). *Unterhaltung durch Medien. Theorie und Messung*. Köln: von Halem.
Wirth, W. & Schweiger, W. (1999). Selektion neu betrachtet: Auswahlentscheidungen im Internet. In Wirth, W. & Schweiger, W. (Hrsg.), *Selektion im Internet. Empirische Analysen zu einem Schlüsselkonzept* (S. 43-70). Opladen: Westdeutscher Verlag.
Witkin, H.A. (1976). Cognitive Style in Academic Performance and in Teacher-Student relations. In Messick, S. (Hrsg.), *Individuality in Learning* (S. 38-72). San Francisco: Jossey-Bass.
Wittwer, J., Bromme, R. & Jucks, R. (2004). Kann man dem Internet trauen, wenn es um die Gesundheit geht? Die Glaubwürdigkeitsbeurteilung medizinischer Fachinformationen im Internet durch Laien. *Zeitschrift für Medienpsychologie, 16*: 48-56.
Wober, M. & Gunter, B. (1982). Television and personal threat: Fact or artifact? A British survey. *British Journal of Social Psychology, 21*: 239-247.
Wolf, H.E. (1969). Soziologie der Vorurteile. Zur methodologischen Problematik der Forschung und Theoriebildung. In König, R. (Hrsg.), *Handbuch der empirischen Sozialforschung, Band II* (S. 912-949). Stuttgart Enke.
Wolfradt, U. & Petersen, L.-E. (1997). Dimensionen der Einstellung gegenüber Fernsehwerbung. *Rundfunk und Fernsehen, 45*: 324-335.
Wolling, J. (1999). *Politikverdrossenheit durch Massenmedien? Der Einfluss der Medien auf die Einstellungen der Bürger zur Politik*. Opladen: Westdeutscher Verlag.
Wolling, J. (2002). Aufmerksamkeit durch Qualität? Empirische Befunde zum Verhältnis von Nachrichtenqualität und Nachrichtennutzung. In Baum, A. & Schmidt, S. J. (Hrsg.), *Fakten und Fiktionen. Über den Umgang mit Medienwirklichkeiten* (S. 202-216). Konstanz: UVK.
Wright, C.R. (1974). Functional Analysis and Mass Communication Revisited. In Blumler, J. G. & Katz, E. (Hrsg.), *The Uses of Mass Communications. Current Perspectives on Gratifications Research* (S. 197-212). Beverly Hills, London: Sage.
Wundt, W. (1896). *Grundriß der Psychologie*. Leipzig: Engelmann.
Wünsch, C. (2002). Unterhaltungstheorien. Ein systematischer Überblick. In Früh, W. (Hrsg.), *Unterhaltung durch Fernsehen. Eine molare Theorie* (S. 15-48). Konstanz: UVK Medien.
Wyss, V. (2001). Journalismusforschung. In Jarren, O. & Bonfadelli, H. (Hrsg.), *Einführung in die Publizistikwissenschaft* (S. 261-284).
Yando, R.M. & Kagan, J. (1970). The Effect of Task Complexity on Reflection-Impulsivity. *Cognitive Psychology, 1*: 192-200.
Zeitungs-Marketing-Gesellschaft (Hrsg.) (1999). *KONTUREN-Media. Die Intermediastudie der ZMG Zeitungs Marketing Gesellschaft*. Frankfurt am Main: o.V.
Zhou, S. (2004). Effects of Visual Intensity and Audiovisual Redundancy in Bad News. *Media Psychology, 6*: 237-256.
Zillmann, D. (1983). Transfer of Excitation in emotional behavior. In Cacioppo, J. T. & Petty, R. E. (Hrsg.), *Social psychophysiology: A sourcebook* (S. 215-240). New York: Guilford.
Zillmann, D. (1985). The Experimental Exploration of Gratifications from Media Entertainment. In Rosengren, K. E., Wenner, L. A. & Palmgreen, P. (Hrsg.), *Media Gratifications Research. Current Perspectives* (S. 225-239). Beverly Hills, London, New Delhi: Sage.
Zillmann, D. (1988a). Mood management through communication choices. *American Behavioral Scientist, 31*: 327-340.
Zillmann, D. (1988b). Mood management: Using entertainment to full advantage. In Donohew, L. A., Sypher, H. E. & Higgins, E. T. (Hrsg.), *Communication, social cognition, and affect* (S. 147-171). Hillsdale, NJ: Sage.
Zillmann, D. (1991). Empathy: Affect From Bearing Witness to the Emotions of Others. In Bryant, J. & Zillmann, D. (Hrsg.), *Responding to the Screen. Reception and Reaction Processes* (S. 135-167). Hillsdale, NJ u.a.: Erlbaum.
Zillmann, D. (1996). The psychology of suspense in dramatic exposition. In Vorderer, P., Wulff, H. J. & Friedrichsen, M. (Hrsg.), *Suspense: Conceptualizations, theoretical analyses, and empirical explorations* (S. 199-231). Mahwah, NJ: Erlbaum.
Zillmann, D. (1998). *Connections Between Sexuality and Aggression. 2nd Edition*. Mahwah, NJ: Erlbaum.
Zillmann, D. (2000). Mood management in the context of selective exposure theory. In Roloff, M. E. (Hrsg.), *Communication Yearbook 23* (S. 103-123). Thousand Oaks: Sage.
Zillmann, D. (2004a). Emotionspsychologische Grundlagen. In Mangold, R., Vorderer, P. & Bente, G. (Hrsg.), *Lehrbuch der Medienpsychologie* (S. 101-128). Göttingen, Bern, Toronto, Seattle: Hogrefe.
Zillmann, D. (2004b). Pornografie. In Mangold, R., Vorderer, P. & Bente, G. (Hrsg.), *Lehrbuch der Medienpsychologie* (S. 565-585). Göttingen, Bern, Toronto, Seattle: Hogrefe.

Zillmann, D. & Bryant, J. (1985a). Affect, Mood, And Emotion as Determinants of Selective Exposure. In Zillmann, D. & Bryant, J. (Hrsg.), *Selective Exposure to Communication* (S. 157-190). Hillsdale, NJ: Erlbaum.

Zillmann, D. & Bryant, J. (1985b). Selective-Exposure Phenomena. In Zillmann, D. & Bryant, J. (Hrsg.), *Selective Exposure to Communication* (S. 1-10). Hillsdale, NJ: Erlbaum.

Zillmann, D. & Knobloch, S. (2000). Das Nachrichtenspiel: Reaktionen auf Ereignisse um Prominente und Interessengruppen in den Nachrichten. In Schorr, A. (Hrsg.), *Publikums- und Wirkungsforschung. Ein Reader* (S. 295-313). Opladen: Westdeutscher Verlag.

Zillmann, D., Knobloch, S. & Yu, H.s. (2001). Effects of photographs on the selective reading of news reports. *Media Psychology, 3*: 301-324.

Zillmann, D. & Stocking, S.H. (1976). Putdown Humor. *Journal of Communication, 26*: 154-163.

Zillmann, D. & Vorderer, P. (Hrsg.) (2000). *Media entertainment: The psychology of its appeal.* Mahwah, NJ, London: Erlbaum.

Zillmann, D. & Weaver, J.B. (1996). Gender Socialization Theory of Horror. In Weaver, J. B. & Tamborini, R. (Hrsg.), *Horror Films: Current Research in Audience Preferences and Reactions* (S. 81-101). Mahwah, NJ: Erlbaum.

Zimbardo, P.G. (1995). *Psychologie, 6. Auflage.* Berlin, Heidelberg, New York: Springer.

Zipf, G.K. (1965). *Human Behaviour and the Principle of Least Effort. An Introduction to Human Ecology (2. Auflage).* New York, London: Hafner.

Zöllner, O. (Hrsg.) (2002). *An Essential Link With Audiences Worldwide. Research For International Broadcasting.* Berlin: Vistas.

Zöllner, O. (Hrsg.) (2005). *Targeting International Audiences. Current and Future Approaches to International Broadcasting Research.* Bonn: CIBAR.

Zubayr, C. (1996). *Der treue Zuschauer.* München: Reinhard Fischer.

Zubayr, C. & Fahr, A. (1999). Die Tagesschau: Fels in der dualen Brandung? Ein Vergleich von Inhalten und Präsentationsformen 1975 und 1995. In Wilke, J. (Hrsg.), *Massenmedien und Zeitgeschichte* (S. 638-647). Konstanz: UVK Medien.

Zubayr, C. & Geese, S. (2005). Die Informationsqualität der Fernsehnachrichten aus Zuschauersicht. *Media Perspektiven*, Heft 4: 152-162.

Zubayr, C. & Gerhard, H. (2005). Tendenzen im Zuschauerverhalten. Fernsehgewohnheiten und Reichweiten im Jahr 2004. *Media Perspektiven*, Heft 3: 94-104.

Zuckerman, M. (1979). *Sensation Seeking Beyond the Optimal Level of Arousal.* Hillsdale, NJ: Erlbaum.

Zuckerman, M. (1996). Sensation seeking and the taste for vicarious horror. In Weaver, J. B. & Tamborini, R. (Hrsg.), *Horror films: Current research on audience preferences and reactions* (S. 147-160). Mahwah, NJ: Erlbaum.

Abbildungsverzeichnis

Abbildung 1: Zwiebelmodell der Mediennutzung ... 30
Abbildung 2: Kausalitätstypen ... 34
Abbildung 3: Grundgedanke des U&G-Ansatzes ... 62
Abbildung 4: Bedürfnishierarchie nach Maslow ... 78
Abbildung 5: Erwartungs-Bewertungs-Modell ... 89
Abbildung 6: Rosengrens Paradigma für die U&G-Forschung ... 90
Abbildung 7: U&G-Modell von McLeod & Becker ... 91
Abbildung 8: Informationsmotive nach Atkin ... 94
Abbildung 9: Unterhaltungsmotive im Überblick ... 111
Abbildung 10: Qualität sozialer Beziehungen ... 128
Abbildung 11: Modell der zyklischen Textverarbeitung ... 148
Abbildung 12: Kognitionszyklus beim Textverstehen von Neisser ... 150
Abbildung 13: Einfaches Ablaufmodell der Mediennutzung von Schweiger ... 161
Abbildung 14: Ausgewählte Typologien von TV-Kanalintervallen ... 161
Abbildung 15: Heuristiken und die Reihenfolge der Informationsaufnahme ... 176
Abbildung 16: Integratives Clickstream-Modell von Wirth & Brecht ... 184
Abbildung 17: Vollständiges Ablaufmodell der Mediennutzung von Schweiger ... 185
Abbildung 18: Elaboration-Likelihood-Model ... 202
Abbildung 19: Limited-Capacity-Model ... 206
Abbildung 20: Modell der emotionalen Wahrnehmung von Medienfiguren ... 217
Abbildung 21: Modell der Programmauswahl von Webster & Wakshlag ... 229
Abbildung 22: Determinanten von Handlungsmustern ... 231
Abbildung 23: Strukturmodell der Mediennutzung von Weibull ... 235
Abbildung 24: Hierarchiestufen medialer Bewertungsobjekte ... 250
Abbildung 25: Medienpersönlichkeiten ... 256
Abbildung 26: Qualitätsdreieck der Mediennutzung ... 262
Abbildung 27: Grundkonstellationen sozialer Mediennutzung ... 293
Abbildung 28: Vier Phasen der Publikumsfragmentierung von McQuail ... 306
Abbildung 29: Referenzmodell zu Renckstorfs Nutzenansatz ... 317
Abbildung 30: Von der Rezeption zur Aneignung ... 320
Abbildung 31: Die Rezeptionskaskade von Krotz ... 321
Abbildung 32: Diffusionskurve im Zeitverlauf ... 329
Abbildung 33: Stufenmodell des Innovations-Entscheidungsprozesses ... 330
Abbildung 34: Modell natürlicher Lebenszyklen der Medienevolution ... 336

Tabellenverzeichnis

Tabelle 1: Perspektiven der Mediennutzungsforschung 21
Tabelle 2: Medienausstattung 1970 bis 2005 38
Tabelle 3: Nutzung tagesaktueller Medien 1970 bis 2005 43
Tabelle 4: Beispiele für U&G-Studien mit unterschiedlichen Untersuchungsobjekten 64
Tabelle 5: Paradigmen menschlicher Motivation 79
Tabelle 6: Gratifikationserwartungen an ein ‚gutes Fernsehprogramm' 81
Tabelle 7: Klassifikation von Nutzungsmotiven 83
Tabelle 8: Das Component-Process-Model und seine Bestandteile 155
Tabelle 9: Unterscheidung zwischen Stimmungen und Emotionen 157
Tabelle 10: Kategorisierung von Selektionsprozessen 159
Tabelle 11: Typologie der Publikumsaktivität mit Beispielen 165
Tabelle 12: Zentrale Aktivitätsdimensionen und ihre Bezeichnungen 166
Tabelle 13: Erwerb und Nutzung von Medienprodukten aus ökonomischer Sicht ... 172
Tabelle 14: Informationsquellen zur Evaluation von Medienangeboten 187
Tabelle 15: Ordnungssystem zur Analyse von Publikumsstrukturen 233
Tabelle 16: Nutzungsmotive der Politikberichterstattung und Bildung 278
Tabelle 17: Hauptströmungen der Cultural Studies 325
Tabelle 18: MOPS-Matrix der Crossmedia-Funktionen 342

Register

11. September 2001 96
Ablaufmodell der Mediennutzung 160, 185, 220
ABX-Modell 99
Actionfilm 105, 236
Adaption 331
Adaptionseffekt 339
Adoption einer Innovation 329
Adressierung (parasoziale Interaktion) 125
Affective-Disposition-Theorie 23, 216
Affektfernsehen 19, 105
affektives Orientierungsbedürfnis 95
Agenda-Setting 11, 96, 265, 323
Aggressivität 118, 283
AIME 198
aktives Publikum 225
Aktivierung 198
Aktivität (als Bedürfnis) 109
Aktivität (versus Passivität) 162
Aktualität 17
ALLBUS-Befragung 259
alltagsästhetisches Schema 288
Alltagsrationalität 201, 203
Alter 272
analytische Entscheidungsregel 175, 177
Anchorman 126
Androgynie-Konzept 272
Aneignung 20, 56, 167, 226, 288, 319
Angstbewältigung 118
Ängstlichkeit 118, 283
Anschlusskommunikation 51, 69, 76, 80, 120, 224, 291, 305
Antipathie 217
Appraisal (Bewertung) 152
Arbeitsorientierung bei der Mediennutzung 242
Arbeitsspeicher 139
ARD/ZDF-Online-Studie 97, 240, 337, 338, 349
Argumentüberlappung (Textverstehen) 146
Assimilations-Kontrast-Theorie 101, 198, 204
Assoziation (Schematheorie) 141
ästhetisches Bedürfnis 77
Attribut (Entscheidungstheorie) 174
attributorientierte Heuristik 176, 180, 185
Audience-Duplication-Forschung 235
Audience-Flow 236

Aufforderungscharakter von Medien 151, 210
Aufmerksamkeit 137, 169, 198
Aufmerksamkeitsallokation 122
ausgehandelte Lesart 326
Authentizität 125
Autoritätshörigkeit 281
Avatar 126
Balance-Modell 99
Bannerwerbung 151, 193
Basisemotion 108
Beachtungsgrad 193
Bedeutung von Medienangeboten 242
Bedürfnis 74
Behaviorismus 50
Beschattungsexperiment 138
Beschleunigung der Mediennutzung 135
Bewältigungsstil 102, 118, 284
Bewältigungstheorie 117, 153
Big Brother 19, 64, 65, 341, 347
Bildschirmtext 39, 64
Bildung 275, 347
biografisches Tiefeninterview 321
biologisches Bedürfnis 76, 116
Blickbewegungserfassung 163
Bottom-up-Verarbeitung 175
Boulevardisierung 262
Bounded Rationality 170
Brand Equity 254
Brief 17
Broad-Focus-Strategy 182
BTX 54
Buch 14, 57
Bumerang-Effekt 101
Business-TV 295
Chat 17, 58, 64, 65, 68, 112, 113, 120, 243
Choice-Process-Model 183
Circumplex-Modell 152
Clickstream-Modell 184
Comedy 236
Component-Process-Model 154, 211
Computerrahmen 345
Computerspiel 14, 58, 64, 105, 113, 126, 167, 212, 214, 300, 301
Content-Gratification 84
Coping 153
Coping-Style 118

Copytest 36, 55, 103, 195, 230
Cross-Cultural Studies 312
Crossmedia 127, 340
Cue-Summation-Theory 151
Cultural Studies 20, 45, 56, 92, 104, 167, 226, 312
DDR-Bürger 322
Delphi-Befragung 344
Depression 283
Deskription 15, 32, 51, 248, 286, 308, 309, 349
Differenzialpsychologie 279
Differenzierung (gesellschaftliche) 302
Diffusion von Nachrichten 96
Diffusionsforschung 329
Digital Divide 32, 55, 276, 308
digitaler Rundfunk 48
digitales Fernsehen 13, 41, 72, 228, 306
digitales Radio 41, 333
Digitalisierung 136, 303
direkte Evaluation (Entscheidungstheorie) 180
Diskriminierungsrate (Entscheidungstheorie) 174
Diskursanalyse 325
Diskussionsforum 17, 120
disperses Publikum 222
Disponibilität 333
Distinktion 121, 287, 292
divergierendes Denken (kognitiver Stil) 285
Dogmatismus 102, 281
Domestication 322, 332
Double-Jeopardy-Effekt 236
Downward-Comparison 131
Drei-Faktoren-Emotionstheorie 153, 211
Dreispeichermodell 139
Dual-Coding-Theorie 140, 151
Dual-Process-Theorie 178, 201
Duplication of Viewing Law 236
Durchsehbarkeit 236
dynamisch-transaktionaler Ansatz 225, 332
eBay 312
E-Democracy 11
Ego-Involvement 101, 198
Ego-Shooter-Spiel 122
Einkommen 270
Einsamkeit 116, 246
Einstellung 251
Einstellungsstärke 281
Elaboration (Textverstehen) 149

Elaboration-Likelihood-Model 151, 165, 199, 201, 248, 282, 318
Electronic Program Guide 13, 41, 72
E-Mail 17, 58, 65
Emanzipation 272
Emotion 152
Empathie 106, 113, 217, 271
Empathiefähigkeit 116
empirisch-analytische Forschung 19
Encoding/Decoding 56, 326
Energiebudget 219
Entpolitisierung 45
Entscheidungsregel 175, 237
Entscheidungstheorie 18, 173
ePaper 73, 343, 345
Epikur 106
episodisches Wissen 140, 190
Equilibrium-Model 337
Erfahrungsgut 171
Erheiterung (als Bedürfnis) 109
Erie County-Studie 100
Erklärung 15
Erlebnisgesellschaft 46
Erlebnisqualität 255
Erregung 152
Erregung (als Bedürfnis) 109
Erregungssuche 246
Erregungsübertragung 154, 218
Erwartungs-Bewertungs-Ansatz 33, 86
Erwartungs-Bewertungs-Modell 88
Eskapismus 80, 111, 133, 213, 246
Ethnizität 271
ethnografische Beobachtung 321
Europäische Kommission 343
Euro-Socio-Styles 37, 286
Eurovision Song Contest 311
Evaluationsrezeption 180
Excitation-Transfer 154
Expectancy-Value-Theorie 52
Experience-Sampling-Methode 67, 115, 296
Exploration 97
Extraversion 280
Extremereignis 96
Eye-Tracking 163
Fachgruppe Rezeptionsforschung 28
Faktenwissen 98
Fallbeispieleffekt 205
Familie (als Mediennutzungskonstellation) 295

Familiengründung 272
Fangruppe 316, 322, 325
Fatalismus 245, 284
fehlende Halbsekunde 208
Feldabhängigkeit (kognitiver Stil) 284
Feminität 311
Fernbedienung 40, 179
Fernsehgeneration 274, 299
Fernsehnachrichten 24, 67, 73, 87, 95, 200, 255, 263, 345
Fernsehstube 294, 305
Fernsehsucht 244
Fernsehverweigerung 246
Filtertheorie 139
Fixation (Lesen) 146
Forced-Exposure-Experiment 93
Formalobjekt 349
fovealer Bereich (Lesen) 146
Frame 140
Framing 145, 205
Frankfurter Schule 20, 268, 325
Free-TV 310
Freiburger Persönlichkeitsinventar 280
freie Wiedergabe 206
Frühstücksfernsehen 64
Fünf-Faktoren-Modell (der Persönlichkeit) 280
funktionale Anpassung (von Medien) 339
funktionale Perspektive 20, 60
Funktionalismus 69
Fußball-Weltmeisterschaft 64, 65, 296, 307
Gefallen 106
Genderforschung 322
Genre 18, 192
Genussfähigkeit 268
Geräteausstattung 38
Geschichtengrammatik 142
Geschlecht 92, 218
Geschlechterrolle 132, 218, 271, 309
Geschmack 285
gesellschaftliche Struktur (Determinanten von Handlungsmustern) 231
Gesetz der augenscheinlichen Realität 214
gestützte Erinnerung 206
Gewalt im Fernsehen 118
Gewohnheit 111, 190
GfK-Fernsehpanel 69, 133, 136, 159, 197, 228, 273, 286, 295
Glaubwürdigkeit 125, 204, 249, 257

Globalisierung 48, 307, 313
Gratifikation 94
Grazing 180
Grundformen des Fern-Sehens (R. Weiß) 238
Gruppe (als Mediennutzungskonstellation) 292, 293
Gruppendiskussion 57, 321
Gruppenkommunikation 14, 120
GS/GO-Diskrepanz 85
habitualisierte Mediennutzung 181
Habitus (Bourdieu) 95, 288
Hamburger Persönlichkeitsinventar 280
Handlung 314
Handlungsmuster 231
Handlungstheorie (allgemein) 52
Handlungstheorie (Psychologie) 184
Handlungstheorie (Soziologie) 71, 92, 164, 167, 178, 313
Hedonismus 114, 219
Hermeneutik 20, 312, 325
Hervorhebung 193
Heuristic-Systematic-Model 200, 203
Heuristik 144, 175, 288
hierarchische Verknüpfung (Schematheorie) 141
Hirnaktiviät 207
Hirnareal 150
historische Nutzungsforschung 56
Holist (kognitiver Stil) 284
Homo oeconomicus 168
Homo oeconomicus maturus 170
Homogenisierung (der Gesellschaft) 302
Homöostase 99, 114
Hörfunk 57
Hostile-Media-Effect 204, 258
Humor 105
Hypermedialität 42
Hypermedium 208
Hypothese 16, 19, 29, 51, 309, 313, 323, 349
Identifikation 130, 133, 213, 238
Identität 80, 287
Identitätsarbeit 271
Image 169, 253, 340
Imagetransfer 195, 254
Imaginationsfähigkeit 208
Immigrant 271
Immunisierung 100
Immunität gegenüber Beeinflussung (als Aktivitätsdimension) 165

Impression-Management 292
Impulsivität (kognitiver Stil) 285
indirekte Evaluation (Entscheidungstheorie) 180
Individualisierung 46, 272, 287
Individualismus 68, 311
Individualkommunikation 14, 58, 120
Individualmedium 16
individuelle Position (Determinanten von Handlungsmustern) 231
Inferenz 142, 148, 198, 209
Information Highway 55
Informational-Utility-Ansatz 94, 102, 188
Information-Seeking-Strategie 182
Informationsgesellschaft 47, 55, 308
Informationsleistung 93, 197
Informationsqualität 255
Informationssucher 240
Informationssucht 246
Informationsüberlastung 93, 170, 207
Informationsverarbeitung 137, 205
Infotainment 86, 94, 97, 209, 258, 262
innerer Dialog 316
Inspektionsgut 171
Instinktpsychologie 50
institutionelles Medium 17, 349
instrumenteller Nutzen 94
Integration (politische) 302
Integration (soziale) 292, 300
interaktive Innovation 334
interaktiven Anwendung 167
Interaktivität 126, 212
Interesse 198
Interesse (Entscheidungstheorie) 181
intermediärer Wettbewerb 54
Internet 41
interpersonale Kommunikation 65, 120, 253, 291
Interpretationsgemeinschaft 226
Inter-Transaktion 225, 332
intervenierende Variable 50
Intuition 70
Involvement 199, 211
Involvement (als Aktivitätsdimension) 164
Involvement (Entscheidungstheorie) 181
Isoprinzip 116
Israel-Studie 82
Japan 308

Jugend 272
Kabelpilotprojekt 53
Kanalintervall 159
Kanalloyalität 42, 192, 236, 252
Kanalrepertoire 182, 192, 237
Kanalvervielfachung 72, 84, 308
Kant, Immanuel 106
Kapital (Bourdieu) 288
Kassettenrecorder 299
Katharsis 106
Kaufentscheidung (Typen) 171
Kausalitätskette 33
Kausalitätsrichtung 283
Kindersendung 105
Kindheit 272
Kino 64
Kinofilm 14
Kognitionsbedürfnis 74, 96, 119, 182, 282
Kognitionszyklus 150
kognitive Energie (als Kostenfaktor der Mediennutzung) 169
kognitive Plausibilität (Lernen mit Hypermedien) 208
kognitive Stimulation 109
kognitive Wende 137
kognitiver Stil 182, 284
kognitives Orientierungsbedürfnis 95
Kohärenzbildung (Textverstehen) 146, 206
Kollektivismus 311
Kommunikationsmodus 344, 345
kommunikative Phase 158
kommunikatives Milieu 288
komparative Kommunikationsforschung 307
Kompetenz 260
Komplementarität 335
Komplexität einer Entscheidung 179
konatives Orientierungsbedürfnis 95, 96
Konditionierung 61, 76, 114
Kongruenz-Modell 99
Konsequenz (Entscheidungstheorie) 174
Konsistenztheorie 99
Konstellationsintervall 159
konstruktive Entscheidung 178
Konsumentensouveränität 170
Kontaktqualität 223
Kontrolle bei der Mediennutzung 241
Kontrollüberzeugung 112, 119, 245, 284
konvergentes Denken (kognitiver Stil) 285

Konvergenz von Medien 343
Kosten 169
Krisensituation 96
Kritikfähigkeit 268
kritische Masse 334
kritische Theorie 20
kritischer Rationalismus 19
Kultivierung 113, 243, 265, 283, 306
Kulturalismus (Cultural Studies) 324
kultureller Code 287
Kulturimperialismus 312
Kulturindustrie 46
Kurzzeitgedächtnis 139
Laid-Forward-Nutzung 42
Langzeitgedächtnis 140, 143
Langzeitstudie Massenkommunikation 42, 249, 259, 299, 315, 338
Lead-Medium 341
Lebensform 286
lebenslanges Lernen 47
Lebensstil 37, 92, 275
Lebensweise 286
Lebenszyklus 272
Lernstil 182, 284
Lesart 326
Leseklima 300
Leser einer Ausgabe 227
Leser pro Nummer 227
Leser-Blatt-Bindung 42, 252
Lesezapping 136, 194
Levels of Processing-Ansatz 149, 203, 284
lexigrafische Regel (Heuristik) 176
Lifestyle-Typologie 285
Liking-Beziehung 99
Limited-Capacity-Model 138, 205
Locus of Control 112, 119, 245, 284
Low-Involvement 198
Low-Involvement-Produkt 171
Machtdistanz 311
Mainstreaming 307
Mainstream-Medium 121, 223, 325
Mainstream-Musik 287
Mainstream-Nachrichten 260
Mainstream-Publikum 306
Makroproposition (Textverstehen) 146
Markenerweiterung 340
Marketingkommunikation 14
Marktanteil 227

Maskulinität 311
Maslows Bedürfnishierarchie 75, 116, 130
Massenmedium 16
Materialobjekt 16, 349
materielles Gut 168
Media-Analyse 241, 348
Media-Dependency 251
Mediaforschung 36
Medialisierung 48
Medialitätsbewusstsein 124, 125, 267
Mediamalaise 277
Mediamatik 343
Mediaplanung 223
Media-Richness 333
Media-Skepticism 258
Medienabhängigkeit 251
Medienakteur 19
Medienaneignung 272
Medienbewertung 209, 233, 247
Medienbindung 237, 252
Mediendienstleistung 168
Medienensemble 38, 343
Medienevent 292, 307, 341
Medienevolution 337
Mediengattung 18, 192
Mediengewohnheit 234
Medienimage 253
Medienintegration 343
Medienjournalismus 252
Medienkompetenz 181, 233, 247, 265, 276, 297
Medienkonvergenz 41, 72, 343
Medienmarke 195
Medienmenü 239, 345
MedienNutzerTypologie 37, 239
Mediennutzungsforschung (Definition) 32
Mediennutzungsmuster 233
Medienökonomik 168
Medienpädagogik 266
Medienpersönlichkeit 255
Medienrepertoire 182, 237
Mediensozialisation 51, 195, 266, 297, 313
Medienverbund 341
mehrdimensionale Emotionstheorie 152
Meinungsführer 226, 275, 330
mentales Modell 149, 218, 333
mentales Programmschema 191
Mentalität 311
Merchandising 341

Metaemotion 218
Methode des lauten Denkens 57, 69
Michel-Kommission 54, 335
Mobilfunk 64
modale Emotion 108, 152
monetäre Kosten (als Kostenfaktor der Mediennutzung) 169
Mood-Adjustment-Ansatz 117
Mood-Management-Theorie 23, 114, 350
MOPS-Matrix 342
Motivation 198
Multi-Attribute-Utility-Theory 265
multifaktorielle Kausalität 34
Multimedialität 212, 333
Multimedium 344
Multiple-Resource-Theory 206
Musik 42, 105, 116, 119, 287
Musikauswahl 40
Nachrichten 64
Nachrichtendiffusion 96
Nachrichtenfaktor 96, 195, 204, 311
Nachrichtenforschung 93, 204
Nachrichtenrezeption 203
Nachrichtenwert 193
narratives Interview 321
Narrow-Focus-Strategy 183
Nationalsozialismus 44
Nebenbeimedium 40, 42, 134, 197, 282
Need for Orientation 96
Neugier 80, 97, 339
Neuigkeitseffekt 339
Neurotizismus 157, 280
Niedrigkostensituation 178
Nietzsche, Friedrich 106
Nischentheorie 337
nomothetische Aussage 21
normative Forschung 20
Nutzen 169
Nutzenansatz 316
Nutzerfreundlichkeit 55, 73, 285
Nutzerqualität 261
Nutzertypologie 37, 239
Nützlichkeit (als Aktivitätsdimension) 164
Nutz-Spaß 84
Nutzungsepisode 227, 234
Nutzungsintervall 160
Nutzungsmotiv 340
Nutzungsmuster 234

Nutzungstypologie 237, 239
Obtrusivität 125
Öffentlichkeitsarbeit 169
Offliner 329
ökologische Validität (Entscheidungstheorie) 174
Ökonomie der Aufmerksamkeit 169
Ökonomisierung 45, 197
Onlinenutzung 273
Onlinespiel 58, 243, 348
Opportunitätskosten 170
oppositionelle Lesart 327
Option (Entscheidungstheorie) 174
Orientierungsbedürfnis 95, 96, 257
Orientierungskompetenz 267
Orientierungsreflex 139, 151, 194, 246
Orientierungssuche 183
Ostdeutschland 245
Pädagogik 322
PageImpression 228
Para-Feedback 225
parafovealer Bereich (Lesen) 146
parasoziale Beziehung 80, 121, 283, 316
parasoziale Interaktion 69, 121, 133
Partizipation 266, 277
Patchwork-Identität 287
Pay-TV 310
Peer 298
Pegelsprung (Orientierungsreflex) 139
Perceived-Reality 214
Periodizität 17
periphere Route 201
peripherer Bereich (Lesen) 146
Persistenz 125
Persona 121
Persönlichkeitseigenschaft 102
Persönlichkeitspsychologie 92
Pictorial-Superiority-Effect 150
Planung bei der Mediennutzung 241
Politikverdrossenheit 35, 277
Populärkultur 323
Pornografie 76, 105, 154, 301
postkommunikative Phase 158
präkommunikative Phase 158
praktischer Sinn 289
Präsenzpublikum 222
Presence 220, 238, 267, 333, 350
Primacy-Effekt der Linkauswahl 179

Primärgruppe 30
Priming 139, 145
Printmedium 41
Prinzip des geringsten Aufwands 173
privater Rundfunk 40
Process-Gratification 84
produzierende Mediennutzung 17, 101
Prognose 15
Programmflucht 71, 186
Propaganda 46
Proposition 140
Prototyp (Schematheorie) 141
prozessuale Perspektive 21
Psychographics 285
psychologische Eigenschaft 232
Psychotizismus 280
Public Viewing 293, 295
Publikum 222
Publikumsethik 297
Publikumsforschung 37, 226
Publikumsfragmentierung 303
Publikumspolarisierung 304
Publikumssegmentierung 37, 239
Publizität 17
qualitative Wende 56
quasi-orthosoziale Beziehung 124
Radionutzung 39, 40, 42, 43, 51, 64
Radio-Seifenoper 272
Radiouhr 191
Rational Choice 54
rationale Ignoranz 47
Rationalität 70
Realitätsflucht 111
Realitätswahrnehmung 214
Reality-TV 64, 65, 127, 345
Recognition-Heuristik 144, 176
Recognition-Test 205
redaktionelle Mediaforschung 37
Redundanz 151
reflektierte Entscheidung 178
Reflexivität (kognitiver Stil) 285
Regelbruch (Orientierungsreflex) 139
Reichweite 42, 223
Reinvention 331
Relevant-Set 237
Relevanz 96
Repräsentativitätsheuristik 144
Repression-Sensitization (kognitiver Stil) 118

Repressor (kognitiver Stil) 102
Ressort 19
Ressourcenallokation 138, 205
Ressourcenknappheit 170
Reversibilität einer Entscheidung 178
Rezeptionsforschung 14, 26, 36, 197
Rezeptionsintensität 197, 226
Rezeptionskaskade 320
Rezeptionsmodalität 237
Riepl'sches Gesetz 339
RISC-Eurotrends 286
Risikogesellschaft 48
ritualisierte Fernsehnutzung 271
Ritualisierung der Mediennutzung 273
Rollenübernahme 315
Rollenvorbild 132
Roots 103
Routine 189, 288
Routinisierte Entscheidung 177
Rundfunkentwicklung 39
Rundfunkgebühr 43
Sakkade (Lesen) 146
Salienz 102, 185, 194, 203, 205
Satisficing-Heuristik 177, 179
Scanner 240
Scanpfad (beim Lesen) 145
Schema 140, 192, 288
Schlüsselreiz 151
Schüchternheit 283
Schweigespirale 131
Schwellenregel (Entscheidungstheorie) 177
Sehdauer 227
Seheinheit 160
Seifenoper 51, 64, 65, 236
Selbststilisierung 287
Selbstverwirklichung (als Bedürfnis) 77
Selbstwertbedürfnis 76
Selective-Exposure 18, 53, 100, 162, 225, 281
Selective-Exposure-Experiment 68, 100, 119, 194, 309
Selektionszwang 109
Selektivität 241
Selektivität (als Aktivitätsdimension) 163
Self-Determination-Theory 220
semantisches Wissen 140, 190
Semiometrie 286
Sendungsloyalität 236
Senior 273

Sensationalismus 262
Sensation-Seeking 119, 182, 218, 246, 282
sensorischer Speicher 139
Serialist (kognitiver Stil) 284
Sicherheitsbedürfnis 76
SINUS-Milieus 37, 239, 270, 286
Situation 314
Skript 141, 190, 288
SMS 17
S-O-R-Ansatz 33, 50
sozialer Kontakt 120
sozialer Vergleich 116, 131, 133
soziales Bindungsbedürfnis 76
soziales Netzwerk 330
Sozialisation 132, 305
sozial-kognitive Lerntheorie 104, 131, 299
Sozialpsychologie 178, 291
Soziodemografie 231
Soziodemografie 270
Soziologie 45, 52, 54, 313
soziologisches Merkmal 232
Spanien 32
Spannung 216
Spannung (als Bedürfnis) 109
Spiel 107, 219
Spielkonsole 132, 172
Sport 105
Sportberichterstattung 68
Sportübertragung 216, 344, 345
Spreading-Activation-Ansatz 141
Stereotype 253
stereotype Entscheidung 177
Stichtagsbefragung 227
Stimmung 107, 114, 156, 183, 232, 234, 238, 283
Stimulus-Evaluation-Check 154, 219
Stimulus-Response 50
Stressreduktion 246
Streuverlust 37, 223, 303
Strukturalismus (Cultural Studies) 324
strukturelle Perspektive 22, 222
Strukturwissen 98
Substitution 335
Suchmaschine 64, 65
Suchrepertoire 237
Suspension of Disbelief 214
Switching-Effekt (Involvement) 200
symbolischer Interaktionismus 164, 313

symbolisches Verhalten 287
Sympathie 190
synchrone Programmauswahl 159
Synergieeffekt 341
Tagesschau 135, 347
Tageszeitung 57
Take-Off-Phase 329
Take-the-Last-Heuristik 176
Talkshow 65
TAMETER 39
Tausenderkontaktpreis 37
technisches Medium 17
Telefon 17
telemetrische Messung 36
Teletext 39, 272
Televoting 311
Temperament 157, 280, 283
Text-Bild-Schere 151
Themenkarrierere 200
The-More-the-More-Effekt 339
Theorie 16, 349
Theorie der kognitiven Dissonanz 99
Theory of social comparison processes 131
Third-Person-Effect 35
Tiefeninterview 242
TIME 343
Top-down-Verarbeitung 175
Transaktion 225
Transaktionskosten 170
transmedialer Nutzungsstil 241
transnationales Publikum 312
Transzendenz (als Bedürfnis) 77
triadisch-dynamische Unterhaltungstheorie 107, 218, 350
Trial-and-Error 179
Tronc Commun 108
Typologie der Wünsche Intermedia 270, 286, 338
Überalterung 47
Umschaltforschung 168
Umschalthäufigkeit 69, 282, 349
UMTS 172
Umweltbeobachtung 80
Unit-Beziehung 99
Unsicherheit 72, 96, 170, 217
Unsicherheitsvermeidung 311
Unterhaltung 104, 216
Unterhaltungsindustrie 53

Usabilityforschung 55, 57, 93
User-Generated Content 17, 268, 335
User-Quality 45, 261
Uses-and-Gratifications 18, 53, 114, 316
Utility (als Aktivitätsdimension) 164
VALS-Typologie 286
Verarbeitungstiefe 149, 197
Verarbeitungstiefe (kognitiver Stil) 284
Verbraucher-Analyse 286
Vererbungseffekt 236
Verfügbarkeitsheuristik 144, 181, 195
Vergnügen 105, 106, 325
verkaufte Auflage 227
Vermeidung (von Medieninhalten) 71, 186
Verstärkerregel 100
verstehende Soziologie 313
Vertrauen 257
Vertrauensgut 171
Vertrauenswürdigkeit 260
Verwertungszusammenhang 19
Vicary-Studie 139
Videomalaise 35, 277
Videorekorder 64, 65
Vielseher 113, 244, 245, 246, 284, 307
Visit 228
Vividness 150, 203
Vorzugslesart 326
War of the Worlds 96
Wear-out-Effekt 200

Web 2.0 328
Weblog 17, 101, 120
weitester Leserkreis 227
Werbekreation 223
Werbereaktanz 47
Werbeträgerforschung 37
Werbung 14, 18, 169, 193, 223, 252
Wetter 228
willkürliche Aufmerksamkeit 138
Wissen 275
Wissenskluft 60, 94, 265, 276
Zeit (als Kostenfaktor der Mediennutzung) 169
Zeitbudget 43, 270, 335
Zeitbudgetstudie 134, 336
Zeitschrift 57
Zeitungsnutzung 80, 103
zentrale Route 201
Ziel (Entscheidungstheorie) 174
Zielgruppe 229
Zugriffsstruktur 267
Zuwendungsintervall 159
Zwei-Ebenen-Modell des räumlichen
    Präsenzerlebens 213
Zwei-Faktoren-Emotionsmodell 152
Zweistufenfluss der Kommunikation 224, 275,
    330
Zwiebelmodell der Mediennutzung 30
zyklische Textverarbeitung 147

Allgemeines Programm

Bernd Blöbaum / Rudi Renger / Armin Scholl (Hrsg.)
Journalismus und Unterhaltung
Theoretische Ansätze und empirische Befunde
2007. ca. 200 S. Br. ca. EUR 29,90
ISBN 978-3-531-15291-2

Nikodemus Herger
Vertrauen und Organisationskommunikation
Identität – Marke – Image – Reputation
2006. 245 S. Br. EUR 34,90
ISBN 978-3-531-15136-6

Dagmar Hoffmann / Lothar Mikos (Hrsg.)
Mediensozialisationstheorien
Neue Modelle und Ansätze in der Diskussion
2007. ca. 220 S. Br. ca. EUR 29,90
ISBN 978-3-531-15268-4

Frank Lobigs
Medienmarkt und Medienmeritorik
Beiträge zur ökonomischen Theorie der Medien
2007. ca. 370 S. Br. ca. EUR 39,90
ISBN 978-3-531-15329-2

Stephanie Lücke
Ernährung im Fernsehen
Eine Kultivierungsstudie zur Darstellung und Wirkung
2007. 355 S. Br. EUR 39,90
ISBN 978-3-531-15328-5

Dieter K. Müller / Esther Raff (Hrsg.)
Praxiswissen Radio
Wie Radio gemacht wird – und wie Radiowerbung anmacht
2007. 242 S. Br. EUR 24,90
ISBN 978-3-531-15344-5

Harald Rau
Qualität in einer Ökonomie der Publizistik
Instrumente zur Qualitätssteigerung und ihre Wirkung in journalistischen Zusammenhängen
2007. ca. 250 S. Br. ca. EUR 39,90
ISBN 978-3-531-15086-4

Jutta Röser (Hrsg.)
MedienAlltag
Domestizierungsprozesse alter und neuer Medien
2007. ca. 270 S. Br. ca. EUR 29,90
ISBN 978-3-531-15074-1

Dani Wintsch
Doing News – Die Fabrikation von Fernsehnachrichten
Eine Ethnografie videojournalistischer Arbeit
2006. 484 S. Br. EUR 49,90
ISBN 978-3-531-15117-5

Erhältlich im Buchhandel oder beim Verlag.
Änderungen vorbehalten. Stand: Januar 2007.

www.vs-verlag.de

VS VERLAG FÜR SOZIALWISSENSCHAFTEN

Abraham-Lincoln-Straße 46
65189 Wiesbaden
Tel. 0611.7878-722
Fax 0611.7878-400

Allgemeines Programm

Christina Holtz-Bacha (Hrsg.)
Die Massenmedien im Wahlkampf
Die Bundestagswahl 2005
2006. IV, 360 S. Br. EUR 34,90
ISBN 978-3-531-15056-7

Christina Holtz-Bacha /
Nina Reiling (Hrsg.)
Politikerinnen kommen vor
Wie die Medien mit Frauen in der Politik umgehen
2007. ca. 250 S. Br. ca. EUR 29,90
ISBN 978-3-531-15357-5

Kurt Imhof / Roger Blum / Heinz Bonfadelli / Otfried Jarren (Hrsg.)
Demokratie in der Mediengesellschaft
2006. 384 S. Br. EUR 44,90
ISBN 978-3-531-15299-8

Nikolaus Jackob (Hrsg.)
Wahlkämpfe in Deutschland
Fallstudien zur Wahlkampfkommunikation 1912 - 2005
2007. 352 S. Br. EUR 39,90
ISBN 978-3-531-15161-8

Olaf Jandura
Kleinparteien in der Mediendemokratie
2007. ca. 400 S. Br. ca. EUR 44,90
ISBN 978-3-531-15018-5

Miriam Melanie Köhler /
Christian H. Schuster (Hrsg.)
Handbuch Regierungs-PR
Öffentlichkeitsarbeit von Bundesregierungen und deren Beratern
2006. 499 S. Br. EUR 49,90
ISBN 978-3-531-15192-2

Michaela Maier / Marcus Maurer /
Carsten Reinemann / Jürgen Maier
Schröder gegen Merkel
Wahrnehmung und Wirkung des TV-Duells 2005 im Ost-West-Vergleich
2007. ca. 200 S. Br. ca. EUR 19,90
ISBN 978-3-531-15137-3

Kristina Wied
Der Wahlabend im deutschen Fernsehen
Wandel und Stabilität der Wahlberichterstattung
2007. 420 S. Br. EUR 49,90
ISBN 978-3-531-15302-5

Jeffrey Wimmer
(Gegen-)Öffentlichkeit in der Mediengesellschaft
Analyse eines medialen Spannungsverhältnisses
2007. ca. 250 S. Br. ca. EUR 29,90
ISBN 978-3-531-15374-2

Erhältlich im Buchhandel oder beim Verlag.
Änderungen vorbehalten. Stand: Januar 2007.

www.vs-verlag.de

VS VERLAG FÜR SOZIALWISSENSCHAFTEN

Abraham-Lincoln-Straße 46
65189 Wiesbaden
Tel. 0611.7878-722
Fax 0611.7878-400